Macht, Verantwortlichkeit und Zurechnung im Konzern

AF883224

Studien zum vergleichenden und internationalen Recht -
Comparative and International Law Studies

Herausgeber: Bernd von Hoffmann, Erik Jayme
und Heinz-Peter Mansel

Band 85

PETER LANG
Frankfurt am Main · Berlin · Bern · Bruxelles · New York · Oxford · Wien

Robert Mödl

Macht, Verantwortlichkeit und Zurechnung im Konzern

Eine rechtsvergleichende Untersuchung auf der Grundlage des deutschen, spanischen und US-amerikanischen Rechts

PETER LANG
Europäischer Verlag der Wissenschaften

Bibliografische Information Der Deutschen Bibliothek
Die Deutsche Bibliothek verzeichnet diese Publikation in der Deutschen Nationalbibliografie; detaillierte bibliografische Daten sind im Internet über <http://dnb.ddb.de> abrufbar.

Zugl.: Köln, Univ., Diss., 2003

D 38
ISSN 0930-4746
ISBN 3-631-51737-8

© Peter Lang GmbH
Europäischer Verlag der Wissenschaften
Frankfurt am Main 2003
Alle Rechte vorbehalten.

Das Werk einschließlich aller seiner Teile ist urheberrechtlich geschützt. Jede Verwertung außerhalb der engen Grenzen des Urheberrechtsgesetzes ist ohne Zustimmung des Verlages unzulässig und strafbar. Das gilt insbesondere für Vervielfältigungen, Übersetzungen, Mikroverfilmungen und die Einspeicherung und Verarbeitung in elektronischen Systemen.

www.peterlang.de

Meiner Mutter

„Wer fremde Sprachen nicht kennt, weiß nichts von seiner eigenen."

Johann Wolfgang von Goethe, Maximen und Reflexionen, Nr. 91 (S. 18)

Vorwort

Die Arbeit hat im Sommersemester 2003 der Rechtswissenschaftlichen Fakultät der Universität zu Köln als Dissertation vorgelegen.
Für ihr Entstehen schulde ich vielen Dank. An erster Stelle zu nennen ist mein verehrter Doktorvater Prof. Dr. Heinz-Peter Mansel, dem ich nicht nur für seine engagierte Unterstützung, für stets freundliche, konstruktive und notwendige Kritik, für das Ertragen der schrittweisen Verschiebung des Themas hin zum deutschen Gesellschaftsrecht, als Mitherausgeber für die Aufnahme in diese Reihe, sondern auch für die Zeit als Mitarbeiter an seinem Institut für Internationales und Ausländisches Privatrecht in Köln herzlich danken will. Frau Prof. Dr. Barbara Grunewald danke ich vor allem für ihr außergewöhnlich zügig erstelltes Zweitgutachten. Die Prof. Dr. Luis Ignacio Arechederra Aranzadi und Bruno Rodriguez Rosado haben einen produktiven Forschungsaufenthalt an der Universidad de Navarra in Pamplona ermöglicht und dort für jede nur wünschbare Unterstützung gesorgt. Den Prof. Dr. Ulrich Wackerbarth, Manuel Angel Sánchez López, Juan Ignacio Ruiz Peris und Guillermo Palao Moreno danke ich für ausgedehnte und aufschlußreiche Gespräche zum Thema, Prof. Dr. Dr. h.c. mult. Erik Jayme und Prof. Dr. Bernd von Hoffmann für die Aufnahme in diese Reihe. Für nichtjuristische und nicht weniger wichtige Unterstützung danke ich meiner Freundin Anke Schnabel. Durch ein großzügiges Doktorandenstipendium hat die Studienstiftung des Deutschen Volkes die Konzentration auf diese Arbeit ermöglicht.
Sie wurde im Oktober 2002 abgeschlossen. Entwicklungen, insbesondere im deutschen Recht, konnten bis Juni 2003 berücksichtigt werden.

Köln, Juni 2003 Robert Mödl

Inhaltsverzeichnis

Vorwort....IX
Abkürzungsverzeichnis....XVII
Literaturverzeichnis....XXI

Teil 1 Einführung....1
A. Gegenstand der Arbeit....1
B. Gemeinsame Rechtsprobleme....5
C. Gang der Untersuchung....10
Teil 2 Überblick über das deutsche Konzernrecht....12
A. Begriffliches und Arten der Konzerne....12
I. Was ist ein Konzern?....12
II. §§ 15-19 AktG....14
III. Vertrags- und faktischer Konzern....15
B. Der Umfang der Leitungsmacht....16
I. Aktienkonzern....16
1. Rahmenbedingungen der Machtausübung in der AG....16
a. Organisationsverfassung....16
b. Kapitalerhaltung....17
c. Insolvenzantragspflicht....18
d. Die Treupflicht des Aktionärs....21
e. § 117 AktG – Ersatz veranlaßter Schädigung....23
f. Stimmverbot....24
2. Vertragskonzern....27
a. Die Weisung in § 308 AktG....27
b. Umfang des Weisungsrechts....28
c. Die Verantwortlichkeit des Muttervorstands....30
d. Die Aufhebung der Kapiatalbindung durch § 291 Abs. 3 AktG..31
e. Exkurs: Die Eingliederung nach §§ 319 ff. AktG....31
3. Der faktische Aktienkonzern....32
a. Ausgangslage....32
b. §§ 311 ff. AktG....32
aa. Nachteilszufügung....32
bb. Abhängigkeitsbericht....38
c. Der „qualifizierte" faktische Konzern....40
II. GmbH-Konzern....42
1. Die Bedingungen der Machtausübung in der GmbH....42
a. Organisationsverfassung....42
b. Kapitalerhaltung....43
c. Insolvenzantragspflicht....44

d. Treupflicht ... 45
e. Insbesondere: Pflichtbindung des einzigen Gesellschafters? ... 45
aa. Begründung aus gläubigerschützenden Vorschriften ... 47
bb. Organhaftung der Gesellschafter? ... 49
cc. Die Treupflicht des einzigen Gesellschafters ... 50
dd. Zum Inhalt der Pflicht ... 53
f. Stimmverbot ... 54
2. Vertragskonzern ... 57
3. Faktischer Konzern ... 58
a. Grundtatbestand der faktischen Abhängigkeit ... 58
b. Der „qualifizierte" faktische Konzern ... 59
C. Das Durchgriffsproblem ... 61
I. Theoretische Ansätze ... 61
1. Ansatz beim Rechtsträger – Die Durchgriffsmethode ... 61
a. Allgemeine Ausnahme ... 62
b. Normzwecklehren ... 62
2. Ansatz bei den anzuwenden Normen ... 63
II. Der Zurechnungsdurchgriff ... 63
D. Haftung und Verlustausgleich im Konzern ... 67
I. Einführung ... 67
II. Unterordnungskonzern ... 69
1. Verlustausgleich ... 69
a. Vertragskonzern ... 69
aa. Aktienkonzern ... 69
bb. GmbH-Konzern ... 69
b. Der „qualifizierte" faktische Konzern – Rechtsgeschichte? ... 70
aa. GmbH-Konzern ... 70
aaa. Von Autokran zu TBB ... 70
bbb. Kein „qualifizierter" faktischer Konzern in der Einmann-GmbH – Das „Bremer Vulkan"-Urteil ... 73
ccc. Beibehaltung zumindest in der mehrgliedrigen GmbH? ... 74
ddd. Fazit ... 79
bb. Aktienkonzern ... 79
2. Sicherheitsleistung ... 81
3. Innenhaftung ... 82
a. Aktienkonzern ... 82
b. GmbH-Konzern ... 83
c. Kapitalerhaltung ... 84
d. Insolvenzanfechtung ... 85
4. Außenhaftung ... 87
a. Durchgriffshaftung ... 87

b. Geltendmachung von Ansprüchen aus dem Innenverhältnis durch die Gläubiger ... 92
c. § 826 BGB ... 93
d. Anwendung allgemeiner Haftungstatbstände auf den Konzern ... 93
5. Haftung der Organe ... 96
III. Gleichgeordnete Gesellschaften ... 97
1. Der klassische Gleichordnungskonzern ... 98
a. Ergebnisgemeinschaft ... 98
b. Keine Ergebnisgemeinschaft ... 99
2. Haftung unter Schwestergesellschaften ... 100
Teil 3 Die Rechtslage des Konzerns in Spanien ... 104
A. Gesellschaftstypen ... 104
B. Der Umfang der Leitungsmacht ... 105
I. Rahmenbedingungen der Machtausübung ... 105
1. Die Sociedad Anónima ... 105
a. Organisationsverfassung ... 105
aa. Hauptversammlung ... 105
bb. Verwaltung ... 107
b. Kapitalerhaltung ... 108
c. Auflösungspflicht ... 109
d. Treupflicht und Stimmverbot ... 110
e. Fazit ... 111
2. Die Sociedad de Responsibilidad Limitada ... 111
a. Organisationsverfassung ... 111
aa. Hauptversammlung ... 112
bb. Verwaltung ... 112
b. Kapitalerhaltung und Auflösungspflicht ... 114
c. Treupflicht, Stimmverbot und Interessenkonflikt ... 114
d. Fazit ... 117
II. Vertragskonzern ... 118
III. Faktischer Konzern ... 119
C. Das Durchgriffsproblem ... 120
I. Grundlegendes ... 120
II. Der Zurechngungsdurchgriff ... 123
D. Haftung im Konzern ... 125
I. Unterordnungskonzern ... 125
1. Levantamiento del velo ... 125
2. Konzernhaftung im Arbeitsrecht ... 129
3. Die Haftung als faktischer Verwalter ... 131
II. Gleichordnungsbeziehungen ... 133
E. Die Konkurserstreckung/Extensión de la Quiebra? ... 134
Teil 4 Die Rechtslage des Konzerns in den USA ... 136

A. Grenzziehung ... 136
B. Der Umfang der Leitungsmacht ... 137
I. Rahmenbedingungen der Machtausübung ... 137
1. Organisationsverfassung ... 137
a. Shareholders ... 138
b. Board of Directors ... 141
c. Executive Officers ... 144
2. Kapitalerhaltung ... 146
3. Fiduciary Duties ... 149
4. Insbesondere: self dealing und Stimmverbot ... 156
a. Vor der self dealing transaction ... 157
b. Nach der self dealing transaction ... 157
c. Rechtsfolgen ... 160
5. Fazit ... 160
II. Besonderheiten der Konzerngesellschaft? ... 161
C. Der Durchgriff ... 162
I. Piercing the corporate veil ... 162
II. Der Zurechnungsdurchgriff ... 167
D. Haftung im Konzern ... 173
I. Unterordnungskonzern ... 173
1. Piercing the corporate veil ... 173
2. Insbesondere: Haftungserstreckung im polykorporativen Unternehmen: „single business enterprise doctrine“ ... 177
a. Rechtsprechung ... 178
b. Literatur ... 181
3. Verbotene Ausschüttungen ... 184
a. Gesellschaftsrecht ... 184
b. Fraudulent Transfers ... 185
c. Insolvenzrecht ... 187
4. Andere Haftungstatbestände ... 187
a. Duty of Loyalty ... 187
b. Arbeitsrecht ... 188
c. Deliktsrecht ... 189
II. Gleichgeordnete Gesellschaften ... 191
1. Abhängige Schwestergesellschaften ... 191
2. Klassischer Gleichordnungskonzern ... 194
E. Konkurserstreckung? ... 195
Teil 5 Vergleich und Folgerungen ... 200
A. Grundlage: Wechselwirkung von Konzern- und allgemeinem Gesellschaftsrecht ... 200
I. Die §§ 291 ff. als Schutzrecht ... 200
1. Vertragskonzern ... 201

2. Faktischer Konzern 202
II. Äquivalente in Spanien 203
III. Äquivalente in den USA 203
IV. Ein unternehmerischer Interessenkonflikt? 204
V. Fazit 205
B. Effektiver Minderheitenschutz ist präventiv 205
I. Austrittsrechte 206
II. Schutz der Minderheit durch Schutz der abhängigen Gesellschaft 207
1. Vorbeugender Minderheitenschutz 207
a. Organschaftlicher Minderheitenschutz 207
b. Entscheidungsrechte der Minderheit 211
2. Nachträglicher Minderheitenschutz 215
III. Fazit 218
C. Effektiver Gläubigerschutz durch Kapitalerhaltung und rechtzeitige Abwicklung 219
I. Kapitalerhaltung 219
II. Rechtsfolgen schwindenden Gesellschaftsvermögens 221
III. Theoretische Folgerungen 222
IV. Praktisches Versagen der Theorie - Insolvenzstatistik 224
V. Erklärung aus dem Bilanzrecht 228
VI. Folgerungen 230
VII. Fazit 236
D. Details des Gläubigerschutzes im deutschen Recht 236
I. Kapitalerhaltung 237
II. Der Überschuldungstatbestand 242
III. Insolvenzverschleppungshaftung 244
IV. Fazit 247
E. Treupflicht mit Beweiserleichterungen 248
I. Gemeinsamer Bestand 248
II. Unterschiede 249
III. Das Problem der Beweislastverteilung 250
IV. Beweislastverteilung bei Interessenkonflikten im deutschen Recht 253
1. Beweislastumkehr des § 317 Abs. 2 AktG 253
2. Treupflicht des GmbH-Gesellschafters 254
a. Beweislast nach Gefahrenbereichen 255
b. Anscheinsbeweis? 256
c. Sekundäre Substantiierungslast 257
d. Rechtsgedanke des § 317 Abs. 2 AktG 258
3. Voraussetzungen 261
V. Fazit 262
F. Die Treupflicht des einzigen Gesellschafters 262

I. Verantwortlichkeit des einzigen Gesellschafters ... 262
II. Voraussetzungen und Beweislast ... 264
III. Verhältnis zur Durchgriffshaftung ... 266
IV. Fazit ... 270
G. Keine Durchgriffshaftung ... 270
I. Der Durchgriff als Teil der equity ... 270
II. Regelungslücken? ... 275
III. Rechtsunsicherheit ... 278
IV. Fazit ... 281
H. Haftung unter Schwestergesellschaften ... 281
I. Klassischer Gleichordnungskonzern ... 281
II. Gleichgeordnete Gesellschaften ... 282
1. Haftungskonzepte ... 282
2. Keine Übertragung der Durchgriffshaftung ... 284
3. Unternehmensverantwortlichkeit ... 286
III. Fazit ... 290
I. Zurechnung nach dem Normzweck ... 291
I. Zurechnungsprobleme im Konzern ... 291
II. Fazit ... 293
Teil 6 Zusammenfassung der Ergebnisse ... 294

Abkürzungsverzeichnis

2d	Second Series
3d	Third Series
A.	Atlantic Reporter
aff'd	affirmed
Ala.	Alabama
ALI	American Law Institute
Am.Bankr.Inst.L.R.	American Bankruptcy Institute Law Review
Am.Bankr.L.J.	American Bankruptcy Law Journal
Am.Bus.L.J.	American Business Law Journal
App.	Court of Appeals/Appellate Court
Ariz. J. Int'l & Comp. L.	Arizona Journal of International and Comparative Law
ASIL	American Society of International Law
Bankr.Ct.	Bankruptcy Court
B.R.	Bankruptcy Reporter
Bus.Law.	The Business Lawyer
C.C.	Código Civil
C.Com.	Código de Comercio
Civ.App.	Court of Civil Appeals
C.P.	Código Penal
Cal.	California
Cal.Corp.C.	California Corporations Code
Cal.Rptr.	California Reporter
Ch.	Court of Chancery
ch.	chapter
CERCLA	Comprehensive Environmental Response, Compensation and Liability Act
CEO	Chief Executive Officer
Cir.	Circuit (ohne Gerichtsbezeichnung: Circuit des United States Court of Appeals)
Co.	Company
Colo.	Colorado
Colum.L.R.	Columbia Law Review
com.	comment
Conn.	Connecticut
Conn.J.I.L.	Connecticut Journal of International Law
Cornell L.Rev.	Cornell Law Review
Corp.	Corporation
D.C.	District of Columbia
Del.	Delaware

Del.Gen.Corp.L.	Delaware General Corporation Law
Distr.	District Court (US District Court, wenn nicht anders gekennzeichnet)
DN	Derecho de los Negocios
E.	Eastern
EBOR	European Business Organization Law Review
ET	Estatuto de los trabajadores
F.	Federal Reporter
Fla.	Florida
F.Supp.	Federal Supplement
GAAP	Generally Accepted Accounting Principles
Geo.L.J.	Georgetown Law Journal
Id.	Idaho
Ill.	Illinois
Inc.	Incorporated
INE	Instituto Nacionál de Estadística
IRC	Internal Revenue Code
J.Corp.L.	Journal of Corporation Law
La.	Lousiana
LSA	Ley de Sociedades Anónimas (Real Decreto Legislativo 1564/1989)
LSL	Ley de Sociedades de Responsabilidad Limitada
Ma.	Massachusetts
MBCA	Model Business Corporation Act
Mich.Bus.Corp.A.	Michigan Business Corporation Act
Mich.B.J.	Michigan Bar Journal
Mich.L.R.	Michigan Law Review
Minn.	Minnesota
Mo.	Missouri
N.	Northern
N.E.	North Eastern Reporter
N.C.	North Carolina
N.J.	New Jersey
Nw.U.L.Rev.	Northwestern University Law Review
N.Y.	New York/New York Reporter
N.Y.Bus.Corp.L.	New York Business Corporation Law
N.Y.S.	New York Supplement
NCCUSL	National Conference of Commissioners on Uniform State Laws
OECD	Organisation for Economic Co-operation and Developement
Ohio St.L.J.	Ohio State Law Journal

Okla.	Oklahoma
P.	Pacific Reporter
plc	public limited company
R.	Repertorio Cronológico de Jurisprudencia (Aranzadi)
RDBB	Revista de Derecho Bancario y Bursátil
RdS	Revista de Derecho de Sociedades
Res. D.G.R.	Resolución de la Dirección General de los Registros y del Notariado
RFDUC	Revista de la Facultad de Derecho de la Universidad Complutense
RMBCA	Revised Model Business Corporation Act
S.A.	Sociedad Anónima
S.C.	South Carolina
S.Ct.	Supreme Court Reporter
S.E.	South Eastern Reporter
SEC	Securities Exchange Commission
S.L.	Sociedad de Responsabilidad Limitada
S.W.	South Western Reporter
Stan.L.Rev.	Stanford Law Review
St. Mary's L.J.	St. Mary's Law Journal
STS	Sentencia del Tribunal Supremo
Sup.	Supreme Court
Super.	Superior Court
S.W.	South Western Reporter
Tex.	Texas
Tex.Bus.Corp.A.	Texas Business Corporation Act
TS	Tribunal Supremo (Oberster Gerichtshof Spaniens)
TSJ	Tribunal Superior de Justicia (spanische Berufungsgerichte)
UCC	Uniform Commercial Code
U.Chi.L.Rev.	University of Chicago Law Review
U.Cin.L.Rev.	University of Cincinatti Law Review
UFTA	Uniform Fraudulent Transfer Act
U.Kan.L.Rev.	University of Kansas Law Review
U.Pitt.L.Rev.	University of Pittsburgh Law Review
US	United States
USC	United States Code
v.	versus
Vand.L.Rev.	Vanderbilt Law Review
W.	Western
Washburn L.J.	Washburn Law Journal
Wayne L.Rev.	Wayne Law Review

Wis.	Wisconsin
WL	Westlaw
W.Va.	West Virginia
Yale L.J.	Yale Law Journal

Das Abkürzungsverzeichnis enthält nur die ausländischen Abkürzungen. Im Deutschen wurden die gebräuchlichen Abkürzungen verwandt, wie sie in Hildebert Kirchner, Abkürzungsverzeichnis der Rechtssprache, 4. Auflage 1993, zu finden sind.

Literaturverzeichnis

Abeltshauser, Thomas E.: Leitungshaftung im Kapitalgesellschaftsrecht, Köln u.a. 1998

Alexander, Daniel E./Sawez, Sedica: Toward a Uniform Parent Corporation Liability Standard Under CERCLA, 60 (1999) U.Pitt.L.Rev. 1235 ff.

ALI (Hrsg.): Principles of Corporate Governance: Analysis and Recommendations Volume 1, St. Paul 1994 (zit.: ALI, Principles of Corporate Governance)

ASIL (Hrsg.): Proceedings of the 80th Annual Meeting, Washington 1986 (zit.: ASIL proceedings)

Altmeppen, Holger: Abschied vom „qualifiziert faktischen" Konzern, Heidelberg 1991

Ders.: Zur Entwicklung eines neuen Gläubigerschutzkonzeptes in der GmbH, ZIP 2002, 1553 ff.

Ders.: Ausfall- und Verhaltenshaftung des Mitgesellschafters in der GmbH, ZIP 2002, 961 ff.

Ders.: Gesellschafterhaftung und „Konzernhaftung" bei der GmbH, NJW 2002, 321 ff.

Ders.: Grundlegend Neues zum „qualifiziert faktischen" Konzern und zum Gläubigerschutz in der Einmann-GmbH, ZIP 2001, 1837 ff.

Ders.: Neutralitätspflicht und Pflichtangebot nach dem neuen Übernahmerecht, ZIP 2001, 1073 ff.

Ders.: Anmerkung zu BAG ZIP 1999, 878 v. 10.2.1999, ZIP 1999, 881 ff.

Ders.: Probleme der Konkursverschleppungshaftung, ZIP 1997, 1173 ff.

Ders.: Zur Vermögensbindung in der faktisch abhängigen AG, ZIP 1996, 693 ff.

Ders.: Die systematische Einordnung der Rechtsprechung zum qualifiziert faktischen Konzern nach „TBB", DB 1994, 1912 ff.

Altmeppen, Holger/Wilhelm, Jan: Quotenschaden, Individualschaden und Klagebefugnis bei der Verschleppung des Insolvenzverfahrens über das Vermögen der GmbH, NJW 1999, 673 ff.

de Angel Yágüez, Ricardo: La doctrina del „levantamiento del velo" de la personalidad jurícica en la jurisprudencia, 3. Auflage Madrid 1995

Angele, Jürgen: Insolvenzverluste 1996 bis 1998, Statistisches Bundesamt, Wirtschaft und Statistik 2001, 748 ff.

Antunes, José Engrácia: Liability of Corporate Groups, Deventer Boston 1994

Ders.: Neue Wege im Konzernhaftungsrecht, in FS Lutter, Köln 2000, S. 995 ff.

Ders.: The Liabilty of Polycorporate Enterprises, 13 (1999) Ct.J.I.L. 197 ff.

Arroyo, Ingnacio/Embid Irujo, José Miguel (Hrsg.): Comentarios a la ley de sociedades de responsibilidad limitada, Madrid 1997 (zit.: Arroyo/Embid-Bearbeiter)

Assmann, Heinz-Dieter: Gläubigerschutz im faktischen GmbH-Konzern durch richterliche Rechtsfortbildung – Teil 2, JZ 1986, 928 ff.

Assmann, Heinz-Dieter/Bungert, Hartwin: Handbuch des US-amerikanischen Handels-, Gesellschafts- und Wirtschaftsrechts Band I, München Wien 2001 (zit.: Assmann/Bungert-Bearbeiter)

Ávila Navarro, Pedro: La Sociedad Limitada Tomo II, Barcelona 1996

Bainbridge, Stephen M.: Abolishing Veil Piercing, 26 (2001) J.Corp.L. 479 ff.

Balthasar, Helmut: Die Bestandskraft handelsrechtlicher Jahresabschlüsse - Änderungen und Berichtigungen nach deutschem Recht, US-amerikanischen GAAP und IAS, Berlin New York 1999

Bälz, Ulrich: Einheit und Vielheit im Konzern, in FS Ludwig Raiser, Tübingen 1974, S. 287 ff.

Banerjea, Nirmal Robert: Haftungsfragen in Fällen materieller Unterkapitalisierung und im qualifizierten faktischen Konzern, ZIP 1999, 1153 ff.

Baumbach, Adolf (Begr.): Zivilprozessordnung, 60. Auflage München 2002 (zit.: Baumbach-Bearbeiter)

Baumbach, Adolf/Hueck, Alfred: GmbH-Gesetz, 17. Auflage München 2000 (zit.: Baumbach/Hueck-Bearbeiter)

Baumgärtel, Gottfried (Hrsg.): Handbuch der Beweislast im Privatrecht Band 1, 2. Auflage Köln u.a. 1991 (zit.: Baumgärtel-Bearbeiter)

Baumgärtner, Thomas: Rechtsformübergreifende Aspekte der gesellschaftsrechtlichen Treuepflicht im deutschen und angloamerikanischen Recht, Frankfurt/M. u.a. 1990

Baums, Theodor (Hrsg.): Bericht der Regierungskommission Corporate Governance, Köln 2001 (zit.: Baums, Bericht)

Baylos, Antonio/Collado, Luis (Hrsg.): Grupos de empresas y Derecho del trabajo, Madrid 1994 (zit.: Baylos/Collado-Bearbeiter)

Begert, Michael: The Corporate Opportunity Doctrine and Outside Business Interests, 56 (1989) U.Chi.L.Rev., 827 ff.

Bender, Gregor: Anmerkung zu BGH GmbHR 2002, 549 v. 25.2.2002, GmbHR 2002, 552 ff.

Benecke, Martina: Existenzvernichtender Eingriff statt qualifiziert faktischer Konzern: Die neue Rechtsprechung des BGH zur Haftung von GmbH-Gesellschaftern, BB 2003, 1190 ff.

Bercovitz Rodríguez-Cano, Alberto (Hrsg.): La Sociedad de Responsibilidad Limitada, Pamplona 1998 (zit.: Bercovitz Rodríguez-Cano-Bearbeiter)

Berle, Adolph A.: The Theory of Enterprise Entity, 47 (1947) Colum.L.Rev. 341 ff.

Berle, Adolph A./Means, Gardiner: The Modern Corporation and Private Property, New York 1932

Beuthien, Volker: Konzernbildung und Konzernleitung kraft Satzung, ZIP 1993, 1589 ff.

Bitter, Georg: Der Anfang vom Ende des „qualifiziert faktischen GmbH-Konzerns", WM 2001, 2133 ff.

Ders.: Das „TBB"-Urteil und das immer noch vergessene GmbH-Vertragskonzernrecht, ZIP 2001, 265 ff.

Blair, Margaret M.: Ownership and Control, Washington, D.C. 1995

Blumberg, Phillip I.: The Law of Corporate Groups -Tort, Contract and Other Common Law Problems in the Substantive Law of Parent and Subsidiary Corporations, Boston Toronto 1987 (zit.: Blumberg, Substantive Law)

Ders.: The Increasing Recognition of Enterprise Principles in Determinining Parent and Subsidiary Corporation Liabilities, 28 (1996) Conn.L.Rev. 295 ff.

Ders.: Amerikanisches Konzernrecht, in Lutter (Hrsg.) Konzernrecht im Ausland, S. 264 ff., Berlin New York 1994 (zit.: Blumberg in Konzernrecht im Ausland)

Ders.: Limited Liability and Corporate Groups, 11 (1986) J.Corp.L. 573 ff.

Blumenwitz, Dieter: Einführung in das anglo-amerikanische Recht, 6. Auflage München 1998

Boldó Roda, Carmen: El „levantamiento del velo" y la personalidad jurídica de las sociedades mercantiles, Madrid 1995

Dies.: Levantamiento del velo de la personalidad jurídica en un caso de responsabilidad extracontractual, RdS Nr. 6 (1996), 244 ff.

Bork, Reinhard: Einführung in das Insolvenzrecht, 3. Auflage Tübingen 2002

Ders.: Zurechnung im Konzern, ZGR 1994, 237 ff.

Börner, Andreas: Anmerkung zu BGH, Urt. v. 25.2.2002 – II ZR 196/00, BGHReport 2002, 551 f.

Bratton, William W.: Berle and Means Reconsidered at the Century's Turn, 26 (2001) J.Corp.L. 737 ff.

Braun, Eberhard (Hrsg.): Insolvenzordnung, München 2002 (zit.: Braun-Bearbeiter)

Brunstad, G. Eric/Sigal, Mike: Competitive Choice Theory and the Unresolved Doctrines of Classification and Unfair Discrimination in Business Reorganizations Under the Bankruptcy Code, 55 (1999) Bus.Law. 1 ff.

Budde, Wolfgang Dieter u.a.: Beck'scher Bilanz-Kommentar, 3. Auflage München 1995 (zit.: BilanzK-Bearbeiter)

Bungert, Hartwin: Gesellschaftsrecht in den USA, München 1994

Ders.: Die GmbH im US-amerikanischen Recht: Close Corporation, Köln 1993 (zit.: Bungert, close corporation)

Ders.: Die GmbH im US-amerikanischen Recht: Close Corporation, GmbHR 1993, 478 ff.

Burgard, Ulrich: Die Förder- und Treupflicht des Alleingesellschafters einer GmbH, ZIP 2002, 827 ff.

Butler, Susan-Jacqeline: Models of Modern Corporations: A Comparative Analysis of German and U.S. Corporate Structures, 17 (2000) Ariz. J. Int'l & Comp. L, 555 ff.

Cahn, Andreas: Kapitalerhaltung im Konzern, Köln u.a. 1998

Calabresi, Guido: Some Thoughts on Risk Distribution and the Law of Torts, 70 (1961) Yale L.J. 499 ff.

Camps Ruiz, Luis Miguel: Die Mobilität im Konzern: Das spanische Recht, ZIAS 1995, 507 ff.

Clark, Robert C.: Corporate Law, Boston Toronto 1986

Cobo del Rosal, Manuel (Hrsg.): Comentarios al Código Penal, Madrid 2000 (zit.: Cobo del Rosal-Bearbeiter)

Conard, Alfred F.: An Overview of the Laws of Corporations, Mich.L.R. 71 (1973), 621 ff.

Constantinesco, Léontin-Jean: Der Rechtsbegriff in der Makro-Vergleichung, ZvglRWiss 80 (1981), 177 ff.

Costas Comesaña, Julio: El deber de abstención del socio en las votaciones, Valencia 1999

Cremades, Javier: Gesellschaftsrecht in Spanien, 2. Auflage München Berlin 1996

Dauner-Lieb u.a. (Hrsg.): Anwaltkommentar Schuldrecht, Bonn 2002 (zit.: AnwaltK-Bearbeiter)

Davies, Paul: Struktur der Unternehmensführung in Großbritannien und Deutschland: Konvergenz oder fortbestehende Divergenz, ZGR 2001, 268 ff.

Decher, Christian: Konzernhaftung im Lichte von Bremer Vulkan, ZInsO 2002, 113 ff.

Ders.: Haftung im qualifizierten faktischen GmbH-Konzern – verbleibende Relevanz nach dem TBB-Urteil? – Bemerkungen aus der Sicht der Praxis, ZHR-Beiheft Nr. 70 (2002), S. 25 ff.

Ders.: Die Zulässigkeit des qualifizierten faktischen Aktienkonzerns, DB 1990, 2005 ff.

Dettling, Heinz-Uwe: Die Entstehungsgeschichte des Konzernrechts im Aktiengesetz von 1965, Tübingen 1997

Drobnig, Ulrich: Haftungsdurchgriff bei Kapitalgesellschaften, Frankfurt a.M. Berlin 1959

Druey, Jean Nicolas: Das deutsche Konzernrecht aus der Sicht des übrigen Europa, in Lutter (Hrsg.) Konzernrecht im Ausland, S. 310 ff., Berlin New York 1994 (zit.: Druey in Konzernrecht im Ausland)

Drygala, Tim: Anmerkung zu OLG München, EWiR 1998, 291 v. 3.12.1997, EWiR 1998, 291 f.

Duden, Konrad (Begr.): Etymologie Herkunftswörterbuch der deutschen Sprache, 2.Auflage Mannheim Wien Zürich 1989

Easterbrook, Frank H./Fischel, Daniel R.: Limited Liability and the Corporation, 52 (1985) U.Chi.L.Rev. 89 ff.

Ebenroth, Carsten Thomas: Die verdeckten Vermögenszuwendungen im transnationalen Unternehmen, Bielefeld 1979

Ders.: Die qualifiziert faktische Konzernierung und ihre körperschaftssteuerrechtliche Auswirkung, AG 1990, 188 ff.

Ebert, Kurt Hanns: Rechtsvergleichung, Bern 1978

Ehlke, Michael: Konzerninduzierter Haftungsdurchgriff auf den GmbH-Gesellschafter?, DB 1986, 523 ff.

Ehricke, Ulrich: Das abhängige Konzernunternehmen in der Insolvenz, Tübingen 1998

Ders.: Zur Teilnehmerhaftung von Gesellschaftern bei Verletzungen von Organpflichten mit Außenwirkung durch den Geschäftsführer einer GmbH, ZGR 2000, 351 ff.

Ders.: Zur Begründbarkeit der Durchgriffshaftung in der GmbH, insbesondere aus methodischer Sicht, AcP 199 (1999), 257 ff.

Embid Irujo, José Miguel: El contrato de constitución del grupo en el derecho español, RdS 15 (2000), 57 ff.

Ders.: Protección de acreedores, grupo de sociedades y levantamiento del velo de la personalidad juridica, RdS Nr. 11 (1999), 363 ff.

Ders.: Die Rechtslage der Konzerne im spanischen Recht, in Lutter (Hrsg.) Konzernrecht im Ausland, S. 247 ff., Berlin New York 1994 (zit.: Embid Irujo in Konzernrecht, S. 247)

Emmerich, Volker: Anmerkung zu OLG Oldenburg, NZG 2000, 555 ff. v. 10.2.2000, NZG 2000, 558 f.

Emmerich, Volker/Habersack, Matthias: Aktienkonzernrecht, 2. Auflage München 2001

Emmerich, Volker/Sonnenschein, Jürgen/Habersack, Mathias: Konzernrecht, 7. Auflage München 2001

Epstein, David G./Nickles, Steve H./White, James J.: Bankruptcy, St. Paul 1992

Erman, Walter (Begr.): Bürgerliches Gesetzbuch, 10. Auflage Münster Köln 2000 (zit.: Erman-Bearbeiter)

Eschenbruch, Klaus: Konzernhaftung, Düsseldorf 1996

Escher-Weingart, Christina: Corporate Governance Strukturen – ein deutsch-U.S.-amerikanischer Rechtsvergleich, ZvglRWiss 99 (2000), 387 ff.

Esteban Velasco, Gaudencio: Algunos aspectos relevantes de la regulación de la Junta general de los socios en la nueva Ley de Sociedades de Responsibilidad Limitada de 1995, in Estudios de Derecho Mercantil I, S. 233 ff., Valladolid 1998

Ders.: Sociedad Anónima: Principales aspectos y problemas de su regulación, RdS Nr. 2 (1994), 133 ff.

Feddersen, Dieter/Hommelhoff, Peter/Schneider, Uwe H. (Hrsg.): Corporate Governance, Köln 1996

Fernández de la Gándara, Luis/Calvo Caravaca, Alfonso-Luis: Derecho Mercantil Internacional, 2. Auflage Madrid 1995

Fischer, Ana Katharina: Das neue GmbH-Gesetz in Spanien, RIW 1996, 12 ff.

Fleck, Hans-Joachim: Mißbrauch der Vertretungsmacht oder Treubruch des mit Einverständnis aller Gesellschafter handelnden GmbH-Geschäftsführers aus zivilrechtlicher Sicht, ZGR 1990, 31 ff.

Fleischer, Holger: Konzernvertrauenshaftung und corporate advertising – ein aktueller Streifzug durch die schweizerische Spruchpraxis zum Konzernaußenrecht, NZG 1999, 685 ff.

Ders.: Konzernrechtliche Vertrauenshaftung, ZHR 163 (1999), 461 ff.

Fleischer, Holger/Empt, Martin: Gesellschaftsrechtliche Durchgriffs- und Konzernhaftung und öffentlich-rechtliche Altlastenverantwortlichkeit, ZIP 2000, 905 ff.

Fletcher, William Meade (Begr.): Cyclopedia of the Law of Private Corporations, Deerfield 1982 ff. (Stand 2002)

Flume, Werner: Allgemeiner Teil des Bürgerlichen Rechts, Erster Band, Zweiter Teil, Die juristische Person, Berlin u.a. 1983 (zit. Flume, I/2)

Ders.: Die Rechtsprechung des II. Zivilsenats des BGH zur Treupflicht des GmbH-Gesellschafters und des Aktionärs, ZIP 1996, 161 ff.

Ders.: Die Haftung des GmbH-Geschäftsführers bei Geschäften nach Konkursreife der GmbH, ZIP 1994, 337 ff.

Folk, Ernest L./Ward, Rodman/Welch, Edward P.: Folk on the Delaware General Corporation Law, 3. Auflage Boston London Toronto 1992 (zit.: Folk)

Frankfurter Kommentar zur Insolvenzordnung, 3. Auflage Neuwied 2002 (zit.: FK-Bearbeiter)

Gäbelein, Wolfgang: Definition eines qualifizierten faktischen Konzerns, AG 1990, 185 ff.

Garza, Julian Javier: Rethinking Corporate Governance: The Role of Minority Shareholders – A Comparative Study, 31 (2001) St. Mary's L.J. 613 ff.

Gelb, Harvey: CERCLA Versus Corporate Limited Liability, 48 (1999) U.Kan.L.Rev. 111 ff.

Gerkan, v., Hartwin: Anmerkung zu OLG Düsseldorf EWiR 1999, 409 v. 10.2.1999, EWiR 1999, 409 f.

Geßler, Ernst/Hefermehl, Wolfgang/Eckardt, Ulrich/Kropff, Bruno: Aktiengesetz, München 1973 ff. (2. Auflage: Münchener Kommentar zum Aktiengesetz; zit.: Bearbeiter in Geßler/Hefermehl/Eckardt/Kropff)

Glendon, Mary Ann/Gordon, Michael W./Osakwe, Christopher: Comparative Legal Traditions, St. Paul 1985

Goette, Wulf: Haftung im qualifiziert faktischen GmbH-Konzern – Verbleibende Relevanz nach dem TBB-Urteil? – Rechtsprechungsbericht, ZHR-Beiheft Nr. 70 (2002), S. 11 ff.

Ders.: Anmerkung zu BGH DStR 2001, 1853 v. 17.9.2001 „Bremer Vulkan", DStR 2001, 1857

Ders.: Anmerkung zu BGH DStR 2000, 1065 v. 20.3.2000, DStR 2000, 1066 ff.

Gordon, Jeffrey N.: Institutions as Relational Investors: A New Look at Cumulative Voting, 94 (1994) Colum.L.R. 124 ff.

Götz, Heinrich: Leitungssorgfalt und Leitungskontrolle der Aktiengesellschaft hinsichtlich abhängiger Unternehmen, ZGR 1998, 524 ff.

Gromann, Hans-Georg: Die Gleichordnungskonzerne im Konzern- und Wettbewerbsrecht, Köln u.a. 1979

Großfeld, Bernhard: Rechtsvergleichung, Wiesbaden 2001 (zit.: Großfeld, Rechtsvergleichung)

Ders.: Kernfragen der Rechtsvergleichung, Tübingen 1996 (zit.: Großfeld, Kernfragen)

Großkommentar Aktiengesetz, 4. Auflage Berlin New York 1992 ff. (zit.: GK-Bearbeiter)

Großkommentar zum Aktiengesetz, 3. Auflage Berlin New York 1970 ff. (zit.: GK^3-Bearbeiter)

Grunewald, Barbara: Gesellschaftsrecht, 5. Auflage 2002

Dies.: Die Gesellschafterklage in der Personengesellschaft und der GmbH, Tübingen 1990 (zit.: Grunewald, Gesellschafterklage)

Dies.: Geschäftsführerhaftung wegen Konkursverschleppung und Neugläubigerschäden, GmbHR 1994, 665 f.

Dies.: Einsichts- und Auskunftsrecht des GmbH-Gesellschafters nach neuem Recht, ZHR 146 (1982), 211 ff.

Haarmeyer, Hans/Wutzke, Wolfgang/Förster, Karsten: Handbuch zur Insolvenzordnung InsO/EGInsO, 3. Auflage München 2001

Haas, Maria Isabel: Der Durchgriff im deutschen und spanischen Gesellschaftsrecht, Frankfurt a.M. 2003

Hachenburg, Max (Begr.): GmbHG, 8. Auflage Berlin New York 1992 ff. (zit.: Hachenburg-Bearbeiter)

Hamilton, Robert W.: The Law of Corporations, 5. Auflage St. Paul 2000

Hansen, Charles: A Guide to the American Law Institute Corporate Governance Project, Washington, D.C. 1995

Hansmann, Henry/Kraakman, Reinier: The End of History for Corporate Law, 89 (2001) Geo.L.J. 439 ff.

Häsemeyer, Ludwig: Insolvenzrecht, 2. Auflage Köln u.a. 1998

Hay, Peter: U.S.-amerikanisches Recht, 2. Auflage München 2002

Hecker, Max (Hrsg.): Goethe Maximen und Reflexionen, Weimar 1907 (zit.: Johann Wolfgang von Goethe, Maximen und Reflexionen)

Heidenberger, Peter/Wilburn, William Karl: Die Loyalitätspflicht des „Board of Directors“ einer US Corporation gegenüber Darlehensgebern, RIW 1992, 850 ff.

Heinze, Meinhard: ECLR Die Europäische Aktiengesellschaft, ZGR 2002, 66 ff.

Hennrichs, Joachim: Treupflichten im Aktienrecht, AcP 195 (1995), 221 ff.

Henssler, Martin: Die Betriebsaufspaltung – Konzernrechtliche Durchgriffshaftung im Gleichordnungskonzern?, ZGR 2000, 479 ff.

Ders.: Die Unternehmensmitbestimmung, in FG 50 Jahre BGH, Bd. 2, S. 387 ff.

Henze, Hartwig: Ausfallhaftung des GmbH-Gesellschafters, BB 2002, 1011 f.

Ders.: Entwicklung der Rechtsprechung des BGH im GmbH-Recht, GmbHR 2000, 1069 ff.

Ders.: Die Treupflicht im Aktienrecht, BB 1996, 489 ff.

Hernández Sainz, Esther: El Deber de Abstención en el Voto como Solución Legal, RdS Nr. 6 (1996), 105 ff.

Heymann Handelsgesetzbuch, 2. Auflage Berlin New York 1995 ff. (zit.: Heymann-Bearbeiter)

Hirte, Heribert: Die Entwicklung des Unternehmens- und Gesellschaftsrechts in Deutschland in den Jahren 2000 bis 2002 – 2. Teil: Gesellschaft mit beschränkter Haftung, NJW 2003, 1154 ff.

Ders.: Corporate Governance in der Diskussion, ZinsO 2001, 1037 ff.

Hoffmann, Jochen: Das GmbH-Konzernrecht nach dem „Bremer Vulkan“ – Urteil, NZG 2002, 68 ff.

Hoffmann-Becking, Michael (Hrsg.): Münchener Handbuch des Gesellschaftsrechts, Band 4 Aktiengesellschaft, 2. Auflage München 1999 (zit.: MüHdb. AG-Bearbeiter)

Höffner, Diemar: Überschuldung: Ein Tatbestandsmerkmal im Schnittpunkt von Bilanz-, Insolvenz- und Strafrecht (Teil I), BB 1999, 198 ff.

Hofstetter, Karl: Sachgerechte Haftungsregeln für Multinationale Konzerne, Tübingen 1995

Hommelhoff, Peter: Die Konzernleitungspflicht, Köln u.a. 1982

Ders.: Empfiehlt es sich, das Recht faktischer Unternehmensverbindungen neu zu regeln?, in Verhandlungen des 59. DJT Band I Gutachten, München 1992 (zit.: Hommelhoff, Gutachten)

Ders.: Die OECD-Principles on Corporate Governance – ihre Chancen und Risiken aus dem Blickwinkel der deutschen corporate governance-Bewegung ZGR 2001, 238 ff.

Ders.: Praktische Erfahrungen mit dem Abhängigkeitsbericht, ZHR 156 (1992), 295 ff.

Ders.: Produkthaftung im Konzern, ZIP 1990, 761 ff.

Hopt, Klaus J.: Gemeinsame Grundsätze der Corporate Governance in Europa?, ZGR 2000, 779 ff.

Hüffer, Uwe: Aktiengesetz, 5. Auflage München 2002

Ders.: Der korporationsrechtliche Charakter von Rechtsgeschäften – Eine hilfreiche Kategorie bei der Begrenzung von Stimmverboten in der GmbH?, in FS Heinsius Berlin New York 1991, S. 337 ff.

Ders.: Besprechung von Wilhelm, Rechtsform und Haftung bei der juristischen Person, NJW 1982, 428 f.

Immenga, Ulrich: Möglichkeiten der Konzernrechtsvergleichung, in FS Robert Fischer Berlin New York 1979, S. 297 ff.

Jiménez Sánchez, Guillermo J.(Hrsg.): Derecho Mercantil 1, Barcelona 2000(zit.: Jiménez Sánchez-Bearbeiter)

Kallfass, Herrmann H.: Ökonomische Analyse der Konzernbildung, in Mestmäcker/Behrens (Hrsg.), Das Gesellschaftsrecht der Konzerne im internationalen Vergleich, Baden-Baden 1991, S. 19 ff. (zit.: Kallfass in Mestmäcker/Behrens, S. 19)

Kantzas, Ioannis: Das Weisungsrecht im Vertragskonzern, Frankfurt/M. u.a. 1988

Karollus, Martin: Weitere Präzisierungen zur Konkursverschleppungshaftung, ZIP 1995, 269 ff.

Keating, Gregory C.: The Theory of Enterprise Liability and Common Law Strict Liability, 54 (2001) Vand.L.Rev. 1285 ff.

Keck, Kristina: Nationale und internationale Gleichordnungskonzerne im deutschen Konzern- und Kollisionsrecht, Frankfurt/M. u.a. 1998

Kemper, Martin: Die U.S.-amerikanischen Erfahrungen mit „Chapter 11", Frankfurt/M. 1996

Kessler, Jürgen: Kapitalerhaltung und normativer Gläubigerschutz in der Einpersonen-GmbH, GmbHR 2001, 1095 ff.

Ders.: Leitungskompetenz und Leitungsverantwortung im deutschen, US-amerikanischen und japanischen Aktienrecht, RIW 1998, 602 ff.

Kiethe, Kurt/Groeschke, Peer: Das schutzwürdige Eigeninteresse der GmbH innerhalb und außerhalb von Konzernsachverhalten, NZG 2001, 504 f.

Knopp, Lothar/Albrecht, Eike: Das neue Bundes-Bodenschutzgesetz und Altlasten, BB 1998, 1853 ff.

Kölling, Lars: Der qualifizierte faktische GmbH-Konzern, NZG 2000, 8 ff.

Kölner Kommentar zum Aktiengesetz, 2. Auflage Köln 1986 ff. (zit.: KK-Bearbeiter)

Kluge, Friedrich: Etymologisches Wörterbuch der deutschen Sprache, 22.Auflage Berlin New York 1989

Kraakman, Reinier/Park, Hyun/Shavell, Steven: When are Shareholder Suits in Shareholders Interest?, 82 (1994) Geo. L.J., 1733 ff.

Kropff, Bruno: Aktiengesetz Textausgabe, Düsseldorf 1965

Ders.: Das TBB-Urteil und das Aktienkonzernrecht, AG 1993, 485 ff.

Ders.: Der GmbH-Beherrschungsvertrag: Voraussetzung für den Vorrang von Konzerninteressen?, in FS Semler, Berlin New York 1993, S. 517 ff.

Kübler, Friedrich: Gesellschaftsrecht, 5. Auflage Heidelberg 1998

Landers, Jonathan M.: A Unified Approach to Parent, Subsidiary, and Affiliate Questions in Bankruptcy, 42 (1975) U.Chi.L.Rev. 589 ff.

Larenz, Karl: Methodenlehre der Rechtswissenschaft, 4. Auflage Berlin Heidelberg New York 1979

Larenz, Karl/Canaris, Claus-Wilhelm: Lehrbuch des Schuldrechts, Zweiter Band 2. Halbband, 13. Auflage München 1994 (zit.: Larenz/Canaris, SchR II/2)

Latty, Elvin R.: Subsidiaries and affiliated corporations, Chicago 1936

Liebscher, Thomas: Das Übernahmeverfahren nach dem neuen Übernahmegesetz, ZIP 2001, 853 ff.

Löber, Burckhardt/Wendland, Manfred/Fröhlingsdorf, Josef: Die neue spanische GmbH, Frankfurt/M. Barcelona Madrid 1998

Löber, Heinz H.: Die Durchbrechung der Rechtspersönlichkeit bei Kapitalgesellschaften in den Rechten Österreichs, Deutschlands und der USA, ZRvgl. 7 (1966), 61 ff.

López Uriel, Santiago: Las declaraciones de patrocinio y su función de garantía, RFDUC Nr. 72 (1986/87), 325 ff.

LoPucki, Lynn M.: The Essential Structure of Judgement Proofing, 51 (1998) Stan.L.Rev. 147 ff.

Lutter, Marcus (Hrsg.): Holding-Handbuch, 3. Auflage Köln 1998 (zit.: Bearbeiter in Lutter, Holding-Handbuch)

Ders.: Haftung aus Konzernvertrauen?, in GS für Brigitte Knobbe-Keuk, Köln 1997, S. 229 ff.

Ders.: Die Kontrolle der gesellschaftsrechtlichen Organe: Corporate Governance – ein internationales Thema, Jura 2002, 83 ff.

Ders.: Vergleichende Corporate Governance – Die deutsche Sicht, ZGR 2001, 224 ff.

Ders.: Zahlungseinstellung und Überschuldung unter der neuen Insolvenzordnung, ZIP 1999, 641 ff.

Ders.: Der qualifizierte faktische Konzern, AG 1990, 179 ff.

Ders.: Stand und Entwicklung des Konzernrechts in Europa, ZGR 1987, 324 ff.

Ders.: Die Haftung des herrschenden Unternehmens im GmbH-Konzern, ZIP 1985, 1425 ff.

Ders.: Die zivilrechtliche Haftung in der Unternehmensgruppe, ZGR 1982, 244 ff.

Ders.: Theorie der Mitgliedschaft, AcP 180 (1980), 84 ff.

Lutter, Marcus/Hommelhoff, Peter: GmbH-Gesetz, 15. Auflage Köln 2000

Lutter, Marcus/Drygala, Tim: Grenzen der Personalverflechtung und Haftung im Gleichordnungskonzern, ZGR 1995, 557 ff.

Luttermann, Claus: Unternehmensfinanzierung, Geschäftsleiterpflicht und Haftkapital bei Kapitalgesellschaften, BB 2001, 2433 ff.

Mahoney, Paul G.: Contract or Concession? An Essay on the History of Corporate Law, 84 (2000) Ga.L.Rev. 873 ff.

Maier, Arno: Der Grundsatz der Kapitalerhaltung und die Durchgriffshaftung wegen Unterkapitalisierung im deutschen und amerikanischen Gesellschaftsrecht, Frankfurt a.M. 1986

Mansel, Heinz-Peter: Rechtsvergleichung und europäische Rechtseinheit, JZ 1991, 529 ff.

Martínez Machuca, Pablo: La protección de los socios externos en los grupos de sociedades, Bolonia 1999

McKane, Mark E.: Operator Liability for Parent Corporations under CERCLA: A Return to Basics, 91 (1997) Nw.U.L.Rev. 1642 ff.

Meinhardt, Mark: Investor Beware: Protection of Minority Stakeholder Interests in Closely Held Limited-Liability Business Organizations: Delaware Law and its Adherents, 40 (2001) Washburn L.J. 288 ff.

Merkt, Hanno: US-amerikanisches Gesellschaftsrecht, Heidelberg 1991

Mertens, Hans-Joachim: Unternehmensleitung und Organhaftung, in Feddersen/Hommelhoff/Schneider, S. 155 ff.

Michael, Douglas C.: To Know a Veil, 26 (2000) J.Corp.L. 41 ff.

Miguens, Héctor José: Extensión de la quiebra y la responsabilidad en los grupos de sociedades, Buenos Aires 1998

Milde, Thomas: Der Gleichordnungskonzern im Gesellschaftsrecht, Berlin 1996

Miller, Sandra K.: Piercing the Corporate Veil among Affiliated Companies in the European Community and in the U.S.: A Comparative Analysis of U.S., German and U.K. Veilpiercing Approaches, 36 (1998) Am.Bus.L.J. 73 ff.

Mödl, Robert: Pflichten des einzigen Gesellschafters gegenüber „seiner" GmbH – BGHZ 149, 10, JuS 2003, 14 ff.

Morris, Robert C.: Directors' Duties in Nearly Insolvent Corporations: A Comment on Credit Lyonnais, 19 (1993) J.Corp.L. 61 ff.

Morrison, Alan B. (Hrsg.): Fundamentals of American Law, New York 1996 (zit.: Bearbeiter in Morrison)

Mosch, Wolfgang: Patronatserklärungen deutscher Konzernmuttergesellschaften und ihre Bedeutung für die Rechnungslegung, Bielefeld 1978

Moscow, Cyril/Ankers, Norman C.: Oppression of Minority Shareholders, 77 (1998) Mich.B.J. 1088 ff.

Moxter, Adolf: Bilanzlehre, Band I: Einführung in die Bilanztheorie, 3. Auflage Wiesbaden 1984

Mülbert, Peter O.: Abschied von der „TBB"-Haftungsregel für den qualifiziert faktischen GmbH-Konzern, DStR 2001, 1937 ff.

Ders.: Übernahmerecht zwischen Kapitalmarktrecht und Aktien(Konzern)recht, ZIP 2001, 1221 ff.

Müller, Welf/Hense, Burkhard (Hrsg.): Beck'sches Handbuch der GmbH, München 1995 (zit.: Hdb. GmbH-Bearbeiter)

Münchener Kommentar zum Aktiengesetz, 2. Auflage München 2000 ff. (zit.: MK-Bearbeiter)

Münchener Kommentar zum Bürgerlichen Gesetzbuch, 4. Auflage München 2001 ff. (zit.: MüKo-Bearbeiter)

Münchener Kommentar zum Bürgerlichen Gesetzbuch, 3. Auflage München 1992 ff. (zit.: MüKo^3-Bearbeiter)

Münchener Kommentar zum Handelsgesetzbuch, München 1996 ff. (zit.: MüKoHGB-Bearbeiter)

Münchener Kommentar zur Insolvenzordnung, München 2001 (zit.: MüKoInsO-Bearbeiter)

Münchener Kommentar zur Zivilprozessordnung, 2. Auflage München 2000 f. (zit.: MüKoZPO-Bearbeiter)

Murphy, Patrick A.: Creditor's Rights in Bankruptcy, New York u.a. 1981

Neila Neila, José Maria: La Nueva Ley de Sociedades Anónimas, 2. Auflage Madrid 1990

Neye, Hans-Werner: Die EU-Übernahmerichtlinie auf der Zielgeraden, ZIP 2001, 1120 ff.

Niehus, Rudolf J./Thyll, Alfred: Konzernabschluß nach U.S. GAAP, 2. Auflage Stuttgart 2000

Nygh, Peter: The Liability of Multi-national Corporations for the Torts of Their Subsidiaries, 3 (2002) EBOR 51 ff.

Ochsenfeld, Frank: Direkthaftung von Konzernobergesellschaften in den USA, Berlin 1998

OECD (Hrsg.): Principles of Corporate Governance, Paris 1999 (zit.: OECD Principles of Corporate Governance)

Oehler, Wolfgang: Produzentenhaftung im Konzern – Deliktsrecht und Haftungsbeschränkung, ZIP 1990, 1445 ff.

Otto, Markus: Verwalterhaftung im Gründungs- und Auflösungsstadium nach spanischem GmbH-Recht, RIW 2002, 27 ff.

Palandt, Otto (Begr.): Bürgerliches Gesetzbuch, 62. Auflage München 2003 (zit.: Palandt-Bearbeiter)

Palao Moreno, Guillermo: Los grupos de empresas multinacionales y el contrato individual de trabajo, Valencia 2000

Páramo Montero, Pablo: Las responsabilidades empresariales en el ámbito laboral y de Seguridad Social, Valencia 1995

Paulus, Christoph G.: Verbindungslinien des modernen Insolvenzrechts, ZIP 2000, 2189 ff.

Peters, Ulrich: Schranken der Mehrheitsherrschaft im Deutschen und Amerikanischen GmbH-Konzernrecht, Münster 1980

Prebble, Amanda L.: Corporate Law Confines to Parent Liability under CERCLA: United States v. Bestfoods, 118 S.Ct. 1876 (1998), 67 (1999) U.Cin.L.Rev. 1357 ff.

Predko, Christopher J.: Substantive Consolidation Involving Non-Debtors: Conceptual and Jurisdictional Difficulties in Bankruptcy, 41 (1995) Wayne L.Rev. 1741 ff.

Priester, Hans-Joachim: Die eigene GmbH als fremder Dritter, ZGR 1993, 512 ff.

Ders.: Die GmbH auf dem Weg zur OHG?, DNotZ 1993, Sonderheft, 121* ff.

Ders.: Unbeschränkte Konzernhaftung des GmbH-Gesellschafters, ZIP 1986, 137 ff.

Priester, Hans-Joachim/Mayer, Dieter (Hrsg.): Münchener Handbuch des Gesellschaftsrechts, Band 3: Gesellschaft mit beschränkter Haftung, München 1996 (zit.: MüHdb. GmbH-Bearbeiter)

Reck, Reinhard: Auswirkungen der Insolvenzordnung auf die GmbH aus strafrechtlicher Sicht, GmbHR 1999, 267 ff.

Reckhorn-Hengemühle, Monika: Die spanische Aktiengesellschaft, München 1992 (zit.: Reckhorn-Hengemühle, AG)

Dies.: Die neue spanische GmbH, München 1993 (zit.: Reckhorn-Hengemühle, GmbH)

Rehbinder, Eckard: Konzernaußenrecht und allgemeines Privatrecht, Bad Homburg u.a. 1969

Ders.: Gesellschaftsrechtliche Probleme mehrstufiger Unternehmensverbindungen, ZGR 1977, 581 ff.

Reichert, Jochem/Weller, Marc-Philippe/Reiff, Peter: Haftung von Kontrollorganen, ZRP 2002, 49 ff.

Reiff, Peter: Anmerkung zu OLG Oldenburg EWiR 2001, 147 v. 9.4.1999, EWiR 2001, 147 f.

Reimann, Mathias: Einführung in das US-amerikanische Privatrecht, München 1997

Rentsch, Klaus: Spanisches Konzern- und Übernahmerecht, München 2003

Rheinstein, Max: Einführung in die Rechtsvergleichung, 2. Auflage München 1987

Rock, Edward B./Wachter, Michael L.: Waiting for the Omelet to set: Match-specific Assets and Minority Opression in Close Corporations, 24 (1999) J.Corp.L. 913 ff.

Roe, Mark J.: Some Differences in Corporate Structure in Germany, Japan, and the United States, 102 (1993) Yale L.J., 1927 ff.

Röhricht, Volker: Die GmbH im Spannungsfeld zwischen wirtschaftlicher Dispositionsfreiheit ihrer Gesellschafter und Gläubigerschutz, in FS 50 Jahre BGH, 2000, S. 83 ff.

Ders.: Von Rechtswissenschaft und Rechtsprechung, ZGR 1999, 445 ff.

Römermann, Volker/Schröder, Henning: Aufgabe des qualifiziert faktischen GmbH-Konzerns - Das „Bremer Vulkan"-Urteil des BGH vom 17.9.2001, GmbHR 2001, 1015 ff.

Roth, Günther H./Altmeppen, Holger: GmbHG, 4. Auflage München 2003

Roth, Wulf-Henning: "Video"-Nachlese oder das (immer noch) vergessene Gemeinschaftsrecht, ZIP 1992, 1054 ff.

Rowedder, Heinz: Bestandsschutz im faktischen GmbH-Konzern, in Peter Hommelhoff u.a. (Hrsg.), Entwicklungen im GmbH-Konzernrecht, 1986, S. 20 ff. (zit.: Rowedder in Hommelhoff, Entwicklungen, 20)

Rowedder, Heinz u.a.: GmbHG, 3. Auflage München 1997 (zit.: Rowedder-Bearbeiter)

Ruiz Peris, Juan Ignacio: Konzernrecht und Kapitalmarkt in Spanien, in Hommelhoff/Hopt/Lutter (Hrsg.), Konzernrecht und Kapitalmarktrecht, 2001, S. 243 ff. (zit.: Ruiz Peris in KuK, S. 243)

Ders.: Grupos en la Ley de Sociedades de Responsibilidad Limitada, DN Nr.8 1996, 8 ff.

Sacco, Rodolfo: Einführung in die Rechtsvergleichung, Baden Baden 2001

Sánchez Calero, Fernando: Instituciones de Derecho Mercantil Band I, 23. Auflage Madrid u.a. 2000 (zit.: Sánchez Calero, Instituciones I)

Ders.: De nuevo sobre la regulación de los grupos de sociedades, RDBB 2000, 7 ff.

Sánchez Weickgenannt, Christina: Rechte der Minderheitsgesellschafter in der spanischen Sociedad de Responsabilidad Limitada, RIW 2002, 101 ff.

Schanze, Erich: Einmanngesellschaft und Durchgriffshaftung, Frankfurt a.M. 1975

Ders.: Konzernspezifischer Gläubigerschutz: Vergleich der Regelungsansätze, in Mestmäcker/Behrens (Hrsg.), Das Gesellschaftsrecht der Konzerne im internationalen Vergleich, Baden-Baden 1991, S. 473 ff. (zit.: Schanze in Mestmäcker/Behrens, S. 473)

Schmidt, Karsten: Gesellschaftsrecht, 3. Auflage Köln u.a. 1997

Ders.: Insolvenzgesetze, 17. Auflage München 1997 (zit.: Kilger/Karsten Schmidt)

Ders.: Gesellschafterhaftung und „Konzernhaftung“ bei der GmbH, NJW 2001, 3577 ff.

Ders.: Konzernunternehmen, Unternehmensgruppe und Konzern-Rechtsverhältnis, in FS Lutter, Köln 2000, S. 1167 ff.

Ders.: Zur Durchgriffsfestigkeit der GmbH, ZIP 1994, 837 ff.

Ders.: Abhängigkeit und faktischer Konzern als Aufgaben der Rechtspolitik, JZ 1992, 856 ff.

Ders.: Verlustausgleich im qualifizierten faktischen Konzern, in: Hommelhoff/Stimpel/Ulmer (Hrsg.), Der Qualifizierte Faktische GmbH-Konzern, S. 109 ff., Köln 1992 (zit.: Karsten Schmidt in Hommelhoff/Stimpel/Ulmer, S. 109)

Ders.: Gleichordnung im Konzern: terra incognita?, ZHR 155 (1991), 417 ff.

Ders.: Zum Stand des Konzernhaftungsrechts bei der GmbH, ZIP 1991, 1325 ff.

Ders.: Konkursverschleppungshaftung und Konkursverursachungshaftung, ZIP 1988, 1497 ff.

Ders.: Konzernhaftung oder mitgliedschaftliche Haftung des privaten GmbH-Gesellschafters?, ZIP 1986, 146 ff.

Ders.: Zum Haftungsdurchgriff wegen Sphärenvermischung und zur Haftungsverfassung im GmbH-Konzern, BB 1985, 2074 ff.

Schmitz-Rode, Wolfgang/Bank, Stephan: Die konzernrechtliche Haftung nach dem Bundesbodenschutzgesetz, DB 1999, 417 ff.

Schneider, Uwe H./Strenger, Christian: Die „Corporate Governance-Grundsätze“ der Grundsatzkommission Corporate Governance (German Panel on Corporate Governance) – Einführung, AG 2000, 106 ff.

Schneider, Uwe H.: Stimmverbote im GmbH-Konzern, ZHR 150 (1986), 609 ff.

Schnittker, Helder: LLP und LLC: Die Haftung der Mitglieder und Manager, GmbHR 2001, 382 ff.

Scholz, Franz (Begr.): Kommentar zum GmbH-Gesetz, 9. Auflage Köln 2000 (zit.: Scholz/Bearbeiter)

Schwarz, Günter Christian: Anmerkung zu KG NZG 2001, 80 v. 1.8.2000, NZG 2001, 172 f.

Seibert, Ulrich: Im Blickpunkt: Der Deutsche Corporate Governance Kodex ist da, BB 2002, 581 ff.

Seibt, Christoph H.: Deutscher Corporate Governance Kodex und Entsprechens-Erklärung (§ 161 AktG-E), AG 2002, 249 ff.

Serick, Rolf: Rechtsform und Realität juristischer Personen, Berlin Tübingen 1955

Shaffner, Andrew D.: Corporate Fiduciary – Insolvent: The Fiduciary Relationship Your Corporate Law Professor (Should Have) Warned You about, 8 (2000) Am.Bankr.Inst.L.R. 479 ff.

Siegel, Theodor u.a.: Stille Reserven und aktienrechtliche Informationspflichten, ZIP 1999, 2077 ff.

Smith, D. Gordon: The Sharehoder Primacy Norm, 23 (1998) J.Corp.L. 277 ff.

Smith, Thomas A.: The Efficient Norm for Corporate Law: A Neotraditional Interpretation of Fiduciary Duty, 98 (1999) Mich.L.Rev. 214

Soergel, Hanns Theodor (Begr.): Bürgerliches Gesetzbuch, 12. Auflage Stuttgart u.a. 1987 ff. (zit.: Soergel^{12}-Bearbeiter)

Staudinger, Julius v. (Begr.): Kommentar zum Bürgerlichen Gesetzbuch, 13. Bearbeitung Berlin 1993 ff. (zit.: Staudinger-Bearbeiter)

Ders.: Kommentar zum Bürgerlichen Gesetzbuch, 12. Auflage Berlin 1980 ff. (zit.: Staudinger^{12}-Bearbeiter)

Stein, Friedrich/Jonas, Martin (Begr.): Kommentar zur Zivilprozessordnung, 21. Auflage Tübingen 1993 ff. (zit.: Stein/Jonas-Bearbeiter)

Stimpel, Walter: Haftung im qualifizierten faktischen GmbH-Konzern, ZGR 1991, 144 ff.

Stoll, Hans: Haftungsverlagerung durch beweisrechtliche Mittel, AcP 176 (1976), 145 ff.

Strohn, Lutz: Die Verfassung der Aktiengesellschaft im faktischen Konzern, Köln u.a. 1977

Suárez González, Carlos: Las declaraciones de patrocinio, Madrid 1994

Timm, Wolfram: Grundfragen des "qualifizierten" faktischen Konzerns im Aktienrecht, NJW 1987, 977 ff.

Thesaurus Linguae Latinae, Band IV Heft 1, 1906 (zit. Thesaurus)

Thompson, Robert B.: Piercing the Corporate Veil: An Empirical Study, 76 (1991) Cornell L.Rev. 1036 ff.

Tucker, Maxwell J.: Grupo Mexicano and the Death of Substantive Consolidation, 8 (2000) Am.Bankr.Inst.L.Rev. 427 ff.

Ulmer, Peter: Aktienrecht im Wandel, AcP 202 (2002), 143 ff.

Ders.: Gesellschafterhaftung im faktischen Einmann-Konzern („Konzernhaftung"), ZHR-Beiheft Nr. 70 (2002), S. 41 ff.

Ders.: Von „TBB" zu „Bremer Vulkan" – Revolution oder Evolution?, ZIP 2001, 2021 ff.

Ders.: Schutz der GmbH gegen Schädigung zugunsten ihrer Gesellschafter?, in FS Pfeiffer, Köln u.a. 1988, S. 853 ff.

Ders.: Gesellschafterpflicht zur Erhaltung des satzungsmäßigen Haftungsfonds der GmbH?, ZGR 1985, 598 ff.

Ders.: Der Gläubigerschutz im faktischen GmbH-Konzern beim Fehlen von Minderheitsgesellschaftern, ZHR 148 (1984), 391 ff.

Ders.: Die GmbH und der Gläubigerschutz, GmbHR 1984, 256 ff.

Ders.: Gesellschafterdarlehen und Unterkapitalisierung bei GmbH und GmbH & Co KG, in FS Duden, München 1977, S. 661 ff.

Uría, Rodrigo/Menéndez Menéndez, Aurelio (Hrsg.): Curso de Derecho Mercantil I, Madrid 1999 (zit.: Uría/Menéndez-Bearbeiter)

Vagts, Detlev: Challenges to Executive Compensation: For the Markets or the Courts?, 8 (1983) J.Corp.L. 231 ff.

Varian, Hal R.: Grundzüge der Mikroökonomik, 5. Auflage München Wien 2001

Veltins, Michael A.: Durchgriffshaftung im amerikanischen Recht, RIW 1983, 713 ff.

Vetter, Jochen: Rechtsfolgen existenzvernichtender Eingriffe, ZIP 2003, 601 ff.

Vierhaus, Hans-Peter: Das Bundes-Bodenschutzgesetz, NJW 1998, 1262 ff.

Vinuesa Aladro, Alfonso: Derecho del Trabajo para Empresarios, 2. Auflage Madrid 1998

Wackerbarth, Ulrich: Grenzen der Leitungsmacht in der internationalen Unternehmensgruppe, München 2001

Warren, Elizabeth/Westbrook, Jay Lawrence: Financial Characteristics of Businesses in Bankruptcy, 73 (1999) Am.Bankr.L.J. 499 ff.

Weigl, Gerald: Die Betriebsrentenanpassung im Konzern, ZIP 1997, 354 ff.

Wellkamp, Ludger: Der Gleichordnungskonzern – Ein Konzern ohne Abhängigkeit?, DB 1993, 2517 ff.

Westermann, Harm Peter: Umwelthaftung im Konzern, ZHR 155 (1991), 223 ff.

Wiedemann, Herbert: Gesellschaftsrecht Band 1, München 1980

Ders.: Die Unternehmensgruppe im Privatrecht, Tübingen 1988 (zit.: Wiedemann, Unternehmensgruppe)

Ders.: Spätlese zu Autokran, ZGR 1986, 656 ff.

Ders.: Zu den Treuepflichten im Gesellschaftsrecht, in FS Heinsius, Berlin New York 1991, S. 949 ff.

Ders.: Anmerkung zu BAG AP Nr. 25 zu § 16 BetrAVG v. 28.4.1992 „Rank Xerox“

Wiedemann, Herbert/Hirte, Heribert: Konzernrecht, in FG 50 Jahre BGH, Bd. 2, S. 337 ff.

Wieland, Heike: Die Abbildung von Fremdeinfluß im Abhängigkeitsbericht, Lohmar Köln 1998

Wilhelm, Jan: Kapitalgesellschaftsrecht, Berlin New York 1998 (zit.: Wilhelm, KapGesR)

Ders.: Rechtsform und Haftung bei der juristischen Person, Köln u.a. 1981

Ders.: Zurück zur Durchgriffshaftung – das „KBV“-Urteil des II. Zivilsenats des BGH vom 24.6.2002, NJW 2003, 175 ff.

Ders.: Konkursantragspflicht des GmbH-Geschäftsführers und Quotenschaden, ZIP 1993, 1833 ff.

Ders.: Die Vermögensbindung bei der Aktiengesellschaft und der GmbH und das Problem der Unterkapitalisierung, in FS Flume, Köln 1978, S. 337 ff.

Wilhelmi, Rüdiger: Der Grundsatz der Kapitalerhaltung im System des GmbH-Rechts, Baden-Baden 2001

Wilken, Oliver: Cash-Management und qualifiziert faktische Konzernierung, DB 2001, 2383 ff.

Winter, Martin: Mitgliedschaftliche Treubindungen im GmbH-Recht, München 1987

Ders.: Eigeninteresse und Treupflicht bei der Einmann-GmbH in der neueren BGH-Rechtsprechung, ZGR 1994, 570 ff.

Wolf, Martin: Corporate Governance – Der Import angelsächsischer „Self-Regulation“ im Widerstreit zum deutschen Parlamentsvorbehalt, ZRP 2002, 59 f.

Würdinger, Hans: Aktienrecht und das Recht der verbundenen Unternehmen, 4. Auflage Heidelberg Karlsruhe 1981

Wymeersch, Eddy: Gesellschaftsrecht im Wandel: Ursachen und Entwicklungslinien, ZGR 2001, 294 ff.

Zeuner, Mark: Die Anfechtung in der Insolvenz, München 1999

Ziegler, Klaus: Verlustausgleich und Haftungsdurchgriff beim qualifiziert faktischen GmbH-Konzern, WM 1989, 1077 ff.

Ziemons, Hildegard: Die Haftung der Gesellschafter für Einflußnahmen auf die Geschäftsführung der GmbH, Köln u.a. 1996

Zöller, Richard (Begr.): Zivilprozessordnung, 23. Auflage Köln 2002 (zit.: Zöller-Bearbeiter)

Zöllner, Wolfgang: Die Schranken mitgliedschaftlicher Stimmrechtsmacht bei den privatrechtlichen Personenverbänden, München Berlin 1963

Ders.: 100 Jahre GmbH, JZ 1992, 381 ff.

Zünd, André: Einheitliche Leitung – Bedeutung und Tauglichkeit des Begriffs, in Druey (Hrsg.): Das St. Galler Konzernrechtsgespräch, Bern 1988 (zit.: Zünd in Konzernrechtsgespräch)

Zweigert, Konrad/Kötz, Hein: Einführung in die Rechtsvergleichung, 3. Auflage Tübingen 1996

Teil 1 Einführung

A. Gegenstand der Arbeit

Gegenstand dieser Arbeit sind die Leitungsmacht des eine Kapitalgesellschaft kontrollierenden Gesellschafters und die aus dieser Machtausübung resultierende Verantwortlichkeit, außerdem die Zurechnung von Tatbeständen innerhalb eines Konzerns in den Rechten Deutschlands, Spaniens und der USA. 1

Ziel der Untersuchung ist es, das deutsche Recht mit *zwei weiteren Rechtsordnungen* zu vergleichen, die anders als das deutsche Recht eine in sich geschlossene Sonderbehandlung der verbundenen Unternehmen im Gesellschaftsrecht nicht kennen[1]. Im Anschluß an die Darstellung der ausländischen Rechte soll der Vergleich mit deren Lösungsversuchen zu der Identifizierung und zu dem Verständnis der zugrundeliegenden Probleme und damit zu dem Verständnis auch des deutschen Rechts beitragen[2]. Es wird dabei versucht werden, Lösungsansätze und Überlegungen in den ausländischen Rechten für die Interpretation und die Fortentwicklung des deutschen Rechts nutzbar zu machen[3]. Hiervon können keine Patentlösungen erwartet werden. Gerade wenn derzeit Probleme, zu deren Lösung das Konzernrecht herangezogen wurde, vermehrt mit den Mitteln des allgemeinen Gesellschaftsrechts angegangen werden[4], kann aber ein Blick darauf lohnend sein, welche Normen in anderen Rechtsordnungen die Funktion des deutschen Konzernrechts übernehmen[5]. Untersucht werden hierzu die Rechte Spaniens und der USA. Es wird sich zeigen, daß beide Rechts- 2

---

[1] Mehr Rechtsvergleichung im deutschen Gesellschaftsrecht fordert Röhricht, ZGR 1999, 445 (478); für Konzernrechtsvergleichung Immenga in FS Robert Fischer, S. 297 ff.

[2] S. zu dieser Funktion der Rechtsvergleichung Rheinstein, S. 27; Ebert, § 56; Sacco, Kap. 1 Rn. 15; Zweigert/Kötz, § 2 IV; s.a. Großfeld, S. 10 sowie ders., S. 17 ff. zur Bedeutung der Rechtsvergleichung im Unternehmensrecht.

[3] Vgl. zu dieser Möglichkeit der Rechtsvergleichung Ebert, § 55, 57; Zweigert/Kötz, § 2; Mansel, JZ 1991, 529: „Im wissenschaftlichen Streit der Ansichten über die Lösung einer Frage des internen Rechts ist die Rechtsvergleichung eine Autoritätsquelle von wesentlich höherer Güte als die Feststellung einer sogenannten herrschenden Meinung, die meist nur zur vordergründigen Befreiung von einer Argumentationslast dient."

[4] In der Folge des „Bremer Vulkan"-Urteils BGHZ 149, 10 v. 17.9.2001; näher u. Rn. 166 ff.

[5] S. zur funktionalen Rechtsvergleichung und damit dazu, daß Grundlage des Vergleichs der Normen unterschiedlicher Rechtsordnungen ihre gemeinsame Funktion ist Ebert, § 4: „tertium comparationis"; Rheinstein, S. 25 ff.; Zweigert/Kötz, § 3 II; speziell für das Konzernrecht Immenga in FS Robert Fischer, S. 297 (298 f.).

ordnungen über vielversprechende Instrumentarien verfügen, die den Problemen, welche zur Schaffung des deutschen Konzerngesellschaftsrechts geführt haben, effektiv begegnen und die zum Teil bereits de lege lata auch im deutschen Recht angelegt sind, zum Teil Denkanstöße für die Weiterentwicklung des Rechts liefern. Es wird sich andererseits zeigen, daß sich nicht jede Rechtsfigur ausländischer Herkunft zur Implementierung in das deutsche Recht eignet und in manchen Bereichen der bereits eingeschlagene Lösungsweg der Anpassung an die us-amerikanische oder spanische Rechtslage vorzuziehen ist.

3 Für einen Rechtsvergleich mit *Spanien* spricht, daß das spanische Kapitalgesellschaftsrecht in den vergangenen zwölf Jahren von Grund auf neu geregelt wurde[6]. Der spanische Gesetzgeber hatte damit die Gelegenheit, dieses Rechtsgebiet auf den neuesten Stand zu bringen, veraltete Regelungen abzuschaffen und Regelungen, die sich in anderen Staaten bewährt hatten, aufzunehmen. Die dem Rechtsvergleich vorangehende Darstellung des spanischen Rechts der kontrollierten Kapitalgesellschaft bietet sich zudem wegen der vielfältigen wirtschaftlichen Verflechtungen mit dem EU-Partner Spanien an, während gleichzeitig deutschsprachige Literatur zum spanischen Gesellschaftsrecht eher selten ist[7].

4 Die Gründe für den Vergleich mit den *USA* sind andere. Im Gegensatz zum spanischen Recht unterscheidet sich das us-amerikanische common law insgesamt deutlich von dem deutschen civil law-System. Für eine reiche rechtsvergleichende Ernte spricht die Entwicklung des Kapitalgesellschaftsrechts über zwei Jahrhunderte[8]. Fünfzig einzelstaatliche Gesellschaftsrechte und die immense wirtschaftliche Aktivität haben außerdem zu einem entwickelten und ausdifferenzierten Gesellschaftsrecht beigetragen, das – auch aufgrund der wirtschaftlichen Macht der USA – andere Rechtsordnungen beeinflußt. Zahlreiche länderübergreifende Entwicklun-

---

[6] Das spanische Aktiengesetz LSA wurde in der Form des Real Decreto Legislativo 1564/1989 am 22.12.1989 erlassen, das Äquivalent des GmbHG, die LSL, Ley 2/1995, datiert vom 23.3.1995. Beide Gesetze brachten tiefgreifende strukturelle Änderungen; s. zur Reform von 1989 Neila Neila, S. VII: „völliger Umschwung", zur Reform der LSL Löber/Wendland/Fröhlingsdorf, S. 3: „umfassende Neuregelung".

[7] Ausnahmen sind allgemein Cremades; Löber/Wendland/Fröhlingsdorf; Reckhorn-Hengemühle, AG und dies., GmbH (letzteres vor der Reform der LSL von 1995); Fischer, RIW 1996, 12 ff.; speziell im Konzernrecht Rentsch; Embid Irujo in Konzernrecht, S. 247 ff.; Ruiz Peris in KuK, S. 243 ff. (zum Kapitalmarktrecht); Camps Ruiz, ZIAS 1995, 507 ff. (zum Konzernarbeitsrecht); zur Verwalterhaftung Otto, RIW 2002, 27 ff.; zum Durchgriff Haas; zum Minderheitenschutz in der S.L. Sánchez Weickgenannt, RIW 2002, 101 ff.

[8] Dazu Mahoney, 84 (2000) Ga.L.Rev. 873 ff.; auch zur Geschichte der „corporate groups" Blumberg, Substantive Law, ch. 1-3.

gen des Kapitalgesellschaftsrechts finden ihren Ursprung in den USA[9]. Dazu zählt auch ein zentrales Instrument der Haftungserstreckung auf einen konrollierenden Gesellschafter, die Durchgriffsmethode. Sie ist ein US-Exportartikel, der von Deutschland und Spanien adaptiert wurde. Gerade hierzu bieten die USA reicheres Fallmaterial als jede andere Rechtsordnung.

An konzernrechtlicher Literatur und insbesondere an Literatur über das deutsche Konzernhaftungsrecht fehlt es allerdings nicht. Spätestens[10] seit 5
der deutsche Gesetzgeber 1965 Leitungsmacht und Verantwortlichkeit innerhalb eines Aktienkonzerns in den §§ 291 ff. AktG geregelt und damit die weltweit erste Konzernrechtskodifikation geschaffen hat, ist das Konzernrecht in Deutschland prominentes Diskussionsthema. Das GmbH-Konzernrecht wurde zwischenzeitlich als das Gesellschaftsrechtsthema Nr. 1 bezeichnet[11], zu einer Zeit, als die Anwendung von Vorschriften des Aktienkonzernrechts auf die GmbH durch den *BGH* ein überwältigendes literarisches Echo ausgelöst hatte[12].

Nach einer Phase weitgehender Beruhigung[13] deutet eine aktuelle Ent- 6
scheidung des *BGH*[14] nun auf eine teilweise Abkehr von speziell konzernrechtlichen Ansätzen und lenkt den Blick zurück auf Institute des allgemeinen Gesellschaftsrechts, die zur Lösung der zugrundeliegenden Probleme[15] herangezogen werden können. Die Einzelheiten und insbesondere die dogmatischen Grundlagen dieser Neubesinnung sind aber noch nicht geklärt und es entbrennt von neuem der Streit um die Haftung des kontrollierenden Gesellschafters[16]. Hier sollen deshalb *Haftungstatbestände*, die

---

9 So auch das Übernahmerecht, dazu u. Fn. 20.

10 Sehr ausführlich zur konzernrechtlichen Diskussion vor 1965 und zur Entwicklung des Aktienkonzernrechts Dettling, S. 132 ff.

11 Zöllner, JZ 1992, 381 (384).

12 Dazu u. Rn. 167 ff.

13 S. Reiff, EWiR 2001, 147: „Der qualifizierte faktische (GmbH-) Konzern [...] steht seit der „TBB“-Entscheidung [...] und ihrer Nachbereitung im Schrifttum nicht mehr im Mittelpunkt des Interesses.“

14 BGHZ 149, 10 v. 17.9.2001 „Bremer Vulkan“; bestätigt durch BGH NJW 2002, 1803 v. 25.2.2002.

15 Dazu Rn. 37 ff.

16 S. die teils kontroversen Stellungnahmen von Karsten Schmidt, NJW 2001, 3577 ff.; Altmeppen, ZIP 2001, 1837 ff.; ders., NJW 2002, 321 ff.; ders., ZIP 2002, 961 ff.; Ulmer, ZIP 2001, 2021 ff.; Wilken, DB 2001, 2383 ff.; Goette, DStR 2001, 1857; Römermann/Schröder, GmbHR 2001, 1015 ff.; Kessler, GmbHR 2001, 1095 ff.; Luttermann, BB 2001, 2433 ff.; Decher, ZInsO 2002, 113 ff.; Burgard, ZIP 2002, 827 ff.; Henze, BB 2002, 1011 f.; Börner, BGHReport 2002, 551 f.; Bender, GmbHR 2002, 552 ff.; Bitter, WM 2001, 2133 ff.; Hoffmann, NZG 2002, 68 ff.

im Konzern besonders relevant werden, gemeinsam behandelt und verglichen werden.

7 Konstituierend für das Konzernrecht ist die Ausübung von *Leitungsmacht* oder zumindest die Möglichkeit der Kontrolle durch einen Gesellschafter. Die Besonderheit der konzernrechtlich relevanten Haftungstatbestände besteht somit darin, daß sie insbesondere dann zur Anwendung kommen können, wenn ein Gesellschafter Leitungsmacht ausüben kann. Inwieweit dies seine Haftung begründen kann, wird wesentlich davon abhängen, inwieweit ihm diese Ausübung von Leitungsmacht gestattet ist. Unter welchen Voraussetzungen ein Gesellschafter haftet, richtet sich mit anderen Worten zu einem großen Teil danach, was er darf. Dieses Dürfen, die Grenze der Leitungsmacht, ist auch deshalb Thema der Arbeit.

8 Die *Zurechnung* von Tatbeständen ist schließlich ebenso wie Macht und Verantwortlichkeit eine Grundfrage des Konzerns und eine juristische Herausforderung in vielen Rechtsgebieten. Sie wird teilweise mit dem Instrument gelöst, das auch für die Haftungserstreckung verbreitet ist, der Durchgriffsmethode. Auch dieses Anwendungsfeld der Durchgriffsmethode soll betrachtet werden.

9 Die Weite des Themas bringt *Einschränkungen* mit sich. Behandelt werden zunächst nur kontrollierte Kapitalgesellschaften, die deutsche AG und GmbH, die spanische S.A. und S.L. und die us-amerikanische business corporation. Auf sie konzentriert sich die konzernrechtliche Theorie und Praxis. Andere kontrollierte Verbände bleiben deshalb hier außer Betracht. Im Zentrum der Untersuchung steht außerdem das geltende Recht. Soft Law wie nicht verbindliche Verhaltensrichtlinien für die Unternehmensführung werden lediglich zur Ermittlung des geltenden Rechts herangezogen werden[17]. Nicht Gegenstand dieser Arbeit ist ferner die rechtsgeschäftliche Haftung des Gesellschafters gegenüber Dritten, die im Konzern insbesondere aus der Abgabe einer Patronatserklärung[18] folgen kann. Sie

---

[17] S. zu ALI, Principles of Corporate Governance, Wiedemann/Hirte in FG 50 Jahre BGH, Bd. 2, S. 337 (355 ff.). Die ALI Principles behandeln in ihren §§ 5.10 bis 5.12 die Loyalitätspflichten des Mehrheitsgesellschafters gegenüber der corporation. Die OECD Principles of Corporate Governance listen einige Grundsätze der Unternehmensverfassung auf, so die gerechte Behandlung der Anteilseigner (II.) sowie Offenheit und Transparenz (IV.). Eine noch nicht letztendlich geklärte Zwitterstellung zwischen Recht und Verhaltensempfehlung für die Unternehmensleitung hat der Deutsche Corporate Governance Kodex, u. Fn. 1068. S. zu unverbindlichen codes of conduct Reeves in ASIL proceedings: „Such codes represent pious hopes rather than an issue at the cutting edge. These codes could, however, be a preview of coming attractions at the national legislative level. Nonetheless, at the present time it is good for public relations when a multinational enterprise or national government pays lip service to the codes."

[18] S. zum deutschen Recht insbes. MüKo^3-Habersack, Vor § 765, Rn. 44 ff.; Staudinger-Horn Vorbem. zu §§ 765 ff., Rn. 405 ff.; Erman-Seiler, Vor § 765 Rn. 25; La-

wirft andere Probleme auf, als die hier behandelten Haftungstatbestände. Zwischen diesen gesetzlichen Tatbeständen und der Patronatserklärung steht eine teilweise diskutierte speziell konzernrechtliche Vertrauenshaftung[19], die aber in keiner der drei behandelten Rechtsordnungen bisher Verbreitung gefunden hat. Auch sie wird nicht Thema sein. Abzugrenzen ist der Untersuchungsgegenstand schließlich von dem Übernahmerecht. Das Übernahmerecht bestimmt die Erlangung der Kontrolle über eine Gesellschaft[20], in dieser Arbeit wird jedoch bereits bestehende Kontrolle vorausgesetzt werden.

B. Gemeinsame Rechtsprobleme

Grundlage des Rechtsvergleichs ist die gemeinsame Funktion der vergli- 10
chenen Normen, das gemeinsame zu lösende Rechtsproblem[21]. Was sind die zugrundeliegenden Rechtsprobleme, die den deutschen Gesetzgeber zur Schaffung des Konzernrechts der §§ 291 ff. AktG veranlaßt haben und die zu lösen Funktion der hier verglichenen Rechtsnormen ist?

Das Besondere des Konzerns als einer Verbindung aus mehreren unter- 11
schiedlichen Rechtsträgern wird häufig in der Divergenz zwischen seiner tatsächlichen und seiner rechtlichen Struktur gesehen. Schlagworte wie „Einheit und Vielheit im Konzern"[22] oder „polykorporativer Verband" umschreiben diesen Befund. Rechtlich bestehen mehrere Personen, tatsächlich erscheint deren Verbindung aber häufig als *ein* Unternehmen und folgt *einem* einheitlich gebildeten Willen[23].

Betrachtet man statt des Gesamtgebildes die Einzelgesellschaft, so folgt aus dem Auseinanderfallen von Willensbildung und Person das Problem, das den deutschen Gesetzgeber hauptsächlich zur Schaffung der §§ 291 ff. AktG bewog: In die Willensbildung fließen nicht nur die Interessen der handelnden Person (der kontrollierten Gesellschaft) ein, sondern, da die

---

renz/Canaris, SchR II/2, § 64 V; Mosch; zum spanischen Recht Suárez González; López Uriel, RFDUC Nr. 72 (1986/87), 325 ff.

[19] Eine c.i.c.-ähnliche Vertrauenshaftung hat das Schweizer Bundesgericht in der Entscheidung BGE 120 (1994) II, 331 ff. = AG 1996, 44 f. v. 15.11.1994 „Wibru/Swissair" angenommen, dazu Fleischer, NZG 1999, 685 ff. Auch in Deutschland wurde eine solche Haftung diskutiert, s. Wiedemann, Unternehmensgruppe, S. 89 f.; Fleischer, ZHR 163 (1999), 461 (474 ff.) und (ablehnend) Lutter, GS Knobbe-Keuk, S. 229 ff. m.w.N.

[20] S. zum neuen deutschen und europäischen Übernahmerecht etwa Altmeppen, ZIP 2001, 1073 ff.; Mülbert, ZIP 2001, 1221 ff.; Neye, ZIP 2001, 1120 ff.; Liebscher, ZIP 2001, 853 ff.; zahlreiche weitere Nachweise bei Emmerich/Sonnenschein/Habersack, § 1 IV.

[21] S.o. Fn. 5.

[22] S. Rehbinder, S. 31 und den Titel des Beitrags von Bälz in FS Raiser, S. 287 ff.

[23] S. Karsten Schmidt in FS Lutter, S. 1167 (1173 ff., 1191).

Willensbildung bei einer anderen Person (dem kontrollierenden Gesellschafter) stattfindet, richtet sie sich maßgeblich nach deren Interessen. Die §§ 291 ff. AktG sollen diejenigen, die ein rechtlich anerkanntes Interesse an einer abhängigen AG haben – vor allem Minderheitsgesellschafter und Gläubiger – dagegen schützen, daß der herrschende Gesellschafter seine Herrschaft zu für die AG nachteiligen Maßnahmen nutzt, wenn sein Interesse nicht der wirtschaftliche Erfolg der AG ist.
Es lassen sich somit abstrakt – bei aller Vorsicht – vor allem zwei Rechtsprobleme ausmachen, die das Bild des Konzerns prägen. Sie sollen hier als das „Unternehmensproblem" und der „Interessenkonflikt des kontrollierenden Gesellschafters" bezeichnet werden.

12 I. Das *Unternehmensproblem* besteht darin, daß eine unternehmerische Aktivität auf mehrere Rechtssubjekte verteilt wird. Gesetzliche und vertragliche Bestimmungen im Zusammenhang mit dieser Aktivität richten sich aber im Regelfall nur an ein Rechtssubjekt. Bei der Anwendung dieser gesetzlichen und vertraglichen Bestimmungen stellt sich die Frage, ob ihr Anwendungsbereich auf ein Rechtssubjekt beschränkt bleibt, das den Tatbestand erfüllt, oder ob der Anwendungsbereich auf weitere Rechtssubjekte ausgedehnt wird, die dem selben Gebilde angehören und gemeinsam ein Unternehmen betreiben.

13 II. Der *Interessenkonflikt des kontrollierenden Gesellschafters* dominiert vor allem die deutsche Konzernrechtsdiskussion. Das Gesellschaftsrecht baut darauf, daß die Mitglieder einer Gesellschaft einen gemeinsamen Zweck verfolgen. Solange sie diesen Zweck nur innerhalb der einen Gesellschaft verfolgen, liegt Bestand und Erfolg der Gesellschaft typischerweise in ihrem Interesse, da sie nur so die Zweckverfolgung sichern können. Verfolgt ein Gesellschafter den Zweck dagegen auch außerhalb der Gesellschaft, so kann er zwischen mehreren Wegen der Zweckverfolgung wählen. Er kann damit auch den einen Weg zugunsten des anderen Weges benachteiligen ohne insgesamt die Zweckverfolgung zu beeinträchtigen. Es wird beispielsweise der Gesamterfolg einer Konzernobergesellschaft meist nicht beeinträchtigt, ob ein bestimmtes günstiges Geschäft nun in der einen oder der anderen Tochtergesellschaft stattfindet.

14 Der deutsche Gesetzgeber hat diesen Interessenkonflikt zum Anlaß genommen, ein besonderes Schutzinstrumentarium zugunsten einer abhängigen AG (und damit ihrer Minderheitsgesellschafter und Gläubiger) zu schaffen, wenn Leitungsmacht durch ein herrschendes *Unternehmen* ausgeübt wird. Dies beruht auf der Vermutung, daß der herrschende Gesellschafter besonders geneigt sein wird, die abhängige Gesellschaft zu benachteiligen, wenn er auch außerhalb der beherrschten Gesellschaft einer wirtschaftlichen Aktivität nachgeht, die er dementsprechend bevorzu-

gen kann[24]. Daß die Verbandsinteressen nicht deckungsgleich mit den Interessen des Mitglieds sind, erscheint aber auch in anderen Konstellationen möglich. Dies zeigt sich auch darin, daß die Regelungen zur Begegnung dieses Konflikts in den Vergleichsrechtsordnungen und auch im deutschen Recht auf unterschiedlichen Stufen einsetzen.

Die Entwicklung von der Normalstruktur der mehrgliedrigen Gesellschaft zu dieser besonderen konzernrechtlichen Interessenlage und darüber hinaus kann in Orientierung an die verglichenen Rechtsinstitute in vier Stufen beschrieben werden. Dabei handelt es sich selbstverständlich um ein grobes Modell, das Zwischenstufen ausblendet und sich auf die grundlegenden Verschiebungen beschränkt. **15**

1. Ausgangslage ist der *verteilte Anteilsbesitz*, bei dem kein Gesellschafter über einen Anteil an der Gesellschaft verfügt, der ihm allein die Kontrolle über die Aktivität der Gesellschaft erlaubte. Um Entscheidungen zu treffen, müssen sich die Anteilseigner einigen. Ist der Anteilsbesitz zersplittert, ist es meist aufwendig, eine organisierte Mehrheit zu etablieren. Das Verhalten der Gesellschaft wird deshalb maßgeblich durch die Verwaltung bestimmt[25]. Soweit Leitungsmacht durch die Gesellschafter ausgeübt wird, führt der Zwang zur Einigung dazu, daß die getroffenen Entscheidungen typischerweise im gemeinsamen Interesse liegen. Das gemeinsame Interesse wird in aller Regel der Erfolg und die Lebensfähigkeit der Gesellschaft sein, denn hiervon profitieren alle Gesellschafter. Geschützt durch die Haftungsbeschränkung können aber auch hochspekulative Geschäfte im Interesse der Gesellschafter liegen, die, wenn sie glücken, hohen Gewinn versprechen, ansonsten aber zur Insolvenz der Gesellschaft und dem Ausfall der Gläubiger führen. Auch riskante Geschäfte zu ermöglichen ist andererseits eines der Ziele der Haftungsbeschränkung. Der Anreiz zu hochriskanten Geschäften steigt in der Krise der Gesellschaft, wenn das Gesellschaftsvermögen allenfalls noch zur Befriedigung der Gläubiger ausreichen würde. Dann können spekulative Geschäfte eine Möglichkeit sein, der Beteiligung wieder einen Wert zu geben. In der Krise besteht daneben ein verstärkter Anreiz zum Abzug von Vermögen, das anschließend zur Befriedigung der Gläubiger fehlt. Hierüber muß aber jeweils Einigkeit zwischen den Gesellschaftern erzielt werden. Die Willensbildung findet in der Gesellschaft statt. **16**

---

[24] S. Begr. RegE, Kropff, S. 373 f.; BGHZ 122, 123 (127 f.) v. 29.3.1992 „TBB"; 95, 330 (334) v. 16.9.1985 „Autokran"; zu einer GmbH & Co. KG BGH NJW 1980, 231 v. 5.2.1979 „Gervais"; KK-Koppensteiner, § 15 Rn. 7; Röhricht, FS 50 Jahre BGH, S. 83 m.w.N. in Fn. 1.

[25] Vgl.u. Fn. 663.

17 2. Die Willensbildung verlagert sich aus der Gesellschaft heraus und der Zwang zur gegenseitigen Rücksichtnahme fällt weg, wenn ein *Gesellschafter die Gesellschaft kontrolliert* und Entscheidungen damit allein durchsetzen kann[26]. Er wird dann Entscheidungen treffen, die in seinem eigenen Interesse liegen. Ist die Gesellschaft die einzige wirtschaftliche Aktivität des Gesellschafters, ist er also Privatperson oder eindimensionale Holding, so ließe sich vermuten – und wurde vom Gesetzgeber des AktG vermutet -, daß dieses Interesse immer noch der Erfolg der Gesellschaft ist, denn er hat keine anderen Mittel zur Auswahl, mit denen er seine wirtschaftlichen Ziele verfolgen kann. Es sind hier aber bereits leichter als bei verteiltem Anteilsbesitz Konstellationen denkbar, in denen Gesellschafterinteresse und Gesellschaftsinteresse (verstanden als wirtschaftlicher Erfolg und Erhaltung der Lebensfähigkeit) auseinanderfallen. So kann der Privatgesellschafter nicht qualifizierte Familienmitglieder einstellen, sich selbst zum Geschäftsführer bestellen und ein überhöhtes Gehalt festsetzen oder der GmbH überteuert ein Privatgrundstück verkaufen. Insgesamt erscheint eine Benachteiligung der Gesellschaft durch einen kontrollierenden Gesellschafter auf dieser Stufe vor allem deshalb wahrscheinlicher, da er die Macht hat, Maßnahmen durchzusetzen ohne sich mit anderen Gesellschaftern darüber abstimmen zu müssen. Dies führt insbesondere auch dazu, daß die Wege zur Durchsetzung einer Maßnahme weniger formell werden, da der Abstimmungsprozeß an Bedeutung verliert oder ganz wegfällt.

18 Ist der kontrollierende Gesellschafter eine Kapitalgesellschaft, so kommt hinzu, daß eine investierende natürliche Person als Gesellschafter des herrschenden Gesellschafters gegen die Verbindlichkeiten der kontrollierten Gesellschaft bereits zweifach durch Haftungsbeschränkung gesichert ist[27].

19 3. Der Gesetzgeber des AktG hat angenommen, daß sich die Gefährdung der kontrollierten Gesellschaft erhöht, wenn *der kontrollierende Gesell-*

---

[26] Wann ein Gesellschafter die Gesellschaft kontroliert, kann im einzelnen zweifelhaft sein und hängt wesentlich von der Struktur der Gesellschaft ab. Das deutsche Konzernrecht spricht in § 17 Abs. 1 AktG von abhängigen und herrschenden Unternehmen, wenn das herrschende Unternehmen einen beherrschenden Einfluß ausüben kann. Ergiebiger als diese Definition ist § 17 Abs. 2 AktG, der die Beherrschung vermutet, wenn ein Unternehmen an einem anderen mit Mehrheit beteiligt ist. Letztere Definition gilt – mit Ausnahme des Erfordernisses eines Unternehmens - auch für den us-amerikanischen Begriff des „controlling shareholder", s.u. Fn. 731 f.; abweichende Bestimmung der Kontrolle in ALI, Principles of Corporate Governance, § 1.08. Betrachtet man die Struktur der hier verglichenen Kapitalgesellschaften, so kommt dem Punkt entscheidende Bedeutung zu, den auch § 290 Abs. 2 Nr. 2 HGB für die Pflicht zur Aufstellung eines Konzernabschlusses in Bezug nimmt, dem Recht (oder der Möglichkeit), die Mitglieder des Verwaltungs-, Leitungs- oder Aufsichtsorgans zu bestellen und abzuberufen. Dies ist in allen verglichenen Rechtsordnungen das zentrale Recht der Anteilseigner.

[27] Dazu Wiedemann, ZGR 1986, 656 (670 f.).

schafter ein Unternehmen ist[28]. Herrschendes Unternehmen in diesem Sinne kann sowohl eine natürliche als auch eine juristische Person sein[29]. In beiden Fällen beruht die angenommene gesteigerte Gefährdung darauf, daß der kontrollierende Gesellschafter seine wirtschaftliche Aktivität außerhalb der Gesellschaft zum Nachteil der Gesellschaft bevorzugen kann. Das könnte etwa der Fall sein, wenn das kontrollierende Unternehmen ausschließlich Geschäfte mit hohem Haftungsrisiko durch eine kontrollierte Gesellschaft abwickelt, um das damit verbundene Risiko von sich fernzuhalten. Klassischer Fall ist aber das konzerninterne Rechtsgeschäft: Das kontrollierende Unternehmen schließt Verträge mit der kontrollierten Gesellschaft ab, die für letztere häufig nachteilig sind, etwa weil in der kontrollierten Gesellschaft der Gewinn mit Minderheitsgesellschaftern geteilt werden muß und das herrschende Unternehmen deshalb dafür sorgt, daß der Gewinn bei ihm selbst anfällt[30].

4. Die Verschiebung der Interessenlage verstärkt sich, wenn das kontrollierende Unternehmen nicht nur eine, sondern noch *weitere Gesellschaften kontrolliert*. Es kann dann versucht sein, die eine zugunsten der anderen Gesellschaft zu bevorzugen, etwa falls es steuerlich günstiger ist, Gewinne in einer inländischen als in einer ausländischen Tochtergesellschaft anfallen zu lassen. Außerdem vervielfältigen sich die Möglichkeiten der Benachteiligung, da konzerninterne Rechtsgeschäfte jetzt nicht nur mit dem Mutterunternehmen, sondern auch zwischen den kontrollierten Gesellschaften möglich sind. Ein Interessenkonflikt entsteht zwangsläufig, wenn zu entscheiden ist, welche mehrerer geeigneter Gesellschaften eine Geschäftschance nutzen soll. **20**

Zusammengefaßt steigert sich die Motivation und die Möglichkeit der Benachteiligung einer Gesellschaft durch einen Gesellschafter gegenüber einer unabhängigen Gesellschaft (1. Stufe) mit ihrer Kontrolle (2. Stufe), mit der Kontrolle durch ein Unternehmen (3. Stufe) und mit ihrer Kontrolle durch ein Unternehmen mit weiteren abhängigen Gesellschaften (4. Stufe). Die Regelungen gegen diese Benachteiligung setzen auf unterschiedlichen Stufen an. So kennt das US-Recht eine Treupflicht des kontrollierenden Gesellschafters[31], das deutsche Konzernrecht setzt mit der Beherrschung durch ein Unternehmen ein[32], die us-amerikanische single business enter- **21**

---

[28] S. schon o. Fn. 24.
[29] S.u. Fn. 50.
[30] S.u., insbesondere Rn. 76 ff.
[31] S.u. Rn. 352 ff.
[32] S.u. Rn. 32 ff.

prise doctrine findet dagegen nur Anwendung, wenn mehrere Kapitalgesellschaften unter einheitlicher Kontrolle stehen[33].
Die in dieser Arbeit in den Bereichen Macht und Verantwortlichkeit verglichenen Rechtsnormen haben die gemeinsame Funktion, dem Konflikt eines kontrollierenden Gesellschafters zwischen seinen Interessen innerhalb und außerhalb der kontrollierten Gesellschaft zu begegnen. Dabei wird es sowohl um die Normen gehen, die generell diesen Interessenkonflikt zum Gegenstand haben, so die Kapitalerhaltung und die deutsche Treupflicht, als auch um Regelungen, die auf der zweiten, dritten und vierten Stufe einsetzen.

C. Gang der Untersuchung

22 Um die Normen zu vergleichen, die in den untersuchten Rechtsordnungen dem Interessenkonflikt des kontrollierenden Gesellschafters begegnen und die Zurechnung von Tatbeständen zwischen den konzernangehörigen Unternehmen regeln, werden die Rechte Deutschlands, Spaniens und der USA jeweils geschlossen dargestellt. *Innerhalb der Länderberichte* beginnt die Darstellung mit den Rahmenbedingungen und dem jeweils zulässigen Umfang der Ausübung von *Leitungsmacht* durch einen Gesellschafter. Sodann wird die *Durchgriffsmethode* vorgestellt, die sowohl für die Haftung des kontrollierenden Gesellschafters als auch für die *Zurechnung* von Tatbeständen Bedeutung gewinnt. Letzteres Problem der Zurechnung von Tatbeständen innerhalb eines Konzerns schließt sich an die Durchgriffsmethode an.

23 Der darauf folgende Teil, in dem die *Verantwortlichkeit* (Haftung und Verlustausgleich) zunächst des kontrollierenden Gesellschafters und sodann anderer Konzernbestandteile untersucht wird, wird einerseits auf die Ergebnisse zur zulässigen Ausübung von Leitungsmacht durch einen herrschenden Gesellschafter zurückgreifen müssen. Denn die Antwort auf die Frage, wann die Ausübung von Leitungsmacht haftunsbegründend ist, wird bestimmt von der Frage, welche Ausübung von Leitungsmacht zulässig ist. Er wird andererseits auf die Darstellung der Durchgriffsmethode zurückgreifen, die in allen drei Rechtsordnungen eine – unterschiedlich große – Bedeutung für die Haftung des kontrollierenden Gesellschafters erlangt hat. Anschließend wird kurz betrachtet werden, ob die Funktion, dem Interessenkonflikt des kontrollierenden Gesellschafters zu begegnen, maßgeblich durch das Insolvenzrecht erfüllt wird.

24 *Im Anschluß an die Länderberichte* sollen die drei Rechtsordnungen miteinander verglichen werden. Anhand von Thesen wird versucht werden, Unterschiede und Gemeinsamkeiten herauszuarbeiten und auszuwerten

---

[33] S.u. Rn. 407 ff.

und insbesondere die spanische und us-amerikanische Erfahrung für Verständnis, Interpretation und Fortentwicklung des deutschen Rechts nutzbar zu machen. Die Thesen, die in diesem Vergleich verifiziert werden sollen, lassen sich auf die folgenden grundsätzlichen Aussagen zurückführen:

1. Das deutsche Konzernrecht der §§ 291 ff. AktG behandelt Fragen, die in den anderen untersuchten Rechtsordnungen im Rahmen des allgemeinen Gesellschaftsrechts gelöst werden. Die Notwendigkeit eines besonderen Konzernrechts entfällt, soweit das allgemeine Gesellschaftsrecht die Ziele des Konzernrechts bereits verwirklicht. 25

2. Überzeugende Lösungen der grundlegenden Konzernprobleme – des Unternehmensproblems und des Interessenkonflikts des herrschenden Gesellschafters – gelingen durch die Anpassung und Fortentwicklung bestehender Rechtsinstitute. Sie gelingen jedoch nicht durch den Rückgriff auf allgemeine Gerechtigkeitserwägungen. 26

Teil 2 Überblick über das deutsche Konzernrecht

A. Begriffliches und Arten der Konzerne

I. Was ist ein Konzern?

27 Zu Beginn sollen zunächst die wesentlichen Begriffe des deutschen Konzernrechts kurz vorgestellt werden. Die vorliegende Arbeit behandelt Macht, Verantwortlichkeit und Zurechnung im Konzern. Was aber ist ein Konzern?

28 Eine *Legaldefinition* findet sich in § 18 Abs. 1 S. 1 AktG. Entscheidend ist danach, daß verschiedene Unternehmen unter einheitlicher Leitung zusammengefaßt sind. Nicht ausreichend ist, wie auch der Vergleich mit § 17 Abs. 1 AktG zeigt, daß ein beherrschender Einfluß lediglich besteht und ausgeübt werden könnte, sondern er muß tatsächlich dazu genutzt werden, eine einheitliche Unternehmensführung durchzusetzen[34]. Trotzdem wird das *Konzern*recht darüber hinausgreifend als Sammelbegriff für das Gesellschaftsrecht der verbundenen Unternehmen definiert[35]. Konzernrecht ist also nicht das Recht des Konzerns im Sinne des AktG. Die Definition des § 18 Abs. 1 S. 1 AktG entspricht nicht dem üblichen juristischen Sprachgebrauch.

29 *Außerhalb des AktG* wird unter einem Konzern ein „wirtschaftlicher Zusammenschluß von Unternehmen, deren rechtliche Selbständigkeit erhalten bleibt“[36] verstanden. Der Begriff wurde im 19. Jahrhundert aus dem englischen „concern“ = Geschäftsbeziehung, Unternehmung, entlehnt[37], seinerseits abgeleitet aus dem Verb „concern“ = betreffen, angehen[38], welches wiederum vom gleichbedeutenden französischen „concerner“ abstammt[39]. Dieses geht auf das mittellateinische „concernere“ zurück. „Concernere“

---

[34] Wie weit diese zentrale Unternehmenssteuerung gehen muß, um zur einheitlichen Leitung zu werden, ist zwischen dem „engen“ und dem „weiten“ Konzernbegriff umstritten. Der enge Konzernbegriff sieht den Konzern als wirtschaftliche Einheit und betont deshalb das Erfordernis einer Koordination des Finanzbereichs, s. Hüffer § 18 Rn. 9 ff., der weite Konzernbegriff läßt dagegen auch die einheitliche Planung in anderen zentralen Unternehmensbereichen ausreichen, s. Emmerich/Sonnenschein/Habersack, § 4 III 1 a.

[35] S. Emmerich/Sonnenschein/Habersack, § 1 I 1; Hüffer, § 15 Rn. 2.

[36] Duden, S. 376 „Konzern“.

[37] Duden, S. 376 „Konzern“.

[38] S. Kluge, S. 403 „Konzern“.

[39] S. Kluge, S. 403 „Konzern“.

bedeutet „Unterschiedliches zusammenmischen"[40]. Nach Herkunft und allgemeinem Sprachgebrauch erfaßt der Begriff des Konzerns folglich eine Vermischung oder Verbindung von Unternehmen.

Die Legaldefinitionen der §§ 15-19 AktG wählen dagegen als Oberbegriff in § 15 AktG nicht den Konzern, sondern das *verbundene Unternehmen.* Kann ein Unternehmen auf ein anderes einen beherrschenden Einfluß ausüben, so bezeichnet § 17 AktG die Unternehmen als abhängig und herrschend und erst wenn der beherrschende Einfluß tatsächlich zu einer einheitlichen Leitung genutzt wird, liegt nach § 18 Abs. 1 S. 1 AktG ein Konzern vor. Nun dürfte der Fall, daß ein beherrschender Einfluß aufgebaut, dann aber nicht genutzt wird, eher selten sein[41]. Es kann sich aber das Problem stellen, die Einflußnahme des herrschenden Unternehmens zu beweisen. Dementsprechend knüpft das Gesetz in den zentralen Regelungen der §§ 311 ff. AktG und in § 290 Abs. 2 HGB auch nicht an das Vorliegen eines Konzerns im Sinne des § 18 AktG an, sondern an das Vorliegen unterschiedlicher Formen von Abhängigkeit[42]. Dem entspricht auch, daß die hier mit der deutschen verglichenen Rechtsordnungen zwar Rechtsfolgen an das Bestehen unterschiedlicher Formen von Abhängigkeit oder Kontrolle knüpfen, jedoch nicht daran, daß diese Abhängigkeit zu einer einheitlichen Leitung genutzt wird[43]. Das Erfordernis der einheitlichen Leitung war international erfolglos[44]. 30

Unter dem Konzern wird in dieser Arbeit deshalb mit dem üblichen Sprachgebrauch jede gesellschaftsrechtlich vermittelte Verbindung[45] rechtlich selbständiger Unternehmen verstanden[46]. Kommt es einmal auf § 18 AktG an, so wird darauf besonders hingewiesen werden. 31

---

[40] Duden, S. 376 „Konzern", s.a. Thesaurus, S. 24 „concerno".

[41] S. Wackerbarth, § 1 II; Götz, ZGR 1998, 524 (529 f.).

[42] S.a. Karsten Schmidt in FS Lutter, S. 1167 (1170): „Nicht der Konzerntatbestand (§ 18 AktG), sondern der Abhängigkeitstatbestand (§ 17 AktG) steht im Mittelpunkt des gesetzlichen Aktienkonzernrechts."

[43] S. zum spanischen Recht u. Rn. 297 ff., 303 ff., zum US-Recht insbesondere Rn. 352 ff., zusammenfassend Rn. 452 ff.

[44] S. Wackerbarth § 1 II; Druey in Konzernrecht im Ausland, 310 (340); s. aber Zünd in Konzernrechtsgespräch, S. 77 (78 f.).

[45] Dazu, daß nicht gesellschaftsrechtlich begründete Abhängigkeitsbeziehungen, z.B. aufgrund von Austauschverträgen, die Anwendung des Konzernrechts nicht begründen können BGHZ 90, 379 ff. v. 26.3.1984 „BuM-WestLB"; Karsten Schmidt, § 31 II 3 b m.w.N. in Fn. 28; vgl. für die USA und die parent-subsidiary-Beziehung U.S. v. Bestfoods, US Sup., 524 S.Ct. 1876 (1884) v. 8.6.1998.

[46] Zur Gleichsetzung des „Konzernrechts" mit dem Recht der verbundenen Unternehmen s.a. Hüffer § 15 Rn. 2.

II. §§ 15-19 AktG

32 Die einzigen gesetzlichen Regelungen speziell der Unternehmensverbindungen, die unabhängig von der Rechtsform der beteiligten Unternehmen gelten, sind die Begriffsbestimmungen der §§ 15-19 AktG.
Die in den §§ 16-19 AktG definierten speziellen Unternehmensverbindungen sowie die Vertragsteile eines Unternehmensvertrages faßt § 15 AktG unter dem Obergriff der verbundenen *Unternehmen* zusammen. Auch §§ 291 ff. AktG behandeln nur Verbindungen zwischen der AG und einem anderen Unternehmen. Die konzernrechtlichen Regelungen gelten damit nicht für die Beziehung zu einem beliebigen Gesellschafter, sondern nur dann, wenn es sich bei diesem Gesellschafter um ein Unternehmen handelt. Was aber ist ein Unternehmen?

33 Eine allgemeingültige Definition des Unternehmensbegriffs besteht nicht. Selbst innerhalb des Konzernrechts wird zwischen der Definition des abhängigen, des herrschenden und des gleichgeordneten Unternehmens unterschieden, die jeweils nach dem Zweck der konzernrechtlichen Regelung bestimmt werden[47]. Für den zentralen Begriff des *herrschenden Unternehmens*[48] bedeutet dies: Zweck der konzernrechtlichen Regelung ist es, der Gefahr Rechnung zu tragen, daß ein Gesellschafter sich bei der Ausübung seiner Beteiligungsrechte von anderweitigen unternehmerischen Interessen leiten läßt[49]. Ein herrschender Gesellschafter soll deshalb ohne Rücksicht auf die Rechtsform dann Unternehmen sein, wenn er neben der Beteiligung an der AG anderweitige wirtschaftliche Interessenbindungen aufweist, die nach Art und Intensität die ernsthafte Sorge begründen, er könne wegen dieser Bindungen seinen aus der Mitgliedschaft folgenden Einfluß auf die AG nachteilig ausüben[50]. Die konzernrechtlichen Regelungen erfassen damit zwar einerseits nicht jeden kontrollierenden Gesellschafter, andererseits können aber auch natürliche Personen Unternehmen sein, sofern sie einen eigenen Geschäftsbetrieb unterhalten oder in anderen Unternehmen ihre Interessen maßgeblich verfolgen können[51]. Lediglich Privatpersonen ohne maßgeblichen Einfluß in anderen Unternehmen und

---

[47] S. Hüffer, § 15 Rn. 7 m.w.N.; Heymann-Horn, Einl. V Rn. 3; Karsten Schmidt, § 31 II 1; Wackerbarth, § 4 I 1.

[48] Die Bedeutung des Unternehmensbegriffs ist bei abhängigen Unternehmen wesentlich geringer, da das Gesetz meist von „abhängiger Gesellschaft“ spricht, Hüffer, § 15 Rn. 14.

[49] S.o. Rn. 10 ff.

[50] S. BGHZ 69, 334 (337) v. 13.10.1977 „VEBA/Gelsenberg“; 80, 69 (72) v. 16.2.1981 „Süssen“; 135, 107 (113) v. 17.3.1997 „Volkswagen“; Hüffer, § 15 Rn. 8 m.w.N.; Karsten Schmidt, § 31 II 1 a; MüHdb. AG-Krieger, § 68 Rn. 6.

[51] BGHZ 95, 330 (337) v. 16.9.1985 „Autokran“; Karsten Schmidt, § 31 II 1 a m.w.N. in Fn. 14.

eindimensionale Holdings[52] werden nicht von dem heute herrschenden Unternehmensbegriff erfaßt.

Bei den speziellen Unternehmensverbindungen stellen die Definitionsnormen der *§§ 16-18 AktG* eine Leiter der Kontrolle auf[53]. Gehört einem Unternehmen unmittelbar oder mittelbar die Mehrheit der Anteile oder steht ihm die Mehrheit der Stimmrechte in einem anderen Unternehmen zu, so spricht § 16 Abs. 1 AktG von mit Mehrheit beteiligtem und in Mehrheitsbesitz stehendem Unternehmen. Die Unternehmen werden nach § 17 Abs. 1 AktG zu abhängigen und herrschenden, wenn das eine auf das andere einen beherrschenden Einfluß ausüben kann. Wird der Einfluß dazu genutzt, eine einheitliche Leitung durchzusetzen, so liegt nach § 18 Abs. 1 S. 1 AktG ein (Unterordnungs-) Konzern vor. Gemäß §§ 17 Abs. 2, 18 Abs. 1 S. 3 AktG wird jeweils vermutet, daß das im Mehrheitsbesitz stehende Unternehmen beherrscht wird und daß das beherrschte Unternehmen Teil eines Konzerns ist. 34

Aus der Regelung der einseitigen Kontrolle fallen die wechselseitig beteiligten Unternehmen des § 19 AktG heraus, mit deren Regelung (s.a. § 338 AktG) Gefahren für die Aufbringung, Erhaltung und Darstellung des Kapitals, sowie der Gefahr der wechselseitigen Machtausübung in der Hauptversammlung begegnet werden soll[54]. 35

III. Vertrags- und faktischer Konzern

Eine für das Verständnis des deutschen Konzernrechts notwendige Unterscheidung ist die zwischen Vertragskonzernen und faktischen Konzernen. Ist im Unterordnungskonzern die Ausübung von Leitungsmacht durch einen Beherrschungsvertrag nach § 291 Abs. 1 S. 1 1. Alt. AktG legitimiert, so liegt ein Vertragskonzern vor[55], ist die Konzernleitungsmacht dagegen nicht in einem solchen Vertrag begründet, sondern besteht sie rein tatsächlich, handelt es sich um einen faktischen Konzern. 36

Eine Verbindung mehrerer Unternehmen ist aber deshalb nicht insgesamt ein „Vertragskonzern“ oder ein „faktischer Konzern“. Diese Begriffe kennzeichnen vielmehr nur die Beziehungen zwischen jeweils zwei der verbundenen Unternehmen. Der Gesamtkonzern ist ein Gebilde, das aus einer Vielzahl von Einzelgesellschaften bestehen kann. Die Beziehungen

[52] Unter dem Begriff einer eindimensionalen Holding ist eine Gesellschaft zu verstehen, die – ohne einen eigenen Geschäftsbetrieb zu haben - lediglich an einer weiteren Gesellschaft mehrheitlich beteiligt ist, Wackerbarth, § 3 II 2.

[53] Erläuterung der Einzeltatbestände z.B. bei Karsten Schmidt, § 31 II 3; MüHdb. AG-Krieger, § 68, Rn. 18-76.

[54] S. Begr. RegE, Kropff, S. 34 f.; Karsten Schmidt, § 31 II 3 d.

[55] S. MüHdb. AG-Krieger, § 70 Rn. 1.

zwischen diesen Einzelgesellschaften können sehr unterschiedlich sein. Ein Etikett, das für eine oder mehrere dieser Beziehungen paßt, läßt sich deshalb nicht dem gesamten Konzern aufdrücken.

B. Der Umfang der Leitungsmacht

37 Eine, wenn nicht die zentrale Frage des Konzernrechts ist die nach dem Umfang der Leitungsmacht des herrschenden Gesellschafters in der abhängigen Gesellschaft. In welchem Umfang und mit welchen Mitteln darf der herrschende Gesellschafter seine Interessen in der Gesellschaft durchsetzen?

I. Aktienkonzern

38 Ausgegangen wird bei der Beantwortung dieser Frage von der Verteilung der Leitungsmacht in der unabhängigen Gesellschaft. Sie kann durch die Konzernbeziehung modifiziert werden.

1. Rahmenbedingungen der Machtausübung in der AG

a. Organisationsverfassung

39 In der Aktiengesellschaft leitet nach § 76 Abs. 1 AktG der Vorstand die Gesellschaft *unter eigener Verantwortung*, durch § 77 Abs. 1 S. 1 AktG ist er zur Geschäftsführung, durch § 78 Abs. 1 AktG zur Vertretung der AG befugt. Der Aufsichtsrat überwacht gemäß § 111 Abs. 1 AktG lediglich die Geschäftsführung des Vorstandes. Nach § 111 Abs. 4 S. 1 AktG können ihm Maßnahmen der Geschäftsführung nicht übertragen werden, jedoch kann nach § 111 Abs. 4 S. 2 AktG ein Zustimmungsvorbehalt für bestimmte Arten von Geschäften angeordnet werden. Ein faktisch großer Einfluß auf die Leitung der AG ergibt sich aus dem Recht des Aufsichtsrats, nach § 84 Abs. 1 S. 1 AktG die Mitglieder des Vorstands zu bestellen und die Bestellung unter den Voraussetzungen des § 84 Abs. 3 AktG zu widerrufen. Die Hauptversammlung als Gremium der Aktionäre bestellt nach §§ 119 Abs. 1 Nr. 1, 101 Abs. 1 S. 1 AktG wiederum die Vertreter der Anteilseigner im Aufsichtsrat[56]. Daneben faßt die Hauptversammlung namentlich die

[56] Unterliegt die Gesellschaft dem MitbestG, so ist der Aufsichtsrat nach § 7 Abs. 1 MitbestG zu gleichen Teilen mit Vertretern der Anteilseigner und der Arbeitnehmer zu besetzen. § 27 Abs. 2 MitbestG gibt in Pattsituationen aber den Aufsichtsratsmitgliedern der Anteilseigner das Recht, den Vorsitzenden zu wählen. Bei den Beschlüssen des Aufsichtsrats erhält der Vorsitzende in Pattsituationen zwei Stimmen, s. §§ 29 Abs. 2, 31 Abs. 4 MitbestG, so daß letztlich trotz der Mitbestimmung ein Übergewicht der Anteilseigner im Aufsichtsrat besteht, s. BVerfG 50, 290 (323) v. 1.3.1979 (zur Verfassungs-

Grundlagenbeschlüsse gemäß § 119 Abs. 1 Nr. 5, 6 und 8 AktG, die als Satzungsänderungen im weiteren Sinne umschrieben werden können[57]. Über Fragen der Geschäftsführung kann die Hauptversammlung wegen § 119 Abs. 2 AktG nur entscheiden, wenn der Vorstand es verlangt.

40 Die Leitung der AG obliegt demnach mit Ausnahme der satzungsändernden Beschlüsse dem Vorstand unter der Überwachung des Aufsichtsrats. An Weisungen ist der Vorstand nicht gebunden[58]. Bei der Leitung der Gesellschaft darf er nicht allein im Interesse der Anteilseigner handeln, sondern muß das Unternehmensinteresse und auch das Gemeinwohl beachten[59]. Das Unternehmensinteresse wiederum umfaßt die Belange der Anteilseigner *und* der Arbeitnehmer[60]. Aus der Organstellung und aus dem Anstellungsverhältnis folgt eine Treupflicht der Vorstandsmitglieder, weshalb sie die Interessen der Gesellschaft wahrnehmen und alles unterlassen müssen, was die Gesellschaft schädigt[61].

Im Ergebnis hat der Vorstand die AG weisungsfrei und allein im Interesse der Gesellschaft und der Allgemeinheit zu leiten.

b. Kapitalerhaltung

41 Eine vor allem auch im Konzern bedeutsame Grenze der Leitungsmacht bilden die Vorschriften über die Kapitalerhaltung. Gemäß § 57 Abs. 1 S. 1 AktG dürfen den Aktionären ihre Einlagen nicht zurückgewährt werden. Sie haben lediglich Anspruch auf den Bilanzgewinn[62], §§ 57 Abs. 3, 58

---

mäßigkeit des MitbestG); Karsten Schmidt § 28 III 4 b; Grunewald, 2.C. Rn. 59; Henssler in FG 50 Jahre BGH, Bd. 2, S. 387 (392 f.). Fällt die AG dagegen nur unter §§ 76 ff. BetrVG 1952, so besteht der Aufsichtsrat nach § 76 Abs. 1 BetrVG 1952 lediglich zu einem Drittel aus Vertretern der Arbeitnehmer.

[57] Karsten Schmidt, § 28 IV 1 b.

[58] Hüffer § 76 Rn. 10; Grunewald, 2.C. Rn. 43; Karsten Schmidt, § 28 II 1 a.

[59] Karsten Schmidt, § 28 II 1 a; ausführlich GK^3-Meyer-Landrut § 76 Anm. 9 ff; s.a. BGHZ 69, 334 (339) v. 13.10.1977: „So schließt [...] die Verpflichtung der Gesellschaftsorgane auf das Wohl des Unternehmens es nicht aus, daß sie bei ihren Entscheidungen gesamtwirtschaftliche Gesichtspunkte und das Allgemeinwohl [...] angemessen mitberücksichtigen."

[60] Vgl. Hüffer, § 76 Rn. 12; Begr. RegE, Kropff, S.97: „Daß der Vorstand bei seinen Maßnahmen die Belange der Aktionäre und der Arbeitnehmer zu berücksichtigen hat, versteht sich von selbst und braucht deshalb nicht ausdrücklich im Gesetz bestimmt zu werden. Gleiches gilt für die Belange der Allgemeinheit."

[61] Karsten Schmidt, § 28 II 4 a; zu Verhaltensrichtlinien aus dem neuen „Deutschen Corporate Governance Kodex" u. Fn. 1068.

[62] Der Begriff „Bilanzgewinn" in § 57 Abs. 3 AktG beinhaltet, daß der zu verteilende Gewinn aus dem handelsrechtlichen Jahresabschluß zu ermitteln ist, Balthasar, S. 83 f. m.w.N. in Fn. 130. Durch die Bildung stiller Reserven im Jahresabschluß kann damit erreicht werden, daß nur ein geringer Gewinn zu verteilen ist, auch wenn die Gesell-

Abs. 4 AktG, der gemäß § 60 Abs. 1 AktG grundsätzlich nach dem Verhältnis der Kapitalanteile verteilt wird. Hierdurch wird nicht nur die gegenständliche Rückgewähr der Einlage untersagt, sondern jede Verschiebung von Gesellschaftsvermögen von der AG zu ihren Anteilseignern außerhalb der Verteilung des Bilanzgewinns[63]. Darunter fallen namentlich verdeckte Ausschüttungen[64] durch für die AG unvorteilhafte Rechtsgeschäfte mit ihren Aktionären. So hatte im Fall „Küppersbusch/AEG"[65] die Küppersbusch AG ihrem damaligen Aktionär AEG Rechte an dem Warenzeichen „Küppersbusch" eingeräumt und dafür nur geringe Vorteile erhalten. Da ein solcher Vertrag von einem vernünftigen Kaufmann nicht geschlossen worden wäre, mußte AEG die Rechte zurückgewähren[66].

42 Durch § 57 Abs. 1 AktG wird folglich unabhängig von der Finanzlage der Gesellschaft verhindert, daß ein (herrschender) Aktionär das Vermögen der AG absaugt, indem er für sich vorteilhafte Geschäfte mit ihr abschließt. Ein nicht zu unterschätzendes Problem besteht aber - insbesondere in Konzernbeziehungen mit häufig sehr zahlreichen konzerninternen Geschäften - in der Feststellung, ob Geschäfte zu Marktkonditionen abgeschlossen wurden oder ob eine verschleierte Verschiebung von Vermögen vorliegt[67].

c. Insolvenzantragspflicht

43 Verschlechtert sich – gleichgültig, ob durch unerlaubte Entnahmen oder durch unternehmerischen Mißerfolg – die wirtschaftliche Lage der AG soweit, daß ein Verlust in Höhe der Hälfte des Grundkapitals besteht, so hat der Vorstand nach § 92 Abs. 1 AktG die Hauptversammlung einzuberufen und ihr dies anzuzeigen.

Setzt sich der Sinkflug des Gesellschaftsvermögens bis zur Überschuldung fort, so hat der Vorstand nach § 92 Abs. 2 S. 2 AktG unverzüglich Insol-

---

schaft tatsächlich sehr rentabel ist. Dieses Vorgehen kann ein kontrollierender Gesellschafter nutzen, um der Minderheit das Ausscheiden aus der Gesellschaft nahezulegen.

[63] S. Hüffer, § 57 Rn. 3 m.w.N. und zu altem Aktienrecht (§ 213 HGB 1897) bereits RGZ 146, 84 (87, 93 f.) v. 19.10.1934; 149, 385 (400) v. 13.12.1935.

[64] S. Begr. RegE, Kropff, S.73; zur Definition Flume I/2, § 8 IV 2 b; Karsten Schmidt, § 29 II 2 a.: „Es muß erstens ein Rechtsgeschäft vorliegen, das der Vorstand unter sonst gleichen Umständen mit einem gesellschaftsfremden Dritten nicht abgeschlossen hätte. Es muß sich zweitens um eine Zuwendung an einen Gesellschafter (Aktionär) oder einen ihm nahestehenden Dritten handeln."; für eine klare Abgrenzung zum steuerrechtlichen Begriff der verdeckten Gewinnausschüttung GK-Henze, § 57 Rn. 13.

[65] OLG Frankfurt/M. AG 1996, 324 ff. v. 30.11.1996.

[66] OLG Frankfurt/M. AG 1996, 324 (326 f.) v. 30.11.1996.

[67] Sehr ausführlich zu Beispielen verdeckter Rückgewähr GK-Henze, § 57 Rn. 48-70; s. aber auch Hüffer, § 57 Rn. 9: „[...] kann im einzelnen schwierig sein, doch sollten solche Schwierigkeiten auch nicht überschätzt werden."; s.a. u. Rn. 78 ff.

venzantrag zu stellen. Gleiches gilt nach § 92 Abs. 2 S. 1 AktG bei Zahlungsunfähigkeit.

Überschuldung als Eröffnungsgrund eines Insolvenzverfahrens liegt nach § 19 Abs. 2 InsO vor, wenn das Vermögen der AG nicht mehr die bestehenden Verbindlichkeiten deckt. Wann dies der Fall ist, wann somit ein Insolvenzverfahren einzuleiten ist[68] und wieviel Gesellschaftsvermögen zur Befriedigung der Gläubiger in diesem Zeitpunkt tatsächlich noch zur Verfügung steht, hängt ganz entscheidend davon ab, nach welcher Methode festgestellt wird, ob das Gesellschaftsvermögen die Verbindlichkeiten deckt. Bei bedeutsamen Unterschieden und Streitfragen im einzelnen[69] kommen zur Aufstellung der Überschuldungsbilanz im Grundsatz zwei Methoden in Betracht[70]: 44

1. Die Bestimmung der rechnerischen Überschuldung nach Liquidationswerten. Aktiva und Passiva werden mit dem Wert angesetzt, den sie in der Auflösung der Gesellschaft hätten. 45
2. Die Erstellung einer Bilanz zu Fortführungswerten, auch „going concern"-Werte. Aktiva und Passiva werden mit dem Wert angesetzt, den sie bei Beibehaltung der unternehmerischen Tätigkeit haben[71].

Die Bedeutung dieser Unterscheidung für die Gesellschaftsgläubiger ist immens. Der Wert des Ganzen ist größer als die Summe seiner Teile. Vermögensgegenstände, die speziell der Tätigkeit der Gesellschaft dienen, können für die fortgeführte Gesellschaft erhebliche Werte darstellen, in der Liquidation aber nahezu wertlos sein[72].

Nachdem vor der Einführung der InsO die Ansicht verbreitet war, die Überschuldungsbilanz sei zu Liquidationswerten aufzustellen, die Insol- 46

[68] Die Legaldefinition des § 19 Abs. 2 InsO ist über die InsO hinaus auch für die Definition der die Antragspflicht begründenden Überschuldung der Kapitalgesellschaften maßgeblich, s. Hüffer, § 92 Rn. 10.

[69] S. ausführlicher zur Feststellung der Überschuldung Hüffer, § 92 Rn. 10 ff.; Lutter, ZIP 1999, 641 ff.; Reck, GmbHR 1999, 267 (270 ff.); Höffner, BB 1999, 198 ff.; zur gleichen Problematik in der GmbH Lutter/Hommelhoff, § 64 Rn. 7 ff. jew. m.w.N.; vor Geltung des § 19 InsO KK-Mertens, § 92 Rn. 29 ff.; Hachenburg-Ulmer, § 63 Rn. 23 ff.; § 64 Rn. 17 ff.

[70] S. zum Gegensatz zwischen der Bewertung nach Fortführungs- und Liquidationswerten neben den in Fn. 69 Genannten auch Balthasar, S. 80 f.

[71] Zur Bilanzierung zu Fortführungswerten BilanzK-Budde/Geißler, § 252 Rn. 17.

[72] Vgl. Hachenburg-Ulmer, § 63 Rn. 32; Wackerbarth, § 7 I 3 d; Reck, GmbHR 1999, 267 (271): Bei Bewertung zu Liquidationswerten Abschläge zwischen 20 % und 50 % auf die Buchwerte. Im einzelnen werden bei unfertigen Erzeugnissen mindestens 50 % Abschlag vorgenommen, bei den fertigen Erzeugnissen zwischen 20 % und 50 %, bei Forderungen aus Lieferungen und Leistungen ebenfalls zwischen 20 % und 50 %.

venzantragspflicht setze aber voraus, daß eine Prognose über die Fortführung der Gesellschaft negativ sei[73], entscheidet nunmehr § 19 Abs. 2 S. 2 InsO diese Frage: Die Überschuldung ist nach Liquidationswerten zu beurteilen, es sei denn, die Fortführung des Unternehmens ist überwiegend wahrscheinlich. In diesem Fall sind going concern-Werte anzusetzen. Derjenige, der in der Insolvenz der Gesellschaft geltend macht, zu going concern-Werten habe keine Überschuldung vorgelegen, muß damit nachweisen, daß die zwischenzeitlich gescheiterte Fortführung des Unternehmens zum Zeitpunkt der Prognose wahrscheinlich war[74].

47 Das Versäumen der Insolvenzantragspflicht hat *Haftungsfolgen* für den Vorstand. Nach dem AktG haftet das Vorstandsmitglied, das die Stellung des Insolvenzantrages unterläßt, gemäß §§ 92 Abs. 3, 93 Abs. 1, 3 Nr. 6 AktG auf nach Eintritt des Insolvenzgrundes geleistete Zahlungen. § 92 Abs. 2 AktG ist außerdem Schutzgesetz zugunsten der Gesellschaftsgläubiger im Sinne des § 823 Abs. 2 BGB[75]. Ein Vorstandsmitglied, das bei Zahlungsunfähigkeit oder Überschuldung nicht die Eröffnung des Insolvenzverfahrens beantragt, haftet daher auf den Schaden, der durch die verspätete Verfahrenseröffnung entsteht. Das Vorstandsmitglied haftet damit nicht für den gesamten Schaden der Gläubiger durch die Insolvenz, sondern nur für den Schaden, der während des Vorliegens des Insolvenzgrundes zusätzlich entstanden ist[76]. Der Schadenersatzanspruch der Gläubiger-

---

[73] BGHZ 119, 201 (214) v. 13.7.1992; 126, 181 (199) v. 6.6.1994 (zur entsprechenden Regelung in § 64 GmbHG); Kilger/Karsten Schmidt, § 102 2 b; Karsten Schmidt, JZ 1982, 165 (169); Hachenburg-Ulmer, § 63 Rn. 34 ff. m.w.N. in Fn. 89 f., mit umfassendem Überblick zum Meinungsstand nach altem Recht in Rn. 28 ff.

[74] V. Gerkan, EWiR 1999, 409 (410). Eine solche Verteilung der Darlegungslast sah BGHZ 126, 181 (200) v. 6.6.1994 bereits bezüglich der Fortführungsprognose nach der alten h.M. (s. Fn. 73), die nicht die Bilanzierungsmethode beeinflussen, sondern ohne weiteres die Überschuldung ausschließen sollte. Stand die rechnerische Überschuldung fest, so hatte der Inanspruchgenommene darzulegen, daß eine Fortführung gleichwohl wahrscheinlich war. Hachenburg-Ulmer, § 63 Rn. 37, § 64 Rn. 19 wollte der Geschäftsführung auch die Beweislast auferlegen.

[75] BGHZ 126, 181 (190, 194) v. 6.6.1994; NJW 1995, 398 f. v. 7.11.1994; NJW 1998, 2667 v. 30.3.1998; BGHZ 29, 100 v. 16.12.1958 jeweils zu § 64 Abs. 1 GmbHG; KK-Mertens, § 92 Rn. 50; Karsten Schmidt, § 36 II 5 a; wiederum zu § 64 GmbHG Hachenburg-Ulmer, § 64 Rn. 47 f.; zweifelnd Hüffer, § 92 Rn. 16; a.A. Altmeppen/Wilhelm, NJW 1999, 673 (679); Wilhelm, ZIP 1993, 1833 (1835).

[76] Das bedeutet, daß Gläubiger, die vor Eintritt des Insolvenzgrundes Forderungen erworben haben, nur denjenigen Ausfall geltend machen können, der durch die Weiterführung der Gesellschaft zusätzlich entstanden ist, den sogenannten Quotenschaden, s. Hüffer, § 92 Rn. 17; KK-Mertens, § 92 Rn. 52. Seit BGHZ 126, 181 (190 ff.) v. 6.6.1994, bestätigt in BGH NJW 1995, 398 v. 7.11.1994, können Neugläubiger, also Gläubiger, die ihre Forderungen nach Eintritt des Insolvenzgrundes erworben haben, ihren gesamten Schaden ersetzt verlangen, denn hätte die Gesellschaft rechtzeitig Insolvenzantrag

gesamtheit wird während eines Insolvenzverfahrens entsprechend § 93 Abs. 5 S. 4 AktG durch den Insolvenzverwalter geltend gemacht[77]. Neben der zivilrechtlichen Haftung kommt Strafbarkeit des Vorstandsmitglieds aus § 401 Abs. 1 Nr. 2 AktG in Frage.

Zusammengefaßt richten sich die Insolvenzantragspflicht und ihre Haftungsfolgen an den Vorstand der AG und erfassen damit einen herrschenden Gesellschafter oder seinen Vertreter nur, wenn er in Personalunion Vorstandsmitglied der beherrschten Gesellschaft ist. Sie schützen die Gläubiger aber insofern gegen Schädigungen der abhängigen Gesellschaft, als das Gesellschaftsvermögen im Interesse der Gläubiger verwertet werden muß, sobald es nicht mehr zu deren Befriedigung ausreicht, wodurch die weitgehende Befriedigung der Gläubiger erreicht werden soll und weitere Schädigungen verhindert werden. **48**

d. Die Treupflicht des Aktionärs

Eine Begrenzung der Machtausübung durch Aktionäre kann sich aus der gesellschaftlichen Treupflicht ergeben. **49**

Allgemein können aus Rechtsverhältnissen Loyalitätspflichten folgen. Ausdruck dieses Grundsatzes ist § 242 BGB. Folglich kann sich eine solche Pflicht auch aus der Mitgliedschaft in einer Gesellschaft ergeben[78]. § 705 BGB als Grundnorm des Gesellschaftsrechts[79] verpflichtet zudem auf die Förderung des gemeinsamen Zwecks[80].

---

gestellt, wäre die Beziehung zur Gesellschaft und damit der den Schaden begündende Forderungsausfall nicht zustande gekommen.

[77] S. KK-Mertens, § 92 Rn. 53; BGHZ 126, 181 (190) v. 6.6.1994; nach BGH, aaO., S. 201 kann der Schaden der Neugläubiger auch während eines Insolvenzverfahrens durch diese selbst geltend gemacht werden, s.a. Hüffer, § 92 Rn. 18 mit zahlreichen Nachweisen. Nach BGH NJW 1998, 2667 v. 30.3.1998 ist diese Befugnis ausschließlich. Der Konkursverwalter (heute: Insolvenzverwalter) ist nicht zur Geltendmachung dieser Ansprüche legitimiert.

[78] S. Karsten Schmidt, § 20 IV 1 a.

[79] Hierzu Lutter, AcP 180 (1980), 84 (103) m.w.N. in Fn. 85-90; entschieden gegen eine Heranziehung des § 705 BGB in Publikumsgesellschaften dagegen Flume, ZIP 1996, 161 (164).

[80] Ob der rechtliche Ursprung der Treupflicht in § 242 BGB (hierfür Grunewald, 2.C. Rn. 35 m.w.N. in Fn. 3; Hennrichs, AcP 195 (1995), 221 (228 ff., 271); Burgard, ZIP 2002, 827 (835)), in einer aus der Satzung hergeleiteten richterrechtlichen Generalklausel (so Hüffer, § 53a Rn. 15) oder in § 705 BGB (so Lutter, AcP 180 (1980), 84 (102 ff.)) zu suchen ist, wird nicht einheitlich beantwortet, vgl. die Darstellungen bei Wakkerbarth, § 8 I 2 a m.w.N.; Henze, BB 1996, 489 (491 f.). Eindeutig ist aber, daß die Treupflicht aus der (gemeinsamen) Mitgliedschaft in dem Verband folgt. Letztlich wird sie aus den drei Quellen vertragliche Sonderverbindung, Verpflichtung auf den gemeinsamen Zweck und richterrechtliche Ausgestaltung gespeist, vgl. Scholz/Winter § 14 Rn. 50.

50 Die *Existenz* einer Treupflicht wurde zunächst für die Personengesellschaften angenommen[81]. Auch in der Rechtsprechung zum Aktienrecht wurde aber schon früh ausgesprochen, daß eine Treupflicht der Aktionäre gegenüber ihrer Gesellschaft besteht[82]. Heute ist das Bestehen der Treupflicht des Aktionärs nahezu allgemein anerkannt[83]. Die neuere Rechtsprechung sieht eine Verpflichtung nicht mehr nur gegenüber der Gesellschaft, sondern auch gegenüber den Mitaktionären[84].

51 Um den *Umfang der Verpflichtung* zu bestimmen wird maßgeblich danach unterschieden, ob die Gesellschaft eine personalistische Struktur hat oder ob es sich eher um eine Publikumsgesellschaft (mit korporativer Struktur) handelt[85]. Weitere Kriterien sind die Intensität der Interessenverletzung[86] und die Frage, ob der betreffende Gesellschafter als Unternehmer oder nur als Kapitalanleger in der Gesellschaft tätig wird[87]. Die Treupflicht ist gesteigert, je größer der Einfluß des Gesellschafters in der Gesellschaft ist[88].

---

[81] S. RGZ 162, 388 (394) v. 17.1.1940; BGHZ 68, 81 (82) v. 18.10.1976; 30, 195 (201) v. 15.6.1959; Karsten Schmidt, § 20 IV 2 a m.w.N. in Fn. 110.

[82] RGZ 146; 71 (76) v. 4.12.1934; 146, 385 (395) v. 22.1.1935 zu einer mißbräuchlichen Anfechtungsklage: „Seine Schranke findet dieses Anfechtungsrecht jedoch dort, wo es mit der das gesamte Aktienrecht beherrschenden und in der Aktienrechtsverordnung vom 12. September 1931 noch besonders betonten *Treupflicht, die jedem Aktionär der Gesellschaft gegenüber obliegt*, in Widerspruch steht“; 158, 248 (254) v. 21.9.1938, allerdings mit merklich nationalsozialistisch gefärbter Diktion: „Der Aktionär hat sich bei allen seinen Maßnahmen als Glied der Gemeinschaft zu fühlen, der er angehört, und ist gehalten, die Treupflicht gegenüber dieser Gemeinschaft zur obersten Richtschnur seines Handelns zu machen.“ Die Treupflicht wurde in der älteren Rechtsprechung nur gegenüber der Gesellschaft, nicht gegenüber den Mitaktionären, anerkannt, s. RGZ 158, 248 (254 f.) v. 21.9.1938; BGHZ 18, 350 (365) v. 27.10.1955.

[83] S. nur BGHZ 103, 184 (194 f.) v. 1.2.1988 „Linotype“; BGHZ 129, 136 (142) v. 20.3.1995 „Girmes“; Hüffer, § 53a Rn. 14 mit zahlreichen Nachweisen; Wiedemann, § 2 I 1 b bb m.w.N. in Fn. 12; Karsten Schmidt, § 28 I 4 a m.w.N. in Fn. 7.

[84] BGHZ 103, 184 (194 f.) v. 1.2.1988 „Linotype“; 129, 136 (142) v. 20.3.1995 „Girmes“.

[85] Dies bestimmt sich nicht (mehr) nach der Rechtsform der Gesellschaft. Diese bietet hierfür lediglich einen Anhaltspunkt, vgl. BGHZ 65, 15 (18 f.) v. 5.6.1975; 103, 184 (194 f.) v. 1.2.1988 „Linotype“, wo zur Begründung der Treupflicht in der Korporation darauf abgestellt wird, daß deren Struktur der einer Personengesellschaft angenähert sein kann.

[86] Hierzu Hennrichs, AcP 195 (1995), 221 (252 f., 272).

[87] So die Aufstellung bei Karsten Schmidt, § 20 IV 2 d. Sichere Subsumtionskriterien lassen sich hier – wie stets bei der Konkretisierung des Grundsatzes von Treu und Glauben – nicht aufstellen, s. Hennrichs, AcP 195 (1995), 221 (244 ff., 272); Wiedemann in FS Heinsius, S. 949 f.: „Offensichtlich ist ein solches Rechtsinstitut – wie jedes Rechtsprinzip – als solches nicht subsumtionsfähig.“

[88] BGHZ 129, 136 (143) v. 20.3.1995 „Girmes“ mit zahlreichen Nachweisen: „Besteht der Kern des Treupflichtgedankens [...] darin, daß dem Maß des Einflusses des Gesell-

Für einen herrschenden Gesellschafter wird hieraus regelmäßig folgen, daß es ihm verwehrt ist, seinen Einfluß zum Nachteil der abhängigen Gesellschaft zu nutzen.

Als gesetzliche Ausprägung der Treupflicht kann § 243 Abs. 2 AktG gewertet werden[89], wonach Hauptversammlungsbeschlüsse anfechtbar sind, durch die ein Aktionär Sondervorteile für sich oder einen Dritten zum Schaden der Gesellschaft erstrebt hat. Hieraus läßt sich rückschließen, daß die Schädigung der AG durch den Aktionär, ob zum eigenen Vorteil oder zum Vorteil eines Dritten, immer unzulässig ist. 52

Bedeutsam bei der Ermittlung der Treupflicht ist die Bestimmung des *Bezugsobjekts*. Besteht die Treupflicht im Hinblick auf die juristische Person oder mit Rücksicht auf die Mitgesellschafter? Trifft die Treupflicht also auch den Alleingesellschafter? Die Frage stellt sich aber vor allem in der GmbH, weniger in der AG. Denn das Kapitalschutzrecht der AG[90] ist wesentlich strikter als das der GmbH und über §§ 17 Abs. 2, 16 Abs. 1 AktG sind auf die Einmann-AG praktisch immer die §§ 311, 317 AktG anwendbar, die jedenfalls eine dauerhafte Nachteilszufügung untersagen. Das Problem soll daher bei der GmbH vertieft werden[91]. 53

Schon hier läßt sich aber festhalten, daß es dem Gesellschafter in der Mehrpersonengesellschaft bereits aufgrund seiner Treupflicht (konkretisiert in § 243 Abs. 2 AktG) verwehrt ist, seinen Einfluß zum Schaden der AG zu nutzen.

e. § 117 AktG – Ersatz veranlaßter Schädigung

Eine Regelung, die die Machtausübung eines herrschenden Gesellschafters in der AG begrenzen kann, enthält § 117 Abs. 1 S. 1 AktG. Hiernach ist jeder, der unter Benutzung seines Einflusses auf die Gesellschaft vorsätzlich ein Mitglied von Vorstand oder Aufsichtsrat, einen Prokuristen oder Handlungsbevollmächtigten zur Schädigung der Gesellschaft bestimmt, zum Ersatz des Schadens verpflichtet. Hieraus folgt, daß Einfluß auf die AG nicht dazu gebraucht werden darf, eine Schädigung der Gesellschaft 54

---

schafters das Maß seiner Verantwortung mit der sich daraus ergebenden Pflicht zur Rücksichtnahme auf die Interessen der Gesellschaft und die gesellschaftsbezogenen Belange der Mitgesellschafter entspricht". Die Gesellschafterpflicht eines Kleinaktionärs wird dagegen *in der Regel* nicht von der gesellschaftsrechtlichen Treupflicht bestimmt, BGHZ 103, 184 (195) v. 1.2.1988 „Linotype".

[89] Karsten Schmidt, § 28 I 4 a; vgl. a. BGHZ 103, 184 (193) v. 1.2.1988 „Linotype"; sowie Flume, ZIP 1996, 161 ff., der mit beachtenswerter Argumentation die Ansicht vertritt, es bestünde keine über das ohnehin bestehende Verbot des Erstrebens von Sondervorteilen hinausgehende Treupflicht.

[90] Hierzu unter Rn. 41 f.

[91] S.u. Rn. 107 ff.

herbeizuführen – unabhängig davon, ob es sich bei dem Veranlasser der Schädigung um den Alleingesellschafter handelt.
Die Stimmausübung in der Hauptversammlung wird jedoch durch § 117 Abs. 7 Nr. 1 AktG von der Haftungssanktion ausgenommen. § 117 AktG beschränkt also nicht die Ausübung mitgliedschaftlicher Rechte, sondern will nur verhindern, daß die AG unter Umgehung ihrer Organisationsverfassung geschädigt wird[92].

f. Stimmverbot

55 Eine Begrenzung der Machtausübung in der Hauptversammlung findet sich in § 136 Abs. 1 AktG. Dieser enthält ein Stimmverbot für Gesellschafter bei typisierten Interessenkonflikten. So hat der Aktionär kein Stimmrecht, wenn über seine eigene Entlastung abgestimmt wird. Ist der Aktionär selbst Kapitalgesellschaft, so umfaßt dieses Stimmverbot in der Regel auch dessen Verwaltungsorgane[93]. Das Stimmverbot bei der eigenen Entlastung ist Ausdruck des im Verbandsrecht inzwischen weithin anerkannten Verbots des *Richtens in eigener Sache*[94]. Niemand soll über die Billigung oder Mißbilligung seines eigenen Verhaltens entscheiden[95].

56 Weiterhin besteht das Stimmverbot, wenn der Aktionär von einer Verbindlichkeit befreit werden oder gegen ihn ein Anspruch geltend gemacht werden soll. Der (herrschende) Gesellschafter ist also beispielsweise vom Stimmrecht ausgeschlossen, wenn darüber abgestimmt wird, ob ein Schadenersatzanspruch wegen Verletzung der gesellschaftlichen Treupflicht gegen ihn geltend gemacht wird. Diese Regelung bezweckt das Verhindern des *Insichgeschäfts*. Einfach gesagt soll niemand auf beiden Seiten eines Geschäfts stehen, wie dies für Rechtsgeschäfte vor allem in § 181 BGB zum Ausdruck kommt[96].

---

[92] Für die Stimmausübung in der Hauptversammlung besteht aber statt einer Schadenersatzverpflichtung in § 243 Abs. 2 AktG ein Anfechtungsrecht bei Erstreben von Sondervorteilen, s.o. unter Rn. 42.
[93] Vgl. LG Köln ZIP 1998, 153 f. v. 17.12.1997 „Nordstern"; Wackerbarth § 8 II 1 b; Begr RegE, Kropff, S. 201.
[94] BGHZ 97, 28 (33) v. 20.1.1986 (für § 47 Abs. 4 GmbHG) m.w.N.; LG Köln ZIP 1998, 153 (154) v. 17.12.1997 „Nordstern"; Karsten Schmidt, § 21 II a bb; Wiedemann, § 8 I 4 b; nur allgemein auf den Gesichtspunkt der Interessenkollision abstellend dagegen Hüffer, § 136 Rn. 3.
[95] S. BGHZ 97, 28 (33) v. 20.1.1986.
[96] Karsten Schmidt, § 21 II a aa; Flume I/2, § 7 V 2; s.a. BGHZ 51, 209 (215) v. 9.12.1968 (zu § 47 Abs. 4 GmbHG): „Diese Vorschrift beruht ebenso wie die im wesentlichen gleichlautenden §§ 34 BGB, 43 Abs. 3 S. 2 GenG auf der Erwägung, „daß von einem selbst Beteiligten eine Zurückstellung seiner eigenen Interessen nicht erwartet werden kann" (RGZ 74, 276; 60, 172). Insoweit deckt sich ihr Sinngehalt mit dem des § 181 BGB."; auf den Gedanken des § 181 BGB wird aber nicht durchgehend zu-

Im Gegensatz zum Verbot des Richtens in eigener Sache enthält § 136 Abs. 1 AktG aber auf den ersten Blick kein durchgängiges Verbot der Abstimmung über Rechtsgeschäfte mit dem Aktionär. § 47 Abs. 4 S. 2 GmbHG und § 34 BGB bestimmen für die GmbH und den Verein den Ausschluß des Stimmrechts, wenn über die Vornahme eines Rechtsgeschäfts mit dem Mitglied abgestimmt wird. Gerade diese Konstellation erlangt in Konzernbeziehungen Bedeutung, denn die abhängige Gesellschaft wird, wenn der herrschende Gesellschafter Vermögen an sich bringen will, typischerweise dadurch geschädigt, daß sie zu nachteiligen Rechtsgeschäften mit anderen Konzernunternehmen veranlaßt wird[97]. 57

Das Stimmverbot bei der Vornahme von Rechtsgeschäften bestand auch in der AG, wurde durch das AktG 1937 aber wieder abgeschafft[98], nachdem das Reichsgericht vorher seinen Anwendungsbereich wesentlich verkürzt hatte[99]. Die Verkürzung beruhte maßgeblich auf dem Wunsch, dem herrschenden Gesellschafter die Konzernverbindung mit der AG zu ermöglichen[100]. Diese Möglichkeit wurde mit den §§ 291 ff. AktG durch das AktG 1965 inzwischen eröffnet. Dementsprechend wird de lege ferenda eine Wiedereinführung des Stimmverbots bei der Abstimmung über Rechtsgeschäfte mit einem Gesellschafter gefordert[101]. 58

Karsten Schmidt und *Wackerbarth* bezeichnen das Stimmverbot als allgemeines Prinzip und bejahen deshalb auch de lege lata den Stimmrechtsausschluß bei Rechtsgeschäften mit dem Gesellschafter – zumindest in der

---

rückgegriffen, teilweise wird nur allgemein von „Interessenkollision aus Anlaß von Rechtsgeschäften" gesprochen, so Wiedemann, § 8 I 4 b aa. Wilhelm, S.66 ff.; ders., Kapitalgesellschaftsrecht, Rn. 1024 stellt dagegen für das Stimmverbot insgesamt auf § 181 BGB ab.

[97] Paradebeispiel ist BGHZ 65, 15 v. 5.6.1975 „ITT": Die Konzernmutter veranlaßt ihre Tochtergesellschaften, mit einer anderen Tochter Serviceverträge abzuschließen, die ein Entgelt von 1 % des Gesamtumsatzes vorsehen. Tatsächlich entspricht dem aber gar keine oder jedenfalls keine gleichwertige Gegenleistung.

[98] Zur legislatorischen Entwicklung der Stimmverbote Zöllner, S. 146 ff.

[99] So in RGZ 68, 235 (241 f.) v. 8.4.1908 „Hibernia", wo der Vorstand ermächtigt wurde, die Einzelheiten der Vergabe neuer Aktien zu regeln, während bereits vorher abgesprochen war, daß diese Aktien nur bestimmten Altaktionären zukommen sollten, § 252 Abs. 3 HGB a.F wurde nicht angewendet; 85, 170 (172 f.) v. 11./18.6.1914 „Bamag", wo der Mehrheitsaktionär Aktien nur zu dem Zweck an Banken abgegeben hatte, das Stimmverbot für diese Aktien bei einem Verschmelzungsbeschluß auszuschalten; 115, 246 (250 f.) v. 19.11.1926 „Stumm", wo eine nachträgliche Billigung eines Rechtsgeschäfts mit einem Gesellschafter nicht unter das Stimmverbot fallen soll; ausführlich zur Entwicklung der RG-Rechtsprechung und der sie begleitenden Literatur Wilhelm, S. 96 ff.

[100] Flume I/2, § 7 V 4; Wilhelm, S. 107 ff.; Wackerbarth, § 8 II 4 c.

[101] Flume I/2, § 7 V 4.

abhängigen Gesellschaft[102]. Eine derartige Ausweitung des Stimmverbots wird verbreitet mit Hinweis auf die bewußte Entscheidung des Gesetzgebers abgelehnt[103]. In der Tat läßt sich die Frage stellen, ob die Aussage, die gesetzgeberische Behandlung gebe den Rechtszustand unrichtig wieder[104], mit der Gewaltenteilung zwischen Legislative und Judikative vereinbar ist.

59 Jedenfalls für die abhängige Gesellschaft ist hier aber festzuhalten: Eine Begrenzung des Einflusses des herrschenden Gesellschafters auf den Abschluß von Rechtsgeschäften mit ihm selbst hat in Konzernbeziehungen elementare Bedeutung, da dies der typische Weg ist, wie die abhängige Gesellschaft auf Kosten der Gläubiger und der Minderheitsgesellschafter geschädigt werden kann. Betrachtet man aber die Organisationsverfassung der AG (s.o. a.), so zeigt sich, daß wegen § 119 Abs. 2 AktG die Entscheidung über diese Rechtsgeschäfte als Geschäftsführungsmaßnahmen regelmäßig nicht in der Hauptversammlung fallen wird. Reicht der Einfluß eines Gesellschafters weit genug, den Vorstand zu für die Gesellschaft nachteiligen Geschäften zu veranlassen, so reicht er auch, den Vorstand davon abzuhalten, diese Geschäfte über § 119 Abs. 2 AktG in die Hauptversammlung zu tragen.

60 Auch wenn man ein Stimmverbot bei der Abstimmung über Rechtsgeschäfte mit dem Gesellschafter anerkennt, so wird dieses also selten praktisch werden, da – jedenfalls in der abhängigen Gesellschaft – über diese Geschäfte kaum in der Hauptversammlung abgestimmt wird. Daran ändert sich auch nichts, wenn man mit der „Holzmüller"-Entscheidung des *BGH*[105] in bestimmten Fällen eine Pflicht des Vorstands zur Befragung der Hauptversammlung bejaht, denn zur Erhaltung der Kompetenzordnung der AG bleibt diese Pflicht auf extreme Ausnahmefälle begrenzt[106].

---

[102] Karsten Schmidt, § 21 II 2 b: „Es handelt sich bei den Stimmverboten um ein einheitliches Prinzip des inneren Verbandsrechts"; Wackerbarth, § 8 II 4 c bejaht ein Stimmverbot bei der Entscheidung über Rechtsgeschäfte mit dem abstimmenden Gesellschafter jedenfalls für die abhängige Gesellschaft und läßt die Entscheidung ansonsten offen.

[103] S. KK[1]-Zöllner § 136 Rn. 26; Würdinger, § 17 VI 2; Hüffer § 136 Rn. 18, die von ihm zitierte Entscheidung BGHZ 97, 28 (33) v. 20.1.1986 ist allerdings insoweit unergiebig, da sie sich lediglich mit § 47 Abs. 4 GmbHG befaßt, der überdies vom *BGH* gerade durch Analogie ausgeweitet wird. Folgerichtig stützt Wackerbarth, § 8 II 2 c seine Gegenansicht unter anderem auf diese Entscheidung. Gegen jede Analogie zu § 136 AktG LG Heilbronn AG 1971, 94 (95) v. 9.12.1970.

[104] So Karsten Schmidt, § 21 II 2 b.

[105] BGHZ 83, 122 v. 25.2.1982.

[106] S. Hüffer, § 119 Rn. 18: „eher krasse, in die Nähe der Vermögensübertragung geratende Fälle".

2. Vertragskonzern

a. Die Weisung in § 308 AktG

Im Gegensatz zur eigenverantwortlichen Leitung der unabhängigen AG durch den Vorstand berechtigt bei Vorliegen eines Beherrschungsvertrages § 308 Abs. 1 S. 1 AktG das herrschende Unternehmen, dem Vorstand hinsichtlich der Leitung der Gesellschaft Weisungen zu erteilen. Nach S. 2 können auch für die Gesellschaft nachteilige Weisungen erteilt werden, solange sie im Interesse des Konzerns liegen. 61

Besteht ein Beherrschungsvertrag, so überlagert § 308 AktG § 76 Abs. 1 AktG. Die Zulassung von Weisungen nur an den Vorstand und die Verwendung des aus § 76 Abs. 1 AktG bekannten Begriffs der Leitung zeigen aber, daß § 308 Abs. 1 AktG die Kompetenzen des Aufsichtsrats und der Hauptversammlung nicht antastet[107].

Dem entspricht auch die Definition der Weisung: Darunter fällt jede Maßnahme des herrschenden Unternehmens, durch die es über den Vorstand der abhängigen Gesellschaft Einfluß auf deren Leitung nehmen will[108].

Neben der expliziten Anweisung an den Vorstand stehen dem herrschenden Unternehmen auch andere – subtilere – Methoden der Einflußnahme zur Verfügung. Verbreitet sind namentlich Doppelmandate in den Organen des herrschenden Unternehmens und der abhängigen Gesellschaft. Diese sollen ebenfalls unter den Begriff der Weisung fallen, da in der Tätigkeit eines Verwaltungsmitglieds des herrschenden Unternehmens in dem Vorstand der abhängigen Gesellschaft zugleich die generelle Weisung liege, die „Vorschläge" des entsandten Vorstandsmitglieds zu befolgen[109]. Doppelmandate in den Vorständen beider Gesellschaften sind zulässig, nach § 88 Abs. 1 S. 2 AktG ist jedoch die Einwilligung des Aufsichtsrats erforderlich[110]. 62

Emmerich/Sonnenschein/Habersack[111] wollen sogar die Einflußnahme über Hauptversammlung und Aufsichtsrat unter den Begriff der Weisung fassen, um eine Umgehung der §§ 308, 309 AktG zu verhindern. Dagegen spricht aber nicht nur der eindeutige Wortlaut des § 308 Abs. 1 S. 1 AktG, sondern auch § 308 Abs. 2 S. 1 AktG, wonach der Vorstand verpflichtet ist, die Weisungen zu befolgen. Erfolgt eine Einflußnahme über Aufsichts- 63

---

[107] S. Hüffer, § 308 Rn. 12; Emmerich/Sonnenschein/Habersack, § 23 V 1 b; für die Hauptversammlung OLG Karlsruhe AG 1991, 144 (146) v. 7.12.1990 „Asea/BBC".

[108] Emmerich in Emmerich/Habersack, § 308 Rn. 21; MK-Altmeppen, § 308 Rn. 9.

[109] Emmerich in Emmerich/Habersack, § 308 Rn. 29 m.w.N. in Fn. 30; Emmerich/Sonnenschein/Habersack, § 23 IV 2.

[110] S.a. Hüffer, § 76 Rn. 21.

[111] § 23 IV 2.

rat oder Hauptversammlung, so kann sich eine Verpflichtung des Vorstandes aber nur nach den Bestimmungen zur Organisationsverfassung der AG richten, die das Verhältnis des Vorstandes zu Aufsichtsrat und Hauptversammlung regeln. Denn durch den Beherrschungsvertrag wird die Leitungsmacht des Vorstands teilweise auf die herrschende Gesellschaft verlagert[112], der Beherrschungsvertrag greift aber nicht in die Kompetenzverteilung zwischen den Gesellschaftsorganen ein[113]. § 308 AktG kann damit nur die Einflußnahme des herrschenden Unternehmens über den Vorstand regeln.

b. Umfang des Weisungsrechts

64 Inhaltlich umfaßt das Weisungsrecht folgerichtig den Kompetenzbereich des Vorstands (s.o. 1.), also alle *Fragen der Geschäftsführung und Vertretung* der Gesellschaft (vgl. §§ 77, 78 AktG)[114]. Dies beinhaltet auch innergesellschaftliche Angelegenheiten[115], nicht aber Maßnahmen, die in die Zuständigkeit von Hauptversammlung oder Aufsichtsrat fallen. Eine Ausnahme von letzterem stellt nur § 308 Abs. 3 AktG dar, der es dem herrschenden Unternehmen ermöglicht, die Vornahme von Geschäften durchzusetzen, die der Zustimmung des Aufsichtsrats[116] bedürfen.

65 Essentiell für den Umfang des Weisungsrechts ist § 308 Abs. 1 S. 2 AktG, der auch die Erteilung für die Gesellschaft *nachteiliger Weisungen* gestattet, wenn sie den Belangen des herrschenden oder weiterer konzernverbundener Unternehmen dienen. Durch den Beherrschungsvertrag wird also nicht nur die Leitungsmacht des Vorstandes auf das herrschende Unternehmen verlagert, sondern außerdem die Bindung an das Gesellschaftsinteresse bei der Leitung der Gesellschaft[117] aufgehoben. Konsequenterweise wird die Ausübung von Leitungsmacht aufgrund eines Beherrschungsvertrages durch § 117 Abs. 7 Nr. 2 AktG aus der Haftung nach § 117 Abs. 1 S. 1 AktG ausgenommen: Für die zulässige Schädigung wird nicht gehaftet.

66 Bestimmt der Beherrschungsvertrag nichts anderes, so tritt durch § 308 Abs. 1 S. 2 AktG an die Stelle des Gesellschaftsinteresses das *Konzerninteresse*[118]. Umstritten ist, ob zu dem Konzerninteresse auch die Belange

---

[112] Karsten Schmidt, § 31 III 2 c.
[113] Vgl.a. Fn. 107.
[114] Emmerich/Sonnenschein/Habersack, § 23 V 1 a.
[115] Für Ansatz- und Bewertungswahlrechte vorausgesetzt in BGHZ 135, 374 (378) v. 20.5.1997; Emmerich in Emmerich/Habersack § 308 Rn. 40; MK-Altmeppen, § 308 Rn. 88 m.w.N. in Fn. 124.
[116] Vgl. § 111 Abs. 4 S. 2 AktG.
[117] S.o. bei Fn. 58 ff.
[118] Zum Begriff s. Emmerich/Sonnenschein/Habersack, § 23 V 2.

der mit dem herrschenden Unternehmen nur faktisch konzernverbundenen Unternehmen gehören. Es wird vertreten, diese sollten nicht berücksichtigt werden, da nur im Vertragskonzern (über Gewinnabführung und Verlustausgleich) eine wirtschaftliche Einheit bestehe[119]. Dagegen spricht zunächst, daß eine wirtschaftliche Einheit, in der auch die wirtschaftlichen Vorteile (= Gewinne) eines Unternehmens dem Gesamtkonzern vollständig zugute kommen, bereits dann besteht, wenn ein Gewinnabführungsvertrag vorliegt, der regelmäßig mit einem Beherrschungsvertrag zusammenfällt, dies aber nicht muß. Die wirtschaftliche Einheit ist damit nicht deckungsgleich mit dem Vertragskonzern[120]. Zudem ist der Begriff des Konzerns im AktG in § 18 AktG legaldefiniert, weshalb seine Bedeutung in § 308 AktG eindeutig ist[121]. Die Ausübung der Leitungsmacht[122] im Vertragskonzern hat sich somit an den Belangen der mit den Vertragsparteien i. S. d. § 18 AktG – auch ohne Beherrschungsvertrag - verbundenen Unternehmen zu orientieren[123].

Bemerkenswert ist, daß die Folgepflicht des angewiesenen Vorstands we- **67**
gen § 308 Abs. 2 AktG noch über die Grenzen des Weisungsrechts hinausreicht. Er ist nur dann berechtigt, die Befolgung zu verweigern, wenn die Weisung *offensichtlich* nicht dem Konzerninteresse dient. Grund dafür ist, daß der Vorstand der abhängigen Gesellschaft regelmäßig nicht ausreichend Einblick in die Führung des Gesamtkonzerns hat, um die ohnehin schwierige Frage zu beantworten, was dem Konzerninteresse dient[124].

Die weitreichende Freiheit des herrschenden Unternehmens von den Bin- **68**
dungen, die dem Vorstand einer unabhängigen AG im Interesse der Gesellschafter und Gläubiger (auch der Arbeitnehmer) auferlegt sind, insbeson-

---

119 KK-Koppensteiner, § 308 Rn. 29; differenzierend Emmerich/Sonnenschein/Habersack, § 23 V 2 a.

120 Vgl. aber KK-Koppensteiner § 308 Rn. 29, der auch die durch Gewinnabführungsvertrag verbundenen Unternehmen in das Konzerninteresse einbeziehen will. Für nur faktisch abhängige Gesellschaften stützt *Koppensteiner* den Ausschluß darauf, daß §§ 311 ff. AktG diese Unternehmen gegen Schädigung schützen und deshalb keine „wirtschaftliche Einheit" vorliege. Gewinne der faktisch abhängigen Gesellschaft oder Steigerungen ihres Wertes können dem Mutterunternehmen aber auch schlicht als (Mehrheits-) Gesellschafter zugute kommen, ohne daß es einer Benachteiligung bedarf. Eine teleologische Reduktion des § 308 Abs. 1 S. 2 AktG ist damit nicht geboten.

121 S. MK-Altmeppen, § 308 Rn. 109; Eschenbruch, Rz. 3054.

122 S. die amtliche Überschrift des 2. Teils des 3. Buches des AktG.

123 Hüffer, § 308 Rn. 18; Geßler in Geßler/Hefermehl/Eckardt/Kropff, § 308 Rn. 52; Eschenbruch, Rz. 3054; Kantzas, S. 100.

124 S. Begr. RegE, Kropff, S. 403; MK-Altmeppen, § 308, Rn. 147 mit der weiteren Begründung, daß es sich bei der Frage nach dem Konzerninteresse letztlich um eine Frage der subjektiven Beurteilung handelt, bei der die Meinungen der beiden Vorstände demzufolge sehr unterschiedlich ausfallen können.

dere von der Verpflichtung, im Interesse der Gesellschaft zu handeln, ist nur dadurch gerechtfertigt, daß das herrschende Unternehmen nach § 302 Abs. 1 AktG jeden Verlust der AG ausgleichen und nach §§ 304, 305 AktG der Beherrschungsvertrag Bestimmungen über Ausgleich und Abfindung der außenstehenden Aktionäre enthalten muß. Durch die Verlustausgleichspflicht wird das Insolvenzrisiko der AG von den Gläubigern auf das herrschende Unternehmen verlagert. Durch die Ausgleichs- und Abfindungsbestimmungen werden die außenstehenden Aktionäre unabhängig von einer Gewinnerzielung der AG. Das ursprüngliche Ziel der AG, Gewinne zu erwirtschaften, ist damit erledigt.

69 *Grenzen* findet das Weisungsrecht und damit die über den Vorstand vermittelte Leitungsmacht des herrschenden Unternehmens aber in der Satzung der AG[125] und in den gesetzlichen Bestimmungen[126], da das Weisungsrecht auf die zulässige Geschäftsführung durch den Vorstand beschränkt ist. Eine weitere Grenze des Weisungsrechts ist die Unzulässigkeit existenzgefährdender oder –vernichtender Weisungen, da die §§ 300-305 AktG von einer fortbestehenden Gesellschaft ausgehen[127]. Diese Grenze läßt sich außerdem mit der Organisationsverfassung der AG begründen, da deren Auflösung nach §§ 119 Abs. 1 Nr. 8, 262 Abs. 1 Nr. 2 AktG in die Zuständigkeit der Hauptversammlung fällt. Diese Zuständigkeitsverteilung darf nicht durch eine Weisung an den Vorstand umgangen werden.

c. Die Verantwortlichkeit des Muttervorstands

70 Der Vorstand der AG ist dieser durch § 93 Abs. 1 S. 1 AktG verpflichtet, die Sorgfalt eines ordentlichen und gewissenhaften Geschäftsleiters anzuwenden. Durch § 309 Abs. 1 S. 1 AktG wird diese Verpflichtung gleichzeitig mit der Leitungsmacht auf das herrschende Unternehmen ausgedehnt und trifft dort die gesetzlichen Vertreter, die durch die Erteilung der Weisungen die Leitungsmacht ausüben[128]. Das ist die logische Folge der Verlagerung der Leitungsmacht vom Vorstand der unabhängigen AG auf das

---

[125] MK-Altmeppen, § 308 Rn. 130 f. m.w.N. in Fn. 187; Emmerich/Sonnenschein/Habersack, § 23 V 4 a; ausführlich Kantzas, S. 103 ff.

[126] Dazu Emmerich/Sonnenschein/Habersack, § 23 V 4 b; ausführlich MK-Altmeppen, § 308 Rn. 94 ff.; Kantzas, S. 91 ff.

[127] OLG Düsseldorf AG 1990, 490 (492) v. 7.6.1990 „DAB/Hansa"; Hüffer, § 308 Rn. 19 m. w. N.; Emmerich/Sonnenschein/Habersack, § 23 V 4 c.; s. MK-Altmeppen, § 308 Rn. 115 ff. mit zahlreichen Nachweisen in Fn. 172, demzufolge allerdings keine Verpflichtung besteht, die AG auch für die Zeit nach Beendigung des Beherrschungsvertrages lebensfähig zu erhalten, § 308 Rn. 125 ff., § 302 Rn. 40 ff.

[128] Die Verpflichtung besteht nur gegenüber der abhängigen AG, nicht gegenüber Aktionären und Gläubigern, Hüffer, § 309 Rn. 8.

herrschende Unternehmen. Die daraus folgende Haftungssanktion des § 309 Abs. 2 AktG entspricht der Vorstandshaftung in § 93 Abs. 2 AktG.

d. Die Aufhebung der Kapitalbindung durch § 291 Abs. 3 AktG

Einen weiteren Einbruch in die Struktur der AG, der für die Ausübung von Leitungsmacht durch das herrschende Unternehmen eminent wichtig ist, 71
enthält § 291 Abs. 3 AktG. Er hebt für Leistungen aufgrund eines Beherrschungs- oder Gewinnabführungsvertrages die Kapitalerhaltungsvorschriften §§ 57, 58 und 60 AktG auf. Das herrschende Unternehmen kann also auch außerhalb der Gewinnverteilung Vermögen der abhängigen AG auf sich übertragen, indem es beispielsweise Geschäfte zu für diese nachteiligen Konzernverrechnungspreisen veranlaßt.

Die Aufhebung der Kapitalbindung ist dadurch gerechtfertigt, daß zum ei- 72
nen die Verträge des § 291 AktG in der Regel mit einem Aktionär abgeschlossen werden[129], diese Verträge andererseits aber fast zwangsläufig zu Vermögensverschiebungen zwischen den Vertragsparteien führen. Auf die im Interesse der Gläubiger und (Minderheits-)Aktionäre bestehende[130] Kapitalbindung kann verzichtet werden: Zum einen sind die Aktionäre durch §§ 304 ff. AktG von einer Gewinnerzielung der AG unabhängig. Zum anderen ist die Liquidität der AG im Interesse der Gläubiger durch die Vorschriften über die Speisung der Rücklage und den Höchstbetrag des abzuführenden Gewinns, §§ 300 f. AktG[131], sowie vor allem durch die unbegrenzte Verlustausgleichspflicht des § 302 Abs. 1 AktG sichergestellt[132].

e. Exkurs: Die Eingliederung nach §§ 319 ff. AktG

Der Situation bei Bestehen eines Beherrschungsvertrages ist die Eingliede- 73
rung einer AG in eine andere nach §§ 319 ff. AktG vergleichbar, allerdings geht die Leitungsmacht der Hauptgesellschaft hier noch weiter. Gemäß §

---

[129] Begr. RegE, Kropff, S. 377 f.; Hüffer, § 291 Rn. 36.

[130] S. GK-Henze, § 57 Rn. 7.

[131] Die Geeignetheit des § 300 AktG zur Sicherung des Gesellschaftsvermögens erscheint allerdings fraglich, vgl. Emmerich/Sonnenschein/Habersack, § 20 II 1: „Alle diese Maßnahmen greifen freilich nur, sofern tatsächlich ein [...] Jahresüberschuß zur Verfügung steht, aus dem die Rücklage überhaupt bedient werden kann. Genau dies ist aber keineswegs gesichert, weil ein herrschendes Unternehmen eine Fülle von Möglichkeiten besitzt, bei der abhängigen Gesellschaft von vornherein die Entstehung eines Jahresüberschusses zu verhindern."

[132] Begr. RegE, Kropff, S. 378: „Ein Beherrschung- oder Gewinnabführungsvertrag verstößt daher [...] nicht gegen die Grundsätze über die verdeckte Gewinnausschüttung. Der Schutz der Aktionäre und Gläubiger, den diese Grundsätze sicherstellen sollen, wird bei diesen Verträgen durch die besonderen Sicherungen der §§ 300 ff. erreicht." Das Funktionieren der Sicherung der Zahlungsfähigkeit der AG durch § 302 AktG setzt allerdings voraus, daß der herrschende Gesellschafter seinerseits zahlungsfähig ist.

323 AktG besteht ein Weisungsrecht gegenüber dem Vorstand, das nicht einmal mehr an das Konzerninteresse gebunden ist. Dem steht in § 322 Abs. 1 AktG eine Haftung der Hauptgesellschaft für alle Verbindlichkeiten der eingegliederten AG gegenüber.

3. Der faktische Aktienkonzern

a. Ausgangslage

74 Besteht kein Beherrschungsvertrag mit einer AG, so bleibt es dabei, daß der Vorstand die AG nach § 76 Abs. 1 AktG in eigener Verantwortung und allein im Unternehmensinteresse zu leiten hat. Es bleibt auch bei dem Kapitalschutz der §§ 57, 58, 60 AktG, so daß jede Verlagerung von Vermögen auf ein herrschendes Unternehmen mit Ausnahme der Ausschüttung des Bilanzgewinns grundsätzlich unzulässig ist. Von allen Gesellschaftsorganen ist zudem § 53a AktG zu beachten, wonach alle Aktionäre unter gleichen Voraussetzungen gleich zu behandeln sind[133]. Jedenfalls in der Mehrpersonengesellschaft ist es dem Aktionär durch seine Treupflicht untersagt, seinen Einfluß zum Nachteil der AG geltend zu machen.

b. §§ 311 ff. AktG

75 Sobald Abhängigkeit nach § 17 Abs. 1 AktG besteht, greifen allerdings die §§ 311 ff. AktG über die „Verantwortlichkeit bei Fehlen eines Beherrschungsvertrags". Es fragt sich, ob und inwieweit durch sie die Regeln in der unabhängigen AG modifiziert werden.

aa. Nachteilszufügung

76 Nach § 311 Abs. 1 AktG darf ein herrschendes Unternehmen seinen Einfluß nicht dazu benutzen, die abhängige AG zu veranlassen, Maßnahmen zu ihrem Nachteil zu treffen, es sei denn, die Nachteile werden ausgeglichen. Wird bis zum Ende des Geschäftsjahres der Nachteil nicht ausgeglichen und der AG auch kein Rechtsanspruch auf einen zum Ausgleich bestimmten Vorteil gewährt, so entsteht nach § 317 Abs. 1 AktG ein Schadenersatzanspruch der abhängigen AG.

Unter Veranlassung wird hierbei jede Einflußnahme auf die abhängige AG verstanden[134], auch über die Hauptversammlung[135]. Im einzelnen schwer

---

[133] Dazu, daß in § 53a AktG nur ein allgemeiner Grundsatz des Gesellschaftsrechts niedergelegt ist Hüffer, § 53a Rn. 1 m.w.N.

[134] Begr RegE, Kropff, S. 408; Hüffer, § 311 Rn. 16; Emmerich/Sonnenschein/Habersack, § 25 I 1.

zu bestimmen ist, welche veranlaßte Maßnahme für die AG nachteilig ist. Nachteiligkeit wird angenommen für jede Minderung oder konkrete Gefährdung der Vermögens- oder Ertragslage der Gesellschaft, soweit sie als Folge der Abhängigkeit eintritt[136]. Nachteil ist jedenfalls nicht gleichbedeutend mit Verlust, denn ein Nachteil ist auch der nicht erzielte Gewinn[137]. Ebenfalls ist Nachteil nicht der Schaden i.S.d. §§ 249 ff. BGB, denn die Nachteiligkeit wird im Zeitpunkt der Vornahme der Maßnahme bestimmt[138], während der Schaden am Ende eines Kausalverlaufs festgestellt wird[139].

Aus der Funktion der §§ 311 ff. AktG, die Gesellschaft, ihre außenstehenden Gesellschafter und die Gläubiger zu schützen[140] wird gefolgert, nachteilig sei eine Maßnahme nur dann, wenn sie von dem ordentlichen und gewissenhaften Geschäftsleiter einer unabhängigen Gesellschaft nicht getroffen worden wäre[141]. Das entspricht der Anforderung, der Nachteil müsse Folge der Abhängigkeit sein[142]. Der Gesetzeswortlaut stellt auf den Geschäftsleiter einer unabhängigen Gesellschaft dagegen erst in § 317 Abs. 2 AktG ab und schließt die Schadenersatzpflicht für nicht ausgeglichene Nachteile aus, wenn auch dieser Geschäftsleiter die (nachteilige) Maßnahme getroffen hätte. Obwohl somit die Systematik gegen eine Heranziehung des § 317 Abs. 2 AktG bei der Bestimmung des Nachteils spricht, ist diese gleichwohl zutreffend[143] und inzwischen anerkannt[144], denn wenn die Gesellschaft ordentlich und gewissenhaft in ihrem eigenen Interesse[145] geleitet wird, kann dies kaum als Nachteilszufügung begriffen werden. 77

Herrscht somit über die Voraussetzungen des Nachteils weitgehende Einigkeit, so stößt seine *Berechnung* doch auf immense Schwierigkeiten, die 78

---

[135] Begr RegE, Kropff, S. 408; ausführlich Habersack in Emmerich/Habersack, § 311 Rn. 29 f. mit Ausnahme nur des Beschlusses über einen Beherrschungs- oder Gewinnabführungsvertrag; Emmerich/Sonnenschein/Habersack, § 25 I 2 a.

[136] BGHZ 141, 79 (84) v. 1.3.1999; Hüffer, § 311 Rn. 25 m.w.N.; MK-Kropff, § 311 Rn. 138.

[137] Hüffer, § 311 Rn. 26.

[138] MK-Kropff, § 311 Rn. 141.

[139] Hüffer, § 311 Rn. 28.

[140] S. ausführlich MK-Kropff, § 311 Rn. 3 ff.

[141] MK-Kropff, § 311 Rn. 139 f.; Hüffer, § 311 Rn. 27; Emmerich/Sonnenschein/Habersack, § 25 II 1 a.

[142] S.o. Fn.136.

[143] S. MK-Kropff, § 311 Rn. 140: „Normativer Anknüpfungspunkt ist dabei § 317 Abs. 2 AktG, der trotz seiner falschen Stellung im Gesetz – im Rahmen erst der Haftungsvorschrift – das Verbot in § 311 präzisiert.“

[144] Vgl.o. Fn. 141.

[145] Vgl.o. Rn. 40 zu den Pflichten der Geschäftsleitung.

hier allenfalls angedeutet werden können. Ist ein Rechtsgeschäft zu beurteilen, so wird davon ausgegangen, daß der (fiktive) Geschäftsleiter einer unabhängigen AG das Geschäft zum Marktpreis abgeschlossen hätte. Die Differenz zwischen Marktpreis und tatsächlichem Preis ist der Nachteil der Gesellschaft[146]. Diese Methode kann nur mit etwas Glück überhaupt einen Anhaltspunkt für die Nachteiligkeit des Geschäfts liefern, denn im Regelfall existiert nicht „der" Marktpreis, sondern der Preis einer Leistung wird im Einzelfall unter Einfluß einer Vielzahl von Faktoren ausgehandelt, die im Nachhinein kaum rekonstruiert werden können[147]. Viele wollen zur Berechnung des Nachteils die im Handels- und Steuerrecht zur verdeckten Gewinnausschüttung[148] entwickelten Grundsätze heranziehen[149], was plausibel erscheint, wenn man bedenkt, daß in beiden Fällen ein verdeckter Abfluß von Gesellschaftsvermögen aufgespürt werden soll. Zu beachten ist aber, daß der Nachteil in § 311 AktG nicht einen entsprechenden Vorteil bei dem herrschenden Aktionär voraussetzt, wie dies bei der verdeckten Gewinnausschüttung der Fall ist[150].

79 Fehlen Marktpreise, so werden Hilfsrechnungen wie die Kostenaufschlagsmethode (cost plus) und die Absatzpreismethode (resell minus) bei der Beurteilung konzerninterner Rechtsgeschäfte angewandt, wo einerseits zu den Gestehungskosten ein Aufschlag in Höhe des üblichen Gewinns der Gesellschaft addiert wird, andererseits von dem Endverkaufspreis ein Abschlag in Höhe des üblichen Gewinns des Zwischenhändlers subtrahiert wird, um jeweils den angemessenen Preis der Weiterveräußerung zu bestimmen[151]. Auch diese Methoden fingieren eine unabhängig am Markt tätige Gesellschaft.

80 An Grenzen stößt diese Fiktion dort, wo es um Maßnahmen geht, die in einer unabhängigen Gesellschaft nicht vorkommen. So lag der Fall in BGHZ 141, 79 ff. Vereinfacht war aufgrund einer gewerbesteuerlichen Organschaft die Gewerbesteuer nicht bei einer faktisch abhängigen AG angefallen, sondern bei dem herrschenden Unternehmen. Zum Ausgleich war die abhängige AG veranlaßt worden, an das herrschende Unternehmen

---

[146] S. Hüffer, § 311 Rn. 31 m.w.N.; Emmerich/Sonnenschein/Habersack, § 25 II 3 a aa.

[147] Zu den Schwierigkeiten bei der Bestimmung des angemessenen Preises vgl. ausführlich Wackerbarth, § 9 I 2 b.

[148] Vgl. o. Rn. 41.

[149] Z.B. MK-Kropff, § 311 Rn. 160 m.w.N. in Fn. 288; Habersack in Emmerich/Habersack, § 311 Rn. 54 m.w.N. in Fn. 158; unter Betonung der Unterschiede auch Hüffer, § 311 Rn. 30.

[150] Vgl. Hüffer, § 311 Rn. 30 a.E.

[151] Hierzu Hüffer, § 311 Rdn. 33; KK-Koppensteiner, § 311 Rn. 40; Habersack in Emmerich/Habersack, § 311 Rn. 56; Emmerich/Sonnenschein/Habersack, § 25 II 3 a cc m.w.N. in Fn. 66; ausführlich zu den Methoden Ebenroth, S. 143 ff.

eine Konzernumlage in Höhe der Gewerbesteuer zu zahlen, die angefallen wäre, hätte die steuerliche Organschaft nicht bestanden. Da das herrschende Unternehmen immense Verluste erwirtschaftet hatte, verminderte sich die wirkliche Steuerschuld des Konzerns erheblich, so daß tatsächlich kaum Gewerbesteuer zu zahlen war. Hier stellt sich die Frage, ob Vorteile aus der Konzernierung, die sogenannte Konzernrente, den einzelnen Gesellschaften zugute kommen müssen oder bei der Konzernspitze konzentriert werden dürfen. Der *BGH* entschied, die Umlage sei für die Gesellschaft nachteilig, denn in Höhe der tatsächlich nicht gezahlten Steuern stünde ihr kein durch eine Umlage auszugleichender Aufwand der herrschenden Gesellschaft gegenüber. Der Ausschluß der abhängigen AG von den Konzernvorteilen muß nach dieser Rechtsprechung als unzulässig angesehen werden[152].

Unklar ist das *Verhältnis des § 311 AktG zu den allgemeinen Regeln des* **81**
Aktienrechts, insbesondere zu dem vor allem aus der Treupflicht und § 117 Abs. 1 AktG folgenden Verbot der Schädigung der Gesellschaft und zu den Vorschriften über die Kapitalerhaltung[153]. Eine Verletzung der Kapitalbindung stellt immer auch eine Schädigung der AG dar, denn der Gesellschaft wird Vermögen entzogen. Umgekehrt verletzt aber nicht jede Schädigung die Vorschriften der Kapitalbindung, denn diese setzen voraus, daß das Vermögen zu einem Aktionär verschoben wird[154]. Einen Nachteil i.S.d. § 311 AktG erleidet die Gesellschaft in beiden Fällen.

§ 311 Abs. 1 AktG verbietet nun die Nachteilszufügung, „es sei denn, daß **82**
die Nachteile ausgeglichen werden." Der Wortlaut läßt damit die Interpretation zu, die Nachteilszufügung werde erlaubt, wenn nur am Ende des Geschäftsjahres der Nachteil unter Einhaltung des § 311 Abs. 2 AktG ausgeglichen wird. Der Schutz der AG nach den allgemeinen Vorschriften würde durch § 311 AktG dann für ein Geschäftsjahr gelockert. Die überwiegende Meinung hält denn auch die Veranlassung nachteiliger Maßnahmen für zulässig, wenn nur für einen Ausgleich des Nachteils gesorgt wird[155], wobei die Anforderungen an Zeitpunkt und Beschaffenheit des Nachteilsausgleichs uneinheitlich sind[156].

---

[152] S.a. Wackerbarth, § 9 I 2 c: „Daß die Konzentrations- oder Konzernrente aber der Muttergesellschaft zusteht, ist eine bloße Behauptung, für die das Gesetz keinerlei Anhaltspunkte enthält."

[153] Vgl.o. Rn. 41.

[154] Vgl. Cahn, S. 16 ff., 271.

[155] S. Karsten Schmidt, § 31 IV 2 b; Habersack in Emmerich/Habersack, § 311 Rn. 2 m.w.N. in Fn. 3; Emmerich/Sonnenschein/Habersack, § 24 IV 1; Strohn, S. 187 ff.; im Ergebnis – allerdings sehr eingeschränkt - auch Flume I/2, § 4 IV.

[156] Fraglich ist vor allem, ob die Sicherung des Nachteilsausgleichs schon bei Vornahme der Maßnahme erfolgen muß und wie dies zu geschehen hat. So ist nach MK-Kropff, §

83 Hier ist zunächst festzuhalten: Mit Sicherheit begründet § 311 AktG keine Folgepflicht des Vorstands[157]. Der Vorstand ist nicht verpflichtet, Weisungen des herrschenden Unternehmens zu befolgen, wie das im Vertragskonzern der Fall ist[158]. Überdies verstößt der nach § 76 AktG eigenverantwortliche Vorstand einer AG grundsätzlich gegen seine Treupflicht, wenn er nachteilige Maßnahmen veranlaßt[159].

84 Es geht also nicht um ein Weisungsrecht, sondern nur um die Zulässigkeit der Veranlassung von seiten des herrschenden Unternehmens. Dieses unterliegt als – im Regelfall - Aktionär, jedenfalls in der Mehrpersonengesellschaft, der Treupflicht. Diese und damit das Verbot der Schädigung der Gesellschaft, steigert sich, je größer der Einfluß des Aktionärs in der Gesellschaft ist[160]. Eine hohe Stufe des Einflusses ist die Abhängigkeit i.S.d § 17 Abs. 1 AktG. Es erscheint sinnwidrig, sollten die §§ 311, 317 AktG gerade bei besonders weitreichendem Einfluß das Schädigungsverbot lokkern. Auch die historisch-genetische Auslegung spricht gegen diese Annahme. Die Begründung des Regierungsentwurfs hält die Frage, ob ein herrschendes Unternehmen die faktisch abhängige Gesellschaft im Konzerninteresse schädigen darf, für ungeklärt und will sie in dem Sinne entscheiden, daß eine Benachteiligung ohne Beherrschungsvertrag unzulässig ist[161].

85 Viel spricht somit dafür, daß § 311 Abs. 1 AktG klarstellt, daß, wenn der Einfluß des herrschenden Unternehmens zu Nachteilen führt, diese ausge-

---

311 Rn. 336 ff. ein Anerkenntnis des herrschenden Unternehmens erforderlich, daß es den Nachteil ausgleichen wird, jedoch keine vertragliche Festlegung; vgl. a. Flume I/2, § 4 IV, S. 123: „Sie kann dies aber nur, wenn sie *zugleich* für einen Ausgleich sorgt, [...]" (Hervorhebung durch Verf.).

[157] S. MK-Kropff, § 311 Rn. 333 m.w.N. in Fn. 591; Hüffer, § 311 Rn. 48; Emmerich/Sonnenschein/Habersack, § 25 III; Flume I/2, § 4 IV; pointiert Altmeppen, ZIP 1996, 693 (694).

[158] Dazu o. Rn. 61; leicht mißzuverstehen deshalb Karsten Schmidt, § 31 IV 2 b: „Der Nachteilsausgleich ist der Preis, mit dem sich die Obergesellschaft die Zulässigkeit ihrer Weisungen erkaufen muß."

[159] Vgl. o. Rn. 40; s. aber MK-Kropff, § 311 Rn. 597, der darauf hinweist, daß eine Maßnahme im Konzerninteresse auch im Interesse der einzelnen Konzerngesellschaft liegen kann, selbst wenn sie ihr zunächst einen Nachteil bringt. Ist dies der Fall, so soll der Vorstand nicht gegen seine Treupflicht verstoßen.

[160] S.o. Rn. 51.

[161] Begr RegE, Kropff, S. 407: „Der Entwurf folgt dieser jetzt herrschenden Auffassung. Er läßt eine Benachteiligung abhängiger Gesellschaften im Interesse des herrschenden Unternehmens nur zu, wenn ein Beherrschungsvertrag besteht und die außenstehenden Aktionäre und die Gläubiger durch die mit ihm verbundenen Sicherungen geschützt sind.", S. 374: „Nur der Beherrschungsvertrag gibt nach dem Entwurf dem herrschenden Unternehmen das Recht, die abhängige Gesellschaft unter seine Leitung zu stellen und sie bei dieser Leitung auch zu für sie nachteiligen Maßnahmen anzuweisen."

glichen werden müssen, so daß insgesamt aus der Maßnahme der Gesellschaft eben kein Nachteil entstehen darf[162] – angesichts der Pflichtbindung aller Beteiligten nahe an einer Selbstverständlichkeit. Im Ergebnis bleibt damit das Verbot der Schädigung auch bei Abhängigkeit bestehen[163] und die Ausgleichspflicht soll sicherstellen, daß es eingehalten wird. Daraus folgt auch, daß schon im Zeitpunkt der Maßnahme sichergestellt sein muß, daß und wie der Nachteil ausgeglichen wird[164], so daß insgesamt durch die Ausführung der Maßnahme die Gesellschaft nicht benachteiligt wird.

Dem entspricht, was wiederum durchgehend anerkannt ist: Die Maßnahme darf nur ausgeführt werden, wenn der Nachteil überhaupt ausgeglichen werden kann[165] und ihre Ausführung ist unzulässig, wenn bisherigen Nachteile nicht ausgeglichen wurden oder aus anderen Gründen zu erwarten ist, daß die neu entstehenden Nachteile nicht ausgeglichen werden[166]. 86

Von der herrschenden Ansicht wird zudem eine Privilegierung des herrschenden Unternehmens dadurch angenommen, daß §§ 311 ff. AktG die allgemeine *Vermögensbindung* verdrängten, was allerdings häufig auf das laufende Geschäftsjahr begrenzt wird[167]. Die Pflicht zu sofortiger Rückgewähr aus § 62 Abs. 1 S. 1 sei mit dem gestreckten Nachteilsausgleich in § 311 Abs. 2 AktG nicht vereinbar[168]. 87

Erkennt man an, daß das Konzernrecht des faktischen Konzerns nicht die Funktion hat, dem herrschenden Unternehmen die Nachteilszufügung zu erleichtern, so gelangt man zu einem anderen Ergebnis. § 311 AktG ermöglicht es dem herrschenden Unternehmen nicht, sich zunächst verdeckt Vermögen auszuschütten – dies stellt im Gegenteil eine Hauptgefahr dar, vor der das Konzernrecht gerade schützen soll. Hierfür streitet auch ein 88

---

[162] S. Bälz in FS Raiser, S. 287 (308), nach dem die §§ 311 ff. AktG „die Unterbindung der Schädigung einer abhängigen Gesellschaft" bezwecken.

[163] S.a. Altmeppen, ZIP 1996, 693 (695): „In Wirklichkeit bleiben aber alle Haftungstatbestände, die es de lege lata gibt, bestehen, um zu verhindern, daß der Vorstand im Interesse des Mehrheitsaktionärs die AG schädigt."

[164] Hierfür Altmeppen, ZIP 1996, 693 (696).

[165] MK-Kropff, § 311 Rn. 334 m.w.N. in Fn. 594; Habersack in Emmerich/Habersack, § 311 Rn. 58.

[166] S. MK-Kropff, § 311 Rn. 334 m.w.N. in Fn. 592; Emmerich/Sonnenschein/Habersack, § 25 III.

[167] OLG Stuttgart AG 1994, 411 (412) v. 21.12.1993; LG Düsseldorf AG 1979, 290 (292) v. 22.12.1979; in OLG Frankfurt/M. AG 1996, 324 (327) v. 30.11.1995 „Küppersbusch/AEG" ausdrücklich darauf beschränkt, daß der Nachteil während des Geschäftsjahrs in § 311 Abs. 2 AktG genügender Weise ausgeglichen wird; ebenso Strohn, S. 179 ff.; außerdem Hüffer, § 311 Rn. 49; Habersack in Emmerich/Habersack, § 311 Rn. 82; Henze, BB 1996, 489 (499); zahlreiche weitere Nachweise bei Cahn, S. 64, Fn. 126.

[168] Habersack in Emmerich/Habersack, § 311 Rn. 82.

systematisches Argument: Im Vertragskonzern ist die Kapitalbindung durch § 291 Abs. 3 AktG ausdrücklich aufgehoben. Sollte § 311 AktG ähnliches bezwecken, so könnte hierfür ein ausdrücklicher Hinweis erwartet werden[169].

89 *Wackerbarth* hat dargelegt, welche Geschäfte außerhalb der Verletzung der Kapitalbindung für die Regelung des § 311 AktG verbleiben: Veranlaßt das herrschende Unternehmen beispielsweise die abhängige AG, ein besonders riskantes Geschäft mit einem konzernexternen Dritten vorzunehmen, so darf es nicht die Haftungssegmentierung im Konzern nutzen, um das Risiko nur der Tochtergesellschaft aufzubürden. Wäre das riskante Geschäft von dem Geschäftsleiter einer unabhängigen AG nicht geschlossen worden, so muß nach § 311 AktG das herrschende Unternehmen die Verantwortung für einen Fehlschlag übernehmen[170]. Es ist einem herrschenden Unternehmen also verwehrt, besonders riskante Maßnahmen von Tochtergesellschaften durchführen zu lassen, um so sein finanzielles Risiko auf das investierte Kapital zu begrenzen. Glücksspiel auf Kosten der Gläubiger und außenstehender Gesellschafter wird durch §§ 311, 317 AktG verhindert.

90 Es zeigt sich, daß die Veränderungen, die die Regelung der Nachteilszufügung gegenüber einer nicht abhängigen AG mit sich bringt, im Ergebnis überschaubar sind[171]. Dem entspricht, daß in der Rechtsprechung die §§ 311, 317 AktG in direkter Anwendung nur selten entscheidungserheblich geworden sind[172]. Betrachtet man die Diskussion in der Literatur, so läßt sich außerdem feststellen, daß dem Abhängigkeitsbericht des § 312 Abs. 1 AktG oft ein größeres Gewicht bei der Bewältigung der Konzernprobleme zugebilligt wird, als der Regelung der Nachteilszufügung[173].

bb. Abhängigkeitsbericht

91 Ein wesentliches Problem in Konzernbeziehungen ist die mangelnde Information der Außenstehenden. Das herrschende Unternehmen übt seinen Einfluß informell aus und der Vorstand der abhängigen AG hat kein Inter-

---

[169] Überzeugend gegen eine Verdrängung der Kapitalbindung durch § 311 AktG z.B. Cahn, S. 65 f. mit zahlreichen Nachweisen in Fn. 126 a.E.; Wackerbarth, § 7 I 1 b aa; Flume I/2, § 4 IV, S. 127.

[170] Wackerbarth, § 9 I 1 c.

[171] Zu nennen ist allerdings die Ausdehnung der Schadenersatzhaftung in § 317 Abs. 3 AktG auf die gesetzlichen Vertreter des herrschenden Unternehmens.

[172] S. Drüke, S. 134; Ausnahme ist jetzt aber die oben dargestellte Entscheidung BGHZ 141, 79 v. 1.3.1999; s. daneben BGHZ 124, 111 (118 f.) v. 15.11.1993 „Vereinte Krankenversicherung".

[173] U. Fn. 182.

esse, Rechtsverstöße zu verhindern oder publik zu machen, denn mittelbar entscheidet das herrschende Unternehmen, wer im Vorstand sitzt[174].

Diesem Informationsmangel soll die Berichtspflicht des Vorstands über Beziehungen zu verbundenen Unternehmen in § 312 AktG abhelfen[175]. Der Vorstand hat über alle Rechtsgeschäfte mit dem herrschenden und weiteren verbundenen Unternehmen zu berichten, sowie über Maßnahmen im Interesse oder auf Veranlassung dieser Unternehmen, außerdem darüber, ob Nachteile entstanden sind, und ob und wie diese ausgeglichen wurden[176]. Veröffentlicht wird dieser Bericht allerdings nicht, lediglich eine allgemeine Schlußerklärung des Vorstands, ob die Gesellschaft benachteiligt wurde und die Nachteile ausgeglichen wurden, ist nach § 312 Abs. 3 AktG in den Lagebericht (§§ 264 Abs. 1, 289 HGB) aufzunehmen und bekanntzumachen. Statt dessen wird der Abhängigkeitsbericht nach § 314 Abs. 1 S. 1 AktG dem Aufsichtsrat zur Prüfung vorgelegt, der über das Ergebnis dieser Prüfung der Hauptversammlung gemäß §§ 314 Abs. 2 S. 1, 171 Abs. 2 AktG berichtet. Der Gesetzgeber hat die Veröffentlichung des Abhängigkeitsberichts nicht vorgesehen, um die Berichterstattung auch über vertrauliche Angelegenheiten zu ermöglichen[177]. Die Regierungskommission Corporate Governance hat nunmehr die Offenlegung in der Insolvenz der AG vorgeschlagen[178]. Dieser Gesetzgebungsvorschlag wurde jedoch bisher nicht umgesetzt[179]. 92

Es liegt aber auf der Hand, daß, gerade wenn der Einfluß des herrschenden Unternehmens in der abhängigen Gesellschaft groß ist, Vorstand und Aufsichtsrat nicht diejenigen Institutionen sind, die eine Benachteiligung der 93

---

174 Vgl. o. Teil 2B.I.1.a; Altmeppen, ZIP 1996, 693 (694) m.w.N.

175 Vgl. Begr. RegE, Kropff, S. 411; Hüffer, § 312 Rn. 1.

176 Zum Inhalt des Abhängigkeitsberichts Emmerich/Sonnenschein/Habersack, § 26 IV.

177 Begr. RegE, Kropff, S. 411: „Er muß vertraulich bleiben können, weil sonst nicht mit der erforderlichen Offenheit über Geschäfte berichtet würde, deren Bekanntwerden geeignet ist, der Gesellschaft Nachteil zuzufügen."

178 Baums, Bericht, Rn. 180: „Die Regierungskommission schlägt eine Offenlegung der Abhängigkeitsberichte und der Prüfungsberichte hierzu bei Insolvenz der abhängigen Gesellschaft vor. Die Offenlegungspflicht sollte auf die Abhängigkeits- und Prüfungsberichte der letzten fünf Jahre vor Insolvenzeintritt erstreckt werden. Dem herrschenden Unternehmen ist vor der Offenlegung der Berichte die Möglichkeit zur Stellungnahme zu geben; auf Antrag des herrschenden Unternehmens sollte das Insolvenzgericht die Offenlegung beschränken oder ganz untersagen können, wenn berechtigte Interessen des herrschenden Unternehmens, zum Beispiel der Schutz von Geschäftsgeheimnissen, dies erfordert."

179 S. die Begründung des Regierungsentwurfs, BT-Drucks. 14/8769, S. 10: „Wegen des herannahenden Endes der Wahlperiode war allerdings eine komplette Umsetzung der Empfehlungen nicht mehr möglich. [...] Der vorliegende Entwurf enthält deshalb lediglich eine Auswahl der Empfehlungen der Regierungskommission Corporate Governance."

AG aufdecken werden – sonst hätten sie diese wohl schon vorher verhindert. Nach § 313 AktG ist der Bericht deshalb durch den Abschlußprüfer zu prüfen. Dies aber wiederum nur dann, wenn auch der Jahresabschluß zu prüfen ist. Die kleine AG ist über §§ 316 Abs. 1 S. 1, 267 Abs. 1 HGB von der Prüfung somit ausgenommen. Ohne unabhängige Prüfung verliert der Abhängigkeitsbericht aber offensichtlich seine Funktion, eine Benachteiligung der AG aufzudecken[180], insbesondere da in der kleinen AG auch keine Arbeitnehmervertreter in den Aufsichtsrat zu wählen sind[181].
Soweit er zu prüfen ist, wird der Abhängigkeitsbericht aber inzwischen weitgehend positiv beurteilt, da er präventiv gegen eine Benachteiligung der AG wirke[182].

c. Der „qualifizierte" faktische Konzern

94 Gemäß § 76 Abs. 1 AktG hat der Vorstand die AG in eigener Verantwortung zu leiten, gemäß § 311 AktG hat das herrschende Unternehmen veranlaßte Nachteile der AG auszugleichen. Steigert das herrschende Unternehmen die Einflußnahme in der abhängigen Gesellschaft, so geht die Leitung mehr und mehr auf jenes über. Außerdem wird es bei komplexer und umfassender Einflußnahme schwieriger, einzelne Veranlassungen nachteiliger Maßnahmen zu isolieren. Der hier angedeutete Zustand umfassender Ausübung von Leitungsmacht durch das herrschende Unternehmen wird als „qualifizierter" faktischer Konzern bezeichnet.

95 Nach ganz überwiegender Ansicht ist der „qualifizierte" faktische Aktienkonzern *unzulässig*[183]. Eine derart intensive Ausübung von Leitungsmacht sei nur durch den Abschluß eines Beherrschungsvertrages zu legitimieren,

---

180 Bezeichnend ist hier die Begründung des AktG 1965, das noch keine Ausnahme von der Prüfpflicht kannte, Begr. RegE, Kropff, S. 413: „Der Aufsichtsrat urteilt dann in eigener Sache. Eine Überprüfung des Abhängigkeitsberichts durch sachkundige Dritte ist daher unumgänglich."; für die neuerliche Ausdehnung der Abschlußprüfung auf die kleine AG Hommelhoff, Gutachten, S. G 55 f. („rein bilanzrechtlich motivierter Fehlgriff") , G 84; Karsten Schmidt, JZ 1992, 856 (862); MK-Kropff, § 312 Rn. 14 vertritt ein Einsichtsrecht des Aktionärs analog § 51a GmbHG, wenn der Abhängigkeitsbericht nicht geprüft wird.

181 Zur unternehmerischen Mitbestimmung s.o. Fn. 56.

182 Eine grundsätzlich positive Bewertung erfährt der Abhängigkeitsbericht in der rechtstatsächlichen Umfrage von Hommelhoff, ZHR 156 (1992), 295 (312 f.). Positiv auch MK-Kropff, § 312 Rn. 19 m.w.N. in Fn. 45; Hommelhoff, Gutachten, S. G 19 ff.; Hüffer, § 312 Rn. 1; im Ergebnis auch Emmerich/Sonnenschein/Habersack, § 26 II, mit Nachweisen auf kritischere Stimmen in Fn. 18.

183 OLG Hamm NJW 1987, 1030 v. 3.11.1986 „Banning"; MK-Bayer, § 18 Rn. 14 m.w.N. in Fn. 28; Karsten Schmidt, § 31 IV 4 a; Flume I/2, § 4 IV (S. 122 f.); Emmerich/Sonnenschein/Habersack, § 28 II 2 m.w.N. in Fn. 10; für Zulässigkeit Decher, DB 1990, 2005 (2006), aber unter analoger Anwendung der §§ 302 ff. AktG.

der insbesondere nach § 293 Abs. 1 AktG der Zustimmung einer qualifizierten Mehrheit in der Hauptversammlung bedarf. Daraus folgt, daß ohne Beherrschungsvertrag nur ein dezentral geleiteter Aktienkonzern für rechtmäßig erachtet wird[184].

Nicht eindeutig geklärt ist allerdings der *Tatbestand* des „qualifizierten" faktischen Konzerns. Die vorgeschlagenen Kriterien weisen aber in die gleiche Richtung. Es wird gefordert, das Eigeninteresse der abhängigen Gesellschaft müsse infolge des von dem herrschenden Unternehmen dauerhaft ausgeübten Einflusses nachhaltig ebenso beeinträchtigt sein, wie aufgrund eines Beherrschungsvertrages[185]. Das soll der Fall sein, wenn die Leitungsmacht „im Kern" auf das herrschende Unternehmen übergegangen ist[186]. Teilweise wird stärker auf § 311 AktG abgestellt und somit darauf, daß sich einzelne Weisungen und deren Auswirkungen nicht mehr isolieren lassen und damit das auf Einzelausgleich bauende System der §§ 311, 317 AktG nicht mehr funktionieren könne[187]. **96**

Angesichts der Schwierigkeiten, die praktisch immer bestehen, nachteilige Einflußnahmen des herrschenden Unternehmens zu isolieren, scheint der Ansatz bei dem Ausgleichssystem der §§ 311, 317 AktG problematisch. Andererseits steht eine umfassende Leitung der abhängigen AG durch das herrschende Unternehmen im Widerspruch zu der eigenverantwortlichen Leitung der Gesellschaft durch den Vorstand im Unternehmensinteresse, § 76 Abs. 1 AktG. Das Abgrenzungskriterium scheint daher bei dem Übergang der Unternehmensleitung zu suchen. Beispiele sind die Übernahme der Tagesgeschäfte oder die finanzielle Knebelung der Tochter[188]. Bisher hat man sich aber noch nicht auf eindeutige Tatbestandsvoraussetzungen geeinigt. **97**

Als *Rechtsfolge* des „qualifizierten" faktischen Aktienkonzerns wird häufig eine analoge Geltung von Vorschriften bei Bestehen eines Beherrschungsvertrages vertreten. Zentral war bisher die Regelung des § 302 AktG über den Verlustausgleich, die unten im Zusammenhang dargestellt wird[189]. Daneben dient dem Schutz der außenstehenden Aktionäre insbe- **98**

---

[184] Hommelhoff, S. 139, 146 f.

[185] Karsten Schmidt, § 31 IV 4 a; dahingehend auch OLG Hamm NJW 1987, 1030 v. 3.11.1986 „Banning".

[186] Karsten Schmidt, § 31 IV 4 b; Lutter, AG 1990, 179 (183).

[187] MK-Bayer, § 18 Rn. 11; Emmerich/Sonnenschein/Habersack, § 28 I; dagegen fordert Timm, NJW 1987, 977 (983) auch im Aktienrecht eine nachhaltige *Schädigung* der abhängigen AG.

[188] Lutter, AG 1990, 179 (182).

[189] Rn. 164 ff. In den Urteilen BGHZ 149, 10 v. 17.9.2001 „Bremer Vulkan" und NJW 2002, 1803 (1805) v. 25.2.2002 lehnt der *BGH* eine Analogie zu den Haftungsvorschriften des Aktienkonzernrechts nunmehr ab.

sondere eine analoge Anwendung der §§ 304, 305 Abs. 2 Nr. 3 AktG[190], wonach diesen eine jährlich wiederkehrende Ausgleichszahlung für ihren Gewinnanteil zu gewähren ist und sie ihre Aktien gegen eine Barabfindung an das herrschende Unternehmen veräußern können. Auf beiden Wegen werden die außenstehenden Aktionäre unabhängig von einer Gewinnerzielung der AG. Zu bedenken ist bei der Analogie zu den Regeln des Beherrschungsvertrags, daß dieser das herrschende Unternehmen zu nachteiligen Weisungen berechtigt. Die intensive Leitung der abhängigen AG widerspricht zwar § 76 AktG, muß aber für die AG nicht zwingend nachteilig sein. Die Rechtsfolgen eines „qualifizierten" faktischen Konzerns können deshalb nur jeweils einzeln begründet werden[191]. Den außenstehenden Aktionären wird häufig ein Abwehranspruch auf Beseitigung der rechtswidrigen qualifizierten Konzernierung gegen ihre AG zugesprochen[192].

II. GmbH-Konzern

1. Die Bedingungen der Machtausübung in der GmbH

a. Organisationsverfassung

99 In der GmbH vertreten nach § 35 Abs. 1 GmbHG der oder die Geschäftsführer die Gesellschaft. Der Vertretungsmacht steht aber nicht die entsprechende Entscheidungsmacht gegenüber. Im Gegensatz zum Vorstand der AG[193] ist dem GmbH-Geschäftsführer nicht die eigenverantwortliche Leitung der Gesellschaft gesetzlich vorbehalten. Vielmehr unterliegt er den Weisungen der Gesellschafter[194]. Nach § 37 GmbHG können diese im Innenverhältnis die Befugnisse des Geschäftsführers beschränken. Gemäß § 45 Abs. 1 GmbHG bestimmt die Satzung, welche Rechte den Gesellschaftern in Bezug auf die Geschäftsführung zustehen, sie kann damit deren Einfluß zementieren. Nach § 46 Nr. 5 GmbHG bestellen die Gesellschafter

---

[190] Emmerich/Sonnenschein/Habersack, § 31 IV 3 b, mit zahlreichen Nachweisen in Fn. 86; Ebenroth, AG 1990, 188 (193); Decher, DB 1990, 2005 (2007); Timm, NJW 1987, 977 (984); nur für Gewährung des Anspruchs auf Barabfindung Eschenbruch, Rn. 3420; gegen Analogie zu §§ 302 ff. Strohn, S. 11 f., 118.

[191] Vgl.a. Hüffer, § 18 Rn. 5, der die Problematik nicht in der Zulässigkeit oder Rechtswidrigkeit des qualifizierten faktischen Konzerns sieht, sondern in der aktienrechtlichen Konzernbildungskontrolle und dem angemessenen Haftungsmodell.

[192] Karsten Schmidt, § 31 IV 4 a; Emmerich/Sonnenschein/Habersack, § 31 III a; weitere Nachweise bei MK-Bayer, § 18 Rn. 14 Fn. 29.

[193] Dazu o. Rn. 39.

[194] S. Karsten Schmidt, § 36 I 1 a; Hachenburg-Hüffer, § 46 Rn. 118; Hdb. GmbH-Nonnenmacher, § 1 Rn. 38.

die Geschäftsführer und können die Bestellung nach § 38 Abs. 1 GmbHG im gesetzlichen Normalstatut jederzeit ohne Vorliegen von Gründen widerrufen. Gemäß § 46 Nr. 6 GmbHG prüfen und überwachen sie die Geschäftsführung. Grundlagenentscheidungen sind von den Gesellschaftern zu treffen, der Geschäftsführer muß diese zur Beschlußfassung vorlegen[195]. Aus § 43 Abs. 1 GmbHG trifft die Geschäftsführer eine besondere Sorgfaltspflicht gegenüber der GmbH.
Die Leitungsmacht in der GmbH liegt damit letztlich bei den Gesellschaftern. Der Machtausübung durch einen herrschenden Gesellschafter stehen wesentlich weniger strukturelle Hindernisse im Weg als in einer abhängigen AG[196].

Ein *Aufsichtsrat* besteht in der GmbH grundsätzlich nur, wenn der Gesell- 100
schaftsvertrag dies vorsieht, § 52 GmbHG. Beschäftigt die GmbH aber in der Regel mehr als 2000 Arbeitnehmer, so ist nach §§ 1 Abs. 1, 6 Abs. 1 MitbestG zwingend ein Aufsichtsrat zu bilden[197]. Aus §§ 25 Abs. 1, 31 MitbestG, 84 AktG folgt, daß dann der Aufsichtsrat die Geschäftsführer bestellt und abberuft. Das Weisungsrecht der Gesellschafter gegenüber der Geschäftsführung bleibt aber auch in der mitbestimmten GmbH unberührt[198].

b. Kapitalerhaltung

Auch in der GmbH wird das Gesellschaftskapital gegen die Verschiebung 101
zu den Gesellschaftern geschützt. Nach § 30 Abs. 1 GmbH darf das zur Erhaltung des Stammkapitals erforderliche Vermögen nicht an die Gesellschafter ausgezahlt werden, dennoch erfolgte Zahlungen sind gemäß § 31 Abs. 1 GmbHG zurückzuerstatten. Wie in der AG sind entgegen dem Wortlaut nicht nur Geldleistungen erfaßt, sondern jede Verschiebung von Vermögen von der Gesellschaft zu den Anteilseignern und damit namentlich verdeckte Ausschüttungen[199]. Erfaßt sind außerdem nicht nur direkte Verschiebungen zu einem Gesellschafter, sondern, um dem Schutzzweck des § 30 Abs. 1 GmbHG gerecht zu werden, auch Leistungen an ein mit

---

[195] BGH NJW 1991, 1681 v. 25.2.1991; NJW 1984, 1461 (1462) v. 5.12.1983; Karsten Schmidt, § 36 I 2 b.

[196] S. Hdb. GmbH-Nonnenmacher, § 1 Rn. 38: „Aufgrund der starken Stellung der Gesellschafter eignet sich die GmbH besonders zur Konzernbildung."

[197] Schon bei mehr als 500 Arbeitnehmern ist nach § 77 Abs. 1 BetrVG 1952 ein Aufsichtsrat zu bilden, der aber nur zu einem Drittel aus Vertretern der Arbeitnehmer besteht, vgl. a. Fn. 56.

[198] Karsten Schmidt, § 36 II 2 d, IV 2 b m.w.N. in Fn. 148.

[199] Lutter/Hommelhoff, § 30 Rn. 8; Karsten Schmidt, § 37 III 1 c m.w.N. in Fn. 74; Grunewald, 2.F. Rn. 115; zum Begriff s.o. Fn. 64.

dem Gesellschafter im Sinne der §§ 15 ff. AktG verbundenes Unternehmen[200].

102 Es besteht aber ein wesentlicher Unterschied zur Kapitalerhaltung in der AG[201]: Nur das zur Erhaltung des Stammkapitals erforderliche Vermögen wird geschützt. Das heißt, eine Vermögensverschiebung wird nur dann durch § 31 Abs. 1 GmbHG untersagt, wenn und soweit sie eine Unterbilanz[202] der Gesellschaft herbeiführt oder vertieft. § 30 GmbHG sorgt damit nicht dafür, daß nur der in der Bilanz ausgewiesene Gewinn an die Gesellschafter verteilt wird, sondern erhält lediglich das Stammkapital und dient damit dem Gläubigerschutz[203]. Dagegen, daß sich ein Gesellschafter Vermögen der wirtschaftlich gesunden GmbH aneignet, und damit den Gewinnanspruch seiner Mitgesellschafter schmälert, schützt § 30 GmbHG nicht.

103 Ebenso wie die Organisationsverfassung hindert damit die Kapitalerhaltung den herrschenden Gesellschafter in der GmbH weniger als in der AG an der Ausübung seiner Leitungsmacht. Gefährdung der Gläubiger soll verhindert werden, Gefährdung des Gewinnanspruchs der Minderheitsgesellschafter – hierdurch - nicht.

c. Insolvenzantragspflicht

104 Die in § 64 Abs. 1 GmbHG geregelte Insolvenzantragspflicht bei Zahlungsunfähigkeit oder Überschuldung entspricht derjenigen in der AG[204]. Die Haftung für nach Eintritt des Insolvenzgrundes geleistete Zahlungen folgt aus § 64 Abs. 2 GmbH. Gegenüber den Gläubigern kann der den Antrag unterlassende Geschäftsführer aus § 823 Abs. 2 i.V.m. § 64 Abs. 1 GmbHG haften[205]. Strafbarkeit kann sich aus § 84 Abs. 1 Nr. 2 GmbHG ergeben. Insbesondere entspricht auch der Maßstab der Beurteilung, ob Überschuldung vorliegt[206], vollständig demjenigen in der AG.

---

200 S. BGHZ 81, 311 (314 f.) v. 21.9.1981; Jäger, DStR 2000, 1736 m.w.N. in Fn. 5; zugleich ein Beispiel für den unten Teil 2C.II behandelten Zurechnungsdurchgriff.

201 Vergleich der Kapitalerhaltung in AG und GmbH in Hachenburg-Goerdeler/Müller, § 30 Rn. 12 ff.; Scholz-H.P. Westermann, § 30 Rn. 5 f.

202 „Eine Unterbilanz liegt vor, wenn in einem Vermögensstatus der Gesellschaft die Aktiven nicht mehr die Summe aus Verbindlichkeiten und Stammkapital decken.“, Karsten Schmidt, § 37 III 1 d; s.a. Scholz-H.P. Westermann, § 30 Rn. 17; Wilhelm, KapGesR, Rn. 232.

203 Hachenburg-Goerdeler/Müller, § 30 Rn. 1.

204 Dazu o. Rn. 43 ff.

205 S. Hachenburg-Ulmer, § 64 Rn. 35 ff.; Lutter/Hommelhoff, § 64 Rn. 36 ff. Zu Einzelheiten der Haftung noch u. Rn. 542 ff.

206 Hierzu Hachenburg-Ulmer, § 63 Rn. 23 ff. mit zahlreichen Nachweisen; Lutter/Hommelhoff, Rn. 7 ff. zur neueren Rechtslage.

d. Treupflicht

Es wurde bereits dargestellt, daß aus der gemeinsamen Mitgliedschaft in einem Verband Treupflichten folgen können[207]. Noch verbreiteter als in der Aktiengesellschaft wird in der GmbH die Pflicht der Gesellschafter anerkannt, auf die Interessen der Gesellschaft und der Mitgesellschafter Rücksicht zu nehmen[208]. So darf auch in der GmbH der Einfluß auf die Geschäftsführung nicht dazu genutzt werden, Sondervorteile zum Nachteil der Gesellschaft durchzusetzen[209]. 105

Die Treupflicht steigert sich, je personalistischer die Gesellschaft strukturiert ist[210], sie steigert sich ebenfalls, je größer der Einfluß des Gesellschafters in der Gesellschaft ist[211]. Der exakte Umfang der Loyalitätspflicht kann aber nur von Fall zu Fall bestimmt werden[212]. Jedenfalls in der mehrgliedrigen GmbH unterliegt der kontrollierende Gesellschafter durch die Treupflicht aber einem Schädigungsverbot. 106

e. Insbesondere: Pflichtbindung des einzigen Gesellschafters?

Schwieriger ist die Situation in der Einpersonen-GmbH oder dann wenn alle Gesellschafter in Bezug auf eine bestimmte Maßnahme einig sind[213]. Eine Minderheit, auf deren Interessen Rücksicht zu nehmen wäre, gibt es dann nicht mehr. Sieht man den Grund der Treupflicht in der Sonderverbindung zwischen den Gesellschaftern, so folgt daraus, daß der einzige Gesellschafter einer solchen Pflicht nicht unterliegen kann[214]. Das Fehlen 107

---

[207] S.o. Rn. 49.

[208] Z.B. RGZ 164, 257 (262) v. 27.6.1940; BGHZ 65, 15 (21) v. 5.6.1975 „ITT"; 98, 276 (279 f.) v. 25.9.1986; Scholz-Winter, § 14 Rn. 50 m.w.N. in Fn. 160; Grunewald, 2.F. Rn. 11; Wiedemann, § 8 II 3 a; Karsten Schmidt, § 20 IV 2 b; Kübler, § 17 IV 2 d; zur Herleitung und historischen Entwicklung der Treupflicht in der GmbH Winter, S. 43 ff.

[209] Scholz-Winter, § 14 Rn. 56 m.w.N. in Fn. 179.

[210] S.o. Fn. 85 sowie Scholz-Winter, § 14 Rn. 50 m.w.N. in Fn. 163.

[211] S.o. Fn. 88 sowie Scholz-Winter, § 14 Rn. 53; Wiedemann, § 8 II 3; ders. unterscheidet in FS Heinsius, S. 949 (960 ff.) sogar eine eigene Kategorie der „mehrheitsbezogenen Treupflicht".

[212] Scholz-Winter, § 14 Rn. 53, ausführlich zum Inhalt in Rn. 54 ff.; Hachenburg-Raiser, § 14 Rn. 55; Karsten Schmidt, § 20 IV 2 d.

[213] Beide Fälle stehen sich gleich, s. BGHZ 95, 330 (340) v. 16.9.1985 „Autokran"; Emmerich/Sonnenschein/Habersack, § 30 V 1; Röhricht in FS 50 Jahre BGH, S. 83 (88); Fleck, ZHR 149 (1985), 387 (418). Wird hier von dem einzigen Gesellschafter gesprochen, so ist damit auch der Fall gemeint, daß *alle* Gesellschafter einvernehmlich handeln.

[214] Gegen das Bestehen einer Treue- oder vergleichbaren Verpflichtung des einzigen Gesellschafters Lutter/Hommelhoff, § 14 Rn. 24; Scholz-Winter, § 14 Rn. 52 m.w.N. in Fn. 167; Wiedemann, Unternehmensgruppe, S. 86 ff. (zu Bestandsschutz neigend jetzt

einer Pflichtbindung des einzigen Gesellschafters wird zudem damit begründet, daß die Gläubiger als einzig verbleibende Gruppe, auf deren Interessen Rücksicht zu nehmen sein könnte, ausreichend und abschließend durch Kapitalerhaltung und Insolvenzantragspflicht geschützt seien[215]. Die *Kapitalerhaltung* in § 30 Abs. 1 GmbHG bestimmt, daß Vermögen, das zur Deckung der Verbindlichkeiten und des Stammkapitals erforderlich ist, nicht an die Gesellschafter fließen darf[216]. Ist gleichwohl das Vermögen der GmbH soweit vermindert, daß es nicht mehr die Verbindlichkeiten deckt, so ist nach § 64 Abs. 1 S. 2 GmbHG *Insolvenzantrag* wegen Überschuldung zu stellen. Theoretisch sind die Gläubiger hierdurch ausreichend geschützt, eine Pflichtbindung des einzigen Gesellschafters in ihrem Interesse wäre entbehrlich.

108 Praktisch verfügen mehr als die Hälfte der GmbHs im – häufigen – Insolvenzfall nicht einmal über ausreichendes Vermögen, um die Kosten des Insolvenzverfahrens zu decken. Findet das Insolvenzverfahren gleichwohl statt, so reicht das verbliebene Vermögen, um die ungesicherten Gläubiger im Durchschnitt zu fünf Prozent zu befriedigen[217]. Allein Kapitalerhaltung und Insolvenzantragspflicht führen damit offensichtlich nicht dazu, daß das zur Befriedigung der Gläubiger erforderliche Vermögen erhalten wird[218]. Im Interesse der Gläubiger wird daher vermehrt eine Pflichtbindung und dementsprechende Haftung auch des einzigen Gesellschafters gegenüber der GmbH vertreten.

109 Zunächst sollte auch der einzige Unternehmensgesellschafter „seiner" GmbH analog § 302 Abs. 1 AktG und deren Gläubigern analog § 303 AktG bei Vorliegen eines „qualifizierten" faktischen Konzerns haften[219]. In der „Bremer Vulkan"-Entscheidung[220] hat der *BGH* die Analogie zum Haftungssystem des Aktienrechts für die Einmann-GmbH aufgegeben. Gleichzeitig hat er anerkannt, daß der einzige Gesellschafter nicht nur verpflichtet ist, das Stammkapital der GmbH zu erhalten, sondern auch, ihren Bestandsschutz zu gewährleisten[221].

---

aber Wiedemann/Hirte in FG 50 Jahre BGH, Bd. 2, S. 337 (353)); Lutter, ZIP 1985, 1425 (1428 f.); Stimpel, ZGR 1991, 144 (158 f.); Römermann/Schröder, GmbHR 2001, 1015 (1018 f.); Bitter, WM 2001, 2133 (2138 f.); ausführlich Wackerbarth, § 8 I 3.

[215] Lutter/Hommelhoff, § 14 Rn. 24 a.E.; Lutter, ZIP 1985, 1425 (1428 f.); Römermann/Schröder, GmbHR 2001, 1015 (1018).

[216] O. Rn. 101 ff.

[217] S. die deutsche Insolvenzstatistik u. Rn. 506.

[218] S. Röhricht in FS 50 Jahre BGH, S. 83 (94 f.); Wiedemann, § 8 III 1; Fleck, ZHR 149 (1985), 387 (395 f.); speziell zur Konkursverschleppungshaftung Karsten Schmidt, ZIP 1988, 1497 (1500 ff.).

[219] Dazu u. Rn. 166 ff.

[220] BGHZ 149, 10 v. 17.9.2001.

[221] BGHZ 149, 10 v. 17.9.2001 „Bremer Vulkan", 1. Leitsatz.

aa. Begründung aus gläubigerschützenden Vorschriften

Offen gelassen hat der *II. Zivilsenat* allerdings, woraus sich diese zusätzliche Pflichtbindung des Alleingesellschafters ergibt. Die Entscheidung nimmt aber in Terminologie und Inhalt offensichtlich Bezug auf einen Festschriftbeitrag des Senatsvorsitzenden *Röhricht*[222], der die Gründe für eine Verpflichtung des Alleingesellschafters auf den Bestandsschutz der GmbH darlegt. Unter Bezugnahme auf frühere Untersuchungen[223] stellt er zunächst fest, daß das GmbH-Recht die Haftungsbeschränkung und damit auch die Haftungssegmentierung zulasse, um einen vom Gesetzgeber angestrebten ökonomischen Nutzen zu erreichen. So sollten Marktzugang und Selbständigkeit auch für kapitalschwache Kreise möglich sein[224]. Die Gefahren für diejenigen, die mit einer mit bescheidenem Eigenkapital ausgestatten Gesellschaft in Verbindung treten, nehme das geltende Recht aber nur im Gegenzug dafür in Kauf, daß dieses Risiko durch einen wirksamen Gläubigerschutz so gering als möglich gehalten wird[225]. **110**

Ausdruck dieses Gläubigerschutzes sind im GmbH-Recht insbesondere die Pflicht zur Aufbringung und zur Erhaltung des Stammkapitals[226], außerdem die Insolvenzantragspflicht nach § 64 Abs. 1 GmbHG, wenn dieses Stammkapital aufgebraucht oder die GmbH zahlungsunfähig ist[227]. Für die Auflösung der Gesellschaft sehen die §§ 65 ff. GmbHG ein Verfahren vor, in dem insbesondere nach § 73 Abs. 1 1. HS GmbHG das Vermögen erst an die oder den Gesellschafter verteilt werden darf, wenn die Schulden getilgt oder gesichert sind. Hieraus wird gefolgert, daß es dem Gesellschafter nicht gestattet ist, die GmbH auf andere Weise zu vernichten und so die Vorschriften der geordneten Liquidation zu umgehen[228]. Für eine Pflichtbindung des einzigen Gesellschafters wird damit zum einen argumentiert, das GmbH-Recht bezwecke allgemein auch einen effektiven Gläubiger- **111**

---

222 FS 50 Jahre BGH, S. 83 ff.; s. Ulmer, ZIP 2001, 2021 (2023); Hoffmann, NZG 2002, 68 (69).

223 Röhricht in FS 50 Jahre BGH, S. 83 (104) nennt Ulmer, ZHR 148 (1984), 391 ff.; ders. in FS Pfeiffer, S. 853 ff.; Winter, Mitgliedschaftliche Treubindungen im GmbH-Recht, 1987; Priester, ZGR 1993, 512 ff.

224 Röhricht in FS 50 Jahre BGH, S. 83 (98); s.a. Wiedemann/Hirte in FG 50 Jahre BGH, Bd. 2, S. 337 (361 f.).

225 Röhricht in FS 50 Jahre BGH, S. 83 (98 ff.); s.a. Karsten Schmidt, ZIP 1988, 1497 f.; Wilhelm, S. 336; Keßler, GmbHR 2001, 1095.

226 Zur Nähe zwischen Kapitalerhaltung und Bestandsschutz Ulmer, ZIP 2001, 2021 (2026).

227 Röhricht in FS 50 Jahre BGH, S. 83 (99).

228 Röhricht in FS 50 Jahre BGH, S. 83 (100 f.); Winter, ZGR 1994, 570 (586 f., 591); Priester, ZGR 1993, 512 (520 f.); Fleck, ZHR 149 (1985), 387 (396); Emmerich/Sonnenschein/Habersack, § 30 V 2; Keßler, GmbHR 2001, 1095 (1099); s.a. BGH ZIP 2000, 493 (494).

schutz, zum anderen, die Vorschriften über das Auflösungsverfahren und die Verteilung des Gesellschaftsvermögens vorrangig an die Gläubiger sprächen gegen die Zulässigkeit einer Existenzvernichtung der GmbH auf anderem Wege[229].

112 Diese Begründung überzeugt. Dem Einwand, die Entscheidung über die Existenz der Gesellschaft liege (auch wegen § 60 Abs. 1 Nr. 2 GmbHG) in den Händen der Gesellschafter[230], läßt sich der materiell gläubigerschützende Gehalt der Liquidationsvorschriften[231] entgegenhalten. Ein förmlicher Auflösungsbeschluß hat zur Folge, daß das Gesellschaftsvermögen gemäß §§ 70 S. 1, 73 Abs. 1 GmbHG zur Schuldentilgung dient, bevor auch nur ein Cent davon an den oder die Gesellschafter ausgezahlt werden darf. Die Gesellschafter sind zwar zu Nachschüssen nicht verpflichtet, das Kapital, das sie in die Gesellschaft eingebracht haben, ist aber die Haftungsmasse der Gläubiger, mit der die Gesellschafter erst dann nach Belieben verfahren können, wenn die Befriedigung der Gläubiger gesichert ist.

113 Der Gesamtzusammenhang der gläubigerschützenden Normen des GmbH-Rechts und insbesondere seine Liquidationsvorschriften sprechen damit dagegen, daß den Gesellschaftern die Existenzvernichtung der GmbH anders als in einem geordneten Liquidationsverfahren gestattet ist. Die dogmatische Begründung einer Pflicht zur Gewährleistung des Bestandsschutzes ist damit aber nicht letztendlich geklärt[232].

---

229 Teilweise wird eine Pflichtbindung der Gesellschaftergesamtheit auch aus dem Gesellschaftszweck hergeleitet. Winter, S. 198 ff.; ders. ZGR 1994, 570 (582 ff.) weist darauf hin, daß eine dauerhafte Führung der GmbH gegen ihre wirtschaftlichen Interessen regelmäßig eine Änderung des Gesellschaftszwecks darstellt. Es ist somit eine Änderung des Gesellschaftsvertrags erforderlich, die über § 54 GmbHG zur Eintragung in das Handelsregister anzumelden ist. Es wird damit nach außen hin festgehalten, daß die GmbH ihren Betrieb nicht mehr (allein) im eigenen wirtschaftlichen Interesse führt, ebenso Ziemons, S. 104 ff.; Burgard, ZIP 2002, 827 (834 f.). Materiell ändert das aber nichts an der Befugnis des einzigen Gesellschafters, den Gesellschaftszweck zu ändern, so daß eine Pflichtbindung hieraus nicht begründet werden kann.

230 Wiedemann, Unternehmensgruppe, S. 87; Wackerbarth, § 8 I 3 b a.E.; unschlüssig Bitter, WM 2001, 2133 ff., der einerseits gegen ein „Verbot kalter Liquidation" polemisiert, da sich die Zulässigkeit der Existenzgefährdung aus dem Sinn der Haftungsbeschränkung ergebe (S. 2136), andererseits den Gesellschafter nach dem Kriterium der Insolvenzwahrscheinlichkeit gegenüber den Gläubigern haften lassen will (S. 2141). Das ist wiederum nichts anderes als eine Haftung für Existenzgefährdung. Begründet wird diese revolutionäre Lösung mit der Durchgriffsmethode, die wiederum mit einer „geltungserhaltenden Reduktion der haftungsbeschränkenden Norm" (S. 2139) begründet wird.

231 S. Hachenburg-Hohner, § 73 Rn. 1; Lutter/Hommelhoff, § 73 Rn. 1.

232 S. noch u. Rn. 581 ff. und Ulmer, ZIP 2001, 2021 (2024).

bb. Organhaftung der Gesellschafter?

Die dogmatische Begründung der Pflichtbindung auch des einzigen Gesellschafters wird teilweise in einem Rechtsgrundsatz der *Pflichtgebundenheit fremdbezogener Machtausübung* gesehen[233]. Dem Gesellschafter fremd ist nach diesem Ansatz die juristische Person. Träfen die Gesellschafter Entscheidungen über den Vermögenseinsatz dieser juristischen Person, so verwalteten sie – vergleichbar einem Fremdgeschäftsführer, der nach § 43 Abs. 1 GmbHG sorgfaltspflichtig ist – fremdes Vermögen[234]. Wie ein Fremdgeschäftsführer ist demnach der Einfluß nehmende Gesellschafter der Gesellschaft zur Sorgfalt verpflichtet. *Wilhelm* erkennt hier eine allgemeine Sorgfaltspflicht und dementsprechende Haftung auch des Gesellschafters[235]. *Altmeppen* will die Verpflichtung des Gesellschafters hingegen auf die Fälle begrenzen, in denen die juristische Person nicht auf den Anspruch gegen ihr Organ verzichten könnte. Er wendet hierzu den Rechtsgedanken des § 93 Abs. 5 S. 2, 3 AktG in der GmbH entsprechend an[236]. Daraus folgert er, dem Gesellschafter seien Maßnahmen verwehrt, die unter gröblichem Verstoß gegen den Mindeststandard unternehmerischer Sorgfalt das zur Gläubigerbefriedigung benötigte Kapital vernichten[237]. **114**

Die Herleitung der Gesellschafterpflichten aus einer Parallele zu den Geschäftsführerpflichten ist ganz überwiegend auf *Ablehnung* gestoßen[238]. Bestritten wird schon die Grundlage der Organhaftungsthese, daß die Gesellschafter *fremdes* Vermögen verwalteten[239]. In der Tat besteht ein wesentlicher Unterschied zwischen dem Organ Geschäftsführer, dessen – weitreichende - Pflichtbindung gerade auch im Interesse der Gesellschafter **115**

---

[233] Wilhelm, S. 336 ff.; ders. KapGesR, Rn. 566.; ders., NJW 2003, 175 (179); Flume, I/2, § 3 III 3, s. aber auch S. 61; im Grundsatz auch Altmeppen, ZIP 2001, 1837 (1843); ders., NJW 2002, 321 (322); ders., ZIP 2002, 1553 (1562).

[234] Wilhelm, S. 336 ff.

[235] Wilhelm, S. 339; ders., KapGesR, Rn. 565; ders., DB 1986, 2113 (2116).

[236] Altmeppen, ZIP 2001, 1837 (1844 ff.); ders., NJW 2002, 321 (323 f.); ders., ZIP 2002, 961 (966); ders., ZIP 2002, 1553 (1562).

[237] Altmeppen, ZIP 2001, 1837 (1847).

[238] S. nur BGHZ 95, 330 (340) v. 16.9.1985 „Autokran"; Lutter/Hommelhoff, Anh § 13 Rn. 18; Scholz-Uwe H. Schneider, § 43 Rn. 16; Röhricht in FS 50 Jahre BGH, S. 83 (103) Fn. 53; Ulmer, ZIP 2001, 2021 (2025) m.w.N. in Fn. 50; ders., ZHR 148 (1984), 391 (414 f.); Hüffer, NJW 1982, 428 f. S. zwischenzeitlich auch Altmeppen, ZIP 2002, 961 (966), der eine „culpa-Haftung" wegen Pflichtverletzung annimmt und ausführt: „Allerdings ist eine solche Pflicht des Mitglieds, das gebundene Vermögen seiner Kapitalgesellschaft nicht zu schädigen (man kann insoweit von einem „Schädigungsverbot" sprechen), im GmbHG nicht ausdrücklich geregelt. Sie ergibt sich aber mit Selbstverständlichkeit aus dem Wesen der Kapitalgesellschaft, [...]."

[239] Scholz-Uwe H. Schneider, § 43 Rn. 16.

besteht und den Gesellschaftern als Eigentümern der Gesellschaft[240]. Dem trägt Altmeppen durch die Begrenzung der Gesellschafterpflicht entsprechend § 93 Abs. 5 S. 2, 3 AktG Rechnung[241]. Auch dieser Ansatz ist jedoch auf berechtigte Kritik gestoßen: § 93 Abs. 5 AktG regelt im Gegensatz zu Abs. 4 nicht die Verzichtbarkeit der Pflichtbindung und Haftung, sondern die Geltendmachung des Anspruchs durch die Gläubiger[242]. Zudem kommt es auf die gröbliche Sorgfaltspflichtverletzung nur an, wenn keiner der – zahlreichen – Fälle des § 93 Abs. 3 AktG vorliegt. Die Übertragung einer Vorschrift, die im Aktienrecht eine andere Frage regelt, auf den Umfang der Pflichtbindung der Gesellschafter in der GmbH scheint daher eher der Sympathie für ein sachlich nachvollziehbares Ergebnis als der Vergleichbarkeit der Sachverhalte geschuldet. Sie illustriert, daß sich die Begründung der Pflichten der Gesellschafter trotz sachlicher Nähe nicht aus der entsprechenden Anwendung der Vorschriften über die Geschäftsführer ergibt.

cc. Die Treupflicht des einzigen Gesellschafters

116 In der mehrgliedrigen GmbH ergibt sich eine Pflichtbindung und dementsprechende Haftung des Gesellschafters aus der Treupflicht. Diese Treupflicht folgt aus der Mitgliedschaft in der Gesellschaft, wobei nicht letztendlich geklärt ist, ob und inwieweit die Treupflicht auf der Verpflichtung auf den gemeinsamen Zweck, auf einer aus der Satzung hergeleiteten richterrechtlichen Generalklausel oder auf § 242 BGB beruht[243]. Auch die Pflichtbindung des einzigen Gesellschafters wird aus der *mitgliedschaftlichen* Sonderverbindung zu der juristischen Person GmbH hergleitet[244] und häufig ebenfalls als Treu(e)pflicht bezeichnet[245]. Begründet wird sie jedoch

---

[240] Zu der gundlegend unterschiedlichen Pflichtbindung im geltenden GmbH-Recht Ulmer, ZHR 148 (1984), 391 (419): Außerhalb des § 43 Abs. 3 GmbHG sind Geschäftsführer von ihrer Verpflichtung aus § 43 Abs. 1 GmbHG befreit, wenn sie auf Weisung der Gesellschafter handeln.

[241] O Fn. 236.

[242] Karsten Schmidt, NJW 2001, 3577 (3580); Ulmer, ZIP 2001, 2021 (2025).

[243] O. Fn. 80.

[244] Karsten Schmidt, § 40 III 2 d, 3 c; ders., NJW 2001, 3577 (3580); ders., ZIP 1988, 1497 (1505); ders., ZIP 1986, 146 (148); Priester, ZGR 1993, 512 (521 ff.; 533); ohne den Terminus der „mitgliedschaftlichen Sonderverbindung" zu verwenden erkennen Fleck, ZHR 149 (1985), 387 (394 ff.) und tendenziell auch Henze, GmbHR 2000, 1069 (1072) eine Verpflichtung des einzigen Gesellschafters auf die Existenzfähigkeit der GmbH an.

[245] Die Terminologie verdeutlichend Winter, ZGR 1994, 570 (581): „Zwischen der GmbH und jedem einzelnen Gesellschafter besteht eine – herkömmlich mit dem Sammelbegriff „Treupflicht" umschriebene – Sonderrechtsverbindung."; ders., S. 202 ff.; Emmerich/Sonnenschein/Habersack, § 30 V 2; auch Ulmer, ZIP 2001, 2021 (2026 f.);

im Gegensatz zur mehrgliedrigen GmbH nicht mit der Rücksichtnahme auf die Mitgesellschafter, sondern mit den oben[246] dargestellten Argumenten des Gläubigerschutzes.

In der Rechtsprechung wurde eine Treupflicht auch des einzigen Gesellschafters bisher abgelehnt, soweit nicht das zur Erhaltung des Stammkapitals erforderliche Vermögen angegriffen wird, der Fall der Existenzgefährdung wurde durch die Zivilrechtsprechung aber ausdrücklich offengelassen[247]. Auch der Vorsitzende des *II. Zivilsenats*, *Röhricht*, grenzt in seinem grundlegenden Beitrag den Bestandsschutz in der Einpersonengesellschaft deutlich von der Treupflicht in der Mehrpersonengesellschaft ab[248]. In der Literatur wird gegen eine Treupflicht des einzigen Gesellschafters vorgebracht, es handele sich um eine Überhöhung der juristischen Person[249], um **117**

---

ders., ZHR 148 (1984), 391 (419); Assmann, JZ 1986, 928 (931), die wegen der konzernspezifischen Gefahren die Treupflicht aber auf herrschende Unternehmen beschränken wollen. Das Bestehen einer Pflichtbindung als solcher sollte aber nicht davon abhängen, ob eine Pflichtverletzung mehr oder weniger wahrscheinlich erscheint; insoweit vollkommen zutreffend Ziemons, S. 112. Dies., S. 137 und Burgard, ZIP 2002, 827 (834 ff.) erkennen eine umfassende Treupflicht gegenüber der GmbH, die vom Gesellschafterbestand unabhängig ist und nur durch eine Änderung des Gesellschaftszwecks modifiziert werden kann. Ein derart weitreichender materieller Gehalt kann dem Gesellschaftszweck jedoch kaum entnommen werden, der auch bei entsprechender Anwendung des § 33 Abs. 1 S. 2 BGB durch die Gesellschaftergesamtheit jederzeit geändert werden kann.

[246] Unter Rn. 110 ff.

[247] S. BGH ZIP 2000, 493 (494): Der Fall der Existenzgefährdung wird ausdrücklich offengelassen. BGHZ 142, 92 (95) v. 21.6.1999: Die einvernehmlich handelnden Gesellschafter sollen der GmbH *grundsätzlich* keinen Schadenersatz aus Treupflichtverletzung schulden, nachdem wenige Zeilen vorher die Rechtsprechung des *III. Strafsenats* derart wiedergegeben wurde, daß § 266 StGB die GmbH nur gegen die Gefährdung ihrer wirtschaftlichen Existenz schütze. BGHZ 122, 333 (336) v. 10.5.1993 m.w.N.: Es wird ausdrücklich offengelassen, ob eine Treupflicht besteht, wenn die Existenz der Gesellschaft gefährdet wird; 119, 257 (262) v. 28.9.1992: Dort wird das Bestehen einer Treupflicht bei der Gefährdung von Gläubigerinteressen offengelassen; gänzlich ablehnend 31, 258 (278 f.) v. 14.12.1959, wo eine Gesellschafterhaftung für Weisungen an den Geschäftsführer nur über § 826 BGB anerkannt wird, insoweit aber aufgegeben in BGHZ 65, 15 (21) v. 5.6.1975 „ITT"; BGHZ 95, 330 (340) v. 16.9.1985 „Autokran": eine solche Pflicht sei „nicht leicht zu begründen". Auch OLG Köln BB 1995, 793 f. v. 1.3.1995 läßt die Haftung des Alleingesellschafters für existenzgefährdende Geschäfte ausdrücklich offen.

[248] Röhricht in FS 50 Jahre BGH, S. 83 (104).

[249] S. Wackerbarth, § 8 I 3 c: Recht regle in letzter Konsequenz nur das Zusammenleben von Menschen. Eine Treupflicht könne es daher in der Einpersonengesellschaft nicht geben, da keine weiteren Gesellschafter hinter der Gesellschaft stehen.

einen Schutz des rechtlichen Konstrukts um seiner selbst willen, ein Eigeninteresse der GmbH sei reine Fiktion[250].

118 Solange man sich die Unterschiede zwischen mehrgliedriger und eingliedriger GmbH verdeutlicht, spricht aber nichts gegen die Herleitung aus der *mitgliedschaftlichen Verbindung zur GmbH* und wenig gegen die Bezeichnung als Treupflicht. Wie die Treupflicht in der Mehrpersonengesellschaft ist die Pflicht des einzigen Gesellschafters in seiner Gesellschafterstellung begründet, ihr Inhalt hängt aber von den Umständen des Falles ab[251]. Genau so, wie eine Änderung des Gesellschaftszwecks in der Mehrpersonengesellschaft den Inhalt der Treupflicht modifiziert[252], so ändert (vor allem: reduziert) auch das Fehlen von Mitgesellschaftern den Inhalt der Pflicht grundlegend. Der Gesellschafter hat nicht mehr das Beteiligungs- und Gewinninteresse seiner Mitgesellschafter zu respektieren, sondern den Bestand der Gesellschaft im Interesse der Gläubiger. Zuzugeben ist, daß der Begriff der Treue zur GmbH auch Unzutreffendes suggerieren kann[253]. Der Gesellschafter schuldet im Interesse der Gläubiger nicht uneingeschränkte Loyalität. Er schuldet Respektierung der juristischen Person. Das ist aber nicht ein Schutz des juristischen Konstrukts um seiner selbst willen, sondern sein Ernstnehmen[254]. Wenn es Personen gestattet ist, juristische Personen zu schaffen, zu kontrollieren und in dieser Form Geschäfte zu betreiben und damit Verpflichtungen einzugehen ohne selbst zu haften, so ist im Gegenzug diese juristische Person gegen die willkürliche Existenzvernichtung zum Nachteil der ungesicherten Gläubiger geschützt. Damit liegt das Risiko unternehmerischen Mißerfolgs jenseits des investierten Kapitals weiterhin bei den Gläubigern. Maßnahmen, die auf Gläubigerschädigung angelegt sind, gehen dagegen zu Lasten des Gesellschafters. Diese Pflichtbindung hat mit der Treupflicht den Ursprung in der Stellung als Gesellschafter gemein. Sie läßt sich damit jedenfalls als Pflicht aus der *mitgliedschaftlichen* Sonderverbindung bezeichnen. Wenn der – deutliche – Unterschied zur Pflichtbindung in der Mehrpersonen-GmbH darüber nicht in Vergessenheit gerät, so bezeichnet aber auch der gebräuchliche Begriff der Treu(e)pflicht, worum es sich hier handelt.

---

[250] Lutter/Hommelhoff, § 14 Rn. 24; Baumbach/Hueck-Zöllner, GmbH-KonzernR Rn. 100.

[251] S. Scholz-Winter, § 14 Rn. 53; Hachenburg-Raiser, § 14 Rn. 55; Karsten Schmidt, § 20 IV 2 d; Wiedemann in FS Heinsius, S. 949 f.

[252] Der Inhalt der Treupflicht hängt wesentlich von dem Gesellschaftszweck ab, BGHZ 65, 15 (19) v. 5.6.1975 „ITT"; Scholz-Winter, § 14 Rn. 53.

[253] S. die Kritik von Wackerbarth, § 8 I 3 c m.w.N.

[254] Treffend Karsten Schmidt, ZIP 1988, 1497 (1505); ders., ZIP 1986. 146 (148); s.a. Wilhelm, S. 334.

dd. Zum Inhalt der Pflicht

Konkretisierungsbedürftig ist der Inhalt der mitgliedschaftlichen Pflicht des einzigen Gesellschafters. Nach dem „Bremer Vulkan"-Urteil schuldete der einzige Gesellschafter angemessene Rücksichtnahme auf die Eigenbelange der GmbH[255]. An dieser Rücksichtnahme fehlt es, wenn die GmbH infolge der Eingriffe ihres Alleingesellschafters ihren Verbindlichkeiten nicht mehr nachkommen kann[256]. Wann aber liegt ein solcher verbotener *bestandsvernichtender Eingriff*[257] vor? 119

Röhricht nennt hier die Eingehung eines nach seriösen kaufmännischen Maßstäben unverantwortlichen Risikos, unkompensierte nachteilige Eingriffe in die Vermögens- und Ertragslage der Gesellschaft und eine entsprechende Satzungs- oder Vertragsgestaltung, die zur Unfähigkeit der GmbH führt, ihren Verpflichtungen nachzukommen[258]. *Karsten Schmidt* spricht von strategischen Maßnahmen oder Unterlassungen, die über das operative Tagesgeschäft hinausgehen, von ex ante ruinös erscheinenden Finanzierungen und Strategien, die zur Insolvenz der GmbH führen[259]. Als grobe Regel läßt sich dem entnehmen, daß nicht jedes sorgfaltswidrige Verhalten pflichtwidrig ist, das zur Insolvenz führt. Pflichtwidrig ist Verhalten der Gesellschafter, das *auf die Insolvenz angelegt* ist. Das ist der Fall, wenn bereits im Zeitpunkt der Vornahme erkennbar ist, daß das Verhalten mit Wahrscheinlichkeit zur Insolvenz der Gesellschaft führen wird[260]. Damit wird nicht jedes riskanten Geschäft pflichtwidrig, sondern nur ein solches, bei dem die verursachenden Gesellschafter erkennen mußten, daß die Verursachung der Insolvenz wahrscheinlicher war, als ein Nutzen für die Gesellschaft. 120

Das entspricht den *Wertungen des GmbHG*. Das unternehmerische Risiko bürdet § 13 Abs. 2 GmbHG jenseits des investierten Kapitals den Gläubigern auf. Daß in § 43 Abs. 1 GmbHG eine Sorgfaltspflicht nur der Geschäftsführer angeordnet ist, auf die wegen § 43 Abs. 3 GmbHG jenseits 121

---

[255] BGH NJW 2002, 3024 v. 24.6.2002 „KBV" tendiert nun wiederum dazu, die mangelnde „Rücksichtnahme auf die Erhaltung der Fähigkeit der Gesellschaft zur Bedienung ihrer Verbindlichkeiten" als Durchgriffstatbestand aufzufassen. Dazu, daß das Weitergehen dieses Weges zu Rechtsunsicherheit führen wird, weil keine Klarheit über den Grund der Haftung herrscht Altmeppen, ZIP 2002, 1553 (1561). Dazu, warum eine Pflichtbindung mit Schadenersatzansprüchen bei Pflichtverletzung der Durchgriffsmethode dogmatisch und rechtspraktisch vorzuziehen ist u. Rn. 571-606.

[256] BGH ZIP 2001, 1874 v. 17.9.2001, 1. Leitsatz.

[257] BGHZ 149, 10 (16) v. 17.9.2001 „Bremer Vulkan".

[258] Röhricht in FS 50 Jahre BGH, S. 83 (110 f., 113).

[259] Karsten Schmidt, NJW 2001, 3577 (3580).

[260] Das Kriterium der Insolvenzwahrscheinlichkeit verwendet bereits Fleck, ZGR 1990, 31 (36).

der Kapitalerhaltung durch die Gesellschafter verzichtet werden kann, zeigt, daß eine solche allgemeine Sorgfaltshaftung die Gesellschaftergesamtheit nicht treffen kann[261]. Andererseits schulden sie aufgrund ihrer Mitgliedschaft mehr als nur das Unterlassen vorsätzlicher sittenwidriger Gläubigerschädigung nach § 826 BGB[262]. Verhalten, daß die Insolvenz der GmbH mit Wahrscheinlichkeit erwarten läßt, ist den Gesellschaftern damit verwehrt. Verwehrt ist es ihnen zum Schutz der Gläubiger, die in der Insolvenz der GmbH ausfallen. Nicht bezweckt ist etwa der Schutz späterer Gesellschafter der GmbH[263]. Die weitere Konkretisierung des „existenzvernichtenden Eingriffs" steht damit aber noch aus[264].

f. Stimmverbot

122 Die Möglichkeiten der Umverteilung von Vor- und Nachteilen zwischen Konzerngesellschaften sind vielfältig. Es können Sachwerte übertragen, Personal ausgetauscht, Lizenzverträge geschlossen, Dienstleistungen erbracht und vergütet oder auch nicht erbrachte Leistungen vergütet werden, die Liste ist endlos. Gemeinsam ist praktisch allen diesen Methoden, daß sie durch Rechtsgeschäfte zwischen den Konzerngesellschaften vonstatten gehen, die nicht zu Marktkonditionen geschlossen werden, sondern zu Bedingungen, die die Konzernleitung angeregt oder angeordnet hat[265].

123 In der GmbH unterliegen die Gesellschafter wie in der AG Stimmverboten in der Gesellschafterversammlung bei typisierten Interessenkonflikten.

---

[261] S.a. Wiedemann, Unternehmensgruppe, S. 36: „Dem herrschenden Gesellschafter/Unternehmen wird man nicht gerecht, wenn man ihn als Organ qualifiziert, denn er ist gleichzeitig Miteigentümer und es muß ihm deshalb ein größerer Ermessensspielraum zustehen."

[262] O. Rn. 110 ff., 116 ff.

[263] In dem Fall von BGHZ 142, 92 v. 21.6.1999 macht die GmbH selbst Ansprüche wegen einer vorherigen Schädigung durch die Gesellschaftergesamtheit geltend. Diese Gesellschafter hatten ihre Anteile nach der behaupteten Schädigung an Dritte übertragen, die nun als Geschäftsführer im Namen der GmbH klagen. Selbst wenn eine Existenzgefährdung durch die Schädigung wahrscheinlich war und auch wenn sie eintreten sollte, schulden die Gesellschafter aus der Verletzung ihrer Pflicht aus der mitgliedschaftlichen Sonderverbindung höchstens dasjenige, was zur Gläubigerbefriedigung erforderlich ist. Die Erwerber der Gesellschaftsanteile sind auf (kauf-)vertragliche und deliktische Ansprüche gegen die ehemaligen Gesellschafter beschränkt.

[264] S. schon Karsten Schmidt in Hommelhoff/Stimpel/Ulmer, S. 109 (127): „Diese kasuistische Aufgabe kann nach jahrzehntelangen Erfahrungen mit culpa in contrahendo und positiver Vertragsverletzung nur durch die forensische Kasuistik erledigt werden."; Priester, ZGR 1993, 533 (523 ff.); Börner, BGHReport 2002, 551.

[265] Als Beispiele lassen sich nahezu alle Anwendungsfälle der verdeckten Ausschüttung und die meisten Fälle der Treupflichtverletzung oder der sonstigen Haftung des herrschenden Gesellschafters heranziehen, s. z.B. Fn. 65.

Anders als in der AG[266] schließt § 47 Abs. 4 GmbHG die Stimmabgabe aber ausdrücklich sowohl für die Fälle des Richtens in eigener Sache, als auch in Bezug auf Rechtsgeschäfte mit dem Gesellschafter, aus. Bei der Abstimmung über Rechtsgeschäfte mit dem herrschenden Gesellschafter liegt die Entscheidung also in den Händen der Minderheit, die für ihre Zustimmung auf Marktkonditionen bestehen kann.

Effektiviert wird der Schutz der Minderheitsgesellschafter, den § 47 Abs. 4 124
S. 2 GmbHG bewirkt, dadurch, daß das Stimmverbot von Rechtsgeschäften mit dem abstimmenden Gesellschafter auf Rechtsgeschäfte mit weiteren, mit diesem assoziierte Unternehmen ausgeweitet wird[267]. Anerkannt ist dies für Geschäfte mit der Muttergesellschaft einer an der GmbH beteiligten abhängigen Gesellschaft (Großmuttergesellschaft)[268]. Anerkannt ist dies ebenfalls für Geschäfte mit einer Gesellschaft in der der Gesellschafter persönlich haftet[269] und mit einer (Schwester-) Kapitalgesellschaft, an der der betroffene Gesellschafter mit Mehrheit beteiligt ist *und* in der er Leitungsmacht ausübt.

Nicht letztendlich geklärt ist dagegen, ob die stärkere prozentuale Beteili- 125
gung an der anderen Gesellschaft[270] oder die Ausübung[271] oder das Bestehen von Leitungsmacht[272] in ihr das entscheidende Kriterium ist. Das Stimmverbot bei Rechtsgeschäften mit dem Gesellschafter bezweckt wie § 181 BGB das Verhindern des Insichgeschäfts[273]. Der Gesellschafter soll nicht auf beiden Seiten des Geschäfts entscheiden. Die Möglichkeit, auch innerhalb der Gesellschaft zu entscheiden, die auf der anderen Seite des Rechtsgeschäfts steht, besteht dann, wenn ein Gesellschafter auf diese einen beherrschenden Einfluß ausüben kann. Jedenfalls Geschäfte mit denjenigen Gesellschaften, zu denen, sei es auch mittelbar, eine Abhängig-

---

[266] Dazu o. Rn. 55 ff.

[267] S. Lutter/Hommelhoff, § 47 Rn. 23; detaillierte Darstellung auch der verschiedenen Möglichkeiten der Abgrenzung bei Wackerbarth, § 8 II 2 c.

[268] Baumbach/Hueck-Zöllner, § 47 Rn. 66 mit zahlreichen Nachweisen.

[269] Hachenburg-Hüffer, § 47 Rn. 135 m.w.N. in Fn. 328.

[270] So Rowedder-Koppensteiner, § 47 Rn. 52.

[271] Scholz-Karsten Schmidt, § 47 Rn. 168 hält das Bestehen von Abhängigkeit nur „in der Regel" für ausreichend.

[272] Hachenburg/Hüffer, § 47 Rn. 136; Lutter/Hommelhoff, § 47 Rn. 23; Schneider, ZHR 150 (1986), 609 (617 f.) verwenden die Abhängigkeit des § 17 AktG als Kriterium; Baumbach/Hueck-Zöllner § 47 Rn. 67 stellt auf ein „unternehmerisches Interesse" ab, das im wesentlichen bei Abhängigkeit vorliegt.

[273] S.o. Rn. 56; außerdem Lutter/Hommelhoff, § 47 Rn. 13; Hachenburg-Hüffer, § 47 Rn. 122 weist darauf hin, daß der Regelungsgehalt des § 47 Abs. 4 GmbHG durch § 181 BGB nicht ausgeschöpft wird.

keitsbeziehung des Gesellschafters i.S.d. § 17 AktG besteht, unterliegen damit dem Stimmverbot[274].

126 Nach dem Leitbild des Gesetzgebers üben die Gesellschafter ihren Einfluß über die Gesellschafterversammlung aus, § 47 Abs. 1 GmbHG, so daß einem herrschenden Gesellschafter damit der Einfluß auf den Abschluß konzerninterner Geschäfte insgesamt entzogen wäre. Es ist aber offensichtlich, daß dieser Einfluß häufig auf anderen Wegen – Beispiel Doppelmandate - genutzt wird und dem herrschenden Gesellschafter damit andere Möglichkeiten zur Verfügung stehen, auf bestimmte Geschäfte hinzuwirken[275]. Gleichwohl ergibt sich aufgrund der umfassenden Zuständigkeit der Gesellschafter in der GmbH aus § 47 Abs. 4 S. 2 GmbHG eine effektive Möglichkeit der Minderheitsgesellschafter, Geschäfte mit dem Mehrheitsgesellschafter zu unterbinden, die die GmbH benachteiligen. Durch § 51a GmbHG wird jedem Gesellschafter einer GmbH das nicht abdingbare Recht zugestanden, von den Geschäftsführern Auskunft über die Angelegenheiten der Gesellschaft zu verlangen[276]. Nach § 50 GmbHG können zehn Prozent des Stammkapitals die Abhaltung einer Gesellschafterversammlung und die Beschlußfassung über bestimmte Gegenstände durchsetzen. Auf diesem Weg können aktive Minderheitsgesellschafter die Entscheidung über konzerninterne Rechtsgeschäfte an sich ziehen[277]. Nicht verhindern kann § 47 Abs. 4 S.2 GmbHG nach überwiegender Ansicht aber die Einbindung in einen Vertragskonzern, denn Organisationsakte, so auch der Abschluß eines Beherrschungsvertrags, fielen in die Zuständigkeit der Gesellschaftergesamtheit und damit nicht unter das Stimmverbot[278].

127 Untergraben werden kann der effektive Minderheitenschutz des § 47 Abs. 4 S. 2 GmbHG durch den Gesellschaftsvertrag. Nach verbreiteter Ansicht ist das Stimmverbot in Bezug auf Rechtsgeschäfte wegen § 45 Abs. 2

---

274 Das ist die überwiegende Ansicht, o. Fn. 272; ausführliche und anschauliche Begründung durch Wackerbarth, § 8 II 2 c.

275 Ausführlich Wackerbarth, § 8 II 2 b.

276 Ausführlich dazu Grunewald, ZHR 146 (1982), 211 ff.

277 In dem Konzept *Wackerbarths* zum präventiven und eigenverantwortlichen Schutz der Minderheitsgesellschafter ist das Stimmverbot daher ein zentraler Baustein, s. Wakkerbarth, § 8 II 2 c cc: „Wenn die Minderheitsgesellschafter ihre Rechte aus §§ 50, 51a, 47 Abs. 4 S. 2 GmbHG wahrnehmen, können sie die Obergesellschaft davon abhalten, die gesellschaftsvertraglichen Gewinnverteilungsregeln zu umgehen."; zu einer möglichen Ausweitung des Schutzes durch § 47 Abs. 4 GmbHG s. Roth/Altmeppen, Anh. § 13 Rn. 107 ff.

278 Lutter/Hommelhoff, § 47 Rn. 24; Karsten Schmidt, § 21 II 2 a aa; gegen eine Ausnahme für Beherrschungsverträge z.B. Hüffer in FS Heinsius, S.337 (353 ff.) mit ausführlicher Darstellung der umstrittenen Abgrenzung; Roth/Altmeppen, § 13 Rn. 36; ausdrücklich offengelassen in BGHZ 105, 324 (332 f.) v. 24.10.1988.

GmbHG abdingbar[279]. Dispensiert der Gesellschaftsvertrag von dem Stimmverbot, so bleibt nur noch die nachträgliche Kontrolle der Stimmabgabe anhand der gesellschaftlichen Treupflicht[280], die wiederum dem Problem begegnet, daß nachträglich kaum feststellbar ist, welche Rechtsgeschäfte die Gesellschaft tatsächlich benachteiligt haben[281].

2. Vertragskonzern

Auch die GmbH kann vertraglich abhängig sein, wenn dies auch nicht explizit geregelt ist. In der GmbH bestehen sogar zwei Möglichkeiten vertraglicher Abhängigkeit: Erstens kann ein Beherrschungsvertrag geschlossen werden, zweitens kann die Abhängigkeit im Gesellschaftsvertrag festgelegt werden. **128**

Für den Abschluß des Beherrschungsvertrages hat der *BGH* vor allem die formalen Anforderungen der §§ 291 ff. AktG für anwendbar erklärt[282]. Ausdrücklich offengelassen hat er allerdings, mit welcher Mehrheit die Gesellschafter der abhängigen Gesellschaft dem Vertrag zustimmen müssen[283]. Aufgrund der in der GmbH im Gegensatz zur AG (§ 23 Abs. 5 AktG) weitreichenden Satzungsautonomie kann die Abhängigkeit der GmbH auch in der Satzung begründet werden[284]. Der Zweck einer GmbH ist allerdings regelmäßig auf Gewinnerzielung gerichtet. Wird die Gewinnerzielungsabsicht aufgegeben so liegt darin eine Änderung des Gesellschaftszwecks, die nach überwiegender Ansicht entsprechend § 33 Abs. 1 S. 2 BGB[285] der Zustimmung aller Mitglieder bedürfte. Das gilt dann auch für den Beherrschungsvertrag[286]. Andere halten das im Ergebnis weithin **129**

[279] Z.B. Lutter/Hommelhoff, § 47 Rn. 13; Hachenburg-Hüffer, § 47 Rn. 190; Karsten Schmidt, § 21 II 2 c; gegen die Abdingbarkeit Flume I/2, S. 224 ff. und eingehend Wakerbarth, § 8 II 3.

[280] Dazu oben Rn. 105 f., zu Inhaltsschranken des Stimmrechts (auch) aus der Treupflicht Karsten Schmidt, § 21 II 3; Wiedemann in FS Heinsius, S. 949 (960 ff.).

[281] Vgl. zu dieser Problematik o. Rn. 78 ff.

[282] BGHZ 105, 324 (330 ff.) v. 24.10.1988 „Supermarkt"; diese Rechtsprechung ist in der Literatur inzwischen weithin anerkannt, vgl. Roth/Altmeppen, Anh § 13 Rn. 15 m.w.N.; Karsten Schmidt, § 38 III 2 b.

[283] BGHZ 105, 324 (332) v. 24.10.1988 „Supermarkt".

[284] Karsten Schmidt, §§ 38 III 3, 39 II 1; ausführlich, doch nicht leicht zugänglich Beuthien, ZIP 1993, 1589 ff; dagegen allerdings Kropff in FS Semler, 517 (532).

[285] Zum Verbandszweck als Grundlage jeder Gesellschaft Karsten Schmidt, § 4 II 3 a. Die Zweckänderung ist aber von der Änderung des Gegenstandes der Gesellschaft zu unterscheiden. Eine Zweckänderung liegt nur vor, wenn sich der Charakter der Gesellschaft grundlegend ändert. Gegen eine entsprechende Anwendung des § 33 BGB in anderen Verbänden Wiedemann, § 3 I 3 a.

[286] Die Zustimmung aller Gesellschafter fordern z.B. Karsten Schmidt, § 38 III 2 a; Emmerich/Sonnenschein/Habersack, § 32 II 3 b mit zahlreichen Nachweisen in Fn. 25.

unstreitige Abfindungsrecht[287] für ausreichend zum Schutz der außenstehenden Gesellschafter und lassen die Zustimmung zur Beherrschung mit satzungsändernder ¾-Mehrheit (§ 53 Abs. 2 GmbHG) zu[288]. Die zugrundeliegende Frage ist, ob man ein Recht der Minderheit anerkennen will, gegen den Willen der Mehrheit Gesellschafter einer auf Gewinnerzielung ausgerichteten Gesellschaft zu bleiben – der Gesetzgeber hat sich für die AG in § 293 Abs. 1 S. 2 AktG dagegen entschieden.

130 Aus der umfassenden Satzungsautonomie in der GmbH folgt auch, daß Umfang und Ausgestaltung der Abhängigkeit in weitem Umfang der Entscheidung der Gesellschafter unterliegen. Die Einflußnahme des herrschenden Gesellschafters muß aber auch in der GmbH die Grenzen von Gesetz und Satzung beachten[289].

3. Faktischer Konzern

a. Grundtatbestand der faktischen Abhängigkeit

131 Auch das Recht des faktischen GmbH-Konzerns ist im Gegensatz zur AG nicht gesetzlich geregelt. Im Gegensatz zum Recht des Vertragskonzerns wird aber eine Analogie zu den Regeln des faktischen Aktienkonzerns, §§ 311 ff. AktG, kaum mehr vertreten[290].

132 Ein Mehrheitsgesellschafter hat aufgrund der starken Stellung der Gesellschafter und des Mehrheitsprinzips, § 47 Abs. 1 GmbHG, umfassende Kontrolle über die GmbH[291]. Er darf diese Kontrolle aber in keinem Fall dazu nutzen, sich das Stammkapital anzueignen, § 30 f. GmbHG[292]. In der Mehrpersonengesellschaft besteht seine Kontrolle nicht für konzerninterne Rechtsgeschäfte wegen des Stimmverbots durch § 47 Abs. 4 S. 2 GmbHG[293]. Außerdem ist ihm jede Schädigung der mehrgliedrigen GmbH

---

[287] Hierzu Emmerich/Sonnenschein/Habersack, § 32 II 6 mit zahlreichen Nachweisen in Fn. 37, allerdings mit dem Hinweis, das Abfindungsrecht sei entbehrlich, wenn man die Zustimmung aller Gesellschafter zu dem Beherrschungsvertrag für erforderlich halte.

[288] So Lutter/Hommelhoff, Anh § 13 Rn. 43 f.; Eschenbruch, Rz. 3183 m.w.N. in Fn. 347.

[289] S. Emmerich/Sonnenschein/Habersack, § 32 III 3.

[290] S. BGHZ 95, 330 (340) v. 16.9.1985 „Autokran"; Roth/Altmeppen, Anh. § 13 Rn. 114; Hdb. GmbH-Rosenbach, § 17 Rn. 151; Karsten Schmidt, § 39 I 2 b; Eschenbruch, Rz. 3362 m.w.N. in Fn. 536; für zumindest teilweise analoge Anwendung der §§ 311 ff. AktG aber Rowedder in Hommelhoff, Entwicklungen, S. 20 (29 ff.); dahingehend auch Kropff, AG 1993, 485 (492 f.).

[291] Vgl. o. Rn. 91.

[292] S.o. Rn. 101 f.

[293] S.o. Rn. 123 ff.

durch die Treupflicht verwehrt[294]. Das Schädigungsverbot besteht bei mehrstufiger Abhängigkeit auch für die Großmutter- gegenüber der Enkelgesellschaft[295].

Ist der herrschende der einzige Gesellschafter, so darf er die GmbH zwar grundsätzlich zu ihrem Nachteil führen. Das findet seine Grenze aber dort, wo eine Maßnahme mit Wahrscheinlichkeit die Insolvenz der Gesellschaft verursachen wird[296]. 133

b. Der „qualifizierte" faktische Konzern

Mit zunehmender Dichte der Einflußnahme durch das herrschende Unternehmen kann auch in der GmbH ein Zustand erreicht werden, in dem einzelne Einwirkungen nicht mehr zu isolieren sind und die Unternehmensleitung im wesentlichen auf das herrschende Unternehmen übergegangen ist. Auch in der GmbH wurde die Diskussion hierüber unter dem Stichwort „qualifizierter faktischer Konzern" geführt. Auch in der GmbH vernebelte der Begriff aber die Diskussion, da er für unterschiedliche Voraussetzungen und Rechtsfolgen gebraucht wird. 134

Für die *Zulässigkeit* der engen Konzernierung der GmbH sind drei Grundansätze zu unterscheiden: 135

1. Die enge Einbindung der GmbH in einen Konzern könnte ab einer gewissen Intensität, regelmäßig dann, wenn die GmbH wie eine Betriebsabteilung des herrschenden Unternehmens geführt wird, unzulässig sein. Dieser Zustand sei nur durch einen Beherrschungsvertrag zu legitimieren[297].
2. Zu der intensiven Leitung muß mangelnde Rücksicht auf die Belange der abhängigen Gesellschaft hinzukommen[298]. Es handele sich um eine besondere Form der Treupflichtverletzung durch den Mehrheitsgesellschaf-

---

294 S.o. Rn. 105 f.

295 Emmerich/Sonnenschein/Habersack, § 30 III 3, mit zahlreichen Nachweisen in Fn. 31 ff.

296 S.o. Rn. 107 ff.

297 Priester, ZIP 1986, 137 (142 f.); Karsten Schmidt, § 39 III 3 d, unentschieden aber hinsichtlich einer Legitimation durch sämtliche Gesellschafter: „jedenfalls bei der Mehrpersonengesellschaft ohne Zustimmung aller Gesellschafter"; Kropff in FS Semler, S. 517 (527 ff.) sieht den Beherrschungsvertrag sogar als Voraussetzung jeder „Indienstnahme für Konzerninteressen" und differenziert nicht danach, ob die Einflußnahme für die GmbH nachteilig ist, sondern scheint davon auszugehen, daß dies ohnehin der Fall ist.

298 Z.B. Emmerich/Sonnenschein/Habersack, § 31 III 1; Baumbach/Hueck-Zöllner, GmbH-KonzernR Rn. 86 ff.

ter[299], so daß die Mitgesellschafter Unterlassung und Schadenersatz verlangen könnten, außerdem bestehe ein Austrittsrecht gegen Abfindung[300].
3. Die Leitung der GmbH durch das herrschende Unternehmen kann beliebig intensiv sein, solange die allgemeinen Vorschriften des GmbH-Rechts, insbesondere das Kapitalerhaltungsgebot beachtet werden, denn im Gegensatz zur AG sei nur dieses in der GmbH geschützt[301].

Die Rechtsprechung hatte sich auf die Haftungsfolgen qualifizierter Konzernierung konzentriert, sie soll deshalb auch dort dargestellt werden[302].
136 Zu dem Umfang der Leitungsmacht ist festzuhalten: Ein Ansatzpunkt für ein generelles Verbot der intensiven Leitung der GmbH ist nicht erkennbar. Vielmehr liegt die Leitungsmacht nach der Organisationsverfassung der GmbH gerade in den Händen der Gesellschafter. Anders als in der AG hat die Geschäftsführung keinen garantierten Bereich eigenständiger Entscheidung. In der Diskussion wird aber oft nicht zwischen intensiver Leitung und intensiver Benachteiligung unterschieden. Die Benachteiligung der Gesellschaft ist dem Mehrheitsgesellschafter völlig, dem Alleingesellschafter in den Grenzen der Kapitalerhaltung und – nach der „Bremer Vulkan"-Entscheidung[303] – des Bestandsschutzes, verwehrt. Daß die GmbH durch intensive Leitung im Konzerninteresse aber zwingend benachteiligt wird, ist nicht belegbar. Es widerspricht ja nicht dem Konzerninteresse, wenn die Konzerngesellschaften sorgfältig und rentabel geführt werden.
137 Allerdings hat auch der Mehrheitsgesellschafter die Organisationsverfassung der GmbH, namentlich §§ 47, 50, 51a GmbHG, zu respektieren. Solange er dies tut, darf er die Gesellschaft so *intensiv* leiten, wie es ihm gefällt. Ein Zustand andauernder *Schädigung* der GmbH verstößt dagegen in der Mehrpersonengesellschaft auch ohne Insolvenzgefahr gegen die Treupflicht, es sei denn, alle Gesellschafter stimmen zu[304]. Letzteres ist herrschend – die Rechtsfigur eines „qualifizierten faktischen Konzerns" ist zu seiner Begründung aber unnötig.

---

[299] Emmerich/Sonnenschein/Habersack, § 31 II 1.
[300] Emmerich/Sonnenschein/Habersack, § 31 IV 3 b.
[301] Z.B. Altmeppen, DB 1994, 1912 (1914); auch Altmeppen erkennt aber an, daß in der mehrgliedrigen GmbH jede Benachteiligung der Gesellschaft gegen den Willen der Mitgesellschafter unzulässig ist, s. Roth/Altmeppen, Anh § 13 Rn. 104; gegen Sonderregelung des qualifizierten faktischen Konzerns auch Wackerbarth, insbes. § 7 III 3 b dd; Gäbelein, AG 1990, 185 (187).
[302] U. Rn. 166 ff.
[303] BGH ZIP 2001, 1874 v. 17.9.2001.
[304] Vgl. aber Altmeppen in Roth/Altmeppen, Anh § 13 Rn. 91, 99, der nachdrücklich darauf hinweist, daß die praktischen Probleme hauptsächlich in der eingliedrigen Gesellschaft auftreten.

C. Das Durchgriffsproblem

I. Theoretische Ansätze

Grundlage des Gesellschaftsrechts ist die Verselbständigung des Verbandes von seinen Mitgliedern. Vor allem auch in Konzernbeziehungen stellt sich aber die Frage, ob und wann von dieser rechtlich unterschiedlich ausgestalteten Trennung Ausnahmen zugelassen werden können: Kann die Verselbständigung des Rechtsträgers Gesellschaft übergangen werden? Oder ist sie von vornherein nur unvollständig? 138

Die Lösung der Durchgriffsprobleme ist oft unklar und umstritten, die Diskussion äußerst unübersichtlich[305]. Als Gegenpole lassen sich aber zwei Denkansätze unterscheiden[306]: Einerseits läßt sich zur Lösung eines Durchgriffsproblems bei dem Rechtsträger ansetzen und fragen, unter welchen Voraussetzungen dessen Trennung von seinen Mitgliedern übergangen werden kann. Dies ist die Durchgriffsmethode. Sie kann ganz allgemein, etwa bei Vorliegen eines „Mißbrauchs" des Verbandes vertreten werden. 139

Oder das Übergehen der Trennung kann in bestimmten Bereichen, insbesondere im Fall der Haftungserstreckung, aus dem Zweck der die Verselbständigung regelnden Normen gefolgert werden.

Andererseits lassen sich Probleme, die sich aus der Verschiedenheit von Verband und Mitglied ergeben, ohne Relativierung dieser Verschiedenheit durch die zweckgerechte Anwendung der jeweils einschlägigen Normen lösen.

1. Ansatz beim Rechtsträger – Die Durchgriffsmethode

Die aus den USA übernommene[307] Durchgriffsmethode fragt, wann die Trennung zwischen Verband und Mitglied, zwischen Gesellschaft und Gesellschafter übergangen werden kann. Sie geht damit von einem Regel-Ausnahme-Verhältnis aus: In der Regel ist die Trennung zwischen Verband und Mitglied zu respektieren. Die Rechtsordnung gebietet hiervon aber Ausnahmen. Diese Ausnahmen können entweder allgemein aus der Billigkeit oder aus dem Zweck der Normen gefolgert werden, die die Verselbständigung regeln. 140

---

[305] Zusammenstellung der Methoden z.B. bei Hachenburg/Mertens, Anh § 13 Rn. 1 ff; Karsten Schmidt, § 9 II m.w.N. in Fn. 9; Wiedemann, § 4 III; ders., Unternehmensgruppe, S. 18 ff.; s.a. Ehricke, AcP 199 (1999), 258 (262), Fn. 21; Karsten Schmidt, BB 1985, 2074 (2075): „Das Thema Durchgriff ist unerschöpflich."

[306] In Anlehnung an Karsten Schmidt, § 9 II.

[307] Näher u. Rn. 591.

a. Allgemeine Ausnahme

141 Es kann eine allgemeine Begrenzung der Trennung – insbesondere aus § 242 BGB[308] - begründet werden. Als Voraussetzung dieser Ausnahme wird allgemein ein *Mißbrauch* des verselbständigten Rechtsträgers verlangt.

142 In der engsten Variante muß dieser Mißbrauch *subjektiv* sein, was vorliegt, wenn derjenige, auf den „durchgegriffen" werden soll, den Verband bewußt zu der Rechtsordnung widersprechenden Zwecken einsetzt. Der Durchgriff ist dann Sanktion der Verfolgung unlauterer Zwecke[309]. Das ist in einem wesentlichen Punkt der Ansatz der für die Durchgriffsmethode bis heute grundlegend gebliebenen Arbeit von *Serick*[310].

143 Verzichtet man auf das subjektive Element, so kann die Verselbständigung der juristischen Person bereits dann übergangen werden, wenn der Verband *objektiv* zu der Rechtsordnung widersprechenden Zielen genutzt wird. Diese objektive Mißbrauchslehre dominiert in der Rechtsprechung[311].

b. Normzwecklehren

144 Statt allgemein aus der Billigkeit oder einem Rechtsmißbrauch läßt sich eine Relativierung der Verschiedenheit zwischen Verband und Mitglied auch aus dem Normzweck der die Verselbständigung des Verbandes gestaltenden Normen begründen. Dies ist der Grundgedanke der Normzwecklehren, die vor allem auf *Müller-Freienfels*[312] zurückgeführt werden. So wird vor allem die Durchgriffs*haftung* auf eine Verfehlung des Normzwecks gläubigerschützender Vorschriften gestützt[313]. Das stellt so lange einen Teil der Durchgriffsmethode dar, als aus dem Normzweck eine Aus-

---

[308] Vgl. BGHZ 54, 222 (224) v. 8.7.1970; 78, 318 (333) v. 5.11.1980; 102, 95 (102 f.) v. 22.10.1987; WM 1977, 73 (75) v. 3.11.1976; BAG ZIP 1999, 878 (879) v. 10.2.1999; BSG NJW 1984, 2117 (2118) v. 7.12.1983; NJW-RR 1997, 94 v. 1.2.1996; OLG Hamburg BB 1972, 1231 v. 15.2.1973; Palandt-Heinrichs, § 242 Rn. 40; Serick, S. 204.

[309] S. Hachenburg/Mertens, Anh. § 13 Rn. 28.

[310] Serick, S. 203: „Ein Mißbrauch liegt dann vor, wenn mit Hilfe der juristischen Person ein Gesetz umgangen, vertragliche Verpflichtungen verletzt oder Dritte fraudulös geschädigt werden *sollen*."(Hervorhebung d. Verf.)

[311] S. BGHZ 20, 4 (13) v. 30.1.1956; 31, 258 (271) v. 14.12.1959: „Hierbei geht es um Sachverhalte, bei denen die Berufung auf die förmliche Verschiedenheit von Gesellschaft und Gesellschafter objektiv dem Zweck der Rechtsordnung widerspricht und damit gegen Treu und Glauben (§ 242 BGB) verstößt."; BSG NJW 1984, 2117 (2119) v. 7.12.1983; s.a. BGHZ 95, 330 (333) v. 16.9.1985 „Autokran": „Ansprüche wegen Mißbrauchs der Selbständigkeit der Rechtsform der GmbH"; BGH WM 1977, 73 (75) v. 3.11.1976: „Rechtsmißbrauch".

[312] AcP 156 (1957), 522 ff.

[313] S. Hachenburg-Ulmer, Anh § 30 Rn. 51 ff.; Lutter/Hommelhoff, § 13 Rn. 5; Lutter, ZGR 1982, 244 (248 f.); ansatzweise auch BGHZ 125, 366 (368) v. 13.4.1994.

nahme von der Trennung zwischen Verband und Mitglied gefolgert und nicht eine Norm ihrem Zweck nach angewandt wird.

2. Ansatz bei den anzuwendenden Normen

Der Durchgriffsmethode läßt sich die teleologische Normanwendung gegenüberstellen. Statt der Relativierung der Verschiedenheit von Verband und Mitglied werden die Probleme, die sich aus ihr ergeben (Durchgriffsprobleme), durch eine diesen Problemen Rechnung tragende – vor allem teleologische - Auslegung der zur Verfügung stehenden Normen gelöst[314]. Es handelt sich dabei nicht um eine eigenständige Methode, sondern um eine Problemlösung mit Hilfe des bestehenden Rechts. 145

Die Durchgriffsmethode ist dazu kein sich ausschließendes Alternativmodell. So können insbesondere im Bereich der Zurechnung von Tatbständen auch die Normzwecklehren zur teleologischen Auslegung der anzuwendenden Norm führen[315]. Die Befürworter der Durchgriffsmethode sehen aber neben der Anwendung einzelner Normen auch eine Relativierung der Trennung zwischen Verband und Mitglied, zwischen Gesellschaft und Gesellschafter[316]. 146

II. Der Zurechnungsdurchgriff

Wer an den Durchgriff denkt, denkt zuerst an den Haftungsdurchgriff. Das Problem der Verselbständigung der juristischen Person von ihren Mitgliedern stellt sich aber in einer Vielzahl weiterer Zusammenhänge. Die Frage ist, ob bei der Anwendung einer Norm oder eines Vertrages[317] nur auf den 147

---

[314] Vgl. vor allem Schanze, S. 102 ff.; Karsten Schmidt, § 9 II 3; Flume I/2, § 3 I, S. 67 ff.; zum Haftungsdurchgriff Karsten Schmidt, ZIP 1994, 837 ff.; Ehricke, AcP 199 (1999), 257 (290 ff.), die jeweils in unterschiedlicher Weise eine Lösung der Durchgriffsprobleme ohne die Durchgriffsmethode vertreten.

[315] S. schon Müller-Freienfels, AcP 156 (1957), 522 (536): „Denn es geht ja immer um die Frage, ob und inwieweit eine bestimmte Norm in einem konkreten Fall auf diese oder jene juristische Person ihrem Sinn und Zweck nach im Zuge richtiger Gestaltung der sozialen Ordnung anwendbar ist." (537): „Allein die ratio der einzelnen Norm kann bestimmen, wieweit diese reicht, ob sie ein bestimmtes Verhältnis erfasst oder nicht."

[316] So vertritt neben anderen Hachenburg-Ulmer, Anh § 30 Rn. 52, 62; ders., GmbHR 1984, 256 (262), eine teleologische Reduktion des § 13 Abs. 2 GmbHG. Er reduziert damit den Anwendungsbereich einer Norm, die den Grad der Verselbständigung der Gesellschaft erweitert und begrenzt so diese Verselbständigung. Alternative im Sinn der Normanwendung wäre die Lösung des Problems durch die zweckgerechte Anwendung der Tatbestände des geltenden Rechts, die die Verantwortlichkeit der Gesellschafter im Interesse der Gläubiger bestimmen.

[317] Zur Zurechnung vertraglicher Verpflichtungen sehr ausführlich Rehbinder, S. 161 ff.

Verband oder – auch – auf ein oder mehrere Mitglieder abzustellen ist. Auf den Konzern angewandt: Trifft eine Norm nur eines, mehrere oder gar alle ihm angehörenden Unternehmen? Der Tatbestand umfaßt im letzteren Fall nicht mehr nur die Einzelgesellschaft, sondern alle Konzernunternehmen[318].

148 Einige Beispiele[319]: § 652 Abs. 1 S. 1 BGB läßt den *Provisionsanspruch des Maklers* nur dann entstehen, wenn der beabsichtigte Vertragsschluß infolge des Nachweises oder der Vermittlung des Maklers zustande kommt. Das impliziert, daß die Maklerleistung nicht erbracht ist, wenn der Makler selbst Vertragspartner wird. Wie nun, wenn Makler und Vertragspartner zu der selben Unternehmensgruppe gehören, da sie beide von einem dritten Unternehmen abhängig (§ 17 AktG) sind? Mit der Durchgriffstheorie wäre hier ein doppelter Durchgriff von der Makler- auf die Muttergesellschaft und von dieser auf den von ihr abhängigen Vertragspartner denkbar. Der *BGH*[320] hat entschieden, „daß von einer eigenverantwortlichen Maklertätigkeit, wie sie dem Leitbild des § 652 BGB entspricht, nicht mehr gesprochen werden kann", wenn die Verkäuferseite „in den Organisationsbereich des Maklers eingeplant" ist und hat dafür auf die Abhängigkeit nach § 17 AktG abgestellt.

149 In einem anderen Fall gründeten die Gesellschafter der Auftraggeber-GmbH eine weitere GmbH die dann den vom Makler nachgewiesenen Vertrag abschloß. Mit der Durchgriffstheorie wäre wiederum ein doppelter Durchgriff erforderlich gewesen, um entweder die Beauftragung des Maklers oder den Vertragsschluß der jeweiligen Schwestergesellschaft zuzurechnen. Der *BGH*[321] entschied, der letztlich abgeschlossene Vertrag sei mit dem beabsichtigten Vertrag wirtschaftlich identisch, da die hinter den beiden Gesellschaften stehenden Personen identisch seien. Damit hatte der Makler seine Leistung erbracht.

150 In BGHZ 89, 162[322] wird – vereinfacht - ein Wettbewerbsverbot aus § 112 HGB entsprechend auf die Muttergesellschaft eines Gesellschafters angewandt und dabei maßgeblich auf die Herleitung des § 112 HGB aus der gesellschaftlichen Treupflicht abgestellt. Ob Maßstab der Zurechnung die Möglichkeit eines beherrschenden Einflußes i.S.d. § 17 AktG ist, läßt der *BGH* offen[323].

---

[318] S. ausführlich Bork, ZGR 1994, 237 ff.

[319] Umfassende Darstellung und Auswertung von Beispielen bei Karsten Schmidt, § 9 III.

[320] NJW 1974, 1130 v. 13.3.1974.

[321] ZIP 1995, 1755 v. 5.10.1995.

[322] v. 5.12.1983.

[323] BGHZ 89, 162 (167) v. 5.12.1983.

Das *BAG* hat sich in einer Reihe von Entscheidungen mit der Anwendung des *§ 16 BetrAVG* auf Unternehmensgruppen beschäftigt. Nach dieser Vorschrift ist für die Anpassung der Betriebsrente unter anderem die wirtschaftliche Lage des Arbeitgebers zu berücksichtigen. Arbeitgeber ist die einzelne Gesellschaft. Wie aber ist anzupassen, wenn es dieser Einzelgesellschaft schlecht, dem Konzern insgesamt aber wirtschaftlich gut geht? **151**

In einer Konzernbeziehung soll es auf die wirtschaftliche Lage des herrschenden Unternehmens ankommen können[324]. Als Voraussetzung hatte das *BAG* zunächst eine enge wirtschaftliche Verflechtung angesehen. Eine solche Verflechtung hatte es zuerst bei Vorliegen eines Vertragskonzerns angenommen[325], in weiteren Entscheidungen auch bei Vorliegen eines „qualifizierten“ faktischen Konzerns. Hierbei folgte das *BAG* dem *BGH* auf den Holzweg der „Video“-Entscheidung[326] und ließ eine dauernde und umfassende Leitung der abhängigen Gesellschaft ausreichen[327], um nach der Kehrtwende des *BGH* auch die Kriterien der „TBB“-Entscheidung zu übertragen, also zusätzlich eine nicht durch Einzelmaßnahmen ausgleichbare Benachteiligung[328]. Begründung war, daß in beiden Fällen – nach § 302 AktG direkt oder analog – letztlich der Konzern die Last der Anpassung trage[329]. **152**

Die Anbindung des Zurechnungsdurchgriffs bei § 16 BetrAVG an die Verlustausgleichspflicht aus § 302 Abs. 1 AktG hat das *BAG* in der Folge auf- **153**

---

[324] S. BAG AP Nr. 22 zu § 16 BetrAVG v. 14.2.1989; Nr. 25 v. 28.4.1992 „Rank Xerox“; Nr. 29 v. 14.12.1993 (hier noch „wirtschaftliche Lage des Konzerns“); ZIP 1995, 491 v. 4.10.1994.

[325] Nach BAG AP Nr. 22 zu § 16 BetrAVG v. 14.2.1989 sollte jedenfalls dem Gewinnabführungsvertrag nur eine Indizwirkung zukommen. Dieser unnötig komplizierte Ansatz wurde in BAG AP Nr. 29 zu § 16 BetrAVG v. 14.12.1993 aber aufgegeben, s. III.2.b. der Gründe. Nach BAG ZIP 1995, 491 (496) v. 4.10.1994 führt nunmehr das Bestehen eines Beherrschungs- oder Ergebnisabführungsvertrags nur mehr dazu, daß eine von zwei Voraussetzungen des Zurechnungsdurchgriffs erfüllt ist.

[326] Zur Entwicklung der Rechtsprechung zur Haftung im „qualifizierten“ faktischen Konzern s.u. Rn. 166 ff.

[327] BAG AP Nr. 25 zu § 16 BetrAVG v. 28.4.1992 „Rank Xerox“, III.2.c. der Gründe.

[328] BAG AP Nr. 29 zu § 16 BetrAVG v. 14.12.1993, III.2.c. der Gründe.

[329] S. BAG AP Nr. 22 zu § 16 BetrAVG v. 14.2.1989, III.1. der Gründe; Nr. 25 v. 28.4.1992 „Rank Xerox“, III.2.c. der Gründe; Nr. 29 v. 14.12.1993, III.2.a. der Gründe. Ob die Begründung, das herrschende Unternehmen müsse letztlich für die Zahlungen einstehen, für den Zurechnungsdurchgriffs bei § 16 BetrAVG taugt, wurde etwa von *Wiedemann*, Anm. zu BAG AP Nr. 25 zu § 16 BetrAVG „Rank Xerox“, bezweifelt. Da die TBB-Kriterien zur Haftung im qualifizierten faktischen Konzern aber eine Benachteiligung der abhängigen Gesellschaft forderten, so könnte die Rechtfertigung des Berechnungsdurchgriffs in diesem Fall schon unter der alten Rechtsprechung daraus gewonnen werden, daß die wirtschaftliche Lage der Gesellschaft nicht mehr den Erfolg ihrer unternehmerischen Tätigkeit spiegelt.

gegeben, ohne sich allerdings von der Terminologie des „TBB"-Urteils zu lösen. Ein „Berechnungsdurchgriff" bei § 16 Abs. 1 BetrAVG soll nunmehr stattfinden, wenn

1. zwischen dem Tochter- und dem Mutterunternehmen eine wesentlich verdichtete Konzernverbindung besteht, was entweder bei einem Beherrschungs- oder Gewinnabführungsvertrag der Fall ist, oder, wenn die Obergesellschaft die Geschäfte des Tochterunternehmens tatsächlich dauernd und umfassend geführt hat und
2. die Leitungsmacht des herrschenden Unternehmens in einer Weise ausgeübt worden ist, die keine angemessene Rücksicht auf die Belange der abhängigen Gesellschaft genommen hat[330].

154 Die Begründung hierfür ist nicht mehr, daß das herrschende Unternehmen letztlich die Last der Betriebsrentenanpassung tragen muß, sondern, daß eine Benachteiligung der Gesellschaft im Konzerninteresse nicht zu Lasten der Betriebsrentner gehen soll[331]. Diese Argumentation berücksichtigt den Zweck des § 16 BetrAVG, daß auch Betriebsrentner von einer erfolgreichen Entwicklung ihres Unternehmens profitieren sollen. Wird der Erfolg durch das herrschende Unternehmen verhindert, so soll sich das nicht zum Nachteil der Betriebsrentner auswirken. Es bleibt allerdings die offene Frage, warum der Schutz des Betriebsrentners davon abhängt, daß der herrschende Gesellschafter *Unternehmen* ist, warum also eine Konzernbeziehung Voraussetzung sein soll. Es erscheint nicht ausgeschlossen, daß sich die Rechtsprechung zum Berechnungsdurchgriff bei § 16 BetrAVG unter dem Eindruck der „Bremer Vulkan"-Enscheidung des *BGH*[332] endgültig von der Konzernhaftung lösen wird[333]. Festzuhalten bleibt aber, daß sich der Zurechnungsdurchgriff bei § 16 BetrAVG verstärkt auf die Zwekke dieser Norm stützt.

155 Ein weiteres Beispiel des Zurechnungsdurchgriffs – diesmal im Gesellschaftsrecht – ist das *Stimmverbot* bei Rechtsgeschäften mit dem Gesellschafter, § 47 Abs. 4 S. 2 GmbHG. Der Regelungszweck gebietet es, auch Rechtsgeschäfte mit Gesellschaften, die mit dem abstimmenden Gesell-

---

[330] BAG ZIP 1995, 491 (496) v. 4.10.1994; ZIP 1996, 2085 (2087) v. 17.4.1996. Ein „Berechnungsdurchgriff" ist nach diesen Entscheidungen außerdem dann möglich, wenn ein entsprechender Vertrauenstatbestand durch das herrschende Unternehmen geschaffen wurde.

[331] S. BAG ZIP 1995, 491 (497) v. 4.10.1994.

[332] BGHZ 149, 10 v. 17.9.2001, dazu o. Teil 2B.II.1.e.

[333] Kritik an den Kriterien des BAG etwa von Wiedemann/Hirte in FG 50 Jahre BGH, Bd. 2, S. 337 (339); Weigl, ZIP 1997, 354 (359).

schafter durch Abhängigkeitsbeziehungen verbunden sind, dem Stimmverbot zu unterwerfen[334].

Die Liste ließe sich endlos weiterführen. Schon diese knappe Auswahl zeigt aber: Probleme des Zurechnungsdurchgriffs lassen sich nicht mit einheitlichen Durchgriffskriterien lösen. Mag beim Maklervertrag bloße Abhängigkeit genügen, um Makler und Verkäufer als Einheit zu betrachten, so erscheint dies nicht ausreichend, um bei der Anpassung der Betriebsrente auf die wirtschaftliche Lage der gesamten Unternehmensgruppe abzustellen. 156

Entscheidend für die Zurechnung ist die Auslegung der jeweils anzuwendenden Norm oder des geschlossenen Vertrages: Erfaßt der Tatbestand nur die Einzelgesellschaft oder ist er seinem Zweck nach auch auf andere Gesellschaften anwendbar?

Wiedemann[335] unterscheidet daher streng zwischen dem Haftungsdurchgriff als eigenständiger Rechtsregel und dem Zurechnungsdurchgriff[336], bei dessen Lösung jeweils der Normzweck zu berücksichtigen ist. Für letzteren bleibt festzuhalten: Es handelt sich um ein Problem der Anwendung von Einzelnormen auf die Gesellschaft, das durch – vorwiegend teleologische - Auslegung der Norm gelöst wird. 157

D. Haftung und Verlustausgleich im Konzern

I. Einführung

Ein Grundproblem der Konzernverbindungen ist die Verteilung des wirtschaftlichen Risikos. Soll derjenige, der beherrschenden Einfluß auf die Gesellschaft und ihre Unternehmenspolitik ausübt (s. § 17 Abs.1 AktG), für negative wirtschaftliche Folgen der von ihm bestimmten Geschäftstätigkeit einstehen oder bleibt das Risiko eines Verlustes bei der beherrschten Gesellschaft? 158

Letzteres bedeutet zunächst, daß sich der Gewinn der Gesellschaft vermindert oder er nicht eintritt, was den nach § 60 AktG, § 29 GmbHG zu bestimmenden Gewinnanteil jedes Gesellschafters schmälert. Weiterhin erhöht sich die Gefahr einer Überschuldung, bei deren Eintritt nach § 92 Abs. 2 S. 2 AktG, § 64 Abs. 1 S. 2 GmbH Insolvenzantrag zu stellen ist. Die Gesellschafter haften nicht persönlich für die Verbindlichkeiten der Kapitalgesellschaft, s. § 1 Abs. 1 S. 2 AktG, § 13 Abs. 2 GmbHG, zu Nachschüssen sind sie nicht verpflichtet. Fallen die Gläubiger mit ihren 159

---

[334] O. Rn. 124 f.

[335] § 4 III (S. 220 f.); s.a. Wiedemann/Hirte in FG 50 Jahre BGH, Bd. 2, S. 337 (338).

[336] Wiedemann, § 4 III 1 (S.220), spricht von der „Identifizierung von Verbands- und Gliedperson“.

Forderungen im Insolvenzverfahren aus, so realisiert sich deshalb bei ihnen das wirtschaftliche Risiko der Geschäftstätigkeit der Gesellschaft.

160 Diese logische Konsequenz der Trennung von Gesellschaftshaftung und Gesellschafterhaftung wird in mehreren Konstellationen als unbillig empfunden. Daraus folgt der Versuch, das Haftungs- und Verlustrisiko neben der Gesellschaft auf weitere Personen auszudehnen, insbesondere auf herrschende Gesellschafter, aber auch auf Organe einer herrschenden Gesellschaft. Was den Bereich der Haftung und Verlusttragung im Konzern zu einem schwer zu durchdringenden Dschungel macht, ist, daß keine Klarheit besteht, erstens über den Grund dieser (Rück-) Verlagerung, zweitens über deren Konstruktion.

161 Als *Grund* der Verlagerung des Risikos auf einen (herrschenden) Gesellschafter kommt entweder die bloße Ausübung von Einfluß oder dessen pflichtwidrige Ausübung in Frage.

162 Zur *Konstruktion* der Verlagerung des Haftungs- und Verlustrisikos auf hinter der Gesellschaft stehende Personen existieren drei unterschiedliche Modelle:

1. Die Ausgleichspflicht für jeden Verlust gegenüber der Gesellschaft, wie sie bei Bestehen eines Beherrschungsvertrages in § 302 Abs. 1 AktG angeordnet ist.
Hierdurch wird das Ausfallrisiko der Gläubiger auf den Ausgleichspflichtigen verlagert, nicht jedoch das Risiko eines Gewinnausfalls. Gleichzeitig ist dies eine sehr weitgehende Verlagerung, da sie unabhängig ist von einer Verursachung des konkreten Verlusts.
2. Die Haftung gegenüber der Gesellschaft, insbesondere wegen Verletzung der gesellschaftlichen Treupflicht oder der Organpflichten.
Diese Haftung kann nur zum Ausgleich eines kausal verursachten Schadens verpflichten. Sie kommt sowohl den Gläubigern durch Sicherung der Solvenz der Gesellschaft, als auch den – weiteren – Gesellschaftern und deren möglichen Gewinnansprüchen zugute.
3. Die direkte Außenhaftung gegenüber den Gläubigern. Dies ist vor allem das Konzept der Durchgriffsmethode. Diese Haftung realisiert sich praktisch ausschließlich in der Insolvenz der Gesellschaft.

163 Welches der Modelle unter welchen Voraussetzungen anwendbar ist, ist umstritten. Gleichzeitig werden die Modelle oft nicht auseinandergehalten. Im folgenden soll versucht werden, einen Überblick über die Regelungen des deutschen Rechts zu geben, die für die Haftung und Verlusttragung in der Unternehmensgruppe relevant werden.

II. Unterordnungskonzern

1. Verlustausgleich

a. Vertragskonzern

aa. Aktienkonzern

Besteht ein Beherrschungs- oder Gewinnabführungsvertrag nach § 291 Abs. 1 AktG, so verpflichtet § 302 Abs. 1 AktG das herrschende Unternehmen grundsätzlich, jeden während der Vertragsdauer entstehenden Jahresfehlbetrag auszugleichen[337]. Der abhängigen Gesellschaft steht also ein schuldrechtlicher Anspruch auf den Ausgleich jeden Verlustes zu. Solange das herrschende Unternehmen solvent ist, kann es deshalb während der Vertragszeit nicht zur Überschuldung der abhängigen AG kommen, da Fehlbeträge in der Bilanz durch den ebenfalls einzustellenden Anspruch gegen das herrschende Unternehmen ausgeglichen werden. Als Ausgleich für die Aufhebung der Kapitalbindung und für das Weisungsrecht des herrschenden Unternehmens sind damit bei Bestehen eines Vertragskonzerns die Gläubiger der abhängigen Gesellschaft recht zuverlässig gegen deren Insolvenz gesichert. Ein Beherrschungs- und Gewinnabführungsvertrag öffnet die Gesellschaft für ansonsten unzulässige Einflussnahmen des herrschenden Unternehmens, bürdet diesem aber gleichzeitig das wirtschaftliche Risiko der von ihm gesteuerten Tätigkeit der abhängigen AG auf. 164

bb. GmbH-Konzern

Auf die vertraglich abhängige GmbH werden die §§ 302 f. AktG entsprechend angewandt[338]. Als Ausgleich für die Rechte, die der Beherrschungs- oder Gewinnabführungsvertrag dem herrschenden Unternehmen gewährt, wird ihm damit auch in der GmbH das Verlustrisiko aufgebürdet und der Haftungsausschluß des § 13 Abs. 2 GmbHG faktisch aufgehoben[339]. 165

---

[337] Zur Ausgestaltung der Verlustausgleichspflicht MK-Altmeppen, § 302 Rn. 13 ff; Emmerich/Sonnenschein/Habersack, § 20 V.

[338] BGHZ 116, 37 (39) v. 11.11.1991 „Stromlieferung/Hansa Feuerfest"; 105, 324 (336) v. 24.10.1988 „Supermarkt"; 105, 168 (182) v. 19.9.1988 „HSW"; Karsten Schmidt, § 39 III 3 a m.w.N. in Fn. 19; Emmerich/Sonnenschein/Habersack, § 32 III 2 m.w.N. in Fn. 52.

[339] Hält man die Begründung der Abhängigkeit durch die Satzung für möglich (s.o. Teil 2B.II.2), so gilt auch in diesem Fall § 302 AktG analog, s. Karsten Schmidt, § 39 II 1.

b. Der „qualifizierte" faktische Konzern – Rechtsgeschichte?

aa. GmbH-Konzern

166 Die unter dem Stichwort „qualifizierter" faktischer Konzern geführte Diskussion wurde oben bei der Zulässigkeit einer intensiven Leitung der Gesellschaft durch das herrschende Unternehmen skizziert[340]. Von der Zulässigkeit zu unterscheiden ist die Frage, ob, wann und wie das herrschende Unternehmen für einen wirtschaftlichen Mißerfolg der beherrschten Gesellschaft einstehen muß.

aaa. Von Autokran zu TBB

167 Die Rechtsprechung hatte die Verantwortlichkeit des herrschenden Gesellschafters auf eine entsprechende Anwendung der Verlustausgleichspflicht des § 302 Abs. 1 AktG gegründet[341]. Die Voraussetzungen der Analogie waren Gegenstand einer wechselvollen Entwicklung zwischen Struktur- und Verhaltenshaftung, zwischen der Verantwortlichkeit für intensive und für nachteilige Konzernleitung[342].

168 Startschuß war die *Autokran*-Entscheidung[343]. Der *BGH* prüfte für eine Inanspruchnahme des herrschenden Gesellschafters die folgenden Voraussetzungen: Erstens das Bestehen eines Konzerns i.S.d. § 18 Abs. 1 AktG[344], zweitens, daß auf die „eigenen Belange der einzelnen Gesellschaften der Unternehmensgruppe keine Rücksicht genommen worden ist"[345]. Letzteres wird vermutet, wenn das herrschende Unternehmen die Geschäftsführung dauernd und umfassend ausgeübt hat und kann widerlegt werden, wenn dargetan ist, daß ein „pflichtgemäß handelnder Geschäftsführer einer selbständigen GmbH" die Geschäfte nicht anders geführt hät-

---

[340] Rn. 94 ff., 134 ff.

[341] S. BGHZ 122, 123 (132) v. 29.3.1992 „TBB"; 115, 187 (192) v. 23.9.1991 „Video"; 107, 7 (15) v. 20.2.1989 „Tiefbau"; 95, 330 (334) v. 16.9.1985 „Autokran", stellt dagegen nur auf eine Analogie zu §§ 303, 322 Abs. 2 AktG ab. § 303 AktG setzt aber eine Verlustausgleichspflicht voraus. Der *BGH* hatte meist über eine direkte Inanspruchnahme der Gesellschafter durch die Gläubiger zu entscheiden und hat diese entsprechend § 303 AktG begründet, der – dort schon analog angewandt - eine solche im Aktienvertragskonzern ermöglicht, wenn feststeht, daß der Gläubiger von der AG keine Befriedigung erhalten wird, s.u. Rn. 194.

[342] S. hierzu auch Emmerich/Sonnenschein/Habersack, § 31; Hachenburg-Ulmer, Anh § 77 Rn. 103 ff.; Scholz-Emmerich, Anh. KonzernR, Rn. 91 ff.; Lutter/Hommelhoff, Anh. § 13 Rn. 24 ff.; Röhricht in FS 50 Jahre BGH, S. 83 ff.; Karsten Schmidt, NJW 2001, 3577 (3578 f.); Goette, DStR 2000, 1066 ff.

[343] BGHZ 95, 330 v. 16.9.1985; s.a. Fn. 341.

[344] BGHZ 95, 330 (335) v. 16.9.1985 „Autokran".

[345] BGHZ 95, 330 (344) v. 16.9.1985 „Autokran".

te[346]. Kurz gefaßt: Voraussetzung ist die *nachteilige* Ausübung der Leitungsmacht im GmbH-Konzern, die bei dauernder und umfassender Leitung vermutet wird.

In der *Tiefbau*-Entscheidung[347] wird die analoge Anwendung des § 302 AktG auf erstens das Vorliegen eines Konzerns i.S.d. § 18 Abs. 1 AktG[348], **169**
zweitens die dauernde und umfassende Ausübung von Leitungsmacht gestützt, es sei denn, die Verluste beruhen nicht auf der Ausübung der Leitungsmacht[349]. Der Entlastungsbeweis ordnungsgemäßer Geschäftsführung wird ausdrücklich nicht mehr zugelassen[350]. Kurz: Verursachung von Verlusten durch *intensive* Ausübung von Leitungsmacht.

Die als Fortführung deklarierte 180°-Wende wird im Ergebnis - nicht in **170**
der Begründung - bestätigt in der *Video*-Entscheidung[351]: Grund der Haftung bei dauernder und umfassender Leitung sei zwar die Vermutung, „bei umfassender Führung der Geschäfte der abhängigen GmbH sei auf deren Belange zugunsten des Konzerninteresses nicht ausreichend Rücksicht genommen worden"[352]. Ein Entlastungsbeweis wird aber weiter nur insoweit zugelassen, als die Verluste „mit der Ausübung der Leitungsmacht nichts zu tun haben". Selbst schlimmen Feinden wünscht man nicht, diesen Beweis führen zu müssen. Außerdem prüft der *BGH* das Vorliegen eines Konzerns i.S.d. § 18 Abs. 1 AktG[353]. Kurz: Unwiderleglich vermutete Benachteiligung der Gesellschaft bei Verursachung von Verlusten durch intensive Ausübung von Leitungsmacht.

Nach massiver Kritik an der Video-Entscheidung[354] stellte das *TBB*- **171**
Urteil[355] darauf ab, daß der herrschende Gesellschafter „die Konzernleitungsmacht in einer Weise ausübt, die keine angemessene Rücksicht auf die eigenen Belange der abhängigen Gesellschaft nimmt, ohne daß sich der ihr insgesamt zugefügte Nachteil durch Einzelausgleichsmaßnahmen kom-

---

[346] BGHZ 95, 330 (344) v. 16.9.1985 „Autokran".
[347] BGHZ 107, 7 v. 20.2.1989 „Tiefbau".
[348] BGHZ 107, 7 (15) v. 20.2.1989 „Tiefbau".
[349] BGHZ 107, 7 (17 f.) v. 20.2.1989 „Tiefbau".
[350] BGHZ 107, 7 (18) v. 20.2.1989 „Tiefbau".
[351] BGHZ 115, 187 v. 23.9.1991 „Video".
[352] BGHZ 115, 187 (194) v. 23.9.1991 „Video".
[353] BGHZ 115, 187 (189) v. 23.9.1991 „Video".
[354] Zusammenfassung der plakativsten Ausdrücke (Justizmord an der Einmann-GmbH, „Wiedergeburt der OHG aus dem GmbH-Gesetz") bei Bitter, ZIP 2001, 265 (266); s. zur fraglichen Vereinbarkeit der Entscheidung mit der 12. Richtlinie 89/667/EG „Einpersonenrichtlinie" W.-H. Roth, ZIP 1992, 1054 ff.; dazu wiederum BGHZ 122, 123 (135) v. 29.3.1992 „TBB" m.w.N. Eine einleuchtende Erklärung für die „Video"-Entscheidung liefert Röhricht, ZGR 1999, 445 (464 ff.).
[355] BGHZ 122, 123 v. 29.3.1992 „TBB".

pensieren ließe"[356]. Die Beeinträchtigung könne nicht mittels einer tatsächlichen Vermutung allein aus der dauernden und umfassenden Leitung der Gesellschaft gefolgert werden, sondern es müßten Umstände dargelegt werden, die die Annahme zumindest nahelegen, daß die eigenen Belange der GmbH über ausgleichsfähige Einzeleingriffe hinaus beeinträchtigt wurden[357]. Das Vorliegen eines Konzerns i.S.d. § 18 Abs. 1 AktG wird nicht mehr explizit geprüft. Kurz: Komplexe *Benachteiligung* der GmbH und Erleichterung der Beweislast. Im Wesentlichen eine Rückkehr zu Autokran.

172 Die vier Urteile hatten jeweils eine ausufernde Diskussion ausgelöst[358]. Die Verlustausgleichspflicht nach dem TBB-Urteil wurde jedoch zur weithin akzeptierten[359] ständigen Rechtsprechung[360] und auch zur Zulässigkeit einer „qualifizierten" faktischen Konzernierung herrschende Ansicht[361]. Die Unzulässigkeit wird allerdings aus der Treupflicht hergeleitet[362], die Verlustausgleichspflicht wurde mit der Analogie zu § 302 Abs. 1 AktG begründet.

173 Entsprechend den bei der Zulässigkeit der Konzernierung dargestellten Gegenansichten wurde aber weiterhin einerseits vertreten, die Verlustausgleichspflicht trete schon mit enger Einbindung der GmbH in den Konzern

---

356 BGHZ 122, 123 (130) v. 29.3.1992 „TBB".

357 BGHZ 122, 123 (131) v. 29.3.1992 „TBB".

358 Nachweise z.B. bei Baumbach/Hueck-Zöllner, GmbH-KonzernR, vor Rn. 86; Rn. 100: „Flut der Stellungnahmen"; Emmerich/Sonnenschein/Habersack, § 31; Kiethe/Groeschke, NZG 2001, 504, Fn. 4 ff.

359 S. nur Baumbach/Hueck-Zöllner, GmbH-Konzernrecht, Rn. 86 ff.; Hachenburg-Ulmer, Anh § 77 Rn. 125; Emmerich/Sonnenschein/Habersack, § 31 I 1: „In der Rechtsprechung namentlich des *BGH* und des *BAG* ist der sogenannte „qualifizierte faktische Konzern" [...] vor allem als Konzernhaftungstatbestand fest etabliert"; Kölling, NZG 2000, 8. Gegen den „qualifizierten" faktischen Konzern bereits Altmeppen, S. 92 f., 105 f., ders., S. 93 plädiert jedoch für einen Verlustausgleichsanspruch der abhängigen GmbH analog § 670 BGB, wenn die Gesellschaft im Interesse des Gesellschafters gewirtschaftet hat.

360 S. BGH NJW 1996, 1283 v. 12.2.1996; NJW 1994, 3288 v. 19.9.1994 „Architekten"; NJW 1994, 446 v. 13.12.1993 „Quickborner EDV"; BAG AG 1996, 222 (223 f.) v. 1.8.1995; BAG AG 1999, 376 (377 f.) v. 8.9.1998; BSG GmbHR 1996, 604 (607) v. 1.2.1996; OLG Dresden NZG 2000, 598 (599 f.) v. 27.10.1999 unter Prüfung absonderlicher Voraussetzungen; KG NZG 2001, 172 v. 1.8.2000 (Schwarz); OLG Bremen AG 1999, 466 f. v. 18.5.1998 „Bremer Vulkan"; OLG Rostock NZG 1999, 170 v. 8.8.1997; OLG Köln GmbHR 1997, 220 ff. v. 26.8.1996; „Bericht über die BGH-Rechtsprechung seit TBB" bei Goette, ZHR-Beiheft Nr. 70 (2002), S. 11 (12 ff.).

361 S.o. Rn. 135.

362 O. Fn. 300.

ein[363], andererseits, es bedürfe keiner speziellen konzernrechtlichen Verantwortlichkeit, da die Vorschriften des GmbHG zum Schutz der Gesellschaft ausreichten[364].

bbb. Kein „qualifizierter" faktischer Konzern in der Einmann-GmbH – Das „Bremer Vulkan"-Urteil

Die Analogie zu den §§ 302, 303 AktG sollte auch für den einzigen GmbH-Gesellschafter gelten[365]. Auch der einzige Unternehmensgesellschafter sollte seiner GmbH daher analog § 302 Abs. 1 AktG zum Verlustausgleich verpflichtet sein und insbesondere analog § 303 AktG gegenüber den Gläubigern haften, wenn er keine angemessene Rücksicht auf die Belange „seiner" GmbH genommen hat, ohne daß sich der ihr dadurch zugefügte Nachteil durch Einzelausgleichsmaßnahmen kompensieren ließe. Das Fehlen einer Differenzierung zwischen dem einzigen und dem Mehrheitsgesellschafter überrascht. Der Mehrheitsgesellschafter ist aufgrund seiner Treupflicht verpflichtet, Schäden, die er der Gesellschaft zufügt, auszugleichen[366]. Für den einzigen Gesellschafter war insbesondere der *BGH* mit der Annahme einer Treupflicht jedoch äußerst zurückhaltend[367]. Dieser sollte grundsätzlich nur zur Erhaltung des Stammkapitals, § 30 Abs. 1 GmbHG, verpflichtet sein und aus den allgemeinen Vorschriften, insbesondere § 826 BGB, haften[368]. Für den einzigen Gesellschafter bedeutete die Analogie zu §§ 302 Abs. 1, 303 AktG daher eine erhebliche Verschlechterung seiner Position: Nicht nur, dass er pauschal in Höhe der Verluste der GmbH haftete und nicht nur für einzelne nachgewiesene Maßnahmen, sondern er hätte für diese einzelnen Maßnahmen, soweit sie nicht durch § 30 Abs. 1 GmbH verbotene Kapitalausschüttungen waren, selbst 174

---

363 So namentlich Karsten Schmidt, § 39 III 4 b aa; s.a. ders., NJW 2001, 3577 (3581), vgl.o. Fn.297. Sein Begriff der „qualifizierten" Abhängigkeit unterscheidet sich jedoch wesentlich von den in der Rechtsprechung angenommenen Voraussetzungen der Verlustausgleichspflicht, s.a. Rn. 621.

364 So die oben Fn. 301 genannten.

365 BGHZ 115, 187 v. 23.9.1991 „Video", Leitsatz b); BGHZ 122, 123 (130) v. 29.3.1992 „TBB"; Hachenburg-Ulmer, Anh § 77 Rn. 135 f.; Emmerich/Sonnenschein/Habersack, § 31 II 2.

366 O. Rn. 106.

367 S. BGHZ 95, 330 (340) v. 16.9.1985 „Autokran": „Denn in der GmbH sind (im Gegensatz zur Aktiengesellschaft) der oder – wenn sie einverständlich handeln – die Gesellschafter (in den Grenzen des § 30 GmbHG) frei, über Gesellschaftsvermögen zu verfügen [...]. Es ist nicht leicht zu begründen, demgegenüber bestehe im Konzernverhältnis eine Pflicht des herrschenden Unternehmens, für das Vermögen der „eigenen" abhängigen GmbH nachteilige Maßnahmen zu unterlassen."

368 BGH ZIP 2000, 493 (494) v. 31.1.2000; BGHZ 142, 92 (95) v. 21.6.1999; ausführlicher o. Rn. 107 ff.

dann nicht gehaftet, wenn sie im einzelnen nachweisbar und ausgleichsfähig gewesen wären.

175 In der „Bremer Vulkan"-Entscheidung[369] hat der *BGH* dies korrigiert. Ohne daß dies zur Entscheidung des Falles zwingend erforderlich gewesen wäre, hat er auf der einen Seite klargestellt, daß die Vorschriften des Aktienkonzernrechts nicht entsprechend auf die Haftung des einzigen Gesellschafters der GmbH anwendbar sind. Andererseits hat er erstmals eine Verpflichtung des einzigen Gesellschafters anerkannt, den Bestand der GmbH zu schützen[370]. Die Haftung im „qualifizierten" faktischen Konzern in ihrer bisherigen Form analog §§ 302 Abs. 1, 303 AktG ist damit für den einzigen Gesellschafter der GmbH aufgegeben[371].

ccc. Beibehaltung zumindest in der mehrgliedrigen GmbH?

176 Auch unter dem Eindruck der Ankündigung der „Bremer Vulkan"-Entscheidung durch Mitglieder des Senats[372] und auch nach dieser Entscheidung wird jedoch die Fortgeltung der Analogie zu §§ 302 Abs. 1, 303 AktG, jedenfalls in der mehrgliedrigen GmbH, vertreten[373]. Dem aus Sicht

---

[369] BGH ZIP 2001, 1874 v. 17.9.2001.

[370] BGH ZIP 2001, 1874 v. 17.9.2001, 1. Leitsatz: „Der Schutz einer abhängigen GmbH gegen Eingriffe ihres Alleingesellschafters folgt nicht dem Haftungssystem des Konzernrechts des Aktienrechts (§§ 291 ff., 311 ff. AktG), sondern ist auf die Erhaltung ihres Stammkapitals und die Gewährleistung ihres Bestandsschutzes beschränkt, der eine angemessene Rücksichtnahme auf die Eigenbelange der GmbH erfordert. An einer solchen Rücksichtnahme fehlt es, wenn die GmbH infolge der Eingriffe ihres Alleingesellschafters ihren Verbindlichkeiten nicht mehr nachkommen kann."

[371] S. die Bestätigung durch BGH NJW 2002, 1803 (1805) v. 25.2.2002, sowie Altmeppen, ZIP 2001, 1837 (1838); ders., NJW 2002, 321; Goette, DStR 2001, 1857; Keßler, GmbHR 2001, 1095; Römermann/Schröder, GmbHR 2001, 1015 (1017); Ulmer, ZIP 2001, 2021 (2022 f.); Luttermann, BB 2001, 2433 (2434). Karsten Schmidt, NJW 2001, 3577 (3581) hält die von ihm vertretene Haftung des herrschenden Unternehmens bei „qualifizierter Abhängigkeit" einer GmbH-Tochter für durch die „Bremer Vulkan"-Entscheidung nicht entschieden. Dieses Haftungskonzept unterscheidet sich deutlich von der bisherigen Haftung nach den Grundsätzen der TBB-Entscheidung BGHZ 122, 123 v. 29.3.1992.

[372] S. den Vortrag vom 21.3.2001 durch Goette, ZHR-Beiheft Nr. 70 (2002), S. 11 (21 ff.); ders., DStR 2000, 1066 (1068): „Letztlich hat sich in der Rückschau auf die höchstrichterliche Judikatur der vergangenen fünfzehn Jahre das Konzernhaftungskonzept nicht als ein Königsweg für die Bewältigung der Probleme im qualifiziert faktischen Konzern erwiesen." und vor allem den überzeugenden Aufsatz des Senatsvorsitzenden Röhricht in FS 50 Jahre BGH, S. 83 (86 ff., 118 ff.), der in seinem Beitrag ausführlich und fundiert die Gründe für die spätere Korrektur der höchstrichterlichen Rechtsprechung in BGHZ 149, 10 v. 17.9.2001 „Bremer Vulkan" darlegt.

[373] Emmerich/Sonnenschein/Habersack, § 31 II vertreten die Analogie zu §§ 302 Abs. 1, 303 AktG sowohl in der Mehrpersonen-, als auch in der eingliedrigen GmbH. Cahn, ZIP

der Gläubiger besonders gefährlichen Konzernkonflikt sei mit den spezifischen Haftungsinstrumentarien des Konzernrechts Rechnung zu tragen[374]. Andererseits hat der *BGH* im Anschluß an das „Bremer Vulkan"-Urteil inzwischen klargestellt, daß er die Haftung wegen eines „qualifizierten" faktischen Konzerns aufgegeben hat[375]. Sprechen überwiegende Gründe gegen diesen Abschied?

Die *Analogie* setzt eine Gesetzeslücke und Vergleichbarkeit voraus[376]. Eine Gesetzeslücke ist eine planwidrige Unvollständigkeit des Gesetzes[377]. Ist es *planwidrig*, daß das Gesetz keine Regelung für eine nicht durch Einzelausgleich zu kompensierende Benachteiligung der GmbH durch den Unternehmensgesellschafter enthält[378]? **177**

Für die AG enthalten *§§ 291 ff. AktG* besondere konzernrechtliche Regelungen. §§ 311, 317 AktG sehen im faktischen Konzern einen Einzelausgleich vor, im Vertragskonzern hat nach § 302 Abs. 1 AktG das herrschende Unternehmen jeden Verlust auszugleichen. Das GmbHG enthält keine konzernrechtlichen Regeln[379]. Entsprechende Gesetzgebungsvorhaben werden nicht weiterverfolgt[380]. Letzteres könnte dafür sprechen, daß der Gesetzgeber sich bewußt gegen konzernrechtliche Sonderregeln für die GmbH entschieden hat. **178**

Andererseits enthält das GmbHG keine Regelung für den Fall, daß einzelne schädigende Maßnahmen und ihre Auswirkungen nicht zu isolieren **179**

2001, 2159 (2160) ist der Ansicht, für die AG und die mehrgliedrige GmbH ließen sich aus der Entscheidung keine Folgen ableiten, da sie ausschließlich den Sonderfall (?) der Einpersonen-GmbH beträfen. Ansonsten sei von der Fortgeltung der Grundsätze über den qualifizierten faktischen Konzern auszugehen. Mülbert, DStR 2001, 1937 (1946 f.) lehnt demgegenüber eine Analogie zu § 302 AktG ab, vertritt aber eine Verlustausgleichspflicht im Rahmen der Treupflicht, wenn ein Einzelausgleich nicht möglich ist.

374 Emmerich/Sonnenschein/Habersack, § 31 II.

375 BGH NJW 2002, 1803 (1805) v. 25.2.2002; s. zuvor schon Goette, DStR 2001, 1857; Altmeppen, ZIP 2001, 1837 (1838): „Doch ist eine Spekulation darüber, ob es den „qualifiziert faktischen" Konzern in Zukunft wenigstens noch für die mehrgliedrige GmbH geben wird, eher uninteressant. Der Schutz außenstehender Gesellschafter spielte nämlich im „qualifiziert faktischen" Konzern der GmbH in der Praxis bisher überhaupt keine Rolle, und das wird auch so bleiben."; ders., NJW 2002, 321; Ulmer, ZIP 2001, 2021 (2023); Wilken, DB 2001, 2383 (2386); Römermann/Schröder, GmbHR 2001, 1015; Bitter, WM 2001, 2133 (2141).

376 S. Larenz, S. 366 f., 358.

377 Larenz, S. 358 m.w.N. in Fn. 16.

378 S. hierzu auch Röhricht in FS 50 Jahre BGH, S. 83 (97 ff.).

379 Zu den Regeln außerhalb des GmbHG, die auch die GmbH erfassen Emmerich/Sonnenschein/Habersack, § 29 III 1.

380 S. etwa Roth/Altmeppen, Anh § 13 Rn. 1, unter Bezug auf die Gesetzgebungsvorhaben der 70er Jahre, RegE BT-Drucks. VI/3088 §§ 230 ff. = BT-Drucks. VII/253 §§ 230 ff.

sind[381]. Der *Einzelausgleich* schädigender Einflußnahmen wird in der GmbH durch § 31 Abs. 1 GmbHG bei Verletzung der Kapitalerhaltung[382], außerdem in der Mehrpersonengesellschaft und bei Herbeiführung der Gefahr der Insolvenz durch die Treupflicht angeordnet[383]. Dies spricht dafür, daß, falls es Konstellationen gibt, in denen trotz vorliegender Pflichtverletzung einzelne Ansprüche hieraus nicht festgestellt werden können, eine ergänzende Regelung geboten ist. Denn die der Kapitalerhaltung und der Treupflicht zugrundeliegenden Wertungen beanspruchen auch und gerade dann Geltung, wenn die Pflichtverletzung besonders komplex oder verschleiert ist. Eine Regelungslücke für eine solche Benachteiligung der GmbH durch einen Gesellschafter - sei er nun Unternehmen oder nicht - scheint auf diesem Weg begründbar, wenn auch die Planwidrigkeit dieser Unvollständigkeit hier nicht abschließend festgestellt werden kann.

180 Um diese mögliche Gesetzeslücke durch die Anwendung der §§ 302 Abs. 1, 303 AktG zu füllen, ist aber die *Vergleichbarkeit* des zu regelnden mit dem geregelten Sachverhalt erforderlich[384]. Hierzu ist auf die Zwecke und den Grundgedanken der gesetzlichen Regelung zurückzugehen[385]. Was ist Zweck der §§ 302 Abs. 1, 303 AktG?

181 Nach der *Gesetzesbegründung* gibt nur der Beherrschungsvertrag dem herrschenden Unternehmen das Recht, „die abhängige Gesellschaft unter seine Leitung zu stellen und sie bei dieser Leitung auch zu für sie nachteiligen Maßnahmen anzuweisen“[386]. Als Gegengewicht soll zum Schutz der Gesellschaft und ihrer Gläubiger durch die §§ 300 ff. AktG die Erhaltung der bilanzmäßigen Substanz der Gesellschaft sichergestellt werden[387]. Insbesondere ist die Verlustausgleichspflicht des § 302 AktG der Ausgleich für den weitgehenden Eingriff in die Struktur der Gesellschaft[388].

182 Soweit der Beherrschungsvertrag dem herrschenden Unternehmen die *Leitung der Gesellschaft* ermöglicht, ist er mit der faktischen Beherrschung der GmbH nicht vergleichbar, denn hier können die Gesellschafter, im Ge-

---

[381] Dazu, welche Gestaltungen durch dieses zu selten hinterfragte Merkmal erfaßt sein könnten Röhricht, FS 50 Jahre BGH, S. 83 (88 ff.).

[382] O. Rn. 101 ff.

[383] S.o. Rn. 105 f., 107 ff.

[384] O. Fn. 376. Zur Vergleichbarkeit des Aktienvertragskonzerns mit dem „qualifizierten“ faktischen GmbH-Konzern auch Goette, DStR 2000, 1066.

[385] Larenz, S. 367.

[386] Begr. RegE, Kropff, S. 374.

[387] Begr. RegE, Kropff, S. 375.

[388] S. BGHZ 116, 37 (41 f.) v. 11.11.1991 „Stromlieferung“; Hüffer, § 302 Rn. 3 m.w.N.; Emmerich/Sonnenschein/Habersack, § 20 V 1 a m.w.N. in Fn. 42 unter besonderer Betonung der Aufhebung der Kapitalerhaltung durch § 291 Abs. 3 AktG; unentschieden KK-Koppensteiner, § 302 Rn. 4.

gensatz zur AG[389], der Geschäftsführung ohnehin Weisungen erteilen und so die Leitung der Gesellschaft bis in das Tagesgeschäft übernehmen[390].

Die Anweisung der Gesellschaft zu für sie *nachteiligen Maßnahmen* ist dem Gesellschafter aber im Rahmen der Kapitalerhaltung und der Treupflicht verwehrt. Veranlaßt der Gesellschafter gleichwohl derartige Maßnahmen, so handelt er pflichtwidrig, aber so, wie ein Beherrschungsvertrag dies zulassen würde. Zu bedenken ist aber wiederum ein struktureller Unterschied zwischen AG und GmbH: In der AG untersagt die Kapitalerhaltung, insbesondere § 57 Abs. 3 AktG *jede* Verschiebung von Gesellschaftsvermögen zu einem Gesellschafter außerhalb der Verteilung des Bilanzgewinns[391]. GmbH-Gesellschafter hingegen dürfen sich gesellschaftsrechtlich Gewinne auch dadurch ausschütten, daß sie die GmbH zu ihrem Vorteil benachteiligen. Sie sind durch § 30 Abs. 1 GmbHG nur verpflichtet, der GmbH das Vermögen zu belassen, das sie benötigt, ihre Gläubiger zu befriedigen und das Stammkapital zu decken[392]. **183**

Der sogenannte „qualifizierte" faktische Konzern ist dem im Aktien-Vertragskonzern zugelassenen Zustand daher hinsichtlich der Nachteiligkeit der Ausübung von Leitungsmacht eingeschränkt, hinsichtlich der Intensität der Leitung überhaupt nicht vergleichbar. Die *Vergleichbarkeit* der Sachverhalte ist damit *nur teilweise* gegeben. § 302 Abs. 1 AktG ordnet die Verlustausgleichspflicht als Ausgleich für einen wesentlich tiefer gehenden Eingriff in die Struktur der Aktiengesellschaft an, als es bei dem im Sinn der TBB-Entscheidung verstandenen Tatbestand des „qualifizierten" faktischen Konzerns in der GmbH der Fall ist. **184**

Entscheidend gegen die Beibehaltung spricht zudem, daß durch die Analogie zu §§ 302 Abs. 1, 303 AktG die wahren *Gründe der Haftung verschleiert* werden. Seit der TBB-Entscheidung[393] ist anerkannt, daß Grundlage der Haftung im „qualifizierten" faktischen GmbH-Konzern die fehlende Rücksicht auf die eigenen Belange der GmbH ist[394]. Die fehlende Rücksicht kann aber nur zur Haftung führen, soweit die GmbH eigene Belange hat und der Gesellschafter zur Rücksicht darauf verpflichtet ist. Zur Rücksicht verpflichtet ist er durch die Kapitalerhaltung und die Treupflicht[395] – au- **185**

---

[389] Wegen § 76 AktG, s.o. Rn. 39.
[390] S.o. Rn. 99. Pointiert und lesenswert hierzu Altmeppen, DB 1994, 1912 (1914).
[391] O. Rn. 41.
[392] O. Rn. 102.
[393] BGHZ 122, 123 v. 29.3.1992.
[394] S. Lutter/Hommelhoff, Anh § 13 Rn. 27; Scholz-Emmerich, Anh. KonzernR Rn. 100 f.; Hachenburg-Ulmer, Anh § 77 Rn. 130 ff.; Emmerich/Sonnenschein/Habersack, § 31 III 1.
[395] Unter der Treupflicht wird hier auch die Respektierung des Bestandsschutzes der GmbH verstanden, s.o. Rn. 107.

ßerhalb dieser Grenzen darf er „seine" GmbH benachteiligen wie es ihm beliebt. Hinter der Haftung analog §§ 302 Abs. 1, 303 AktG steht damit die Kapitalerhaltung und die sonstige Pflichtbindung des Gesellschafters, für deren Verletzung der Gesellschafter jeweils haften würde[396]. Der Übergang zu der pauschalen Haftung für den gesamten Verlust wird nun dadurch gerechtfertigt, daß die einzelne Schädigung nicht mehr ausgleichsfähig sei[397].

186 Das Konzept der Haftung im „qualifizierten" faktischen Konzern verleitet dazu, die Voraussetzungen dieser Pauschalierung *anstatt* der vorgelagerten Voraussetzungen der Pflichtverletzung zu untersuchen. So wird gründlichst geprüft, ob der kontrollierende Gesellschafter als Unternehmen bezeichnet werden kann[398], was für die Begründung der Ausgleichspflicht als solcher aber vollständig ohne Belang ist[399]. Entscheidend für eine Haftung

---

[396] Vgl. Lutter/Hommelhoff, Anh § 13 Rn. 24: „Das Verhalten des herrschenden Unternehmens [im qualifizierten faktischen Konzern] bleibt der Minderheit gegenüber treuwidrig."

[397] Emmerich/Sonnenschein/Habersack, § 31 I 3; Drygala, EWiR 1998, 291 (292). Hierdurch kann wie dargelegt die Regelungslücke begründet werden, die eine Analogie zu §§ 302 Abs. 1, 303 AktG erst ermöglicht.

[398] Das beste Beispiel ist KG NZG 2001, 80 v. 1.8.2000 mit der Anmerkung von Schwarz, NZG 2001, 172: Die Beklagten kontrollieren eine GmbH, die ein Reisebüro betreibt und sind Gesellschafter einer GbR, die ihr dieses Reisebüro verpachtet. Erlöse der GmbH wurden auf ein Konto der Verpächter-GbR geleitet. Die GmbH wird vermögenslos, die Konkurseröffnung mangels Masse abgelehnt. Das *KG* prüft die Unternehmenseigenschaft der Beklagten und begründet sie aus der Gesellschafterstellung in der GbR, woraus eine anderweitige unternehmerische Interessenbindung folge. Insgesamt bejaht das Gericht die Haftung der Beklagten analog §§ 302, 303 AktG. Das *KG* unterläßt es über diesen Erwägungen, festzustellen, warum die Benachteiligungen der GmbH nicht im einzelnen auszugleichen sind, zu schweigen von einer Begründung, warum sie unzulässig waren. Jede einzelne Buchung auf das Konto der GmbH ist nachvollziehbar. Einmal abgesehen von der Frage, welchen methodischen Wert die tautologische Definition des Unternehmens mit einer *unternehmerischen* Interessenbindung hat: Wäre hier eine andere Wertung angezeigt, wenn die Gesellschafter der GmbH das Reisebüro nicht verpachtet hätten? Und was wäre, wenn die Benachteiligung der GmbH – so wie es das *KG* eigentlich hätte feststellen müssen – komplex und undurchschaubar gewesen wäre? Wäre es dann darauf angekommen, ob der Grund der Benachteiligung ein unternehmerischer war?

[399] S.a. Röhricht in FS 50 Jahre BGH, S. 83 (119 f.): „Wenn aber existenzvernichtende Gesellschaftereingriffe innerhalb wie außerhalb von Konzernverhältnissen Teil der Rechtswirklichkeit sind, so kann es für den hinter der Forderung nach Wahrung eines minimalen auf Bestandserhaltung gerichteten Eigeninteresses der Gesellschaft stehenden Gläubigerschutz keinen Unterschied machen, ob der Gesellschafter einer GmbH die zu ihrem Leben benötigte Liquidität deshalb entzieht, um ein Liebesnest für seine privaten Freuden zu erwerben oder um Löcher in einem anderen von ihm betriebenen Unternehmen zu stopfen."

kann nicht sein, ob eine Pflichtverletzung (wegen der anderweitigen unternehmerischen Aktivität) ex ante besonders wahrscheinlich erschien, sondern ob eine solche stattgefunden hat oder nicht[400].

Daß der *II. Zivilsenat* des *BGH* die Analogie zu den Haftungsvorschriften des Aktienkonzernrechts insgesamt aufgegeben hat[401], ist damit erfreulich. 187
Das öffnet den Blick für die tatsächlichen Gründe der Haftung, die Verletzung der Kapitalerhaltung und der Treupflicht. Damit soll nicht gesagt werden, daß keine Lösung des Falles notwendig wäre, daß einzelne pflichtwidrige Maßnahmen und ihre Auswirkungen nicht mehr exakt zu isolieren sind. Allein, diese Lösung ist nicht in den Haftungsregeln des Vertragskonzernrechts der grundlegend anders strukturierten Aktiengesellschaft zu finden.

ddd. Fazit

Die Haftung im „qualifizierten" faktischen GmbH-Konzern analog §§ 302 188
Abs. 1, 303 AktG ist durch den *BGH* zurecht aufgegeben worden.

bb. Aktienkonzern

Auch im qualifizierten faktischen Aktienkonzern wurde ganz überwiegend 189
die Haftung des herrschenden Unternehmens analog §§ 302 Abs. 1, 303 AktG vertreten[402]. Ihre Fortgeltung wird auch nach der „Bremer Vulkan"-Entscheidung[403] angenommen[404].

Es fragt sich deshalb, ob zumindest in der AG die *Voraussetzungen der* 190
Analogie zu §§ 302 Abs. 1, 303 AktG gegeben sind, ob eine planwidrige

---

[400] Die Haftung wegen Treupflichverletzung einschließlich der Haftung wegen Verletzung des Bestandsinteresses der GmbH differenziert dementsprechend nicht danach, ob der Gesellschafter Unternehmen ist oder nicht, s.o. Rn. 105 f., 107 ff. und Goette, DStR 2001, 1857: „Mit ihm [Leitsatz 1] dürfte der II. Zivilsenat den – endgültigen – Abschied von dem bisherigen Verständnis der Haftung im sog. qualifiziert faktischen GmbH-Konzern [...] und den Paradigmenwechsel zu einer anderen – konzernunabhängigen Haftungsstruktur wie ihn *Röhricht* (in FS 50 Jahre BGH, S. 83 ff.) vorgestellt hat, eingeleitet haben."

[401] In BGH NJW 2002, 1803 (1805) v. 25.2.2002; s.a. Fn. 372 und Goette, DStR 2001, 1857.

[402] Hüffer, § 302 Rn. 30 mit zahlreichen Nachweisen; Karsten Schmidt, § 31 IV 4 a; Emmerich/Sonnenschein/Habersack, § 28; ausführliche Darstellung auch bei MK-Kropff, § 317 Anh. Rn. 19 ff.; Lutter, AG 1990, 179 (181); eine Gegenansicht erwägt einen pauschalierten Schadenersatzanspruch, der nach § 287 ZPO zu bestimmen und unter Umständen in Höhe des Jahresverlusts zu leisten wäre, s. Kropff, AG 1993, 485 (493 f.).

[403] BGH ZIP 2001, 1874 v. 17.9.2001.

[404] Cahn, ZIP 2001, 2159 (2160).

Unvollständigkeit des Gesetzes und Vergleichbarkeit der Sachverhalte vorliegt.

191 In der GmbH spricht insbesondere die fehlende *Vergleichbarkeit* des Eingriffs in die Struktur der Gesellschaft gegen eine Analogie zu den Vorschriften des Aktien-Vertragskonzerns unter den Voraussetzungen der „TBB"-Entscheidung[405]: Die Gesellschafter dürfen die GmbH so intensiv leiten, wie es ihnen beliebt und sie in den Grenzen des § 30 Abs. 1 GmbHG und der Treupflicht benachteiligen. In der faktisch abhängigen AG ist das anders: Die intensive Ausübung von Leitungsmacht durch die Gesellschafter verstößt gegen die eigenverantwortliche Leitung der Gesellschaft durch den Vorstand nach § 76 AktG, die Benachteiligung der abhängigen AG gegen das Benachteiligungsverbot der §§ 311, 317 AktG[406]. Bei Vorliegen eines Beherrschungsvertrages ist beides zulässig, § 308 Abs. 1 AktG. Der „qualifizierte" faktische Konzern umschreibt damit den Zustand der nur durch den Beherrschungsvertrag legitimiert wird. Die Vergleichbarkeit der Sachverhalte kann hiermit begründet werden[407].

192 Fraglich ist aber das Vorliegen einer *planwidrigen Unvollständigkeit des Gesetzes*. Der Gesetzgeber hat das Aktienkonzernrecht detailliert geregelt und setzt im faktischen Konzern mit den §§ 311, 317 AktG auf den Ausgleich einzelner Nachteile und in den §§ 312 ff. AktG auf die Erfassung von Benachteiligung durch einen umfassenden Abhängigkeitsbericht[408]. Daß das System des Einzelausgleichs versagt, erscheint deshalb vor allem denkbar, wenn der Abhängigkeitsbericht unvollständig ist. Ist dies aber erst nachgewiesen, wird sich auch die Benachteiligung der AG durch die verheimlichten Maßnahmen nachweisen lassen. Auch weil die AG durch §§ 311 ff. AktG, durch das Vorhandensein des Aufsichtsrats, die Unabhängigkeit des Vorstands und durch ihre strikte Kapitalerhaltung bereits wesentlich besser gegen Eingriffe eines Gesellschafters geschützt ist als die GmbH, war die Haftung im „qualifizierten" faktischen AG-Konzern bereits bisher bedeutungslos[409]. Es fehlt nach all dem in der AG an einer

[405] O. Rn. 180 ff.

[406] Dazu o. Rn. 76 ff.

[407] S. Emmerich/Sonnenschein/Habersack, § 28 II 2 m.w.N. in Fn. 11; Karsten Schmidt, § 31 IV 4 a auf der Grundlage seines Haftungskonzepts; gegen Vergleichbarkeit Wiedemann, ZGR 1986, 656 (659 ff.) m.w.N. in Fn. 11.

[408] Gegen das Vorliegen einer Regelungslücke aus diesem Grund KK-Koppensteiner, Vorb. § 311 Rn. 24 mit weiterer ausführlicher Begründung und zahlreichen Nachweisen.

[409] Vgl. MK-Kropff, § 317 Anh. Rn. 19 mit zahlreichen Nachweisen in Fn. 50; Hüffer, § 302 Rn. 30: „Frage stellt sich wegen §§ 312 ff bei AG nicht in gleicher Schärfe wie bei der GmbH."; Karsten Schmidt, § 31 IV 4 a; Wiedemann, ZGR 1986, 656 (668): „Der Sachverhalt wird sich freilich im Aktienrecht in ähnlicher Weise nicht leicht wiederholen".

Gesetzeslücke, die die Analogie zu §§ 302 Abs. 1, 303 AktG unter den Voraussetzungen der „TBB"-Entscheidung begründen könnte. Der herrschende Gesellschafter einer AG haftet damit weder ihr, noch ihren Gläubigern analog §§ 302 Abs. 1, 303 AktG.

2. Sicherheitsleistung

Endet ein Beherrschungs- oder Gewinnabführungsvertrag, so ist das herr- 193
schende Unternehmen durch § 303 Abs. 1 AktG verpflichtet, den Gläubigern, deren Forderungen bereits begründet sind, Sicherheit zu leisten (s. § 232 BGB), was nach § 303 Abs. 3 S. 1 AktG auch durch eine Bürgschaft geschehen kann. Die Gläubiger sollen dagegen geschützt werden, daß einerseits die Verlustübernahmepflicht des § 302 Abs. 1 AktG wegfällt und andererseits die bisher auf das herrschende Unternehmen ausgerichtete AG möglicherweise allein nicht lebensfähig ist[410].

Ist die abhängige Gesellschaft vermögenslos und steht damit bei Begrün- 194
dung des Anspruchs auf Sicherheitsleistung bereits fest, daß die Sicherheit in Anspruch genommen wird, so ist die Sicherheitsleistung sinnlos. Es soll deshalb ein Direktanspruch des Gläubigers analog § 322 AktG bestehen[411].

Gesteigerte Bedeutung erhält der Anspruch aus § 303 AktG durch seine 195
analoge Ausweitung. Er gilt entsprechend im *GmbH*-Vertragskonzern[412], als logische Ergänzung der analogen Anwendung des § 302 AktG[413]. Auch im „qualifizierten" faktischen Konzern sollte er entsprechend gelten[414] und führte dort durchweg zur direkten Inanspruchnahme des herrschenden Unternehmens, denn die Haftung im „qualifizierten" faktischen Konzern beschränkte sich praktisch auf vermögenslose GmbHs. Die Analogie zu §§

---

[410] Hüffer, § 303 Rn. 1; Emmerich/Sonnenschein/Habersack, § 20 VI 1 m.w.N. in Fn. 70.

[411] BGHZ 95, 330 (347 f.) v. 16.9.1985 „Autokran"; 116, 37 (42) v. 11.11.1991 „Stromlieferung"; 115, 187 (200 f.) v. 23.9.1991 „Video"; 105, 168 (183) v. 19.9.1988 „HSW"; Hüffer, § 303 Rn. 7; Emmerich/Sonneschein/Habersack, § 20 VI 5 m.w.N. in Fn. 93; ungeklärt ist, ob im Fall der Insolvenz der abhängigen Gesellschaft in jedem Fall ein Direktanspruch besteht, auch dann, wenn (möglicherweise) noch verwertbares Vermögen vorhanden ist und ein Insolvenzverfahren durchgeführt wird, s. MK-Altmeppen, § 303 Rn. 38 ff.

[412] BGHZ 105, 324 (336) v. 24.10.1988 „Supermarkt"; Scholz-Emmerich, Anh. KonzernR Rn. 187 m.w.N. in Fn. 343; Hachenburg-Ulmer, Anh § 77 Rn. 223, 209 f.; Emmerich/Sonnenschein/Habersack, § 32 III 2 mit zahlreichen Nachweisen in Fn. 52.

[413] Dazu o. Rn. 165.

[414] S. BGHZ 95, 330 (334 ff.) v. 16.9.1985 „Autokran"; 115, 187 (189) v. 23.9.1991 „Video"; 122, 123 (125 ff.) v. 29.3.1992 „TBB"; Scholz-Emmerich, Anh. KonzernR Rn. 125 ff.; Hachenburg-Ulmer, Anh § 77 Rn. 171 m.w.N. in Fn. 286; Emmerich/Sonnenschein/Habersack, § 31 IV 2 m.w.N. in Fn. 67.

302 Abs. 1, 303 AktG ist unter den bisherigen Voraussetzungen jedoch abzulehnen und von der Rechtsprechung bereits aufgegeben[415].

3. Innenhaftung

a. Aktienkonzern

196 Die Haftung des herrschenden Unternehmens gegenüber einer *faktisch abhängigen AG* ist in § 317 AktG explizit geregelt. Aus § 317 Abs. 1 S. 1 AktG besteht ein Schadenersatzanspruch der abhängigen AG wenn

1. das herrschende Unternehmen die abhängige AG zu einer nachteiligen Maßnahme i.S.d. § 311 Abs. 1 AktG veranlaßt hat[416] und
2. der Nachteil nicht bis zum Ende des Geschäftsjahres gemäß § 311 Abs. 2 AktG ausgeglichen wurde.

197 Nach § 317 Abs. 2 AktG wird der Anspruch ausgeschlossen, wenn die Maßnahme von dem ordentlichen und gewissenhaften Geschäftsleiter einer unabhängigen Gesellschaft nicht getroffen worden wäre, jedoch ist dies bereits Voraussetzung dafür, daß überhaupt eine nachteilige Maßnahme vorliegt[417] und hat damit bei dem Schadenersatzanspruch keine eigenständige Bedeutung mehr.

198 Besteht kein Beherrschungsvertrag mit einer abhängigen AG, so ist das herrschende Unternehmen durch §§ 311, 317 AktG damit verpflichtet, jeden Schaden auszugleichen, den es der Tochter durch nachteilige Einflußnahmen zufügt. Außer im Fall nicht existenzbedrohender Einflußnahmen in der (bei der AG eher seltenen) Einpersonengesellschaft würde sich dieses Ergebnis ohne die §§ 311, 317 AktG bereits aus der Treupflicht des Gesellschafters ergeben.

199 Eine Besonderheit besteht darin, daß nach 317 Abs. 1 S. 2 AktG die *Aktionäre* den Ersatz eines ihnen entstandenen Schadens verlangen können. Nach §§ 317 Abs. 4, 309 Abs. 4 S. 1, 2 AktG können sie außerdem die Begleichung des Anspruchs der abhängigen AG fordern. Gemäß §§ 317 Abs. 4, 309 Abs. 4 S. 3, 4 AktG können *Gläubiger* Leistung an sich selbst verlangen[418], soweit sie von der AG keine Befriedigung erlangen können.

200 Neben §§ 317 Abs. 1 S. 1 AktG gilt § 117 Abs. 1 AktG - die Ersatzpflicht für einen schädigenden Gebrauch des Einflusses auf die abhängige AG. Da die Haftung aus § 317 Abs. 1 AktG aber weiter geht, hat dies für das herr-

---

[415] O. Rn. 174.
[416] Dazu o. Rn. 76.
[417] S.o. Rn. 77.
[418] S. MK-Altmeppen, § 309 Rn. 131.

schende Unternehmen keine erhebliche Bedeutung[419]. Auch die Haftung gegenüber der Tochter aus §§ 823 (z.B. Abs. 2 i.V.m. 266 StGB (31 BGB analog)), 826 BGB wird neben § 317 AktG kaum mehr relevant[420].

Im *Vertragskonzern* haftet das herrschende Unternehmen für sorgfaltswid- 201
rige Weisungen, wobei nicht geklärt ist, ob der Rechtsgrund hierfür in der Vertragsbeziehung oder in §§ 309 Abs. 2 AktG, 31 BGB zu suchen ist[421]. Ein solcher Anspruch wird aber selten Bedeutung erlangen, da das herrschende Unternehmen ohnehin jeden Verlust nach § 302 Abs. 1 AktG auszugleichen hat und etwaige Minderheitsgesellschafter wegen §§ 304 ff. AktG kein Interesse mehr an einer Gewinnerzielung der abhängigen AG haben.

b. GmbH-Konzern

Im GmbH-Konzern ist die *Treupflicht* des Gesellschafters entscheidend für 202
die Haftung des herrschenden Unternehmens gegenüber der Gesellschaft. Eine besondere konzernrechtliche Regelung besteht nicht. In der *mehrgliedrigen GmbH* verbietet die Treupflicht dem herrschenden Gesellschafter jede Schädigung der abhängigen Gesellschaft[422]. Verstößt er schuldhaft hiergegen, so ist er zum Ersatz des verursachten Schadens nach § 249 ff. BGB verpflichtet[423].

In der *Einmanngesellschaft* verstoßen nach der hier vertretenen Ansicht 203
solche Schädigungen gegen die Treupflicht, die die Existenz der GmbH vernichten. Hier bleibt die Haftung des herrschenden Unternehmens gegenüber der Tochter daher deutlich hinter den §§ 311, 317 AktG zurück.

Anspruchsinhaber ist zunächst die Gesellschaft. Da die Treupflicht aber 204
auch gegenüber den Mitgesellschaftern besteht, können auch ihnen Ansprüche aus Treupflichtverletzung zustehen, soweit ihnen ein eigener Schaden entstanden ist[424]. Hiervon zu unterscheiden ist die Geltendmachung des Anspruchs der Gesellschaft durch die Mitgesellschafter im We-

---

[419] Eine qualifizierte Minderheit kann allerdings die Geltendmachung des Anspruchs aus § 117 AktG durch die AG unter den Voraussetzungen des § 147 AktG verlangen. Dieses Verfolgungsrecht ist bisher allerdings praktisch bedeutungslos, Reichert/Weller, ZRP 2002, 49 (50) m.w.N.

[420] MK-Kropff, § 317 Rn. 108 f.

[421] Emmerich/Sonnenschein/Habersack, § 23 VI 3 d.

[422] S.o. Rn. 106.

[423] S. BGHZ 65, 15 (18) v. 5.6.1975 „ITT“; 95, 330 (340) v. 16.9.1985 „Autokran“; Scholz-Winter, § 14 Rn. 62; Baumbach/Hueck-Hueck/Fastrich, § 13 Rn. 31; Emmerich/Sonnenschein/Habersack, § 30 IV 1 a.

[424] S. BGHZ 65, 15 (18 f.) v. 5.6.1975 „ITT“; insofern erläuternd zu der Entscheidung Karsten Schmidt, § 21 IV 6 c; weiter Scholz-Winter, § 14 Rn. 62; Baumbach/Hueck-Hueck/Fastrich, § 13 Rn. 31 jew. m.w.N.

ge der actio pro socio. Sie ist hier weitgehend anerkannt[425] und zum Schutz der Minderheit notwendig, denn die Geschäftsleitung der beherrschten Gesellschaft ist naturgemäß selten bereit, Ansprüche gegen den herrschenden Gesellschafter zu verfolgen. Für die Gläubiger bestünde grundsätzlich nur die Möglichkeit, die Ansprüche der Gesellschaft pfänden und sich überweisen zu lassen. Sowohl in der mehrgliedrigen, als auch in der eingliedrigen GmbH werden die §§ 317 Abs. 4, 309 Abs. 4 AktG außerhalb eines Insolvenzverfahrens aber entsprechend angewandt, so daß der Gläubiger, der von der Gesellschaft keine Befriedigung erlangen kann, direkt gegen den Gesellschafter vorgehen kann[426].

205 Bis auf den Fall der Einmanngesellschaft ist damit die Haftung gegenüber der faktisch abhängigen GmbH derjenigen gegenüber einer abhängigen AG vergleichbar. Eine mögliche Haftung des herrschenden Gesellschafters aus §§ 823, 826 BGB wird auch hier neben dem umfassenden Schädigungsverbot kaum eigenständige Bedeutung erlangen.

c. Kapitalerhaltung

206 Hat das herrschende Unternehmen nicht nur einen Nachteil oder Schaden in der abhängigen Gesellschaft verursacht, sondern entspricht diesem Nachteil auch ein Vorteil bei dem herrschenden Unternehmen, so wird in der AG durchweg, und in der GmbH seltener, ein Verstoß gegen die Kapitalerhaltungsvorschriften vorliegen[427]. Typischerweise ist das bei konzerninternen Rechtsgeschäften der Fall, die nicht zu Marktkonditionen abgeschlossen werden.

207 In der *AG* folgt der Anspruch auf Rückzahlung der verbotenen Ausschüttung aus § 62 Abs. 1 S. 1 AktG[428]. Auch Gläubiger können den Anspruch gemäß § 62 Abs. 2 S. 1 AktG geltend machen, wenn sie von der AG keine Befriedigung erlangen können.

---

[425] Baumbach/Hueck-Hueck/Fastrich, § 13 Rn. 32; die Voraussetzungen der actio pro socio in der GmbH sind allerdings nicht völlig geklärt, s. Scholz-Emmerich, § 13 Rn. 44 ff.; Karsten Schmidt, § 21 IV 6 b.; speziell zur Geltendmachung von Schadenersatzansprüchen in Geld gegen Gesellschafter Grunewald, Gesellschafterklage, S. 72 ff.

[426] Zur Haftung wegen Treupflichtverletzung BGHZ 95, 330 (340) v. 16.9.1985 „Autokran“; Emmerich/Sonnenschein/Habersack, § 30 IV 2; Eschenbruch, Rz. 3399; speziell zur Haftung wegen Pflichtverletzung des einzigen Gesellschafters Karsten Schmidt, ZIP 1986, 146 (147); Ulmer, ZIP 2001, 2021 (2027), Altmeppen, ZIP 2001, 1837 (1846); Assmann, JZ 1986, 929 (931); Wilhelm, DB 1986, 2113 (2115).

[427] Dazu o. Rn. 41 f., 101 ff.

[428] S. Hüffer, § 57 Rn. 23 ff., § 62 Rn. 9 f. zu weiteren Rechtsfolgen und Anspruchskonkurrenzen.

In der *GmbH* ergibt sich der Rückzahlungsanspruch aus § 31 Abs. 1 GmbHG, eine Geltendmachung durch die Gläubiger ist darin nicht vorgesehen[429]. 208

d. Insolvenzanfechtung

Bedeutung erlangt die Haftung im Konzern vor allem in der Insolvenz eines Konzernunternehmens. Das Insolvenzrecht bietet mit der Insolvenzanfechtung der §§ 129 ff. InsO dann die Möglichkeit, bestimmte Vermögensverschiebungen zu anderen Konzernunternehmen rückgängig zu machen[430]. Die §§ 129 ff. InsO dehnen zum einen den Grundsatz der Gläubigergleichbehandlung in die Phase unmittelbar vor Stellung des Insolvenzantrags aus[431]: Ist Vermögen bis zu drei Monate vor dem Insolvenzantrag an andere Konzernunternehmen transferiert worden, so kann der Insolvenzverwalter es nach Maßgabe der §§ 130-132 InsO zurückfordern. Zum anderen soll vorsätzliche Gläubigerbenachteiligung und unentgeltliche Weggabe von Vermögen in den Jahren vor der Insolvenz rückgängig gemacht werden[432]. Für die Haftung im Konzern besonders bedeutsam sind zwei Aspekte der Insolvenzanfechtung: Zum einen bestimmen die §§ 130-133 InsO jeweils eine Beweislastumkehr zu Lasten nahestehender Personen, zum anderen ist die Schenkungsanfechtung nach § 134 InsO möglicherweise geeignet, verdeckte Vermögensverschiebungen im Konzern in weitem Umfang anzufechten. 209

In den §§ 130 Abs. 3, 131 Abs. 2 S. 2, 132 Abs. 3, 133 Abs. 2 S. 2 InsO findet sich jeweils eine *Beweislastumkehr* zu Lasten nahestehender Personen. Bei ihnen wird vermutet, daß sie die Zahlungsunfähigkeit, den Insolvenzantrag, die Benachteiligung der Insolvenzgläubiger und bei § 133 Abs. 2 InsO den hier ebenfalls vermuteten Vorsatz des Schuldners kannten. Dies wird gerechtfertigt durch den Informationsvorsprung, den Insider typischerweise gegenüber außenstehenden Gläubigern haben[433]. Nach § 138 Abs. 2 Nr. 1 3. Var. InsO sind nahestehende Personen auch solche, die zu mehr als einem Viertel am Kapital des Schuldners beteiligt sind. Der Mehrheitsgesellschafter des Schuldners ist damit immer nahestehende Person. Gemäß § 138 Abs. 2 Nr. 2 1. Alt. InsO sind nahestehend darüber hinaus Personen, die sich aufgrund einer vergleichbaren gesellschaftsrechtli- 210

---

[429] § 62 Abs. 2 S. 1 AktG wird auch nicht entsprechend angewandt, s. Scholz-H. P. Westermann, § 31 Rn. 8; Lutter/Hommelhoff, § 31 Rn. 4; Hachenburg-Goerdeler/Müller, § 31 Rn. 14.

[430] Ausführlich zur Insolvenzanfechtung im Konzern Ehricke, S. 15 ff.

[431] S. Häsemeyer, Rn. 21.05.

[432] Häsemeyer, Rn. 21.07 f.

[433] BT-Drucks. 12/2442, S. 161; FK-Dauernheim, § 138 Rn. 1; Braun-Riggert, § 138 Rn. 1; Häsemeyer, Rn. 21.34; Zeuner, Rn. 60.

chen Verbindung zum Schuldner über dessen Verhältnisse unterrichten können. Hierunter sollen jedenfalls abhängige und herrschende Unternehmen im Verhältnis zueinander fallen[434]. Zwischen Schwestergesellschaften soll es auf die konkreten Informationsmöglichkeiten ankommen[435]. Aufgrund des durch das herrschende Unternehmen vermittelten Informationsflusses und der ansonsten eröffneten Umgehungsmöglichkeiten, ist es aber gerechtfertigt, alle konzernangehörigen Unternehmen im Verhältnis zueinander als nahestehende Personen zu betrachten[436]. Die §§ 130-132 InsO eröffnen damit eine weitreichende Möglichkeit der Rückführung, wenn unmittelbar vor der Insolvenz Vermögen zu anderen Konzernunternehmen geflossen ist. § 133 Abs. 2 InsO wird insbesondere relevant, wenn in der GmbH die Voraussetzungen eines Verstoßes gegen die Kapitalerhaltungsvorschriften nicht nachgewiesen werden können.

211 Ist Vermögen verdeckt, insbesondere durch die häufigen konzerninternen Rechtsgeschäfte, aus einer Gesellschaft abgeflossen, läßt sich auch an *§ 134 InsO* denken. In Ausprägung des allgemeinen Grundsatzes, daß unentgeltliche Zuwendungen schwächeren Schutz genießen[437], ermöglicht er die Rückforderung unentgeltlicher Leistungen des Schuldners in den vier Jahren vor der Insolvenzeröffnung. Ließe man für die Unentgeltlichkeit ein objektives Mißverhältnis zwischen Leistung und Gegenleistung ausreichen[438], so erfaßte diese *actio pauliana* durchgehend die verdeckten Vermögensverschiebungen. Das objektiv nachteilige Geschäft ist aber als unmittelbare Gläubigerbenachteiligung bereits in § 132 InsO geregelt und nur unter wesentlich engeren Voraussetzungen anfechtbar[439]. Es ist systematisch daher ausgeschlossen, diese Geschäfte daneben unter § 134 InsO zu subsumieren. Ist eine Gegenleistung erbracht worden, so ist § 134 InsO daher nur anwendbar, wenn gleichwohl die Parteien das Geschäft als Freigiebigkeit angesehen haben[440], wie dies etwa bei der gemischten Schenkung der Fall ist. Die Schenkungsanfechtung wird innerhalb der Konzernhaftung daher nur für offensichtliche Vermögensverschiebungen vor der Insolvenz Bedeutung erlangen.

---

[434] FK-Dauernheim, § 138 Rn. 14; Zeuner, Rn. 78; für die herrschende im Verhältnis zur abhängigen Gesellschaft auch Braun-Riggert, § 138 Rn. 17.

[435] Braun-Riggert, § 138 Rn. 17; Zeuner, Rn. 78.

[436] Ehricke, S. 39 ff., 43 f.

[437] BT-Drucks. 12/2442, S. 161; Braun-Riggert, § 134 Rn. 1; Häsemeyer, Rn. 21.87; Wackerbarth, § 7 I 2 a.

[438] So Wackerbarth, § 7 I 2 a.

[439] S. Häsemeyer, Rn. 21.66 ff.

[440] So die ganz herrschende Ansicht, s. BGH NJW 1999, 1033 v. 21.1.1999; Kilger/Karsten Schmidt, § 32 Anm. 2 (zu § 32 KO); Braun-de Bra, § 134 Rn. 12; FK-Dauernheim, § 138 Rn. 6; ausführlich Ehricke, S. 46 ff.

4. Außenhaftung

a. Durchgriffshaftung

In AG und GmbH haftet nach §§ 1 Abs. 1 S. 2 AktG, 13 Abs. 2 GmbHG den Gläubigern nur das Gesellschaftsvermögen. Dies ist der augenfälligste Aspekt der Trennung zwischen Kapitalgesellschaft und Gesellschafter. Die beim Rechtsträger ansetzende Durchgriffsmethode fragt nun danach, ob und wann von dieser Nichthaftung Ausnahmen zuzulassen sind. Eine Ausnahme soll – bei zahlreichen begrifflichen Unterscheidungen – überwiegend dann geboten sein, wenn die juristische Person mißbraucht oder ihren Zwecken zuwider eingesetzt wird[441]. Diskutiert wird eine solche Haftungserstreckung auf den Gesellschafter vor allem in den drei folgenden Fallgruppen[442]: 212

1. Sphärenvermischung
2. Unterkapitalisierung
3. Beherrschung der Gesellschaft

Die Existenz einer Durchgriffshaftung „wegen Mißbrauchs der Selbständigkeit der Rechtsform der GmbH“ hat der *BGH* unter anderem in seiner für das Konzernrecht zentralen „Autokran“-Entscheidung anerkannt. In entsprechender Anwendung der §§ 105, 128 HGB hafteten die GmbH-Gesellschafter bei Vorliegen dieses Ausnahmetatbestandes so, als hätten sie das Handelsgeschäft ohne Haftungsbegrenzung betrieben[443]. 213

Im Streit stand eine Durchgriffshaftung wegen *Vermischung der Vermögenssphären*, da die beklagten Gesellschafter private Bauarbeiten in großem Umfang durch eine ihnen gehörende GmbH durchführen ließen. Hieraus folgerte der *BGH* jedoch noch keine Durchgriffshaftung, da diese Entnahmen von den Kapitalerhaltungsvorschriften, §§ 30, 31 GmbHG, erfaßt 214

---

[441] S. etwa BGH WM 1977, 73 (75) v. 3.11.1976; BSG NJW-RR 1997, 94 (95) v. 1.2.1996; NJW-RR 1995, 730 (731) v. 27.9.1994; näher o. Rn. 140 ff.

[442] S. Wiedemann, § 4 III (S. 224 ff.), der außerdem den „Institutsmißbrauch“ als eigene Fallgruppe nennt; Karsten Schmidt, § 9 IV 1 a; ders., ZIP 1994, 837 (838); ders., BB 1985, 2074 (2075); außerdem Ehricke, AcP 199 (1999), 258 (259) m.w.N. in Fn. 6; Lutter, ZGR 1982, 244 (248 ff.): Sphärenvermischung und Vermögensvermischung als unterschiedliche Fallgruppen.

[443] BGHZ 95, 330 (332 f.) v. 16.9.1985 „Autokran“; auch BGHZ 125, 366 (368) v. 13.4.1994; 68, 312 (315) v. 4.5.1977; BGH WM 1977, 73 (75) v. 3.11.1976 und nunmehr BGH NJW 2002, 3024 v. 24.6.2002 „KBV“, sowie BSG NJW 1984, 2117 (2118) v. 7.12.1983; NJW-RR, 1995, 730 (731) v. 27.9.1994; NJW-RR, 1997, 94 v. 1.2.1996; OLG Oldenburg NZG 2000, 555 (557) v. 10.2.2000 (Emmerich) erkennen das grundsätzliche Bestehen einer Durchgriffshaftung an.

werden. Die Durchgriffshaftung wegen Vermischung der Vermögenssphären erfordere hingegen zusätzlich, „daß die Vermögensabgrenzung zwischen Gesellschafts- und Privatvermögen durch eine undurchsichtige Buchführung oder auf andere Weise allgemein verschleiert wird, so daß insbesondere die Beachtung der Kapitalerhaltungsvorschriften, deretwegen die Haftungsbeschränkung auf das Gesellschaftsvermögen allein vertretbar ist, unkontrollierbar wird."[444]

215 Das zeigt die bisherige Grundhaltung der *BGH*-Rechtsprechung zur Durchgriffshaftung: Eine Durchgriffshaftung wird grundsätzlich für möglich gehalten, solange aber spezielle Regelungen den Sachverhalt erfassen können, gibt es keinen allgemeinen Durchgriff durch die Gesellschaft[445].

216 Dem entspricht, daß in der Literatur zwei Fallgruppen von dem allgemeinen Durchgriffstatbestand der Sphärenvermischung abgegrenzt werden[446]:

1. Die Vermischung einzelner Vermögensgegenstände: Ist hinsichtlich isolierbarer Vermögensbestandteile die Zuordnung nicht deutlich, so soll es dem Gesellschafter verwehrt sein können, die Zugehörigkeit *dieses* Vermögensteils zu seinem Privatvermögen geltend zu machen.
2. Die Vermischung der Rechtssubjekte: Wird im Rechtsverkehr nicht deutlich gemacht, für welches Rechtssubjekt gehandelt wird, so soll dies über das Stellvertretungsrecht, insbesondere auch eine mögliche Vertrauenshaftung des Vertreters, gelöst werden[447].

217 Festzuhalten bleibt: Eine allgemeine Durchgriffshaftung wegen Vermögensvermischung ist dann weitgehend anerkannt, wenn die Vermögensverteilung zwischen Gesellschaft und Gesellschafter insgesamt nicht mehr

---

[444] BGHZ 95, 330 (334) v. 16.9.1985 „Autokran".

[445] Deutlich BGH BB 1985, 77 v. 12.11.1984: „Ob Sachverhalte dieser Art freilich sinnvoll mit allgemeinen Durchgriffserwägungen oder, wie auch sonst in den sogenannten „Durchgriffs"-Fällen besser fallgruppenweise mit allgemeinen Rechtsgrundsätzen zu erfassen sind, kann hier dahingestellt bleiben." Eine Abkehr hiervon deutet BGH NJW 2002, 3024 v. 24.6.2002 „KBV" an: Die Durchgriffshaftung wird auf den Fall des „existenzvernichtenden Eingriffs" angewandt. Sie sei aber nur anwendbar, „soweit nicht der der GmbH durch den Eingriff insgesamt zugefügte Nachteil bereits nach den §§ 30, 31 GmbHG ausgeglichen werden kann." Sodann hält der *BGH* die Durchgriffshaftung im Fall für anwendbar, ohne die Subsidiarität gegenüber der Kapitalerhaltung zu prüfen und obwohl der Sachverhalt exakte Angaben darüber enthält, wie und in welcher Höhe der GmbH Vermögen im Zustand der Überschuldung entzogen wurde.

[446] Karsten Schmidt, § 9 IV 2; ders. BB 1985, 2074 (2075). Wiedemann, § 4 III 1 a, unterwirft hingegen auch diese Tatbestände der allgemeinen Sphärenvermischung.

[447] S.a. BGH WM 1990, 600 (602) v. 15.1.1990: Rechtsscheinshaftung *neben* der unternehmenstragenden GmbH, wenn der Anschein erweckt wird, der Inhaber des Unternehmens sei eine persönlich haftende natürliche Person.

aufklärbar ist[448]. Das wiederum scheint nur denkbar, wenn die Buchführungspflicht, insbesondere die Inventarpflicht des § 240 HGB nicht erfüllt wurde.

Weiterhin wird eine Durchgriffshaftung wegen *materieller Unterkapitalisierung* erwogen. Unterkapitalisierung soll vorliegen, „wenn das Eigenkapital nicht ausreicht, um den nach Art und Umfang der angestrebten oder tatsächlichen Geschäftstätigkeit unter Berücksichtigung der Finanzierungsmethoden bestehenden, nicht durch Kredite Dritter zu deckenden mittel- oder langfristigen Finanzbedarf zu befriedigen.“[449] Führen die Gesellschafter das fehlende Kapital in dieser Situation in Form von Darlehen zu, so spricht man von nomineller Unterkapitalisierung, denn die Gesellschaft verfügt über das nötige Kapital, nur haben sich die Gesellschafter vorbehalten, es wieder abzuziehen. Es stellt sich dann das Problem der kapitalersetzenden Darlehen. Es ist – in der GmbH vor allem über § 32a f. GmbHG – zu fragen, ob die Gesellschafterkredite im Ergebnis wie haftendes Kapital behandelt werden können. Wird das fehlende Kapital dagegen überhaupt nicht zugeführt, so spricht man von materieller Unterkapitalisierung[450]. 218

Jedenfalls dann, wenn die Kapitalausstattung der Gesellschaft *offensichtlich unzureichend* ist, vertritt das *BSG*[451] und eine Meinung in der Literatur[452] eine Durchgriffshaftung der Gesellschafter. Teilweise wird hierbei die offensichtliche materielle Unterkapitalisierung bereits als allein ausreichend angesehen[453]. Teilweise soll sie nur im Zusammenwirken mit anderen mißbräuchlichen Verhaltensweisen den Durchgriff rechtfertigen[454]. 219

---

448 S. aber Ehricke, AcP 199 (1999), 257 (303 f.), der die Durchgriffshaftung insgesamt ablehnt, da sie methodisch nicht zu begründen sei, es insbesondere an einer ausfüllungsbedürftigen Regelungslücke fehle; ebenfalls ablehnend Flume, I/2, § 3 III 1 a.E.

449 Hachenburg-Ulmer, Anh. § 30 Rn. 16.

450 Zur Abgrenzung Karsten Schmidt, § 9 IV 4 a m.w.N. in Fn. 76.

451 BSG NJW 1984, 2117 (2119) v. 7.12.1983; NJW-RR, 1995, 730 (731) v. 27.9.1994; NJW-RR, 1997, 94 (95) v. 1.2.1996; auch OLG Hamburg BB 1973, 1231 (1232). In BGH WM 1977, 73 (75) v. 3.11.1976 stellt der *BGH* fest, daß eine schwerwiegende Unterkapitalisierung schon nicht vorlag, ohne diesen Durchgriffsgrund anzuerkennen.

452 So Wiedemann, § 4 III 1 b mit zahlreichen Nachweisen in Fn. 14; Lutter/Hommelhoff, § 13 Rn. 6; Hachenburg-Ulmer, Anh § 30 Rn. 50 ff.; ders., GmbHR 1984, 256 (262); ders., FS Duden, 661 (676 ff.); Lutter, ZGR 1982, 244 (249).

453 Keine zusätzlichen haftungsbegründenden Umstände fordern die in Fn. 452 genannten Befürworter in der Literatur.

454 Offengelassen in BSG NJW 1984, 2117 (2119) v. 7.12.1983; so OLG Dresden NZG 2000, 598 (601) v. 27.10.1999 (Grüner), allerdings unter der Behauptung, der *BGH* stütze die Durchgriffshaftung auf § 826 BGB.

220 Dem werden einerseits die praktischen Probleme entgegengehalten, die „angemessene" Kapitalausstattung eines Unternehmens zu bestimmen[455]. Aus diesem Grund werde auch in §§ 5 Abs. 1 GmbHG, 7 AktG das Mindestkapital nur absolut bestimmt und nicht relativ zum Geschäftsgegenstand. Vor allem aber wird das Bedürfnis für eine generelle Durchgriffshaftung bestritten, da Fälle der Unterkapitalisierung mit den bestehenden zivil- und gesellschaftsrechtlichen Regeln zu erfassen seien, so vor allem mit §§ 823 Abs. 2 BGB, 92 AktG, 64 GmbHG bei Verletzung der Insolvenzantragspflicht, mit § 826 BGB bei bewußter Schädigung der Gläubiger und mit der culpa in contrahendo, wenn unter Verdeckung der Insolvenz weiterhin Verträge abgeschlossen werden[456]. Das *BAG* hat dementsprechend einen Haftungsdurchgriff allein wegen Unterkapitalisierung der Gesellschaft ausdrücklich abgelehnt[457], der *BGH* hatte sich in älteren Entscheidungen sehr skeptisch geäußert, mußte das Problem aber letztlich nicht entscheiden[458]. Festzuhalten bleibt, daß trotz Befürwortung in Teilen der Literatur und Rechtsprechung kaum jemand aus der Durchgriffshaftung wegen Unterkapitalisierung tatsächlich in Anspruch genommen worden ist[459].

221 Dritte diskutierte Fallgruppe für den Haftungsdurchgriff ist die *Beherrschung*. Im Rahmen der Durchgriffshaftung ist aber inzwischen anerkannt, daß *allein* die Beherrschung die Haftungserstreckung nicht rechtfertigen kann[460]. Außerhalb der Durchgriffsmethode ist die Problematik mit der inzwischen ebenfalls weitgehend aufgegebenen Haftung im „qualifizierten" faktischen Konzern analog §§ 302 Abs. 1, 303 AktG ihren eigenen Weg gegangen[461].

---

[455] S. BAG ZIP 1999, 878 (879 f.) v. 10.2.1999; Ehricke, AcP 199 (1999), 257 (281 ff.; 289) m.w.N. in Fn. 114; Altmeppen, ZIP 1999, 881.

[456] S. Ehricke, AcP 199 (1999), 257 (286 ff.); Karsten Schmidt, § 9 IV 4 b; s.a. Banerjea, ZIP 1999, 1153 (1159).

[457] BAG ZIP 1999, 878 v. 10.2.1999; ebenso OLG Oldenburg NZG 2000, 555 (557) v. 10.2.2000 (Emmerich).

[458] BGHZ 68, 312 (318 f.) v. 4.5.1977; 31, 258, (268) v. 14.12.1959.

[459] BSG NJW 1984, 2117 v. 7.12.1983 stützt seine Entscheidung tatsächlich auf die Durchgriffshaftung; OLG Dresden NZG 2000, 598 (601) v. 27.10.1999 (Grüner) bejaht eine Haftung sowohl aus der Durchgriffshaftung vornehmlich wegen Unterkapitalisierung, als auch aus der Haftung im „qualifierten" faktischen GmbH-Konzern analog §§ 302 f. AktG; BSG NJW-RR, 1995, 730 (731) v. 27.9.1994; NJW-RR, 1997, 94 (95) v. 1.2.1996; OLG Hamburg BB 1973, 1231 (1232) erkennen zwar die Durchgriffshaftung wegen Unterkapitalisierung an, verneinen aber das Vorliegen der Voraussetzungen.

[460] BGH WM 1977, 73 (75) v. 3.11.1976; BSG NJW-RR 1997, 94 (95) v. 1.2.1996; Karsten Schmidt, § 9 IV 3; Priester, DNotZ 1993, Sonderheft, 121* (127*).

[461] Dazu o. Rn. 166 ff.

In dem „KBV"-Urteil vom 24.6.2002[462] tendiert der *BGH* dazu, bei mangelnder „Rücksichtnahme auf die Erhaltung der Fähigkeit der Gesellschaft zur Bedienung ihrer Verbindlichkeiten" eine Durchgriffshaftung der an diesem „existenzvernichtenden Eingriff" mitwirkenden Gesellschafter anzuerkennen. Es handelt sich bei der Pflicht zur Rücksichtnahme nach der überwiegend in der Literatur und auch hier vertretenen Ansicht jedoch um eine Pflicht gegenüber der Gesellschaft, deren Verletzung primär zu einem Schadenersatzanspruch ihr gegenüber führt[463]. 222

Die genannten Fallgruppen werden von den Befürwortern der Durchgriffshaftung nicht als abschließend angesehen. Als *Auffangtatbestand* wird der Haftungsdurchgriff allgemein in Erwägung gezogen, „wenn eine Berufung auf die Selbständigkeit der juristischen Person mit Treu und Glauben unvereinbar, insbesondere weil diese Rechtsfigur mißbraucht oder dem Zweck der Rechtsordnung zuwider verwendet worden ist."[464] Ein Fall, in dem diese Formel zur Haftung eines Gesellschafters geführt hätte, ist allerdings in Deutschland nicht bekannt.

Für die einzig anerkannte Fallgruppe der Vermögensvermischung[465] hat der *BGH* entschieden, daß *Rechtsfolge* des Durchgriffs die persönliche Haftung (nur) derjenigen Gesellschafter ist, die für diesen Tatbestand verantwortlich sind. Das seien in der Regel nur solche Gesellschafter, die auf die Gesellschaft einen beherrschenden Einfluß ausüben können[466]. Begründet man den Durchgriff mit einem Mißbrauch der juristischen Person, so versteht sich das von selbst, denn nur wer die Gesellschaft kontrolliert, kann sie mißbrauchen. Die Einzelheiten der Zurechnung des Durchgriffstatbestandes sind zwar noch nicht letztendlich geklärt[467], eine Inanspruchnahme einflußschwacher Minderheitsgesellschafter ist aber nicht begründbar. Der Haftungsdurchgriff ist damit ein Problem der Haftung des kontrollierenden Gesellschafters[468]. 223

---

[462] BGH NJW 2002, 3024.

[463] S.o. Rn. 114 ff. und u. Rn. 571 ff. Kritisch zu dem Urteil aus diesem Grund auch Altmeppen, ZIP 2002, 1553 (1560 ff.); Wilhelm, NJW 2003, 175 (179 ff.).

[464] BSG NJW-RR 1997, 94 (95) v. 1.2.1996; NJW-RR 1995, 730 (731) v. 27.9.1994; s.a. Scholz-Emmerich, § 13 Rn. 87; Lutter, ZGR 1982, 244 (252 f.); Wiedemann, § 4 III 1, der eine Fallgruppe des „Institutsmißbrauchs" bildet und einräumt: „Eine abschließende Beschreibung des Rechtsmißbrauchs ist nicht möglich."

[465] Emmerich, NZG 2000, 558.

[466] BGHZ 125, 366 (368 f.) v. 13.4.1994.

[467] S. Karsten Schmidt, ZIP 1994, 837 (839 f.). Hachenburg-Mertens, Anh § 13 Rn. 49, will einerseits nur die verantwortlichen Gesellschafter haften lassen, andererseits sollen diejenigen wie OHG-Gesellschafter haften, die die Vermögensvermischung kannten oder für die sie evident war.

[468] S. Flume, I/2, § 3 III 1 a.E., demzufolge es sich bei der Durchgriffshaftung um eine Verhaltenshaftung des herrschenden Gesellschafters handelt.

b. Geltendmachung von Ansprüchen aus dem Innenverhältnis durch die Gläubiger

224 Rechtsfolge der Durchgriffshaftung ist ein Anspruch des Gläubigers gegen den Gesellschafter. Die Direkthaftung des Gesellschafters kann sich aber auch daraus ergeben, daß Ansprüche, die zunächst der Gesellschaft zustehen, durch die Gläubiger geltend gemacht werden. Das gewinnt insbesondere dann an Bedeutung, wenn die Gesellschaft selbst nicht in der Lage ist, diese Ansprüche zu verfolgen – also dann, wenn die Gesellschaft (scheinbar[469]) vermögenslos ist und deshalb nach § 26 Abs. 1 S. 1 InsO die Durchführung eines Insolvenzverfahrens mangels Masse abgelehnt wird.

225 Im *faktischen Aktienkonzern* kann der abhängigen AG ein Anspruch aus § 317 Abs. 1 S. 1 AktG gegen den beherrschenden Gesellschafter zustehen. Nach §§ 317 Abs. 4, 309 Abs. 4 S. 3 AktG können die Gläubiger diesen Anspruch geltend machen, wenn sie von der AG keine Befriedigung erlangen können. Diese Regelung soll auf die vergleichbaren Ansprüche wegen Treupflichtverletzung in der *GmbH* entsprechend angewendet werden[470]. Entsprechend den aktienrechtlichen Vorschriften über das Verfolgungsrecht der Gläubiger[471] können diese auch den Anspruch wegen Pflichtverletzung des einzigen Gesellschafters geltend machen, wenn sie von der GmbH keine Befriedigung erlangen können und kein Insolvenzverfahren über deren Vermögen stattfindet[472]. Die im zweiten Leitsatz des „KBV"-Urteils des *BGH*[473] ausgesprochene direkte Geltendmachung durch die Gläubiger ist damit im notwendigen Rahmen auch dann gewährleistet, wenn der Anspruch aus Pflichtverletzung des Gesellschafters als Anspruch der Gesellschaft verstanden wird.

226 Im *Vertragskonzern* kann ein Verlustausgleichsanspruch aus § 302 Abs. 1 AktG analog §§ 303, 322 AktG zu einem Direktanspruch der Gläubiger gegen das herrschende Unternehmen werden, wenn die abhängige Gesellschaft vermögenslos ist[474].

---

[469] In Wahrheit ist die Gesellschaft in diesen Fällen gerade deshalb nicht vermögenslos, weil ihr die Ansprüche gegen ihren Gesellschafter zustehen. Im Zeitpunkt des Zusammenbruchs der Gesellschaft ist deren Bestehen allerdings ungeklärt.

[470] BGHZ 95, 330 (340) v. 16.9.1985; Emmerich/Sonnenschein/Habersack, § 30 IV 2 m.w.N. in Fn. 47; Eschenbruch, Rz. 3399.

[471] Neben den genannten §§ 317 Abs. 4, 309 Abs. 4 S. 3 AktG §§ 62 Abs. 2, 93 Abs. 5 S. 1, 3, 4, 116 S. 1, 117 Abs. 5, 310 Abs. 4, 318 Abs. 4 AktG.

[472] S. Altmeppen, ZIP 2002, 1553 (1560); Wilhelm, NJW 2003, 175 (180).

[473] NJW 2002, 3024 v. 24.6.2002.

[474] S.o. Rn. 194. Gleiches galt nach der früheren Rechtsprechung im „qualifizierten faktischen Konzern".

c. § 826 BGB

Insbesondere bei unterkapitalisierten Gesellschaften wird häufig die Haftung des herrschenden Gesellschafters gegenüber den Gesellschaftsgläubigern wegen vorsätzlicher sittenwidriger Schädigung erwogen. § 826 BGB setzt aber den oft schwierigen Nachweis voraus, der herrschende Gesellschafter habe die Schädigung der Gläubiger *zumindest billigend in Kauf* genommen[475]. Daneben ist die Beurteilung der *Sittenwidrigkeit* sehr unsicher. Sie wurde durch den *BGH* in einem Fall bejaht, in dem die beiden Gesellschafter die vertraglichen Beziehungen zu ihrer Gesellschaft so gestaltet hatten, daß die Gewinnchancen vollständig bei den Gesellschaftern lagen, während absehbar war, daß der Gesellschaft nicht genügend Kapital zur Verfügung stand, den bei ihr fast sicher entstehenden Verlust abzudekken[476]. Das „KBV"-Urteil[477] sieht bemerkenswerterweise bereits einen planmäßigen Vermögensentzug zu Lasten der Gläubiger und zugunsten der Gesellschafter als sittenwidrige Schädigung an. Andererseits deutet *BGH* ZIP 1996, 637 v. 12.2.1996 an, die Sittenwidrigkeit verlange eine über einzelne Tatbestände der Gläubigerbenachteilung hinausgehende Verwerflichkeit[478]. In welchem Umfang die Rechtsprechung in Zukunft Gesellschafterhaftung mit Hilfe der Generalklausel des § 826 BGB begründen wird, ist auf dieser Grundlage kaum vorherzusagen. 227

d. Anwendung allgemeiner Haftungstatbestände auf den Konzern

Das Problem, das oben als Zurechnungsdurchgriff geschildert wurde, kann sich auch bei der Anwendung von Haftungsnormen auf konzernangehörige Gesellschaften stellen[479]. Die Frage ist wiederum, ob die angewendete 228

---

[475] S. Palandt-Thomas, § 826 Rn. 10.

[476] BGH NJW 1979, 2104 v. 30.11.1978.

[477] BGH NJW 2002, 3024 (3025) v. 24.6.2002.

[478] Zur Entscheidung stand die klassische GmbH-Stafette: Ein Betrieb wird von einer GmbH betrieben. Das Betriebsgrundstück als einzig erheblicher Wert steht im Eigentum der Gesellschafter. Es wird zu einem von den Gesellschaftern bestimmten Preis an die GmbH verpachtet. Die GmbH wird insolvent, der Betrieb wird von einer zweiten GmbH mit im wesentlichen gleichen Gesellschaftern fortgeführt. Die Gesellschafter sind immer noch Eigentümer des Betriebsgrundstücks, daß nun der zweiten GmbH verpachtet wird. Hierin sieht der *BGH* keine sittenwidrige Gläubigerschädigung. S. andererseits OLG Oldenburg NZG 2000, 555 ff. v. 10.2.2000 (Emmerich): § 826 BGB wird gegenüber einem Alleingesellschafter bejaht, der die praktisch vermögenslose GmbH dazu nutzt, Bauleistungen auf einem privaten Grundstück in Auftrag zu geben, ohne dieses Grundstück der Gefahr einer Verwertung durch die Gläubiger auszusetzen. Der Alleingesellschafter hatte zudem versucht, seine Rolle in der Gesellschaft zu verschleiern und auch sonst alles getan, die Rechtsdurchsetzung durch den Gläubiger zu verhindern.

[479] Wiedemann/Hirte in FG 50 Jahre BGH, Bd. 2, S. 337 (340 f.) sprechen von „Einzeldurchgriff" und „speziellem Haftungsdurchgriff". Auch hier (s. noch u. Rn. 589) kann

Norm nur eine Konzerngesellschaft erfaßt, mehrere oder gar alle Konzernunternehmen. Es geht damit nicht – wie bei der Durchgriffshaftung - um die Haftung für die Verbindlichkeiten eines anderen Rechtssubjekts, sondern es geht um die eigene Erfüllung eines allgemeinen Haftungstatbestandes aufgrund der Konzernbeziehung. Diskutiert wird eine solche Haftung vor allem im Produkthaftungs- und Umweltrecht.
Insbesondere im Bereich der *deliktsrechtlichen Produzentenhaftung* hat die Rechtsprechung die Verkehrssicherungspflichten, deren Verletzung zu einer Haftung aus § 823 Abs. 1 BGB führen kann, weit entwickelt und ausdifferenziert. So treffen den Hersteller, der ein Produkt in den Verkehr bringt, das Rechtsgüter Dritter gefährden kann, Organisations-, Instruktions- und Produktbeobachtungspflichten[480]. Ist der Hersteller ein abhängiges Unternehmen, so läßt sich fragen, ob nicht auch das herrschende Unternehmen Pflichten treffen, eine Rechtsgutverletzung Dritter zu vermeiden. Das ist dann der Fall, wenn auch das herrschende Unternehmen als Hersteller des Produkts angesehen werden kann, allgemeiner gefaßt dann, wenn es Gefahren für den Verkehr mitgeschaffen hat. Dies läßt sich annehmen, wenn das herrschende Unternehmen Einfluß auf die Herstellung und das Inverkehrbringen des Produkts genommen hat. Dann hatte es auch die Möglichkeit, diesen Prozeß so zu gestalten, daß Gefahren für fremde Rechtsgüter so gering wie möglich gehalten werden[481]. Hat das abhängige Unternehmen Produktion und Vertrieb hingegen in eigener Verantwortung durchgeführt, so werden sich Verkehrspflichten und damit eine Haftung des herrschenden Unternehmens aus § 823 Abs. 1 BGB nicht begründen lassen, denn allein das abhängige Unternehmen hat die Gefahrenquelle eröffnet und kontrolliert[482]. Eine Haftung nach dem *ProdHaftG* kann sich für ein Konzernunternehmen neben der Qualifikation als Hersteller auch als Quasi- Hersteller nach § 4 Abs. 1 S. 2 ProdHaftG ergeben, wenn es seinen

---

der Durchgriffsbegriff allerdings zu Mißverständnissen führen, da die Anwendung von Haftungsnormen auf den Konzern von der Durchgriffs*methode*, dem „Haftungsdurchgriff" ganz verschieden ist, s. Nygh, 3 (2002) EBOR 51 (63 ff.).

[480] Zur deliktsrechtlichen Produkthaftung Palandt-Thomas, § 823 Rn. 201 ff.; Staudinger-Hager, § 823 Rn. F 1 ff.; Soergel[12]-Zeuner, § 823 Rn. 175 ff.; MüKo[3]-Mertens, § 823 Rn. 269 ff.

[481] Ausführlich Oehler, ZIP 1990, 1445 (1446 ff.); zur vergleichbaren Rechtslage bei der Haftung nach dem ProdHaftG Hommelhoff, ZIP 1990, 761 (762 ff.).

[482] Weiter gefaßt findet sich dieser Gedanke in dem Konzernhaftungskonzept *Antunes'*. Er schlägt eine Haftung der Muttergesellschaft für Verbindlichkeiten abhängiger Gesellschaften dann vor, wenn diese Verbindlichkeiten aus Geschäftsführungsentscheidungen resultieren, die der Leitung und Planung der Muttergesellschaft unterlagen, s. etwa Antunes in FS Lutter, S. 995 (1008).

Namen, seine Marke oder ein anderes unterscheidungsfähiges Kennzeichen auf Produkten eines anderen Konzernunternehmens anbringt[483].

Im *Umweltrecht* besteht häufig eine Verantwortlichkeit des Inhabers oder Betreibers einer Anlage[484]. Dem liegt der Gedanke zugrunde, daß die Haftung denjenigen treffen soll, der zum einen die Gefahr beherrscht und zum anderen die ökonomischen Vorteile aus dem Betrieb der Anlage zieht[485]. Auch wenn ein abhängiges Unternehmen Eigentümer einer Anlage ist und diese für seinen Betrieb einsetzt, so kann dieser Normzweck dazu führen, daß im Ausnahmefall *auch* das herrschende Unternehmen als Inhaber oder Betreiber anzusehen ist[486]. Die ökonomischen Vorteile des Anlagenbetriebs kommen dem herrschenden Unternehmen als Gesellschafter zugute. Steuert es zusätzlich durch intensive Einflußnahme auf das abhängige Unternehmen selbst den Betrieb der Anlage, so beherrscht es auch die daraus resultierende Gefahr und kann als Inhaber oder Betreiber angesehen werden[487]. Kontrolliert hingegen das abhängige Unternehmen den Anlagenbetrieb, so ist auch nur das abhängige Unternehmen Betreiber der Anlage. Wie bei der Produkthaftung kann damit die Anwendung einer Haftungsnorm dazu führen, daß mehrere Konzernunternehmen, hier abhängiges und herrschendes Unternehmen, nebeneinander haften, weil sie bei teleologischer Auslegung *jeweils* den *Tatbestand der Haftungsnorm* erfüllen. 229

Eine merkwürdige gesetzliche Erweiterung eines Haftungstatbestands findet sich in *§ 4 Abs. 3 S. 4 1. Alt. BBodSchG.* Danach ist zur Sanierung eines kontaminierten Grundstücks auch verpflichtet, „wer aus handelsrechtlichem oder gesellschaftsrechtlichem Rechtsgrund für eine juristische Person einzustehen hat", der ein solches Grundstück gehört. Im Unterschied zu den vorher genannten Tatbeständen wird hier der Kreis der Verantwortlichen nicht speziell aus dem Zweck der angewandten Norm bestimmt, sondern es wird auf das Handels- und Gesellschaftsrecht verwiesen. Unklar ist allerdings, auf welchen Teil des Handels- und Gesellschaftsrechts. Denn was ‚Einstehen für eine juristische Person' bedeutet, läßt das Gesetz offen. Nach der Gesetzesbegründung soll hier insbesondere die Durchgriffshaftung und der „qualifizierte" faktische Konzern in Frage kommen[488]. Der Anwendungsbereich der ersteren ist weithin ungeklärt[489], letz- 230

[483] Hierzu Fleischer, ZHR 163 (1999), 461 (484 f.).

[484] So in §§ 1 UmweltHG, 5, 22 BimSchG, 22 Abs. 2 S. 1 WHG, 25 Abs. 1 S. 1 AtG.

[485] Hucke/Schröder, DB 1998, 2205 (2206); H.P. Westermann, ZHR 155 (1991), 223 (238); zu § 1 UmweltHG Staudinger-Kohler (2002), § 1 UmweltHG Rn. 85.

[486] Ausführlich Hucke/Schröder, DB 1998, 2205 ff.; H.P. Westermann, ZHR 155 (1991), 223 (233 ff.).

[487] Hucke/Schröder, DB 1998, 2205 (2206), die betonen, daß dies die Ausnahme, nicht die Regel ist; H.P. Westermann, ZHR 155 (1991), 223 (237 ff.).

[488] BT Drucks. 13/6701, S. 51.

tere Figur ist inzwischen aufgegeben[490]. An der Weisheit dieses pauschalen Verweises auf derart ungeklärte Rechtsbereiche darf gezweifelt werden[491].

231 Festzuhalten bleibt, daß die Anwendung allgemeiner Haftungstatbestände auf einen Konzern zur Haftung mehrerer Konzernunternehmen führen kann. Diese Haftung folgt im Regelfall daraus, daß bei teleologischer Auslegung der Haftungsnorm jedes dieser Unternehmen für sich deren Tatbestand erfüllt.

5. Haftung der Organe

232 Durch die Konzernbeziehung kann nicht nur die Haftung des herrschenden Unternehmens, sondern auch die Haftung der Organe der beteiligten Gesellschaften modifiziert werden.

233 *Allgemein* haftet der Vorstand einer AG nach § 93 Abs. 2 AktG für den durch Pflichtverletzungen verursachten Schaden. Über § 116 AktG gilt § 93 AktG auch für den Aufsichtsrat. Wer seinen Einfluß auf die Gesellschaft dazu nutzt, ein Mitglied des Vorstands oder Aufsichtsrats dazu zu bestimmen, zum Schaden der Gesellschaft zu handeln, ist nach § 117 Abs. 1 AktG verantwortlich, zusätzlich haftet dann gemäß § 117 Abs. 2 AktG das beeinflußte Organmitglied, wenn es unter Verletzung seiner Pflichten gehandelt hat. In der GmbH haften die Geschäftsführer für den durch Verletzung ihrer Obliegenheiten verursachten Schaden aus § 43 Abs. 2 GmbHG.

234 Im *Vertragskonzern* erstreckt § 309 Abs. 1 AktG die Sorgfaltspflichten der Geschäftsleitung der abhängigen AG auf die gesetzlichen Vertreter des

---

[489] O. Rn. 212 ff., außerdem u. Rn. 602 ff.

[490] S.o. Rn. 174 ff.

[491] Gezweifelt hat auch die Bundesregierung in ihrer Gegenäußerung, BT Drucks. 13/6701, S. 63: „Dem Vorschlag wird nicht zugestimmt. Die Übertragung der Grundsätze zur Einstandspflicht für eine juristische Person würde den Vollzug mit schwierigen Auslegungsfragen und der Ermittlung der im Einzelfall gegebenen zivilrechtlichen Verantwortlichkeit belasten." Kritik an § 4 Abs. 3 S. 4 1. Alt. BBodSchG auch durch Fleischer/Empt, ZIP 2000, 905 (909 f.). Besonders bedenklich bereits Vierhaus, NJW 1998, 1262 (1265 f.); Kopp/Albrecht, BB 1998, 1853 (1856); Schmitz-Rode/Bank, DB 1999, 417 (418): Eine GmbH mit dem gesetzlichen Mindestkapital von 50.000 DM sei bei Sanierungskosten von mehreren Millionen in der Regel unterkapitalisiert. Die Unterkapitalisierung könne auch nachträglich eintreten. Stelle sich nachträglich heraus, daß das Betriebsgrundstück verseucht ist, müsse mit einer angemessenen Kapitalerhöhung reagiert werden, um die Durchgriffshaftung zu vermeiden. Das ist nicht begründbar. Ein besseres Beispiel dafür, wann die Haftungsbeschränkung ihre Funktion erfüllt, als der Dioxinfund auf dem Betriebsgelände wird sich nicht finden. Dies ist genau das unkalkulierbare Risiko, vor dem sie schützen soll. Keinesfalls sind die Gesellschafter hier zur Kapitalerhöhung verpflichtet. Die Geschäftsführer sind zur Insolvenzantragstellung verpflichtet, wenn die Sanierungsverbindlichkeiten zur Überschuldung führen.

herrschenden Unternehmens – wer tatsächlich die Geschäfte leitet, den sollen auch die daran geknüpften Pflichten treffen. § 309 Abs. 2 AktG enthält die entsprechende Haftungsvorschrift. Gemäß § 310 Abs. 1 AktG haften die Mitglieder von Vorstand und Aufsichtsrat der abhängigen AG, wenn sie eine nicht bindende Weisung befolgen und dadurch an der Schädigung der Gesellschaft teilnehmen. §§ 309, 310 AktG sind entsprechend im GmbH-Vertragskonzern anwendbar[492].

Im *faktischen Konzern* haften auf den Schadenersatzanspruch aus § 317 **235**
Abs. 1 AktG nach § 317 Abs. 3 AktG auch die gesetzlichen Vertreter des herrschenden Unternehmens, die die nachteilige Maßnahme veranlaßt haben. Die Mitglieder von Vorstand und Aufsichtsrat der abhängigen Gesellschaft haften ebenfalls, aus § 318 Abs. 1 und 2 AktG, wenn sie in Bezug auf die nachteilige Maßnahme ihre Berichtspflichten aus §§ 312, 314 AktG verletzen.

III. Gleichgeordnete Gesellschaften

In ein etwas entlegeneres Gebiet der deutschen Konzernhaftungslandschaft **236**
führen die gleichgeordneten Gesellschaften. Der Konzerngesetzgeber hat sich ihrer nur in § 18 Abs. 2 AktG angenommen: Demnach liegt ein Konzern auch vor, wenn rechtlich selbständige Unternehmen, ohne daß das eine von dem anderen abhängig ist, unter einheitlicher Leitung zusammengefaßt sind. Hierunter fallen sicher die Verbindungen zweier nicht abhängiger Unternehmen, die ihre Geschäftspolitik so weit koordinieren, daß sie unter gemeinsamer Leitung stehen. Das ist der klassische Gleichordnungskonzern: Zwei unabhängige Unternehmen gehen aufgrund eigener Entscheidung eine Verbindung ein, die sich bis hin zur einheitlichen Leitung verdichtet.

Gleichgeordnet sind aber auch Gesellschaften, die unter der einheitlichen **237**
Leitung eines dritten Unternehmens stehen. Sie sind nicht *voneinander* abhängig, sondern von dem dritten Unternehmen und stehen unter *dessen* einheitlicher Leitung. Beispiel: Ein Taxiunternehmen gründet für je zwei Taxen eine eigene (Tochter-) Gesellschaft[493]. Ob diese Schwesterunternehmen ebenfalls unter § 18 Abs. 2 AktG fallen, ist umstritten[494]. Terminologisch unscharf ist es aber jedenfalls, von einer Unternehmensgruppe ins-

---

[492] MK-Altmeppen, § 309 Rn. 11, § 310 Rn. 5; Roth/Altmeppen-Altmeppen, Anh § 13 Rn. 66 ff.; Emmerich in Emmerich/Habersack, § 309 Rn. 7.

[493] Beispiele aus dem us-amerikanischen Recht: Walkovszky v. Carlton, N.Y. App., 223 N.E.2d 6 ff. v. 29.11.1966; Wallace vs. Tulsa Yellow Cab Taxi & Baggage Co., Okla.Sup., 61 P. 2d 645 v. 20.10.1936.

[494] Bejahend Karsten Schmidt, § 39 IV 2; ders., ZHR 155 (1991), 417 (421); verneinend die wohl h.M., etwa MüHdb. AG-Krieger, § 68 Rn. 79, 83; Gromann, S. 3; Milde, S. 135 f.; Keck, S. 27 ff.

gesamt als „dem" Unterordnungskonzern oder „dem" Gleichordnungskonzern zu sprechen, denn wie bei „dem" Vertragskonzern und „dem" faktischen Konzern[495] können unterschiedliche Strukturen in einem Gebilde zusammentreffen. Unbestritten ist das, wenn im klassischen Gleichordnungskonzern die Schwesterunternehmen wiederum Tochtergesellschaften unterhalten – qualifizieren läßt sich jeweils nur die Beziehung zwischen den Einzelunternehmen, nicht die gesamte Konstruktion.

1. Der klassische Gleichordnungskonzern

238 Der klassische Gleichordnungskonzern ist nicht sehr weit verbreitet[496]. Das Problem der gegenseitigen Verantwortlichkeit stellt sich hier zudem deutlich weniger scharf als in Unterordnungsbeziehungen, denn die gleichgeordneten Unternehmen bestimmen selbst die Ausgestaltung der Entscheidungsstrukturen und werden im Normalfall in der Lage sein, ihre jeweiligen Interessen zu vertreten[497]. Es besteht häufig nicht das besondere Konzernrisiko, sondern nur das allgemeine Risiko, sich auf ein nachteiliges Geschäft einzulassen.

Die Haftung im Gleichordnungskonzern ist dementsprechend vor allem in der Literatur zu finden. Die Verantwortlichkeit der Schwesterunternehmen orientiert sich in ihren Grundzügen an der Haftung im Unterordnungskonzern.

a. Ergebnisgemeinschaft

239 Äquivalent des vertraglichen Unterordnungskonzerns ist der *vertragliche Gleichordnungskonzern* mit Ergebnisgemeinschaft. Nach einer überzeugenden Ansicht sind hier auch nachteilige Weisungen im Konzerninteresse zulässig, da die wirtschaftlichen Folgen ohnehin zwischen den Partnern aufgeteilt werden[498]. Ist dagegen keine Ergebnisgemeinschaft vereinbart, so bleibt jede einzelne Unternehmensleitung verpflichtet, die Interessen ihres Unternehmens so zu wahren, als sei das Unternehmen unabhängig, denn § 291 Abs. 2 AktG stellt klar, daß der Gleichordnungsvertrag kein Beherrschungsvertrag ist und daß damit auch dessen Folgen – Zulässigkeit

---

495 S.o. Rn. 36.

496 KK-Koppensteiner, § 18 Rn. 11; Karsten Schmidt, ZHR 155 (1991), 417 (418); auf die Anwendung im Bereich der VVaG weisen Lutter/Drygala, ZGR 1995, 557 f. und Keck, S. 31 hin.

497 Dahingehend Begr RegE, Kropff, S. 377; KK-Koppensteiner, § 291 Rn. 77 f.; Gromann, S. 57 f.; relativierend Lutter/Drygala, ZGR 1995, 557 (560).

498 Karsten Schmidt, ZHR 155 (1991), 417 (428 ff.); Milde, S. 152 ff.; anders aber die herrschende Meinung, s. MüHdb. AG-Krieger, § 68 Rn. 86 m.w.N. in Fn. 208; Gromann, S. 58 ff.; Lutter/Drygala, ZGR 1995, 557 (567).

auch nachteiliger Weisungen einerseits, Verlustausgleichsanspruch andererseits – nicht eingreifen.

b. Keine Ergebnisgemeinschaft

Der Abschluß eines Gleichordnungsvertrages ist im Gegensatz zu den Unternehmensverträgen auch konkludent möglich[499]. Aus diesem Grund liegt dem klassischen Gleichordnungskonzern regelmäßig eine vertragliche Vereinbarung zugrunde. Diese Vereinbarung begründet Treupflichten der beteiligten Unternehmen[500]. Die beteiligten Unternehmen haben sich zur Verfolgung eines gemeinsamen Zweckes – der Erreichung des jeweiligen Unternehmensziels unter einheitlicher Leitung – zusammengeschlossen. Hierdurch entsteht zwischen ihnen zumindest eine BGB-Innengesellschaft nach § 705 BGB. Besteht keine Ergebnisgemeinschaft, ist es den Partnern damit verwehrt, die Struktur der einheitlichen Leitung zu einer Schädigung des oder der anderen Unternehmen zu nutzen. Verstoßen sie gegen dieses Schädigungsverbot, so haben sie dem benachteiligten Unternehmen den entstandenen Schaden zu ersetzen. 240

Wird eines der Unternehmen benachteiligt, sind einzelne Einflußnahmen des Schwesterunternehmens oder des Leitungsorgans aber nicht mehr zu isolieren, so wird teilweise entsprechend den Regeln im „qualifizierten" faktischen Unterordnungskonzern und damit entsprechend § 302 Abs. 1 AktG eine Verlustgemeinschaft der beteiligten Unternehmen vertreten[501]. Die Regelung des Unterordnungskonzerns, insbesondere auch der Verlustausgleichsanspruch, bezweckt allerdings, die abhängige Gesellschaft vor den besonderen Gefahren zu schützen, die ihr durch die Abhängigkeit von einem herrschenden Unternehmen drohen. Im klassischen Gleichordnungskonzern fehlen Abhängigkeitsbeziehungen. Die Vergleichbarkeit als Voraussetzung der Analogie ist damit zweifelhaft. Auch ist ein drängendes Bedürfnis nach einer besonderen Konzernhaftung im klassischen Gleichordnungskonzern bisher nicht dargetan. Der Anspruch aus Treupflichtverletzung in Zusammenhang mit der erleichterten Feststellung der Schadenshöhe nach § 287 Abs. 1 S. 1 ZPO erscheint damit ausreichend. 241

---

[499] Hüffer, § 291 Rn. 35.

[500] S. MüHdb. AG-Krieger, § 68 Rn. 86; Milde, S. 204 f.; Hüffer, § 291 Rn. 35; Lutter/Drygala, ZGR 1995, 557 (565 ff.).

[501] Lutter/Drygala, ZGR 1995, 557 (564 f.; 568 ff.), wenn „die Konzernleitung zu einer wiederholten und nachhaltigen Beeinträchtigung des Eigeninteresses einer der beteiligten Gesellschaften geführt hat."; Keck, S. 115 ff.; unentschieden Hüffer, § 291 Rn. 35; weitergehend vertritt Wellkamp, DB 1993, 2517 (2520 f.) einen Verlustausgleichsanspruch des jeweils benachteiligten Unternehmens analog § 302 Abs. 1 AktG immer bei Vorliegen eines Gleichordnungskonzerns.

2. Haftung unter Schwestergesellschaften

242 Eine andere Gefährdungslage als im klassischen Gleichordnungskonzern begegnet zwischen gleichgeordneten Gesellschaften, die jeweils von dem selben dritten Unternehmen abhängig sind. Es geht hier um das Problem der Haftungssegmentierung: Anstatt alle seine Aktivitäten in einer Gesellschaft zusammenzufassen, verteilt das herrschende Unternehmen sie auf mehrere Tochtergesellschaften. Ein taugliches Beispiel ist der vielfach zitierte „Autkran"-Fall[502]: Ein Unternehmer beherrscht mehrere GmbHs, die jeweils Werkleistungen mit Autokränen erbringen. Hier ist die Haftungsmasse auf mehrere Kapitalgesellschaften verteilt: Wird nur ein Teil der Gesellschaften insolvent, so verbleibt zumindest der andere Teil – mit den entsprechenden Autokränen – dem herrschenden Gesellschafter.

243 Die Konstruktion kann aber auch zur Trennung von Haftungsmasse und unternehmerischem Risiko genutzt werden, so bei der Aufspaltung eines Betriebes in eine Betriebs- und eine Besitzgesellschaft, die jeweils von dem selben herrschenden Unternehmen abhängig sind (horizontale Betriebsaufspaltung): Das Betriebsvermögen – Grundstück, Produktionsanlagen, etc. – steht im Eigentum der Besitzgesellschaft und wird der Betriebsgesellschaft überlassen. Die eigentliche Geschäftstätigkeit wird von der Betriebsgesellschaft geleistet, die auch die entsprechenden Verbindlichkeiten eingeht. In deren Krise steht den Gläubigern der Betriebsgesellschaft das Betriebsvermögen damit nicht zur Verfügung.

244 Nun stellt sich die Frage, ob diese – auf den ersten Blick unnatürlich wirkende - Aufspaltung „eines" Betriebes haftungsrechtlich anerkannt wird oder ob der auf mehrere Gesellschaften verteilte Betrieb letztlich doch wie *ein* Unternehmen behandelt wird.

245 Die bisherige Lösung des Problems hatte ihre Wurzel in dem herrschenden konzernrechtlichen Unternehmensbegriff: Jeder, der seine Interessen auch in einem anderen Unternehmen maßgeblich verfolgen kann, ist herrschendes Unternehmen im Sinne des Konzernrechts[503]. Somit ist jeder, der „seinen" Betrieb auf mehr als ein Unternehmen verteilt, herrschendes Unternehmen und unterlag damit der konzernrechtlichen Haftung. Benachteiligte er die eine Gesellschaft zu Lasten der anderen und war das nicht mehr einzeln ausgleichbar, so schuldete er analog § 302 AktG Verlustausgleich[504]. Können die Gläubiger aber auf den herrschenden Gesellschafter zugreifen, so stehen auch die Schwestergesellschaften als Haftungsmasse zur Verfügung, denn ihre Anteile können nun verwertet werden.

---

[502] BGHZ 95, 330 v. 16.9.1985; Würdigung der Entscheidung unter diesem Gesichtspunkt durch Wiedemann, ZGR 1986, 656 (658 f.); Ehlke, DB 1986, 523 (524 ff.).
[503] S.o. Rn. 33.
[504] S.o. Rn. 167 ff.

Gegen dieses Vorgehen gibt es zumindest zwei Einwände:

1. Der „Umweg“ über das herrschende Unternehmen versagt im Zusammenbruch der gesamten Unternehmensgruppe. Dann stellt sich vor allem im Fall der Aufspaltung auf Betriebs- und Besitzgesellschaft die Frage, ob sich die Gläubiger der („armen“) Betriebsgesellschaft zu Lasten der Gläubiger der („reichen“) Besitzgesellschaft mit einer niedrigen Quote begnügen müssen. 246

2. Will man eine Haftung des Gesellschafters wegen der Beherrschung mehrerer Gesellschaften vermeiden, hält aber gleichwohl eine konzernrechtliche Haftung für begründet, so erscheint als Alternative der Zusammenschluß der Schwestergesellschaften zu einem Haftungspool. Eine natürliche Person kann dann beliebig viele Gesellschaften kontrollieren, ohne deswegen zum herrschenden Unternehmen gestempelt zu werden. Sie gerät damit nicht in die Gefahr, daß ihr Privatvermögen einer konzernrechtlichen Haftung zum Opfer fällt. Andererseits werden die haftungsrechtlichen Trennwände zwischen den einzelnen Tochtergesellschaften eingerissen, so daß letztlich allen Gläubigern das gesamte Vermögen der Schwestergesellschaften zur Verfügung steht. 247

Den ersten Einwand scheint sich das *BAG*[505] zu eigen gemacht zu haben. 248
Zu entscheiden war ein Fall der horizontalen Betriebsaufspaltung: Ein ursprünglich einheitliches Unternehmen war in eine Vertriebsgesellschaft und eine Produktionsgesellschaft aufgeteilt worden. Das Anlagevermögen stand im Eigentum der Vertriebsgesellschaft, während die Produktionsgesellschaft die Arbeitnehmer beschäftigte. Vertriebs- und Produktionsgesellschaft wurden beide von einer Verwaltungs-GmbH beherrscht. Alle drei Gesellschaften wurden insolvent. Geltend gemacht wurden Forderungen der Arbeitnehmer der Produktionsgesellschaft gegenüber ihrer Schwester, der Vertriebsgesellschaft.

In Anlehnung an die konzernrechtliche Haftung analog §§ 302 f. AktG bejaht das *BAG* zunächst die Voraussetzungen eines „Haftungsdurchgriffs“[506] und stellt sodann fest, dieser gelte auch im Verhältnis zur Schwestergesellschaft, da die herrschende Verwaltungs-GmbH sich ihrer „bei ihrer beherrschenden, auf die Interessen der Produktionsgesellschaft unzureichend Rücksicht nehmenden Leitung bedient“ habe und die entsprechenden Vorteile planmäßig zur Vertriebgesellschaft gelangt seien[507]. Das *BAG* erkennt 249

505 AG 1999, 376 v. 8.9.1998.

506 Analyse des vom *BAG* geprüften Haftungstatbestandes bei Henssler, ZGR 2000, 479 (487 ff.).

507 Daß das *BAG* unter II 1 der Entscheidungsgründe behauptet, die Vertriebsgesellschaft habe die Produktionsgesellschaft gesteuert, sodann einen Durchgriff in Anleh-

damit den Haftungsdurchgriff auf eine Schwestergesellschaft an, wenn die Voraussetzungen der Haftung des herrschenden Unternehmens vorliegen und dieses die Schwestergesellschaft zu Lasten der Hauptschuldnerin bevorteilt hat[508].

250 Während das *BAG* einen Anspruch gegen den herrschenden Gesellschafter voraussetzt, zielt der vor allem von *Karsten Schmidt*[509] propagierte horizontale Ausgleich zwischen gleichgeordneten Gesellschaften auch auf die teilweise Ersetzung der vertikalen durch eine horizontale Konzernhaftung. Einfach gesagt geht er davon aus, daß der rechtlichen Eigenständigkeit einer Gesellschaft ihre organisatorische Eigenständigkeit entspricht. Wird diese Eigenständigkeit nicht respektiert, wird vielmehr die einzelne Gesellschaft wie eine Betriebsabteilung *eines* einheitlichen Unternehmens geführt, so wird die Verlusttragung auf die anderen Teile dieses Unternehmens ausgedehnt: Im Unterordnungskonzern entsteht ein Verlustausgleichsanspruch analog § 302 Abs. 1 AktG gegen das herrschende Unternehmen, im Gleichordnungskonzern besteht eine Verlustgemeinschaft der Konzernschwestern. Letzteres wird durch die analoge Anwendung der §§ 730 ff. BGB begründet[510]. Der *BGH* hatte ausdrücklich offengelassen ob eine solche Haftung bei „qualifizierter“ faktischer Gleichordnung anzuerkennen ist[511]. Sie hat zur Folge, daß im Fall der Aufteilung eines Unternehmens auf mehrere Gesellschaften auf die gesamte Haftungsmasse dieses Unternehmens zugegriffen werden kann, ohne daß deshalb eine natürliche Person, die nicht Unternehmensträger ist, zum Unternehmen ernannt werden müßte. Andererseits sehen sich die Gläubiger einer wirtschaftlich gesunden Gesellschaft möglicherweise plötzlich mit Gläubigern insolventer Schwestergesellschaften in einem Boot, ohne daß dies für sie vorher absehbar war. Das Konzernhaftungssystem *Karsten Schmidts* hat andererseits seine Schlüssigkeit für sich: Das Verlustrisiko kann nur dann zwischen mehreren Unternehmen getrennt werden, wenn diese Unternehmen

---

nung an die Haftung im Unterordnungskonzern prüft, um unter II 5 der Gründe festzustellen, die Vertriebsgesellschaft habe die Produktionsgesellschaft nicht beherrscht, sie hafte aber trotzdem, trägt nicht zur Überzeugungskraft des Urteils bei.

[508] Henssler, ZGR 2000, 479 (499 f.) sieht im Fall der horizontalen Betriebsaufspaltung die Möglichkeit der Begründung aus § 242 BGB, wenn Ansprüche gegen das herrschende Unternehmen wegen dessen Insolvenz nicht durchsetzbar sind. Zu Lösungsmöglichkeiten im Kapitalersatzrecht, aaO., S. 498 m.w.N.

[509] V.a. Karsten Schmidt, § 39 IV; ders., ZHR 155 (1991), 417 (439 ff.); ders., ZIP 1991, 1325 (1328); zustimmend AG Eisenach, AG 1995, 519 f. v. 13.4.1995; Ehlke, DB 1986, 523 leitet eine Durchgriffshaftung der Schwestergesellschaften aus einer Erweiterung der §§ 30, 31 GmbHG her; Ziegler, WM 1989, 1077 ff. will die vertikale Konzernhaftung auf den Beteiligungsbesitz in verbundenen Unternehmen beschränken.

[510] Karsten Schmidt, § 39 IV 2 b; ders., ZHR 155 (1991), 417 (440).

[511] BGHZ 122, 123 (128) v. 29.3.1992 „TBB“; 115, 187 (190 f.) v. 23.9.1991 „Video“.

tatsächlich getrennt *sind.* Handelt es sich dagegen um *einen* finanziell nicht auflösbaren Betrieb, dann tragen alle hieran beteiligten Rechtsträger das Verlustrisiko[512]. Die Durchsetzung dieses Konzepts zeichnet sich bisher aber nicht ab.

---

[512] S. noch Rn. 621.

Teil 3 Die Rechtslage des Konzerns in Spanien

A. Gesellschaftstypen

251 Wie die Darstellung des deutschen Rechts wird sich dieses spanische Kapitel auf die verbreiteten *Kapitalgesellschaften* beschränken: Die Sociedad Anómima (S.A.) und die Sociedad de Responsibilidad Limitada (S.L.). Entsprechend der Systematik des deutschen Rechts haben beide Gesellschaftstypen eine Regelung in einem jeweils eigenen Gesetz erfahren, primäre Rechtsquellen sind somit die Ley de Sociedades Anónimas (LSA)[513] und die Ley de Sociedades de Responsibilidad Limitada (LSL)[514].

252 Während bis zur Aktienrechtsreform 1989 die S.A. der bei weitem populärste Gesellschaftstyp auch kleinster Unternehmen war, da ein Mindestkapital nicht erforderlich und die S.L. durch eine Höchstkapitalbestimmung und weitere erschwerende Regelungen unattraktiv gestaltet war[515], sieht Art. 4 LSA inzwischen ein Mindestkapital von 10 Mio. Peseten (jetzt 60.101,21 €) vor[516]. Das Stammkapital der S.L. muß hingegen nach Art. 4 LSL nur 500.000 Peseten (jetzt 3.005,06 €) betragen. Vergleichbar der deutschen AG und GmbH ist die S.A. hierdurch inzwischen zur Rechtsform der Großunternehmen geworden, während die S.L.s zahlreicher sind und überwiegend kleinere Unternehmen betreiben[517].

---

[513] Real Decreto Legislativo 1564/1989 v. 22.12.1989; deutsche Übersetzung bei Reckhorn-Hengemühle, AG, S. 91 ff.

[514] Ley 2/1995 v. 23.3.1995; deutsche Übersetzung bei Löber/Wendland/Fröhlingsdorf, S. 137 ff.

[515] S. Sánchez Calero, Instituciones I, Cap. XXVII I B. Personenhandelsgesellschaften spielen in Spanien eine untergeordnete Rolle, aaO., Cap. XIV IV E.

[516] Ausführlich hierzu Reckhorn-Hengemühle, AG, S. 8 ff.

[517] Zur wirtschaftlichen Bedeutung der einzelnen Gesellschaftstypen Sánchez Calero, Instituciones I, Cap. XIV IV E, zur eher personalistischen Struktur der S.L.s Esteban Velasco, S. 233 f. m.w.N. in Fn. 1.

B. Der Umfang der Leitungsmacht

I. Rahmenbedingungen der Machtausübung

1. Die Sociedad Anónima

a. Organisationsverfassung

Die Verfassung der S.A. ist zweigliedrig: Organe der Gesellschaft sind die Hauptversammlung (Junta General) und das Verwaltungsorgan[518]. Letzteres kann entweder aus einem oder mehreren Verwaltern bestehen, denen die Geschäftsführung und Vertretung einzeln übertragen wurde (administradores, Art. 123 LSA) oder aus einem Kollegialorgan, dem Verwaltungsrat (consejo de administración, Art. 136 LSA), wenn mindestens drei Personen gemeinschaftlich zur Verwaltung ermächtigt wurden[519]. 253

aa. Hauptversammlung

Oberstes Organ der S.A. ist die Hauptversammlung[520]. Sie trifft zunächst die im LSA vorausgesetzten Grundlagenentscheidungen, so beschließt sie über Satzungsänderungen, s. Art. 103 Abs. 1 LSA[521], und überprüft die Tätigkeit der Verwaltung, Art. 95 LSA[522]. Der Zuständigkeitsbereich der Hauptversammlung wird durch die LSA aber nicht ausdrücklich begrenzt und kann daher über die Grundlagenentscheidungen hinaus durch die Sat- 254

[518] Teilweise werden auch die in Art. 203 ff. LSA geregelten Abschlußprüfer zu den Gesellschaftsorganen gezählt, s. Sánchez Calero, Instituciones I, Cap. XXIV I B. Ihre Aufgabe erschöpft sich aber im Normalfall in der Prüfung der Richtigkeit des Jahresabschlußes und des Lageberichts, Art. 208 LSA, und der Erstellung eines Berichts hierüber, eigene Entscheidungskompetenz kommt ihnen nicht zu. Ihre Kontrollfunktion ist allerdings bedeutend.

[519] Die Satzung kann und muß die Zusammensetzung der Verwaltung bestimmen, Art. 9 lit. h LSA, in der Mehrzahl der S.A.s besteht jedoch ein Verwaltungsrat, Sánchez Calero, Instituciones I, Cap. XXIII I B.

[520] S. Res. D.G.R., R. 1984/4.531 v. 21.9.1984; Esteban Velasco, RdS Nr. 2 (1994), 133 (143).

[521] Daneben nennt das LSA v.a. Genehmigung des Jahresabschlußes, Gewinnverwendung, Art. 95 LSA, Ausgabe von Schuldverschreibungen, Erhöhung oder Herabsetzung des Kapitals, Umwandlung, Fusion, Spaltung, Art. 103 Abs. 1 LSA, Ernennung und Abberufung der Verwaltung, Artt. 123, 131 LSA.

[522] S. Sánchez Calero, Instituciones I, Cap. XXII I.

zung erweitert werden[523]. Selbst wenn die Satzung keine ausdrückliche Kompetenzbestimmung enthält, kann die Hauptversammlung über Gegenstände Beschluß fassen, die nicht einem anderen Organ vorbehalten sind[524].

255 Die Beschlüsse werden, wenn nicht die Satzung etwas anderes bestimmt, mit der Mehrheit des anwesenden Kapitals gefaßt[525]. Eine einfache Mehrheitsbeteiligung reicht also im gesetzlichen Normalstatut aus, selbst Satzungsänderungen durchzusetzen.

Die Verwaltung der S.A. wird von der Hauptversammlung bestellt und kann von ihr jederzeit abberufen werden, Art. 131 LSA. Grundsätzlich gilt das Mehrheitsprinzip. Wird ein Verwaltungsrat (consejo de administración), bestellt, so enthält *Art. 137 S.2, 3 LSA* jedoch eine hochgradig beachtenswerte *Regelung des Minderheitenschutzes*:

256 Gesellschafter, die einen Anteil des Gesellschaftskapitals halten, der dem Anteil eines Verwaltungsratsmitglieds an dem gesamten Gremium entspricht (bei z.B. fünf Mitgliedern also ein Fünftel des Kapitals), können sich zu einer Fraktion zusammenschließen und, anstatt sich an der Wahl des gesamten Verwaltungsrats zu beteiligen, ein eigenes Mitglied wählen. Besteht in einer abhängigen Gesellschaft eine starke Minderheit so kann diese also ein Mitglied in den Verwaltungsrat entsenden, das nicht von dem herrschenden Gesellschafter bestimmt wurde. Die Minderheit bleibt damit zwar auch in dem Verwaltungsrat eine Minderheit, aber sie ist immerhin vertreten und hat über ihren Vertreter Einblick in die Geschäftsführung. Es besteht damit die Möglichkeit, eine Benachteiligung der S.A. im Interesse des herrschenden Unternehmens aufzudecken und die Minderheitsgesellschafter in die Lage zu versetzen, dementsprechende Ansprüche geltend zu machen. Die gesteigerte Gefahr der Aufdeckung kann den herrschenden Gesellschafter zudem davon abhalten, überhaupt gegen das Gesellschaftsinteresse zu verstoßen[526].

257 Art. 48 Abs. 2 lit. d LSA statuiert ein *Grundrecht des Aktionärs auf Information.* Die Generalklausel wird in mehreren Einzelvorschriften konkreti-

---

[523] Sánchez Calero, Instituciones I, Cap. XXII II B; Esteban Velasco, RdS Nr. 2 (1994), 133 (144).

[524] Sánchez Calero, Instituciones I, Cap. XXII II B; Esteban Velasco, RdS Nr. 2 (1994), 133 (143).

[525] S. Art. 93 Abs. 1 LSA; Sánchez Calero, Instituciones I, Cap. XXII VI.

[526] Art. 137 LSA enthält jedoch Schwächen. So wird er in der Praxis dadurch umgangen, daß die Anzahl der Mitglieder des Verwaltungsrats verringert wird, so daß sich der Stimmenanteil vergrößert, der für die Bestellung eines Minderheitenvertreters erforderlich ist. Völlig ausgeschaltet wird die Regelung, wenn einzelne Verwalter bestellt werden, bei deren Wahl ein derartiger Minderheitenschutz nicht besteht, s. Sánchez Calero, Instituciones I, Cap. XXIII III B b.

siert. Bedeutend sind vor allem Art. 112 Abs. 1 LSA, wonach die Aktionäre vor und während der Hauptversammlung die Informationen von der Verwaltung verlangen können, die sie in Bezug auf die Tagesordnung für notwendig halten und Art. 212 Abs. 2 LSA, wonach die Aktionäre ab Einberufung der Hauptversammlung den Jahresabschluß, den Geschäftsbericht und den Bericht der Rechnungsprüfer kostenlos von der S.A. verlangen können[527].

Art. 143 Abs. 1 LSA gibt Gesellschaftern mit einem Anteil von fünf Prozent des Gesellschaftskapitals außerdem das Recht, nichtige oder anfechtbare Beschlüsse der Gesellschaftsorgane, vor allem des Verwaltungsrats, anzufechten.

bb. Verwaltung

Die Vertretung der S.A. nach außen obliegt der Verwaltung, Art. 128 LSA, 258
ebenso die Geschäftsführung, in welcher der Verwaltung eine umfassende Zuständigkeit zukommt[528].

Fraglich ist allerdings, ob und inwieweit diese Zuständigkeit für die Geschäftsführung frei ist von Einflußnahmen der Hauptversammlung. Die Entscheidungszuständigkeit beider Organe ist in der LSA nicht deutlich voneinander abgegrenzt. Grundsätzlich kann die Verteilung der Kompetenzen daher durch die Satzung frei bestimmt werden. Fehlt eine Satzungsbestimmung, liegt die Letztentscheidungskompetenz bei der Hauptversammlung[529].

Die Verwaltung hat allerdings das Recht, Beschlüsse der Hauptversammlung anzufechten, Art. 117 Abs. 1, 2 LSA, und – bemerkenswert - ihre Verantwortlichkeit gegenüber der Gesellschaft wird nicht durch die Anordnung oder Billigung ihrer Handlungen durch die Hauptversammlung aufgehoben, Art. 133 Abs. 3 LSA. Hieraus wird gefolgert, daß der Verwaltung ein Bereich eigenverantwortlicher Entscheidung zukommt, frei von Einflußnahmen durch die Hauptversammlung[530].

Es besteht damit ein Spannungsverhältnis zwischen der eigenverantwortli- 259
chen Geschäftsführung der Verwaltung und der umfassenden Zuständigkeit der Hauptversammlung. Der Bereich eigenverantwortlicher Entschei-

---

[527] Spezielle Informationsrechte bestehen z.B. in Bezug auf Satzungsänderungen (Art. 144 Abs. 1 LSA), Kapitalerhöhung oder –herabsetzung (Artt. 155, 156, 164, 170 LSA), Ausschluß des Bezugsrechts (Art. 159 LSA), Fusion (Artt. 238, 242 LSA) und Spaltung (Art. 254 LSA).

[528] Sánchez Calero, Instituciones I, Cap. XXII I, Cap. XXIII I A.

[529] S.o. Fn. 524.

[530] Sánchez Calero, Instituciones I, Cap. XXIII I A; s. andererseits Esteban Velasco, RdS Nr. 2 (1994), 133 (143), demzufolge im gesetzlichen Normaltyp der S.A. die Entscheidungskompetenz letztendlich allein den Aktionären zukommt.

dung der Verwaltung wird jedoch nicht deutlich definiert und entspricht in seiner Bedeutung nicht der Unabhängigkeit eines deutschen AG-Vorstands. In der Praxis steht schon die jederzeitige Abrufbarkeit der Verwaltung durch die Hauptversammlung einer Emanzipation von dieser entgegen.

260 Nach Art. 127 Abs. 1 LSA haben die Mitglieder der Verwaltung ihr Amt mit der Sorgfalt (diligencia) eines ordentlichen Kaufmanns und *loyalen* Vertreters auszuführen. Ihnen obliegt somit eine Treupflicht in Bezug auf die Interessen der Gesellschaft[531]. Für eine schuldhafte Verletzung des Gesetzes, der Satzung oder der von ihnen geschuldeten Sorgfalt (diligencia, wie in Art. 127 Abs. 1 LSA) sieht Art. 133 LSA eine äußerst rigide gesamtschuldnerische Haftung vor. Auffällig hierbei ist, daß nach Art. 133 Abs. 3 LSA der Umstand, daß die schädigende Handlung auf Beschluß oder mit Billigung der Hauptversammlung ausgeführt wurde, *in keinem Fall* von der Haftung befreit. Zudem haftet die Verwaltung nach Abs. 1 der Vorschrift nicht nur der Gesellschaft, sondern – subsidiär – auch den Aktionären und Gläubigern[532]. Die Treupflicht der Verwaltung bedeutet also nicht Treue zu den Beschlüssen der Gesellschafter. Vielmehr haben die Verwalter bei der Geschäftsführung das Interesse der juristischen Person Gesellschaft zu verfolgen und sind verantwortlich, wenn ihre Geschäftsführung hiergegen verstößt[533].

261 Gemäß Art. 132 Abs. 2 LSA haben Verwalter, die in gleicher Eigenschaft in einer konkurrierenden Gesellschaft tätig sind oder sonst Interessen vertreten, die denen der Gesellschaft zuwiderlaufen, auf Antrag eines Gesellschafters ihr Amt niederzulegen. Die beliebte Form der Einflußnahme durch herrschende Unternehmen im Wege der Personenidentität in der Unternehmensführung kann hierdurch verhindert werden, wenn Minderheitsgesellschafter beteiligt sind und die Konzernunternehmen in Konkurrenz stehen.

b. Kapitalerhaltung

262 Auch in der S.A. entspricht dem Ausschluß der persönlichen Haftung der Gesellschafter die Bildung und Erhaltung des Stammkapitals als garantier-

---

[531] Näher Sánchez Calero, Instituciones I, Cap. XXIII II C.

[532] Die Subsidarität der Haftung folgt aus der Ausgestaltung der Haftungsklage in Art. 134 Abs. 2, 4-5 LSA.

[533] Zweifelhaft ist die Situation in der Einmanngesellschaft. Geht man mit Uría/Menéndez-Paz Ares, Cap. 55 Nr.12 davon aus, daß in der Einmanngesellschaft lediglich die Kapitalerhaltungsvorschriften zu beachten sind, so ist auch die Verwaltung nicht verpflichtet ein Gesellschaftsinteresse zu verfolgen, daß sich von dem des Einmanngesellschafters unterscheidet.

tem Haftungsfonds[534]. Nach Art. 213 Abs. 2 LSA dürfen Dividenden an die Aktionäre nur ausgezahlt werden, wenn hierdurch das Nettovermögen der Gesellschaft nicht unter den Betrag des Stammkapitals absinkt. Hiergegen verstoßende Auszahlungen sind nach Art. 217 LSA zurückzuerstatten. Es ist dem (herrschenden) Gesellschafter somit verwehrt, sich Gesellschaftsvermögen anzueignen, wenn hierdurch eine Unterbilanz entstünde. Das Stammkapital erfüllt in der S.A. auch die Funktion, den Gläubigern ein realistisches Bild von der Kapitalausstattung der Gesellschaft zu vermitteln[535]. Deshalb ist nach Art. 163 Abs. 1 S. 2 LSA das Stammkapital herabzusetzen, wenn während eines Geschäftsjahrs dauerhaft eine Unterbilanz von mindestens einem Drittel des Stammkapitals bestanden hat.

c. Auflösungspflicht

Verschlechtert sich die wirtschaftliche Situation der S.A. weiterhin, greift Art. 260 Abs. 1 Nr. 4 LSA: Ist eine Unterbilanz in Höhe der Hälfte des Stammkapitals eingetreten und wird das Stammkapital nicht angepaßt, so muß die Gesellschaft aufgelöst werden. Läßt sich der Bilanzwert des Gesellschaftsvermögens tatsächlich realisieren, so ist zu diesem Zeitpunkt noch mehr als genug Vermögen vorhanden, die Gläubiger zu befriedigen. Eine Benachteiligung der Gesellschaft im Konzern könnte dann nicht zu einem Ausfall der Gläubiger führen, da das Gesellschaftsvermögen im Wege der Liquidation an sie verteilt wird, sobald sich der Punkt nähert, an dem es nicht mehr zur Deckung der Gesellschaftsverpflichtungen ausreicht. 263

Bilanziert wird allerdings zu Fortführungswerten, Artt. 193 LSA, 38 Abs. 1 lit. a C.Com., die sich in der Liquidation regelmäßig nicht erzielen lassen, so daß auch auf diesem Weg nur eine teilweise Befriedigung der Gläubiger erreicht wird. Verbreitet ist auf der anderen Seite aber die „liquidación abreviada", bei der das Unternehmen insgesamt von einem anderen Rechtsträger übernommen und fortgeführt wird[536]. 264

Forciert wird die Liquidationspflicht durch den umstrittenen Art. 262 LSA: Ist der Auflösungsgrund eingetreten, so ist nach Abs. 1 der Vorschrift ein Auflösungsbeschluß der Hauptversammlung erforderlich. Nach Abs. 2 sind die Verwalter verpflichtet, innerhalb von zwei Monaten eine Hauptversammlung zu diesem Zweck einzuberufen. Geschieht dies nicht oder kommt kein Beschluß zustande, kann nach Abs. 3 jeder Interessierte die gerichtliche Auflösung der Gesellschaft verlangen. Berufen die Verwalter 265

---

[534] Zum Prinzip der Unantastbarkeit (intangibilidad) des Stammkapitals Jiménez Sánchez-Lojendio Osborne, Cap. 14 II B.

[535] Sánchez Calero, Instituciones I, Cap. XVIII II A a; Jiménez Sánchez-Lojendio Osborne, Cap. 14 II B.

[536] Nach Prof. Dr. Manuel Angel Sánchez López, Universidad de Navarra, Pamplona.

nicht rechtzeitig die Hauptversammlung ein oder kommt gleichwohl ein Auflösungsbeschluß nicht zustande und beantragen sie nicht die gerichtliche Auflösung, so *haften die Verwalter* nach Art. 262 Abs. 5 LSA *persönlich* gesamtschuldnerisch *für alle Verpflichtungen der Gesellschaft*.
Das Versäumen der Auflösung der Gesellschaft bei qualifizierter Unterbilanz kann für die Verwalter somit gravierendste Haftungsfolgen nach sich ziehen. Eine äußerst harte Regelung, die allerdings zur Folge hat, daß diejenigen, die den Geschäften der Gesellschaft am nächsten sind, ein gesteigertes Interesse daran haben, eine Gläubigergefährdung zu verhindern.

d. Treupflicht und Stimmverbot

266 In der S.A. besteht eine Treupflicht der Aktionäre. Deren normatives Fundament wird in Art. 1258 C.C. gesehen, der die Nebenfolgen der Verträge regelt[537]. Nach Art. 115 Abs. 1 LSA sind neben den Beschlüssen der Hauptversammlung, die gegen Gesetz oder Satzung verstoßen auch diejenigen angreifbar, die zum Vorteil eines oder mehrerer Aktionäre das Gesellschaftsinteresse verletzen[538]. Das Erstreben von Sondervorteilen für sich oder andere Gesellschaften seiner Unternehmensgruppe ist dem kontrollierenden Aktionär damit auch in der S.A. verwehrt.
Verletzt der Gesellschafter seine Treupflicht, so ist er für den hierdurch verursachten Schaden nach Artt. 7 Abs. 2 und 1.101 C.C. verantwortlich[539]. Neben der zivilrechtlichen Verantwortlichkeit trifft denjenigen, der seine Mehrheitsherrschaft zum Nachteil seiner Mitgesellschafter ausnutzt auch die Strafbarkeit aus Art. 291 C.P.[540]

267 Innerhalb eines Konzerns geht die Umverteilung von Vorteilen und Nachteilen zwischen den einzelnen Gesellschaften, die Bevorteilung der einen und die Benachteiligung der anderen durch Rechtsgeschäfte vonstatten, die nicht zu Marktkonditionen abgeschlossen werden, sondern zu einem von der Konzernleitung bestimmten Preis[541]. Ein Stimmverbot, das

---

[537] Uría/Menendez-Paz Ares, Cap. 55 Nr. 11 b.
[538] Insoweit identisch mit § 243 Abs. 2 AktG, s.o. Fn.89.
[539] S. Esteban Velasco, S. 246, sowie Uría/Menendez-Paz Ares, Cap. 55 Nr. 11 b; Art. 7 Abs. 2 C.C. enthält eine Schadensersatzpflicht wegen Rechtsmißbrauchs, Art. 1101 C.C. wegen Vorsatz, Fahrläßigkeit oder Verzug bei der Erfüllung von Verpflichtungen.
[540] Art. 291 C.P.: „Diejenigen, die, indem sie sich ihrer Mehrheitsstellung in der Hauptversammlung oder dem Verwaltungsorgan jedweder Gesellschaft, bestehend oder in Gründung, bedienen, mißbräuchliche Beschlüsse erzwingen, mit der Absicht eigener oder fremder Bereicherung, zum Nachteil der weiteren Gesellschafter, und ohne daß sie jener Gewinn brächten, werden mit Gegängnisstrafe von sechs Monaten bis zu drei Jahren oder Geldstrafe bis zum Dreifachen des erzielten Gewinns bestraft."
[541] S. schon o. Rn. 41 und die knappe, präzise und exzellente Darstellung bei Uría/Menendez-Paz Ares, Cap. 55 Nr. 9.

überwiegend als Ausprägung der Treupflicht angesehen wird[542], enthält die LSA jedoch nicht[543]. Der Aktionär kann daher auch über Gegenstände abstimmen, die ihn selbst betreffen. Insbesondere kann der herrschende Gesellschafter über Geschäfte mit sich oder anderen Unternehmen der selben Unternehmensgruppe entscheiden.

e. Fazit

Festzuhalten ist, daß in der S.A. im Gegensatz zur deutschen AG weitgehende Satzungsautonomie im Hinblick auf die Organisationsverfassung besteht, sowie eine bei Fehlen einer Einschränkung durch die Satzung umfangreiche Zuständigkeit der Hauptversammlung. Die Struktur der S.A. erleichtert damit einem Mehrheitsgesellschafter die Einflußnahme auf die Geschäftsführung. Gleichzeitig schützt die LSA aber die Minderheit durch mehrere Einzelregelungen, so vor allem durch den Minderheitenvertreter im Verwaltungsrat, der einer Benachteiligung der S.A. schon im Ausführungsstadium entgegenwirken kann. **268**

Dem Schutz der Gläubiger dient vor allem die vergleichsweise strikte Erhaltung des Stammkapitals mit einer harten Haftung der Verwaltung, aber auch die Verpflichtung der Verwaltung auf ein unabhängig von den Beschlüssen der Hauptversammlung definiertes Gesellschaftsinteresse. Im Vergleich zum deutschen Recht setzt die LSA damit verstärkt bei der Verwaltung an, um die Erhaltung des Gesellschaftsvermögens zu gewährleisten.

2. Die Sociedad de Responsabilidad Limitada

a. Organisationsverfassung

Die S.L. ist geprägt von umfassender Satzungsautonomie. Die LSL gibt einen Rahmen vor, der jedoch im Innenverhältnis zu einem Großteil durch die Satzung geändert werden kann[544]. Die hier beschriebene Organisationsverfassung ist daher nur der Normaltypus, den die Gesellschafter in vielen Punkten nach Belieben abändern können. Ebenso wie die der S.A. ist die Struktur der S.L. – mangels anderer Bestimmung der Satzung – zweigliedrig und besteht aus der Hauptversammlung und einem Verwaltungsorgan, dessen Zusammensetzung die Satzung nach Art. 57 LSL weitgehend frei bestimmen kann. **269**

---

[542] Z.B. Sánchez Calero, Instituciones I, Cap. XXVIII II E a; Esteban Velasco, S. 245.

[543] Das völlige Fehlen eines Stimmverbotes wird in der Literatur kritisiert, s. Esteban Velasco, S. 245.

[544] Sánchez Calero, Instituciones I, Cap. XXVIII I.

aa. Hauptversammlung

270 Noch deutlicher als in der S.A. ist in der S.L. die Hauptversammlung das oberste Organ. Ihre Kompetenzen sind in Art. 44 LSL aufgelistet. Hervorzuheben sind die Ernennung, Entlassung und Überwachung der Verwaltung (Abs. 1 lit. a und b) und die Änderung der Satzung (Abs. 1 lit. d). Nach Art. 44 Abs. 1 lit. h LSL können die Kompetenzen der Hauptversammlung durch die Satzung frei erweitert werden. Kennzeichnend für die Verfassung der S.L. ist Art. 44 Abs. 2 LSL, der im Normalstatut der Hauptversammlung das Recht verleiht, der Verwaltung in Fragen der Geschäftsführung Weisungen zu erteilen. Die Gesellschafter können damit auch über die gesamte Geschäftsführung entscheiden, Grenze ist lediglich die Vertretung nach außen.

271 Nach Art. 53 LSL werden die Entscheidungen in der Hauptversammlung mit Mehrheit getroffen, was mangels anderer Bestimmung Mehrheit des vertretenen Kapitals bedeutet[545]. Für Satzungsänderungen ist die Zustimmung einer Mehrheit der insgesamt bestehenden Stimmen erforderlich (Art. 53 Abs. 2 lit. a LSL). Auch in der LSL reicht somit eine einfache Stimmenmehrheit, um auch Satzungsänderungen durchzusetzen[546].
Das Informationsrecht der Gesellschafter anläßlich der Hauptversammlung, sowie das Recht, Jahresabschluß, Geschäftsbericht und Bericht der Rechnungsprüfer zu verlangen, ergeben sich aus den Artt. 51, 86 Abs. 1 LSL – wortgleich mit der Regelung der LSA. Daneben treten Informationsrechte anläßlich bestimmter Vorhaben. Für die Anfechtung von Hauptversammlungsbeschlüssen verweist Art. 56 LSL auf die LSA[547].

bb. Verwaltung

272 Den Verwaltern der S.L. obliegt nach Artt. 62 f. LSL die unbeschränkbare Vertretung der S.L. nach außen. Im Innenverhältnis unterliegen sie aber wegen Art. 44 Abs. 2 LSL den *Weisungen der Hauptversammlung.*
Art. 61 Abs. 1 LSL wiederholt den Wortlaut des Art. 127 LSA und verpflichtet die Verwalter, ihr Amt mit der Sorgfalt eines ordentlichen Kaufmanns und loyalen Vertreters auszuführen. Auch in der LSL besteht somit

---

[545] Es bestehen verschiedene Möglichkeiten, den Gleichlauf zwischen Kapitalbeteiligung und Stimmgewicht aufzuheben, es können Gesellschaftsanteile unterschiedlicher Größe mit gleichem Stimmrecht gebildet werden. Bsp.: Serie A zu 1.000 €, Serie B zu 5.000 € mit jeweils einer Stimme pro Anteil, s. Sánchez Calero, Instituciones I, Cap. XXVIII II E b, oder gleichen Gesellschaftsanteilen kann eine unterschiedliche Anzahl von Stimmen zugestanden werden, Art. 53 Abs. 4 LSL.

[546] Näher zur Satzungsänderung in der S.L. Jiménez Sánchez-Pérez de la Cruz, Cap. 28 III A.

[547] S. ausführlich zu den gesetzlichen Rechten der Minderheitsgesellschafter Sánchez Weickgenannt, RIW 2002, 101 ff.

die *Treupflicht* der Verwalter. Art. 69 Abs. 1 LSL verweist für die Haftung bei Pflichtverletzungen auf die Regelung der LSA und damit auch auf Art. 133 Abs. 3 LSA, wonach die Verwalter auch für Handlungen haften, die sie mit Billigung oder auf Verlangen der Hauptversammlung durchgeführt haben[548].

Dies ist mit dem Weisungsrecht der Hauptversammlung schwer in Einklang zu bringen[549], denn einerseits ist der Verwalter verpflichtet, den Weisungen der Hauptversammlung zu folgen, andererseits soll er auch für Handlungen haften, die er auf deren Weisung ausgeführt hat. Man könnte aus dem Verweis auf Art. 133 Abs. 3 LSA allerdings folgern, daß die Verwalter Weisungen nicht befolgen müssen, die gegen ihre in Art. 133 Abs. 1 LSA aufgelisteten Pflichten (Befolgung von Gesetz, Satzung und Sorgfalt (diligencia, beinhaltet wegen Art. 127 Abs. 1 LSA auch die Treupflicht)) verstoßen. **273**

Jedenfalls schließt die ausdrückliche Anordnung des Weisungsrechts der Hauptversammlung in Art. 44 Abs. 2 LSL es aus, aus Art. 133 Abs. 3 LSA – so wie in der S.A. – einen Bereich alleiniger Entscheidungsmacht abzuleiten.

Schwächer als in der S.A. aber ebenfalls vorhanden ist das *Konkurrenzverbot* für Verwalter: Nach Art. 65 Abs. 1 LSL dürfen sie im Bereich des Geschäftsgegenstands der Gesellschaft nur nach Zustimmung der Hauptverwaltung tätig werden. Bei diesem Beschluß ist der betroffene Verwalter, der gleichzeitig Gesellschafter ist, vom Stimmrecht ausgeschlossen, Art. 52 Abs. 1 LSL. **274**

Eine bei Gesellschafter-Geschäftsführern beliebte Methode, sich Gesellschaftsvermögen anzueignen, ist eine überzogene *Vergütung*. Dem versucht Art. 66 LSL entgegenzuwirken[550]: Eine Vergütung ist überhaupt nur zulässig, wenn sie in der Satzung angeordnet und ihr System dort bestimmt ist. Besteht die Vergütung in einer Gewinnbeteiligung, so darf diese für alle Verwalter zehn Prozent des an die Gesellschafter ausgeschütteten Gewinns nicht überschreiten, Art. 66 Abs. 2 LSL. Ein festes Gehalt muß für jedes Geschäftsjahr von der Hauptversammlung bestimmt werden, Art. 66 Abs. 3 LSL.

---

548 Hierzu oben Rn. 258.

549 Sánchez Calero, Instituciones I, Cap. XXVIII II A b: „se compagina mal“.

550 Hierzu Jiménez Sánchez-Pérez de la Cruz, Cap. 28 II B e.

b. Kapitalerhaltung und Auflösungspflicht

275 Das LSL verweist in Art. 84 en bloc auf die Regelung des Jahresabschlußes im LSA und damit auch auf Art. 213 Abs. 2 LSA[551], der die Gewinnausschüttung verbietet, wenn hierdurch eine Unterbilanz entstünde[552].
Auch die Schutzmaßnahmen zur Kapitalerhaltung sind weitgehend identisch mit denen der S.A.: Besteht eine Unterbilanz in Höhe der Hälfte des Stammkapitals, so ist die S.L. nach Art. Art. 104 Abs. 1 lit. e LSL aufzulösen. Das Auflösungsverfahren richtet sich nach Art. 105 LSL. Versäumen es die Verwalter, die rechtzeitige Auflösung der Gesellschaft herbeizuführen, so haften sie nach Art. 105 Abs. 5 LSL für sämtliche Gesellschaftsschulden persönlich.

c. Treupflicht, Stimmverbot und Interessenkonflikt

276 Für die Anfechtung von Hauptversammlungsbeschlüssen verweist Art. 56 LSL pauschal auf die LSA und damit auf das Verbot des Erstrebens von Sondervorteilen. Insgesamt entspricht die in der Literatur anerkannte *Treupflicht* mit den aus ihrer Verletzung folgenden Schadenersatzansprüchen derjenigen in der S.A.[553].
Die Treupflicht des Gesellschafters hat ihren Ausdruck im Gegensatz zur S.A. jedoch auch in einem *Stimmverbot* bei bestimmten Interessenkonflikten zwischen Gesellschaft und Gesellschafter gefunden[554]. Durch Art. 52 Abs. 1 LSL ist ein Gesellschafter vom Stimmrecht ausgeschlossen, wenn darüber beschlossen wird, ob er seinen Gesellschaftsanteil übertragen darf, ob er aus der Gesellschaft ausgeschlossen wird[555], ob ihm eine Forderung erlassen, ein Recht zugestanden oder eine Finanzierungshilfe (Kredit, Kreditsicherheit o.ä.) gewährt wird.
Ist der Gesellschafter gleichzeitig Verwalter (=Geschäftsführer), so ist er ebenfalls vom Stimmrecht ausgeschlossen, wenn er von dem Konkurrenzverbot[556] befreit werden oder ein Dienst- oder Werkvertrag (prestación de cualquier tipo de obras o servicios) mit ihm abgeschlossen werden soll.

---

[551] Bercovitz Rodriguez-Cano, Cap. III 2 D b.
[552] S.o. Rn. 262.
[553] S. Esteban Velasco, S. 246 und o. bei Fn. 539.
[554] S. Sánchez Calero, Instituciones I, Cap. XXVIII II E a; Jiménez Sánchez-Pérez de la Cruz, Cap. 28 II E.
[555] Hält der betroffene Gesellschafter mehr als 25 % des Kapitals ist in diesem Fall nach Art. 99 LSL zusätzlich zu dem Gesellschafterbeschluß eine richterliche Anordnung erforderlich.
[556] S.o. Rn. 274.

Für Konzernbeziehungen von besonderem Interesse könnte das Stimmverbot bei Beschlüssen, die dem Gesellschafter ein Recht zugestehen („le conceda un derecho"), sein. In der Literatur wird erwogen, dieses Stimmverbot auf Rechtsgeschäfte anzuwenden, aus denen eine Forderung des Gesellschafters entsteht[557]. Damit wären alle zweiseitig verpflichtenden Verträge mit dem (herrschenden) Gesellschafter (konzerninterne Warenlieferungen, Konzernumlagen für erbrachte (oder auch nicht erbrachte) Leistungen, etc.) von dem Stimmverbot erfaßt. Die systematische Auslegung spricht angesichts der Aufzählung besonderer Finanzierungsverträge aber gegen eine solche Sichtweise. 277

Auch darüber, ob das Stimmverbot auch dann gilt, wenn der Tatbestand durch ein mit dem Gesellschafter verbundenes Unternehmen erfüllt wird, herrscht Unklarheit[558].

Eine Erweiterung des Art. 52 LSL auf weitere Interessenkonflikte zwischen Gesellschafter und Gesellschaft im Wege der Analogie scheint angesichts der detaillierten Aufzählung ausgeschlossen[559]. Setzt sich die – näherliegende – enge Auslegung des Art. 52 LSL durch, so kann ein herrschender Gesellschafter in der Hauptversammlung mit Ausnahme der Finanzierungshilfen auch über Rechtsgeschäfte mit sich selbst oder anderen konzernangehörigen Unternehmen entscheiden und die Beschlüsse können lediglich nachträglich angefochten werden, wenn sie das Gesellschaftsinteresse verletzen. 278

Eine erstaunliche konzernrechtliche Besonderheit betrifft die Finanzierungshilfen der Gesellschaft an verbundene Gesellschaften. Nach Art. 10 Abs. 1 LSL sind Finanzierunghilfen der S.L. an Gesellschaften desselben Konzerns („grupo de sociedades")[560] zulässig, Finanzierungshilfen an Gesellschafter und Verwalter sind ohne Zustimmung der Hauptversammlung hingegen unzulässig. Während im Gesetzgebungsentwurf der L.S.L. von 1995 Finanzierungshilfen der Gesellschaft an Gesellschafter und Verwalter noch völlig untersagt werden sollten, wurde dieses Verbot im Gesetzge- 279

---

[557] Esteban Velasco, S. 250; dafür Costas Comesaña, S. 174, jedoch ohne Begründung und insgesamt diffus.

[558] Esteban Velasco, S. 252; für eine Zurechnung von Konzerngesellschaften Ruiz Peris, DN Nr.8 1996, 8 (13); die Problematik entspricht derjenigen im deutschen Recht, vgl. o. Rn. 124 f.

[559] Sánchez Calero, Instituciones I, Cap. XXVIII II E a; Jiménez Sánchez-Pérez de la Cruz, Cap. 28 II E; Hernández Sainz, RdS Nr. 6 (1996), 105 (111).

[560] Zur Definition des Begriffs „grupo de sociedades" verweist Art. 10 Abs. 2 LSL auf Art. 42 C.Com., der die Voraussetzung für die Erforderlichkeit der Konzernrechnungslegung enthält und aufgrund des gemeinsamen Ursprungs in der 7. EG-Richtlinie zur Koordinierung des Gesellschaftsrechts im wesentlichen § 290 Abs. 2 HGB entspricht. Art. 42 C.Com. erfaßt nur Gruppen von Gesellschaften, so daß der Tatbestand nicht erfüllt ist, wenn der herrschende Gesellschafter eine natürliche Person ist.

bungsverfahren aufgeweicht[561]. Unklar und umstritten ist allerdings, ob die Zustimmung der Hauptversammlung nun bei Verträgen mit einer herrschenden Gesellschaft erforderlich ist, weil sie Gesellschafter ist, oder nicht, weil es sich bei dem Gesellschafter um eine Gesellschaft derselben Gruppe handelt. Das wirtschaftliche Ergebnis einer Leistung an eine andere, ebenfalls von der herrschenden Gesellschaft abhängige Gesellschaft, entspricht dem einer Leistung an die herrschende Gesellschaft selbst, was gegen eine Ungleichbehandlung beider Fälle spricht[562]. Wenn man Geschäfte mit einer herrschenden Gesellschaft dagegen als zustimmungspflichtig ansieht, ist durch Art. 10 Abs. 1 LSL eine leichte Umgehungsmöglichkeit eröffnet.

280 Die Regelung des Interessenkonflikts zwischen Gesellschaft und Gesellschafter dient durchweg dem Ziel, eine Benachteiligung der Gesellschaft im Gesellschafterinteresse zu verhindern. Hier findet sich hingegen das merkwürdige Ergebnis, daß gerade der Gesellschafter, der regelmäßig die Macht hat, Entscheidungen der Verwaltung auch ohne Einberufung der Hauptversammlung durchzusetzen (der herrschende Gesellschafter in der „grupo de sociedades"), in die Lage versetzt wird, Finanzierungsverträge mit von ihm abhängigen Gesellschaften (und möglicherweise auch mit sich selbst) ohne Zustimmung der Hauptversammlung abzuschließen. Ob dies durch das Ziel des Art. 10 Abs. 2 LSL, die Finanzverwaltung in Unternehmensgruppen zu erleichtern, gerechtfertigt ist, wird mit Recht bezweifelt[563].

281 Eine Verpflichtung des *Alleingesellschafters* oder der Gesellschaftergesamtheit auf das Gesellschaftsinteresse wird nicht angenommen[564]. Den Alleingesellschafter trifft damit keine Treupflicht gegenüber „seiner" Gesellschaft. Ein Stimmverbot scheidet denklogisch aus. Verträge des einzigen Gesellschafters mit der Gesellschaft unterliegen aber nach Art. 128 Abs. 1 S. 1 LSL der Schriftform und sind gemäß Art. 128 Abs. 1 S. 2 LSL in den Anhang zum Jahresabschluß aufzunehmen[565]. Der einzige Gesell-

[561] Zum Gesetzgebungsverfahren Arroyo/Embid-Arroyo Martinéz/González, Art. 10 III; Ruiz Peris, DN Nr. 8 1996, 8 (9 f.).

[562] S. hierzu und zu weiteren Problemen in der Anwendung der Norm Arroyo/Embid-Arroyo Martinéz/González, Art. 10 V m.w.N.; für ein Stimmverbot auch des herrschenden Gesellschafters Ruiz Peris, DN Nr. 8 1996, 8 (9 ff.).

[563] Äußerst kritisch zu Art. 10 LSL etwa Arroyo/Embid-Arroyo Martinéz/González, Art. 10 V („Wie klar zum Ausdruck gebracht, fehlt es der Norm an Logik, unabhängig davon, wie man sie interpretiert."); Ruiz Peris, DN Nr.8 1996, 8 (9 ff.), („Der verunglückte Prozeß der Erarbeitung der Norm").

[564] Uría/Menéndez-Paz Ares, Cap. 55 Nr. 12.

[565] Art. 128 Abs. 1 LSL: „Verträge zwischen dem alleinigen Gesellschafter und der Gesellschaft bedürfen der Schriftform oder der Form, die je nach Art des Vertrages gesetzlich vorgeschrieben ist. Sie sind in ein Registerbuch der Gesellschaft einzutragen, wel-

schafter haftet nach *Art. 128 Abs. 3 LSL* zwei Jahre lang auf die Vorteile, die er zu Lasten der Gesellschaft aus Verträgen mit ihr zieht[566]. Der zu ersetzende Vorteil ist hierbei nicht die Gegenleistung der Gesellschaft, sondern die Begünstigung des Gesellschafters dadurch, daß ein Vertrag nicht zu Marktkonditionen abgeschlossen wurde[567]. Ist die Tatsache, daß es sich um eine Einpersonengesellschaft handelt, nicht, wie von Art. 126 Abs. 1 LSL gefordert, innerhalb von sechs Monaten in das Handelsregister eingetragen, so haftet der Gesellschafter sogar persönlich für alle bis zu einer späteren Eintragung begründeten Gesellschaftsverpflichtungen[568].

d. Fazit

Der Mehrheitsgesellschafter ist der König der S.L. Das Innenverhältnis der Gesellschaft kann durch die Satzung weitgehend frei gestaltet werden. Satzungsänderungen sind im Normalstatut mit der absoluten Mehrheit der Anteile möglich. Die Geschäftsführung unterliegt den Weisungen der Gesellschafter. Der Einflußnahme auf die Gesellschaft durch die Mehrheit stehen damit kaum Hindernisse entgegen. **282**

Dem Schutz der Minderheit könnte das Stimmverbot bei bestimmten Interessenkonflikten dienen, jedoch legt der nebulöse Gesetzestext eine Auslegung nahe, die seine Anwendung gerade dann verhindert, wenn es auf sie besonders ankäme.

Zum Schutz der Gläubiger vertraut auch die LSL auf die Auflösungspflicht bei qualifizierter Unterbilanz und eine rigide Verantwortlichkeit der Verwaltung.

---

ches entsprechend den Bestimmungen über die Protokollbücher der Gesellschaften zu legalisieren ist. Im Anhang der Bilanz des Geschäfsjahres sind diese Verträge ausdrücklich und einzeln aufzuführen, wobei auf ihre Rechtsnatur und Vertragsbedingungen hinzuweisen ist.“ Deutsche Übersetzung bei Löber/Wendland/Fröhlingsdorf, S. 277.

566 Art. 128 Abs. 3 LSL: „Während eines Zeitraums von zwei Jahren, gerechnet ab dem Abschluß der in Absatz 1 erwähnten Verträge, haftet der alleinige Gesellschafter gegenüber der Gesellschaft für Vorteile, die er unmittelbar oder mittelbar zum Nachteil der Gesellschaft aus diesen Verträgen gezogen hat.“ Deutsche Übersetzung bei Löber/Wendland/Fröhlingsdorf, S. 277.

567 Ávila Navarro, § 19 7 C b 2. Auf die Schwierigkeit, die Verletzung dieses “arm's length”-Standards und ihren Umfang nachzuweisen wurde bereits hingewiesen, s. insbesondere Rn. 78 ff.

568 Die Einmanngesellschaft ist durch Art. 126 Abs. 2 LSL überdies verpflichtet, ihren Status als solche in ihren Unterlagen, ihrer Korrespondenz und sämtlichen obligatorischen Mitteilungen deutlich zu machen.

II. Vertragskonzern

283 Der Beherrschungsvertrag ist in Spanien nicht gesetzlich geregelt. Vertragskonzerne sind jedoch bekannt[569] und Unternehmensverträge werden für zulässig erachtet[570].

Wie im deutschen Recht bewirkt der Beherrschungsvertrag, daß das Konzerninteresse Vorrang vor dem Interesse der Einzelgesellschaft erhält. Zum Ausgleich soll der Vertrag Schutzmaßnahmen für die Gläubiger und die Minderheitsgesellschafter (Ausgleich oder Abfindung) enthalten[571]. Sind letztere nicht angemessen, so ist der Zustimmungsbeschluß der Hauptversammlung der beherrschten Gesellschaft anfechtbar[572].

284 Trotz vehementer Verteidigung durch *Embid Irujo* hat der Beherrschungsvertrag in Spanien aber keine praktische Bedeutung[573]. Der Grund liegt auf der Hand: Ein Beherrschungsvertrag ist für den herrschenden Gesellschafter nutzlos.

Im deutschen Recht bietet ihm der Beherrschungsvertrag vor allem drei Vorteile:

1. In der AG wird die Unabhängigkeit des Vorstands, § 76 AktG, aufgehoben,
2. außerdem die strikte Kapitalbindung der §§ 57, 58, 60 AktG.
3. Über §§ 14, 17 KStG sichert der Vertrag die Organschaft im Steuerrecht.

Im spanischen Recht ist die Unabhängigkeit des Vorstands auch in der S.A. nicht allzu ausgeprägt[574], ein nicht völlig zentralisierter Konzern läßt sich deshalb auch ohne Beherrschungsvertrag führen. Kapitalbindung besteht nur für das Stammkapital[575]. Ein steuerlicher Anreiz zum Abschluß des Beherrschungsvertrages fehlt[576].

---

569 S. z.B. Fernández de la Gándara/Calvo Caravaca, Cap. III Rn. 106.

570 Embid Irujo, RdS Nr. 15 (2000), 57 (60).

571 Embid Irujo, RdS Nr. 15 (2000), 57 (62, 73 ff.).

572 Embid Irujo, RdS Nr. 15 (2000), 57 (62).

573 Das räumt Embid, der sich im spanischen Recht vielleicht am ausgiebigsten mit den Unternehmensgruppen beschäftigt hat, selbst ein, s. Embid Irujo, RdS Nr. 15 (2000), 57 (69).

574 S.o. Rn. 258 f.

575 S.o. Rn. 262.

576 Zur steuerlichen Behandlung der Konzerne Sánchez Calero, RDBB 2000, 7 (39 ff.).

III. Faktischer Konzern

Die Machtausübung im Konzern ist in Spanien nicht explizit geregelt. Wird eine S.A. oder eine S.L. durch ein anderes Unternehmen beherrscht, so ändert dies grundsätzlich nicht die gesetzlichen Möglichkeiten und Grenzen der Einflußnahme auf die Gesellschaft[577]. 285

In der *Mehrpersonengesellschaft* ist es dem herrschenden Gesellschafter – wie jedem anderen – durch die Treupflicht, konkretisiert in Artt. 115 Abs. 1 LSA, 56 LSL, untersagt, sich Sondervorteile gegenüber seinen Mitgesellschaftern zu verschaffen. In der S.L. ist er bei Finanzierungsverträgen mit sich selbst vom Stimmrecht ausgeschlossen. 286

Ist der herrschende dagegen gleichzeitig *Alleingesellschafter*, so bilden erst die Kapitalerhaltungsregeln die Grenze seines Einflusses: Gesellschaftsvermögen darf er sich – auch verdeckt – nur ausschütten, wenn hierdurch keine Unterbilanz entsteht. Bei qualifizierter Unterbilanz muß er das Kapital anpassen oder die Gesellschaft auflösen. Eine Treupflicht des einzigen Gesellschafters besteht nicht[578]. 287

Gehört die beherrschte Gesellschaft einem *Konzern i.S.d. Art. 42 C.Com.* an und ist damit die Muttergesellschaft zur Erstellung eines konsolidierten Jahresabschlusses für den Konzern verpflichtet, so erfahren die Informationsrechte der Gesellschafter eine Erweiterung. Neben dem Recht, den Jahresabschluß der eigenen Gesellschaft zu verlangen, können nach Art. 42 Abs. 6 S. 2 C.Com. alle Gesellschafter der konzernangehörigen Gesellschaften von der Muttergesellschaft kostenlos den konsolidierten Jahresabschluß, den Konzerngeschäftsbericht und den Bericht der Rechnungsprüfer hierüber verlangen[579].

Im *„qualifizierten" faktischen Konzern*, der derart beschrieben wird, daß „konkrete Handlungen, die die Gesellschaft benachteiligen" nicht mehr isoliert werden können, soll den Minderheitsgesellschaftern ein Austrittsrecht gegen Abfindung analog Art. 147 LSA zustehen, der ein solches dann vorsieht, wenn der Gesellschaftsgegenstand geändert wird[580]. 288

---

[577] Zu konzernrechtlichen Besonderheiten im Bereich des Kapitalmarktrechts s. die deutschsprachige Darstellung von Ruiz Peris in KuK, S. 243 ff.

[578] S. Uría/Menéndez-Paz Ares, Cap. 55 Nr.12.

[579] Ausführlich Martínez Machuca, S. 181 ff.

[580] Uría/Menéndez-Paz Ares, Cap. 55 Nr. 11 c.

C. Das Durchgriffsproblem

I. Grundlegendes

289 Auch in Spanien ist das Durchgriffsproblem – wie weit geht die Trennung zwischen dem Verband und seinen Mitgliedern? - Gegenstand ausgiebiger Behandlung in Rechtsprechung und Literatur. Die zu seiner Lösung vertretenen Theorien entsprechen den im deutschen Recht anzutreffenden[581]. Bei ihrer Anwendung ist allerdings eine deutliche Trennlinie zwischen der Rechtsprechung und dem Großteil der Literatur festzustellen.

290 Während die Trennung zwischen Gesellschaft und Gesellschafter bis 1984 von den Gerichten nicht angetastet wurde[582], erfreut sich seitdem die aus dem angelsächsischen Rechtsraum und Deutschland übernommene[583] klassische Durchgriffsmethode unter dem Schlagwort „Levantamiento del velo“ (Hebung des Schleiers (der Rechtspersönlichkeit)) immenser Beliebtheit in den Urteilen.

291 Beispielhaft für die *Begründung* des Durchgriffs auf den hinter der Gesellschaft stehenden Gesellschafter und gleichzeitig immer wieder zitierter[584] „leading case“[585] dieser Rechtsprechung ist die Entscheidung des *Tribunal Supremo* R. 2800 v. 28.5.1984: Ein Defekt der Wasserversorgung verursacht eine Überschwemmung und dementsprechende Schäden in einem Unternehmen. Betrieben wird die Wasserversorgung von der stadteigenen EMAYA S.A. Verwaltungsorgan der EMAYA S.A. ist die Stadtverwaltung (Ayuntamiento), Vorsitzender des Verwaltungsrats der Bürgermeister. Das geschädigte Unternehmen richtet eine verjährungsunterbrechende Mahnung zunächst nur an den Bürgermeister in seiner Funktion als Vertre-

---

[581] S.o. Rn. 138 ff. und die Darstellung der Durchgriffstheorien bei Uría/Menéndez-Paz Ares, Cap. 22 Nr. 6; Boldó Roda, S. 14 ff.

[582] Bezeichnend TS R. 4490 v. 3.11.1966: Eine spanische S.A., deren einzige Gesellschafter drei deutsche Staatsbürger sind, erwirbt ein Haus an der Küste, in einer als strategisch bedeutend qualifizierten Zone. Der Erwerb eines Grundstücks in einer solchen Zone durch Ausländer ist nichtig, wenn er nicht von den Militärbehörden genehmigt wurde. Das *TS* entschied, der Erwerb sei nicht genehmigungspflichtig, da es sich um eine spanische Gesellschaft handle. Die Staatsangehörigkeit der Gesellschafter habe keine Auswirkungen auf die „Staatsangehörigkeit“ der Gesellschaft.

[583] TS R. 1998/6197 v. 22.7.1998: „Die Lehre der sogenannten Hebung des Schleiers der juristischen Person, ein Ausdruck, der Adaption des angelsächsischen disregard und des deutschen Durchgriffs ist“.

[584] Z.B. TS R. 1998/6197 v. 22.7.1998; R. 1997/7267 v. 15.10.1997; R. 1996/9016 v. 13.12.1996.

[585] Uría/Menéndez-Paz Ares, Cap. 22 Nr. 6, 7 b; Embid Irujo, RdS Nr. 11 (1999), 363 (364).

ter der Gemeinde und klagt erst nach Ablauf der Verjährungsfrist gegen die EMAYA S.A.

Das *TS* entschied, die Mahnung an die Gemeinde habe die Verjährung der Forderung gegen die EMAYA S.A. unterbrochen, denn es sei auf das personelle Substrat der Gesellschaft durchzugreifen, der Schleier ihrer Rechtspersönlichkeit zu heben. Gründe dieses Durchgriffs seien: 292

1. Prinzip des guten Glaubens (principio de la buena fe, Art. 7 Abs. 1 C.C.)
2. Gesetzesumgehung (fraude de ley, Art. 6 Abs. 4 C.C.)
3. Rechtsmißbrauch (abuso de derecho, Art. 7 Abs. 2 C.C.)
4. Schädigung der Rechte Dritter (daño de los derechos de los demás, Art. 10 der Verfassung)
5. Unsoziale Rechtsausübung (ejercicio antisocial del derecho, Art. 7 Abs. 2 C.C.)[586]

Das *TS* wendet damit eine Mißbrauchstheorie an[587]. Daraus, daß ein bewußter Mißbrauch des Verbandes nicht geprüft wird, läßt sich folgern, daß es sich um eine objektive Mißbrauchstheorie handelt[588]. 293

---

[586] TS R. 1984/2800 v. 28.5.1984: Das Gericht berücksichtigt, „daß, aus zivil- und handelsrechtlicher Sicht, die äußerst kompetente Lehre, im Konflikt zwischen Rechtssicherheit und Gerechtigkeit, Werte, die heute in der Verfassung verankert sind (Artt. 1 Abs. 1 und 9 Abs. 3), mit Bedacht entschieden hat, nach Lage des Falles und der Umstände, auf dem Weg der Gerechtigkeit und der Berücksichtigung des Prinzips des guten Glaubens (Art. 7 Abs. 1 C.C.), die Theorie und Technik des Durchgreifens auf das personelle „Substrat" der Körperschaften und Gesellschaften, denen das Gesetz eigene Rechtspersönlichkeit verleiht, anzuwenden, mit dem Ziel, zu verhindern, daß, im Windschatten dieser gesetzlichen Fiktion oder Form (mit dem gebotenen Respekt selbstverständlich) private oder öffentliche Interessen benachteiligt werden können oder sie als Möglickeit der Gesetzesumgehung (Art. 6 Abs. 4 C.C.) benutzt werden kann, die Möglichkeit zulassend, daß die Richter in das Innere dieser Personen durchgreifen („den juristischen Schleier heben") können, wenn es notwendig ist, um den Mißbrauch dieser Unabhängigkeit (Art. 7 Abs. 2 C.C.) zu fremdem Schaden oder dem „der Rechte Dritter" (Art. 10 der Verfassung) oder gegen das Interesse der Gesellschafter, will heißen einen schlechten Gebrauch ihrer Persönlichkeit, eine „unsoziale Ausübung" ihres Rechts (Art. 7 Abs. 2 C.C.), zu verhindern [...]". Daß nur die Figur der Gesetzesumgehung tauglich ist, den Durchgriff zu begründen, vertritt mit überzeugenden Argumenten Boldó Roda, RdS Nr. 6 (1996), 244 (248 ff.).

[587] Deutlicher hervorgehoben wird das Mißbrauchselement in anderen Entscheidungen, so TS R. 1998/6197 v. 22.7.1998: „Die Lehre der sogenannten Hebung des Schleiers der juristischen Person, ein Ausdruck, der Adaption des angelsächsischen disregard und des deutschen Durchgriffs ist, hat zur Funktion, den Mißbrauch (abuso) einer reinen rechtlichen Formel zu verhindern und deckt die wahren Verhältnisse in Bezug auf die Person auf, [...]".

294 Die *Rechtsfolge* des „Levantamiento del velo" formuliert das *TS* wie folgt: Durchgegriffen werden soll auf die gesellschaftlich und wirtschaftlich eigentliche und entscheidende Person. Das sei der Gesellschafter, der die Organisation einheitlich und vollständig leitet. Noch weniger sei die Trennung zwischen Gesellschaft und Gesellschafter gerechtfertigt, wenn sich die effektive Kontrolle der Gesellschaft in den Händen einer einzigen Person befindet[589].

295 Seitdem wird die Technik des „Levantamiento del velo" in einer Vielzahl von Entscheidungen angewandt[590], die meist wörtlich den Text der Leitentscheidung vom 28.5.1984 wiederholen. Stellt sich ein Durchgriffsproblem, so suchen die Gerichte dessen Lösung durchweg in der klassischen Durchgriffsmethode. Deren Anwendung folgt dem Schema: Rechtsmißbrauch und Gesetetzesumgehung mit Hilfe der juristischen Fiktion Gesellschaft müßten verhindert werden, deshalb seien die wahren Verhältnisse aufzudecken. Unter den wahren Verhältnissen wird dann der Durchgriff auf diejenige(n) Person(en) verstanden, die die juristische Person kontrolliert/kontrollieren. Konkrete Tatbestandsvoraussetzungen des Durchgriffs, die die Entscheidung des *TS* vorhersehbar machten, sind allerdings schwer auszumachen.

296 Während die Rechtsprechung somit zur Vermeidung als ungerecht empfundener Ergebnisse mit Vorliebe die Durchgriffsmethode anwendet, wird

---

588 Deutlicher wird dies in TS R. 1996/9016 v. 13.12.1996: „die nicht einmal in bösem Glauben handeln müssen, damit diese Gesetzesumgehung stattfindet". Uría/Menéndez-Paz Ares, Cap. 22 Nr. 6 nimmt an, daß die Rechtsprechung im wesentlichen die objektive Mißbrauchstheorie verfolgt (die er mit der institutionellen Mißbrauchstheorie gleichsetzt).

589 TS R. 1984/2800 v. 28.5.1984: „[...], was nicht bedeutet – wie die Revision annimmt – daß die Persönlichkeit der Körperschaft, die als S.A. dem Privatrecht unterworfen ist, umgangen oder ignoriert werden soll, sondern nur, daß es notwendig ist, im Verhältnis zu gutgläubigen Dritten (der Klägerin) festzustellen, wer die eigentliche und „konstitutive" gesellschaftliche und wirtschaftliche Persönlichkeit derselben ist, das wahre Substrat ihrer persönlichen (oder institutionellen) und geschäftlichen Zusammensetzung, zur Bestimmung ihrer vertraglichen und außervertraglichen Haftung, weil, wie man in der ausländischen Lehre gesagt hat, „wer ein Gebilde im Innern einheitlich und vollständig leitet, sich gegenüber seinen Gläubigern nicht darauf berufen kann, daß nach außen verschiedene unabhängige Organisationen bestehen" und noch weniger, „wenn die tatsächliche Kontrolle der Gesellschaft in den Händen einer einzigen Person liegt, sei es direkt, sei es über Strohmänner oder eine andere Gesellschaft", der einheimischen Lehre zufolge."

590 Z.B. TS R. 1998/6197 v. 22.7.1998; R. 1997/7267 v. 15.10.1997 (Haftungsdurchgriff); R 1998/9228 v. 24.11.1998; R. 763/1993 v. 12.2.1993; R. 1988/4306 v. 13.5.1988 (Zurechnungsdurchgriff); zahlreiche weitere Nachweise bei de Angel Yágüez, S. 45 ff.; Uría/Menéndez-Paz Ares, Cap. 22 Nr. 6; Boldó Roda, S. 29 ff.

dieses Vorgehen in der *Literatur* kritisiert[591]. Bemängelt wird das Fehlen subsumierbarer Voraussetzungen des Durchgriffs, die Häufigkeit, mit der auf diese Figur zurückgegriffen wird und die Beliebigkeit der Ergebnisse. Die Durchgriffsmethode selbst wird aber meist nicht abgelehnt.
Es finden sich jedoch auch Gegenstimmen zur Durchgriffsmethode, denen zufolge Zurechnungsprobleme durch eine teleologische Auslegung der jeweils angewandten Normen zu lösen sind und Haftungsfragen durch die konsequente Anwendung der speziellen Haftungsregeln[592].

II. Der Zurechnungsdurchgriff

Wurzel zahlreicher Konzernprobleme ist die Frage, wer als Adressat (in **297**
den Voraussetzungen wie in der Rechtsfolge) einer Norm oder einer vertraglichen Verpflichtung angesehen werden kann: Die Einzelgesellschaft, mehrere Konzernunternehmen oder gar der gesamte Konzern? Das hier angesprochene Problem des Zurechnungsdurchgriffs stellt sich zwar nicht nur, jedoch mit Vorliebe im Konzern. Es bestehen zwar mehrere Rechtssubjekte, diese folgen aber einem einheitlichen Willen. Dann erscheint es auf den ersten Blick oft ungerechtfertigt, nur eines dieser Rechtssubjekte dem Tatbestand der Norm oder des Vertrages zu unterwerfen.
Speziell im Konzern hat der Gesetzgeber einige dieser Zurechnungsprobleme aufgegriffen, im Regelfall stellt sich die Zurechnungsfrage jedoch in vielfältiger Gestalt, ohne daß eine (explizite) gesetzliche Regelung vorhanden wäre.

Beispiel einer gesetzlichen Regelung ist Art. 4 des Gesetzes 24/1988 über **298**
den Wertpapiermarkt. Er enthält eine Definition des Konzerns für dieses Gesetz, die auf die Kontrolle von Körperschaften durch eine andere Körperschaft oder ein oder mehrere natürliche Personen abstellt. Vergleichbar § 16 Abs. 4 AktG rechnet Art. 4 Abs. 3 dieses Gesetzes der Konzernmutter für die Frage, ob sie eine andere Gesellschaft kontrolliert, diejenigen Rechte zu, die andere, von ihr beherrschte, Körperschaften besitzen.
Artt. 74 – 89 LSA, 39 – 42 LSL beschränken den Erwerb eigener Anteile durch die Gesellschaft, sowie wechselseitige Beteiligungen. Einerseits beschränken diese Vorschriften den Erwerb von Anteilen der herrschenden Gesellschaft durch eine abhängige Gesellschaft. Andererseits werden in Art. 75 Nr. 2 LSA den eigenen Anteilen, die die herrschende Gesellschaft

---

[591] Z.B. Uría/Menéndez-Paz Ares, Cap. 22 Nr. 6-8; Boldó Roda, RdS Nr. 6 (1996), 244 (245 ff.); Embid Irujo, RdS 15 (2000), 57 (76); ders., RdS Nr. 11 (1999), 363 (364 ff.); Sánchez Calero, Instituciones I, Cap. XV IV C a.E.

[592] So Uría/Menéndez-Paz Ares, Cap. 22 Nr. 6-8, dessen Konzept im wesentlichen demjenigen *Karsten Schmidts* im deutschen Recht entspricht, vgl. o. Fn. 319, 446; weitere Nachweise bei Boldó Roda, RdS Nr. 6 (1996), 244 (247).

hält, diejenigen Anteile zugerechnet, die einer Gesellschaft gehören, die i.S.d. Art. 86 LSA von ihr abhängig ist. Für die Bestimmung der Höhe wechselseitiger Beteiligungen sind nach Artt. 82 LSA, 41 LSL die durch abhängige Gesellschaften gehaltenen Anteile zu addieren. Die letzteren Regelungen lösen ein Zurechnungsproblem im Konzern und geben mit Art. 86 LSA ein subsumierbares Kriterium für den Umfang der Zurechnung vor.

299 Zur Lösung nicht explizit geregelter Zurechnungsfragen greift die spanische *Rechtsprechung* durchweg auf die Methode des „Levantamiento del velo" zurück, also auf den klassischen Durchgriff: Die Voraussetzungen der Norm oder des Vertrages treffen zwar nur auf die juristische Person zu, jedoch wird der Schleier ihrer Rechtspersönlichkeit gehoben, womit auch die hinter ihr stehenden Personen in den Anwendungsbereich einbezogen werden.

300 So hatte sich das *TS* wie der *BGH* mit einem Fall des Konkurrenzverbots zu befassen: In TS R. 1993/763 v. 12.2.1993 verpflichtet sich eine S.A. vertraglich, bestimmte Produkte nicht in Asturien zu verkaufen. Zwar wird die verpflichtete Gesellschaft nicht selbst in Asturien tätig. Die Produkte werden dort aber von einer anderen S.A. vertrieben, an der die Schuldnerin beteiligt ist. Das *Tribunal Supremo* entschied, diese habe ihre Unterlassungsverpflichtung auf dem Umweg über die verbundene Gesellschaft verletzt. Unter wörtlichem Zitat der Leitentscheidung vom 28.5.1984 befand das *TS*, der Schleier der Rechtspersönlichkeit der Tochtergesellschaft sei zu heben[593], denn diese diene dazu, das vertragliche Konkurrenzverbot zu umgehen. Das Gericht stützt seine Entscheidung darauf, daß eine Beteiligung der Schuldnerin von über 41 % an der anderen Gesellschaft bestehe, daß diese einige ihrer Verwaltungsratssitzungen am Sitz der Mutter abhalte, daß die Geschäftsbereiche beider Gesellschaften in keiner Weise getrennt seien und beide Gesellschaften von den selben Personen kontrolliert würden.

301 In TS R. 1989/6925 v. 16.10.1985 unterzeichnet der Vertreter einer S.A. eine Bürgschaft für die Schuld einer Gesellschaft, an der die Bürgin mit 100 % beteiligt ist. Die in Anspruch genommene Bürgin beruft sich darauf, der Vertreter habe seine Vertretungsmacht überschritten, denn bei der Bürgschaft für die andere Gesellschaft handele es sich nicht mehr um Angelegenheiten der S.A. und nur auf diese erstrecke sich die Vertretungsmacht. Das *TS* entschied, der Schleier der Rechtspersönlichkeit der Tochtergesellschaft sei zu heben, denn ansonsten würden fraudulös (Art. 6 Abs. 4 C.C.) die Interessen gutgläubiger (Art. 7 Abs. 1 C.C.) Dritter beeinträch-

---

[593] Pointiert: „Dieser Senat hat nicht gezögert, das künstliche Gebilde der Sociedad Anónima beiseite zu legen, um die Fälle gemäß der Wirklichkeit zu entscheiden."

tigt und eine unsoziale Rechtsausübung (Art. 7 Abs. 2 C.C.) ermöglicht. Dabei stellt das *TS* auf die 100-prozentige Beteiligung an der Tochtergesellschaft ab, sowie darauf, daß deren Angelegenheiten und Vermögen von der Mutter verwaltet und geleitet würden.

Letztere Entscheidung ist zweifellos zutreffend. Ob man, um festzustellen, 302
daß die Gewährung von Finanzierungshilfen an 100-prozentige Tochtergesellschaften zu den Angelegenheiten einer Gesellschaft zählt, tatsächlich den „Schleier der Rechtspersönlichkeit" heben muß, mag allerdings bezweifelt werden. Festzuhalten bleibt, daß das *TS* Zurechnungsprobleme zwischen unterschiedlichen Rechtsträgern durchweg mit dem klassischen Durchgriff löst[594] und hierbei die objektive Mißbrauchstheorie anwendet, da Mißbrauchsabsicht nicht geprüft wird. Tragende Erwägung ist jeweils ein unterschiedlicher Grad von Abhängigkeit zwischen den beteiligten Rechtssubjekten.

D. Haftung im Konzern

I. Unterordnungskonzern

1. Levantamiento del velo

Auch zur Begründung der Haftung anderer Konzernunternehmen für die 303
Verpflichtungen einer Konzerngesellschaft wird von der spanischen Zivilrechtsprechung immer wieder die Durchgriffsmethode angewandt, das Levantamiento del velo.

Die Bestimmung, wann durch eine juristische Person auf andere Rechtsträger durchgegriffen werden soll, fällt nicht leicht, da in den Urteilen des *TS* je nach Lage des Falles immer wieder andere Punkte als entscheidend angesehen werden. Vorsichtig lassen sich jedoch zwei Voraussetzungen aus der Rechtsprechung herausfiltern[595]:

1. Die Kontrolle der Gesellschaft durch einen oder mehrere, gemeinschaftlich handelnde, Gesellschafter.
2. Rechtsmißbrauch oder Gesetzesumgehung mit Hilfe der juristischen Person.

---

[594] Weitere Fälle des „levantamiento del velo" bei Zurechnungsfragen neben der Leitentscheidung v. 28.5.1984 (o. Fn. 586): TS R. 1998/9228 v. 24.11.1998 (Die Gelegenheit rechtlichen Gehörs wird einer verbundenen Gesellschaft zugerechnet.); R. 1988/141 v. 25.1.1988 (Die Eigenschaft als Betreiber eines Ladengeschäfts wird der Muttergesellschaft zugerechnet.).

[595] S.a. Boldó Roda, S. 16 ff.

304 Die Voraussetzung externer *Kontrolle* der Gesellschaft findet sich in nahezu allen Durchgriffsurteilen. Ziel des Durchgriffs ist es, die „in Wahrheit entscheidende Person" zu identifizieren und das kann nur jemand sein, der das Handeln der Gesellschaft kontrolliert. Ein wenig schwerer fällt es, zu bestimmen, welchen Grad an Kontrolle das *TS* verlangt.

Teilweise geht das Gericht davon aus, der Haftungsdurchgriff erfordere im Regelfall einen Alleingesellschafter oder gemeinsames Handeln aller Gesellschafter[596]. In anderen Entscheidungen läßt es dagegen das Vorliegen von Abhängigkeit genügen[597]. In TS R. 1996/9016 v. 13.12.1996 folgert das *TS* aus der Verteilung eines Projekts auf drei Gesellschaften das Vorliegen eines Konzerns und läßt die Beteiligungsverhältnisse ungeprüft. Als kleinster gemeinsamer Nenner läßt sich der Rechtsprechung Beherrschung durch einen oder mehrere gemeinschaftlich handelnde Gesellschafter entnehmen.

305 Die bloße Beherrschung reicht zur Begründung des Haftungsdurchgriffs allerdings nicht aus[598]. Hinzukommen muß Gesetzesumgehung (fraude de ley) oder Rechtsmißbrauch (abuso de derecho), also ein *Mißbrauchselement*. Dies ist das unklarste und damit interessanteste Merkmal des Durchgriffs. Die Mißbrauchstheorien lassen sich grob in objektive und subjektive unterteilen, je nachdem, ob ein bewußter Mißbrauch der Rechtspersönlichkeit verlangt wird, oder ob es ausreicht, daß der Gebrauch der juristischen Person objektiv der Rechtsordnung widerspricht[599]. Welcher Theorie folgt das *Tribunal Supremo*?

306 In Fällen des Zurechnungsdurchgriffs wird Mißbrauchsabsicht nicht geprüft und es hat meist mit dem allgemeinen Hinweis auf Rechtsmißbrauch

---

596 TS R. 1999/8169 v. 30.10.1999 lehnt einen Haftungsdurchgriff mit folgender Begründung ab: „Die Anwendbarkeit der Rechtsprechungs-Doktrin des sogenannten „levantamiento del velo", immer wohlerwogen und eingeschränkt anzuwenden, erfordert unvermeidlich das geschäftliche Handeln einer oder mehrerer Personen unter dem formalen Anschein einer Gesellschaft (deren einzige Gesellschafter sie sind oder zu sein pflegen), [...]"; in R. 1988/9816 v. 24.12.1988 scheint das Opfer des Durchgriffs einziger Gesellschafter zu sein; in R. 1988/1550 v. 4.3.1988 stellt das *TS* darauf ab, daß die Gesellschaften „derselben Person oder Familie gehören".

597 So in TS R. 1998/6197 v. 22.7.1998 (Das Vorliegen eines Konzerns (grupo) wird als nicht bewiesen angesehen.); R. 1997/7267 v. 15.10.1997 (Mehrheitsbeteiligung und daraus folgende Abhängigkeit); R. 1993/9100 v. 16.11.1993 („absolute Kontrolle").

598 Deutlich TS R. 1999/8169 v. 30.11.1999; R. 1993/9100 v. 16.11.1993; Boldó Roda, S. 17; in der älteren Rechtsprechung ist dies weniger klar, dort wird teilweise nur die Beherrschung geprüft, so in TS R. 1988/1550 v. 4.3.1988, wodurch der Eindruck entsteht, diese sei gleichbedeutend mit dem Mißbrauch der juristischen Person, ebenso in den Entscheidungen zum Zurechnungsdurchgriff.

599 S.o. Rn. 142 f.

und Gesetzesumgehung sein Bewenden. Hier ist die Anwendung der objektiven Mißbrauchstheorie eindeutig[600]. In Haftungsfällen hingegen hat das Gericht mehrmals entschieden, die Trennung zwischen Gesellschaftsvermögen und Gesellschaftervermögen könne dann nicht mehr aufrechterhalten werden, wenn sie dazu diene, „ein betrügerisches Ziel zu verfolgen, wie einen Vertrag nicht zu erfüllen, der vertraglichen oder außervertraglichen Haftung auszuweichen oder Insolvenz vorzutäuschen"[601]. Ein Ziel verfolgt man bewußt, hier scheint das *TS* somit die subjektive Mißbrauchstheorie anzuwenden. In anderen Fällen wird jedoch auf ein subjektives Element verzichtet. So wird ein Mißbrauchselement in TS 1988/1550 v. 4.3.1988 nicht geprüft, sondern allgemein die Leitentscheidung v. 28.5.1984 zitiert. In TS 1996/9016 v. 13.12.1996 soll es ausreichen, daß allen Konzerngesellschaften die Leistung des klagenden Vertragsgläubigers zugute gekommen sei. In Haftungsfragen läßt sich somit die Tendenz ausmachen, einen bewußten Mißbrauch der juristischen Person zu verlangen, dieses Erfordernis wird aber nicht konsequent verfolgt.

Auch in der spanischen Rechtsprechung[602] und vor allem in der Literatur[603] **307**
werden als den Durchgriff möglicherweise rechtfertigende Tatbestände unter anderem die aus dem deutschen Recht bekannten *Fallgruppen* genannt[604]:

1. Vermögensvermischung
2. Unterkapitalisierung
3. Beherrschung

---

600 S.o. Rn. 299 ff.

601 So TS R. 1997/7267 v. 15.10.1997; R. 1998/6197 v. 22.7.1998; ein Verbergen hinter der juristischen Person, *um* einen Dritten *zu* benachteiligen fordert ebenfalls TS R. 1993/9100 v. 16.11.1993.

602 S. TS R. 2000/4769 v. 25.5.2000: „Von daher ist es notwendig gewesen, eine Bestandsaufnahme der Situationen vorzunehmen, die typischerweise den Durchgriff rechtfertigen, hervorragend unter ihnen die Vermögensvermischung, die Unterkapitalisierung, die Rechtsumgehung (fraude), die fiktive juristische Person und der Abschluß von Verträgen zwischen der natürlichen Person und „ihrer" Gesellschaft." Die Erwähnung der Rechtsumgehung (fraude) als Fallgruppe überrascht, denn ihr Vorliegen soll ja erst den Durchgriff rechtfertigen. Was das *TS* unter einer fiktiven juristischen Person versteht, bleibt im Dunkeln. Insgesamt kann die Entscheidung als Beleg der in diesem Bereich immer noch herrschenden Rechtsunsicherheit gewertet werden.

603 S. Boldó Roda, S. 22 ff. mit Hinweisen auf andere Versuche der Systematisierung; dies., RdS Nr. 6 (1996), 244 (250 ff.); die Aufstellung bei Uría/Menéndez-Paz Ares, Cap. 22 Nr. 8; Embid Irujo, RdS Nr. 11 (1999), 363 (365 f.).

604 Die Einteilung ist aber nicht abschließend, s. TS R. 1996/9016 v. 13.12.1996: „[...], ohne daß die konkreten, durch den Revisionsführer untersuchten Fälle bedeuteten, daß diese Lehre auf einen „numerus clausus" reduziert oder konkretisiert werden könnte, sie ihres eigentlichen Ziels eines „numerus apertus" beraubend, für den Fall, daß in der Realität die zitierten Vorschriften angegriffen werden, [...]".

308 Im Bereich der Haftung hat sich allerdings inzwischen durchgesetzt, daß allein die externe Beherrschung den Durchgriff nicht rechtfertigt[605]. Als mögliche Fallgruppe des Haftungsdurchgriffs erwogen wird die Unterkapitalisierung, jedoch wird verbreitet angenommen, daß keine Verpflichtung zur Bildung eines dem Geschäftsgegenstand angemessenen Kapitals besteht[606]. Als Fallgruppe praktische Bedeutung erlangt hat allein die Vermögensvermischung. Sie ist weithin anerkannt[607] und erstreckt sich auch auf die Fälle der gegenständlichen Sphärenvermischung[608]. So wurde mehrfach Drittwiderspruchsklagen der Erfolg versagt, indem der Schleier der Rechtspersönlichkeit der Schuldnergesellschaft gehoben und auf den klagenden Eigentümer durchgegriffen wurde[609].

309 Als wahre Wundertüte entpuppt sich die Rechtsprechung des *TS*, betrachtet man, auf wen durchgegriffen wird. Wer hier allein den herrschenden Gesellschafter erwartete, irrt. In TS R. 1988/9816 v. 24.12.1988 wird auf eine Schwestergesellschaft durchgegriffen, um deren Drittwiderspruchsklage abzuweisen. In TS 1988/1550 v. 4.3.1988 wird auf die Tochtergesellschaft dreier S.A.s durchgegriffen (welche wiederum ihrerseits von einer dritten Person abhängig sind). In TS R. 1996/9016 v. 13.12.1996 schließlich prüft das *TS* die Beteiligungsverhältnisse nicht, sondern nur das Vorliegen eines Konzerns[610], es läßt sich lediglich vermuten, daß auf Schwestergesellschaften durchgegriffen wird. Explizit findet der Durchgriff auf eine Schwestergesellschaft in TS R. 1997/7267 v. 15.10.1997 statt. Sind die Voraussetzungen des levantamiento del velo einmal gegeben, so kann die Haftung nach den Entscheidungen des *TS* somit jede beteiligte Gesellschaft treffen, unabhängig davon, ob es sich um eine Mutter-, Schwester- oder Tochtergesellschaft handelt.

---

605 S.o. Fn. 598; Boldó Roda, S. 17.

606 S. Res. D.G.R. R. 1993/5322 v. 22.6.1993; Jiménez Sánchez-Pérez de la Cruz, Cap. 25 II B c.

607 Die erstaunlich restriktive Entscheidung TS R. 1999/8169 v. 30.11.1999 will einen Durchgriff gar nur dann zulassen, „wenn deren Vermögen und Persönlichkeit vermischt erscheinen (die der natürlichen Person oder Personen und der juristischen Person)" (Fortsetzung des Zitats aus Fn. 596); Boldó Roda, S. 25 m. N. aus der Rspr.; s.a. de Angel Yágüez, S. 231 ff.

608 Die Zugehörigkeit einzelner Vermögensgegenstände ist undurchsichtig, s.o. Rn. 216.

609 So in TS R. 1988/9816 v. 24.12.1988, weitere Beispiele bei de Angel Yágüez, S. 169 ff.

610 Kritisch hierzu und allgemein zum Durchgriff auf sämtliche Konzerngesellschaften Embid Irujo, RdS Nr. 11 (1999), 363 (369 ff.).

2. Konzernhaftung im Arbeitsrecht

Einen Sonderweg ist die Haftung gegenüber den Arbeitnehmern einer Konzerngesellschaft gegangen: Ein Arbeitnehmer ist von einer Konzerngesellschaft eingestellt worden, die den Arbeitsvertrag – meist wegen Zahlungsunfähigkeit - nicht (mehr) erfüllt. Haftet dem Arbeitnehmer nur die einstellende Gesellschaft oder auch andere Konzernunternehmen? Diese Fälle werden nicht durch den Zivilsenat (sala de lo civil) des *TS* entschieden, sondern durch den Sozialsenat (sala de lo social), der hier ein eigenes Modell verfolgt, das der „grupo de empresas“[611]. Dessen praktische Bedeutung übertrifft die des klassischen Durchgriffs[612]. 310

Das Gericht geht von der Überlegung aus, daß zwar der Arbeitsvertrag nur mit einem Unternehmen geschlossen wurde, tritt dem Arbeitnehmer aber eine Gruppe von Unternehmen wie ein Arbeitgeber gegenüber, so ist diese Unternehmensgruppe Arbeitgeber. Normatives Fundament dieser Konstruktion ist Art. 1 Abs. 2 Estatuto de los Trabajadores[613], wonach im Bereich dieses Arbeitsgesetzes nicht nur natürliche und juristische Personen als Arbeitgeber anzusehen sind, sondern auch Gemeinschaften ohne eigene Rechtspersönlichkeit (comunidades de bienes, Art. 392 C.C.), denen die Leistung des Arbeitnehmers zukommt. 311

Allerdings reicht allein das Vorliegen einer beliebigen Unternehmensverbindung oder eines Konzerns für die Haftungserstreckung nicht aus[614]. Die Gerichte prüfen eine Vielzahl von Voraussetzungen, von denen nicht immer ganz deutlich wird, ob sie kumulativ oder alternativ erfüllt sein müssen. Teilweise wird die arbeitsrechtliche Figur der „grupo de empresas“ mit dem „levantamiento del velo“, mit Rechtsmißbrauch und Gesetzesumgehung in Verbindung gebracht[615], was sich jedoch in deren Anwendung nicht widerspiegelt: Mit Art. 1 Abs. 2 ET hat die arbeitsrechtliche „grupo de empresas“ eine andere Grundlage als der Durchgriff. Rechtsmißbrauch oder Gesetzesumgehung werden in nahezu keiner arbeitsrechtlichen Entscheidung geprüft[616]. 312

---

611 Teilweise auch „unidad de empresa“ oder „empresario responsable“.

612 S. die Vielzahl der zitierten Entscheidungen bei de Angel Yágüez, S. 255 ff.; Embid Irujo in Konzernrecht, 247 (252) Fn. 10; Baylos/Collado-Collado, Cap. 10; Páramo Montero, Cap. 6 5.

613 Z.B. TS R. 1998/4657 v. 18.5.1998; R. 1993/4939 v. 30.6.1993; R. 1989/6441 v. 25.9.1989; Baylos/Collado-Collado, Cap. 10 II 1 a; Palao Moreno, S. 51 f.

614 TS R. 2000/10407 v. 27.11.2000; Vinuesa Aladro, § 35 m.w.N. in Fn. 2.

615 Z.B. TS R. 1990/233 v. 30.1.1990; TSJ de Galicia R. 1993/3429 v. 28.7.1993; Baylos/Collado-Collado, Cap. 10 I 2 a; Vinuesa Aladro, § 35.

616 Besonders befremdlich wirken die Anklänge an Mißbrauchsgedanken angesichts der Tatsache, daß gleichzeitig die Arbeitnehmerüberlassung in der Unternehmensgruppe wegen deren „technischer und organisatorischer“ Bedürfnisse ausnahmsweise als ohne

313 Die folgenden Voraussetzungen sind dagegen anerkannt[617]:

1. Einheitliche Leitung (dirección unitaria)[618].
2. Vermögensvermengung (confusión de patrimonios)[619]. Diese ist nicht gleichzusetzen mit der Fallgruppe der nicht auflösbaren Vermögensvermischung, die einen Durchgriff rechtfertigen kann. Die Gerichte prüfen lediglich, ob ein Vermögensausgleich zwischen den Gesellschaften stattfindet, der soweit gehen kann, daß aus einer Kasse gewirtschaftet wird („caja unica").
3. Tätigkeit des Arbeitnehmers für mehrere Konzernunternehmen (prestaciones laborales indiferenciadas)[620]. Unverzichtbar für die Haftungserstreckung ist, daß die Leistung des Arbeitnehmers, dessen Arbeitsvertrag nur mit einem Konzernunternehmen besteht, anderen Konzernunternehmen zugute gekommen ist.
4. Häufiges Kriterium ist ein einheitliches Auftreten nach außen, insbesondere im Verhältnis zu den Arbeitnehmern[621].

Daneben werden beispielsweise ein gemeinsames unternehmerisches Ziel oder das Vorliegen fiktiver Unternehmen ohne reale Grundlage genannt. Diese Merkmale finden sich aber nur vereinzelt und können nicht zu den tragenden Erwägungen gezählt werden.

Genehmigung zulässig angesehen wird, TS R. 1990/8605 v. 26.11.1990; Baylos/Collado-Collado, Cap. 10 II 1 a m.w.N. – warum gerade ein Rechtsmißbrauch ausnahmsweise zulässig sein soll, verschließt sich dem Betrachter.

617 Darstellungen der Voraussetzungen bei Baylos/Collado-Collado, Cap. 10 II 1; Vinuesa Aladro, § 35; Páramo Montero, Cap. VI 5.4.; Palao Moreno, S. 66 ff. jew. mit Nachweisen auf die Rechtsprechung; aufschlußreiche Zusammenstellung der Rechtsprechung bis 1993 in TS R. 1993/4939 v. 30.6.1993.

618 TS R. 1998/4657 v. 18.5.1998 (Unternehmen, die von den selben Personen beherrscht werden); R. 1990/233 v. 30.1.1990 („einheitliches Handeln der Gruppe"); R. 1989/5908 v. 24.7.1989 („eine vertikale Beziehung der Beherrschung"); R. 1985/2103 v. 6.5.1985 (einheitliches Funktionieren); R 1993/4939 v. 30.6.1993 verweist auf die Konzerndefinition des Art. 42 C.Com.

619 S. TS R. 1998/4657 v. 18.5.1998 (Konzernverrechnungspreise und gemeinsame Nutzung von Immobilien); TS R. 1990/233 v. 30.1.1990 („Vermögensvermischung").

620 TS R. 1998/4657 v. 18.5.1998 („unbestimmte und gleichzeitige Nutzung der Leistung des selben Arbeitnehmers"); R. 1990/3946 v. 3.5.1990 (undifferenzierte Arbeitsleistung, gleichzeitig oder sukzessive, für mehrere Unternehmen); R. 1990/233 v. 30.1.1990 („undifferenzierte Arbeitsleistung an die Gruppe"); R. 1988/5256 v. 8.6.1988; R. 1985/6094 v. 11.12.1985.

621 TS R. 1993/4339 v. 30.6.1993 (fehlende Vermischung der Belegschaft und daraus folgendes Fehlen des einheitlichen Auftretens nach außen); R. 1990/180 v. 22.1.1990 („einheitliche oder undifferenzierte Belegschaft").

Sind die Voraussetzungen einer „grupo de empresas" erfüllt, so werden alle ihr angehörenden Unternehmen als Arbeitgeber angesehen, mit der Folge, daß sie sämtlich für die Erfüllung des Arbeitsvertrages einstehen[622]. Insbesondere haften dem Arbeitnehmer nicht nur die Unternehmen, denen er seine Leistung erbracht hat, sondern alle Unternehmen, die sich unter der einheitlichen Leitung befinden und zwischen denen der Vermögensausgleich stattfindet. 314

3. Die Haftung als faktischer Verwalter

Daß es Fälle gibt, in denen der Ausschluß der persönlichen Haftung der Gesellschafter für Gesellschaftsverpflichtungen nicht gerechtfertigt erscheint, ist unbestritten. Auch in Spanien wird jedoch bestritten, daß es erforderlich ist, all diese Fälle mit einem einzigen Durchgriffswerkzeug anzugehen, also auf die allgemeinen Erwägungen von Rechtsmißbrauch und Gesetzesumgehung zu rekurrieren. Ein aussichtsreicher Weg in Richtung einer differenzierten Lösung ist die Verantwortlichkeit der faktischen Verwalter, der administradores de hecho. 315

Durch Art. 133 LSA, Art. 69 Abs. 1 LSL trifft die Verwalter einer S.A. oder S.L. eine strenge Haftung[623]. Sie haften gesamtschuldnerisch für jede Verletzung des Gesetzes, der Satzung oder der geschuldeten Treue und Sorgfalt. Verdichtet sich die Einflußnahme durch einen herrschenden Gesellschafter, so geht die übliche Tätigkeit der Verwaltung auf diesen über – die Geschäftsführungsentscheidungen werden nicht mehr in dem Verwaltungsorgan getroffen, sondern durch den herrschenden Gesellschafter. Verhält sich der herrschende Gesellschafter aber wie ein Verwalter, so liegt es nahe, auch die Verantwortlichkeit der Verwalter auf ihn auszudehnen. Ein großer Teil der Fälle, in denen das *TS* den Haftungsdurchgriff anwendet, werden von anderen deshalb dadurch gelöst, daß den herrschenden Gesellschafter die Pflichten und die Haftung eines Verwalters treffen[624]. Auch im deutschen Recht wird versucht, die Pflichten der Verwalter auf einen Gesellschafter auszudehnen, der die Verwaltung der Gesellschaft an sich gezogen hat[625]. Im spanischen Recht kann sich diese Ansicht seit 1995 allerdings auf eine normative Grundlage stützen: Nach Art. 31 C.P. werden zur Begründung der Strafbarkeit Eigenschaften und Beziehungen der juristischen Person ihren Verwaltern zugerechnet – und zwar sowohl den administradores de derecho (Verwalter von Rechts wegen), als auch den ad- 316

---

[622] Páramo Montero, Cap. VI 5.5.1.; Baylos/Collado-Collado, Cap. 10 IV 1; Palao Moreno, S. 72.
[623] S.o. Rn. 260, 272.
[624] Uría/Menéndez-Paz Ares, Cap. 22 Nr. 8 b; Cap. 55 Nr. 11 b.
[625] S.o. Rn. 114.

ministradores de hecho (faktische Verwalter)[626]. Die Reichweite des strafrechtlichen Begriffs administrador de hecho ist umstritten. Überwiegend wird aber die Herrschaft über die Geschäftstätigkeit der Gesellschaft als entscheidend angesehen[627]. Artt. 290, 293-295 C.P. enthalten Sonderdelikte für die Verwaltung einer Gesellschaft. Sie sind sowohl auf die administradores de derecho, als auch auf die administradores de hecho anwendbar. Der faktische Verwalter ist somit strafrechtlich ebenso verantwortlich wie der offiziell bestellte Verwalter, weshalb es als widersprüchlich angesehen wird, ihn von der zivilrechtlichen Verantwortlichkeit auszunehmen[628]. Nach dieser Ansicht treffen den herrschenden Gesellschafter, der die Verwaltung an sich gezogen hat, die Sorgfalts- und Treupflichten eines Verwaltungsorgans und er ist der Haftungsklage (Art. 134 LSA) der Gesellschaft, der Minderheitsgesellschafter und Gläubiger ausgesetzt.

317 Auch in der etablierten Fallgruppe der Vermögensvermischung wird die Haftung der faktischen Verwalter als Alternative zur Durchgriffshaftung gesehen: Der Tatbestand der Vermögensvermischung ist nur dann erfüllt, wenn nicht mehr rekonstruierbar ist, welche Vermögensgegenstände dem Gesellschafts- und welche dem Gesellschaftervermögen angehören. Das setzt voraus, daß Vermögen unter Verletzung der Pflichten aus Artt. 25, 28 C.Com. nicht ordnungsgemäß in der Buchführung der Gesellschaft aufgeführt ist. Die Buchführungspflicht obliegt den Verwaltern. Verletzt der – tatsächliche oder faktische - Verwalter und Gesellschafter diese Pflicht, so erscheint seine Haftung unter diesem Gesichtspunkt gerechtfertigt[629].

318 Im Windschatten der strafrechtlichen Gesetzgebung hat die Haftung der administradores de hecho Aussicht auf Durchsetzung. Gegenüber der Haftung aus der Verletzung der Treupflicht des Gesellschafters, die in Spanien wenig praktische Bedeutung erlangt hat, bietet sie den Vorteil, die Verantwortlichkeit der Verwalter einer Muttergesellschaft oder der Konzernspitze in mehrstufigen Konzernen leichter erklären zu können[630], die nicht selbst Gesellschafter der Gesellschaft sind, in der ein Schaden verursacht wurde.

---

[626] Art. 31 C.P.: "Derjenige, der als Verwalter von Rechts wegen oder faktischer Verwalter einer juristischen Person handelt, oder im Namen oder in Vertretung eines anderen, haftet persönlich, obwohl er nicht die Bedingungen, Eigenschaften oder Beziehungen aufweist, die das entsprechende Delikt oder Vergehen verlangt, um Täter desselben zu sein, wenn diese Umstände in dem Verband oder der Person vorliegen, in deren Namen oder Vertretung er handelt."

[627] Cobo del Rosal-Silva Sánchez, Art. 31 Nr. 7 m.w.N. in Fn. 39.

[628] Uría/Menéndez-Paz Ares, Cap. 55 Nr. 11 b.

[629] Uría/Menéndez-Paz Ares, Cap. 22 Nr. 8 b.

[630] Zu diesen Konstellationen aus strafrechtlicher Sicht Cobo del Rosal-Silva Sánchez, Art. 31 Nr. 8.

II. Gleichordnungsbeziehungen

Traditionell wird im Konzern die Verantwortlichkeit des herrschenden Unternehmens für die Verbindlichkeiten seiner Tochtergesellschaften diskutiert: Muß derjenige, der in Wahrheit die Entscheidungen trifft, auch für deren Folgen einstehen? Es fragt sich aber, ob die Erstreckung der Verantwortlichkeit nur den herrschenden Gesellschafter trifft, oder ob sie auch zwischen gleichgeordneten Gesellschaften möglich ist: Muß eine Gesellschaft für Verluste oder Verbindlichkeiten einer Schwester einstehen? 319
Zwei Fälle sind zu unterscheiden:

1. Der klassische Gleichordnungskonzern. Mehrere Unternehmen befinden sich unter einheitlicher Leitung, ohne daß diese von einem dritten Unternehmen ausgeübt würde[631].
2. Mehrere Gesellschaften befinden sich unter der einheitlichen Leitung eines dritten Unternehmens.

Die Bildung eines *Gleichordnungskonzerns* als Grund für die Erstreckung der Verantwortlichkeit wird in Spanien nicht diskutiert[632]. 320

Gleichordnung besteht jedoch auch *zwischen Schwestergesellschaften eines Unterordnungskonzerns*. Kann aber die Zugehörigkeit zu dem selben Unterordnungskonzern die Erstreckung der Verantwortlichkeit rechtfertigen? 321
Zu unterscheiden ist auch hier zwischen dem allgemeinen Zivil- und dem Arbeitsrecht. Im allgemeinen *Zivilrecht* löst das *TS* Haftungsfragen im Konzern mit der klassischen Durchgriffsmethode, dem levantamiento del velo[633]: Eine Gesellschaft wird von einem Dritten kontrolliert, der mit ihrer Hilfe Rechtsmißbrauch und Gesetzesumgehung begeht, weshalb das *TS* die „wahren Verhältnisse" aufdeckt und auf die eigentlich entscheidende Person durchgreift. Dies nahm das *TS* mehrmals zum Anlaß, auch auf Schwestergesellschaften durchzugreifen: So wird mit dieser Begründung die Drittwiderspruchsklage einer Schwester abgewiesen[634]. Aber auch die Haftung für Verbindlichkeiten einer Gesellschaft wird auf weitere Gesellschaften mit dem Argument erstreckt, diese bildeten einen Konzern, ohne daß die Abhängigkeitsverhältnisse näher untersucht würden[635]. In TS R. 1997/7267 v. 15.10.1997 greift das *TS* bewußt auf eine Schwestergesell-

---

[631] Erhellende Darstellung der Unternehmensverbindungen bis hin zum Gleichordnungskonzern bei Uría/Menéndez-Paz Ares, Cap. 55 Nr. 1-5, 7 c.
[632] Embid Irujo, RdS Nr. 15 (2000), 57 (76).
[633] S.o. Rn. 303 ff.
[634] So in TS R. 1988/9816 v. 24.12.1988.
[635] So in TS R. 1996/9016 v. 13.12.1996.

schaft durch und begründet dies damit, hinter dem juristischen Schleier beider Gesellschaften befinde sich dieselbe natürliche Person.

322 Ausgangspunkt des *TS* ist die Absicht, auf die in Wahrheit entscheidende Person durchzugreifen. Die in Wahrheit entscheidende Person kann nur der herrschende Gesellschafter sein. So läßt sich der Durchgriff auf diesen rechtfertigen (nach oben), nicht aber der auf eine Schwestergesellschaft (seitwärts) oder, wie es das *TS* vorzunehmen scheint, zunächst auf das herrschende Unternehmen und dann auf dessen Tochter (im Dreieck). Auch wenn man von der zur Begründung des Durchgriffs herangezogenen Rechtsfigur der Gesetzesumgehung ausgeht, ergeben sich Zweifel: Rechtsfolge der Gesetzesumgehung ist auch im spanischen Recht die Anwendung der umgangenen Normen[636]. Aber welche Normen sollten die Verantwortlichkeit der Schwester begründen? Im Fall der Drittwiderspruchsklage einer Schwestergesellschaft ließe sich vertreten, die Klage sei rechtsmißbräuchlich, wenn die Schwestergesellschaft zu dem Rechtsschein beigetragen hat, die Vollstreckungsschuldnerin sei Eigentümerin der Sache. Für die Haftungserstreckung auf Schwestergesellschaften ist eine Begründung in den Urteilen des *TS* aber nicht erkennbar. Vielmehr scheint der Durchgriff auf Schwestergesellschaften von der Metapher der Hebung des Schleiers inspiriert zu sein, ohne die rechtlichen Grundlagen dieser Figur zu bedenken. Eine abhängige Gesellschaft muß somit in Spanien damit rechnen, für Verbindlichkeiten einer Schwester in Anspruch genommen zu werden – eine rechtliche Begründung fehlt bisher.

323 Im *Arbeitsrecht* verfolgt das *TS* das Konzept der „grupo de empresas“[637]. Sind deren Voraussetzungen erfüllt, so haften dem Arbeitnehmer alle ihr angehörenden Gesellschaften. Die Haftung tritt ein, wenn dem Arbeitnehmer eine Gruppe von Unternehmen wie ein Arbeitgeber gegenübertritt. Dann wird diese Gruppe i.S.v. Art. 1 Abs. 2 ET als Arbeitgeber angesehen. Hier stellt die Begründung nicht auf die Abhängigkeitsverhältnisse, sondern auf das Erscheinungsbild gegenüber dem Arbeitnehmer ab, so daß konsequent auch gleichgeordnete Gesellschaften für arbeitsvertragliche Verpflichtungen ihrer Schwestergesellschaften einstehen.

E. Die Konkurserstreckung/Extensión de la Quiebra?

324 Die Haftung eines anderen Konzernunternehmens für die Verpflichtungen einer Gesellschaft realisiert sich in aller Regel in deren Insolvenz oder zumindest bei zweifelhafter Zahlungsfähigkeit – für die Gläubiger einer solventen Gesellschaft besteht keine Notwendigkeit, sich auf unsichere Rechtswege zu wagen, um möglicherweise einen Dritten in Anspruch

---

[636] Boldó Roda, RdS Nr. 6 (1996), 244 (250).
[637] S.o. Rn. 310 ff.

nehmen zu können. Anstatt andere Konzernunternehmen für die einzelnen Verpflichtungen der insolventen Gesellschaft haften zu lassen, ließe sich aber auch deren Insolvenz auf die anderen Unternehmen ausdehnen.

Die Konkurserstreckung hat eine lange Tradition: In den italienischen 325 Stadtstaaten des Mittelalters wurde neben anderen illustren Methoden zur Förderung der Zahlungsmoral – der Verhaftung des Gemeinschuldners, seiner Erklärung für vogelfrei, Folter oder Todesstrafe – der Konkurs des Gemeinschuldners auf seine Mitgesellschafter, die Kinder oder die Ehefrau erstreckt[638].

In der spanischsprechenden Welt kennt das argentinische Recht eine 326 Erstreckung des Konkurses auf andere Konzerngesellschaften für den Fall, daß die Beherrschung über die insolvent gewordene Gesellschaft mißbraucht wurde oder daß eine nicht auflösbare Vermögensvermischung vorliegt[639]. In Spanien sah Art. 150 des Vorhabens eines Konkursgesetzes von 1983[640] eine Erstreckung des Konkurses auf denjenigen vor, der unter dem Deckmantel der insolventen Person die Geschäfte im eigenen Interesse betrieben hatte. Für eine abhängige Gesellschaft sollte vermutet werden, daß die herrschende Gesellschaft die Geschäfte über sie betrieben hat. Die Konkurserstreckung der Art. 150-160 des Vorhabens ist nie Gesetz geworden. Im geltenden spanischen Recht findet die Erstreckung des Konkurses nicht statt. Auch de lege ferenda wird dieses Institut überwiegend abgelehnt[641].

---

638 Miguens, S. 7 f. m.w.N. in Fn. 2.
639 Miguens, S. 199 ff.
640 Ministerio de Justicia de España, Anteproyecto de Ley Concursal, Madrid 1983.
641 Miguens, S. 68 ff.

Teil 4 Die Rechtslage des Konzerns in den USA

A. Grenzziehung

327 Das Gesellschaftsrecht der USA ist ein kaum zu übersehender Ozean, auf dem hier nur eine kurze Kreuzfahrt möglich ist. Einerseits bestehen recht viele Gesellschaftstypen, vor allem aber steht die Gesetzgebungskompetenz für das Gesellschaftsrecht grundsätzlich den Bundesstaaten zu, so daß es strenggenommen nicht „das" Gesellschaftsrecht der USA sondern die Gesellschaftsrechte der Einzelstaaten gibt.

328 Für den Überblick über einen Teil der konzernrechtlich relevanten Regelungen, der hier bezweckt ist, hat das zwei Einschränkungen zur Folge: Erstens wird sich die Darstellung, wie schon der deutsche und spanische Teil, auf die praktisch und insbesondere haftungsrechtlich wichtigen *Kapitalgesellschaften* beschränken – in den USA die business corporation mit ihren Unterfällen public und close corporation[642]. Zweitens können hier nicht mehr als fünfzig Einzelrechte behandelt werden. Die Untersuchung wird sich deshalb an dem von der American Bar Association vorgeschlagenen Modellgesetz, dem Model Business Corporation Act (MBCA) in seiner revidierten Fassung (*RMBCA*)[643], sowie den Rechten der wichtigen Gründungsstaaten *Delaware* und *New York*[644] orientieren. Wo es – wie bei der Durchgriffshaftung – um allgemeine Prinzipien geht, werden auch Entscheidungen aus anderen Staaten herangezogen werden, was nicht bedeuten soll, daß es im Einzelfall nicht wichtige Unterschiede zwischen den Rechten der Einzelstaaten gibt[645].

329 Innerhalb der business corporation wird nicht zwischen der public und der close corporation differenziert werden. Anders als in Deutschland und

---

[642] Auch publicly held und closely held corporation. Zur limited liability company als Hybrid zwischen Kapital- und Personengesellschaft s. Fletcher, § 70.50; Bungert, S. 47 ff.; Schnittker, GmbHR 2001, 382 ff.

[643] MBCA und RMBCA dienten 35 Staaten als Modell für ihre corporation laws, Butler, 17 (2000) Ariz. J. Int'l & Comp. L., 555 (588), und sind insofern typisch für das us-amerikanische Gesellschaftsrecht, s. Conard, Mich.L.R. 71 (1973), 621 (628) (zum MBCA); Merkt, Rn. 177.

[644] Nach Merkt, Rn. 167 ff. m.w.N. in Fn. 109, ist New York führend in Bezug auf die Anzahl der corporations, Delaware in Bezug auf die repräsentierte Wirtschaftskraft. Nach Butler, 17 (2000) Ariz. J. Int'l & Comp. L., 555 (588) sind mehr public corporations in Delaware inkorporiert als in jedem anderen US-Staat. Außerdem manifestiert sich die Vorreiterrolle Delawares darin, daß dessen Gesellschaftsrecht von anderen Staaten zum Teil wortgetreu kopiert wird, Merkt, Rn. 169; s.a. Meinhardt, 40 (2001) Washburn L.J. 288 (289 f.) mit zahlreichen Nachweisen.

[645] S. Hamilton, § 6.9.

Spanien haben die strukturellen Unterschiede zwischen kleinen und großen Kapitalgesellschaften nicht dazu geführt, daß sich zwei unterschiedliche Gesellschaftstypen entwickelt haben. Statt dessen beruhen alle corporations auf einer gemeinsamen Grundlage. Für die je nach Staat unterschiedlich definierte „kleine" corporation, die close corporation[646], gelten einige mehr oder weniger weitreichende Sonderregelungen[647], die aber keinen eigenständigen Gesellschaftstyp begründen. Sehr unterschiedlich ist aber die Realstruktur der close corporation. Im Konzern kommt insbesondere zum tragen, daß die Anteile der close corporation nicht am Kapitalmarkt gehandelt werden. Der Ausgang Börse ist Minderheitsgesellschaftern damit verschlossen, wenn die corporation von einer kontrollierenden Mehrheit nicht zu ihrer Zufriedenheit geführt wird[648].

B. Der Umfang der Leitungsmacht

I. Rahmenbedingungen der Machtausübung

1. Organisationsverfassung

Die Verfassung der corporation[649] ist dreigliedrig. Sie besteht aus den Anteilseignern (shareholders), dem board of directors und den (executive) officers. Personalunion zwischen den drei Gruppen ist möglich und in der close corporation auch verbreitet[650]. Außerhalb dieser Grundstruktur stehen viele Fragen zur Disposition der articles of incorporation und der bylaws[651], die zusammen die Satzung der corporation bilden. 330

---

646 Clark, § 1.3. (S. 24), definiert close corporations übergreifend als corporations, die nur eine kleine Zahl individueller Gesellschafter haben (z.B. weniger als 30) und deren Anteile nicht am Kapitalmarkt gehandelt werden. § 342 (a) Del.Gen.Corp.L. verlangt im wesentlichen weniger als 30 Gesellschafter, beschränkte Übertragbarkeit der Anteile und das Unterlassen öffentlicher Angebote der Gesellschaftsanteile im Sinne des Securities Act. S.a. ALI, Principles of Corporate Governance, § 1.06; Bungert, close corporation, S. 5 f.; ders., GmbHR 1993, 478 (479 ff.); Peters, S. 98 ff.; Baumgärtner, S. 82 ff.

647 Zu den Besonderheiten der close corporation Clark, § 1.3, § 18; Bungert, close corporation, S. 20 ff.; ders., GmbHR 1993, 478 ff.

648 Vgl. Clark, § 10.6.1.

649 Vergleich der Realstruktur großer Kapitalgesellschaften in den USA, Deutschland und Japan bei Roe, 102 (1993) Yale L.J., 1927 ff.

650 Merkt, Rn. 599; Beispiel in Wilderman v. Wilderman, Del.Ch. 315 A.2d 610 (613) v. 10.1.1974.

651 Die articles of incorporation enthalten die essentiellen Satzungsbestimmungen und sind bei der zuständigen Behörde des Inkorporationsstaates einzureichen. Die Terminologie ist nicht einheitlich. Delaware und New York kennen beispielsweise ein certificate of incorporation, s. §§ 102 Del.Gen.Corp.L., 402 N.Y.Bus.Corp.L. Die bylaws werden

a. Shareholders

331 Den shareholders obliegt zunächst die Entscheidung in *Grundsatzfragen*. Hierunter fällt vor allem die Änderung der articles of incorporation[652], der bylaws[653] und die Entscheidung über grundlegende und außergewöhnliche Angelegenheiten, insbesondere solche, die die Struktur der Gesellschaft verändern[654]. Die shareholders sind dagegen grundsätzlich nicht zur Geschäftsführung berechtigt[655].
Die shareholders entscheiden im Normalfall mit einfacher Mehrheit[656]. Qualifizierte Mehrheitserfordernisse zum Schutz der Minderheit können in den articles of incorporation oder den bylaws bestimmt werden[657]. Gesetzlich angeordnete qualifizierte Mehrheitserfordernisse gelten allenfalls für wenige Grundlagenentscheidungen[658]. Im Normalstatut kann somit der Inhaber der Mehrheit der Stimmrechte mit wenigen Ausnahmen auch Änderungen der articles of incorporation und der bylaws beschließen.
Handeln die shareholders einstimmig, so sind nach dem RMBCA auch tiefgreifende Änderungen der gesetzlichen Normalstruktur möglich[659].

---

nicht eingereicht und gelten nur im Innenverhältnis. Sie stehen in der Regelungshierarchie unter den articles of incorporation und füllen die von diesen gelassenen Regelungslücken, s. Merkt, Rn. 269 ff.

[652] S. § 242 (b) (1) Del.Gen.Corp.L.; § 10.03 RMBCA (Entscheidung nach Annahme durch das board of directors); Kessler, RIW 1998, 602 (611).

[653] S. §§ 10.20 (a) RMBCA, 109 (b) Del.Gen.Corp.L.; die Kompetenz kann mit der des board of directors konkurrieren s.u. Fn. 676 und Somers v. AAA Temporary Services, Inc., Ill.App. 284 N.E.2d 462 ff. v. 5.5.1972.

[654] S. §§ 12.02 (a) (Bestimmte Verfügungen über Gesellschaftsvermögen), 14.02 (b)(2) RMBCA (Auflösung), 251 (c) Del.Gen.Corp.L. (Fusion), Merkt, Rn. 138, 486 (Fusion, Veräußerung eines wesentlichen Teils des Gesellschaftsvermögens, Auflösung der corporation).

[655] Deutlich Merkt, Rn. 673 m.w.N. in Fn. 33; s.a. Butler, 17 (2000) Ariz. J. Int'l & Comp. L., 555 (595); anderes wird teilweise für close corporations zugelassen, s. § 351 Del.Gen.Corp.L.: Geschäftsführung durch stockholders statt directors, wenn im certificate of incorporation vorgesehen; außerdem u. Fn. 659.

[656] §§ 7.25 RMBCA, 216 (2) Del.Gen.Corp.L.

[657] S. §§ 7.27 (a) RMBCA, 216 Del.Gen.Corp.L., 616 (a)(2) N.Y.Bus.Corp.L. Daneben sind Gestaltungen möglich, die ebenfalls den Effekt haben, daß einfache Stimmenmehrheit noch nicht für einen Beschluß ausreicht, so die Einführung unterschiedlicher Klassen von Anteilen, die gesondert abstimmen, s. § 617 N.Y.Bus.Corp.L. Der Phantasie sind hier kaum Grenzen gesetzt, s. Merkt, Rn. 403.

[658] S. Merkt, Rn. 552; aber auch §§ 903 (a)(2), 909 (a)(3) N.Y.Bus.Corp.L., in denen das Erfordernis einer Zweidrittelmehrheit bei Unternehmenszusammenschlüssen und dem Veräußern von Gesellschaftsvermögen für neu gegründete Gesellschaften aufgehoben wurde.

[659] S. § 7.32 RMBCA, z.B. (a) (1): Beseitigung des board of directors, (a) (6): Übertragung von Geschäftsführungsaufgaben auf shareholders.

Wichtigstes Recht der shareholders ist die *Wahl und Abberufung des board of directors*[660]. Das board wird im Normalfall jährlich neu gewählt[661]. Die Abberufung ist regelmäßig ohne Grund möglich[662]. Auch wenn die shareholders nicht berechtigt sind, einzelne Maßnahmen der Geschäftsführung zu bestimmen, so ist hierdurch der faktische Einfluß einer organisierten Mehrheit auf das board of directors und damit auf die Verwaltung der Gesellschaft doch gewaltig[663]. 332

Im us-amerikanischen Recht stehen zwei Methoden für die Wahl des board of directors zur Verfügung: Beim straight voting wird jeder einzelne director mit der Mehrheit aller Stimmen gewählt[664]. Beim *cumulative voting* sind shareholders dagegen berechtigt, ihre Stimmen auf einen oder mehrere directors zu konzentrieren[665]. Das Kumulieren der Stimmen ermöglicht es Minderheitsgesellschaftern, einen eigenen Vertreter in das board zu entsenden, der zwar nicht die Geschäftspolitik bestimmen, sie aber wenigstens überwachen kann und so einer einseitigen Bevorzugung des Mehrheitsge- 333

---

660 Garza, 31 (2001) St. Mary's L.J. 613 (645) m.w.N. in Fn. 190; s. §§ 211 (b) Del.Gen.Corp.L., 703 (a) N.Y.Bus.Corp.L., 8.03 (b) RMBCA; Fletcher, § 283.

661 S. §§ 211 (b) Del.Gen.Corp.L., 8.05 (b) RMBCA. Möglich ist auch die Wiederwahl jeweils nur eines Teils des board of directors, wodurch sich die Amtszeit des einzelnen directors bis auf drei Jahre verlängern kann, s. § 8.06 RMBCA.

662 S. § 8.08 (a) RMBCA: Abberufung ohne Grund, die Satzung kann aber vorsehen, daß ein Grund erforderlich ist.; s.a. § 141 (k) Del.Gen.Corp.L.; Fletcher, § 352 m.w.N. in Fn. 1.

663 Nicht verschwiegen werden soll, daß seit der für das US-Gesellschaftsrecht zentralen Untersuchung von Berle/Means, „The Modern Corporation and Private Property", der gegenteilige Fall einen Schwerpunkt der Diskussion bildet: Das Auseinanderfallen von Eigentum und Kontrolle (ownership and control), wenn der Aktienbesitz verstreut ist und keine organisierte Mehrheit besteht, die in der Lage wäre, das Management zu kontrollieren; s. aus neuerer Zeit Blair, S. 20 ff.; Bratton, 26 (2001) J.Corp.L. 737 ff.

664 S. zu den Begriffen Garza, 31 (2001) St. Mary's L.J. 613 (646) m.w.N.

665 S. zu dem Verfahren §§ 7.28 (c) RMBCA: „A statement included in the articles of incorporation that "[all] [a designated voting group of] shareholders are entitled to cumulate their votes for directors" (or words of similar import) means that the shareholders designated are entitled to multiply the number of votes they are entitled to cast by the number of directors for whom they are entitled to vote and cast the product for a single candidate or distribute the product among two or more candidates.", 618 N.Y.Bus.Corp.L, 214 Del.Gen.Corp.L.; außerdem Hamilton, § 9.6; Merkt, Rn. 491.

sellschafters vorbeugt[666]. In den meisten Staaten steht das cumulative voting allerdings zur Disposition der articles of incorporation[667].

334 Neben ihrem Stimmrecht steht den shareholders auch ein *Informationsrecht* zu. Dieses ist meist gesetzlich verankert[668], folgt aber subsidiär auch aus dem common law[669]. Es ist im einzelnen unterschiedlich ausgestaltet, umfaßt aber regelmäßig die Einsichtnahme in die Liste der Anteilseigner und in den Jahresabschluß. Nach common law besteht ein Recht zur Einsicht auch in weitere Geschäftsunterlagen[670].

335 Als eine der stärksten Waffen in den Händen der Anteilseigner wird oft die *shareholder derivative suit* angesehen[671], die sich – vorsichtig - mit der deutschen actio pro socio[672] vergleichen läßt. Die corporation statutes ermöglichen es einzelnen Gesellschaftern, Ansprüche im Namen der corporation geltend zu machen, wenn diese (das sie vertretende Management) nicht gewillt ist, ihre Ansprüche selbst zu verfolgen[673]. Minderheitsgesellschaftern steht damit ein Mittel zur Verfügung, (auch) bei einer Schädigung der Gesellschaft im Interesse des Mehrheitsaktionärs die Ersatzansprüche der Gesellschaft geltend zu machen, wenn das Management hieran aus naheliegenden Gründen kein Interesse hat. Das Funktionieren dieses Mittels setzt aber voraus, daß eine isolier- und bezifferbare Schädigung vorliegt und dem shareholder bekannt wird.

---

666 Zu den Zielen des cumulative voting Maddock v. Vorclone Corp., Del.Ch., 147 A. 255 ff. v. 25.1929 (Die Abschaffung des cumulative voting durch die Mehrheit wird für zulässig erachtet. Cumulative voting sei kein Sonderrecht der Minderheit.); Humphrys v. Winous Co., Ohio Sup., 133 N.E.2d 780 (785 ff.) v. 14.3.1956; Garza, 31 (2001) St. Mary's L.J. 613 (647 ff.).

667 So gilt es nach §§ 7.28 RMBCA, 618 N.Y.Bus.Corp.L, 214 Del.Gen.Corp.L. nur, wenn die articles of incorporation es vorsehen (opt-in election). Das nach § 708 Cal.Corp.C. geforderte cumulative voting kann nach § 301.5 (a) S. 1 Cal.Corp.C. durch articles of incorporation oder bylaws ausgeschlossen werden (opt-out election). Zur Entwicklung Gordon 94 (1994) Colum.L.R. 124 (142 ff.) mit einer Übersicht über die Regelungen der Einzelstaaten auf S. 181 ff.

668 S. §§ 624 N.Y.Bus.Corp.L., 220 Del.Gen.Corp.L., 16.02 f. RMBCA.

669 Ausführlich Merkt, Rn. 585 f.; Fletcher, § 2214.

670 Fletcher, § 2214; Merkt Rn. 585 m.w.N. in Fn. 342.

671 Butler, 17 (2000) Ariz. J. Int'l & Comp. L., 555 (598) mit kurzer Darstellung der derivative suit; ausführlicher Merkt, Rn. 824 ff.; Abeltshauser, S. 408 ff.; Kraakman/Park/Shavell, 82 (1994) Geo.L.J., 1733 ff.

672 Dazu o. Fn. 425.

673 S. §§ 7.40 ff. RMBCA, 327 Del.Gen.Corp.L., 626 (a) N.Y.Bus.Corp.L.: "An action may be brought in the right of a domestic or foreign corporation to procure a judgment in its favor, by a holder of shares or of voting trust certificates of the corporation or of a beneficial interest in such shares or certificates."

b. Board of Directors

§ 8.01 (b) RMBCA: "All corporate powers shall be exercised by or under the authority of, and the business and affairs of the corporation managed under the direction of, its board of directors, subject to any limitation set forth in the articles of incorporation or in an agreement authorized under section 7.32."[674]

Im gesetzlichen Normalstatut (statutory scheme) obliegt die *Führung und Überwachung der Gesellschaft* dem board of directors. Sie treffen die Grundlagenentscheidungen im Management und können die Gesellschaft nach außen hin vertreten[675]. Subsidiär zu den shareholders ist das board of directors meist auch berechtigt, die bylaws der Gesellschaft zu ändern[676]. An Weisungen der shareholders ist es nicht gebunden[677]. Das board wählt außerdem die leitenden Angestellten der Gesellschaft, die executive officers, aus[678], setzt sie ab[679], delegiert Geschäftsführungsaufgaben an sie[680] und überwacht deren Tätigkeit[681]. Es steht damit an der Spitze der Verwaltung der Gesellschaft. 336

Tatsächlich überträgt das board of directors – insbesondere in public corporations – den Großteil der Geschäftsführungsaufgaben auf die executive officers und beschränkt sich auf wenige Grundlagenentscheidungen und die Überwachung der Geschäftsführung[682].

Die directors unterliegen *fiduciary duties* (wörtlich: treuhänderische Pflichten) gegenüber der Gesellschaft, sie sind vor allem zu Sorgfalt (duty of care) und Treue (duty of loyalty) verpflichtet. § 8.30 RMBCA faßt die Treupflicht folgendermaßen zusammen: 337

[674] Ähnlich § 141 (a) Del.Gen.Corp.L., teilweise auch § 701 N.Y.Bus.Corp.L.
[675] S. Merkt, Rn. 511.
[676] S. §§ 10.20 RMBCA, 109 (a) Del.Gen.Corp.L.
[677] Merkt, Rn. 488; Kessler, RIW 1998, 602 (609).
[678] S. § 8.40 RMBCA: Die officers werden vom board of directors ernannt, es sei denn, sie sind in den bylaws benannt. Ein officer kann durch die bylaws oder das board of directors ermächtigt werden, weitere officers zu ernennen; s.a. § 142 (b) Del.Gen.Corp.L.
[679] § 8.43 (b) RMBCA: "A board of directors may remove any officer at any time with or without cause".
[680] Butler, 17 (2000) Ariz. J. Int'l & Comp. L., 555 (588).
[681] S. §§ 8.01 (b) RMBCA, 141 (a) Del.Gen.Corp.L., 701 N.Y.Bus.Corp.L.; Merkt, Rn. 483, 488.
[682] S. Merkt, Rn. 136.

"Each member of the board of directors, when discharging the duties of a director, shall act: (1) in good faith, and (2) in a manner the director reasonably believes to be in the best interests of the corporation."[683]
Die directors sind somit verpflichtet, bei der Führung der Gesellschaft das Gesellschaftsinteresse zu verfolgen, was insbesondere dann gilt, wenn sie ein persönliches Interesse an einer Transaktion haben (self dealing) oder eine Geschäftschance wahrnehmen wollen, die der Gesellschaft zusteht (corporate opportunity)[684].

338 Die *Interessenkonflikte der directors*, also der weite Bereich des self dealing, haben in §§ 8.60 ff. RMBCA (Directors' Conflicting Interest Transactions) eine besondere Regelung erfahren[685]. Die herausragende Bedeutung für die Konzernbeziehung ergibt sich daraus, daß auch konzerninternen Rechtsgeschäfte – das Mittel zur Benachteiligung einer Gesellschaft im Konzern – hier eine besondere Behandlung erfahren[686].
Die sehr detaillierte Regelung funktioniert vereinfacht folgendermaßen: § 8.61 RMBCA schließt einen Schadenersatzanspruch oder andere Sanktionen zugunsten der shareholders oder der Gesellschaft aufgrund einer Transaktion aus, bei der ein Interessenkonflikt eines directors vorlag, wenn

1. gemäß § 8.62 RMBCA diejenigen directors, die keinem Interessenkonflikt unterliegen, nach Information über alle relevanten Umstände dem Geschäft zugestimmt haben,
2. gemäß § 8.63 RMBCA die shareholders der Transaktion zugestimmt haben, wobei der interested director und mit ihm verbundene Personen vom Stimmrecht ausgeschlossen sind oder
3. nachgewiesen wird, daß die Transaktion fair war.

Conflicting interest liegt nach § 8.60 (1)(ii) RMBCA unter anderem vor, wenn an der Tranaktion ein Verband beteiligt oder wesentlich interessiert ist,

1. in dem der (möglicherweise befangene) director der corporation director, haftender Gesellschafter, Vertreter oder Angestellter ist oder

---

683 Hinsichtlich des „good faith"-Erfordernisses identisch § 717 (a) S. 1 N.Y.Bus.Corp.L.
684 Butler, 17 (2000) Ariz. J. Int'l & Comp. L., 555 (590 f.) m.w.N. in Fn. 295.
685 Ähnlicher Ansatz in §§ 713 N.Y.Bus.Corp.L., 144 Del.Gen.Corp.L.; zu letzterem Clark, § 5.2.1. Fast alle Staaten haben inzwischen ähnliche Regelungen erlassen, Folk, § 144.1.
686 Dazu, daß von den self dealing-Regelungen der directors ein großer Teil der Geschäfte zwischen Mutter- und Tochtergesellschaften erfaßt werden, da sie häufig gemeinsame directors haben, Clark, § 5.2.1.

2. der von einem solchen Verband kontrolliert wird oder diesen kontrolliert[687].

Transaktionen fallen demzufolge immer dann unter diese Regeln, wenn ein director der corporation eine geschäftsführende Funktion in einer Gesellschaft innehat, die der Unternehmensgruppe angehört, mit der das Geschäft abgeschlossen werden soll. Um in den Genuß der Vorteile des § 8.61 RMBCA zu kommen, dürfen somit nur solche directors über ein konzerninternes Rechtsgeschäft bestimmen, die keine geschäftsführende Funktion in einer anderen Konzerngesellschaft innehaben. Die §§ 8.60 ff. RMBCA enthalten damit einen Anreiz, **339**

1. das board of directors nicht nur mit Personen zu besetzen, die auch in anderen Konzernunternehmen Funkionen erfüllen und
2. über konzerninterne Rechtsgeschäfte diese unabhängig(er)en directors entscheiden zu lassen.

Im Umkehrschluß ergibt sich aus § 8.61 RMBCA, daß konzerninterne Rechtsgeschäfte, die nicht von unabhängigen directors beschlossen oder gebilligt wurden, die auch nicht von nicht mit dem director verbundenen shareholders gebilligt werden und deren Fairness für die Gesellschaft nicht nachgewiesen wird, sehr wohl eine Grundlage für Schadenersatzansprüche und andere Sanktionen zugunsten der shareholders und der corporation sein können[688]. Es ergibt sich aus §§ 8.60 ff. RMBCA damit letztlich eine Beweislastumkehr in Bezug auf die Fairness eines Geschäfts, wenn ein in- **340**

---

[687] § 8.60 RMBCA: “(1) "Conflicting interest" with respect to a corporation means the interest a director of the corporation has respecting a transaction effected or proposed to be effected by the corporation (or by a subsidiary of the corporation or any other entity in which the corporation has a controlling interest) if (i) [...] (ii) the transaction is brought (or is of such character and significance to the corporation that it would in the normal course be brought) before the board of directors of the corporation for action, and the director knows at the time of commitment that any of the following persons is either a party to the transaction or has a beneficial financial interest in or is so closely linked to the transaction and of such financial significance to the person that the interest would reasonably be expected to exert an influence on the director's judgment if he were called upon to vote on the transaction: (A) an entity (other than the corporation) of which the director is a director, general partner, agent, or employee; (B) a person that controls one or more of the entities specified in subclause (A) or an entity that is controlled by, or is under common control with, one or more of the entities specified in subclause (A); or (C) an individual who is a general partner, principal, or employer of the director.”

[688] S. dazu Clark, § 5.2.1. (S. 170) unter Kritik an der verschlungenen Gesetzgebungstechnik.

terested director dem board angehört und das Geschäft nicht in dem Verfahren der §§ 8.62 f. RMBCA gebilligt wird[689].

341 Auch in der corporation stellt sich die Frage nach dem Bezugsobjekt der Treupflicht. Die duty of loyalty verpflichtet die directors auf das Gesellschaftsinteresse. Was aber ist das Gesellschaftsinteresse? Besteht es allein darin, den Wohlstand der Anteilseigner zu mehren[690] oder fließen auch andere Faktoren – insbesondere die Sicherheit der Gläubiger einschließlich der Arbeitnehmer – in sie ein? Dem Problem soll im Zusammenhang mit der Treupflicht der Anteilseigner[691] nachgegangen werden.

c. Executive Officers

§ 8.41 RMBCA: "Each officer has the authority and shall perform the duties set forth in the bylaws or, to the extent consistent with the bylaws, the duties prescribed by the board of directors or by direction of an officer authorized by the board of directors to prescribe the duties of other officers."[692]

342 Die officers oder executive officers sind die obersten leitenden Angestellten der corporation. Nach dem traditionellen Konzept führen sie die alltäglichen Geschäfte unter der Aufsicht des board of directors. Die §§ 8.41 RMBCA, 142 (a) S. 1 Del.Gen.Corp.L., 715 (g) N.Y.Bus.Corp.L. zeigen aber, daß die tatsächliche Stellung der executive officers der *Gestaltung durch Satzungsbestimmungen* und subsidiär durch das board of directors überlassen bleibt. Ihnen kann ein weiter Bereich unabhängiger Entscheidung zugestanden werden oder es kann intensive Abhängigkeit der executive officers von dem board of directors hergestellt werden. Eine Bindung an das board of directors ergibt sich aber daraus, daß die officers in aller Regel durch das board ernannt werden[693] und jederzeit abgesetzt werden können[694] – doch auch dies steht teilweise zur Disposition[695].

---

[689] Schon nach dem common law trifft grundsätzlich denjenigen die Beweislast in Bezug auf die Fairness einer self dealing transaction, der sie aufrechterhalten will, s. Pepper v. Litton, US Sup., 60 S.Ct. 238 (245) v. 4.12.1939; Clark, § 5.2.3. m.w.N. in Fn. 17.

[690] S. Butler, 17 (2000) Ariz. J. Int'l & Comp. L., 555 (590): "the duty of loyalty, generally requires managers to maximize investors' wealth rather than their own".

[691] U. Rn. 364 f.

[692] Ähnlich §§ 142 (a) S. 1 Del.Gen.Corp.L., 715 (g) N.Y.Bus.Corp.L.

[693] §§ 8.40 (a) RMBCA, 142 (b) S. 1 Del.Gen.Corp.L., 715 (a) N.Y.Bus.Corp.L.

[694] S. § 8.43 (b) RMBCA: „A board of directors may remove any officer at any time with or without cause."; ebenso § 716 (a) S. 1 N.Y.Bus.Corp.L.

[695] S. § 8.40 RMBCA: Ein officer kann ermächtigt werden, weitere officers zu ernennen. § 715 (b) N.Y.Bus.Corp.L.: Das certificate of incorporation kann bestimmen, daß alle oder ein Teil der officers durch die shareholders bestimmt werden.

In der Realität insbesondere größerer corporations führen die executive officers die Geschäfte der Gesellschaft und das board beschränkt sich auf eine mehr oder weniger intensive Aufsicht zwischen effektiver Kontrolle und bloßem Abstempeln („rubber stamp") der Maßnahmen der officers[696].

Die *duty of loyalty* der executive officers ähnelt der der directors[697]. Sie 343
entspringt einerseits aus dem Anstellungsverhältnis, andererseits daraus, daß der executive officer Vertreter (agent) der Gesellschaft ist[698]. Das Problem, ob die Verpflichtung auf das Gesellschaftsinteresse eine Verpflichtung auf das Interesse der Gesamtheit der Anteilseigner – und damit nur ein Schutz der Minderheitsgesellschafter – ist oder, ob abstrakt das Interesse der Gesellschaft zu verfolgen ist – wodurch auch die Gläubiger direkt geschützt werden -, stellt sich hier in gleicher Weise wie bei directors und shareholders[699].

Im Gegensatz zu den directors erreicht die *Vergütung* der executive of- 344
ficers teilweise exorbitante Höhen[700], was für eine natürliche Person als Mehrheitsgesellschafter einen Anreiz bietet, die corporation dadurch zu schädigen, daß sie sich selbst als officer ein überzogenes Gehalt gewährt oder gewähren läßt. Jedenfalls die close corporation kann eine überhöhte Vergütung von dem Mehrheitsgesellschafter zurückfordern[701], wobei die Nichtanerkennung der Angemessenheit durch die Steuerbehörde als Nachweis der Unangemessenheit gilt[702]. Ihren Grund findet die Rückforderung in der Treupflicht des Empfängers[703].

---

696 S.o. bei Fn. 682; Butler, 17 (2000) Ariz. J. Int'l & Comp. L., 555 (587 f.) m.w.N. in Fn. 267.

697 S. § 8.42 RMBCA: Standards of conduct for officers (in weiten Teilen wortgleich mit §§ 8.30 RMBCA (General standard of conduct for directors), 715 (h) N.Y.Bus.Corp.L.

698 Merkt, Rn. 668.

699 Diskussion der Frage u. Rn. 364 ff.

700 S. Merkt, Rn. 518 ff., insbes. Fn. 114.

701 S. Fendelman v. Fenco Handbag Manufacturing Co. Inc., Mo.Sup. 482 S.W.2d 461 ff. v. 17.7.1972; Wilderman v. Wilderman, Del.Ch. 315 A.2d 610 ff. v. 10.1.1974, wo die gesamten Gewinne der corporation als Gehalt an den executive officer = director = Mitgesellschafter flossen.

702 S. Wilderman v. Wilderman, Del.Ch. 315 A.2d 610 (615) v. 10.1.1974; Merkt, Rn. 520. Nach § 162 (a)(1) IRC kann die corporation nur eine angemessene Vergütung als notwendige Ausgabe absetzen, s. Fendelman v. Fenco Handbag Manufacturing Co. Inc., Mo.Sup. 482 S.W.2d 461 (465) v. 17.7.1972.

703 S. Wilderman v. Wilderman, Del.Ch. 315 A.2d 610 (615) v. 10.1.1974; Vagts, 8 (1983) J.Corp.L. 231 (275).

2. Kapitalerhaltung

345 Ein grundlegender Unterschied zwischen dem us-amerikanischen Recht des Gesellschaftskapitals und dem deutschen und spanischen System sei vorausgeschickt: Das *Stammkapital* als „Kissen“, als Reserve, die im Interesse der Lebensfähigkeit der Gesellschaft bilanziell zu erhalten ist[704], existiert entweder überhaupt nicht oder hat eine wesentlich geringere Bedeutung. Kaum einer der Staaten, die ein Stammkapital (stated capital) kennen, verlangt außerdem ein Mindestkapital. Die Inkorporierung ist demzufolge regelmäßig ohne (!) Kapital möglich[705]. Das bedeutet aber nicht, daß es deshalb keine Vorschriften der Kapitalerhaltung gäbe.

346 Die Ausschüttung von Vermögen aus der tätigen corporation an die shareholders unterliegt *Restriktionen*, die sich – grob – in drei Punkten zusammenfassen lassen:

1. Die Ausschüttung von Dividenden erfolgt nur, wenn das board of directors einen entsprechenden Beschluß gefaßt hat.
2. Die Ausschüttung ist unzulässig, wenn sie die Zahlungsunfähigkeit der Gesellschaft herbeiführt.
3. Die Ausschüttung ist ebenfalls unzulässig, wenn sie dazu führt, daß die Verbindlichkeiten der Gesellschaft das Aktivvermögen übersteigen.

Die grundsätzliche Notwendigkeit eines board-Beschlusses (1.) besteht in fast allen Gesellschaftsrechten[706]. Auch wird durchgehend verlangt, daß die Ausschüttung nicht zur Zahlungsunfähigkeit der corporation[707] (2.) führt[708].

---

[704] Zur Kapitalsicherung als Rechtfertigung der Haftungsbeschränkung im deutschen Recht Karsten Schmidt, § 18 IV 2.

[705] Merkt, Rn. 262; s.a. Landers, 42 (1975) U.Chi.L.Rev. 589 (592 ff.).

[706] S. §§ 6.40 (a) RMBCA, 170 (a) Del.Gen.Corp.L.; Fletcher, § 5320 m.w.N. in Fn. 7. Dabei besteht grundsätzlich kein Anspruch auf die Ausschüttung, Merkt, Rn. 454.

[707] S. § 6.40 (c) RMBCA: "No distribution may be made if, after giving it effect:
(1) the corporation would not be able to pay its debts as they become due in the usual course of business"; § 510 (a) N.Y.Bus.Corp.L.; Merkt, Rn. 461; Fletcher, § 5329.10 (equity insolvency test). Mit dem Begriff "insolvency" ist allerdings Vorsicht geboten, da er in unterschiedlichen statutes unterschiedliche Bedeutungen hat, s.z.B. 11 USC § 101 (32), § 2 UFTA (Vermögen deckt nicht die Verbindlichkeiten, bankruptcy meaning) einerseits, § 1-201 (23) UCC (Zahlungseinstellung, equity meaning) andererseits.

[708] Das Ausschüttungsverbot bei drohender Zahlungsunfähigkeit ist aber nicht durchgehend in den corporate statutes enthalten. Teilweise ergibt es sich erst aus den Gesetzen über betrügerische (gläubigerbenachteiligende) Vermögensübertragung (fraudulent transfer, dazu u. Rn. 424 ff.).

Das dritte Erfordernis – die Ausgeglichenheit von Aktivvermögen und Verbindlichkeiten[709] unterliegt dagegen Modifikationen in beiden Richtungen: 347

Teils wird die Ausschüttung gestattet, obwohl Aktiva und Passiva nicht ausgeglichen sind. So ist nach § 170 (a)(2) Del.Gen.Corp.L. die Ausschüttung von Dividenden auch aus einem Nettogewinn des laufenden und des vergangenen Geschäftsjahres zulässig, selbst wenn kein Bilanzüberschuß besteht[710].

Häufiger werden die Anforderungen an die Zulässigkeit einer Ausschüttung verschärft:

Das betrifft zunächst die Staaten, deren corporate law ein Stammkapital (stated capital) kennt[711]. Gibt es ein stated capital, so darf auch dieses nicht ausgeschüttet werden, sondern nur der darüber hinausgehende Überschuß (surplus)[712]. Dies ähnelt dem deutschen System. Daß dem gleichwohl keine vergleichbare Bedeutung für den Gläubigerschutz zukommt, liegt daran, daß die Höhe des stated capital weithin zur Disposition des board of directors steht[713]. 348

Gibt es kein stated capital, so können andere „Aufschläge" existieren, die nicht an die shareholders verteilt werden dürfen. So müssen nach § 6.40 RMBCA die Aktiva nicht nur die Passiva decken, sondern zusätzlich die Summe, die nötig wäre, die Ansprüche von Inhabern bevorrechtigter Anteile im Fall der Auflösung zu befriedigen. Nach § 500 (b) Cal.Corp.C. ist ein pauschaler Aufschlag von ¼ auf die Gesellschaftsverbindlichkeiten erforderlich[714], womit in der Kapitalerhaltung ein flexibles „Kissen" geschaffen ist, das grundsätzlich so funktioniert wie das starre „Kissen" 349

---

[709] S. § 6.40 (c) RMBCA: „No distribution may be made if, after giving it effect:
(1) [s. Fn. 707]
(2) the corporation's total assets would be less than the sum of its total liabilities plus (unless the articles of incorporation permit otherwise) the amount that would be needed, if the corporation were to be dissolved at the time of the distribution, to satisfy the preferential rights upon dissolution of shareholders whose preferential rights are superior to those receiving the distribution."; §§ 170 (a)(1) Del.Gen.Corp.L., 510 (b) N.Y.Bus.Corp.L.; Fletcher, § 5329.15 (balance sheet test).

[710] Sogenannte nimble dividends, s. Merkt, Rn. 460; Fletcher, § 5329.15.

[711] So Delaware und New York. Das stated capital wird entweder durch den Nennwert der Anteile (par value) bestimmt oder, wenn nennwertlose Anteile (no par stock) ausgegeben werden, durch die tatsächlich zu leistende Einlage, es sei denn, das board of directors beschließt, einen Teil der Einlage als Überschuß (surplus) auszuweisen; instruktiv § 506 (a)-(b) N.Y.Bus.Corp.L.; Merkt, Rn. 372 ff.

[712] S. §§ 170 (a)(1) Del.Gen.Corp.L., 510 (b) 1. HS. N.Y.Bus.Corp.L.; Fletcher, § 5345.

[713] Vgl. §§ 154 Del.Gen.Corp.L., 506 (b) S. 1, 516 N.Y.Bus.Corp.L.

[714] Vgl. Merkt, Rn. 463; Wackerbarth, § 7 I 4 a.

Stammkapital, sich aber an der Belastung der Gesellschaft mit Verbindlichkeiten orientiert.

350 Es liegt auf der Hand, daß die Reichweite der Ausschüttungssperre bei nicht ausgeglichener *Bilanz* (3.) ganz wesentlich davon abhängt, wie diese Bilanz aufgestellt wird. Hier begnügt sich der RMBCA allerdings mit der Anforderung, daß das board of directors eine den Umständen nach angemessene Methode anwende[715]. Es ist also nicht ein Überschuß aufgrund eines nach den anerkannten Rechnungslegungsgrundsätzen (GAAP) erstellten Jahresabschlusses erforderlich[716], sondern das board kann etwa eine angemessene Bewertung (fair valuation) der Vermögenswerte vornehmen[717], die natürlich zu weiten Teilen von der mehr oder weniger optimistischen Einschätzung des board of directors abhängt[718].

351 Die corporation statutes bestimmen meist die *Verantwortlichkeit* der directors, wenn entgegen den Vorschriften über die Kapitalerhaltung Gesellschaftsvermögen an die shareholders verteilt wird. Die directors haften der corporation, wenn sie um die Unzulässigkeit der Verteilung wußten, in den meisten Staaten auch, wenn sie diesbezüglich fahrlässig handelten[719]. Nach § 8.33 (b)(2) RMBCA können die directors bei bösgläubigen Anteilseignern Rückgriff nehmen[720]. Die direkte Verantwortlichkeit der zu unrecht begünstigten Gesellschafter gegenüber den Gläubigern ergibt sich dagegen oft aus den Vorschriften über betrügerische Transfers (fraudulent transfer)[721].

---

[715] S. § 6.40 (d) RMBCA: "The board of directors may base a determination that a distribution is not prohibited under subsection (c) either on financial statements prepared on the basis of accounting practices and principles that are reasonable in the circumstances or on a fair valuation or other method that is reasonable in the circumstances."

[716] Fletcher, § 5335 m.w.N. in Fn. 16; Balthasar, S. 324 f.; Wackerbarth, § 7 I 4 a cc.

[717] Dies wurde bereits zugelassen in Randall v. Bailey, N.Y.Sup. 23 N.Y.S.2d 173 ff. v. 24.10.1940; aff'd N.Y.Sup. 29 N.Y.S. 512 v. 27.6.1941; s.a. Fletcher, § 5344.

[718] Deutlich Clark, § 14.3.6: "The danger, of course, is that the "fair values" picked by an ever-optimistic board of directors with Santa Clausian tendencies may be used to justify dividends that deplete the corporation's wealth so much that creditors are left unsatisfied – as were the creditors in *Randall v. Bailey*."

[719] S. § 8.33 (a) RMBCA i.V.m. § 8.30 RMBCA; § 173 (a) Del.Gen.Corp.L. (Haftung jeweils schon bei Fahrlässigkeit); Merkt, Rn. 466.

[720] Weitergehend §§ 719 (d)(1) N.Y.Bus.Corp.L., 173 (c) Del.Gen.Corp.L: Rückgriff auch bei Gesellschaftern, denen Tatsachen bekannt waren, die die Unzulässigkeit der Verteilung nahelegten.

[721] Näher zur Haftung der Gesellschafter u. Rn. 422 ff.

3. Fiduciary Duties

Die us-amerikanische Diskussion der Treupflichten wird beherrscht von einem Zitat des Richters Cardozo in Meinhard v. Salmon[722]: 352

„Joint adventurers, like copartners, owe to one another, while the enterprise continues, the duty of the finest loyalty. Many forms of conduct, permissible in a workaday world for those acting at arm's length, are forbidden to those bound by fiduciary ties. A trustee is held to something stricter than the morals of the market place. Not honesty alone, but the punctilio of honor the most sensitive, is then the standard of behavior. As to this there has developed a tradition that is unbending and inveterate. Uncompromising rigidity has been the attitude of courts of equity when petitioned to undermine the rule of undivided loyalty by the "disintegrating erosion" of particular exceptions. Only thus has the level of conduct for fiduciaries been kept at a level higher than that trodden by the crowd."

Die directors und die executive officers haben zur corporation eine solche fiduziarische Beziehung (fiduciary relationship), aus der sich entsprechende Pflichten (fiduciary duties) ergeben, darunter die Treupflicht (duty of loyalty). Diese Pflicht ist für die directors teilweise in den corporate statutes fixiert[723], teilweise ergibt sie sich aus dem common law und folgt hier insbesondere daraus, daß die directors und bestimmte officers als Sachwalter der Gesellschaft tätig werden[724]. Für die shareholders besteht demgegenüber keine gesetzliche Bestimmung, die eine Treupflicht zur Gesellschaft begründen würde. Auch nach dem common law steht der shareholder als solcher grundsätzlich nicht in einer fiduciary oder trust relationship, also nicht in einer Treuhand- oder Treuebeziehung, zur Gesellschaft oder zu den Minderheitsgesellschaftern[725]. Das läßt sich daraus erklären, daß die corporation grundsätzlich durch das board of directors verwaltet wird und die Anteilseigner daher – im Normalfall - nicht als Sachwalter der Gesellschaft tätig werden. Nach dem Leitbild der corporation sind sie vor al- 353

---

[722] N.Y.App., 164 N.E. 545 (546) v. 31.10.1928 = 249 N.Y. 458 (464).

[723] S.o. bei Fn. 683.

[724] Hierzu Shaffner, 8 (2000) Am.Bankr.Inst.L.R. 479 (490); zur umstrittenen dogmatischen Herleitung der Treupflicht der directors auch Merkt, Rn. 667: Sie wird teilweise aus dem Vertretungsrecht (agency), teilweise aus dem trust-Recht hergeleitet, teilweise wird ein Rechtsverhältnis sui generis angenommen.

[725] S. Rothschild v. Memphis, 6th Cir., 113 F. 476 v. 10.2.1902 (Hier allerdings schon mit der Einschränkung, daß der Mehrheitsaktionär die Gesellschaft nicht zum Nachteil der Minderheit kontrolliert hat und daß kein Betrug (fraud) vorlag.); Bell v. Fred T. Ley & Co., Mass.Sup., 179 N.E. 294 (299) v. 9.1.1932; Fletcher, § 5811 mit zahlreichen Nachweisen in Fn. 1 f.

lem Kapitalgeber. Die unternehmerischen Entscheidungen werden dagegen durch das board of directors gefällt, welches folglich auch den Pflichten eines Sachwalters unterliegt.

354 Etwas anderes gilt für den (oder die[726]) *kontrollierenden Gesellschafter*. Zwischen dem controlling shareholder und seiner corporation besteht eine fiduciary relationship[727] und ebenso wie die directors und executive officers[728] treffen ihn die entsprechenden Pflichten einschließlich der duty of loyalty. Diese Ausdehnung der Treupflicht auf den herrschenden Gesellschafter hat ihre Grundlage zumindest auch in dem bereits im deutschen und vor allem im spanischen Recht begegneten Gedanken[729], daß denjenigen, der die Gesellschaft so führt, wie es nach dem gesetzlichen Leitbild der Verwaltung zukommt, auch die entsprechenden Pflichten treffen – unabhängig von seiner formalen Position[730].

---

[726] Die Treupflicht kann auch eine Gruppe von Anteilseignern treffen, die gemeinsam die Gesellschaft kontrollieren, s. Fletcher, § 5811.

[727] S. Shell Petroleum Inc. v. Smith, Del. Sup. 606 A.2d 112 v. 23.4.1992 (Ein in mehrerlei Hinsicht bemerkenswerter Fall: Die Royal Dutch Petroleum Company hält 70 % der Anteile an Shell Petroleum und will sich diese Gesellschaft einverleiben. Ein erstes Angebot der Muttergesellschaft an die Minderheitsaktionäre der Tochter Shell wird von deren board of directors als zu niedrig zurückgewiesen. Mit einem erhöhten Angebot gelingt es Royal Dutch Petroleum 94, 6 % der Anteile in ihren Besitz zu bringen. Darauf betreibt Royal Dutch einen sog. „short form merger" nach § 253 Del.Gen.Corp.L. (vereinfachte Fusion zwischen Mutter- und Tochtergesellschaft, s.a. § 11.05 RMBCA, Clark, § 10.6.2. (S. 450)) um mit Shell zu fusionieren. In dem Informationsmaterial, das der verbliebenen Minderheit zur Entscheidung über ihre Zustimmung zugeleitet wird, fehlen – aufgrund eines Computerfehlers! – Ölreserven der Shell im Wert von ca. 1 Mrd. $ (=ca. 3 $ pro Anteil). Das führt bei der Minderheit zu dem Eindruck, die Ölreserven der Shell nähmen ab statt – wie tatsächlich der Fall – zu. Den Minderheitsaktionären wird ein Schadenersatz von 2 $ pro Anteil zugesprochen, da Royal Dutch als Muttergesellschaft ihre ficuciary duty verletzt habe.); Pepper v. Litton, US Sup., 60 S.Ct. 238 (245) v. 4.12.1939; Governors Grove Condominium Association, Inc. v. Hill Developement Corp., Conn.Super., 414 A.2d 1177 (1183 f.) v. 28.1.1980; Linge v. Ralston Purina Company, Iowa Sup., 293 N.W.2d 191 (194) v. 18.6.1980; Gilbert v. El Paso Co., Del.Ch., 490 A.2d 1051 (1055) v. 27.11.1984; Bayliss v. Rood, 4th Cir., 424 F.2d 142 (146) v. 13.4.1970; Zahn v. Transamerica Corporation, 3rd Cir., 162 F.2d 36 (42) v. 30.6.1947; Orchard v. Covelli, US Distr. Pa., 590 F.Supp. 1548 (1556 f.) v. 6.7.1984; In re MAXXAM, Inc., Del.Ch., 659 A.2d 760 (771) v. 13.2.1995; Fletcher, § 5811 und das umfangreiche Fallmaterial in Fn. 3; Merkt, Rn. 669.

[728] Besonders deutlich zur Gleichartigkeit der Pflichtbindung Governors Grove Condominium Association, Inc. v. Hill Developement Corp., Conn.Super., 414 A.2d 1177 (1183 f.) v. 28.1.1980.

[729] S.o. Rn. 315 ff.

[730] S. Fry v. Trump, US Distr.N.J., 681 F.Supp. 252 (256) v. 2.2.1988; Fletcher, § 5811 m.w.N. in Fn. 16 f.

Die fiduciary duty als controlling shareholder trifft den Anteilseigner, der das Verhalten der Gesellschaft tatsächlich kontrolliert[731]. Das ist im allgemeinen derjenige, der mehr als 50 % der ausgegebenen Anteile einer corporation hält. Liegt der Anteil eines Gesellschafters unter 50 %, so wird vermutet, daß er die Gesellschaft nicht kontrolliert, das Gegenteil kann aber nachgewiesen werden[732]. 355

Inhaltlich richtet sich die Verpflichtung des controlling shareholder vor allem gegen die Unterdrückung (oppression) der Minderheit durch die Mehrheit[733]. Im einzelnen ist allerdings problematisch, inwieweit die fiduziarischen Pflichten nur gegenüber der corporation oder auch gegenüber einzelnen Minderheitsgesellschaftern bestehen[734]. Die fiduciary duties sollen verhindern, daß Gesellschafter die Kontrolle über die Gesellschaft dazu nutzen, sich Vorteile zu verschaffen, die nicht mit der Minderheit geteilt werden[735]. Das *Verbot des Erstrebens von Sondervorteilen* findet sich damit auch[736] im us-amerikanischen Recht. 356

Die fiduciary duty of loyalty des Gesellschafters aktualisiert sich vor allem in Themenkreisen, die auch die Treupflicht der directors und executive officers kennzeichnen: Self dealing (Insichgeschäfte im weiteren Sinn) und corporate opportunities (Geschäftschancen, die der Gesellschaft zustehen)[737]. Hinzu kommen Tatbestände, die nur für einen herrschenden Ge- 357

---

[731] S. Kaplan v. Centex Corp., Del.Ch., 284 A.2d 119 (123) v. 22.10.1971: „a direction of corporate conduct in such a way as to comport with the wishes or interests of the corporation (or persons) doing the controlling."

[732] S. Gilbert v. El Paso Co., Del.Ch., 490 A.2d 1051 (1055) v. 27.11.1984; Fletcher, § 5811 m.w.N. in Fn. 23; das System entspricht §§ 16 f. AktG; anders die ALI principles of corporate governance (s.o. Fn. 17), die in § 1.08 (b) eine Vermutung für Kontrolle schon bei mehr als 25 % Anteilsbesitz aufstellen, was aber nicht die Rechtslage in den Einzelstaaten widerspiegelt, Hansen, S. 81.

[733] Ob oppression gleichbedeutend ist mit einer Verletzung der fiduciary duties ist nicht letztendlich geklärt. Einige Gerichte sehen oppression als gegeben an, wenn die „fiduciary duties of good faith and fair dealing" gegenüber der Minderheit verletzt werden, andere Gerichte verwenden eigenständige Definitionen, so, daß die berechtigten Erwartungen der Minderheit nicht erfüllt wurden, s. Moscow/Ankers, 77 (1998) Mich.B.J. 1088 (1092). Hierin liegt aber kein grundlegender sachlicher Unterschied, vgl. aaO., S. 1092 ff.

[734] S. Fletcher, § 5811 m.w.N. in Fn. 21; Merkt, Rn. 756 ff.

[735] Orchard v. Covelli, US Distr. Pa., 590 F.Supp. 1548 (1556 f.) v. 6.7.1984; Fletcher, § 5811 m.w.N. in Fn. 11.

[736] S.a. § 243 Abs. 2 S. 1 AktG.

[737] Auch in dem oben (Fn. 722) zitierten Klassiker der fiduciary duties, Meinhard v. Salmon, N.Y.App., 164 N.E. 545 (546) v. 31.10.1928 = 249 N.Y. 458 (464), ging es um eine Geschäftschance: Salmon, Mitglied und Geschäftsführer eines joint venture zum Betrieb eines Hotelgebäudes erhält von dem Verpächter die Gelegenheit den gesamten Gebäudekomples zu pachten. Salmon pachtet heimlich nicht für das joint venture, son-

sellschafter in Betracht kommen, so vor allem der Verkauf der Kontrollmehrheit[738].

358 Sowohl self dealing als auch corporate opportunities bieten reiches Fallmaterial und eine ausgefeilte Dogmatik, die hier nicht in all ihren Feinheiten nachgezeichnet werden kann[739]. Dem *self dealing* soll unter (d.) weiter nachgegangen werden.

359 Die *corporate opportunity doctrine* beinhaltet, daß derjenige Treupflichtige, der eine Geschäftschance nutzt, die der corporation zusteht, verpflichtet ist, entweder das gesamte Geschäft[740] oder den erzielten Gewinn[741] an die corportation abzutreten[742]. Im Konzern erlangt das vor allem dann Bedeutung, wenn die ihm angehörenden Unternehmen in der gleichen oder ähnlichen Branchen operieren: Darf das Mutterunternehmen eine Fabrik erwerben, in der genauso gut Produkte der Tochter hergestellt werden könnten? Darf es eine Schwestergesellschaft der corporation veranlassen, einen Kunden zu beliefern, der sich ansonsten bei der corporation eingedeckt hätte? Und verletzt es nicht seine Treupflicht gegenüber der Schwestergesellschaft, wenn es das nicht tut?

360 Die schwer zu beantwortende Frage lautet: Was ist eine corporate opportunity, wann also steht eine Geschäftschance einer corporation zu?

Die Gerichte wenden hierzu unterschiedliche Tests an[743]. Nach dem interest oder expectancy test kommt es darauf an, ob die Gesellschaft ein rechtliches Interesse an oder eine begründete Erwartung auf das konkrete Geschäft hat. Der line of business test[744] sieht eine corporate opportunity, wenn die Gelegenheit in den Geschäftsbereich der corporation fällt. Der

---

dern durch eine ihm gehörende und von ihm kontrollierte corporation. Salmon wird verurteilt, das Geschäft mit seinem joint venture-Partner Meinhard zu teilen, denn insbesondere da Salmon das joint venture kontrollierte, traf ihn die Pflicht, das Angebot offenzulegen.

[738] Hierzu ausführlich Merkt, Rn. 741 ff.; problematisch ist insbesondere die Frage, ob der Mehrheitsgesellschafter verpflichtet ist, eine Prämie, die er bei einem Verkauf der Kontrollmehrheit über dem Kurs- oder Marktwert erhält, mit den Minderheitsgesellschaftern zu teilen, aaO., Rn. 749 ff.; Clark, § 11.4.4 „Control a corporate asset?“; Rock/Wachter, 24 (1999) J.Corp.L. 913 (942 ff.).

[739] Eingehende und eingängige Darstellungen bei Clark, § 5 (self dealing) und § 7 (corporate opportunities); Merkt Rn. 701 ff, 725 ff.

[740] So in dem Klassiker Guth v. Loft, Del.Sup., 5 A.2d 503 (510) v. 11.4.1939; s.a. Miller v. Miller, Minn.Sup., 222 N.W.2d 71 (78) v. 20.9.1974.

[741] S. Hill v. Hill, Pa.Super., 420 A.2d 1078 (1081) v. 30.5.1980; Sialkot Importing Corp. v. Berlin, N.Y.App., 68 N.E.2d 501 (502) v. 23.7.1946.

[742] Clark, § 7.1 m.w.N. in Fn. 1.

[743] S. Clark, 7.2; Begert, 56 (1989) U.Chi.L.Rev., 827 (837 ff.); Merkt, Rn. 728-732.

[744] Z.B. in Guth v. Loft, Del.Sup., 5 A.2d 503 (511) v. 11.4.1939.

fairness test[745] will nach ethischen Standards entscheiden. Die two-step analysis[746] kombiniert line of business und fairness test: Entscheidend ist, ob der Geschäftsbereich der corporation betroffen ist und das Ausnutzen der Gelegenheit durch den Treupflichtigen unfair wäre. Diese Tests stellen Versuche dar, die schwer zu fassende Wertung, die die Treupflicht erforderlich macht, zu systematisieren. Hinter ihnen verbirgt sich eine Vielzahl von Einzelaspekten, die Gerichte berücksichtigt haben, um festzustellen, ob das Ausnutzen einer Geschäftschance ein Treupflichtverstoß ist.

Speziell für aus mehreren corporations gebildete Konzerne (*corporate* 361
groups), wo sich das zusätzliche Problem der Verteilung von Gelegenheiten zwischen einer Vielzahl von Unternehmen stellen kann, hat *Clark*[747] eine durch ihre Einfachheit bestechende Regel vorgeschlagen: Eine Geschäftschance steht immer der Tochtergesellschaft (subsidiary) zu, es sei denn, die Muttergesellschaft (parent) kann nachweisen, daß die Gelegenheit in den Händen der Mutter einen deutlich höheren Wert hat. Zwischen mehreren Tochtergesellschaften steht sie derjenigen zu, an der die Muttergesellschaft die geringste Beteiligung hält. Als Ergebnis geht die nachträgliche Kontrolle durch die Treupflicht exakt in die entgegengesetzte Richtung wie das vorhergehende gesellschaftsfremde Interesse der Muttergesellschaft. Außerdem werde hierdurch ein Anreiz geschaffen, die Beherrschung von Gesellschaften mit Minderheitsbeteiligung abzubauen – gleichzeitig ein Beitrag zur Beseitigung des zugrundeliegenden Interessenkonflikts.

Neben der Treupflicht des controlling shareholder in allen corporations 362
besteht die Tendenz, in der *close corporation*, die häufig von den Gesellschaftern selbst verwaltet wird, eine Treupflicht der shareholder anzuerkennen, die derjenigen in einer Personengesellschaft nahekommt[748].

Sanktionen aus der Verletzung der Treupflicht, insbesondere Schadener- 363
satzansprüche können von der corporation selbst, von Minderheitsgesellschaftern im Wege der derivative suit[749] und im Bankrott (bankruptcy) vom Konkursverwalter (trustee) geltend gemacht werden[750]. Wie auch bei

---

[745] S. Durfee v. Durfee & Canning, Inc., Ma.Sup., 80 N.E.2d 522 (529) v. 8.7.1948 unter Hinweis auf Ballantine on Corporations (Revised Edition 1946), 204 f. Der interest or expectancy test wird ausdrücklich abgelehnt. Guth v. Loft (Fn. 744) wird zitiert, der line of business test aber nicht angewendet.

[746] Begründet in Miller v. Miller, Minn.Sup., 222 N.W.2d 71 (81) v. 20.9.1974 mit Zusammenfassung der unterschiedlichen Tests.

[747] Clark, § 7.8.2, § 7.9.

[748] S. Orchard v. Covelli, US Distr. Pa., 590 F.Supp. 1548 (1557) v. 6.7.1984; Merkt, Rn. 670 m.w.N. in Fn. 19.

[749] Dazu o. Rn. 335.

[750] Fletcher, § 5811 a.E.; Pepper v. Litton, US Sup., 60 S.Ct. 238 (245) v. 4.12.1939; Bayliss v. Rood, 4th Cir., 424 F.2d 142 (146) v. 13.4.1970.

betrügerischen Transfers sind die Folgen einer Verletzung weit gespannt. So kann das Gericht bei offensichtlicher Pflichtverletzung des Mehrheitsgesellschafters auch die Auflösung der Gesellschaft anordnen[751].

364 Wie auch im deutschen Kapitalgesellschaftsrecht[752] hat sich im usamerikanischen Recht eine reichhaltige Diskussion über das *Bezugsobjekt* der Treupflicht entwickelt: Ist es das in der corporation zusammengefaßte Interesse aller Gesellschafter oder hat der Treupflichtige auch die Interessen anderer, insbesondere der Gläubiger, zu berücksichtigen? Das Problem ist in der Rechtsprechung auch für den Fall der Gläubigergefährdung mehrfach entschieden.

365 Grundsätzlich gilt, daß ein an sich pflichtwidriges Verhalten durch die Zustimmung eines insoweit unabhängigen board of directors oder der Gesellschafterversammlung vor Anfechtung geschützt werden kann[753]. Damit steht die Einhaltung der Treupflicht im Normalfall zur Disposition der Anteilseigner. Bezugsobjekt und Richtschnur der fiduciary duty ist dementsprechend das in der Gesellschaft zusammengefasste Interesse der Gesellschafter[754]. Gläubiger gehören nicht zum zu schützenden Personenkreis[755]. Die Gesamtheit der Gesellschafter einschließlich des einzigen Gesellschafters ist damit nicht an die Einhaltung der fiduciary duties gegenüber der corporation gebunden[756].

Der wesentliche *Grund* für den Ausschluß der Gläubiger aus dem zu schützenden Personenkreis ist, daß sie kein eigentümerähnliches Interesse (ownership interest) an dem Vermögen einer solventen Gesellschaft haben.

---

[751] Die Auflösung der Gesellschaft ist geradezu die klassische Sanktion der Unterdrükkung der Minderheit und häufig gesetzlich geregelt, s. § 14.30 (2)(ii) RMBCA: „[The [court] may dissolve a corporation: in a proceeding by a shareholder if it is established that:] the directors or those in control of the corporation have acted, are acting, or will act in a manner that is illegal, oppressive, or fraudulent;"; Fletcher, § 5811 m.w.N. in Fn. 26, 37; neben der Auflösung gewinnt in Fällen dauerhafter Unterdrückung aber der zwangsweise Rückkauf der Anteile der Minderheit – vergleichbar der deutschen Abfindung – an Boden, vgl. Moscow/Ankers, 77 (1998) Mich.B.J., 1088 (1089).

[752] S.o. Rn. 107 ff.

[753] Merkt, Rn. 726 m.w.N. in Fn. 190.

[754] S. T. Smith, 98 (1999) Mich.L.Rev. 214: "Now the orthodox view among corporate law scholars is that the corporate fiduciary duty is a norm that requires firm managers to 'maximize shareholder value'." Smith selbst vertritt die Ansicht, daß Ziel der fiduciary duty die Steigerung des Firmenwertes sei. Zusammenfassend G. Smith, 23 (1998) J.Corp.L. 277 ff.; allgemein zu den unterschiedlichen Ansätzen, welche Interessen im Gesellschaftsrecht zu berücksichtigen sind, mit klarer Entscheidung für die shareholder-Orientierung, Hansmann/Kraakman, 89 (2001) Geo.L.J. 439 ff.

[755] Lorenz v. CSX Corp., 3rd Cir., 1 F.3d 1406 (1417) v. 6.8.1993; Broad v. Rockwell Intern. Corp., 5th Cir., 642 F.2d, 929 (958 f.) v. 17.4.1981; Shaffner, 8 (2000) Am.Bankr.I.L.R. 479 (494) m.w.N. in Fn. 59.

[756] S.a. ALI, Principles of Corporate Governance, § 5.10 (Comment, S. 327).

Solange die Gesellschaft ihren Verbindlichkeiten nachkommt, tragen allein die shareholder die Lasten verlustbringender Geschäfte und ernten die Früchte erfolgreicher Geschäftsführung[757]. Nur sie haben ein unmittelbares Interesse am geschäftlichen Erfolg der corporation und sind deshalb Schutzobjekt der fiduciary duties.

Das kann sich allerdings ändern: Besteht die Gefahr der Insolvenz und damit eine konkrete Gefährdung der Gläubiger, so können deren Interessen bei der Bestimmung der fididuciary duties zu berücksichtigen sein. Die Begründung ergibt sich aus dem vorher gesagten: Ist die Gesellschaft überschuldet (insolvent im bankruptcy-Sinn), so würde im Konkursfall das gesamte Aktivvermögen an die Gläubiger verteilt. Es lassen sich daher die Gläubiger als eigentliche Eigentümer der corporation bezeichnen[758]. Eine Verbesserung oder Verschlechterungen in der Vermögenssituation einer überschuldeten Gesellschaft wirkt sich unmittelbar auf den Wert ihrer Forderungen aus. Die Gesellschafter würden bei einer Auflösung der corporation dagegen nichts mehr erhalten. Deshalb wird auch angenommen, daß die shareholder in dieser Situation ein verstärktes Interesse an riskanten Geschäften haben – gewinnen sie, bekommt ihre Beteiligung doch noch einen tatsächlichen Wert, verlieren sie, geht das allein zu Lasten der Gläubiger[759]. Auch das spricht dafür, Entscheidungen in dieser Phase an den Interessen der Gläubiger auszurichten. 366

Unklar ist aber, wann die Gläubiger in den Kreis der zu schützenden Personen aufgenommen werden: 367

1. Wenn die Gesellschaft insolvent ist[760], wobei sich hinter dem Begriff der Insolvenz unterschiedliche Definitionen verbergen, vor allem das Übersteigen des Aktivvermögens durch die Verbindlichkeiten (bankruptcy meaning) und die Zahlungsunfähigkeit (equity meaning)[761],
2. wenn sich die Gesellschaft in der Nähe der Insolvenz befindet[762] oder

---

757 S. Brunstad/Sigal, 55 (1999) Bus.Law. 1 (53); Shaffner, 8 (2000) Am.Bankr.I.L.R. 479 (494 f.) m.w.N. in Fn. 60.

758 S. Shaffner, 8 (2000) Am.Bankr.I.L.R. 479 (525) unter Hinweis auf Helvering v. Alabama Asphaltic Limestone Co., US Sup., 315 U.S. 179 (183 f.) v. 2.2.1942, wo nach einer Reorganisation einer insolventen Gesellschaft die bisherigen Gläubiger Gesellschafter anstatt der Gesellschafter wurden: "Pursuant to the absolute priority rule, creditors are the actual owners of an insolvent corporation."

759 S. Shaffner, 8 (2000) Am.Bankr.I.L.R. 479 (529 ff.) m.w.N.

760 S. Odyssey Partners v. Fleming Companies, Del.Ch., 735 A.2d 386 (420) v. 13.5.1999.

761 Eingehend Shaffner, 8 (2000) Am.Bankr.I.L.R. 479 (513 ff.); s. schon o. Fn. 707.

762 Credit Lyonnais Bank Nederland, N.V. v. Pathe Communications, Del.Ch., WL 277613 (34) v. 30.12.1991: „At least where a corporation is operating in the vicinity of insolvency, a board of directors is not merely the agent of the residue risk bearers, but

3. wenn die zu beurteilende Entscheidung den rechtlichen Wert der Gläubigerforderungen bedroht und damit bereits dann, wenn sie unmittelbar zur Folge hätte, daß die corporation in die Nähe der Insolvenz kommt[763]?

368 Der erste Punkt stellt den Mindeststandard gläubigerschützender Pflichtbindung dar. Auch die Berücksichtigung der Gläubigerinteressen, wenn sich die Gesellschaft in der Nähe der Insolvenz befindet, ist von Gerichten bereits angewendet worden. Nicht zu leugnen ist allerdings, daß Gläubiger in gleicher Weise gefährdet werden, wenn in einer wirtschaftlich gesunden Gesellschaft eine Entscheidung von so weitreichender Bedeutung getroffen wird, daß sie die Gesellschaft in die Gefahr der Insolvenz führt. Insofern scheint es konsequent, bei diesen Entscheidungen auch das Gläubigerinteresse zu berücksichtigen – von der Rechtsprechung anerkannt wurde dies aber bisher nur, wenn sich die Gesellschaft bereits in der Nähe der Insolvenz befindet.

4. Insbesondere: self dealing und Stimmverbot

„Du bist dir nur des einen Triebs bewußt,
O lerne nie den andern kennen!
Zwei Seelen wohnen, ach! in meiner Brust,
Die eine will sich von der andern trennen"[764]

369 Ein Problem, daß sich vor allem auch in Konzernbeziehungen aktualisiert, sind die Vielzahl der Geschäfte, bei denen ein Insider – in unserem Fall der herrschende Gesellschafter – in der ein oder anderen Form auf beiden Seiten steht. Hierbei steht er typischerweise in der Versuchung, seine gesellschaftsfremden Interessen über die der corporation zu stellen und dadurch seine Treupflicht zu verletzen.
Dieser Interessenkonflikt besteht, wie schon im deutschen und spanischen Recht gesehen, nicht nur dann, wenn der Insider persönlich auf der anderen Seite des Geschäfts steht, sondern auch, wenn er an dem Geschäftspartner maßgeblich beteiligt ist und deshalb ein finanzielles Interesse nicht

---

owes its duty to the corporate enterprise.", zu der Entscheidung Heidenberger/Wilburn, RIW 1992, 850 f.; kritisch Morris 19 (1993) J.Corp.L. 61 ff.; s.a. New York Credit Men's Adjustment Bureau, Inc. v. Weiss, N.Y.App., 110 N.E.2d 397 (398) v. 15.1.1953; vgl. a. Pepper v. Litton, US Sup., 60 S.Ct. 238 (245) v. 4.12.1939: "For that standard of fiduciary obligation is designed for the protection of the entire community of interests in the corporation – creditors as well as stockholders." in einem Fall, in dem das betreffende Verhalten in einer wirtschaftlichen Krise der Gesellschaft, aber einige Zeit vor Eintritt des Konkurses (bankruptcy) stattgefunden hatte.

[763] So der Vorschlag von Shaffner, 8 (2000) Am.Bankr.I.L.R. 479 (517 f., 537 ff.).

[764] Johann Wolfgang von Goethe, Faust – Der Tragödie erster Teil, Z. 1110-1113.

nur am Erfolg der corporation, sondern auch des Geschäftspartners hat. Die besonderen Regeln des self dealing finden deshalb dann Anwendung, wenn bei vernünftiger Betrachtung davon auszugehen ist, daß die Entscheidung des Insiders durch sein anderweitiges finanzielles Interesse beeinflußt wird[765].

a. Vor der self dealing transaction

Der Interessenkonflikt hatte Gerichte bis ca. 1900 dazu bewegt, self dea- 370
ling-Transaktionen generell als anfechtbar anzusehen[766]. Das wurde in der Folge aufgegeben. Insbesondere hat ein Gesellschafter grundsätzlich das selbe Recht, mit seiner Gesellschaft Verträge zu schließen wie jeder Außenstehende[767]. Aus der Treupflicht folgt aber eine besondere Behandlung der Geschäfte mit interessierten Insidern. Für die directors besteht eine ausführliche Regelung der Interessenkonflikte in §§ 8.60 ff. RMBCA, die auch einen großen Teil der konzerninternen Rechtsgeschäfte erfaßt[768].

Für die Gesellschafter wird in Deutschland und Spanien teilweise versucht, 371
den Interessenkonflikt schon aus dem Entscheidungsprozeß zu eliminieren, indem der betroffene Gesellschafter vom Stimmrecht ausgeschlossen wird[769]. In den USA besteht ein solches Stimmverbot nicht[770]. Das ist nicht weiter verwunderlich, bedenkt man, daß Entscheidungen über Transaktionen nach der Organisationsverfassung der corporation nicht von den Gesellschaftern, sondern von dem board of directors oder den executive officers getroffen werden. Aber auch für diese besteht kein Verbot, welches ihre Beteiligung an der Entscheidung von vornherein ausschlösse.

b. Nach der self dealing transaction

Hat eine self dealing transaction einmal stattgefunden, so gilt es, festzu- 372
stellen, ob mit ihr gegen die fiduziarischen Pflichten des interessierten

---

765 Merkt, Rn. 716; s.a. die Definition des "basic self dealing" bei Clark, ch. 5 (S. 159): „(1) transactions between a corporation and its directors or officers; (2) transactions between a corporation and a business entity in which the directors or officers have a significant direct or indirect financial interest; (3) transactions between a partially owned subsidiary corporation and its parent corporation; and (4) transactions between a corporation and another one with common or "interlocking" directors or officers." Self dealing ist teilweise gesetzlich, teilweise im common law geregelt, Clark, aaO., eine exakte Bestimmung ist daher nur jeweils für eine bestimmte Rechtsquelle möglich.

766 Ausführlich zur historischen Entwicklung Clark, § 5.1.; Merkt, Rn. 703 f.

767 Bell v. Fred T. Ley & Co., Mass.Sup., 179 N.E. 294 (299) v. 9.1.1932.

768 S.o. Rn. 338 ff.

769 S.o. Rn. 55 ff.,.122 ff., 276 ff.

770 S. Lebold v. Inland Steel Co., 7th Cir., 125 F.2d 369 (372 ff.) v. 29.12.1941 und Merkt, Rn. 670 m.w.N. in Fn. 17: Stimmrecht sogar bei nachträglicher Billigung.

Insiders verstoßen wurde. Das ist grundsätzlich dann der Fall, wenn das Geschäft aus der Sicht der corporation *nicht fair* war[771].
Maßstab hierfür ist, ob das Geschäft von der corporation in gleicher Weise geschlossen worden wäre, bestünde kein Interessenkonflikt des Insiders, ob die Beteiligten sich also so verhalten haben, als wären sie unabhängig am Markt tätig geworden – als hätten sie den üblichen Abstand einer Armeslänge (arm's length) zueinander[772].

373 Hier begegnet einmal mehr das *Grundproblem des Konzernrechts*: Nachträglich festzustellen, ob ein Geschäft von einer unabhängig geführten Gesellschaft abgeschlossen worden wäre, ist regelmäßig schwierig und teuer, für ein Gericht oft sogar unmöglich. Der arm's length-Maßstab hilft außerdem dann von vornherein nicht weiter, wenn Vorteile zu verteilen sind, die in einer unabhängig am Markt agierenden Gesellschaft nicht auftreten, die sogenannte Konzernrente[773]. Im common law hat sich für den Bereich des self dealing daher eine elaborierte *Dogmatik* entwickelt, die sich – mit zahlreichen Abweichungen im einzelnen – in drei Gruppen unterteilen läßt[774]:

---

[771] Fairness setzt sich dabei aus zwei Komponenten zusammen: 1. fair dealing verlangt ein faires Verfahren zum Abschluß des Geschäfts 2. fair price verlangt einen angemessenen Gegenwert, Folk, § 144.5.3.; In re MAXXAM, Inc., Del.Ch., 659 A.2d 760 (772) v. 13.2.1995, gleichzeitig ein einleuchtendes Beispiel für die Anwendung der self dealing-Regelung im Verhältnis zu einem herrschenden Gesellschafter.

[772] Pepper v. Litton, US Sup., 60 S.Ct. 238 (245) v. 4.12.1939; Johnston v. Greene, Del.Sup., 121 A.2d 919 (925) v. 2.4.1956; International Radio Telegraph Co. v. Atlantic Communication Co., 2nd Cir., 290 F. 698 (702) v. 14.5.1923: "A fair way to determine the question (of validity of traffic contract) is to consider wether the proposition submitted would have commended itself to an independent corporation. If to such a corporation the proposition would not have seemed unfair or unconscionable, a court should not be inclined to condemn the agreement merely because one party to it controlled the other."; Shaffner, 8 (2000) Am.Bankr.I.L.R. 479 (506); zum arm's length standard auch Wieland, S. 172 f.

[773] Ausführlich Clark, § 5.2.3., Merkt, Rn. 761. Auch im US-Recht ist der klarste Fall einer Konzernrente die konsolidierte Besteuerung von beherrschter und herrschender Gesellschaft. Entstehen durch die Verrechnung von Gewinnen und Verlusten Steuervorteile, so neigt die herrschende Gesellschaft dazu, diese vollständig auf sich zu konzentrieren. Die Rechtsprechung ist uneinheitlich, ob die Fairness gewahrt ist, wenn der corporation kein Nachteil entsteht, so Case v. New York Central Railroad, N.Y.App., 204 N.E.2d 643 (646 f.) v. 4.2.1965, oder ob sie an den Vorteilen beteiligt werden muß, so Alliegro v. Pan American Bank of Miami, 3d Distr. Fla., 136 So.2d 656 (659) v. 15.1.1962; certiorari denied Fla.Sup., 149 So.2d 45 v. 23.1.1963.

[774] Nach Merkt, Rn. 705. Ausführlich zur duty of fair dealing ALI, Principles of Corporate Governance, part V.

1. Nachgewiesen faire Geschäfte: Wird bewiesen, daß ein Geschäft aus Sicht der corporation fair war, so liegt kein Verstoß gegen fiduziarische Pflichten vor[775]. Die Beweislast für die Fairness eines Geschäfts trifft im Fall des self dealing also denjenigen, der die Fairness behauptet, sprich die Unfairness wird vermutet[776].
2. Liegt offensichtlich eine schwerwiegende Benachteiligung der Gesellschaft vor, die sich als Betrug (fraud) oder Verschwendung von Gesellschaftsvermögen (waste of corporate assets) bezeichnen läßt, so liegt ein Verstoß gegen die fiduziarischen Pflichten vor[777].
3. Es bleiben Geschäfte, die weder eindeutig fair, noch offensichtlich und gravierend unfair sind. Hier kommt es darauf an, ob das Geschäft nach Offenlegung sowohl der relevanten Umstände, als auch des Interessenkonflikts, die Zustimmung der Mehrheit der unabhängigen (disinterested)[778] directors oder shareholders findet[779]. Die oben vorgestellten §§ 8.60 ff. RMBCA und die auf ihnen beruhenden Vorschriften der Einzelstaaten für das self dealing der directors bilden damit in weiten Teilen die bereits vorher für alle Insider bestehenden Regeln des common law ab.

---

[775] S. ALI, Principles of Corporate Governance, § 5.10 (a)(1).

[776] Rosenblatt v. Getty Oil Co., Del.Sup., 493 A.2d 929 (937) v. 9.5.1985; In re MAXXAM, Inc., Del.Ch., 659 A.2d 760 (771) v. 13.2.1995; Clark, § 5.2.3. m.w.N. in Fn. 17. Das ist auch deshalb eine besondere Erschwernis, weil geschäftliche Entscheidungen ansonsten durch die business judgement rule geschützt sind und nach dieser Regel eine Entscheidung schon dann anerkannt wird, wenn ihr nur irgendein vernünftiger geschäftlicher Zweck zugrunde liegt, Cede & Co. v. Technicolor, Inc., Del.Sup., 634 A.2d 345 (361) v. 22.10.1993.

[777] S. Remillard Brick Co. v. Remillard-Dandini Co., 1st Distr.App.Cal., 241 P.2d 66 (74) v. 26.2.1952; Scott v. Multi-AMP Corporation, US Distr.N.J., 386 F.Supp. 44 (67 f.) v. 13.11.1974; Merkt, Rn. 705, 714; s.a. Clark, § 5.3.2. (S. 178).

[778] Ein Beispiel dafür, was (dis-) interested director bedeutet, gibt In re MAXXAM, Inc., Del.Ch., 659 A.2d 760 (773) v. 13.2.1995: Die Muttergesellschaft hatte der MAXXAM, Inc. ein recht aussichtloses Grundstücksprojekt verkauft. Dies geschah auf Beschluß eines board Ausschusses (board committee) aus fünf Mitgliedern, die kein direktes finanzielles Interesse an der Transaktion hatten. Es begab sich aber, daß eines der Ausschußmitglieder, ein ehemaliger Gouverneur, der gerade den persönlichen Konkurs überstanden hatte, aus einem Beratervertrag mit einer ebenfalls indirekt von dem herrschenden Gesellschafter abhängigen Gesellschaft $ 250.000 p.a. bezog. Ein anderer war CEO einer anderen abhängigen Gesellschaft und hatte als solcher im Jahr der Transaktion $ 5,25 Mio. verdient. Ein Dritter war president der abhängigen Gesellschaft MAXXAM gewesen und hatte danach – im Jahr der Transaktion – $ 250.000 aus einem Beratervertrag bezogen. Keiner dieser drei directors wurde als disinterested anerkannt. Das Geschäft unterlag damit den üblichen Regeln des self dealing, d.h. seine vollkommene Fairness war nachzuweisen (was nicht gelang).

[779] S. Clark, § 5.3.2.; ALI, Principles of Corporate Governance, § 5.10 (b); Merkt, Rn. 711 ff.

Es besteht damit zwar kein Stimmverbot bei Geschäften mit dem herrschenden Gesellschafter, es besteht aber ein Anreiz, die Verhältnisse aufzudecken und eine Mehrheit der unabhängigen directors oder der Minderheitsgesellschafter für das Geschäft zu gewinnen, um es gegen spätere Angriffe zu schützen.

c. Rechtsfolgen

374 Verstößt ein Geschäft gegen die Regeln über das self dealing, so gewährt das Gericht relativ frei bestimmbare equitable remedies[780]. Verbreitet sind zwei *Rechtsfolgen*[781]:

1. Klassische Folge unerlaubten self dealings ist die *rescission*: Die self dealing transaction ist anfechtbar und wird auf die Klage der Gesellschaft – regelmäßig durch einen Gesellschafter im Wege der derivative suit – für unwirksam (void) erklärt. Bereits erbrachte Leistungen sind dann so weit als möglich zurückzugewähren[782].
2. Wie bei jeder Treupflichtverletzung kann ein der Gesellschaft verursachter *Schaden auszugleichen* sein, wobei auch Strafschadenersatz (punitive damages) möglich ist[783]. Insbesonderde dann, wenn die rescission als unpraktisch erscheint, kann stattdessen Schadenersatz gewährt werden, der so weit als möglich die finanziellen Folgen der rescission herbeiführt[784].

5. Fazit

375 Die us-amerikanischen Gesellschaftsrechte lassen der Gesellschaftermehrheit große Freiheiten zur Gestaltung der Struktur der corporation. Mit dem board of directors steht an der Spitze der Gesellschaft im Normalstatut allerdings ein Organ, das an Weisungen der Gesellschafter nicht gebunden ist. Besteht eine organisierte Mehrheit, so ist deren faktischer Einfluß durch die jährliche Ernennung der directors und deren jederzeitige Abrufbarkeit jedoch erheblich.

Dem Schutz der Minderheit dient vor allem die praktisch wichtige Treupflicht der directors, der officers und des kontrollierenden Gesellschafters. Sie hat zu einer ausgefeilten Dogmatik geführt. Zum Schutz der Minder-

---

[780] S. Cede & Co. v. Technicolor, Inc.,Del.Ch., 1987 WL 4768 (7) v. 13.1.1987.

[781] Clark, § 5.2.3 m.w.N. in Fn. 18.

[782] In re MAXXAM, Inc., Del.Ch., 659 A.2d 760 (775) v. 13.2.1995; Merkt, Rn. 717.

[783] Rowen v. Le Mars Mutual Insurance Co. of Iowa, Iowa Sup., 282 N.W.2d 639 (662) v. 11.7.1979; Merkt, Rn. 717.

[784] In re MAXXAM, Inc., Del.Ch., 659 A.2d 760 (777) v. 13.2.1995; Cede & Co. v. Technicolor, Inc., Del.Ch., 1987 WL 4768 (7) v. 13.1.1987.

heit ist hier insbesondere ein Anreiz geschaffen, unabhängige directors oder die Minderheit selbst entscheiden zu lassen, wenn bei einem Geschäft ein Interessenkonflikt vorliegt.
Die Kapitalerhaltungsvorschriften sind teilweise schwach ausgeprägt. Ergänzt werden sie durch das Recht der betrügerischen Transfers. Außerdem sind auch die Gläubiger Schutzobjekte der Treupflicht, sobald sich die corporation in der Nähe der Insolvenz befindet.

II. Besonderheiten der Konzerngesellschaft?

Vertragskonzerne spielen im us-amerikanischen Recht keine Rolle und 376
werden in der Literatur als Besonderheit des deutschen Rechts dargestellt[785].

Rechtsfolgen knüpfen sich an die Ausübung *faktischer Kontrolle*: Kontrol- 377
liert ein Gesellschafter die corporation, so treffen ihn aus diesem Grund fiduziarische Pflichten. Es ist ihm dann insbesondere verwehrt, die Minderheit zu unterdrücken und sich Sondervorteile zu verschaffen, die nicht mit dieser geteilt werden. Anders als im deutschen Recht spielt es für die Pflichtbindung eines herrschenden Gesellschafters aber keine Rolle, ob es sich bei ihm um ein Unternehmen handelt oder nicht.
Ist der herrschende Gesellschafter gleichzeitig der einzige, dann ist seine Leitungsmacht im Gesellschaftsrecht vor allem durch die relativ schwachen Kapitalerhaltungsvorschriften und das Recht der betrügerischen Transfers beschränkt. Befindet sich die corporation aber in der Nähe der Insolvenz, so werden die Gläubiger zu Schutzobjekten der fiduziarischen Pflichten und der herrschende Gesellschafter hat bei der Ausübung der Leitungsmacht auf ihre Interessen Rücksicht zu nehmen.

Den Minderheitsgesellschaftern können zwei Möglichkeiten zustehen, ihr 378
Engagement in der corporation zu beenden, wenn die Gesellschaft zu ihrem Mißfallen kontrolliert wird:
Das *Abfindungsrecht* (appraisal right) erlangt Bedeutung vor allem bei Transaktionen zur Übertragung der Kontrolle und bei sonstigen wesentlichen Strukturänderungen[786]. In manchen Staaten kann ein shareholder aber auch erreichen, daß seine Anteile zu ihrem angemessenen Preis (fair value) von der corporation oder denjenigen, die sie kontrollieren, erworben werden müssen, wenn diesen ein Verhalten nachgewiesen wird, daß die corporation oder die Gesellschafter unterdrückt[787].

---

[785] Z.B. Miller, 36 (1998) Am.Bus.L.J. 73 (101 ff.); s.a. Dettling, S. 33 f.
[786] Ausführlich Clark, § 10.6.
[787] S. § 489 (1) (e) Mich.Bus.Corp.A.; dazu Moscow/Ankers, 77 (1998) Mich.B.J. 1088 ff. Teilweise ist dieser forced repurchase aber ausgeschlossen, wenn die Anteile der corporation öffentlich gehandelt werden, so nach § 489 (2) Mich.Bus.Corp.A.

Durch das unterdrückende Verhalten (opression) verletzt ein herrschender Gesellschafter seine fiduziarischen Pflichten. Klassische Sanktion ist die *Auflösung* der corporation auf Klage der Minderheit[788]. Das setzt aber regelmäßig eine dauerhafte Unterdrückung der Minderheit voraus[789] – ein Zustand, der dem deutschen Begriff des „qualifizierten" faktischen Konzerns im Sinn der „TBB"-Rechtsprechung[790] zumindest nahekommt.

C. Der Durchgriff

„The whole problem of the relation between parent and subsidiary corporations is one that is still enveloped in the mists of metaphor. Metaphors in law are to be narrowly watched, for starting as devices to liberate thought, they end often by enslaving it."[791]

I. Piercing the corporate veil

379 Auch im us-amerikanischen Recht ist die Kapitalgesellschaft, die corporation, eine juristische Person mit eigenen Rechten und eigenen Pflichten, die von den Rechten und Pflichten ihrer Gesellschafter zu unterscheiden sind[792]. Dies ist der Grundsatz.

Die Ausnahme ist bereits seit etwa 100 Jahren[793] die Durchbrechung der Trennung zwischen der Person corporation und der Person Gesellschaf-

---

[788] S.o. Rn. 363.

[789] Moscow/Ankers, 77 (1998) Mich.B.J. 1088 (1093) unter Auswertung der Rechtsprechung.

[790] S.o. Rn. 171.

[791] Richter Cardozo in Berkey v. 3rd Ave. Railway Co., N.Y.App., 155 N.E. 58 (61) v. 31.12.1926.

[792] S. schon United States v. Milwaukee Refrigerator Transit Co., Cir.Wis., 142 F. 247 v. 28.12.1905: "No doubt the general rule that a corporation is a legal entity, an institution, artificial, intangible, existing only by legal contemplation, and separate and apart from its constituents, is firmly inbedded in the common law of this country. It has been so laid down in hundreds of cases."; Morris v. New York State Departement of Taxation and Finance, N.Y.App., 623 N.E.2d 1157 (1160) v. 19.10.1993; Mangum v. Maryland Casualty Co., S.C.App., 500 S.E.2d 125 (127) v. 30.3.1998; rechtsvergleichend Antunes, 13 (1999) Conn.J.I.L. 197 (200).

[793] Erstaunlich klar bereits United States v. Milwaukee Refrigerator Transit Co., Cir.Wis., 142 F. 247 (255) v. 28.12.1905: "If any general rule can be laid down in the present state of authority, it is that a corporation will be looked upon as a legal entity as a general rule, and until sufficient reason to the contrary appears; but, when the notion of legal entity is used to defeat public convenience, justify wrong, protect fraud, or defend crime, the law will regard the corporation as an association of persons." Das ist bis heute gültig, s. Fletcher, § 41 m.w.N. in Fn. 8.

ter[794] duch die Gerichte mit Hilfe der Durchgriffsmethode, des piercing of the corporate veil[795].
Wann und warum kann die Trennung zwischen Gesellschaft und Gesellschafter durchbrochen werden? Hier herrscht in der Literatur weitgehend Einigkeit[796]: Klare Kriterien gibt es nicht[797].
Angewendet werden in den Einzelstaaten unterschiedliche Ansätze, die zum Teil in dem Gedanken der agency (Vertretung in einem sehr weiten Sinn)[798] wurzeln, zum Teil bestimmen, ob die Gesellschaft ein anderes Ich des Gesellschafters ist (alter ego theory)[799] oder er die corporation nur als Werkzeug gebraucht (instrumentality rule)[800]. Hinzu kommen eine Viel- **380**

---

[794] Klarzustellen ist, daß es jedenfalls in Fällen des Haftungsdurchgriffs *nicht* darum geht, die eigene Rechtspersönlichkeit der Kapitalgesellschaft aufzuheben. Die Kapitalgesellschaft bleibt weiterhin eigenständiger Schuldner der Forderung, s. Wiedemann, Unternehmensgruppe, S. 19. Es geht darum, den Gesellschafter als zweiten Schuldner neben die Gesellschaft zu stellen. Rechtstechnisch entspricht das der Haftung von Handelsgesellschaft und Komplementär, in den USA partnership und partner, vgl. Fletcher, § 41 m.w.N. in Fn. 9.

[795] Auch: „disregard of the corporate entity".

[796] Darstellung des piercing the corporate veil z.B. bei Fletcher, § 41 ff.; Clark, § 2.4 mit zahlreichen weiteren Verweisen in Fn. 1; Blumberg, Substantive Law, S. 103 ff.; ders. in Konzernrecht im Ausland, 264 (272 f.); Hamilton, § 6; Bainbridge, 26 (2001) J.Corp.L. 479 (506 ff.); Michael, 26 (2000) J.Corp.L. 41 (43 ff.); Merkt, Rn. 313 ff.; Antunes, S. 238 ff.; Bungert, close corporation, S. 70 ff.; ders., GmbHR 1993, 478 (489 ff.); Hofstetter, S. 142 ff.; Veltins, RIW 1983, 713 ff.; Maier, 201 ff.; rechtsvergleichend Miller, 36 (1998) Am.Bus.L.J. 73 ff.; Löber, ZRvgl. 7 (1966), 61 ff.

[797] Dies läßt sich teilweise aus der Natur des piercing the veil als Teil des Billigkeitsrechts (equity) erklären, s. Associated Vendors, Inc. v. Oakland Meat Co., Inc., Distr.App.Cal., 26 Cal.Rptr. 806 (813) v. 13.2.1963: "It is a fundamental rule that [t]he conditions under which the corporate entity may be disregarded, or the corporation be regarded as the alter ego of the stockholders, necessarily vary according to the circumstances in each case inasmuch as the doctrine is essentially an equitable one and for that reason is particularly within the province of the trial court."; Morris v. New York State Departement of Taxation and Finance, N.Y.App., 623 N.E.2d 1157 (1160) v. 19.10.1993.

[798] S. Walkovszky v. Carlton, N.Y.App., 223 N.E.2d 6 (8) v. 29.11.1966.

[799] S. schon United States v. Milwaukee Refrigerator Transit Co., Cir.Wis., 142 F. 247 (253) v. 28.12.1905: "It is argued that these averments show that the transit company is merely the alter ego of the brewing corporation;"; Associated Vendors, Inc. v. Oakland Meat Co., Inc., Distr.App.Cal., 26 Cal.Rptr. 806 (813) v. 13.2.1963; Rolls-Royce Motor Cars, Inc. v. Schudroff, Distr.N.Y., 929 F.Supp. 117 (121 f.) v. 23.5.1996; Columbia Pictures Industries, Inc. v. Screen Gem Film Co., Inc., Distr.N.Y., 2001 WL 1254838 (10) v. 18.10.2001.

[800] S. Walkovszky v. Carlton, N.Y.App., 223 N.E.2d 6 (8) v. 29.11.1966; U.S. v. Friedland, U.S.Distr.Colo., 2001 WL 1511872 (11) v. 2.7.2001.

zahl weiterer Metaphern, die das Verhältnis Gesellschafter-Gesellschaft umschreiben[801].

381 Gemeinsam ist diesen Ansätzen, daß sie auf unterschiedlichen Wegen versuchen, festzustellen, inwieweit der Gesellschafter bei wertender Betrachtung mit der corporation gleichgesetzt werden kann[802]. Daraus folgt, daß nur auf *kontrollierende* Gesellschafter durchgegriffen werden kann, denn nur sie können eine corporation so führen, als handele es sich um ihr eigenes Unternehmen. Genauso anerkannt ist aber, daß allein die Kontrolle einer Gesellschaft für den Durchgriff nicht ausreicht[803]. Geprüft wird deshalb häufig eine gesteigerte, besonders intensive Ausübung von Kontrolle[804].

382 Daneben tritt ein zweiter Aspekt: Ein *Unwerturteil* in Bezug auf das Verhalten des Gesellschafters und in Bezug auf das Ergebnis, würde an der Trennung zwischen Gesellschaft und Gesellschafter festgehalten[805]. Auch hier werden meist unterschiedliche Formulierungen kombiniert. Häufig wird fraud (Betrug)[806] oder injustice (Ungerechtigkeit)[807] verlangt, oder es

---

[801] Z.B. alias, adjunct, buffer, cloak, coat, conduit, dummy, mere departement, mouthpiece, pawn, puppet, screen, snare, shell, tool, Antunes, S. 241 m.w.N. in Fn. 29; s.a. Clark, § 2.4. (S. 71 f.).

[802] S. wiederum bereits United States v. Milwaukee Refrigerator Transit Co., Cir.Wis., 142 F. 247 (253) v. 28.12.1905: "both being substantially identical in interest and control" (Fortsetzung des Zitats aus Fn. 799); Associated Vendors, Inc. v. Oakland Meat Co., Inc., Distr.App.Cal., 26 Cal.Rptr. 806 (813) v. 13.2.1963: "unity of interest and ownership"; Fletcher, § 41 m.w.N. in Fn. 3.10.

[803] U.S. v. Bestfoods, US Sup., 524 S.Ct. 1876 (1884) v. 8.6.1998; North American Van Lines, Inc. v. Emmons, Tex.App., 50 S.W.3d 103 (120) v. 28.6.2001; American Fuel Corp.v. Utah Energy Developement Co., Inc., 2nd Cir., 122 F.3d 130 (134) v. 25.8.1997.

[804] S. Bridgestone/Firestone, Inc. v. Recovery Credit Services, Inc., 2nd Cir., 98 F.3d 13 (18) v. 17.10.1996: "the corporation has been so dominated by an individual or another corporation [...] and its separate identity so disregarded, that it primarily transacted the dominator's business rather than its own."; Glenn v. Wagner, N.C.App., 313 S.E.2d 832 (841) v. 3.4.1984.

[805] Associated Vendors, Inc. v. Oakland Meat Co., Inc., Distr.App.Cal., 26 Cal.Rptr. 806 (813) v. 13.2.1963: "that, if the acts are treated as those of the corporation alone, an inequitable result will follow."; Fletcher, § 41: "that separateness would work injustice" m.w.N. in Fn. 3.10.

[806] Z.B. in Morris v. New York State Departement of Taxation and Finance, N.Y.App., 623 N.E.2d 1157 (1160) v. 19.10.1993; Walkovszky v. Carlton, N.Y.App., 223 N.E.2d 6 (7) v. 29.11.1966; Columbia Pictures Industries, Inc. v. Screen Gem Film Co., Inc., Distr.N.Y., 2001 WL 1254838 (10) v. 18.10.2001. Fraud ist allerdings ein feststehendes Institut des common law und spielt in der Duchgriffs-Rechtsprechung daher eine schillernde Rolle. 'Actual fraud' erfordert insbesondere eine betrügerische Absicht, Menetti v. Chavers, Tex.App., 974 S.W.2d 168 (173) v. 22.4.1998: „Actual fraud in the corporate-veil context involves dishonesty of purpose or intent to deceive." Sein Vorliegen ist für den Durchgriff hinreichend, aber – mangels anderer gesetzlicher Bestimmung - nicht

soll equity (Billigkeit)[808] erreicht werden. Auch die Absicht, mit Hilfe der corporation ein Gesetz zu umgehen (to circumvent a statute), soll das piercing the corporate veil begründen können[809].

Für den Haftungsdurchgriff wird außerdem häufig verlangt, daß das Verhalten des kontrollierenden Gesellschafters einen Ausfall des Gläubigers bei der corporation verursacht hat[810].

„Piercing the veil"-Entscheidungen bestehen damit im wesentlichen aus drei Elementen[811]: 383

1. Kontrolle des Gesellschafters über die corporation.
2. Mißbräuchliches Verhalten oder ein ungerechtes Ergebnis, wenn die Trennung zwischen Gesellschaft und Gesellschafter aufrechterhalten würde.
3. Im Fall des Haftungsdurchgriffs teilweise die Kausalität des Mißbrauchs für einen Schaden des Gläubigers.

---

erforderlich, s. z.B. Rolls-Royce Motor Cars, Inc. v. Schudroff, Distr.N.Y., 929 F.Supp. 117 (121 f.) v. 23.5.1996, wo fraud und alter ego-theory als Alternativen genannt werden.

807 S. Associated Vendors, Inc. v. Oakland Meat Co., Inc., Distr.App.Cal., 26 Cal.Rptr. 806 (813) v. 13.2.1963: "inequitable result", "promote injustice"; Baker v. Equitable Leasing Corp., S.C.Sup., 271 S.E.2d 596 (600) v. 9.10.1980: "that the retention of separate corporate personalities would promote fraud, wrong, or injustice or contravene public policy".

808 S. Walkovszky v. Carlton, N.Y.App., 223 N.E.2d 6 (7) v. 29.11.1966: "to prevent fraud or to achieve equity"; Bridgestone/Firestone, Inc. v. Recovery Credit Services, Inc., 2nd Cir., 98 F.3d 13 (18) v. 17.10.1996.

809 Menetti v. Chavers, Tex.App., 974 S.W.2d 168 (173) v. 22.4.1998.

810 Zaist v. Olson, Conn.Sup., 227 A.2d 552 (558) v. 7.3.1967; Collet v. American National Stores, Inc., Mo.App., 708 S.W.2d 273 (284) v. 11.3.1986; Bainbridge, 26 (2001) J.Corp.L. 479 (508); Fletcher, § 43 m.w.N. in Fn. 6. Daß der Gläubiger von der corporation keine Befriedigung erreichen kann ist teilweise ein gesetzliches Erfordernis, s. § 325 (b) Del.Gen.Corp.L.: „No suit shall be brought against any officer, director or stockholder for any debt of a corporation of which such person is an officer, director or stockholder, until judgment be obtained therefor against the corporation and execution thereon returned unsatisfied."

811 S.a. Clark, § 2.4. Fn. 4 m.w.N. Eine Standardformulierung in der Rechtsprechung ist auch: „court may pierce corporate veil where: (1) owner exercised complete domination over corporation with respect to transaction at issue, and (2) such domination was used to commit a fraud or wrong that injured party seeking to pierce the veil.", z.B. MAG Portfolio Consult, GmbH v. Merlin Biomed Group, LLC, 2nd Cir., 2001 WL 1191242 (4) v. 10.10.2001; American Fuel Corp.v. Utah Energy Developement Co., Inc., 2nd Cir., 122 F.3d 130 (134) v. 25.8.1997; Duffy v. Vision Hardware Group, Inc., 4th Cir., 2001 WL 1301407 v. 26.10.2001.

Hierbei handelt es sich nicht um fest umrissene Tatbestandsmerkmale des Rechtsinstituts Durchgriff, sondern eher um Schubladen, in die sich die jeweils geprüften Merkmale legen lassen.

384 Unbestimmt ist insbesondere das Mißbrauchs- oder Unrechtselement: Was muß zu der Kontrolle der corporation hinzukommen, um den Durchgriff zu rechtfertigen?

Um die generellen Formulierungen wie equity und injustice zu konkretisieren, verwenden manche Gerichte sogenannte Wäschereilisten (laundry lists), die eine Vielzahl beachtlicher Faktoren zusammenstellen. Je mehr dieser Faktoren erfüllt sind, um so höher ist die Wahrscheinlichkeit, daß auf den kontrollierenden Gesellschafter durchgegriffen wird[812]. Unklar ist aber die Gewichtung der einzelnen Faktoren, deren Relevanz – insbesondere für die Gesellschaftsgläubiger - offensichtlich sehr unterschiedlich ist.

---

[812] Eines der umfassendsten Beispiele: Associated Vendors, Inc. v. Oakland Meat Co., Inc., Distr.App.Cal., 26 Cal.Rptr. 806 (813 ff.) v. 13.2.1963: "Commingling of funds and other assets, failure to segregate funds of the separate entities, and the unauthorized diversion of corporate funds or assets to other than corporate uses; the treatment by an individual of the assets of the corporation as his own; the failure to obtain authority to issue stock or to subscribe to or issue the same; the holding out by an individual that he is personally liable for the debts of the corporation; the failure to maintain minutes or adequate corporate records, and the confusion of the records of the separate entities; the identical equitable ownership in the two entities; the identification of the equitable owners thereof with the domination and control of the two entities; identification of the directors and officers of the two entities in the responsible supervision and management; sole ownership of all of the stock in a corporation by one individual or the members of a family; the use of the same office or business location; the employment of the same employees and/or attorney; the failure to adequately capitalize a corporation; the total absence of corporate assets, and undercapitalization; the use of a corporation as a mere shell, instrumentality or conduit for a single venture or the business of an individual or another corporation; the concealment and misrepresentation of the identity of the responsible ownership, management and financial interest, or concealment of personal business activities; the disregard of legal formalities and the failure to maintain arm's length relationships among related entities; the use of the corporate entity to procure labor, services or merchandise for another person or entity; the diversion stockholder or other person or entity, to the detriment of creditors, or the manipulation of assets and liabilities between entities so as to concentrate the assets in one and the liabilities in another; the contracting with another with intent to avoid performance by use of a corporate entity as a shield against personal liability, or the use of a corporation as a subterfuge of illegal transactions and the formation and use of a corporation to transfer to it the existing liability of another person or entity." Jeder Punkt wird durch eine Vielzahl von Nachweisen belegt, die hier nicht mit wiedergegeben werden. Weitere Auflistungen relevanter Faktoren in Nichols v. Pabtex, Inc., US Distr.Tex., 151 F.Supp.2d 772 (781) v. 23.3.2001; MAG Portfolio Consult, GmbH v. Merlin Biomed Group, LLC, 2nd Cir., 2001 WL 1191242 (5) v. 10.10.2001.

Der Durchgriff bleibt damit letztlich eine Wertungsentscheidung des Gerichts[813], die nur schwer vorherzusagen ist.

Aus dem deutschen und spanischen Recht ist die Unterscheidung zwischen der *subjektiven und* der *objektiven Mißbrauchstheorie* bekannt. Verlangt das piercing the corporate veil in den USA, daß der Gesellschafter sich bewußt mißbräuchlich verhält oder reicht es aus, daß sein Verhalten objektiv die geforderten Merkmale erfüllt? Einige Entscheidungen verlangen explizit Bösgläubigkeit oder eine Umgehungsabsicht[814], oft ergibt sich aus der Formulierung, daß ein bewußt mißbräuchliches Verhalten verlangt wird[815]. Auf der anderen Seite soll fraud (Betrug) und damit eine betrügerische Absicht nicht Voraussetzung des Durchgriffs sein[816]. Als grobe Leitlinie läßt sich den Entscheidungen entnehmen, daß zwar keine Schädigungsabsicht erforderlich ist, wohl aber ein bewußt mißbräuchliches Verhalten. Letzte Klarheit herrscht – wie häufig im Thema Durchgriff – aber auch hier nicht. 385

II. Der Zurechnungsdurchgriff

Um die Reichweite der Verselbständigung der juristischen Person, der Trennung von ihren Mitgliedern, von deren Mitgliedern und von den juristischen Personen, an denen diese Mitglieder außerdem beteiligt sind, geht es nicht nur – und vielleicht nicht einmal vorrangig – bei der Erstreckung der Haftung für Gesellschaftsverbindlichkeiten, sondern auch bei der Anwendung anderer – gesetzlicher oder vertraglicher – Regelungen. Das Problem stellt sich bei Regelungen, die eine Person in Bezug nehmen: Ist diese Person nur das Einzelunternehmen – die abhängige Gesellschaft, das herrschende Unternehmen – oder rechtfertigt es die enge Verbindung zwischen ihm und anderen Personen, die Regelung auch auf diese verbundenen Personen auszudehnen? 386

---

[813] Deutlich Bridgestone/Firestone, Inc. v. Recovery Credit Services, Inc., 2nd Cir., 98 F.3d 13 (18) v. 17.10.1996.

[814] Associated Vendors, Inc. v. Oakland Meat Co., Inc., Distr.App.Cal., 26 Cal.Rptr. 806 (813) v. 13.2.1963: "bad faith in one form or another is an underlying consideration and will be found in some form or another in those cases wherein the trial court was justified in disregarding the corporate entity"; United States v. Milwaukee Refrigerator Transit Co., Cir.Wis., 142 F. 247 (252) v. 28.12.1905.

[815] Rolls-Royce Motor Cars, Inc. v. Schudroff, Distr.N.Y., 929 F.Supp. 117 (122) v. 23.5.1996; Duffy v. Vision Hardware Group, Inc., 4th Cir., 2001 WL 1301407 v. 26.10.2001: "that the domination was exercised to commit a fraud or wrong against the creditor"; s.a. Bainbridge, 26 (2001) J.Corp.L. 479 (509).

[816] S.o. Fn. 806; teilweise wird die Durchgriffshaftung aber durch Gesetz auf „actual fraud" begrenzt, so für vertragliche Ansprüche in § 2.21 A (2) Tex.Bus.Corp.A.

387 Ein Beispiel aus dem Gesellschaftsrecht, das auch in Deutschland und Spanien begegnet: Der *Stimmrechtsausschluß für eigene Anteile*. In den USA ist es corporations großzügig gestattet, eigene Anteile (zurück) zu erwerben[817]. Es herrscht aber ebenfalls der Grundsatz, daß der corporation aus diesem sogenannten treasury stock keine Stimmrechte zustehen und die Anteile für Quorumserfordernisse nicht gezählt werden[818]. Das Stimmverbot gilt nach dem RMBCA und in Delaware[819] aber nicht nur für Anteile, die von der corporation selbst gehalten werden, sondern auch für Anteile, die von einer zweiten corporation gehalten werden, in der die (ausgeschlossene) corporation – direkt oder indirekt – über eine Stimmenmehrheit bei der Wahl der directors verfügt. Der Ausschluß des Stimmrechts bei der Muttergesellschaft wird damit Tochtergesellschaften zugerechnet, in denen die Mutter die Möglichkeit hat, das board of directors zu bestimmen.

388 In *Speiser v. Baker*[820] war ein etwas anderer Fall zu entscheiden: Die Muttergesellschaft hatte zwar nicht die Mehrheit der Stimmrechte in der Tochtergesellschaft, wie es § 160 (c) Del.Gen.Corp.L. verlangt. Sie hatte aber das unbedingte Recht, ihre Vorzugsaktien in voll stimmberechtigte Stammaktien zu verwandeln und durch diese Operation 95 % der Stimmrechte zu erlangen und damit faktisch die Kontrolle über die Gesellschaft. Sehr eingehend untersucht das Gericht die Zwecke des Ausschlusses vom Stimmrecht für eigene Anteile – zu verhindern, daß shareholder-Rechte durch das Management ausgeübt werden und damit letztlich das board of directors sich selbst wiederwählen kann[821]. Der Ausschluß sei durch die Gerichte auf abhängige Gesellschaften erstreckt worden, weil auch die durch diese gehaltenen Anteile indirekt der betreffenden Gesellschaft gehörten[822]. Dies habe der Gesetzgeber aufgegriffen und mit der Stimmrechtsmehrheit ein Kriterium für die Erstreckung vorgegeben. Daß die Zurechnung nunmehr gesetzlich angeordnet sei, schließe es aber nicht aus, nach dem Zweck der Regelung auch abhängige Gesellschaften (subsidiaries) zu erfassen, in denen die betreffende Gesellschaft nicht die Mehrheit

---

[817] S. §§ 6.31 (a) RMBCA, 160 (a) Del.Gen.Corp.L.

[818] S. § 160 (c) Del.Gen.Corp.L.; Fletcher, § 2041.

[819] §§ 7.21 (b) RMBCA, 160 (c) S. 1 Del.Gen.Corp.L. Das gilt im wesentlichen auch in den anderen US-Staaten, s. McDermott Inc. v. Lewis, Del.Sup. 531 A.2d 206 (212) v. 16.9.1987; Fletcher, § 2040 m.w.N. in Fn. 10.

[820] Del.Ch., 525 A.2d 1001 v. 19.3.1987.

[821] Speiser v. Baker, Del.Ch., 525 A.2d 1001 (1009) v. 19.3.1987.

[822] In Italo Petroleum Corp. of America v. Producers' Oil Corp. of America, Del.Ch. 174 A. 276 v. 20.7.1934.

der Stimmrechte hält[823]. Die Tochtergesellschaft konnte damit auch in diesem Fall ihr Stimmrecht nicht ausüben.
Zusammengefaßt wird der Stimmrechtsausschluß entsprechend seinem Zweck – zu verhindern, daß das Management shareholder-Rechte ausübt - auf Gesellschaften erstreckt, in denen das Management das Stimmverhalten kontrollieren kann.

389 Ein Beispiel dafür, daß der Zurechnungsdurchgriff den Konzerngesellschaften auch zugute kommen kann ist das *Konzernprivileg im Kartellrecht* (antitrust law). 15 USC § 1 S. 1 (Sherman Act) verbietet wettbewerbsbeschränkende Absprachen[824]. Eine solche wettbewerbsbeschränkende Absprache setzt das Zusammenwirken von mindestens zwei unterschiedlichen Personen voraus[825]. Liegt ein solches Zusammenwirken auch dann vor, wenn die Absprache zwischen verbundenen Unternehmen stattfindet? In dem Fall der Leitentscheidung *Copperweld Corp. v. Independence Tube Corp.*[826] wurde der Copperweld Corp. eine wettbewerbsbeschränkende Absprache mit ihrer hundertprozentigen Tochtergesellschaft vorgeworfen. Die Vorinstanzen sahen eine solche Absprache und damit eine Verletzung des Sherman Act und sprachen dem Kläger dreifachen Schadenersatz (treble damages) zu. Zwar diskutierte das Berufungsgericht die Angemessenheit wettbewerbsrechtlicher Verantwortlichkeit für Absprachen innerhalb eines einheitlichen Unternehmens („intra-enterprise" conspiracy), kam aber zu dem Schluß, daß diese Verantwortlichkeit angemessen sei, wenn die beiden Rechtssubjekte hinreichend getrennt seien[827].

390 Der *US Supreme Court* ist anderer Meinung. Detailliert untersucht er die Zwecke des Sherman Acts – zu verhindern, daß der Markt der unabhängigen Entscheidungsträger beraubt wird, die das Funktionieren von Wettbewerb voraussetzt und verlangt[828]. Dieser Zweck greife aber von vornherein

---

[823] Speiser v. Baker, Del.Ch., 525 A.2d 1001 (1011) v. 19.3.1987.

[824] "Every contract, combination in the form of trust or otherwise, or conspiracy, in restraint of trade or commerce among the several States, or with foreign nations, is declared to be illegal."

[825] Copperweld Corp. v. Independence Tube Corp., US Sup., 104 S.Ct. 2731 (2739 ff.) v. 19.6.1984; Siegel Transfer, Inc. v. Carrier Express, Inc., 3rd Cir. 54 F.3d 1125 (1131) v. 12.5.1995.

[826] US Sup., 104 S.Ct. 2731 v. 19.6.1984; Anwendung der dort aufgestellten Grundsätze auch in Siegel Transfer, Inc. v. Carrier Express, Inc., 3rd Cir. 54 F.3d 1125 v. 12.5.1995; Caribe BMW v. Bayerische Motoren Werke, 1st Cir., 19 F.3d 745 v. 25.3.1994 m.w.N.; allgemein zum Zurechnungsdurchgriff im Kartellrecht Fletcher, § 43.95 m.w.N.

[827] S. Independence Tube Corp. v. Copperweld Corp., 7th Cir., 691 F.2d 310 (318 ff.) v. 1.10.1982.

[828] Copperweld Corp. v. Independence Tube Corp., US Sup., 104 S.Ct. 2731 (2740) v. 19.6.1984: "It [concerted behaviour] deprives the market-place of the independent centers of decisionmaking that competition assumes and demands."

nicht ein, wenn es keine unabhängigen Entscheidungsträger gebe. Dies sei zwischen Mutter- und hundertprozentiger Tochtergesellschaft der Fall. Hier stellten nicht Vereinbarungen zwischen den beiden Unternehmen, sondern der Erwerb der Kontrolle ein möglicherweise wettbewerbsbeschränkendes Verhalten dar. In der einmal etablierten Beziehung zwischen Mutter- und Tochtergesellschaft herrsche dagegen immer die einheitliche Zweckverfolgung, die eine wettbewerbsbeschränkende Absprache ausmache[829].

391 In *Copperweld* hatte der *Supreme Court* die Frage nur für hundertprozentige Tochtergesellschaften zu entscheiden. Betrachtet man die Begründung, so erscheint es aber konsequent, eine wettbewerbsbeschränkende Absprache immer dann auszuschließen, wenn die beteiligten Unternehmen nicht unabhängig am Markt operieren[830]. Das wäre auch dann der Fall, wenn ein herrschendes Unternehmen das Marktverhalten einer abhängigen Gesellschaft kontrollieren kann, obwohl noch Minderheitsgesellschafter vorhanden sind. Die Rechtsprechung der Untergerichte hierzu ist aber nicht einheitlich[831].

392 *Zusammengefaßt* werden herrschende und abhängige Gesellschaften unter dem Sherman Act dann wie ein einziges Unternehmen behandelt, wenn diese Verbindung es bereits ausschließt, daß Wettbewerb zwischen den Gesellschaften stattfindet und damit keine wettbewerbsbeschränkenden Absprachen möglich sind, wobei der Grad der erforderlichen Abhängigkeit nicht letztendlich geklärt ist[832].

---

829 Copperweld Corp. v. Independence Tube Corp., US Sup., 104 S.Ct. 2731 (2742) v. 19.6.1984.

830 S.a. Siegel Transfer, Inc. v. Carrier Express, Inc., 3rd Cir. 54 F.3d 1125 (1133) v. 12.5.1995, wo eine Minderheitsbeteiligung von 0,08 % als nicht ausreichend angesehen wird, um die Anwendung der Grundsätze der *Copperweld*-Entscheidung auszuschließen.

831 Blumberg, 28 (1996) Conn.L.Rev. 295 (322 f.) m.w.N.

832 Eine ganz ähnliche Problematik stellt sich bei 15 USC § 13 (a) (Robinson-Patman Act), der Preisdiskriminierungen verbietet. In dem auch in Deutschland bekannt gewordenen Fall Caribe BMW v. Bayerische Motoren Werke, 1st Cir., 19 F.3d 745 v. 25.3.1994 sah sich die BMW AG dem Vorwurf der Preisdiskriminierung ausgesetzt, da ihre hundertprozentige Tochtergesellschaft BMW North America Fahrzeuge günstiger an Zwischenhändler anbot als die BMW AG selbst. Waren die BMW AG und BMW North America wie *ein* (möglicherweise diskriminierender) Anbieter zu behandeln? Das Gericht entschied unter Anwendung der Grundsätze der *Copperweld*-Entscheidung, daß die BMW AG und ihre hundertprozentige Tochtergesellschaft unter dem Robinson-Patman Act wie ein Anbieter zu behandeln seien, da sie ein identisches wirtschaftliches Interesse hätten und die Übertragung von Gütern zu einer Tochtergesellschaft kein Verkauf im Sinne des Gesetzes sei, sondern lediglich ein Transfer. Unter teleologischer Interpretation der angewendeten Norm wird mithin die Tochter- der Muttergesellschaft zugerechnet.

Doch nicht immer werden Fragen des Zurechnungsdurchgriffs in den USA durch teleologische Interpretation der angewendeten Normen gelöst. Teilweise wird auch in Fragen der Zurechnung die Methode des piercing the corporate veil angewandt. Ein Beispiel ist *TNS Holdings, Inc. v. MKI Securities Corp.*[833], wo die *Reichweite einer Schiedsvereinbarung* (arbitration agreement) zu bestimmen war: 393
MKI Securities ist eine hundertprozentige Tochtergesellschaft der englischen public limited company MAI. MAI, plc hat eine weitere Tochtergesellschaft, die Batchnotice, plc. Der Kläger TNS verkauft ein Informationssystem namens Tradenet. Hierzu werden eine Reihe von Verträgen geschlossen, darunter ein Kaufvertrag über Hardware mit MKI und ein Kaufvertrag über Software mit deren Schwestergesellschaft Batchnotice. Der Vertrag mit Batchnotice enthält eine Schiedsvereinbarung, der Vertrag mit MKI nicht. MKI und MAI wenden sich dagegen, daß die Klägerin TNS auch gegen diese beiden Gesellschaften ein Schiedsverfahren betreibt, obwohl sie selbst keine Schiedsvereinbarung mit TNS abgeschlossen haben.
Der *New York Supreme Court* prüft die Voraussetzungen eines Durchgriffs zur Erstreckung der Schiedsklausel auf der Grundlage der alter ego-Theorie: 394

1. Die vollkommene Beherrschung der Gesellschaft durch den Eigner in Bezug auf die betreffende Transaktion.
2. Daß diese Beherrschung dazu genutzt wurde Betrug oder Fehlverhalten gegen den Kläger zu begehen, was (3.) zu der Verletzung des Klägers führte[834].

Das Gericht führt dann aus, die Kontrolle der MKI über Batchnotice sei dargetan, da die Verhandlungen ausschließlich durch Vertreter der MKI geführt wurden und der Erwerb des Systems Tradenet ausschließlich im Interesse der MKI erfolgt sei. Es sei deshalb auf die Schwestergesellschaft MKI durchzugreifen, hinsichtlich der Muttergesellschaft MAI seien die Voraussetzungen dagegen nicht dargetan. Auf spezielle Rechtsprechung, die eine Erstreckung von Schiedsklauseln vorsieht, wenn die Angelegenheiten des Nichtunterzeichners mit denen des Unterzeichners unauflösbar verwoben sind, wird nur in einem kurzen Absatz als Hilfsargument eingegangen.
Die Entscheidung besteht aus drei Teilen die nicht zusammenpassen: Voraussetzungen, Subsumtion, Ergebnis. 395

---

833 N.Y.Sup., 663 N.Y.S.2d 144 v. 14.10.1997; s.a. Fletcher, § 43 bei Fn. 40.50.
834 TNS Holdings, Inc. v. MKI Securities Corp., N.Y.Sup., 663 N.Y.S.2d 144 (146) v. 14.10.1997.

Voraussetzung des Durchgriffs soll sein, daß der Eigner (owner) die Gesellschaft kontrolliert – hier also MAI. Dann wird festgestellt, daß MAI diese Voraussetzung nicht erfüllt, auf die Schwestergesellschaft MKI wird aber gleichwohl durchgegriffen. Die Subsumtion unter die weiteren Voraussetzungen – Fehlverhalten gegen den Kläger, Kausalität der Beherrschung für eine Verletzung des Klägers – fehlt vollständig. Weder enthält die Entscheidung einen Hinweis auf ein Fehlverhalten der MKI noch darauf, welcher Nachteil der Klägerin TNS daraus entstanden sein soll.

396 Das bemängelt auch das abweichende Votum des Vorsitzenden Richters *Murphy*[835]. Er bietet allerdings auch eine Erklärung für die ansonsten schwer verständliche Entscheidung: In einer vorangegangenen Entscheidung hatte das Gericht ein Schiedsverfahren „zwischen den Parteien" angeordnet, ohne auf den Durchgriff einzugehen. Das Gericht verstand hierunter nunmehr (wie die Klägerin) die Parteien des Gerichtsverfahrens und nicht die Parteien der Schiedsvereinbarung und wollte die damalige Entscheidung anscheinend nicht umstoßen.

397 Die Entscheidung illustriert dreierlei:

1. Auch in den USA (wenngleich wesentlich seltener als in Spanien) wird die Durchgriffsmethode gelegentlich auch zum Zweck der Zurechnung angewandt.
2. Die nicht modifizierte Anwendung der Voraussetzungen der Haftungserstreckung begegnet allerdings Schwierigkeiten, da sie einen Mißbrauch der juristischen Person voraussetzt. Die Gesichtspunkte, die für eine Zurechnung sprechen, lassen sich aber häufig nicht unter Begriffe wie Mißbrauch, Betrug oder Fehlverhalten subsumieren.
3. Die Durchgriffsmethode ist durch die Unbestimmtheit ihrer Voraussetzungen allerdings geeignet, eine schnelle Begründung für das gewünschte Ergebnis zu liefern, ohne die wahren Wertungen, die zu der (möglicherweise durchaus zutreffenden) Entscheidung führen, erforschen oder aufdecken zu müssen.

398 Mit den hier nur möglichen wenigen Beispielen[836] kann nicht beabsichtigt sein, die vielfältigen und hochspannenden Probleme, die die Konzernverbindung in den genannten Bereichen aufwirft, letztendlich zu entscheiden.

---

[835] TNS Holdings, Inc. v. MKI Securities Corp., N.Y.Sup., 663 N.Y.S.2d 144 (150) v. 14.10.1997.

[836] Weitere Beispiele aus dem US-Recht sind die Zurechnung der Eigentümerposition (s. Fletcher, § 43 bei Fn. 34 und 50) oder die Zurechnung von Tochtergesellschaften zur Begründung der Zuständigkeit bei Klagen gegen das Mutterunternehmen (s. Merkt, Rn. 334). Für einen weiteren Überblick über Zurechnung in der Unternehmensgruppe s. Blumberg, 28 (1996) Conn.L.Rev. 295 (300 ff.).

Über jedes einzelne ließe sich eine eigene Arbeit schreiben[837]. Gezeigt werden soll etwas anderes: Das Zurechnungsproblem stellt sich in unterschiedlicher Gestalt in unterschiedlichen Rechtsgebieten und es wird nur anhand der Besonderheiten des jeweiligen Rechtsgebiets überzeugend gelöst[838].

D. Haftung im Konzern

"I weigh my words when I say that in my judgement the limited liability corporation is the greatest single discovery of modern times [...]. Even steam and electricity are far less important than the limited liability corporation, and they would be reduced to comparative impotence without it."[839]

"In fact, it is still not clear wether a legal rule imposing some form of shareholder liability made any significant difference in the nature or dimensions of economic activity."[840]

I. Unterordnungskonzern

1. Piercing the corporate veil

§ 6.22 (b) RMBCA: „Unless otherwise provided in the articles of incorporation, a shareholder of a corporation is not personally liable for the acts or debts of the corporation except that he may become personally liable by reason of his own acts or conduct."

Dies ist die allseits anerkannte und häufig gesetzlich verankerte *Regel* für 399
die persönliche Haftung des shareholders für Verbindlichkeiten der corporation: Er haftet nicht.
Die *Ausnahme* ist die Durchbrechung der Trennung zwischen Gesellschaft und Gesellschafter durch die Gerichte mit Hilfe des piercing the corporate veil. Erfüllt der Gesellschafter in Bezug auf einen Anspruch gegen die Gesellschaft die oben dargestellten *Voraussetzungen*:

---

837 S. z.B. Jan-Michael Ahrens, Die subjektive Reichweite internationaler Schiedsvereinbarungen und ihre Erstreckung in der Unternehmensgruppe, Frankfurt a.M. u.a. 2001.

838 Dazu auch Blumberg, Substantive Law, S. 681 ff.

839 Nicholas Murray, Präsident der Columbia University 1911, zitiert nach Bainbridge, 26 (2001) J.Corp.L. 479.

840 Blumberg, 11 (1986) J.Corp.L. 573 (630).

1. Kontrolle, die je intensiver sie ist, die Wahrscheinlichkeit des Durchgriffs erhöht,
2. Mißbrauch der corporation oder allgemeiner Ungerechtigkeit der Haftungsbegrenzung und
3. (teilweise) Kausalität zwischen dem Verhalten des Gesellschafters und einem Ausfall des Gläubigers,

so haftet er neben der Gesellschaft.

400 Aus der Durchgriffsdiskussion Deutschlands und auch Spaniens sind drei *Fallgruppen* bekannt, die die Haftungserstreckung rechtfertigen sollen: 1. Beherrschung, 2. Sphären- oder Vermögensvermischung und 3. materielle Unterkapitalisierung. Rechtfertigen sie in den USA den Durchgriff?
Für die *Beherrschung* ist – ebenso wie in Deutschland und Spanien – anerkannt, daß sie allein den Haftungsdurchgriff nicht rechtfertigt. Sie ist vielmehr eine unverzichtbare Voraussetzung, zu der weitere Faktoren hinzukommen müssen[841].
Die *Vermischung der Sphären* von corporation und shareholder – sowohl der Vermögenssphären als auch in der Darstellung und Vertretung nach außen - spielt als Teil des Mißbrauchselements eine wesentliche Rolle in vielen Durchgriffsentscheidungen. Häufig wird darauf abgestellt, daß der Gesellschafter sein (Privat-) Vermögen nicht von dem der Gesellschaft getrennt hat[842], daß er Eigentum der corporation wie eigenes benutzt hat oder daß die Darstellung nach außen den Eindruck erweckte, corporation und shareholder seien identisch[843]. Es handelt sich aber nicht um eine fest umrissene Fallgruppe, sondern um einen Baustein, der neben anderen das Mißbrauchselement begründen kann.
Gleiches läßt sich von der *materiellen Unterkapitalisierung* sagen. Auch sie ist ein Aspekt, der innerhalb des Mißbrauchselements prominent berücksichtigt wird[844]. In der Diskussion erscheint häufig der Gedanke, die

---

[841] S.o. Rn. 381 und Pearson v. Component Technology Corp., 3rd Cir., 247 F 3d 471 (484) v. 13.4.2001: Anteilseignerschaft und Personalunion der directors reicht nicht aus.
[842] S. Bridgestone/Firestone, Inc. v. Recovery Credit Services, Inc., 2nd Cir., 98 F.3d 13 (18) v. 17.10.1996; Columbia Pictures Industries, Inc. v. Screen Gem Film Co., Inc., Distr.N.Y., 2001 WL 1254838 (10) v. 18.10.2001; Bank Saderat Iran v. Amin Bedoun, Inc., Distr.N.Y., 555 F.Supp. 770 (774) v. 18.1.1983: "intermingling of corporate and personal funds"; Fletcher, § 41.50 m.w.N.
[843] S.o. Fn. 812.
[844] S. Bridgestone/Firestone, Inc. v. Recovery Credit Services, Inc., 2nd Cir., 98 F.3d 13 (18) v. 17.10.1996; Nichols v. Pabtex, Inc., US Distr.Tex., 151 F.Supp.2d 772 (781) v. 23.3.2001; Columbia Pictures Industries, Inc. v. Screen Gem Film Co., Inc., Distr.N.Y., 2001 WL 1254838 (10) v. 18.10.2001; Lucas v. Texas Industries, Inc., Tex.Sup., 696 S.W.2d 372 (375) v. 11.7.1984; Glenn v. Wagner, N.C.App., 313 S.E.2d 832 (839, 847)

corporation müsse mit einem Kapital ausgestattet werden, daß ihrem Geschäftsgegenstand angemessen ist[845]. Dieses Kriterium begegnet allerdings in besonderer Weise dem bekannten Problem, daß es wesentlich einfacher ist, festzustellen, daß das Schiff nicht seetüchtig war, nachdem es untergegangen ist - birgt also die Gefahr, daß aus der Tatsache, daß die Gesellschaft später insolvent wird, rückgeschlossen wird, daß das Kapital nicht ausreichend war.

In der Rechtsprechung spielen – auch dort, wo vordergründig auf eine an- 401
fängliche unzureichende Kapitalausstattung abgestellt wird - die Fälle eine größere Rolle, in denen der corporation nachträglich Vermögen entzogen wurde[846]. Es geht damit aber um ein Verhalten, das bereits durch die Vorschriften über die Kapitalerhaltung und vor allem über fraudulöse Transfers[847] erfaßt ist. Gleichwohl berücksichtigen Gerichte diese speziell geregelten Aspekte bei der Frage, ob allgemein auf einen Gesellschafter durchgegriffen werden kann.

Hier zeigt sich bereits, daß Sphärenvermischung und Unterkapitalisierung nur zwei besonders häufige Aspekte innerhalb des wesentlich weiter gespannten Mißbrauchselements sind. Die sehr allgemein gehaltene Fassung des Mißbrauchselementes („Fehlverhalten", Ungerechtigkeit") bringt es mit sich, daß eine Vielzahl von Verhaltensweisen darunter subsumiert werden kann. Der Durchgriff ist damit eine Wertungsentscheidung des Gerichts, das unterschiedliche Verhaltensweisen des kontrollierenden Gesellschafters im Verhältnis zu seiner corporation bewertet.

Aus der Vielfalt der Faktoren, die innerhalb des Mißbrauchselements Be- 402
rücksichtigung finden, kann aber nicht auf eine besondere *Häufigkeit* des Haftungsdurchgriffs geschlossen werden. Gerichte betonen immer wieder die erforderliche Zurückhaltung und den Ausnahmecharakter des veil piercing[848] und tatsächlich werden dementsprechende Klagen in der Mehrzahl

---

v. 3.4.1984; U.S. v. Friedland, U.S.Distr.Colo., 2001 WL 1511872 (11) v. 2.7.2001; Gelb, 48 (1999) U.Kan.L.Rev. 111 (122 ff.) m.w.N.

[845] Überblick bei Clark, § 2.4. (S. 73); s.a. Fletcher, § 41.33 mit zahlreichen Nachweisen auf Entscheidungen, die auf Unterkapitalisierung abstellen; Easterbrook/Fischel, 52 (1985) U.Chi.L.Rev. 89 (113).

[846] Hochgradig lesenswert zu diesem Zusammenhang Clark, § 2.4., insbes. Fn. 5; s.a. Pearson v. Component Technology Corp., 3rd Cir., 247 F 3d 471 (485) v. 13.4.2001: "siphoning of funds".

[847] Dazu u. Rn. 422 ff.

[848] S. Mangum v. Maryland Casualty Co., S.C.App., 500 S.E.2d 125 (127) v. 30.3.1998; Baker v. Equitable Leasing Corp., S.C.Sup., 271 S.E.2d 596 (600) v. 9.10.1980; Bank Saderat Iran v. Amin Bedoun, Inc., Distr.N.Y., 555 F.Supp. 770 (774) v. 18.1.1983; Columbia Pictures Industries, Inc. v. Screen Gem Film Co., Inc., Distr.N.Y., 2001 WL 1254838 (10) v. 18.10.2001; Fletcher, § 41 m.w.N. in Fn. 3.20.

der Fälle abgewiesen[849]. Teilweise ist der Haftungsdurchgriff auch durch Gesetz beschränkt. So sind in Texas dem Haftungsdurchgriff enge Grenzen gezogen, insbesondere bei der Haftung für vertragliche Verpflichtungen der corporation[850].

403 Das führt zu zwei wichtigen *Unterscheidungen* innerhalb des Haftungsdurchgriffs:

1. zwischen vertraglichen und gesetzlichen, insbesondere deliktischen Forderungen (*contract and tort*) und
2. zwischen *herrschenden natürlichen Personen und herrschenden corporations.*

404 Generell ist in der juristischen Theorie die Neigung wesentlich größer, auf den herrschenden Gesellschafter durchzugreifen, wenn es darum geht, eine deliktische Forderung durchzusetzen, als bei vertraglichen Verpflichtungen[851]. Dahinter steht der Gedanke, daß der Vertragsgläubiger schon vorher die Chance hatte, das Risiko zu bewerten und sich abzusichern, das Risiko im Preis zu berücksichtigen oder ganz von dem Geschäft Abstand zu nehmen. Läßt er sich trotzdem darauf ein, muß er es ertragen, wenn das Risiko sich realisiert[852]. In der Praxis der Gerichte ist es dagegen umgekehrt: Durchgegriffen wird häufiger wegen Forderungen aus „contract" als wegen Forderungen aus „tort"[853].

405 Die zweite Unterscheidung betrifft natürliche Personen und corporations. Veil piercing ist innerhalb der USA durchaus umstritten[854]. Kritisiert wird vor allem die Unschärfe der Kriterien und damit die Unvorhersehbarkeit

---

[849] Ausführlich Thompson, 76 (1991) Cornell L.Rev. 1036 (1047 ff.); s. für deliktische Haftung Bainbridge, 26 (2001) J.Corp.L. 479 (524) m.w.N. in Fn. 233 und dem Satz: „The Carltons of the world have a far greater chance of being struck by lightning than being held personally liable." Nach Miller, 36 (1998) Am.Bus.L.J. 73 (81) m.w.N. in Fn. 36 haben 40 % der veil piercing-Klagen Erfolg.
[850] Nach § 2.21 A (2) Tex.Bus.Corp.A., s.a. Fn. 816.
[851] Easterbrook/Fischel, 52 (1985) U.Chi.L.Rev. 89 (112).
[852] S. Lucas v. Texas Industries, Inc., Tex.Sup. 696 S.W.2d 372 (375) v. 11.7.1984; Clark, 2.4.1.; Merkt, Rn. 324.
[853] Thompson, 76 (1991) Cornell L.Rev. 1036 (1058) auf der Grundlage einer breiten rechtstatsächlichen Untersuchung: „the results show that courts pierce more often in the contract context than in tort context. This difference is statistically significant." Nach Bainbridge, 26 (2001) J.Corp.L. 479 (517 ff.) würde der shareholder aber in einem Großteil dieser Fälle aus anderen Rechtsgrundlagen haften, die aufgrund der juristischen Abkürzung Durchgriff nicht genannt werden.
[854] S.a. Merkt, Rn. 346.

des Ergebnisses[855]. Es ist einem Gesellschafter also kaum möglich, sein Verhalten so auszurichten, daß nicht auf ihn durchgegriffen wird. Außerdem gebe es - etwa mit den Fraudulent Transfer Acts, der Kapitalerhaltung und im Insolvenzrecht - durchaus speziellere Alternativen, die aber – zum Teil aus Bequemlichkeit – nicht genutzt würden[856]. Schließlich sei die Externalisierung eines Teils des unternehmerischen Risikos ein ge- und erwünschter Effekt, der in der corporation angelegt sei und nicht immer dann aus Billigkeitsgründen zur Disposition gestellt werden dürfe, wenn es auf ihn ankomme[857].

406 Die *Abschaffung der Durchgriffshaftung* wird aber vor allem dort gefordert, wo auf natürliche Personen durchgegriffen werden soll[858]. Im Verhältnis von corporations untereinander gibt es dagegen eine andere Strömung in Teilen der Literatur und Rechtsprechung, die im Gegenteil in Richtung einer Ausweitung der Haftung zwischen Konzerngesellschaften deutet. Dies führt aber zumindest aus dem klassischen piercing the corporate veil heraus, hin zu dem Konzept einer Unternehmensverantwortlichkeit.

2. Insbesondere: Haftungserstreckung im polykorporativen Unternehmen: „single business enterprise doctrine"

„In effect what happens is that the court, for sufficient reason, has determined that though there are two or more personalities, there is but one enterprise; and that this enterprise has been so handled that it should respond, as a whole for the debts of certain component elements of it. The court thus has constructed for purposes of imposing liability an entity unknown to any secretary of state comprising assets and liabilities of two or more legal personalities, endowed that entity with the assets of both, and charged it with the liabilities of one or both."[859]

---

[855] S. Bainbridge, 26 (2001) J.Corp.L. 479 (480, 514 ff.); s.a. Easterbrook/Fischel, 52 (1985) U.Chi.L.Rev. 89: "'Piercing' seems to happen freakishly. Like lightning, it is rare, severe, and unprincipled."

[856] S. Bainbridge, 26 (2001) J.Corp.L. 479 (516 ff.).

[857] S. Bainbridge, 26 (2001) J.Corp.L. 479 (532); mit diesem Argument begründen auch Las Palmas Assoc. v. Las Palmas Center, Cal.App. 2 Dist., 1 Cal.Rptr.2d 301 (317) v. 5.11.1991 und Pacific Landmark Hotel, Ltd. v. Marriott Hotels, Inc., Cal.App., 23 Cal.Rptr.2d 555 (563) v. 18.10.1993 die zurückhaltende Anwendung der veil piercing-Methode: "Since society recognizes the benefits of allowing persons and organizations to limit their business risks through incorporation, sound public policy dictates that disregard of those separate corporate entities be approached with caution."

[858] So von Bainbridge, 26 (2001) J.Corp.L. 479 (534).

[859] Berle, 47 (1947) Colum.L.Rev. 341 (350).

407 Das von *Berle* 1947 so formulierte Konzept einer Unternehmensverantwortlichkeit begegnet im deutschen Recht bei *Karsten Schmidt*[860]: Ist ein einheitliches Unternehmen auf mehrere Rechtssubjekte verteilt, die wie Betriebsabteilungen dieses Unternehmens geführt werden, entspricht, anders gewendet, der rechtlichen Selbständigkeit keine unternehmerische Selbstständigkeit, so haften letztlich auch alle diese Rechtssubjekte, die das Unternehmen betreiben – auch dann, wenn die konkrete Verpflichtung nur eines der Rechtssubjekte trifft.

a. Rechtsprechung

408 In den USA erscheint dieser Gedanke bereits seit dem Anfang des 20. Jahrhunderts in der Rechtsprechung und zwar zuerst in den Fällen, in denen die Aufteilung eines einheitlichen Unternehmens auf mehrere Rechtssubjekte am deutlichsten ist: Bei der horizontalen Betriebsaufspaltung[861]. Ein Betrieb wird auf zwei oder mehr corporations aufgeteilt. Eine der corporations (Betriebsgesellschaft) führt das Tagesgeschäft und geht die damit verbundenen Verpflichtungen ein, die andere (Besitzgesellschaft) hält das Betriebsvermögen und überläßt es der Betriebsgesellschaft. Kommt die Betriebsgesellschaft ihren Verpflichtungen nicht nach, so steht den Gläubigern kaum haftendes Vermögen zur Verfügung, denn ihr Schuldner – die Betriebsgesellschaft – verfügt oft nur über ein wenig Büromaterial[862].

---

[860] S.o. Rn. 250.

[861] Die Betriebsaufspaltung prägt auch die deutsche Diskussion zur Haftung zwischen gleichgeordneten Gesellschaften, s.o. Rn. 243 ff.

[862] In Oriental Investment Co. v. Barclay, Tex.App., 64 S.W. 80 v. 23.3.1901 waren Hotelangestellte durch einen Frachtaufzug verletzt worden. Die Gesellschaft, in deren Eigentum das Hotel stand (eingezahltes Kapital 250.000 $) hatte es an eine Betreibergesellschaft (Stammkapital 10.000 $, davon einbezahlt 2.000 $) verpachtet, deren Gründung von ihr organisiert war, die im wesentlichen die selben Gesellschafter hatte und von der Eigentümergesellschaft gesteuert wurde. Das Berufungsgericht entschied, der Mietvertrag sei ein Schwindel (sham) und die Betreibergesellschaft sei „agent" der Eigentümergesellschaft, weshalb die Eigentümergesellschaft als eigentlicher Betreiber des Hotels haftete. In Luckenbach S.S. Co., Inc. v. Grace & Co., Inc., 4th Cir., 267 F. 676 v. 6.7.1920 hatte eine Dampfschiffgesellschaft einen Vertrag gebrochen. Die Dampschiffgesellschaft (Kapital 10.000 $) hatte ihre Dampfschiffe von einer Besitzgesellschaft (Kapital 800.000 $) gepachtet. Beide Gesellschaften hatten den selben Präsidenten, der in beiden Gesellschaften etwa 90 % der Anteile hielt. Das Berufungsgericht entschied, unabhängig von dem Zweck der mit dieser Konstruktion verfolgt werde, seien die beiden Gesellschaften als identisch anzusehen („For all practical purposes the two concerns are one."). Weitere Fälle der Haftungserstreckung auf die Besitzgesellschaft in Fountain v. West Lumber Co., 76 S.E 533 v. 4.12.1912; Glenn v. Wagner, N.C.App., 313 S.E.2d 832 v. 3.4.1984; ausführlich zur Betriebsaufspaltung LoPucki, 51 (1998) Stan.L.Rev. 147 ff.

Der Betrieb kann aber auch gleichmäßig auf mehrere corporations verteilt werden. Dies wird besonders in den berühmten Taxi-Fällen (und in dem nicht weniger berühmten deutschen Autokran-Fall[863]) deutlich[864]: Jeweils zwei Taxis werden von einer eigenen corporation betrieben, deren Anteile jeweils von dem selben Gesellschafter gehalten werden. Die einzelnen Teile der Haftungsmasse werden hierdurch isoliert, dem Gläubiger steht jeweils nur ein kleiner Teil zur Verfügung. Die Gläubiger einer corporation gehen möglicherweise leer aus, obwohl in anderen corporations des selben Unternehmens Vermögen vorhanden ist. 409

In derartigen Fällen der Aufteilung eines einheitlichen Unternehmens auf mehrere corporations zum Nachteil der Gläubiger erstrecken Gerichte häufig die Haftung von der verpflichteten corporation auf andere corporations, die ebenfalls einen Teil des einheitlichen Unternehmens bilden. Die Haftungserstreckung ist dabei unabhängig davon, ob das Unternehmen zwischen voneinander abhängigen oder zwischen gleichgeordneten corporations aufgeteilt ist[865].

Dieses Vorgehen wird in der Rechtsprechung nicht immer deutlich von der veil piercing-Methode unterschieden[866]. Häufig wird die gleiche Terminologie verwendet. Ob zwischen veil piercing und der sogenannten single business enterprise doctrine[867] differenziert wird, hängt wesentlich davon 410

---

863 BGHZ 95, 330 v. 16.9.1985.

864 Standardfall ist Walkovszky v. Carlton, N.Y.App., 223 N.E.2d 6 v. 29.11.1966, weiteres Beispiel Gartner v. Snyder, 2nd Cir., 607 F.2d 582 v. 10.10.1979: Beklagter hatte seine Geschäftstätigkeit auf mehrere corporations verteilt, die tatsächlich in keiner Weise getrennt waren. Das Berufungsgericht lehnt den Durchgriff auf den Gesellschafter ab, denn er habe nicht sein persönliches Geschäft durch die Unternehmen betrieben. Es steht der Haftungserstreckung auf die – nicht beklagten - gleichgeordneten corporations aber mit deutlicher Sympathie gegenüber, s. aaO., S. 587 f.

865 Las Palmas Assoc. v. Las Palmas Center, Cal.App. 2 Dist., 1 Cal.Rptr.2d 301 (318) v. 5.11.1991; Green v. Champion Ins. Co., La.App. 1 Cir., 577 So.2d 249 (257 f.) v. 5.3.1991; Glenn v. Wagner, N.C.App., 313 S.E.2d 832 (844) v. 3.4.1984; s.a. Nichols v. Pabtex, Inc., US Distr.Tex., 151 F.Supp.2d 772 (781) v. 23.3.2001; Gartner v. Snyder, 2nd Cir., 607 F.2d 582 (586 ff.) v. 10.10.1979.

866 S. schon Oriental Investment Co. v. Barclay, Tex.App., 64 S.W. 80 (88) v. 23.3.1901 (s.o. Fn. 862): Das Gericht ordnet die Betriebsgesellschaft als „agent" und „merely the tool" der Besitzgesellschaft ein. Luckenbach S.S. Co., Inc. v. Grace & Co., Inc., 4th Cir., 267 F. 676 (681) v. 6.7.1920 zitiert eine veil piercing-Entscheidung, um die Haftungserstreckung auf eine Schwestergesellschaft zu begründen; Pan Pacific Sash & Door Co. v. Greendale Park, Inc., 2nd Distr.App.Cal., 333 P.2d 802 (806 f.) v. 31.12.1958; Hutchison v. Brotman-Sherman Theatres, Inc., Ill.App., 419 N.E.2d 530 (538 f.) v. 31.3.1981. S. außerdem Fn.872.

867 S. Nichols v. Pabtex, Inc., US Distr.Tex., 151 F.Supp.2d 772 (781) v. 23.3.2001; Green v. Champion Ins. Co., La.App. 1 Cir., 577 So.2d 249 (257) v. 5.3.1991; Allright Texas, Inc. v. Simons, Tex.Civ.App. 1st Distr., 501 S.W.2d 145 (149 f.) v. 26.7.1973.

ab, ob die Haftung auf beherrschende oder auf gleichgeordnete Gesellschaften erstreckt wird.

411 Wird die Unternehmensverantwortlichkeit *zwischen voneinander abhängigen corporations* angewandt, so erscheint sie im Regelfall[868] als ein Element der Prüfung des piercing of the corporate veil. Es wird geprüft, (1.) ob eine corporation die andere kontrolliert und (2.) ob diese Kontrolle zu einem Mißbrauch genutzt wurde. Innerhalb des Mißbrauchselementes wird dann berücksichtigt, daß die Geschäftstätigkeit der corporations nicht voneinander getrennt ist und die abhängige corporation primär das Geschäft der herrschenden betreibt[869]. Es sind dies Fälle, die innerhalb des Durchgriffs in die Fallgruppe der Vermögens- oder der Sphärenvermischung eingeordnet werden[870].

412 Findet die Haftungserstreckung dagegen *zwischen gleichgeordneten corporations* statt, wie es regelmäßig im Beispiel der Aufspaltung eines Betriebs auf Besitz- und Betriebsgesellschaft der Fall ist, wird häufiger zwischen der single business enterprise doctrine und dem veil piercing unterschieden, denn mit Hilfe des klassischen piercing of the corporate veil läßt sich nur der Durchgriff auf die Gesellschafter begründen, nicht jedoch die Haftungserstreckung auf Gesellschaften, die ebenfalls von diesem Gesellschafter abhängig sind[871]. Gelegentlich wird das veil piercing aber nichtsdestotrotz auf Schwestergesellschaften für anwendbar erklärt[872].

413 Auch dort, wo deutlich zwischen veil piercing und single business enterprise doctrine unterschieden wird, gleicht aber die *Begründung* der Unter-

---

[868] Eine Ausnahme findet sich in North American Van Lines, Inc. v. Emmons, Tex.App., 50 S.W.3d 103 (120) v. 28.6.2001: Anwendung der single business enterprise doctrine zwischen abhängigen corporations.

[869] Vgl. Gartner v. Snyder, 2nd Cir., 607 F.2d 582 (586) v. 10.10.1979.

[870] S.o. Rn. 400 f.

[871] Deutlich Glenn v. Wagner, N.C.App., 313 S.E.2d 832 (840) v. 3.4.1984: Die Vorinstanz hatte die Haftungserstreckung auf die Schwestergesellschaft mit der alter ego-Theorie begründet. Dies wird vom Berufungsgericht ausdrücklich zurückgewiesen, da ein Durchgriff nur auf Gesellschafter möglich sei. S.a. Green v. Champion Ins. Co., La.App. 1 Cir., 577 So.2d 249 (257 f.) v. 5.3.1991: Die Haftungserstreckung innerhalb eines einheitlichen Unternehmens sei dem veil piercing ähnlich, aber nicht identisch; Paramount Petroleum Corp. v. Taylor Rental Center, Tex.App., 712 S.W.2d 534 (536) v. 3.4.1986. Deutliche Trennung zwischen veil piercing und „single business enterprise"-doctrine auch in Nichols v. Pabtex, Inc., US Distr.Tex., 151 F.Supp.2d 772 (781) v. 23.3.2001.

[872] So in Main Bank of Chicago v. Baker, Ill.Sup., 427 N.E.2d 94 (101 f.) v. 30.9.1981; C M Corp. v. Oberer Development Co., 7th Cir., 631 F.2d 536 (539) v. 7.10.1980; In re Bowen Transport, Inc., 7th Cir., 551 F.2d 171 (179) v. 16.3.1977 (obiter dictum), jeweils ohne Begründung aber mit Verweis auf die vorhergehende Entscheidung. Ebenso in Hutchison v. Brotman-Sherman Theatres, Inc., Ill.App., 419 N.E.2d 530 (538 f.) v. 31.3.1981.

nehmensverantwortlichkeit bisweilen derjenigen des Durchgriffs: Die Trennung zwischen Gesellschaft und Gesellschafter und das Privileg der beschränkten Haftung seien ihrerseits beschränkt und gälten nur so lange, wie auch die Voraussetzungen für diese Trennung eingehalten würden[873]. Das Gericht betrachte die tatsächliche und nicht die formale gesellschaftsrechtliche Struktur[874]. Anders als das veil piercing wird die single business enterprise doctrine aber auch auf eine Analogie zu den Prinzipien der partnership gestützt[875].

Die *Voraussetzungen*, die in der Rechtsprechung eine Haftungserstreckung auf gleichgeordnete Gesellschaften rechtfertigen, gleichen ebenfalls den Voraussetzungen des piercing the corporate veil. Sie lassen sich bei – durchaus bedeutsamen - Unterschieden im einzelnen[876] auf die folgenden beiden Punkte zurückführen[877]: **414**

1. Ein solch hoher Grad an Interessengleichheit zwischen den corporations, daß ihre separate Existenz de facto nicht besteht und
2. die Trennung zwischen den beiden Einheiten würde zu einem ungerechten Ergebnis führen.

Zusammengefaßt ist die Haftungserstreckung zwischen corporations, die gemeinsam ein einheitliches Unternehmen betreiben und die bei diesem Betrieb nicht unterscheidbar voneinander getrennt sind, lange etablierte us-amerikanische Rechtsprechung. Diese hier so genannte Unternehmensverantwortlichkeit wird in der Unterordnungsbeziehung mit dem Mittel des piercing of the corporate veil hergestellt, in der Gleichordnungsbeziehung werden unter dem Schlagwort single business enterprise die Voraussetzungen des veil piercing leicht modifiziert. **415**

b. Literatur

Bainbridge fordert trotz der Nähe zwischen beiden Konzepten eine deutlich erkennbare Trennung der von ihm so genannten „enterprise liabili- **416**

---

[873] S. Glenn v. Wagner, N.C.App., 313 S.E.2d 832 (839, 845) v. 3.4.1984.
[874] Green v. Champion Ins. Co., La.App. 1 Cir., 577 So.2d 249 (257) v. 5.3.1991.
[875] North American Van Lines, Inc. v. Emmons, Tex.App., 50 S.W.3d 103 (119) v. 28.6.2001; Aluminium Chemicals (Bolivia), Inc. v. Bechtel Corp., Tex.App., 28 S.W.3d 64 (68) v. 4.8.2000; Hideca Petroleum Corp. v. Tampimex Oil International Ltd., Tex. App., 740 S.W.2d 838 (844) v. 22.10.1987.
[876] Näher u. Rn. 438 ff.
[877] So der Maßstab in Las Palmas Assoc. v. Las Palmas Center, Cal.App. 2 Dist., 1 Cal.Rptr.2d 301 (318) v. 5.11.1991; Hutchison v. Brotman-Sherman Theatres, Inc., Ill.App., 419 N.E.2d 530 (539) v. 31.3.1981.

ty"[878] zwischen corporations von der Methode des piercing of the corporate veil gegenüber natürlichen Personen. Er analysiert die Gründe für die Haftungsbeschränkung in der corporation und die Rechtfertigung der Ausnahme veil piercing im Verhältnis zu natürlichen und zu juristischen Personen als Gesellschafter.

417 Im Verhältnis *zu natürlichen Personen* kommt er zu dem Ergebnis, daß die Methode des piercing of the corporate veil nicht zu rechtfertigen sei. Starke ökonomische Gründe sprächen für die Erhaltung der beschränkten Haftung. So komme die beschränkte Haftung der Allgemeinheit und sogar Gläubigern zugute , da sie Investition in Beteiligungskapital fördere[879]. Demgegenüber untergrabe die Ausnahme veil piercing mit ihren vagen Voraussetzungen die (auch hierfür) nötige Rechtssicherheit[880]. Veil piercing gegenüber natürlichen Personen sei außerdem entbehrlich, denn häufig hafte der shareholder auf den durchgegriffen werde ohnehin aus anderen Rechtsgründen[881].

418 Im Verhältnis *zu corporations* gälte diese Argumentation jedoch nicht in gleicher Weise. Durch die Haftung innerhalb der corporate group würden natürliche Personen nicht davon abgehalten, in Beteiligungskapital zu investieren[882]. Andererseits bestünde in einer corporate group verstärkt die Gefahr, daß riskante Aktivitäten auf vermögenslose corporations ausgelagert würden, insbesondere durch die Verteilung auf Betriebs- und Besitzgesellschaften[883]. *Bainbridge* fordert daher die Abschaffung des veil piercing gegenüber natürlichen Personen, favorisiert aber die Beibehaltung der in der Rechtsprechung etablierten „enterprise liability" (= single business enterprise doctrine)[884].

---

878 „Enterprise liability" ist allerdings keine allgemein anerkannte Bezeichnung der Unternehmensverantwortlichkeit. Üblicherweise bezeichnet „enterprise liability" vielmehr im Deliktsrecht die Theorie, daß die Folgekosten seiner wirtschaftlichen Aktivität verschuldensunabhängig dem jeweiligen Unternehmen aufgebürdet werden sollten, s. Keating, 54 (2001) Vand.L.Rev. 1285 ff. und den grundlegenden Aufsatz von Calabresi, 70 (1961) Yale L.J. 499 ff. „Single business enterprise doctrine" scheint daher passender.

879 Bainbridge, 26 (2001) J.Corp.L. 479 (498); Zusammenfassung der Gründe, die für die beschränkte Haftung angeführt werden auch bei Alexander/Sawez, 60 (1999) U.Pitt.L.Rev. 1235 (1238 f.).

880 Bainbridge, 26 (2001) J.Corp.L. 479 (514 ff.).

881 S. Bainbridge, 26 (2001) J.Corp.L. 479 (516).

882 Bainbridge, 26 (2001) J.Corp.L. 479 (529); ebenso argumentiert McKane, 91 (1997) Nw.U.L.Rev. 1642 (1647 ff.).

883 Bainbridge, 26 (2001) J.Corp.L. 479 (529 ff.); ausführlich hierzu LoPucki, 51 (1998) Stan.L.Rev. 147 ff.

884 Bainbridge, 26 (2001) J.Corp.L. 479 (534 f.); für die Beibehaltung einer etwas modifizierten Unternehmensverantwortlichkeit Landers, 42 (1975) U.Chi.L.Rev. 589 (652).

Hier trifft sich seine Argumentation mit der von *Blumberg*, der mit seiner Reihe „The Law of Corporate Groups" ein Standardwerk des Rechts der aus corporations bestehenden Konzerne (corporate groups) geschaffen hat. *Blumberg* stellt zwei Konzepte nebeneinander: Das des entity law und das des enterprise law[885]. Unter entity law versteht er die Betrachtung der einzelnen corporation innerhalb der corporate group, unter enterprise law die Betrachtung des gesamten polykorporativen Unternehmens. In „The Law of Corporate Groups" untersucht er die einzelnen Bereiche des Rechts auf die Behandlung der corporate group hin. Er vertritt eine differenzierte Behandlung je nach den Besonderheiten des jeweiligen Rechtsbereichs[886], ist aber der Meinung, daß insgesamt die Entwicklung hin zu dem enterprise law, zu der Betrachtung der corporate group als eines einheitlichen Unternehmens, verläuft und verlaufen muß[887]. **419**

Im Bereich der *Haftungserstreckung* stützt er sich auf zwei Argumente – ein historisches und ein ökonomisches Argument. *Historisch* argumentiert er, daß die beschränkte Haftung in der corporation zu einem Zeitpunkt eingeführt wurde, als es corporations noch nicht erlaubt war, Anteile an anderen corporations zu halten. Die Haftungsbeschränkung kam somit nur natürlichen Personen zugute. Als es corporations dann gestattet wurde, selbst shareholder zu werden, wurde die Haftungsbeschränkung auch für sie aufrecht erhalten, was nun dazu führte, daß nicht mehr die natürliche Person des Investors sondern wiederum andere corporations geschützt wurden – es legten sich somit mehrere Schichten der Haftungsbegrenzung zwischen den Gläubiger und den Investor, ohne daß diese Ausdehnung der Haftungsbeschränkung neu überdacht worden sei. Es sei demzufolge niemals ausreichend geprüft worden, ob diese Ausdehnung der Haftung sachlich gerechtfertigt sei[888]. **420**

Ökonomisch argumentiert *Blumberg* ebenso wie *Bainbridge*, die Gründe, die für eine Haftungsbeschränkung zugunsten natürlicher Personen sprächen, gälten nicht oder nicht in gleicher Weise für corporate groups[889]. Es sei nicht gerechtfertigt, corporations in gleicher Weise wie natürlichen Per-

---

[885] S. Blumberg, Substantive Law, S. xxxiv; ders. in Konzernrecht im Ausland, 264 (270 f., 283 ff.).

[886] S. Blumberg, Substantive Law, S. 682; ders., 28 (1996) Conn.L.Rev. 295 (298 f.); ders. in Konzernrecht im Ausland, 264 (284).

[887] S. Blumberg, Substantive Law, S. 686 ff.; ders., 28 (1996) Conn.L.Rev. 295 (296 ff.); ders. in Konzernrecht im Ausland, 264 (270 f.); dazu auch Nygh, 3 (2002) EBOR 51 (67 ff.), der eine Paralelle zum deutschen Vertragskonzern zieht.

[888] S. Blumberg, Substantive Law, S. 55 ff.; 685 f.; ders., 11 (1986) J.Corp.L. 573 (577 ff., 630); ders. in Konzernrecht im Ausland, 264 (270). Ihm folgt rechtsvergleichend Antunes, so in 13 (1999) Ct.J.I.L. 197 (213 f.).

[889] S. Blumberg, 11 (1986) J.Corp.L. 573 (626, 630).

sonen die Isolierung von Haftungsrisiken durch die Aufteilung ihres Unternehmens auf einzelne Gesellschaften zu ermöglichen[890].

421 Zuende gedacht bedeutet *Blumbergs* Argumentation die Erstreckung der Haftung innerhalb eines von mehreren juristischen Personen betriebenen Unternehmens, ohne daß noch weitere Kriterien wie Mißbrauch oder ein „ungerechtes Ergebnis“ hinzukommen müßten. Subsumtionsfähige Kriterien, wie weit die Haftung zu erstrecken sei, gibt *Blumberg* allerdings nicht. Auch erhebt er nicht den Anspruch, den Rechtszustand de lege lata wiederzugeben. Die Haftungserstreckung innerhalb des polykorporativen Unternehmens ohne zusätzliche (Mißbrauchs-) Voraussetzungen erscheint vielmehr als Standpunkt und Voraussage de lege ferenda[891].

3. Verbotene Ausschüttungen

422 Neben die allgemeine Haftungserstreckung treten spezielle Tatbestände: Ist Vermögen der Gesellschaft zu dem herrschenden Gesellschafter geflossen, so liegt darin regelmäßig ein Verstoß gegen die Kapitalerhaltungsvorschriften, wenn kein Überschuß zu verteilen ist oder die Gesellschaft dadurch zahlungsunfähig wird[892]. Die Verantwortlichkeit des begünstigten Gesellschafters speist sich dabei, wie oben angedeutet[893], aus drei unterschiedlichen Quellen:

1. die gesellschaftsrechtlichen Bestimmungen der Kapitalerhaltung,
2. die einzelstaatlichen Regeln über betrügerische Transfers (fraudulent transfer) und
3. das bundesgesetzliche Recht der Insolvenzanfechtung.

a. Gesellschaftsrecht

423 Die corporate statutes enthalten meist Bestimmungen über die Haftung der directors und lassen den Rückgriff auf bösgläubige, teilweise auch auf fahrlässig unwissende shareholders zu, denen die Verteilung von Gesellschaftsvermögen zugute gekommen ist[894]. Andere statutes enthalten eine primäre Haftung der shareholders[895]. Nach common law haften Anteilseigner für unrechtmäßig ausgezahlte Dividenden. Die Haftung tritt ein, wenn entweder die Gesellschaft durch die Verteilung zahlungsunfähig wurde oder der Gesellschafter weiß, daß die Verteilung einer Dividende unzuläs-

---

[890] Zustimmend wiederum Antunes, so in 13 (1999) Ct.J.I.L. 197 (214).
[891] S. Blumberg, Substantive Law, S. 692.
[892] S.o. Rn. 346.
[893] O. bei Rn. 351.
[894] S.o. bei Rn. 347.
[895] So z.B. § 506 (a) Cal.Corp.C.; s. Fletcher, § 5422; Merkt, Rn. 467.

sig ist[896]. Die Haftung nach common law scheint aber inzwischen durch die gesetzlichen Regelungen verdrängt[897].

b. Fraudulent Transfers

424 Das Verbot der Ausschüttung oder Verteilung von Gesellschaftsvermögen, wenn sie zur Zahlungsunfähigkeit der corporation führen würde, ergibt sich in vielen Staaten nicht aus dem Gesellschaftsrecht, sondern erst aus den Gesetzen über betrügerische Transfers. Fast alle Einzelstaaten haben den Uniform Fraudulent Transfer Act der NCCUSL[898] angenommen, der es Gläubigern ermöglichen soll, Vermögen zu erlangen, das zu ihrer Benachteiligung auf eine andere Person übertragen wurde. Der UFTA gibt dem Gläubiger unterschiedliche *Werkzeuge* an die Hand, wenn der Schuldner einen fraudulösen Transfer vorgenommen hat oder eine entsprechende Verpflichtung eingegangen ist:

425 Nach § 7 (a)(1) UFTA kann der Gläubiger das Geschäft anfechten, er kann eine einstweilige Verfügung gegen weitere Dispositionen erwirken (§ 7 (a)(3)(i) UFTA), es kann ein Empfänger ernannt werden, der Vermögen des Begünstigten in seine Obhut nimmt (§ 7 (a)(3)(ii) UFTA), oder jede andere Maßnahme getroffen werden, die nach den Umständen erforderlich ist (§ 7 (a)(3)(iii) UFTA). Dem Gläubiger, der bereits über einen Titel gegen den Schuldner verfügt, kann nach § 7 (b) UFTA sogar ermöglicht werden, direkt in den übertragenen Gegenstand oder dessen Surrogate zu vollstrecken. Neben der Möglichkeit, das konkrete Geschäft anzugreifen, ist der Gläubiger durch § 8 (b) UFTA auch berechtigt, von dem Begünstigten Befriedigung seiner Forderung gegen den Schuldner zu verlangen, soweit ein Transfer anfechtbar ist. Aus dem UFTA ergibt sich bei anfechtbarer Verteilung von Gesellschaftsvermögen damit nicht ein Rückforderungsanspruch der Gesellschaft, sondern die Gläubiger können ihre Forderungen direkt gegen einen begünstigten Gesellschafter oder sonstigen Empfänger des Vermögens (beispielsweise eine Schwestergesellschaft) geltend machen.

426 Wann aber fällt ein Geschäft unter den UFTA? Zu unterscheiden sind vor allem zwei *Tatbestände*:

---

[896] Merkt, Rn. 467.

[897] S. Fletcher, § 5422, wo die common law-Haftung nicht mehr erwähnt wird; s. andererseits Reilly v. Segert, Ill. Sup. 201 N.E.2d 444 ff. v. 29.9.1964, wonach eine gesetzliche Bestimmung über die Haftung der directors die Haftung der shareholders nicht ausschließt.

[898] Zur Arbeit dieses Gremiums zur Förderung der Vereinheitlichung der einzelstaatlichen Gesetzgebung Assmann/Bungert, Kap. 1 Rn. 120.

1. Ein Geschäft ist grundsätzlich immer fraudulös, wenn der Schuldner damit die Absicht verfolgt, Gläubiger zu benachteiligen (§ 4 (a)(1) UFTA). Ein Indiz hierfür ist, daß der Empfänger der Leistung eine Person ist, welche die Schuldner-corporation kontrolliert (§ 4 (b)(1) i.V.m. § 1 (7)(ii)(C) UFTA).
2. Ein Geschäft ist außerdem dann fraudulös, wenn der Leistung des Schuldners keine gleichwertige Gegenleistung (reasonably equivalent value) entspricht (§ 4 (a)(2) UFTA) und zusätzliche Voraussetzungen gegeben sind.

Solche zusätzlichen Voraussetzungen sind:

a. Das verbleibende Vermögen des Schuldners ist für das von ihm betriebene Geschäft unverhältnismäßig gering (§ 4 (a)(2)(i) UFTA). Dies kann mit dem deutschen Begriff der materiellen Unterkapitalisierung verglichen werden.
b. Der Schuldner wollte, nahm es an oder hätte es annehmen sollen, daß er Verbindlichkeiten einging, die er bei Fälligkeit nicht würde begleichen könnte (§ 4 (a)(2)(ii) UFTA)
c. Der Schuldner ist insolvent oder wurde es durch den Transfer (§ 5 (a) UFTA). Insolvent bedeutet hierbei, daß die Verbindlichkeiten des Schuldners höher sind als sein Aktivvermögen (bankruptcy meaning, vergleichbar der deutschen Überschuldung), was vermutet wird, wenn er seinen fälligen Verbindlichkeiten nicht nachkommt (§ 2 (a), (b) UFTA)[899]. Ist Empfänger des Transfers ein Insider, also auch ein kontrollierender Gesellschafter[900], der Grund hatte, von der Insolvenz des Schuldners auszugehen, so kommt es auf das Fehlen einer angemessenen Gegenleistung nicht an (§ 5 (b) UFTA).

427 Was ist nun die *konzernrechtliche Bedeutung* der geschilderten Tatbestände?
Vor allem § 5 UFTA (Punkt c.) führt praktisch dazu, daß immer dann, wenn – offen oder versteckt - die Vorschriften der Kapitalerhaltung verletzt werden, wenn also Gesellschaftsvermögen verteilt wird, obwohl die Bilanz nicht ausgeglichen oder die Gesellschaft zahlungsunfähig ist oder wird, Ansprüche nach dem UFTA bestehen. Neben § 5 UFTA treten weitere Tatbestände, die konzerninterne Rechtsgeschäfte zum Nachteil wirt-

---

899 § 5 UFTA kommt nur Gläubigern zugute, deren Forderungen vor der fraglichen Transaktion bereits bestanden haben.
900 S. § 1 (7)(ii)(C) UFTA.

schaftlich angeschlagener Gesellschaften angreifbar machen können, wenn durch diese Geschäfte Gläubiger gefährdet werden.
Die Rechtsbehelfe, die der UFTA bereitstellt, liegen dabei nicht in den Händen der Gesellschaft selbst, sondern unmittelbar bei ihren Gläubigern. Mit dem zentralen Tatbestandsmerkmal der gleichwertigen Gegenleistung (oben Punkt 2.) führt aber auch das UFTA einmal mehr zu dem zentralen Problem der Konzernverantwortlichkeit: Wie ist festzustellen, ob eine Gegenleistung gleichwertig ist?[901]

c. Insolvenzrecht

Insolvenzrecht ist vor allem Bundesrecht. Im Konkursfall sieht 11 USC § 428
548 (a)(1) ein Anfechtungrecht des trustee (in diesem Fall Insolvenzverwalter) vor, das die beschriebenen Tatbestände des UFTA nahezu wörtlich wiederholt[902]. Ein Zahlungsanspruch gegen den Begünstigten folgt aus 11 USC § 550 (a). Somit ist vor allem die Verteilung von Vermögen einer Gesellschaft, deren Aktivvermögen nicht die Verbindlichkeiten deckt, in allen Bundesstaaten angreifbar, wenn die Gesellschaft in Konkurs fällt.

4. Andere Haftungstatbestände

Neben die Durchgriffshaftung, die Unternehmensverantwortlichkeit und 429
die Haftung für verbotene Ausschüttungen treten einige weitere Tatbestände, die zu einer Haftung des herrschenden Unternehmens führen können.

a. Duty of Loyalty

Bereits genannt wurde die *duty of loyalty*. Die rechtlichen Folgen einer 430
Verletzung der Treupflicht des kontrollierenden Gesellschafters können vielfältig sein[903], sie umfassen aber jedenfalls den Ausgleich des verursachten Schadens[904]. Wurde eine Pflicht gegenüber den Minderheitsgesellschaftern[905] verletzt und ist diesen ein eigener Schaden entstanden, so steht ihnen ein eigener Anspruch zu, ansonsten können sie den Anspruch der Gesellschaft im Wege der derivative suit geltend machen[906]. Bei der Be-

---

901 Der offizielle Kommentar zu dem UFTA befaßt sich in § 3 (2)-(4) ansatzweise mit der Frage und stellt in (2) jedenfalls klar, daß „love and affection" keinen anrechenbaren Gegenwert darstellen. Zur Angemessenheit der Gegenleistung im Zusammenhang mit der Treupflicht o. Rn. 372 f.

902 Nicht mit aufgegriffen ist § 5 (b) UFTA, so daß es auch bei Transfers aus einer insolventen Gesellschaft an Insider darauf ankommt, ob eine gleichwertige Gegenleistung erbracht wurde.

903 S.o. Rn. 363, 374.

904 S. Fletcher, § 860.50.

905 S. Fletcher, § 5810 m.w.N. in Fn. 2.

906 S.o. Rn. 363.

stimmung der Schadenshöhe steht dem Gericht ein Ermessenspielraum (sound discretion) zu, wenn diese nicht exakt zu ermitteln ist[907]. Geschah die Pflichtverletzung willentlich, so können auch punitive damages (Strafschadenersatz) zugesprochen werden[908].

b. Arbeitsrecht

431 Wie schon im spanischen Recht, so ist auch das us-amerikanische Recht der Konzernhaftung im Arbeitsrecht teilweise eigene Wege gegangen. Im Individualarbeitsrecht fällt die persönliche Haftung großer Gesellschafter für die Gehälter der Arbeitnehmer nach dem Recht von New York auf: Gemäß § 630 N.Y.Bus.Corp.L. haften die zehn größten Anteilseigner einer corporation, deren Anteile nicht öffentlich gehandelt werden, gesamtschuldnerisch (jointly and severally) für die Gehälter der Arbeitnehmer.

432 Ähnlich der spanischen Konstruktion des „empresario responsable"[909] kann auch im us-amerikanischen Recht eine Unternehmensgruppe anstatt der einzelnen Konzerngesellschaft, die den Arbeitnehmer eingestellt hat, als Arbeitgeber angesehen werden[910]. Dieses Vorgehen beruht auf der single business enterprise doctrine, die im Arbeitsrecht eine spezielle Ausprägung gefunden hat: Die „*single employer doctrine*"[911]. Eine Unternehmensgruppe wird nach diesem Test als Arbeitgeber angesehen, wenn die folgenden Punkte erfüllt sind:

> "[1] interrelation of operations;
> [2] common management;
> [3] centralized control of labor relations; and
> [4] common ownership or financial control"[912].

Im Vergleich zur sonstigen Unternehmensverantwortlichkeit kommt es also besonders darauf an, inwieweit die *Arbeits*beziehungen zentral kontrolliert und damit verflochten sind. Der Test ist damit den Besonderheiten des

---

[907] Fletcher, § 860.50 m.w.N. in Fn. 4; C & B Sales & Service, Inc. v. McDonald, 5th Cir., 177 F.3d 384 (387 f.) v. 14.7.1999. Dem entspricht im deutschen Recht die allgemeinere Regelung des § 287 Abs. 1 ZPO.

[908] Fletcher, § 860.50 m.w.N. in Fn. 5; Giblin v. Murphy, N.Y.App., 532 N.E.2d 1282 (1284) v. 29.11.1988.

[909] S.o. Rn. 310 ff.

[910] S. Fletcher, § 43.80 m.w.N.

[911] Auch Integrated Enterprise Test, s. Pearson v. Component Technology Corp., 3rd Cir., 247 F 3d 471 (486) v. 13.4.2001.

[912] Radio and Television Broadcast Technicians Local Union 1264 v. Broadcast Service of Mobile, Inc., US Sup., 85 S.Ct. 876 (877) v. 15.3.1965 m.w.N.; Pearson v. Component Technology Corp., 3rd Cir., 247 F 3d 471 (486) v. 13.4.2001; Murray v. Miner, 2nd Cir., 74 F.3d 402 (404) v. 18.1.1996.

Rechtsgebiets angepaßt. Auch innerhalb des Arbeitsrechts sind die geprüften Standards aber nicht immer einheitlich[913].

c. Deliktsrecht

Auch im Deliktsrecht ist das us-amerikanische Konzernhaftungsrecht eigene Wege gegangen[914]. Der Ansatz, den man als „Direkthaftung" bezeichnen kann[915], fragt nicht mehr, wann die Haftung für Verbindlichkeiten der Tochtergesellschaft auf das kontrollierende Unternehmen erstreckt wird, sondern die Kontrolle über das schädigende Verhalten der abhängigen Gesellschaft wird zum Anlaß genommen, das kontrollierende Unternehmen selbst als Schädiger anzusehen. Prominentestes und praktisch wichtigstes Beispiel dieses Vorgehens ist die Haftung für Altlasten nach dem Umwelthaftungsgesetz *CERCLA*. 433

42 USC § 9607 (a) (1)[916] bestimmt: „the owner and operator of a vessel or a facility [...] shall be liable for – (A) all costs of removal or remedial action [...]" 434

Werden in einer Einrichtung gefährliche Stoffe abgelagert, so haftet nach dieser Vorschrift der Eigentümer oder Betreiber der Einrichtung für die Beseitigung und sonstige Folgelasten. Findet die Ablagerung in einer Einrichtung statt, deren Eigentümerin oder Betreiberin eine Tochtergesellschaft ist, so haftet zunächst diese Tochtergesellschaft. Will der Gläubiger eines Anspruchs aus 42 USC § 9607 (a) daneben einen kontrollierenden Gesellschafter haftbar machen, so stehen ihm zwei Möglichkeiten offen:

1. Er kann nachweisen, daß die Voraussetzungen des piercing of the corporate veil vorliegen und deshalb der kontrollierende Gesellschafter für die (*fremde*) Verpflichtung der Tochter haftet[917].
2. Er kann aber auch nachweisen, daß die Kontrolle über die Aktivität der Tochtergesellschaft dazu führt, daß der kontrollierende Gesellschafter

---

913 S. unter Darstellung der zur Erstreckung der Verantwortlichkeit im Konzern angewandten Methoden Pearson v. Component Technology Corp., 3rd Cir., 247 F 3d 471 (484 ff.) v. 13.4.2001.

914 Dazu, daß durch die Ausweitung der deliktischen Haftung in diesem Bereich die Ziele der Konzernhaftung erreicht werden, Blumberg, Substantive Law, S. 688 f.

915 So Ochsenfeld, insbes. S. 102 ff.; s.a. U.S. v. Bestfoods, US Sup., 524 S.Ct. 1876 (1886) v. 8.6.1998.

916 gleichzeitig § 107 (a) (1) CERCLA; Abs. (2) bezieht auch Eigentümer und Betreiber zum Zeitpunkt der Ablagerung mit ein: „any person who at the time of disposal of any hazardous substance owned or operated any facility at which such hazardous substances were disposed of,".

917 S. U.S. v. Bestfoods, US Sup., 524 S.Ct. 1876 (1885 f.) v. 8.6.1998: Die CERCLA-Haftung schließt die abgeleitete Haftung durch veil piercing nicht aus.

selbst Betreiber der Einrichtung ist und ihn daher eine *eigene* Verpflichtung aus 42 USC § 9607 (a) (2) trifft.

435 Hier herrschte lange Zeit Verwirrung darüber, ob und wie die Kontrolle über die Tochtergesellschaft, einen Gesellschafter zum Betreiber (operator) im Sinn des CERCLA werden läßt[918]. So sollte die Verantwortlichkeit der Muttergesellschaft auch nach dem CERCLA erfordern, daß die Voraussetzungen des piercing of the corporate veil gegeben seien[919]. Nach anderen Entscheidungen sollte es dagegen ausreichen, daß im Zeitraum der Ablagerung (unterschiedlich) aktiv in das Geschäft der Tochtergesellschaft eingegriffen wurde[920], wiederum andere Entscheidungen stellten wesentlich auf die Möglichkeit ab, die Verschmutzung zu verhindern[921].

436 Dieser Verwirrung wurde durch den *US Supreme Court* in der Leitentscheidung *U.S. v. Bestfoods*[922] in der Rechtsprechung ein Ende bereitet: Der kontrollierende Gesellschafter kann hiernach aufgrund deren Kontrolle Betreiber der Einrichtung der Tochtergesellschaft sein. Es reicht aber nicht die generelle Kontrolle über die Geschäfte der Tochtergesellschaft. Erforderlich ist vielmehr die Kontrolle über den Betrieb der verschmutzenden Einrichtung[923]. Steuert der kontrollierende Gesellschafter den Betrieb dieser Einrichtung, so ist er selbst Betreiber im Sinn des CERCLA. Dafür reicht es aber weder aus, daß Personalunion im Management einer herrschenden und einer abhängigen Gesellschaft besteht, noch, daß ansonsten allgemein die Geschäfte der Tochter mit den üblichen gesellschaftsrechtlichen Mitteln beeinflußt oder überwacht werden[924].

---

918 Ausführlich McKane, 91 (1997) Nw.U.L.Rev. 1642 (1654 ff.); Ochsenfeld, S. 43 ff.

919 So U.S. v. Cordova Chemical Co. of Michigan, 6th Cir., 113 F.3d 572 (579) v. 13.5.1997, die Vorinstanz zu U.S. v. Bestfoods, u. Fn. 922; Joslyn Manufacturing Co. v. T.L. James & Co., 893 F.2d 80 (82 f.) v. 29.1.1990.

920 CPC International, Inc. v. Aerojet-General Corp., US W.Distr.Mich., 777 F.Supp. 549 (573) v. 27.8.1991, die erste Instanz in U.S. v. Bestfoods, Fn. 922: „actively participating in and exercising control over the subsidiary's business"; State of New York v. Shore Realty Corp., 2nd Cir., 759 F.2d 1032 (1052) v. 4.4.1985; s.a. Ochsenfeld, S. 45 ff.

921 So State of Idaho v. Bunker Hill Co., US Distr. Id., 635 F.Supp. 665 (672) v. 22.5.1986; s.a. Ochsenfeld, S. 68 ff.

922 524 S.Ct. 1876 v. 8.6.1998; kritische Besprechung der Entscheidung durch Gelb, 48 (1999) U.Kan.L.Rev. 111 ff.; zustimmend Alexander/Sawez, 60 (1999) U.Pitt.L.Rev. 1235 (1264); Prebble, 67 (1999) U.Cin.L.Rev. 1357 (1383 f.); Anwendung der *Bestfood*-Grundsätze etwa in U.S. v. Friedland, U.S.Distr.Colo., 2001 WL 1511872 (14 ff.) v. 2.7.2001.

923 U.S. v. Bestfoods, US Sup., 524 S.Ct. 1876 (1887) v. 8.6.1998.

924 U.S. v. Bestfoods, US Sup., 524 S.Ct. 1876 (1888 f.) v. 8.6.1998; die Kontrolle über den Betrieb der Einrichtung konnte sich in *Bestfoods* daraus ergeben, daß ein Vertreter der Muttergesellschaft, der nicht auch dem Management der Tochtergesellschaft ange-

Dieses Abstellen nicht auf die allgemeine Ausübung von Kontrolle, sondern auf die Kontrolle über den konkret schadensbegründenden Akt dient der Verwirklichung der deliktsrechtlichen Ziele, 437

1. demjenigen die Kosten aufzubürden, der sie durch seine wirtschaftliche Aktivität verursacht (enterprise liability)[925] und
2. denjenigen zum Schadenersatz heranzuziehen, der die Entstehung des Schadens verhindern kann und ihm damit hierzu einen Anreiz zu geben (Steuerungsfunktion des Deliktsrechts).

Der *US Supreme Court* bestimmt damit den Kreis der Verantwortlichen nach den Zwecken der zugrunde liegenden Norm[926] – er wendet damit die Normanwendungsmethode im Gegensatz zur Durchgriffsmethode an. Für die Verantwortlichkeit nach dem CERCLA erklärt er in *Bestfoods* allerdings beide Methoden nebeneinander für anwendbar.

II. Gleichgeordnete Gesellschaften

Im Zentrum der Konzernhaftungsdiskussion steht auch in den USA die Haftung der Konzernspitze, des herrschenden Gesellschafters. Können Gläubiger einer corporation aber auch auf andere corporations zugreifen, die keine Kontrolle über die Schuldner-corporation haben? Und welche Voraussetzungen müssen hierfür gegeben sein? Zu unterscheiden ist wiederum der klassische Gleichordnungskonzern zwischen Gesellschaften, die nicht gemeinsam von einem Gesellschafter kontrolliert werden und die Haftung zwischen gleichgeordneten corporations mit gemeinsamem kontrollierendem Gesellschafter. 438

1. Abhängige Schwestergesellschaften

Auf gleichgeordnete, von einem Dritten kontrollierte corporations findet die *single business enterprise doctrine* in der us-amerikanischen Rechtsprechung seit jeher unabhängig davon Anwendung, ob die Haftung auf eine herrschende oder auf eine gleichgeordnete corporation erstreckt wer- 439

---

hörte, den Umgang der Tochtergesellschaft mit gefährlichen Chemikalien bestimmte, aaO., 1890.

[925] S. U.S. v. Bestfoods, US Sup., 524 S.Ct. 1876 (1881 f.) v. 8.6.1998; State of Idaho v. Bunker Hill Co., US Distr.Id., 635 F.Supp. 665 (672) v. 22.5.1986; Gelb, 48 (1999) U.Kan.L.Rev. 111 (136); zur „enterprise liability" o. Fn. 878.

[926] S. U.S. v. Bestfoods, US Sup., 524 S.Ct. 1876 (1887) v. 8.6.1998: "in the organizational sense obviously intended by CERCLA", "To sharpen the definition for purposes of CERCLA's concern with environmental contamination".

den soll[927]. Die Haftung kann hierdurch auf diejenigen – aber auch nur auf diejenigen[928] – corporations erstreckt werden, die mit der Schuldnergesellschaft ein einheitliches Unternehmen betreiben, seien es kontrollierende, seien es gleichgeordnete Gesellschaften.

440 Diese Haftungserstreckung wird in der Abhängigkeitsbeziehung mit den Mitteln des piercing of the corporate veil erreicht. Vor allem ältere Entscheidungen wenden die Prinzipien, die dem veil piercing zugrunde liegen, auch auf die Haftungserstreckung zwischen gleichgeordneten Gesellschaften an[929]. Bei gleichgeordneten Gesellschaften fehlt es jedoch begriffsnotwendig an der Voraussetzung der Kontrolle durch die Gesellschaft, auf die durchgegriffen werden soll[930]. In neueren Entscheidungen sind die *Voraussetzungen* der Unternehmensverantwortlichkeit zwischen gleichgeordneten Gesellschaften daher regelmäßig modifiziert. Sie lassen sich aber in der Regel noch auf die zwei genannten, den Voraussetzungen der Durchgriffshaftung ähnelnden Punkte zurückführen[931]:

1. Das *Identitätselement*: Ein solch hoher Grad an Interessengleichheit zwischen den corporations, daß ihre separate Existenz de facto nicht besteht („the separateness of the two corporations had in effect ceased") und
2. das *Unwertelement*: die Trennung zwischen den beiden Einheiten würde zu einem ungerechten Ergebnis führen („promote injustice")[932].

441 Nicht alle Entscheidungen begnügen sich aber mit derart knappen Formulierungen. Oftmals werden die Voraussetzungen dadurch konkretisiert, daß – wie schon bei der Durchgriffsmethode – die Faktoren aufgelistet werden, die bei ihrer Prüfung eine Rolle spielen. Dabei wird nicht mehr danach unterschieden, welche Faktoren die Identität der Gesellschaften und welche Faktoren die Ungerechtigkeit oder das Unwerturteil begründen sollen. Die wesentlichsten Punkte, die berücksichtigt werden, finden sich etwa in *Pa-*

---

[927] S.o. Rn. 409, außerdem Blumberg, Substantive Law, § 21.02 mit zahlreichen Nachweisen für die Haftungserstreckung auf Schwestergesellschaften in Fn. 1-3.

[928] S. Blumberg, Substantive Law, § 21.02 m.w.N. in Fn. 4 f.: Der herrschende Gesellschafter oder andere corporations, die nicht Teil des einheitlichen Unternehmens sind, haften hierdurch nicht.

[929] S.o. Fn. 862, 872.

[930] Vgl. o. Fn. 871. Zu den Voraussetzungen des veil piercing o. Rn. 380 ff., 399 ff.

[931] S.o. Rn. 414.

[932] S. Las Palmas Assoc. v. Las Palmas Center, Cal.App. 2nd Dist., 1 Cal.Rptr.2d 301 (318) v. 5.11.1991 unter Anlehnung an Pan Pacific Sash & Door Co. v. Greendale Park, Inc., Cal.App. 2nd Distr., 333 P.2d 802 (806 f.) v. 31.12.1958, wo die Haftungserstreckung noch als piercing of the corporate veil geprüft wird; Hutchison v. Brotman-Sherman Theatres, Inc., Ill.App., 419 N.E.2d 530 (539) v. 31.3.1981.

ramount Petroleum Corp. v. Taylor Rental Center[933], wo die Haftung zwischen zwei hundertprozentigen Tochtergesellschaften erstreckt wurde. Die Aufzählung beginnt mit Faktoren, die wertneutral das gemeinsame Betreiben eines Unternehmens durch die beteiligten Gesellschaften ausmachen:
"Factors to be considered in determining whether the constituent corporations have not been maintained as separate entities include but are not limited to the following: common employees; common offices; centralized accounting; payment of wages by one corporation to another corporation's employees; common business name; services rendered by the employees of one corporation on behalf of another corporation;"
Der folgende Teil der Aufzählung enthält Faktoren, die regelmäßig ein (gesellschafts- oder steuer-) rechtswidriges Verhalten darstellen und die damit ein Unwerturteil begründen könnten:
"undocumented transfers of funds between corporations; and unclear allocation of profits and losses between corporations."
Andere Aufzählungen sind ausführlicher, stellen aber auch im wesentlichen auf gemeinsame Anteilseigner, Verwaltung und geschäftliche Aktivitäten sowie auf nicht im einzelnen auflösbare wirtschaftliche Verflechtungen zwischen den Gesellschaften ab[934]. Dabei ist festzustellen, daß das 442

[933] Tex.App., 712 S.W.2d 534 (536) v. 3.4.1986. S.a. Glenn v. Wagner, N.C.App., 313 S.E.2d 832 (845) v. 3.4.1984: "Thus, the creditor of an insolvent corporation may properly recover from the debtor's corporate affiliate where the various corporations are operated under common ownership and unified management; are essentially engaged in the same or supplementary businesses, sharing a single asset or pool of assets among the subdivisions; and under the circumstances it would be unjust to recognize, as a separate entity, one of the individual corporate compartments."

[934] Die wohl vollständigste Aufzählung findet sich in Green v. Champion Ins. Co., La.App. 1 Cir., 577 So.2d 249 (257 f.) v. 5.3.1991:

1. corporations with identity or substantial identity of ownership, that is, ownership of sufficient stock to give actual working control;
2. common directors or officers;
3. unified administrative control of corporations whose business functions are similar or supplementary;
4. directors and officers of one corporation act independently in the interest of that corporation;
5. corporation financing another corporation;
6. inadequate capitalization ("thin incorporation");
7. corporation causing the incorporation of another affiliated corporation;
8. corporation paying the salaries and other expenses or losses of another corporation;
9. receiving no business other than that given to it by its affiliated corporations;
10. corporation using the property of another corporation as its own;
11. noncompliance with corporate formalities;
12. common employees;

Unwerturteil bei der Haftungserstreckung zwischen gleichgeordneten Gesellschaften deutlich weniger im Vordergrund steht als bei der Durchgriffshaftung eines kontrollierenden Gesellschafters.

443 Dort, wo die single business enterprise doctrine auch in ihrer *Begründung* klar von dem piercing of the corporate veil getrennt und mit einer Analogie zu der Haftung in der partnership begründet wird, tritt das Unwertelement vollständig in den Hintergrund. Es kommt nur noch auf den Grad der Integration der Gesellschaften und die gemeinsame Zweckverfolgung an, ohne daß fraud (Betrug) oder ein sonstiges Fehlverhalten verlangt würde[935].

444 *Zusammengefaßt* setzt die Haftung zwischen gemeinsam abhängigen gleichgeordneten corporations in den USA zwei Elemente voraus: Zum einen ein Identitätselement, das den Kern der single business enterprise doctrine darstellt und besagt, daß die Gesellschaften tatsächlich so wenig voneinander getrennt sind, daß es sich nur um Teile eines einheitlichen Unternehmens handelt, zum anderen ein Unwertelement, welches besagt, daß die Anerkennung der Aufteilung des einheitlichen Unternehmens auf mehrere Gesellschaften zu einem ungerechten Ergebnis führen würde. Das Unwertelement hat aber nicht den Stellenwert, den es bei der Haftung eines herrschenden Gesellschafters nach den Regeln des piercing of the corporate veil hat. Veil piercing und single business enterprise doctrine zwischen gleichgeordneten Gesellschaften haben andererseits gemeinsam, daß es sich um Instrumente im Rahmen der equity-Rechtsprechung handelt[936], die mit ihren allgemein gehaltenen Voraussetzungen den Gerichten einen weiten Spielraum lassen.

2. Klassischer Gleichordnungskonzern

445 Gilt die single business enterprise doctrine oder eine vergleichbare Sonderregelung aber auch im klassischen Gleichordnungskonzern, welcher die deutsche Diskussion der Haftung zwischen gleichgeordneten Gesellschaf-

---

13. services rendered by the employees of one corporation on behalf of another corporation;
14. common offices;
15. centralized accounting;
16. undocumented transfers of funds between corporations;
17. unclear allocation of profits and losses between corporations; and
18. excessive fragmentation of a single enterprise into separate corporations.

[935] North American Van Lines, Inc. v. Emmons, Tex.App., 50 S.W.3d 103 (119) v. 28.6.2001. Daß single business enterprise doctrine und veil piercing in Texas besonders klar getrennt werden, mag auch damit zusammenhängen, daß veil piercing in Texas durch den Gesetzgeber beschränkt wurde, s.o. Fn. 850.

[936] S. North American Van Lines, Inc. v. Emmons, Tex.App., 50 S.W.3d 103 (119) v. 28.6.2001.

ten dominiert? Ein entscheidendes Element bei der Haftungserstreckung auf gleichgeordnete Gesellschaften, das fast durchgehend geprüft wird, ist die „unity of ownership", die gemeinsame Anteilseignerschaft[937]. Tatsächlich handelt es sich bei den gleichgeordneten Gesellschaften, zwischen denen die Haftung erstreckt wird, durchweg um Gesellschaften mit identischer Gesellschafterstruktur, die von dem oder den selben - sich abstimmenden - Gesellschaftern kontrolliert werden[938]. Die Anwendung der single business enterprise doctrine auf unabhängige, sich verbindende corporations mit jeweils unterschiedlichen Gesellschaftern scheint daher nicht begründbar und wird auch nicht vorgenommen. Verbinden Unternehmen ihre geschäftlichen Aktivitäten, so kann eine Personengesellschaft (general partnership) oder – wenn die Verbindung nur einem begrenzten Zweck dient – ein joint venture[939] vorliegen. Ein hiervon unabhängiges Sonderrecht des klassischen Gleichordnungskonzerns hat sich in den USA nicht entwickelt und wird auch nicht verlangt.

E. Konkurserstreckung?

Die Frage der Konzernhaftung gegenüber Gläubigern stellt sich regelmäßig im Konkurs einer Konzerngesellschaft – Gläubiger einer solventen Gesellschaft brauchen keine Konzernhaftung. Anstatt nun Forderungen – etwa im Wege der Durchgriffshaftung - gegen andere Konzerngesellschaften zu begründen, könnte der Konkurs der insolventen Gesellschaft auch auf diese anderen Konzerngesellschaften ausgedehnt werden. Es findet dann ein Konkursverfahren nicht über die einzelne juristische Einheit, sondern 446

937 S. Green v. Champion Ins. Co., La.App. 1 Cir., 577 So.2d 249 (257) v. 5.3.1991: "1. corporations with identity or substantial identity of ownership"; Glenn v. Wagner, N.C.App., 313 S.E.2d 832 (845) v. 3.4.1984: "common ownership"; auch Las Palmas Assoc. v. Las Palmas Center, Cal.App. 2 Dist., 1 Cal.Rptr.2d 301 (318) v. 5.11.1991; Pan Pacific Sash & Door Co. v. Greendale Park, Inc., 2nd Distr.App.Cal., 333 P.2d 802 (806 f.) v. 31.12.1958: "unity of interest and ownership"; s.a. Blumberg, Substantive Law, § 21.02 mit zahlreichen Nachweisen in Fn. 1 f.

938 S. schon Oriental Investment Co. v. Barclay, Tex.App., 64 S.W. 80 v. 23.3.1901; Luckenbach S.S. Co., Inc. v. Grace & Co., Inc., 4th Cir., 267 F. 676 v. 6.7.1920 (jeweils ca. 90-prozentige Beteiligung); Pan Pacific Sash & Door Co. v. Greendale Park, Inc., 2nd Distr.App.Cal., 333 P.2d 802 (805) v. 31.12.1958; Glenn v. Wagner, N.C.App., 313 S.E.2d 832 (841) v. 3.4.1984 (gemeinsamer herrschender Gesellschafter, der die Anteile an einer Betriebsgesellschaft mit einem Strohmann zu teilen scheint); Paramount Petroleum Corp. v. Taylor Rental Center, Tex.App., 712 S.W.2d 534 v. 3.4.1986 (hunderprozentige Tochtergesellschaften); Green v. Champion Ins. Co., La.App. 1 Cir., 577 So.2d 249 (258) v. 5.3.1991. Das erscheint insbesondere verständlich, da bei einer Gesellschaft mit anderer Gesellschafterstruktur der Schutz der dort beteiligten Minderheitsgesellschafter gegen eine Haftungserstreckung auf diese Gesellschaft spricht.

939 Hierzu Merkt, Rn. 116 ff.; Bungert, S. 18.

über einen Teil oder gar den ganzen Konzern statt, Vermögen und Verbindlichkeiten der Unternehmen werden zusammengelegt. So ist es in Spanien vorgeschlagen worden und in Argentinien positives Recht[940] – was gilt in den USA?

Festzuhalten ist zunächst, daß der bankruptcy code keine Bestimmung über eine Konkurserstreckung im Konzern enthält. Das geschriebene Recht sieht eine Konkurserstreckung im Konzern nicht vor[941].

447 Jedoch haben die Konkursgerichte die Kompetenz zur equity-Rechtsprechung in Anspruch genommen und gleichwohl ein Institut der Konkurserstreckung geschaffen: Die *substantive consolidation*[942].

Die substantive consolidation dient aber nicht wie der Vorschlag in Spanien oder die argentinische Regelung dazu, das Vermögen einer solventen Konzernspitze in das Konkursverfahren einzubeziehen. Substantive consolidation ist vielmehr ein Instrument, das für den Konkurs mehrerer Konzerngesellschaften konzipiert ist. Sie wird dann angewandt, wenn alle oder mehrere Konzerngesellschaften insolvent sind, um diese insolventen Gesellschaften in einem Konkursverfahren zusammenzufassen[943] oder, wenn eine Konzernspitze im Konkurs über solvente (vorwiegend hundertprozentige) Tochtergesellschaften verfügt[944]. Substantive consolidation kommt damit dann in Frage, wenn Gesellschafterinteressen nicht mehr zu berücksichtigen sind[945] und es nur mehr darum geht, wie das Vermögen der einzelnen Konzerngesellschaften zwischen den Gläubigern zu verteilen ist. Es

---

[940] S.o. Rn. 326.

[941] Drabkin v. Midland-Ross Corp., D.C.Cir., 810 F.2d 270 (276) v. 30.1.1987; FDIC v. Colonial Realty Co., 2nd Cir., 966 F.2d 57 (59) v. 1.6.1992; Union Savings Bank v. Augie/Restivo Baking Co., 2nd Cir., 860 F.2d 515 (518) v. 24.10.1988: "Substantive consolidation has no express statutory basis but is a product of judicial gloss."; Epstein/Nickles/Withe, §§ 2-4, 11-40.

[942] S. hierzu Tucker, 8 (2000) Am.Bankr.Inst.L.Rev. 427 (428 ff.); Predko, 41 (1995) Wayne L.Rev. 1741 (1743 ff.); Blumberg, 28 (1996) Conn.L.Rev. 295 (326 f.); Landers, 42 (1975) U.Chi.L.Rev. 589 (628 ff.).

[943] S. Landers, 42 (1975) U.Chi.L.Rev. 589 (628 f.).

[944] Zu dem Ausnahmefall, daß Gesellschaften mit einbezogen werden, die noch nicht den Konkurs erklärt haben (ablehnend) Predko, 41 (1995) Wayne L.Rev. 1741 (1753 ff.); Epstein/Nickles/Withe, § 11-40 bei Fn. 1.

[945] Ist die Gesellschaft insolvent (im bankruptcy-Sinn), also überschuldet, so verkörpern die Anteile an ihr keinen realen Vermögenswert mehr: Nach Begleichung der Verbindlichkeiten bleibt nichts für die Gesellschafter. Hat eine insolvente Muttergesellschaft im Konkurs solvente hundertprozentige Töchter, so sind deren Gesellschaftsanteile Vermögensgegenstände, die der Befriedigung der Gläubiger dienen. Gesellschafterinteressen der Tochtergesellschaft sind damit die Interessen der Gläubiger der Muttergesellschaft. Vgl. Union Savings Bank v. Augie/Restivo Baking Co., 2nd Cir., 860 F.2d 515 (518) v. 24.10.1988 "The sole purpose of substantive consolidation is to ensure the equitable treatment of all creditors."

handelt sich damit eher um eine *Zusammenfassung im Konkurs* denn um eine Konkurserstreckung.

Ihre Wurzeln hat die substantive consolidation im piercing of the corporate veil. Zunächst wurden die *Voraussetzungen*, die für einen Haftungsdurchgriff erforderlich waren[946], auch angewandt, um zu bestimmen, ob die Konkurse mehrerer Konzerngesellschaften konsolidiert werden[947]. In den 60er und 70er Jahren wurde substantive consolidation jedoch als Rechtsinstitut mit eigenen Voraussetzungen entwickelt[948] und damit berücksichtigt, daß es hier nicht um die Abwägung zwischen Gläubigern und beschränkt haftenden Gesellschaftern geht (so beim Haftungsdurchgriff), sondern um die Abwägung zwischen den Gläubigern mehrerer Gesellschaften[949]. **448**

Die *Tests* der Rechtsprechung zur Anordnung der substantive consolidation[950] kombinieren Elemente des Haftungsdurchgriffs bei Vermögens- oder **449**

[946] Dazu o. Rn. 399.

[947] S. die Ansätze zu einer Zusammenfassung im Konkurs mit Hilfe der „instrumentality rule" in Fish v. East, 10th Cir., 114 F.2d 177 (189 ff.) v. 29.6.1940; wesentlich deutlicher bereits Stone v. Eacho (In re Tip Top Tailors, Inc.), 4th Cir., 127 F.2d 284 (287 ff.) v. 13.4.1942 , cert. denied, U.S. Sup., 317 U.S. 635 v. 12.10.1942, mit einem Zitat von Latty, ch. VI (S. 153-155): "'Perhaps the fairest way of dealing with the situation when both the parent and the subsidiary corporations are insolvent is to let all the creditors of each share pro rata in the pooled assets of both."; s.a. den historischen Überblick in Reider v. Federal Deposit Ins. Corp., 11th Cir., 31 F.3d 1102 (1105 ff.) v. 13.9.1994; Tucker, 8 (2000) Am.Bankr.Inst.L.Rev. 427 (428).

[948] Reider v. Federal Deposit Ins. Corp., 11th Cir., 31 F.3d 1102 (1105) v. 13.9.1994; Tucker, 8 (2000) Am.Bankr.Inst.L.Rev. 427 (432 ff.).

[949] Deutlich FDIC v. Colonial Realty Co., 2nd Cir., 966 F.2d 57 (61) v. 1.6.1992, Union Savings Bank v. Augie/Restivo Baking Co., 2nd Cir., 860 F.2d 515 (518) v. 24.10.1988.

[950] Die Bundesberufungsgerichte (Circuit Courts of Appeal) verwenden unterschiedliche Tests, die wiederum variiert werden, s. Predko, 41 (1995) Wayne L.Rev. 1741 (1750 ff.); Epstein/Nickles/Withe, § 11-41. Zwei Tests erscheinen repräsentativ, Tucker, 8 (2000) Am.Bankr.Inst.L.Rev. 427 (433):

(1) Der 2nd Cir. sieht die folgenden Voraussetzungen als entscheidend an: "(i) whether creditors dealt with the entities as a single economic unit and "did not rely on their separate identity in extending credit," (ii) whether the affairs of the debtors are so entangled that consolidation will benefit all creditors", Union Savings Bank v. Augie/Restivo Baking Co., 2nd Cir., 860 F.2d 515 (518) v. 24.10.1988.

(2) Der D.C.Cir. verlangt: „The proponent must show not only a substantial identity between the entities to be consolidated, but also that consolidation is necessary to avoid some harm or to realize some benefit. At this point, a creditor may object on the grounds that it relied on the separate credit of one of the entities and that it will be prejudiced by the consolidation. If a creditor makes such a showing, the court may order consolidation only if it determines that the demonstrated benefits of consolidation "heavily" outweigh the harm.", Drabkin v. Midland-Ross Corp., D.C.Cir., 810 F.2d 270 (276) v. 30.1.1987 (interne Zitate jeweils unterdrückt). Die geprüften Voraussetzungen werden von den Gerichten damit etwas anders akzentuiert und gewichtet.

Sphärenvermischung mit einer Abwägung der beteiligten Gläubigerinteressen:
1. Grundvoraussetzung ist der Konkurs mehrerer Konzerngesellschaften oder der Konkurs einer Muttergesellschaft mit solventen Tochtergesellschaften, an denen sie alle oder den weit überwiegenden Teil der Anteile hält.
2. Weiterhin erforderlich ist eine Verflechtung, insbesondere eine Vermögensvermischung, der betreffenden Gesellschaften, die die Durchführung separater Konkursverfahren wesentlich erschwert und verteuert oder sonst zu einem erheblichen Nachteil für die Gesamtheit der Gläubiger führt[951].
3. In einer Abwägung müssen die Gesamtvorteile der Zusammenfassung für alle Gläubiger eventuelle Nachteile für widersprechende Gläubiger deutlich überwiegen[952]. Gegen die Zusammenfassung der Konkurse spricht insbesondere, wenn Gläubiger auf die Solvenz einer der Gesellschaften und nicht auf die Zahlungsfähigkeit des Gesamtkonzerns vertraut haben[953].
Sind diese Voraussetzungen gegeben, so werden Vermögen und Verbindlichkeit der Gesellschaften in einem Pool zusammengefaßt und es findet ein einheitliches Konkursverfahren darüber statt[954].

450 Der *Fortbestand* der substantive consolidation ist allerdings *in Frage gestellt* angesichts einer Entscheidung des *US Supreme Court*, die eine der Grundfragen des US-Rechts berührt[955]: Wie weit reicht die Kompetenz der Gerichte im Rahmen der equity, des Billigkeitsrechts? und tiefer gehend: Wie weit reicht die Gewaltenteilung? In *Grupo Mexicano de Desarollo S.A. v. Alliance Bond Fund, Inc.*[956] hatte das oberste Bundesgericht über die Anordnung eines Bundesgerichts zu entscheiden, die in dieser Form nicht im geschriebenen Recht vorgesehen war, die vielmehr auf der Grund-

---

[951] Union Savings Bank v. Augie/Restivo Baking Co., 2nd Cir., 860 F.2d 515 (519) v. 24.10.1988; Chemical Bank New York Trust Co. v. Kheel, 2nd Cir., 369 F.2d 845 (847) v. 2.10.1966; Woburn Associates v. Kahn, 1st Cir., 954 F.2d 1 (12) v. 16.1.1992.

[952] Woburn Associates v. Kahn, 1st Cir., 954 F.2d 1 (12) v. 16.1.1992; Drabkin v. Midland-Ross Corp., D.C.Cir., 810 F.2d 270 (276) v. 30.1.1987.

[953] Union Savings Bank v. Augie/Restivo Baking Co., 2nd Cir., 860 F.2d 515 (518 f.) v. 24.10.1988; Chemical Bank New York Trust Co. v. Kheel, 2nd Cir., 369 F.2d 845 (847) v. 2.10.1966; Woburn Associates v. Kahn, 1st Cir., 954 F.2d 1 (12, Fn. 6) v. 16.1.1992.

[954] S. Woburn Associates v. Kahn, 1st Cir., 954 F.2d 1 (11 f.) v. 16.1.1992; Union Savings Bank v. Augie/Restivo Baking Co., 2nd Cir., 860 F.2d 515 (518) v. 24.10.1988; Chemical Bank New York Trust Co. v. Kheel, 2nd Cir., 369 F.2d 845 (847) v. 2.10.1966; Epstein/Nickles/Withe, §§ 2-4, 11-40; Tucker, 8 (2000) Am.Bankr.Inst.L.Rev. 427 m.w.N. in Fn. 2; Blumberg, 28 (1996) Conn.L.Rev. 295 (326); Predko, 41 (1995) Wayne L.Rev. 1741 m.w.N. in Fn. 3, 8.

[955] S. zum folgenden Tucker, 8 (2000) Am.Bankr.Inst.L.Rev. 427 ff.

[956] US Sup., 119 S.Ct. 1961 v. 17.6.1999.

lage der equity ergangen war[957]. Im Rahmen der equity hatten amerikanische Bundesgerichte die Voraussetzungen der Maßnahme selbst entwikkelt. Es stellte sich die Frage, wie weit diese Kompetenz der Gerichte zur eigenen Rechtsschöpfung reicht. Zugespitzt: Kann der Richter im Rahmen der equity sein eigener Gesetzgeber sein?

Der *US Supreme Court* entschied vereinfacht, daß, als 1789 den Bundesgerichten die Kompetenz zur equity-Rechtsprechung übertragen wurde, sich diese Kompetenz auf das damalige englische equity-Recht beschränkte[958]. Die Kompetenz erlaube es den Bundesgerichten demnach nicht, eigenes equity-Recht zu schöpfen, daß nicht schon 1789 in der englischen equity angelegt war[959].

1789 war die substantive consolidation aber gänzlich unbekannt. Nach der 451
Grupo Mexicano-Rechtsprechung kann die substantive consolidation damit kaum mehr auf die allgemeine equity-Kompetenz der Bundesgerichte gestützt werden[960]. Im heutigen bankruptcy code findet die substantive consolidation andererseits keine explizite Grundlage[961]. Ob dem bankruptcy code eine Generalermächtigung für alle sachgerechten Maßnahmen zu entnehmen ist, erscheint angesichts des Grundsatzes der Gewaltenteilung ebenfalls zweifelhaft[962] – der Fortbestand der substantive consolidation im us-amerikanischen Recht ist damit unsicher.

---

[957] Der *District Court für den südlichen Distrikt New Yorks* hatte eine preliminary injunction (einstweilige Verfügung) gegen eine mexikanische Straßenbaugesellschaft angeordnet, um Vermögen dieser Gesellschaft gegen Verfügungen zu sichern, zu einem Zeitpunkt, als der Gläubiger noch keinen Titel gegen die Gesellschaft hatte. Dies wurde vom Berufungsgericht gebilligt, Alliance Bond Fund, Inc. v. Grupo Mexicano de Desarollo, 2nd Cir., 143 F.3d 688 v. 6.5.1998.

[958] Grupo Mexicano de Desarollo S.A. v. Alliance Bond Fund, Inc, US Sup., 119 S.Ct. 1961 (1968) v. 17.6.1999; vgl. Hughes in Morrison, S. 13: "It should be noted that, while each set of state courts has inherited the lawmaking power of the common law judicial tradition, this is not true of the United States federal courts."

[959] Der *US Supreme Court* stützt seine sehr lesenswerte Argumentation hierbei maßgeblich auf den Grundsatz der Gewaltenteilung und die ansonsten den Gerichten verliehene „omnipotence", s. Grupo Mexicano de Desarollo S.A. v. Alliance Bond Fund, Inc, US Sup., 119 S.Ct. 1961 (1969 f.) v. 17.6.1999.

[960] So Tucker, 8 (2000) Am.Bankr.Inst.L.Rev. 427 (445).

[961] Predko, 41 (1995) Wayne L.Rev. 1741 (1744 f.) und o. Fn. 941.

[962] 11 USC § 105 (a) bestimmt: „The court may issue any order, process, or judgment that is necessary or appropriate to carry out the provisions of this title." Auf diese Vorschrift wird die Anordnung der substantive consolidation inzwischen gestützt, Union Savings Bank v. Augie/Restivo Baking Co., 2nd Cir., 860 F.2d 515 (518) v. 24.10.1988. Das setzt aber voraus, daß die substantive consolidation notwendig oder angemessen ist, um die Bestimmungen des bankruptcy code auszuführen. Diese enthalten aber keinen Hinweis auf eine Zusammenfassung von Konzerngesellschaften im Konkurs.

Teil 5 Vergleich und Folgerungen

452 Die bisher separat dargestellten Lösungen Deutschlands, Spaniens und der USA des Interessenkonflikts des kontrollierenden Gesellschafters und des Unternehmensproblems, des Problems der Divergenz zwischen Recht und Realität in der Unternehmensgruppe[963], sollen nun miteinander verglichen werden und es wird versucht werden, Folgerungen aus diesem Vergleich zu ziehen. Diese Folgerungen lassen sich in neun Thesen zusammenfassen, wobei acht speziellere Thesen auf einer Grundthese aufbauen.

453 Bei dem Vergleich ist allerdings aus zwei Gründen Vorsicht geboten: Erstens kann der Rechtsvergleich in einem derart komplexen Gebiet nicht restlos alle Institute berücksichtigen, die der genannten Funktion dienen, er muß sich auf die wesentlichen Regelungen beschränken. Unterschiede im Recht der USA mögen deshalb beispielsweise auch zu einem Teil in einem anders entwickelten Kapitalmarktrecht begründet sein, das hier nicht untersucht wurde[964]. Zweitens können auch Faktoren außerhalb des Rechts für diese Unterschiede verantwortlich sein[965], etwa eine andere Geschäftsmoral. Dies alles hindert nicht, die ausländischen Ansätze für das eigene Recht zu nutzen, einfache und absolute Wahrheiten können aber nicht erwartet werden.

A. Grundlage: Wechselwirkung von Konzern- und allgemeinem Gesellschaftsrecht

454 **1. These**: Das deutsche Konzernrecht der §§ 291 ff. AktG behandelt Fragen, die in den anderen untersuchten Rechtsordnungen überwiegend im Rahmen des allgemeinen Gesellschaftsrechts gelöst werden. Soweit bereits das allgemeine Gesellschaftsrecht die Ziele des Konzernrechts verwirklicht, bedarf es keines Konzernrechts.

I. Die §§ 291 ff. AktG als Schutzrecht

455 Eine explizite gesetzliche Regelung des Interessenkonflikts des kontrollierenden Gesellschafters enthält in Deutschland das Dritte Buch des AktG über Verbundene Unternehmen, die §§ 291 ff. AktG. Diese Sonderregelung ist nach zwei Richtungen begrenzt: Sie gilt direkt nur für abhängige *Aktiengesellschaften*, nicht für abhängige GmbHs und sie setzt die *Beherr-*

---

963 Dazu o. Rn. 12 f.

964 S. zur gesteigerten Bedeutung des Kapitalmarktrechts gegenüber dem Gesellschaftsrecht für Publikumsgesellschaften Röhricht, ZGR 1999, 445 (475).

965 Zur Bedeutung dieser Faktoren für die Rechtsvergleichung Großfeld, Kernfragen, S. 11 ff.; Zweigert/Kötz, § 1 III 4; Constantinesco, ZVglRWiss 80 (1981), 177 (179 ff.).

schung durch ein Unternehmen voraus, Beherrschung durch einen beliebigen Gesellschafter reicht nicht aus.
Das Konzernrecht des AktG in den §§ 291 ff. dient vor allem dem Schutz der abhängigen Gesellschaft[966]. Dadurch sollen diejenigen, die ein rechtlich anerkanntes Interesse am Erfolg und am Bestand der Gesellschaft haben, die Minderheitsgesellschafter und die Gläubiger einschließlich der Arbeitnehmer, vor den mit dem Interessenkonflikt des herrschenden Gesellschafters verbundenen Gefahren geschützt werden[967].

1. Vertragskonzern

Im Vertragskonzern gestatten es §§ 308, 291 Abs. 3 AktG dem herrschenden Gesellschafter in weitem Umfang, seinen Interessen außerhalb der abhängigen AG den Vorzug vor dem Gesellschaftsinteresse zu geben. Um die Minderheitsgesellschafter vor den Folgen dieser Benachteiligung zu schützen, gewähren ihnen §§ 304 f. AktG Ansprüche auf Ausgleich und Abfindung und stellen sie damit unabhängig von dem wirtschaftlichen Erfolg der AG. Die Solvenz der AG wird im Interesse der Gläubiger durch die §§ 300 ff. AktG, vor allem durch den Verlustausgleichsanspruch des § 302 Abs. 1 AktG, gesichert und ist damit im wesentlichen gewährleistet, solange das herrschende Unternehmen selbst solvent ist. Der Interessenkonflikt ist damit aufgelöst: Ein Eigeninteresse der abhängigen Gesellschaft, das mit dem Interesse des Gesellschafters außerhalb der AG in Konflikt treten könnte, wird nicht mehr geschützt. Auf den Schutz dieses Interesses kann verzichtet werden, da die Gesellschaft nicht um ihrer selbst willen geschützt wird. Sie wird geschützt, weil Personen ein anerkennenswertes Interesse an ihrem Schutz haben – die Minderheitsgesellschafter und die Gläubiger, die infolge der Rechtsfolgen des Beherrschungsvertrags, infolge von Ausgleich, Abfindung und Verlustausgleich dieses anerkennenswerte Interesse verlieren. 456

Die Auflösung des Interessenkonflikts – sei er nun unternehmerisch oder nicht – erscheint auch als eine überzeugende Erklärung für die nahezu unveränderte analoge Übernahme der §§ 291-310 AktG in das Recht der GmbH. Der Interessenkonflikt des herrschenden Gesellschafters und das Unternehmensproblem im Haftungsrecht[968], die im GmbH-Recht Rechtsprechung und Literatur immer wieder beschäftigen, werden durch die Rechtsfolgen des Beherrschungsvertrags nahezu vollständig beseitigt. 457

---

966 Karsten Schmidt in FS Lutter, S. 1167 (1179 ff., 1191).
967 S. schon die Überschriften des 1.Teils des 3. Buches: „Dritter Abschnitt. Sicherung der Gesellschaft und der Gläubiger, Vierter Abschnitt. Sicherung der außenstehenden Aktionäre bei Beherrschungs- und Gewinnabführungsverträgen".
968 Dazu o. Rn. 12.

458 Gleichwohl haben der Beherrschungs- und der Gewinnabführungsvertrag weder in den USA noch in Spanien Nachahmer gefunden[969]. Die unmittelbare Erklärung hierfür ist, daß es für den kontrollierenden Gesellschafter an einem Anreiz für den Abschluß des Vertrages fehlt, wie er mit der körperschaftssteuerlichen Organschaft in §§ 14, 17 f. KStG geschaffen ist. Im Gegensatz zur deutschen AG ist ihm auch die Leitung der Gesellschaft ohne Beherrschungsvertrag ohne größere Schwierigkeiten möglich und die Folgen nachteiliger Leitung erreichen im Regelfall nicht die Schwere eines vollständigen Verlustausgleichs. Für den kontrollierenden Gesellschafter fehlt es damit an einem wirtschaftlichen Vorteil, den er durch den Abschluß eines Beherrschungs- und Gewinnabführungsvertrages erreichen könnte. Es stellt sich allerdings weiter die Frage, warum der ausländische Gesetzgeber nicht ein dem deutschen Beherrschungsvertrag vergleichbares Institut implementiert und mit einem entsprechenden Anreiz zu seinem Abschluß versehen hat. Das könnte vor allem aus zwei Gründen unterblieben sein: Die Gründe, die gegen eine derartige Auflösung des Interessenkonflikts mit einer faktischen Aufhebung der Haftungsbeschränkung sprechen, wurden als überwiegend angesehen oder andere Institute des ausländischen Rechts begegnen dem Problem bereits so effektiv, daß die Lösung durch ein Vertragskonzernrecht nicht mehr notwendig ist.

2. Faktischer Konzern

459 Die deutsche gesetzliche Regelung des faktischen Konzerns in §§ 311-318 AktG dient ebenfalls dem Zweck, die abhängige Gesellschaft und damit deren Minderheitsgesellschafter und Gläubiger zu schützen. Der Einzelausgleich von Nachteilen gemäß §§ 311, 317 AktG kommt den Minderheitsgesellschaftern zugute, da er das Vermögen ihrer Gesellschaft mehrt und er kommt den Gläubigern zugute, da das vermehrte Vermögen ihre Haftungsmasse ist. Beide können unter den Voraussetzungen der §§ 317 Abs. 4, 309 Abs. 4 AktG den Anspruch selbst geltend machen. Jedoch hat der Anspruch aus § 317 Abs. 1, 311 AktG kaum praktische Bedeutung erlangt. Das mag daran liegen, daß er nur in der seltenen Einpersonen-AG den Schutz der abhängigen Gesellschaft substantiell verbessert. Durch § 117 AktG, durch die Kapitalerhaltung der §§ 57 ff. AktG und durch die Treupflicht wäre der kontrollierende Gesellschafter in der mehrgliedrigen AG auch ohne besonderen Nachteilsausgleichsanspruch zum Nachteilsausgleich verpflichtet. Vertreten wird sogar, daß die §§ 311, 317 AktG den allgemeinen Schutz der abhängigen AG durch Kapitalerhaltung

---

[969] Nach Wiedemann/Hirte in FG 50 Jahre BGH, Bd. 2, S. 337 (369) m.w.N. in Fn. 138 findet sich eine vertragliche Regelung der Konzernbeziehungen zwischen Mutter- und Tochtergesellschaften nur in Portugal, Brasilien, Chile, Kroatien und Slowenien.

und Treupflicht aufweichen. Eine positivere Bewertung als die §§ 311, 317 AktG erhält und verdient der Abhängigkeitsbericht in §§ 312 ff. AktG, der die Informationslage der Außenstehenden verbessert, ihnen damit die Anspruchsdurchsetzung erleichtert und präventiv gegen Rechtsverstösse des herrschenden Gesellschafters wirken kann.

II. Äquivalente in Spanien

Die Funktion, die im deutschen Aktienrecht die §§ 291 ff. AktG erfüllen, **460**
dem Interessenkonflikt des herrschenden Gesellschafters im Interesse der Minderheit und der Gläubiger zu begegnen, erfüllen *im spanischen Recht* vor allem fünf Regelungsbereiche: 1. Die Verhältniswahl bei der Wahl der Verwaltungsmitglieder, 2. die Treupflicht des Gesellschafters, 3. die strikte Kapitalerhaltung, 4. die Durchgriffshaftung und 5. die Haftungserstreckung bei einzelnen Ansprüchen[970]. In der S.A. ist durch Art. 137 S. 2, 3 LSA die Möglichkeit der Verhältniswahl obligatorisch, so daß einer ausreichend starken Minderheit auf jeden Fall der Weg offen steht, einen Vertreter in das Verwaltungsorgan zu entsenden, der einer Benachteiligung der S.A. entgegenwirken kann, bevor sie stattfindet und die Informationslage der Minderheit erheblich verbessern kann. Die Treupflicht des kontrollierenden Gesellschafters entspricht in ihrem Inhalt der deutschen Treupflicht. Ihre Verletzung kann auch strafrechtliche Folgen haben. Insgesamt hat die Treupflicht aber keine große Bedeutung gewonnen. Anderes gilt für die Kapitalerhaltung. Sie wird frühzeitig durch eine Pflicht zur Auflösung der Gesellschaft bei Unterbilanz forciert, sowie durch eine rigide Haftung der Verwaltung, wenn der Auflösungspflicht nicht genügt wird. Als ungerecht empfundene Ergebnisse werden zugunsten der Gläubiger mit Hilfe der Durchgriffsmethode korrigiert. Bei arbeitsrechtlichen Ansprüchen kann eine Haftungserstreckung in der Unternehmensgruppe stattfinden.

III. Äquivalente in den USA

Auch in den USA dominieren bei der Begegnung des Interessenkonflikts **461**
des kontrollierenden Gesellschafters die selben fünf Punkte: 1. Cumulative Voting, 2. Treupflicht des Gesellschafters, 3. Kapitalerhaltung im weiteren Sinn, 4. Durchgriffshaftung und 5. Haftungserstreckungen für bestimmte Ansprüche. Die Möglichkeit des Kumulierens von Minderheitenstimmen ist nur in wenigen Staaten obligatorisch, sie kann aber durchweg in der Satzung vorgesehen werden. Im Gegensatz zu Spanien hat die Treupflicht

---

[970] Teilweise als Einzeldurchgriff bezeichnet, s. Wiedemann/Hirte in FG 50 Jahre BGH, Bd. 2, S. 337 (340 f.), außerdem o. Rn. 228 ff.

auch des kontrollierenden Gesellschafters große praktische Bedeutung. Die fiduciary duties bilden ein entwickeltes System, das in stetiger Rechtsanwendung konkretisiert wurde. Demgegenüber tritt die Kapitalerhaltung ein wenig in den Hintergrund, ein effektives Kapitalkissen findet sich fast nur in Kalifornien. Das Recht der fraudulösen Transfers und das Insolvenzrecht wirken Ausschüttungen aus einer überschuldeten corporation aber entgegen und ermöglichen die Rückforderung zugunsten der Gläubiger. Weite Verbreitung hat die im equity-Recht entwickelte Durchgriffshaftung, die bei einem mißbilligten Verhalten des kontrollierenden Gesellschafters den Zugriff auf sein Vermögen eröffnen kann. Vergleichsweise stark entwickelt ist auch die Haftungserstreckung bei einzelnen Ansprüchen, so im Arbeitsrecht und bei der Altlastenhaftung.

IV. Ein unternehmerischer Interessenkonflikt?

462 Diese knappe Zusammenfassung zeigt, daß in den verglichenen Rechtsordnungen dem Interessenkonflikt des kontrollierenden Gesellschafters zum Teil im Rahmen allgemeiner Regeln vor allem des Gesellschaftsrechts begegnet wird, zum Teil aber auch mit speziellen Regeln für die Kontrolle einer Gesellschaft. Keine einzige ausländische Regelung setzt aber mit der Kontrolle durch ein Unternehmen ein. Spanien betont mit der Kapitalerhaltung vor allem ein Institut des allgemeinen Kapitalgesellschaftsrechts. Die Durchgriffshaftung und die us-amerikanische duty of loyalty erfordern die Kontrolle der Gesellschaft, gleichgültig, ob durch ein Unternehmen oder einen Privatgesellschafter. Die amerikanische single business enterprise doctrine findet nur Anwendung, wenn der kontrollierende Gesellschafter eine andere Kapitalgesellschaft ist. Die einzelnen Haftungserstreckungen, vor allem im Arbeits- und Umweltrecht, beziehen ihre Voraussetzungen hingegen aus den Besonderheiten des jeweiligen Anspruchs. Die §§ 291 ff. AktG sollen dem unternehmerischen Interessenkonflikt entgegenwirken. Daß keine einzige Regelung in den untersuchten Rechten eine Sonderregelung für den Fall trifft, daß ein *Unternehmen* eine Gesellschaft kontrolliert, begründet Zweifel daran, daß der Interessenkonflikt, den es zu lösen gilt, tatsächlich ein unternehmerischer ist. In einem Interessenkonflikt kann der Gesellschafter sich aus mehreren Gründen befinden. Eine anderweitige unternehmerische Beteiligung ist einer dieser Gründe, er ist aber nicht der einzige. Der Privatgesellschafter kann etwa ein Interesse daran haben, ein ihm gehörendes Grundstück überteuert an „seine" Gesellschaft zu verkaufen, sich ein überhöhtes Geschäftsführergehalt zu bewilligen, inkompetente Verwandte einzustellen, sich in der Krise der Gesellschaft Vermögen anzueignen, um den Gläubigern zuvorzukommen. Weder das spanische noch das us-amerikanische Recht unterscheiden diese Interessenkonflikte von denjenigen, die in einer anderweitigen unternehmerischen Betätigung des Gesellschafters wurzeln.

Wo die hier zusammengefaßten ausländischen Rechtsinstitute dem Interes- 463
senkonflikt des kontrollierenden Gesellschafters zumindest gleich effektiv begegnen, wie das deutsche Konzerngesellschaftsrecht, entfällt die Notwendigkeit eines besonderen Konzernrechts, wenn insbesondere das allgemeine Gesellschaftsrecht derart effektiv gestaltet und angewendet wird, wie das in den untersuchten Rechten der Fall ist[971].

V. Fazit

Das geschriebene deutsche Konzernrecht der §§ 291 ff. AktG dient vor 464
allem dem Schutz der Minderheitsgesellschafter und der Gesellschaftsgläubiger. Es setzt die Beherrschung einer AG durch ein anderes Unternehmen voraus. Die verglichenen Rechtsordnungen USA und Spanien kennen Sonderregeln mit gleicher Funktion. Keine dieser Regelungen setzt jedoch dann ein, wenn ein Unternehmen kontrollierender Gesellschafter ist. Begegnen die allgemeinen Instrumente des Minderheiten- und Gläubigerschutzes dem Interessenkonflikt des kontrollierenden Gesellschafters bereits effektiv, so entfällt die Notwendigkeit für ein besonderes Konzerngesellschaftsrecht.

B. Effektiver Minderheitenschutz ist präventiv

2. These: Ein effektiver Schutz der Minderheitsgesellschafter setzt bereits 465
vor einer Benachteiligung der abhängigen Gesellschaft an. Die nachträgliche Feststellung einer Benachteiligung ist schwierig und oft unmöglich.

Aus der Sicht der Minderheitsgesellschafter stellt sich die Frage, welche 466
rechtliche Ausgestaltung der Machtausübung durch den kontrollierenden Gesellschafter ihren Schutz effektiv verwirklicht und gleichzeitig den legitimen Leitungsanspruch der Mehrheit[972] so weit als möglich respektiert.

Den Schutz der Minderheit vor dem Interessenkonflikt des kontrollierenden Gesellschafters verwirklichen die verglichenen Rechtsordnungen vor allem auf zwei Wegen: (1.) Durch eine Austrittsmöglichkeit gegen angemessene Abfindung und (2.) durch den Schutz der abhängigen Gesellschaft gegen Benachteiligung, so daß der Wert der Beteiligung der Minderheit erhalten bleibt.

---

[971] S. zum Verhältnis des deutschen Sonderweges Konzernrecht zu den Lösungen in anderen Rechtsordnungen schon Schanze in Mestmäcker/Behrens, S. 473 (476 ff.), der für einen „behutsamen Rückzug" von diesem Sonderweg plädiert.

[972] S. im deutschen Recht Karsten Schmidt, § 16 I, II 1.

I. Austrittsrechte

467 Diese Untersuchung konzentriert sich auf die Machtausübung des kontrollierenden Gesellschafters und daher auf den zweiten Punkt des Schutzes der Gesellschaft gegen Benachteiligung. Es hat sich gleichwohl gezeigt, daß jede der drei Rechtsordnungen eine Austrittsmöglichkeit gegen Abfindung in der Kapitalgesellschaft kennt. In der deutschen *AG* hat der Minderheitsgesellschafter bei Abschluß eines Beherrschungsvertrages sogar die Wahl, in der Gesellschaft zu verbleiben und regelmäßige Ausgleichszahlungen nach § 304 AktG zu erhalten, oder seine Aktien gegen angemessene Abfindung nach § 305 AktG an das herrschende Unternehmen zu veräußern. Besteht kein Beherrschungsvertrag, so wird jedenfalls die Vorschrift über die Barabfindung, § 305 Abs. 2 Nr. 3 AktG, analog angewandt, wenn die AG von dem herrschenden Unternehmen dauernd und umfassend geleitet und im Konzerninteresse benachteiligt wird[973]. In der *GmbH* steht der Minderheit im Ergebnis unstreitig sowohl im Vertragskonzern, als auch bei dauernder, umfassender und nachteiliger Ausübung der Leitungsmacht ein Austrittsrecht gegen Abfindung zu[974]. Ein Austrittsrecht gegen angemessene Abfindung im sogenannten qualifizierten faktischen Konzern, wenn konkrete Handlungen, die die Gesellschaft benachteiligen, nicht mehr isoliert werden können, wird im Anschluß an das deutsche Recht auch *im spanischen Recht* angenommen[975]. Das in mehreren *US-Staaten* verbreitete Abfindungsrecht bei Unterdrückung durch den Mehrheitsgesellschafter setzt eine andauernde Ausübung der Kontrolle durch einen Gesellschafter voraus, die keine Rücksicht auf die Belange der Minderheitsgesellschafter nimmt[976]. Als kleinster gemeinsamer Nenner läßt sich den drei Rechtsordnungen entnehmen, daß – neben anderen Möglichkeiten – den Minderheitsgesellschaftern ein Austrittsrecht gegen Abfindung zusteht, wenn ein kontrollierendes Unternehmen seine Leitungsmacht dauerhaft im Widerspruch zu dem Gesellschaftsinteresse ausübt. Durch den Austritt wird der Interessenkonflikt zwischen Mehrheit und Minderheit beseitigt. Der bemerkenswerte Unterschied ist wiederum, daß die US-Regelung unabhängig davon eingreift, ob der kontrollierende Gesellschafter ein Unternehmen ist oder nicht[977].

---

[973] S.o. Fn. 190 f.

[974] S.o. Fn. 287 und Hachenburg-Ulmer, Anh. § 77 Rn. 167 m.w.N.

[975] S.o. Fn. 580.

[976] S.o. Rn. 378 und Fletcher, § 5820.11; Moscow/Ankers, 77 (1998) Mich.B.J. 1088 (1091 ff.) zu der im einzelnen unklaren Frage, welche konkreten Verhaltensweisen eine Unterdrückung der Minderheit darstellen.

[977] Auch bringt der us-amerikanische Begriff der „Unterdrückung der Minderheit" den Grund für das Austrittsrecht deutlicher zum Ausdruck, als der deutsche „qualifizierte faktische Konzern".

II. Schutz der Minderheit durch Schutz der abhängigen Gesellschaft

Der Minderheitsgesellschafter soll aber nicht gezwungen werden, seine Beteiligung an der Gesellschaft aufzugeben, um einer Benachteiligung durch den kontrollierenden Gesellschafter zu entgehen[978]. Jede der drei Rechtsordnungen enthält daher Instrumente, die die Interessen der Minderheit durch den Schutz der abhängigen Gesellschaft wahrnehmen. Als Reflex werden hierdurch auch die Gläubiger geschützt, denn der übermäßige Abzug von Vermögen aus ihrem Schuldner soll verhindert werden. Schutzinstrumente zugunsten der Minderheit setzen teilweise vor einer Benachteiligung an, teilweise verpflichten sie den kontrollierenden Gesellschafter dazu, einen verursachten Nachteil auszugleichen. 468

1. Vorbeugender Minderheitenschutz

a. Organschaftlicher Minderheitenschutz

Vor allem – aber nicht nur - in der „großen" Kapitalgesellschaft, *der AG, der S.A. und der public corporation*, ist die Minderheit nicht an der Verwaltung der Gesellschaft beteiligt. Die Geschäfte werden von einem Verwaltungsorgan in der Regel ohne Abstimmung mit der Gesellschafterversammlung geführt[979]. Die Mitglieder des Verwaltungs- oder Aufsichtsorgans werden jeweils mit der Mehrheit der Stimmen gewählt. Der Mehrheitsgesellschafter kann das Verwaltungsorgan damit vollständig mit von ihm abhängigen Personen besetzen und hierdurch die Verwaltung in seinem Sinne lenken. Die Minderheit ist darauf beschränkt, unzulässige Maßnahmen durch die Nutzung ihrer Informationsrechte aufzuspüren, sie soweit möglich durch Anfechtung[980] oder Unterlassungsklage zu unterbinden oder rückgängig zu machen, oder nachträglich den Ausgleich eines verursachten Schadens zu verlangen. Dieser Ausschluß der Minderheit von der Verwaltung wird beseitigt, wenn es ihr gestattet ist, einen eigenen Vertreter in das Verwaltungs- oder zumindest in ein vorhandenes Aufsichtsorgan zu wählen. 469

---

[978] Vgl. Wackerbarth, § 9 II 2.

[979] Am weitesten geht die Unabhängigkeit des Vorstands in der AG nach § 76 AktG (o. Rn. 39), auch dem spanischen S.A.-Verwaltungsrat steht aber ein Bereich eigenverantwortlicher Entscheidung zu (o. Rn. 258). In der US-corporation liegt die Geschäftsführungskompetenz nach dem Normalstatut allein bei den directors, die sie in der public corporation weitgehend an die executive officers delegieren (o. Rn. 336 und Fn. 655).

[980] Minderheitsgesellschafter in der spanischen S.A. können nach Art. 143 Abs. 1 LSA das Recht haben, auch Beschlüsse des Verwaltungsrats anzufechten (o. Rn. 257).

470 In den *USA* als Mutterland dieses Verfahrens ist das *cumulative voting* fester Bestandteil des Kapitalgesellschaftsrechts. Gesellschafter können ihre Stimmen bei der Wahl des boards auf einzelne directors konzentrieren[981]. Nachdem diese Möglichkeit ab dem Ende des 19. Jahrhunderts in vielen Staaten gesetzlich angeordnet war, sinkt der Anteil dieser Staaten seit den 60er Jahren und das cumulative voting steht inzwischen in fast allen Gesellschaftsrechten zur Disposition der Satzung[982]. Das fakultative cumulative voting wird als ein effektives Instrument des Minderheitenschutzes bezeichnet[983], das aber nicht für jede Gesellschaft passe[984].

471 *Spanien*, das 1989 sein Aktienrecht umfassend reformierte[985], hat die Möglichkeit der Verhältniswahl für die Wahl des Verwaltungsrates der S.A. in § 137 S. 2, 3 LSA zwingend angeordnet, die Satzung kann aber durch die Bestimmung einzelner Verwalter das Verhältniswahlrecht ausschließen[986].

472 In *Deutschland* gibt es einen solchen organschaftlichen Minderheitenschutz nicht[987]. Eine Erklärung ist schnell gefunden: Eine andere Interessengruppe entsendet bereits ihre Vertreter in das von den Gesellschaftern gewählte Organ. Der Aufsichtsrat besteht in größeren Unternehmen bereits zur Hälfte aus Vertretern der Arbeitnehmer[988]. Wollte man zusätzlich einen Vertreter der Minderheit installieren, so wäre die Gesellschaftermehrheit im Aufsichtsrat in der Minderheit – die (Über-) Parität wäre gestört, der legitime Leitungsanspruch der Mehrheit verletzt, denn die Gesellschaft könnte von Arbeitnehmern und Minderheit geführt werden. Mittelbar dienen zwar auch die Arbeitnehmervertreter dem Minderheitenschutz, denn auch sie überwachen den herrschenden Gesellschafter[989]. Ihre Interessen

---

[981] S.o. Rn. 333.

[982] S. Gordon 94 (1994) Colum.L.R. 124 (144) und o. Fn. 667.

[983] S. Garza, 31 (2001) St. Mary's L.J. 613 (649); Gordon 94 (1994) Colum.L.R. 124 (180). AaO. in Fn. 134 verweist Gordon auf die rechtstatsächliche Untersuchung von Bhagat/Brickley, 27 (1984) J.L. & Econ. 339 (356 f.), die den Schluß nahelegt, daß cumulative voting den Wert der Gesellschaft positiv beeinflußt. Hamilton, § 9.6, hält in der close corporation die Ausgabe unterschiedlicher Klassen von Anteilen, die jeweils eigene Direktoren wählen, für vorzugswürdig, da cumulative voting zu kompliziert sei („tends to be a bit tricky") und Umgehungsmöglichkeiten biete.

[984] S. die ausgewogene Argumentation bei Clark, § 9.1.3; Gordon 94 (1994) Colum.L.R. 124 (155) m.w.N. zu Kritik an cumulative voting; Hamilton, § 9.6 (S. 269 f.). Einwände sind vor allem, daß ein uneiniges board of directors möglicherweise weniger effizient arbeitet. Außerdem wird befürchtet, daß von Konkurrenzunternehmen oder anderen Außenstehenden im board installierte Vertreter vertrauliche Informationen nach außen tragen.

[985] S.o. Fn. 6.

[986] Näher o. bei Fn. 526.

[987] Karsten Schmidt, § 16 III 2 d; s.a. Wackerbarth, § 7 V 1 c.

[988] S.o. Fn. 56 und Rn. 100.

[989] Karsten Schmidt, § 16 III 2 d.

entsprechen aber nicht zwingend denen der Minderheit. So sichert das Weiterführen ertragsschwacher Unternehmensteile Arbeitnehmern zunächst den Arbeitsplatz, ist aber in aller Regel nicht im Interesse der Gesellschafter[990]. *Zusammengefaßt* erscheint Repräsentation der Minderheit in dem Aufsichts- oder Verwaltungsorgan als eine effektive und in den USA bewährte Möglichkeit des Minderheitenschutzes in großen Kapitalgesellschaften. Ihre unveränderte Übertragung in das deutsche Recht scheitert aber an der Arbeitnehmermitbestimmung[991].

In den *USA* wird der ausschließlichen Besetzung der Gesellschaftsorgane 473
mit Vertretern des kontrollierenden Gesellschafters jedoch auch auf eine weniger einschneidende Weise entgegengewirkt: Die *self dealing-Dogmatik* im Rahmen der Treupflicht der Insider bewirkt einen Anreiz, auch unabhängige Vertreter in das board of directors zu entsenden[992]. Besteht bei einer Transaktion ein Interessenkonflikt eines Insiders, also auch des kontrollierenden Gesellschafters, der die Regeln des self dealing eingreifen läßt, so findet für die Haftung des Insiders wegen dieser Transaktion eine Beweislastumkehr statt. Der befangene Insider muß nachweisen, daß das Geschäft vollständig fair war - angesichts der ansonsten eingreifenden business judgement rule eine eklatante Verschlechterung seiner Beweisposition[993]. Der Insider kann dieser Beweislastumkehr aber entgehen, wenn das Geschäft von einer Mehrheit der unabhängigen directors genehmigt wurde[994]. Das setzt aber selbstverständlich voraus, daß es überhaupt unabhängige directors gibt. Ist das board of directors in Personalunion mit dem der Muttergesellschaft besetzt oder besteht es aus Marionetten des kontrollierenden Gesellschafters, so gibt es keine unabhängigen directors, die der Transaktion zustimmen könnten. Um in den Genuß der günstigeren Beweisposition kommen zu können, muß der kontrollierende Gesellschafter damit zumindest einzelne directors wählen, die nicht offensichtlich als Organe, Angestellte, Berater oder Familienangehörige von ihm abhängig sind.

---

990 S. umgekehrt Henssler in FG 50 Jahre BGH, Bd. 2, S. 387 (419): „So werden sich Unternehmensübernahmen und Fusionen häufig positiv auf den Aktienwert auswirken, für die Anzahl der Arbeitsplätze werden sich dagegen typischerweise negative Konsequenzen ergeben."

991 S. aber den Vorschlag von Wackerbarth, § 9 III 1, der für einen stimmrechtslosen Minderheitenvertreter im Aufsichtsrat plädiert, der mit besonderen Informationsrechten ausgestattet ist und konzerninterne Rechtsgeschäfte von seiner Zustimmung abhängig machen kann.

992 S. dazu o. Rn. 339, 373.

993 S.o. Fn. 776.

994 S. § 8.62 RMBCA; o. Rn. 338 und Fn. 778 f.

474 Wollte man dieses Modell auf den *deutschen AG-Aufsichtsrat* übertragen, so stellt sich allerdings wiederum das Problem der unternehmerischen Mitbestimmung. Wählt der kontrollierende Gesellschafter auch nur einen tatsächlich unabhängigen Vertreter in den Aufsichtsrat, so läuft er Gefahr, daß er seine Vorschläge für die Wahl des Vorstands und damit für das Organ, das die AG unter eigener Verantwortung leitet (§ 76 Abs. 1 AktG), nicht durchsetzen kann[995]. Will er seine Kontrolle über die Gesellschaft nicht verlieren, so kann er keine unabhängigen Vertreter in den Aufsichtsrat entsenden.

475 Ein etwas anderes Bild bietet der *Vorstand der AG*. Trotz Mitbestimmung haben die Aktionärsvertreter im Aufsichtsrat die Möglichkeit, sämtliche Vorstandsmitglieder zu bestellen. Besteht der Vorstand aus mehreren Personen (s. § 76 Abs. 2 S. 1 AktG), so ist es denkbar, daß der kontrollierende Gesellschafter eine Minderheit nicht von ihm abhängiger Vorstände bestellen wird, wenn der Anreiz hierzu groß genug ist. Bestünde eine Beweislastumkehr für die Benachteiligung der AG bei Geschäften, an denen der kontrollierende Gesellschafter ein Interesse außerhalb der Gesellschaft hat und würde diese Beweislastumkehr durch die Zustimmung unabhängiger Vorstände zu diesem Geschäft aufgehoben, so bestünde hierdurch eine Motivation zur Bestellung auch nicht abhängiger Vorstandsmitglieder. Hiergegen läßt sich allerdings einwenden, daß kein Vorstandsmitglied tatsächlich unabhängig von dem konrollierenden Gesellschafter sein kann, das diesem Gesellschafter seinen Arbeitsplatz verdankt. Zwar besteht ein qualitativer Unterschied zwischen einem durch den kontrollierenden Gesellschafter gewählten Vorstandsmitglied, das ein Interesse am Erhalt seiner Funktion in dieser AG hat und einem Vorstand, der in gleicher Funktion auch in anderen Konzerngesellschaften tätig oder etwa durch Beratungsverträge auch außerhalb der Gesellschaft von dem kontrollierenden Gesellschafter abhängig ist. Die unabhängigen directors, deren Zustimmung im US-Recht die Beweislastumkehr für die Fairness einer Transaktion aufhebt, beschränken sich aber in aller Regel auf eine Aufsichtsfunktion[996], widmen deshalb nur einen Teil ihrer Arbeitszeit dieser Funktion[997], erhalten ein dementsprechend niedrigeres Gehalt[998] und haben ihre Le-

[995] Bei der Bestellung der Vorstandsmitglieder durch Beschluß des Aufsichtsrates nach §§ 84 Abs. 1 S. 1, 108 Abs. 1 AktG besteht auch bei einer AG, die dem MitbestG unterliegt, aufgrund der Überparität (dazu o. Fn. 56) eine Stimmenmehrheit der Aktionärsvertreter, *wenn* diese einheitlich abstimmen.

[996] O. Rn. 336.

[997] Clark, § 3.2.1.: „The directors of a large corporation characteristically meet for only a few hours every month."

[998] Clark, § 3.2.1.: „Though significant, the fee will appear modest to many of the kinds of people who actually become directors of large corporations."

bensgrundlage damit nicht in der corporation. Von einem Vorstand dessen regelmäßig hochbezahlter Arbeitsplatz von der (mittelbaren) Wiederwahl durch den Mehrheitsaktionär abhängt, kann eine wirklich unabhängige Entscheidung hingegen nicht erwartet werden. Die geltende deutsche Arbeitnehmermitbestimmung steht damit auch dem Anreiz für organschaftlichen Minderheitenschutz in der AG entgegen. Die wünschenswerte Übertragung der erprobten und ausgewogenen Grundsätze des self dealing auf die deutsche AG setzt deshalb eine Verringerung der Zahl der Vertreter der Arbeitnehmer im Aufsichtsrat voraus[999].

b. Entscheidungsrechte der Minderheit

In den „kleineren" Kapitalgesellschaften GmbH, S.L. und close corporation ist die Trennung zwischen Anteilseignern und Verwaltung weniger stark ausgeprägt als in den großen Publikumsgesellschaften. In aller Regel bestehen zwar unterschiedliche Organe[1000], der Einfluß der Gesellschafterversammlung auf die Verwaltung ist aber deutlich größer, typischerweise können auch Verwaltungsentscheidungen von den Gesellschaftern getroffen werden[1001]. Das ermöglicht in diesen Gesellschaften eine weitere Methode des strukturellen oder vorbeugenden Minderheitenschutzes, die Entscheidung bestimmter Fragen durch die Minderheitsgesellschafter. Die Gesellschafterversammlung entscheidet typischerweise mit einfacher Mehrheit[1002]. Der Mehrheitsgesellschafter entscheidet eine Frage damit auch und gerade dann, wenn darüber in der Gesellschafterversammlung abge- 476

---

[999] Die Umgestaltung der deutschen unternehmerischen Mitbestimmung ist allerdings nicht in nächster Zukunft zu erwarten. Obwohl die entsprechende Diskussion wegen der durch die Mitbestimmung verursachten Schwierigkeiten bei der Einführung der Europäischen Aktiengesellschaft (s. Heinze, ZGR 2002, 66 (68 ff.)) belebt wurde, hat die Regierungskommission Corporate Governance bewußt darauf verzichtet, Vorschläge zur Veränderung der Mitwirkungsbefugnisse der Arbeitnehmer vorzulegen, s. Baums, Bericht, S. C.2; Hirte, ZinsO 2001, 1037 (1038).

[1000] Ausnahme ist die Abschaffung des board of directors durch die Satzung in der us-amerikanischen close corporation, s.o. Fn. 659.

[1001] Der GmbH-Geschäftsführer unterliegt den Weisungen der Gesellschafterversammlung, o. Fn. 194. Auch der Verwalter der spanischen S.L. ist nach Art. 44 Abs. 2 LSL weisungsgebunden, s.o. Rn. 272. In einigen US-Staaten kann in der close corporation die Satzung den Gesellschaftern des Recht zur Geschäftsführung zuweisen oder sogar das board of directors als Organ abschaffen, o. Fn. 655, 659. Sehr unterschiedlich ist ebenfalls die Realstruktur der public und der close corporation. So ist in der close corporation Personalunion zwischen shareholders, directors und officers verbreitet, o. Fn. 650.

[1002] S.o. Fn. 525, 545 f., 656 ff. Gesetzlich angeordnete qualifizierte Mehrheitserfordernisse finden sich vor allem im deutschen Recht. Hervorzuheben sind § 53 Abs. 2 GmbHG und § 179 Abs. 2 AktG, die mindestens eine Dreiviertelmehrheit für Satzungsänderungen verlangen, s. Karsten Schmidt, § 16 II 3 a; Grunewald, 2.C. Rn. 121.

stimmt wird. Das Gesellschaftsrecht kann den Gesellschafter aber von seinem Stimmrecht ausschließen, wenn ein Interessenkonflikt mit seinen gesellschaftsfremden Interessen zu befürchten ist.

477 Am weitesten geht hier das *deutsche GmbHG*. Durch § 47 Abs. 4 GmbHG schließt es den Gesellschafter bei allen Rechtsgeschäften mit sich selbst oder mit Gesellschaften der selben Unternehmensgruppe vom Stimmrecht aus[1003]. Das Aktienrecht kennt in § 136 Abs. 1 AktG ebenfalls ein Stimmverbot des Aktionärs, es erfaßt nach nahezu einhelliger Ansicht aber nicht den Abschluß von Rechtsgeschäften mit dem Gesellschafter[1004].

478 Für die *spanische S.L.* findet sich ein Stimmverbot in Art. 52 LSL. Der Gesellschafter ist vom Stimmrecht ausgeschlossen, wenn ihm eine Finanzierungshilfe gewährt werden soll, nach der überzeugenden herrschenden Ansicht hingegen nicht, wenn über andere Rechtsgeschäfte mit ihm abgestimmt wird[1005]. Die spanische S.A. kennt kein Stimmverbot[1006].

479 Ebensowenig kennt die *US-corporation* ein Stimmverbot des Gesellschafters[1007]. Der Gesellschafter darf insbesondere Rechtsgeschäfte mit der corporation tätigen und hierüber in der corporation auch abstimmen. Anstelle eines Stimm*verbotes* enthält das us-amerikanische Gesellschaftsrecht aber wiederum einen Anreiz, die Entscheidung bei Interessenkonflikten in die Hände der Minderheit zu legen. Dieser Anreiz ergibt sich wiederum aus den Regeln des self dealing. Besteht ein Interessenkonflikt, der die Regeln des self dealing eingreifen läßt, ist also insbesondere über ein Rechtsgeschäft mit dem kontrollierenden Gesellschafter zu entscheiden, so verschlechtert dieser seine Beweisposition in einem späteren Schadenersatzprozeß, wenn er die Entscheidung ohne Rücksicht auf die Minderheit trifft: Wie oben unter a. geschildert, findet bei self dealing-Transaktionen eine Beweislastumkehr statt. Der in Anspruch genommene Insider muß beweisen, daß die Transaktion fair war. Dieser Beweislastumkehr kann der Insider auf zwei Wegen entgehen: Er kann entweder die Zustimmung der über die Umstände der Transaktion informierten unabhängigen directors zu dem Geschäft erreichen oder die Zustimmung der informierten außenstehenden Gesellschafter. Hat eine dieser beiden Gruppen der Transaktion zugestimmt, so liegt die Beweislast weiterhin bei demjenigen, der die Unfairness des Geschäftes behauptet[1008]. Für den kontrollierenden Gesellschafter kann es somit lohnend sein, die Minderheit im Vorfeld konzernin-

---

[1003] Ausführlich o. Rn. 122 ff.
[1004] S.o. Rn. 55 ff.
[1005] O. Rn. 276 ff.
[1006] O. Rn. 267.
[1007] O. Fn. 770.
[1008] S. wiederum o. Rn. 373.

terner Geschäfte zu beteiligen, um das Risiko späterer Schadenersatzprozesse zu minimieren.

Ein umfassendes Stimmverbot des Gesellschafters bei Interessenkonflikten findet sich in den verglichenen Rechten damit nur in der deutschen GmbH nach § 47 Abs. 4 GmbHG. In der AG und der spanischen S.L. besteht ein fragmentarisches Stimmverbot, in der S.A. und der US-corporation fehlt das, was im deutschen Recht als einheitliches Prinzip des inneren Verbandsrechts bezeichnet wird[1009], vollständig. Ist dies die Folge eines grundlegend unterschiedlichen Rechtssystems in den USA und einer möglichen Unentschlossenheit des spanischen Gesetzgebers[1010] oder sprechen erhebliche Argumente gegen ein umfassendes Stimmverbot bei Interessenkonflikten? **480**

Das Stimmverbot *löst den Interessenkonflikt* des kontrollierenden Gesellschafters für Entscheidungen in der Gesellschafterversammlung: Der Gesellschafter kann Leitungsmacht ungehindert ausüben, solange er typischerweise ein Interesse am Erfolg der Gesellschaft hat. Geht es dagegen um Entscheidungen, bei denen die Gefahr besteht, daß er gesellschaftsfremde Interessen zu Lasten der Gesellschaft bevorzugt, so wird die Entscheidungsmacht in die Hände derjenigen gelegt, die auch weiterhin typischerweise am Erfolg der Gesellschaft interessiert sind. Sind die Minderheitsgesellschafter davon überzeugt, daß die Transaktion im Interesse der Gesellschaft ist, so werden sie ihr zustimmen. Benachteiligungen der Gesellschaft werden sie hingegen ablehnen. Der Mehrheitsgesellschafter ist gezwungen, mit der Minderheit zu verhandeln, so daß davon ausgegangen werden kann, daß auch bei einem Interessenkonflikt des kontrollierenden Gesellschafters *Transaktionen zu Marktbedingungen* stattfinden werden. Es entfällt damit die Notwendigkeit, im Nachhinein im Rahmen eines Schadenersatzprozesses zu rekonstruieren, wie die Transaktion unter Marktbedingungen stattgefunden hätte. **481**

Das gilt insbesondere für den zentralen Fall der Benachteiligung einer kontrollierten Gesellschaft durch den Abschluß von konzerninternen Rechtsgeschäften. Damit liegt aber auch die Entscheidung über Maßnahmen, die betriebswirtschaftlich als Vorteile der Konzernierung angeführt werden, die Nutzung von Synergien durch konzerninterne Transaktionen[1011], etwa

[1009] Karsten Schmidt, § 21 II 2 b.

[1010] S. zur Entstehungsgeschichte des verwandten Art. 10 Abs. 2 LSL Ruiz Peris, DN Nr. 8 1996, 8 (9 ff.).

[1011] S. dazu etwa Kallfass in Mestmäcker/Behrens, S. 19 (24 ff.) mit zahlreichen Nachweisen.

die Vereinbarung eines zentralen Cash-Management-Systems[1012], in den Händen der Minderheit. Das spricht per se nicht gegen das Stimmverbot, läßt aber erhebliche *rechtspolitische Gegenwehr* durch Konzernspitzen erwarten, die eine weitere Verbreitung des Stimmverbotes verhindert haben könnte.

482 Sachlich gegen das Stimmverbot könnte aber sprechen, daß es nach dem *Alles-oder-Nichts-Prinzip* funktioniert. Die Minderheit entscheidet, gleichgültig, ob es sich um eine Minderheit von 49 Prozent oder um eine Minderheit von einem Prozent handelt. Entgegnen läßt sich wiederum, daß Rücksicht auf die Minderheitsgesellschafter zu nehmen sei, gleichgültig wie groß ihr Anteil an der Gesellschaft ist. Nicht von der Hand zu weisen ist aber die Gefahr, daß nun die Minderheit nicht mehr nach dem Gesellschaftsinteresse entscheidet, sondern sich die Zustimmung auch zu sinnvollen Maßnahmen teuer erkaufen läßt, ihre Position damit zur Erpressung des Mehrheitsgesellschafters nutzt.

483 Ein Nachteil des Stimmverbotes ist außerdem die Motivation, die von ihm ausgeht. Weiß der kontrollierende Gesellschafter, daß er in der Gesellschafterversammlung vom Stimmrecht ausgeschlossen ist, so wird er versuchen, derartige *Entscheidungen von der Gesellschafterversammlung fernzuhalten* und informell zu veranlassen. Die Gesellschafterversammlung wird dadurch noch stärker auf die Grundlagenentscheidungen beschränkt, die zwingend durch sie getroffen werden müssen[1013]. Gerade konzerninterne Rechtsgeschäfte werden aber von der Gesellschafterversammlung ferngehalten. Hiergegen wird für die GmbH eingewandt, aktiven Minderheitsgesellschaftern stünde die Möglichkeit offen, sich durch ihr Informationsrecht aus § 51a GmbHG Kenntnis von den Geschäftsvorgängen zu verschaffen und nach § 50 GmbHG die Beschlußfassung über die betreffenden Maßnahmen zu erzwingen[1014]. Die Wirksamkeit des Stimmverbotes setzt damit in der GmbH äußerst aktive Minderheitsgesellschafter voraus. In der AG kann die Verwaltung wegen § 119 Abs. 2 AktG aber keinesfalls gezwungen werden, Geschäftsführungsangelegenheiten der Hauptversammlung zur Entscheidung vorzulegen – gleichzeitig ein Argument dafür, den Minderheitenschutz hier in der Verwaltung anzusiedeln.

484 Die Motivation, die - bei gleicher Zielrichtung - von der us-amerikanischen Regelung des *self dealing* ausgeht ist eine andere: Will der kontrollierende Gesellschafter die Beweislastumkehr zu seinen Lasten

---

[1012] Beispiel ist der Fall von BGHZ 149, 10 v. 17.9.2001 „Bremer Vulkan", s. dazu die Nachweise in Fn. 16. In diesem Fall war das zentrale Cash-Management das Mittel zur Schädigung der kontrollierten Gesellschaft.

[1013] S.o. Fn. 57 zur AG, Fn. 195 zur GmbH, Fn. 521 f. zur S.A., Rn. 270 zur S.L., Fn. 652 ff. zur corporation.

[1014] S.o. Fn. 277.

vermeiden, so braucht er die Zustimmung der Minderheit (oder der unabhängigen directors). Hierzu muß ihnen die zu entscheidende Frage aber zunächst einmal vorgelegt werden. Will er die Zustimmung der Minderheit, muß die Gesellschafterversammlung befragt werden. Wird sie befragt, so kann der kontrollierende Gesellschafter gleichwohl mit abstimmen und die Maßnahme auch dann beschließen, wenn sie nicht die Zustimmung der Minderheit findet. Er erhält aber durch die Befragung die Chance einer erheblichen Verbesserung seiner Beweisposition, sollte die Maßnahme zum Gegenstand späterer Schadenersatzforderungen werden. Diese Aussicht könnte ihn zu Verhandlungen mit der Minderheit bewegen, um ihre Zustimmung zu erhalten, so daß vor allem auch über die Konditionen konzerninterner Rechtsgeschäfte verhandelt würde.

Im Vergleich zum Stimmverbot führt die self dealing-Regelung aber nicht **485**
zu einer gleichwertigen Verhandlungsposition der Minderheit. Sie bewirkt einen Anreiz, die Gesellschafterversammlung und damit die Minderheit zu befragen. Stimmt die Minderheit nicht zu, so ist der Gesellschafter im Interessenkonflikt nicht gehindert, die Maßnahme gleichwohl zu beschließen. Die spätere Geltendmachung von Ansprüchen mit der Begründung, die Maßnahme habe die Gesellschaft unangemessen benachteiligt, wird allerdings wesentlich erleichtert.

Zusammengefaßt erscheint das Stimmverbot als eine Möglichkeit effekti- **486**
ven Minderheitenschutzes, deren Funktionieren allerdings aktive Minderheitsgesellschafter und Entscheidung von Verwaltungsfragen durch die Gesellschafterversammlung voraussetzt. Die us-amerikanische self dealing-Regelung ist im Vergleich hierzu keine gleich scharfe Waffe der Minderheit. Sie schützt die Minderheit aber auch dann gegen den Interessenkonflikt des kontrollierenden Gesellschafters, wenn jene die Verwaltung der Gesellschaft nicht aktiv überwacht und schützt damit auch eher passive Kapitalanleger.

2. Nachträglicher Minderheitenschutz

Doch möglicherweise ist eine vorherige Beteiligung der Minderheit an den **487**
durch den kontrollierenden Gesellschafter veranlaßten Maßnahmen entbehrlich. Ist die Schwelle des Austrittsrechts noch nicht erreicht oder will die Minderheit nicht austreten, so reicht es möglicherweise aus, eine Benachteiligung der Gesellschaft und damit der Minderheit zu untersagen und den kontrollierenden Gesellschafter zum Ausgleich zu verpflichten, wenn er hiergegen verstößt.

Jede der drei Rechtsordnungen kennt in jedem untersuchten Gesellschafts- **488**
typ bei Vorhandensein von Minderheitsgesellschaftern die *Pflicht zur Wahrung des Gesellschaftsinteresses* und zum Ausgleich verursachter Schäden, wenn hiergegen verstoßen wurde. Bis auf den Ausnahmefall des

gesetzlich geregelten Nachteilsausgleichs nach §§ 311, 317 Abs. 1 AktG[1015] begründet die Treupflicht des Gesellschafters das Schädigungsverbot gegenüber der Gesellschaft[1016], das regelmäßig auch von den Minderheitsgesellschaftern durchgesetzt werden kann[1017].

489 Die Minderheitsgesellschafter können damit in den verglichenen Gesellschaftstypen den Ausgleich einer Schädigung ihrer Gesellschaft durch den kontrollierenden Gesellschafter verlangen. Das setzt zunächst voraus, daß sie von der Maßnahme Kenntnis erlangen. In der GmbH können sie hierzu ihr Auskunfts- und Einsichtsrecht aus § 51a GmbHG nutzen[1018], in der Hauptversammlung der AG das Auskunftsrecht aus § 131 Abs. 1 AktG geltend machen[1019]. Vorausgesetzt, die Unterlagen sind richtig und vollständig, haben aktive Minderheitsgesellschafter damit die Möglichkeit, von potentiell nachteiligen Maßnahmen zu erfahren. Anteilseigner, die ihre Beteiligung nicht ständig überwachen, wie es insbesondere bei verteiltem Anteilsbesitz zu erwarten ist, erfahren dagegen meist schon nicht, daß eine Maßnahme stattgefunden hat. Haben die Minderheitsgesellschafter schließlich von einer durch den kontrollierenden Gesellschafter veranlaßten Maßnahme erfahren, so müssen sie beurteilen, ob die Gesellschaft dadurch geschädigt oder benachteiligt wurde. Verlangen sie den Ausgleich des verursachten Nachteils, so obliegt es nach den Regeln der Darlegungs- und Beweislast ihnen oder der Gesellschaft als Kläger, darzulegen und zu beweisen, daß die Maßnahme für die Gesellschaft nachteilig war[1020].

490 In der weit überwiegenden Anzahl der Fälle findet eine Benachteiligung der kontrollierten Gesellschaft durch Rechtsgeschäfte mit dem kontrollierenden Gesellschafter oder sonst durch *konzerninterne Rechtsgeschäfte*

[1015] Dazu o. Rn. 76 ff., 196 ff.

[1016] S.o. Rn. 106 zur GmbH; Rn. 266 zur S.A.; Rn. 276 zur S.L.; Rn. 354 ff. zur corporation.

[1017] In der abhängigen AG ist dies nach §§ 317 Abs. 4, 309 Abs. 4 S. 1 AktG möglich, in der GmbH wird überwiegend eine actio pro socio für möglich gehalten, wenn die Minderheit den Schaden der Gesellschaft geltend macht, s.o. Fn. 425. In der US-corporation werden Rechte der Gesellschaft durch die Gesellschafter im Wege der derivative suit geltend gemacht, s.o. Rn. 335.

[1018] S. dazu Grunewald, 2.F. Rn. 104 ff; Wilhelm, KapGesR, Rn. 1069 ff.; Karsten Schmidt, § 35 I 4; rechtsformübergreifend zum Infomationsrecht ders., § 21 III.

[1019] Dazu Karsten Schmidt, § 28 IV 3; dazu, daß § 131 AktG Teil eines aktienrechtlichen Informationssystems ist KK[1]-Zöllner, § 131 Rn. 6. Ein in der abhängigen AG zu erstellender Abhängigkeitsbericht könnte die Informationslage verbessern, wird aber nicht veröffentlicht, o. Rn. 92: Ein weiteres Argument für einen Vertreter der Minderheit im Aufsichtsrat.

[1020] U. Fn. 1139.

statt[1021]. Als Folge des deutschen Verbots der Nachteilszufügung und des amerikanischen arm's length-Maßstabes müssen die Minderheitsgesellschafter in diesem Fall nachweisen, daß die Rechtsgeschäfte für die Gesellschaft nicht zu Marktkonditionen stattgefunden haben. Dem Gericht wird damit die Aufgabe zugewiesen, nachträglich einen nicht vorhandenen Markt zu rekonstruieren. Hierzu existieren Hilfsmethoden wie die oben angesprochene cost plus- oder resell minus-Methode, bei der von den Anschaffungs- oder Wiederverkaufswerten ausgegangen wird[1022]. Doch wie ist der angemessene Wert einer Beratungsleistung zu bestimmen? Methoden zur Rekonstruktion des Marktes versagen schließlich, wenn Transaktionen zu beurteilen sind, die am Markt nicht stattfinden. Musterbeispiel ist die im amerikanischen und deutschen Recht begegnete Verteilung eines durch Konzernierung eingetretenen Steuervorteils[1023].

Das us-amerikanische Recht erkennt mit der business judgement rule an, 491 daß Gerichte nicht uneingeschränkt in der Lage sind, die Zweckmäßigkeit unternehmerischer Entscheidungen nachträglich zu beurteilen[1024]. Die Marktsituation zu einem bestimmten Zeitpunkt ist einmalig und von einer derartigen Vielfalt von Faktoren wie Angebot, Nachfrage, Informationslage, Dringlichkeit und Verhandlungsgeschick abhängig[1025], daß eine nachträgliche Überprüfung zwar Fälle eines groben Mißverhältnisses identifizieren kann. Es bleibt aber eine breite Grauzone, in der nachträgliche Feststellungen über die angemessene unternehmerische Entscheidung eher spekulativen Charakter haben.

Der mit diesen Unsicherheiten befrachtete nachträgliche Ausgleich führt – 492 abgesehen von den us-amerikanischen punitive damages[1026] – nur dann zu

---

[1021] S. etwa Fn. 97 zu BGHZ 65, 15 v. 5.6.1975 „ITT" (Abschluß eines Servicevertrages); Fn. 778 zu In re MAXXAM, Inc., Del.Ch., 659 A.2d 760 v. 13.2.1995 (Verkauf eines nicht rentablen Projekts).

[1022] S. zum Nachweis einer Benachteiligung der Gesellschaft und den dabei auftretenden Schwierigkeiten o. Rn. 78 ff.

[1023] S.o. Rn. 80 und Fn. 773.

[1024] Vgl. o. Fn. 776. Ansätze zu der Anerkennung eines unternehmerischen Entscheidungsspielraums finden sich in BGHZ 135, 244 (253) v. 21.4.1997 „ARAG/Garmenbeck", wo der *BGH* ausführt, „daß dem Vorstand für die Leitung der Geschäfte der AG ein weiter Handlungsspielraum zugebilligt werden muß, ohne den unternehmerisches Handeln schlechterdings nicht denkbar ist."; s. dazu Karsten Schmidt, NJW 2000, 2927 (2934): „[Das Urteil] hat in Anknüpfung an frühere Formulierungen die Geltung des aus dem amerikanischen Gesellschaftsrecht als „business judgement rule" bekannten Vorstandsermessens im deutschen Aktienrecht festgeschrieben"; zurückhaltendere Bewertung durch Henssler in FG 50 Jahre BGH, Bd. 2, S. 387 (415) m.w.N. in Fn. 167.

[1025] Vgl. dazu Varian, insbesondere Kap. 5.1.

[1026] S.o. Fn. 908.

einem vollständigen Ausgleich der verursachten Nachteile, wenn die Minderheit durch aktive Beobachtung der Verwaltung sämtliche nachteiligen Maßnahmen in Erfahrung bringt, sodann über sämtliche Maßnahmen eine gerichtliche Entscheidung herbeiführt und es ihr schließlich in sämtlichen Fällen gelingt, die Nachteiligkeit der Maßnahme zu beweisen. Eine derart aufwendige und unsichere Rechtsverfolgung geht über das hinaus, was von der Minderheit vernünftigerweise erwartet werden kann. Nachteilsausgleichsansprüche scheinen denn auch vergleichsweise selten und dann häufig im Interesse der Gläubiger geltend gemacht zu werden[1027]. Der nachträgliche Minderheitenschutz läßt damit eine erhebliche Schutzlücke. Er hat außerdem den Nachteil, daß, sollte er tatsächlich funktionieren, die Gesellschaftstätigkeit fortlaufend mit Prozessen um die Nachteiligkeit bestimmter Maßnahmen belastet wird.

493 Ein vorbeugender Minderheitenschutz vermindert demgegenüber die Notwendigkeit späterer Rechtsstreitigkeiten und verspricht gleichzeitig effektiveren Schutz. Das bewirkt wiederum einen Investitionsanreiz auch für Minderheitsbeteiligungen, denn die Gefahr, sich gegen Benachteiligungen mangels Kenntnis überhaupt nicht und ansonsten nur in einem mit erheblichen Unsicherheiten belasteten Rechtsstreit zur Wehr setzen zu können, wirkt abschreckend auf potentielle Minderheitsgesellschafter.

III. Fazit

494 Ein Austrittsrecht der Minderheit gegen Abfindung bei andauernder Benachteiligung der Gesellschaft ist in den drei untersuchten Rechtsordnungen etabliert und kann zum gesicherten Bestand des Minderheitenschutzes gezählt werden.

Ebenfalls etabliert ist ein Schädigungsverbot bei Vorhandensein von Minderheitsgesellschaftern. Der gerichtliche Nachweis einer Schädigung der Gesellschaft durch nicht an der Geschäftsleitung beteiligte Gesellschafter ist aber mit derartigen Unsicherheiten verbunden, daß ein effektiver Minderheitenschutz bei Interessenkonflikten eine Beteiligung der Minderheit schon am Entscheidungsprozeß voraussetzt.

495 In der deutschen AG verhindert die quasi-paritätische unternehmerische Mitbestimmung diesen gebotenen präventiven Minderheitenschutz. Der Schutz der Minderheit wird zwar zum Teil auch durch die Arbeitnehmervertreter bewirkt. Deren Interessen sind jedoch nicht deckungsgleich mit denen der Minderheit. Aus der Sicht des Schutzes der Minderheitsaktionä-

---

[1027] So dauerte es von 1965 bis 1999 ehe mit BGHZ 141, 79 v. 1.3.1999 eine Grundsatzentscheidung zu §§ 311, 317 AktG erging. In der GmbH ist BGHZ 65, 15 v. 5.6.1975 „ITT" ein weithin einsames Beispiel der Geltendmachung von Schadenersatzansprüchen gegen den kontrollierenden Gesellschafter durch die Minderheit.

re ist daher eine Verringerung der Zahl der Arbeitnehmervertreter im Aufsichtsrat geboten, um die Wahl von Minderheitenvertretern oder unabhängigen Mitgliedern in den Aufsichtsrat zu ermöglichen.

In der GmbH bietet das Stimmverbot des § 47 Abs. 4 GmbHG insbesondere für konzerninterne Rechtsgeschäfte einen vielversprechenden Schutz der Minderheit. Sein Funktionieren setzt aber voraus, daß Entscheidungen tatsächlich in der Gesellschafterversammlung getroffen werden und bewirkt bei abhängigen GmbHs gerade das Gegenteil. Ein effektiverer Schutz der Minderheit durch § 47 Abs. 4 GmbHG würde erreicht, bestünde die Verpflichtung oder zumindest der Anreiz, über Transaktionen, bei denen typischerweise ein Interessenkonflikt vorliegt, in der Gesellschafterversammlung zu entscheiden und so die Minderheit schon am Entscheidungsprozeß zu beteiligen. **496**

C. Effektiver Gläubigerschutz durch Kapitalerhaltung und rechtzeitige Abwicklung

3. These: Ein effektiver Schutz der Gläubiger wird erreicht, wenn Kapitalerhaltung und Auflösungs- oder Insolvenzantragspflichten konsequent verfolgt werden. **497**

I. Kapitalerhaltung

Vornehmlich zum Schutz der Gläubiger[1028] kennt jede der verglichenen Rechtsordnungen Vorschriften der Kapitalerhaltung, die aber durchaus unterschiedlich ausgestaltet und durchgesetzt werden. **498**

Am weitesten geht die Vermögensbindung in der *deutschen AG*[1029]. Unabhängig von der Vermögenslage der AG ist durch § 57 Abs. 1 S. 1, Abs. 3 AktG jede Leistung der AG an ihre Gesellschafter untersagt, die nicht Verteilung des Bilanzgewinns nach §§ 58 Abs. 4, 59, 60 AktG ist. Dadurch werden namentlich *sämtliche* verdeckten Ausschüttungen untersagt[1030]. Hierdurch wäre eine Schädigung der AG durch nachteilige konzerninterne **499**

1028 S. Hüffer, § 57 Rn. 1; Hachenburg-Goerdeler/Müller, § 30 Rn. 1; Lutter/Hommelhoff, § 30 Rn. 1; Clark, §§ 2.5, 14.3.

1029 Dazu o. Rn. 41 f.

1030 Die Kapitalerhaltung in der AG dient damit nicht nur dem Gläubigerschutz, sondern auch dem Schutz der Minderheit, die davor bewahrt wird, daß unter Verletzung des § 60 Abs. 1 AktG Überschüsse durch nicht zu Marktkonditionen geschlossene Geschäfte direkt zu dem kontrollierenden Gesellschafter geleitet werden, s. Hüffer, § 57 Rn. 1, 8 ff. Auch hier begegnet die Minderheit aber wieder dem Problem, nachzuweisen, *daß* die Geschäfte nicht zu Marktkonditionen abgeschlossen wurden (dazu o. Rn. 489 ff.).

Rechtsgeschäfte auch dann unzulässig, wenn es § 311 AktG nicht gäbe[1031]. Die Empfänger verbotener Leistungen haften nach § 62 Abs. 1 S. 1 AktG der Gesellschaft, nach § 62 Abs. 2 S. 1 AktG haften sie auch den Gläubigern, die von der Gesellschaft keine Befriedigung erlangen können.
In der *GmbH* beschränkt sich die Vermögensbindung auf das Stammkapital[1032]: Der wesentliche Unterschied zur Kapitalerhaltung in der AG ist damit, daß die §§ 30 f. GmbHG erst dann eingreifen, wenn eine Unterbilanz eintritt[1033]. Sie hindern einen Gesellschafter nicht, die GmbH zu seinem Vorteil zu benachteiligen, solange nur die Bilanz mindestens ausgeglichen ist. Empfänger von Leistungen, die gegen § 30 GmbH verstoßen, haften der Gesellschaft nach § 31 Abs. 1 GmbHG auf Erstattung.

500 Die inhaltsgleiche Regelung der Vermögensbindung in der *spanischen S.A. und der S.L.*[1034] läßt sich mit derjenigen in der GmbH vergleichen. Es gibt ein Haftungspolster in Form des Stammkapitals, das ebensowenig wie das zur Deckung der Verbindlichkeiten notwendige Vermögen an die Gesellschafter gelangen darf. Vermögen, das nicht zum Ausgleich der Bilanz benötigt wird, ist aber von den Kapitalerhaltungsvorschriften nicht erfaßt und kann *insofern* beliebig offen oder verdeckt an Gesellschafter verteilt werden.

501 Das *us-amerikanische Äquivalent* der deutschen und spanischen Kapitalerhaltung[1035] unterscheidet sich grundlegend von letzteren. Ins Auge fällt zunächst das gänzliche Fehlen oder die praktische Bedeutungslosigkeit eines Stammkapitals. Die US-corporation muß grundsätzlich kein erhebliches Kapitalkissen im Interesse der Gläubiger erhalten. Bemerkenswerte Ausnahme ist § 500 (b) Cal.Corp.C., der ein Kapitalkissen vorsieht, dessen Höhe sich an der Belastung der Gesellschaft mit Verbindlichkeiten orientiert[1036]. Leistungen der corporation an die Gesellschafter, die zu einer Un-

---

[1031] § 311 AktG wird deshalb teilweise so interpretiert, daß er Benachteiligungen zulasse, die gegen die Kapitalerhaltungsvorschriften verstoßen, wenn sie nur nach § 311 Abs. 2 AktG ausgeglichen würden, o. Fn. 155; angesichts des § 291 Abs. 3 AktG eine systematisch angreifbare Sichtweise.

[1032] Zur Kapitalerhaltung in der GmbH o. Rn. 101 ff.

[1033] Allgemein zu Unterschieden in der Kapitalerhaltung zwischen AG und GmbH Hachenburg-Goerdeler/Müller, § 30 Rn. 12 ff.; Scholz-H.P. Westermann, § 30 Rn. 5 f.; Ulmer in FS Pfeiffer, S. 853 (863 f.).

[1034] Dazu o. Rn. 262, 275.

[1035] Zur Kapitalerhaltung in der corporation o. Rn. 345 ff.

[1036] S.o. Fn. 714. Kalifornien verfolgt im Vergleich mit anderen US-Staaten insgesamt eine deutlichere Politik des Gläubigerschutzes im Gesellschaftsrecht. Durch § 2115 Cal.Corp.C. erstreckt es außerdem sein Gesellschaftsrecht in weiten Teilen auch auf in anderen Staaten gegründete corporations, die überwiegende Verbindungen zu Kalifornien haben (sog. pseudo-foreign corporations). Der ausgeprägtere Gläubigerschutz hat –

terbilanz (bei Fehlen eines Stammkapitals gleichzeitig zur Überschuldung) oder zur Zahlungsunfähigkeit der corporation führen, sind allerdings unzulässig und zu erstatten. Die Erstattungspflicht der Gesellschafter folgt aber nicht nur aus dem Gesellschaftsrecht, sondern vor allem auch aus den Regelungen der fraudulösen Transfers und dem Insolvenzrecht[1037]. Sie besteht damit vornehmlich gegenüber den Gläubigern (nach § 8 (b) UFTA) oder zugunsten der Konkursmasse (nach 11 USC § 550 (a)).

II. Rechtsfolgen schwindenden Gesellschaftsvermögens

Eine weitere Verschlechterung der wirtschaftlichen Lage der Gesellschaft kann zusätzlich zu einer Ausschüttungssperre Handlungspflichten und Haftungsfolgen nach sich ziehen. 502

Verschlechtert sich die wirtschaftliche Lage der *AG* soweit, daß eine Unterbilanz eintritt, so hat das zunächst die Folge, daß kein Bilanzgewinn mehr zu verteilen ist. Tritt schließlich Überschuldung ein, so hat der Vorstand nach § 92 Abs. 2 S. 2 AktG Insolvenzantrag zu stellen, gleiches gilt nach § 92 Abs. 2 S. 1 AktG bei Zahlungsunfähigkeit. Nach dem AktG haftet das Vorstandsmitglied, das die Stellung des Insolvenzantrages unterläßt, gemäß §§ 92 Abs. 3, 93 Abs. 1, 3 Nr. 6 AktG auf nach Eintritt des Insolvenzgrundes geleistete Zahlungen, Strafbarkeit kommt nach § 401 Abs. 1 Nr. 2 AktG in Frage.

Die Folgen von Überschuldung und Zahlungsunfähigkeit entsprechen in der *GmbH* weitgehend denen in der AG: Die Geschäftsführer sind nach § 64 Abs. 1 GmbHG zur Insolvenzantragstellung verpflichtet, nach § 64 Abs. 2 S. 1 GmbHG haften sie für nach Eintritt des Insolvenzgrundes geleistete Zahlungen, Strafbarkeit kommt nach § 84 Abs. 1 Nr. 2 GmbHG in Betracht.

Bemerkenswert ist die spanische Regelung, falls sich eine Unterbilanz in 503
der *S.A. oder S.L.* weiter verschärft[1038]. Besteht eine Unterbilanz von einem Drittel des Stammkapitals, so ist nach Art. 163 Abs. 1 S. 2 LSA eine Kapitalherabsetzung erforderlich. Verschärft sich die Unterbilanz weiter auf die Hälfte des Stammkapitals, ohne daß die Kapitalherabsetzung stattfindet, so ist nach Art. 260 Abs. 1 Nr. 4 LSA, 104 Abs. 1 lit. e LSL die Gesellschaft schon zu diesem Zeitpunkt aufzulösen. Versäumen es die Verwalter, die Auflösung der Gesellschaft zu betreiben, so haften sie gemäß Art. 265 LSA, 105 Abs. 5 LSL persönlich für alle Verpflichtungen der Gesellschaft. Im Vergleich zur deutschen Insolvenzantragspflicht setzt die spanische

---

soweit ersichtlich – der wirtschaftlichen Entwicklung Kaliforniens bisher nicht geschadet.

[1037] S.o. Rn. 422 ff.

[1038] S.a. Rn. 262, 275.

Auflösungspflicht damit früher ein und die Haftungsfolgen einer Unterlassung sind für die Verwaltung ungleich schwerer[1039].

504 Wie schon in der Frage der Kapitalerhaltung nimmt *die us-amerikanische Rechtsordnung* auch in der Frage der Folgen einer schlechten wirtschaftlichen Situation der corporation einen unterschiedlichen und auf den ersten Blick weniger gläubigerschützenden Standpunkt ein. Die Verwaltung einer zahlungsunfähigen oder überschuldeten corporation ist weder gezwungen, die corporation aufzulösen, noch, ein Insolvenzverfahren einzuleiten. Eine insolvente[1040] corporation kann in der Regel auf den Antrag eines Gläubigers hin aufgelöst werden[1041]. Auch können nach § 11 USC 303 (h) Gläubiger ein Insolvenzverfahren in Gang bringen[1042]. Der Schuldner (hier die corporation) ist aber nicht verpflichtet, das Insolvenzverfahren selbst zu beantragen, wenn er zahlungsunfähig oder überschuldet ist[1043].

III. Theoretische Folgerungen

505 *Gemeinsamer Bestand* der verglichenen Gesellschaftstypen ist es somit, daß Leistungen an einen Gesellschafter spätestens dann unzulässig sind, wenn das Aktivvermögen der Gesellschaft geringer ist als ihre Verbindlichkeiten. In Deutschland ist zu diesem Zeitpunkt ein Insolvenzverfahren zu beantragen, in Spanien bestand schon vorher die Pflicht zur Auflösung der Gesellschaft.

Das könnte zu dem Schluß verleiten, eine erhebliche Gefährdung der Gläubiger könne in Deutschland und Spanien auf legalem Weg nur durch die Verwirklichung erheblicher Geschäftsrisiken eintreten, die auf einen Schlag große Teile des Gesellschaftsvermögens aufzehren. Denn wenn die Gesellschafter nur den Überschuß aus der Kasse nehmen und die Verwaltung unverzüglich Insolvenz- oder Liquidationsverfahren einleitet, sobald das Gesellschaftsvermögen nicht die Verbindlichkeiten deckt, dann ist aus-

---

[1039] Strafrechtliche Folgen hat das Versäumen der Auflösungspflicht allerdings nicht. Die Vertreter der Gesellschaft können jedoch nach Art. 260 Abs. 1 C.P. strafbar sein, wenn sie vorsätzlich die Insolvenz ihrer Gesellschaft verursachen.

[1040] Zur Bedeutung des Begriffs "insolvency" im US-Recht s.o. Fn. 707.

[1041] S. § 14.30 (3) RMBCA: [The court may dissolve a corporation] „in a proceeding by a creditor if it is established that:

(i) the creditor's claim has been reduced to judgment, the execution on the judgment returned unsatisfied, and the corporation is insolvent; or

(ii) the corporation has admitted in writing that the creditor's claim is due and owing and the corporation is insolvent"; Merkt, Rn. 1249 f.

[1042] Dazu Epstein/Nickles/White, § 2-5; Murphy, § 3.05 f.

[1043] Kemper, S. 26. Auch die Insolvenzstraftatbestände der §§ 18 USC 151 ff. begründen keine generelle Insolvenzantragspflicht, sondern stellen nur einzelne tatsächlich oder potentiell gläubigerschädigende Verhaltensweisen unter Strafe.

reichend Vermögen vorhanden, um nahezu alle Forderungen zu begleichen. Ist das nicht der Fall, haftet derjenige, der rechtswidrig Vermögen ausgeschüttet oder angenommen hat oder derjenige, der die rechtzeitige Antragstellung verpaßt hat oder es hat sich das unternehmerische Risiko verwirklicht, welches die Haftungsbeschränkung gerade den Gläubigern aufbürdet. Ein zusätzliches (möglicherweise konzernrechtliches) Schutzbedürfnis der Gläubiger könnte sich allenfalls ergeben, wenn das Gesellschaftsvermögen vernichtet wird, ohne daß es zu einem Gesellschafter fließt und dies nicht auf das allgemeine unternehmerische Risiko, sondern auf eine besonders riskante Leitung der Gesellschaft zurückzuführen ist. Das könnte etwa der Fall sein, wenn einer Konzerngesellschaft ausschließlich besonders riskante Aktivitäten übertragen werden.

Daß dem nicht so ist, veranschaulichen die folgenden Übersichten über Unternehmensinsolvenzen in den USA, Spanien und Deutschland.

IV. Praktisches Versagen der Theorie - Insolvenzstatistik

506

Unternehmensinsolvenzen in den USA*

	1994	1998	1999	2000	2001
		Bankruptcy Filings			
Unternehmen insgesamt	52.374	44.196	37.564	35.472	40.099
Deckung der Passiva durch die Aktiva[1]	~ 107,9 %				
Verhältnis Chapter 7[1,2]	~ 72,7 %				
Verhältnis Chapter 11[1,3]	~ 151,6 %				
Verhältnis Chapter 13[1,4]	~ 109,5 %				

* Quellen: American Bankruptcy Institute, www.abiworld.org/stats/newstatsfront.html, zuletzt besucht am 7.3.2002; Warren/Westbrook, 73 (1999) Am.Bankr.L.J. 499 ff. In den USA gibt es keine regelmäßige offizielle Insolvenzstatistik, Warren/Westbrook, aaO., S. 507. Aussagekräftige Daten fehlen daher weitgehend.

1 Die Daten wurden im Rahmen des Business Bankruptcy Project erhoben und durch Warren/Westbrook, aaO., S. 539 veröffentlicht. In diesem Projekt wurden ca. 3.400 Fälle ausgewertet. Die hier verwendeten Daten beruhen auf Angaben der Unternehmen. Die erstaunlich hohe Deckungsquote resultiert zum Teil auch daraus, daß bankruptcy in den USA die Insolvenz des Schuldners nicht voraussetzt. Ein Teil der Schuldner ist daher im Verhältnis sehr solvent und hebt den Durchschnitt, während bei einem anderen Teil ein deutliches Mißverhältnis zwischen Aktiva und Passiva besteht, ohne daß dies in der Statistik deutlich würde, aaO., S. 536 ff.

2 11 USC §§ 701 ff. Liquidation. Das Vermögen des Schuldners wird zugunsten der Gläubiger veräußert. S. Epstein/Nickles/White, §§ 1-7, 7.

3 11 USC §§ 1101 ff. Reorganization. Unter Zustimmung der Gläubiger wird ein Rehabilitationsplan aufgestellt, der die Begleichung der Forderungen durch den Schuldner regelt. Chapter 11 ist typisch vor allem für Unternehmen. S. Epstein/Nickles/White, §§ 1-9, 10 f.

4 11 USC §§ 1301 ff. Adjustment of Debts of an Individual with Regular Income. Chapter 13 steht nur natürlichen Personen mit regelmäßigem Einkommen offen. Sie können dem Gericht einen Plan zur Begleichung ihrer Forderungen vorschlagen, um Entschuldung ohne Liquidation des gesamten Vermögens zu erreichen. S. Epstein/Nickles/White, §§ 1-8, 9.

Unternehmensinsolvenzen in Spanien*

	1996	1997	1998	1999	2000
Suspensión de Pagos (Vergleichsverfahren[2])					
Unternehmen insgesamt	649	479	348	290	306
davon S.L.	229 (35,3 %)	188 (39,3 %)	156 (44,8 %)	144 (49,7 %)	154 (50,3 %)
davon S.A.	367 (56,6 %)	255 (53,2 %)	157 (45,1 %)	128 (44,1 %)	131 (42,8 %)
erwartete Passiva[1]	2423	1472	1043	1095	1.382
erwartete Aktiva[1]	3186	1912	1333	1423	1.834
Quote	131,5 %	129,9 %	127,8 %	130,0 %	132,7 %
Declaración de Quiebra (Konkurs[3])					
Unternehmen insgesamt	713	656	548	484	522
davon S.L.	282 (39,6 %)	302 (46,0 %)	305 (55,7 %)	265 (54,8 %)	310 (59,4 %)
davon S.A.	388 (54,4 %)	312 (47,6 %)	216 (39,4 %)	192 (39,7 %)	178 (34,1 %)
erwartete Passiva[1]	612	568	516	623	703
erwartete Aktiva[1]	407	323	276	390	313
Quote	66,5 %	56,9 %	53,5 %	62,6 %	44,5 %

* Quelle: Instituto Nacional de Estadística, Madrid, www.ine.es, zuletzt besucht am 7.3.2002.

[1] Angaben wurden zur besseren Vergleichbarkeit auf Millionen Euro umgerechnet.

[2] Suspensión de pagos kann ein Unternehmen beantragen, wenn die Aktiven zwar die Passiven decken, jedoch abzusehen ist, daß es nicht in der Lage sein wird, alle Forderungen bei Fälligkeit zu begleichen. Zusammen mit dem Antrag hat der Schuldner einen Vorschlag für die Begleichung der Forderungen einzureichen. Dieser Vorschlag sieht in der Regel eine Verlängerung der Zahlungsfristen oder eine Kürzung der Forderungen vor. Erfüllt der Schuldner einen daraufhin geschlossenen Vergleich (convenio) nicht, so kann jeder Gläubiger den Konkurs (quiebra) beantragen. Fälle einer suspensión de pagos können damit nach einem Scheitern zu Fällen der quiebra werden.

[3] Quiebra kann das Gericht auf Antrag des Schuldners oder seiner Gläubiger erklären, wenn der Schuldner seinen Verbindlichkeiten nicht mehr nachkommt. Das Schuldnervermögen wird dann zugunsten der Gläubiger verwertet.

Unternehmensinsolvenzen in Deutschland*

	1996	1997	1998	1999	2000
Beantragte Insolvenzverfahren					
Unternehmen insg.	25.530	27.474	27.828	26.476	28.235
davon GmbHs				15.811 (59,7 %)	15.832 (56,1 %)
davon AGs				94 (0,36 %)	176 (0,62 %)
Forderungen[1,2]				15.782	21.212
davon gegen GmbHs[1]				10.106 (64,0 %)	11.922 (56,2 %)
davon gegen AGs[1]				343 (2,2 %)	546 (2,6 %)
Verfahren mangels Masse abgewiesen[3]	~ 17.800 (~ 70 %)	~ 20.000 (~ 73 %)	~ 20.600 (~ 74 %)	16.898 (63,8 %)	16.502 (58,5 %)
bei GmbHs				9.466 (59,9 %)	8.773 (55,4 %)
bei AGs				35 (37,2 %)	63 (35,8 %)
Eröffnete Konkurs-, Vergleichs- und Gesamtvollstreckungsverfahren					
Forderungen[1]	14.395	15.031	13.438		
davon gegen GmbHs[1]	10.035 (69,7 %)	9.572 (63,7 %)	8655 (64,4 %)		
Teilungsmasse GmbH[1]	584	438	433		
Gesamtquote GmbH	5,82 %	4,58 %	5,00 %		

*Quellen: 1996-1998: Angele, Statistisches Bundesamt, Wirtschaft und Statistik 2001, 748 ff.; 1999-2000: Statistisches Bundesamt, Wiesbaden.

[1] Alle Angaben wurden auf Millionen Euro umgerechnet.

[2] Für die Jahre 1999 und 2000 liegen Angaben über die voraussichtlichen Forderungen gegen alle Unternehmen vor, für die ein Insolvenzverfahren beantragt wurde, nicht nur für die eröffneten Verfahren. Es handelt sich nach Angaben des statistischen Bundesamtes um vorsichtige Schätzungen, so daß die tatsächlichen Forderungen darüber liegen dürften.

[3] Für 1996-1998 liegen Angaben über die aus diesen Jahren abgeschlossenen Verfahren und den Anteil dieser Verfahren an den eröffneten Verfahren vor. Aus diesen wurde in Verbindung mit der Zahl der beantragten Verfahren die Zahl der Verfahren hochgerechnet, deren Eröffnung abgelehnt wurde. Der Anteil der im früheren Bundesgebiet abgewiesenen Konkursanträge wird von Angele, Wirtschaft und Statistik 2001, 748 (751) für 1996-1998 auf 77 % beziffert, so daß das Ergebnis der Hochrechnung plausibel erscheint.

Recht günstig erscheint die Lage der Gläubiger noch in den *USA*, wo das Vermögen der insolventen Unternehmen tatsächlich weitgehend die Verbindlichkeiten zu decken scheint. Eine offizielle Statistik fehlt aber. Die entsprechenden Zahlen stammen aus einer repräsentativen Untersuchung. Sie differenzieren nicht nach corporations und anderen Unternehmensträgern. Zudem setzt bankruptcy nicht die Insolvenz voraus, so daß einige recht solvente Schuldner, die ein Insolvenzverfahren zur Restrukturierung der Schulden nutzen, den Blick auf Fälle verstellen, in denen die Gläubiger weitgehend ausgefallen sind[1044]. Die Aussagekraft der Statistik ist daher sehr begrenzt. Bemerkenswert erscheint jedoch, daß es im Jahr 2000 trotz des weiten Ansatzes des Insolvenzrechts in der ungleich größeren Volkswirtschaft USA nur 26 % mehr Unternehmensinsolvenzen gab als in Deutschland. 507

Den Eindruck eines zumindest ansatzweise funktionierenden Gläubigerschutzes vermittelt auch die *spanische Insolvenzstatistik*. Daß in den Verfahren der supensión de pagos die Aktiva die Passiva decken, ist daraus zu erklären, daß dies eine Voraussetzung des Verfahrens ist[1045]. Jedoch auch bei den Unternehmen, für die quiebra (Konkurs) erklärt wurde, decken die Aktiva etwa zur Hälfte die Passiva. Diese Deckungsquote ist nicht nach Rechtsträgern aufgeschlüsselt, jedoch stellen S.A. und S.L. insgesamt über 90 % der entsprechenden Unternehmen. Die Zahlen geben damit vor allem die wirtschaftliche Situation in Konkurs gefallener Kapitalgesellschaften wieder. Die Quote ist allerdings nicht mit der Befriedigungsquote der Gläubiger gleichzusetzen. Die spanischen Zahlen werden dem Nationalen Institut für Statistik von den Gerichten bereits zum Zeitpunkt der Erklärung von quiebra oder suspensión de pagos mitgeteilt[1046]. Es sind daher nur Prognosen aufgrund der Verfahrensakten möglich. Wieviel die Gläubiger in Konkurs gefallener Gesellschaften nach Abschluß des Verfahrens tatsächlich erhalten haben, wird nicht erhoben. Auch in spanischen Insolvenzverfahren kommt es vor, daß letztlich nicht einmal die bevorrechtigten Gläubiger vollständig befriedigt werden können[1047]. Insgesamt sprechen die spanischen Zahlen trotz ihrer Vorläufigkeit aber dafür, daß im Durchschnitt in den Insolvenzverfahren ein erheblicher Teil der Gläubigerforderungen noch befriedigt werden kann. Auffällig ist außerdem die Anzahl von im Durchschnitt nur um die 1000 Unternehmen pro Jahr in suspensión de pagos und quiebra. 508

[1044] Warren/Westbrook, 73 (1999) Am.Bankr.L.J. 499 (536 ff.).

[1045] S. Anm. 2 zu den Unternehmensinsolvenzen in Spanien.

[1046] S. INE, Metodología Estadística des Suspensiones de Pago y Declaraciones de Quiebra, 4; abrufbar unter www.ine.es/daco/daco43/notaqs.doc, zuletzt besucht am 8.3.2002.

[1047] Nach Auskunft von Prof. Dr. Juan Ignacio Ruiz Peris, Universitat de Valencia.

509 Die *deutsche Insolvenzstatistik* zeichnet ein gespaltenes und teilweise düsteres Bild des Gläubigerschutzes. Relativ ruhig schlafen können die Gläubiger einer AG. AGs sind an den Unternehmensinsolvenzen insgesamt nur mit etwa 0, 5 % beteiligt, bezogen auf die Forderungen mit 2 – 3 %. Exakte Zahlen zu den Deckungsquoten in Verfahren über eine AG liegen nicht vor, da AGs bis 1998 nur als „Übrige Unternehmen" erfaßt wurden. Für AGs wurden 1996 und 1997 aber die mit Abstand höchsten Deckungsquoten aller Unternehmensträger erzielt[1048]. Anderes gilt für die GmbH. Mehr als die Hälfte aller insolventen Unternehmen sind GmbHs und gegen sie richten sich mehr als die Hälfte der Forderungen. In mehr als der Hälfte der Fälle reicht das verbliebene Vermögen der GmbH jedoch nicht einmal, die Kosten eines Insolvenzverfahrens zu begleichen. Es ist davon auszugehen, daß Gläubiger in diesen Fällen keinerlei Schadenersatz erhalten haben[1049]. Wird ein Insolvenzverfahren[1050] doch eröffnet, so reicht das verbliebene Vermögen aus, die Forderungen zu durchschnittlich etwa 5 % zu begleichen. Der durchschnittliche Ausfall ungesicherter GmbH-Gläubiger in der Insolvenz liegt damit bei über 95 %.
Insbesondere für die deutsche GmbH bleibt damit festzuhalten, daß trotz Ausschüttungssperre bei Unterbilanz, trotz Stammkapitalerfordernis und trotz unverzüglicher Insolvenzantragspflicht bei Überschuldung im – vergleichsweise sehr häufigen - Insolvenzfall zur Befriedigung der ungesicherten Gläubiger nahezu nichts mehr vorhanden ist. Sind die Geschäftsführer insolventer GmbHs durchweg aus § 84 Abs. 1 Nr. 2 GmbHG wegen Verschleppung des Insolvenzverfahrens strafbar oder gibt es eine andere Erklärung für dieses Phänomen?

V. Erklärung aus dem Bilanzrecht

510 Grundsätzlich kann die Tatsache, daß selbst dann, wenn die Kapitalerhaltungsvorschriften nicht verletzt werden und bei Überschuldung unverzüglich ein Insolvenzverfahren eingeleitet wird, meist keine annähernd vollständige Gläubigerbefriedigung stattfindet, daraus erklärt werden, wie die Überschuldung ermittelt wird.

511 In den *USA* wird die ohnehin meist vergleichsweise spät ansetzende gesellschaftsrechtliche Ausschüttungssperre dadurch gelockert, daß zur Feststellung der Überschuldung keine nach anerkannten Grundsätzen erstellte Bilanz, sondern nur eine den Umständen nach angemessene Methode ver-

---

[1048] Angele, Wirtschaft und Statistik 2001, 748 (754).
[1049] Angele, Wirtschaft und Statistik 2001, 748.
[1050] Die tatsächliche Befriedigungsquote liegt nur für die Jahre vor Einführung der InsO vor, unter dem Begriff Insolvenzverfahren werden für diese Jahre daher Konkurs-, Vergleichs- und Gesamtvollstreckungsverfahren zusammengefaßt.

langt wird[1051]. Ausschüttungen aus einer wirtschaftlich angeschlagenen Gesellschaft mit optimistischem board of directors werden hierdurch erleichtert[1052].

Kapitalerhaltung und Auflösungspflicht in den *spanischen Kapitalgesellschaften* bestimmen sich nach einer Bilanz, die gemäß Artt. 84 LSL, 193 LSA, 38 Abs. 1 lit. a C.Com. zu Fortführungswerten erstellt wurde. Werden im Konkurs (quiebra) die einzelnen Teile des Gesellschaftsvermögens gesondert verwertet, so lassen sich diese Werte in aller Regel nicht mehr realisieren, da das Betriebsvermögen für den Betrieb einen größeren Wert darstellt, als für dritte Erwerber[1053]. **512**

Ähnlich verhält es sich *im deutschen Recht*. Die Kapitalerhaltung richtet sich nach den für die Handelsbilanz geltenden Grundsätzen[1054] und wird **513**

1051 S.o. Fn. 715 ff.

1052 S.o. Fn. 718. Praktisch sind die anerkannten Rechnungslegungsgrundsätze GAAP zwar weit verbreitet, da eine dementsprechende Bilanzierung von der Kapitalmarktaufsicht SEC und von Fremdkapitalgebern verlangt wird, s. Balthasar, S. 314 ff.; Wackerbarth, § 7 I 4 a cc. Die GAAP bezwecken allerdings die Information des Kapitalmarkts und nicht die Bemessung der zulässigen Ausschüttung, Niehus/Thyll, Rn. 5. Das zeigt sich etwa darin, daß das Vorsichtsgebot nicht derart ausgestaltet wird, daß notwendigerweise stille Reserven entstehen, Balthasar, S. 323. Der geringere Umfang stiller Reserven bietet andererseits für die Ausschüttungssperre den nicht unerheblichen Vorteil, daß ein Abfluß von Gesellschaftsvermögen leichter festgestellt werden kann, denn stille Reserven können auch still wieder aufgelöst werden, s. Wackerbarth, § 7 I 3 d bb; allgemein zum Verschleierungspotential stiller Reserven Siegel u.a., ZIP 1999, 2077 (2078 ff.).

1053 S. Hachenburg-Ulmer, § 63 Rn. 32; Reck, GmbHR 1999, 267 (271). Zur Unterscheidung zwischen Fortführungs- und Liquidationswerten auch o. Rn. 44 ff. Verschärft wird die Differenz zwischen Fortführungswerten und den in der Insolvenz erzielten Preisen noch durch den Zeitdruck, unter dem die Verwertung stattfindet – gleichzeitig ein Beispiel dafür, wie sehr äußere Umstände den erzielbaren Preis bestimmen, der im Nachhinein kaum rekonsruierbar ist, s.o. Rn. 490 f.

1054 S.o. Rn. 41; BGH NJW 1988, 139 v. 11.5.1987; GmbHR 1989, 152 (154) v. 7.11.1988; Grunewald, 2.F. Rn. 115; sowie Scholz-H.P. Westermann, § 30 Rn. 13 ff.; Lutter/Hommelhoff, § 30 Rn. 14 ff.; MüHdb. GmbH-Mayer/Vollrath, § 52 Rn. 17 ff., auch zu Einzelheiten der Bilanzaufstellung; Wilhelmi, S. 126, will aus der Handelsbilanz sogar einen Mindestwert des tatsächlichen Vermögens ablesen; de lege ferenda für Bilanzierung zu Liquidationswerten Wackerbarth, § 7 I 3 d. Ulmer in FS Pfeiffer, S. 853 (868 ff.) fordert, die Vermögensrechnung bei § 30 GmbHG müsse bei bestandsgefährdenden Maßnahmen Wertberichtigungen auf der Aktivseite vornehmen und Rückstellungen zur Abdeckung der mit dem Zusammenbruch der GmbH verbundenen Belastungen vorsehen. Das bedeutet gegenüber einer nach § 252 Abs. 1 Nr. 2 HGB aufgestellten Bilanz insofern keine sehr weitreichende Veränderung, als dann, wenn der Zusammenbruch der Gesellschaft zu erwarten ist, auch nach Handelsbilanzgrundsätzen nicht mehr zu Fortführungswerten bilanziert wird. Der problematische Punkt ist jeweils, nachzuweisen, daß die Fortführungsprognose negativ war.

damit gemäß § 252 Abs. 1 Nr. 2 HGB im Regelfall nach Fortführungswerten beurteilt[1055], die in der Insolvenz regelmäßig nicht erzielt werden können. Von der Insolvenzantragspflicht wegen Überschuldung sollte vor Geltung der InsO sogar *allein* die Prognose befreien, das Unternehmen könne fortgeführt werden[1056]. Praktisch wurde der Konkursantrag vor Geltung der InsO ganz überwiegend auf den Eintritt der Zahlungsunfähigkeit, nicht auf die Überschuldung, gestützt[1057]. Nunmehr kann nach § 19 Abs. 2 InsO die Überschuldung zu Fortführungswerten festgestellt werden, wenn die Prognose positiv ausfällt[1058].

VI. Folgerungen

514 Es soll nun versucht werden, aus dem Vergleich der Rechtsordnungen und der tatsächlichen Situation in der Insolvenz Schlüsse für den Gläubigerschutz zu ziehen. Dies kann nur äußerst vorsichtig geschehen, in der Form von Tendenzen, nicht absoluter Aussagen. Winston Churchills Satz „Ich glaube nur Statistiken, die ich selbst gefälscht habe." beansprucht unverändert Gültigkeit. Insbesondere bei einem Vergleich der Insolvenzstatistiken der drei Länder untereinander ist zu bedenken, daß teilweise unterschiedliche Daten auf unterschiedlichen Wegen ermittelt wurden. Zudem unterscheiden sich die Insolvenzverfahren, eine suspensión de pagos ist kein Verfahren nach der VglO und chapter 11 bankruptcy kein deutscher Insolvenzplan. Die US-Statistik kann schon wegen der mangelhaften Datenlage hier nur sehr eingeschränkt verwertet werden. Zwar weist sie im Vergleich zu Deutschland erstaunlich wenige Unternehmensinsolvenzen auf, dies mag aber auch daran liegen, daß amerikanische im Vergleich zu deutschen Kapitalgesellschaften einen geringeren Fremdkapitalanteil aufweisen oder allgemein in der volkswirtschaftlichen Lage begründet sein.

515 Einen für den Gläubigerschutz relevanten Befund liefert aber schon der *interne Vergleich der deutschen Kapitalgesellschaften*. Die AG ist im Verhältnis zur GmbH sowohl nach der Anzahl (0,5 im Vergleich zu über 55 %), als auch nach der Höhe der Forderungen (2,5 im Vergleich zu etwa 60 %), an den Insolvenzen geradezu marginal beteiligt. Zudem werden bei der AG mit Abstand die höchsten Befriedigungsquoten erzielt[1059], während die

---

[1055] Hierzu BilanzK-Budde/Geißler, § 252 Rn. 9 ff.; MüKoHGB-Ballwieser, § 252 Rn. 9 ff.

[1056] S.o. Fn. 73; s. aber auch Lutter, ZIP 1999, 641 (643) m.w.N. in Fn. 16, demzufolge auch nach dem vor § 19 Abs. 2 InsO herrschenden Überschuldungsbegriff die Fortführungsprognose nur über die Bewertungsmethode für das Gesellschaftsvermögen entschieden haben sollte; ähnlich Wilhelm, KapGesR, Rn. 208 Fn. 7.

[1057] Hachenburg-Ulmer, § 63 Rn. 14 m.w.N. in Fn. 27.

[1058] Ausführlicher o. Rn. 46.

[1059] O. Fn. 1048.

Insolvenz einer GmbH regelmäßig den faktischen Totalausfall der ungesicherten Gläubiger bedeutet. Während bei der AG damit der Minderheitenschutz drängender erscheint, als der anscheinend funktionstüchtige Gläubigerschutz, offenbart sich bei der GmbH insgesamt eine ganz erhebliche Lücke im Schutz der Gläubiger. Diese könnte zu einem Teil aus der unterschiedlichen Realstruktur der Gesellschaften erklärt werden. In dem hier verglichenen Rechtsbereich ist jedoch auffällig, daß sich in der AG, in der verdeckte Ausschüttungen insgesamt unzulässig sind[1060], das Gläubigerschutzproblem mit deutlich verminderter Schärfe stellt.

Insbesondere die Insolvenzsituation der deutschen GmbH mit ihren ver- 516
schwindend geringen Befriedigungsquoten illustriert auch, daß die Insolvenzantragspflicht bei Überschuldung jedenfalls vor Geltung der InsO nicht dazu geführt hat, daß das Insolvenzverfahren eingeleitet wird, solange noch nennenswertes Vermögen zur Befriedigung der Gläubiger vorhanden ist. De lege ferenda wird daher vorgeschlagen, sowohl die Zulässigkeit einer Ausschüttung an die Gesellschafter, als auch die Insolvenzantragspflicht bei Überschuldung an die rechnerische *Überschuldung nach Liquidationswerten* zu knüpfen[1061]. Dies bietet den Vorteil, daß das Eingreifen der gläubigerschützenden Normen sich nach einer Bilanz richtet, die tatsächlich Aufschluß darüber gibt, wie es um die Möglichkeit der Gläubigerbefriedigung bestellt ist, wenn die Gesellschaft nicht weitergeführt wird. Es bringt andererseits den Nachteil mit sich, daß auch durchaus rentable Gesellschaften der Ausschüttungssperre und der Insolvenzantragspflicht unterliegen können. De lege lata ist der Weg zu einer Überschuldungsbilanz ausschließlich zu Liquidationswerten durch § 19 Abs. 2 InsO versperrt.

Auch die *Vergleichsrechtsordnung Spanien* bestimmt die Ausschüttungs- 517
sperre und die Liquidationspflicht in Kapitalgesellschaften allerdings zu Fortführungswerten. Gleichwohl legen die Insolvenzzahlen mit vergleichsweise wenigen Unternehmensinsolvenzen insgesamt und einer hohen Deckung der Passiva durch die Aktiva bei allen geschilderten Unsicherheiten den Schluß nahe, daß die Gläubiger spanischer Kapitalgesellschaften geringere Insolvenzausfälle erleiden, als die Gläubiger deutscher GmbHs.

Welche Gründe könnte es für einen solchen effektiveren Gläubigerschutz 518
im spanischen Kapitalgesellschaftsrecht geben? Konzernrechtliche Schutzinstrumente scheiden aus, es gibt sie nur im Arbeitsrecht[1062]. Ebenso wie

---

[1060] Für die grundsätzliche Unzulässigkeit verdeckter Ausschüttungen auch in der GmbH Burgard, ZIP 2002, 827 (832 f.); Wilhelm in FS Flume, 337 (348 ff.); zu letzterem Scholz-H.P. Westermann, § 30 Rn. 5 f.

[1061] Wackerbarth, § 7 I 3, § 7 III 2 d bb.

[1062] S.o. Rn. 310 ff.

bei der Durchgriffshaftung sind wesentliche Auswirkungen auf die Vermögenslage der Gesellschaft beim Eintritt in ein Insolvenzverfahren auszuschließen.
Wesentliche Unterschiede zum deutschen Recht finden sich aber bei den Folgen von Unterbilanz und Überschuldung. Die spanische Regelung der Auflösungspflicht setzt früher an, als die deutsche Insolvenzantragspflicht und die Haftungssanktionen einer Verletzung sind ungleich schärfer. Eine spanische Kapitalgesellschaft ist aufzulösen, wenn eine Unterbilanz in Höhe der Hälfte des Stammkapitals eingetreten ist und das Stammkapital nicht angepaßt wird. Versäumen die Verwalter, die Auflösung der Gesellschaft zu betreiben, so haften sie persönlich gesamtschuldnerisch für sämtliche Gesellschaftsverbindlichkeiten.

519 *Deutsche Kapitalgesellschaften* sind hingegen erst bei Zahlungsunfähigkeit oder Überschuldung nach §§ 92 Abs. 2, 64 Abs. 1 GmbHG verpflichtet, ein Insolvenzverfahren einzuleiten, wobei rechtstatsächlich die Zahlungsunfähigkeit bisher der weit überwiegende Insolvenzgrund war[1063]. Versäumen sie die Antragstellung, haften Vorstandsmitglieder oder Geschäftsführer nicht für den gesamten Gläubigerausfall, sondern nach § 823 Abs. 2 BGB nur für denjenigen Schaden, der durch die Versäumung des geforderten Zeitpunkts zusätzlich entsteht. Der Gläubiger oder Insolvenzverwalter, der einen Schadenersatzanspruch wegen verspäteter Insolvenzantragstellung geltend macht, muß daher nicht nur darlegen und beweisen, daß der rechte Zeitpunkt für die Antragstellung – Zahlungsunfähigkeit oder die Überschuldung zu Fortführungswerten, die im Insolvenzfall ohnehin nicht zu realisieren sind - verpaßt wurde, sondern er muß außerdem herausfinden, wie weit der Zeitpunkt verpaßt wurde, um anhand dessen darzutun, wieviel Gesellschaftsvermögen in dem Zeitraum zwischen Eintritt des Insolvenzgrundes und Antragstellung vernichtet wurde, um hieraus zu ermitteln, zu welchem Anteil die Forderungen gegen die Gesellschaft noch hätten beglichen werden können, wäre rechtzeitig Insolvenzantrag gestellt worden[1064].

520 Auch angesichts der insbesondere vor Einführung des § 19 Abs. 2 InsO bestehenden Unklarheiten um die Feststellung der Überschuldung erscheint diese *Haftungssanktion* als deutlich *weniger praktikabel* als die klare spanische Regelung, die lediglich den Nachweis fehlender Betreibung der Auflösung bei qualifizierter Unterbilanz voraussetzt. Ein Grund für die relativ hohe Anzahl nahezu masseloser Insolvenzen deutscher GmbHs kann damit auch darin gesehen werden, daß die persönliche Haf-

---

[1063] Hachenburg-Ulmer, § 63 Rn. 14 m.w.N. in Fn. 27.

[1064] Vgl. Altmeppen/Wilhelm, NJW 1999, 673: „Ersatz des schwer darzulegenden sogenannten Quotenschadens“.

tung der Geschäftsführer überschuldeter GmbHs, die nicht rechtzeitig Insolvenzantrag stellen, erheblich weniger wahrscheinlich ist[1065]. Die Sanktionen der Insolvenzverschleppung, insbesondere die Insolvenzverschleppungshaftung, werden nur dann ihre steuernde Wirkung entfalten, wenn den zur Insolvenzantragsstellung verpflichteten tatsächlich die persönliche Inanspruchnahme droht. Stehen die Sanktionen dagegen nur auf dem Papier[1066], so werden die gegen eine rechtzeitige Insolvenzantragstellung sprechenden Gründe – Rettung von Vermögen für die Gesellschafter, Erhalt des Arbeitsplatzes für die Verwaltung – den Ausschlag geben.

Eine Effektivierung der Insolvenzantragspflicht der Verwaltung und der **521**
Sanktionen ihres Versäumens fügt sich ein in die aktuell vor allem für börsennotierte Gesellschaften mit dem Ziel verantwortlicher Unternehmensleitung geführte corporate governance-Diskussion[1067]. Auch dort wird auf unterschiedlichen Wegen versucht, diejenigen, die das Unternehmen kontrollieren, verstärkt in die Pflicht zu nehmen[1068] und auch Sanktionen

---

[1065] Nach BGHZ 126, 181 (194 f.) v. 6.6.1994 m.w.N. hatten der Deutsche Handelstag und die preußischen Handelskammern vor der Verabschiedung des GmbHG 1892 gefordert, eine Verletzung der Konkursantragspflicht mit einer persönlichen Haftung auf den gesamten Gläubigerausfall zu verbinden, setzten sich damit jedoch nicht durch. S.a. Flume, ZIP 1994, 337 (339).

[1066] Zur geringen praktischen Bedeutung der Insolvenzverschleppungshaftung s.a. Fn. 1115.

[1067] S. hierzu die zahlreichen Beiträge in Feddersen/Hommelhoff/Schneider; Ulmer, AcP 202 (2002), 143 (150 ff.); Lutter, Jura 2002, 83 ff. m.w.N. in Fn. 3; ders., ZGR 2001, 224 ff.; Seibert, AG 2002, 417 ff.; Hommelhoff, ZGR 2001, 238 ff.; Wymeersch, ZGR 2001, 294 ff.; rechtsvergleichend Hopt, ZGR 2000, 779 ff.; Davies, ZGR 2001, 268 ff.; Escher-Weingart, ZvglRWiss 99 (2000), 387 ff.; im Rahmen des Insolvenzrechts Hirte, ZinsO 2001, 1037 ff.; Paulus, ZIP 2000, 2189 ff.

[1068] Die Entwicklung der corporate governance in Deutschland konzentriert sich auf die Pflichten von Vorstand und Aufsichtsrat börsennotierter Gesellschaften und die Rechte der Aktionäre. Die „Regierungskommission Deutscher Corporate Governance Kodex" hat Verhaltensrichtlinien für börsennotierte Unternehmen zusammengestellt, die zu „guter und verantwortungsvoller Unternehmensführung" anhalten sollen, abgedruckt in ZIP 2002, 452 ff., abzurufen unter www.corporate-governance-code.de/ger/kodex/index.html, zuletzt besucht am 21.8.2002; erläuternd Seibert, BB 2002, 581 ff.; Seibt, AG 2002, 249 ff.; Vorläufer des Kodex abgedruckt bei Schneider/Strenger, AG 2000, 106 ff. Der „Deutsche Corporate Governance Kodex" ist als solcher nicht rechtsverbindlich. Durch § 161 S. 1 AktG n.F. werden Vorstand und Aufsichtsrat jedoch verpflichtet, jährlich zu erklären, daß den Empfehlungen des Kodex entsprochen wurde und wird oder welche Empfehlungen nicht angewendet wurden oder werden. Auf diesem Weg kann der Kodex faktische Verbindlichkeit erlangen, vgl. Wolf, ZRP 2002, 59 f.; Seibt, AG 2002, 249 (250 f.); zurückhaltender Ulmer, AcP 202 (2002), 143 (168 ff.). Anforderungen an die Unternehmensführung insbesondere aus betriebswirtschaftlicher Sicht faßt der durch den Berliner Initiativkreis German Code of Corporate Governance vorgelegte Kodex zusammen, abgedruckt in DB 2000, 1573 ff.

pflichtwidriger Unternehmensführung zu schaffen und zu verbessern[1069]. Bei einer derart drastischen Haftung der Verwaltung, wie sie in Spanien eingreift, handelt es sich allerdings um eine wirksame Arznei mit Nebenwirkungen. So könnte sie die Scheu der Geschäftsführung vor der durchaus erwünschten Übernahme unternehmerischer Risiken verstärken, um eine möglicherweise existenzvernichtende persönliche Haftung auf jeden Fall zu vermeiden[1070]. Andererseits ist die Haftung der Gesellschafter auf das investierte Kapital beschränkt. Ist das investierte Kapital aber aufgebraucht, so werden die Geschäfte nur noch mit dem Kapital der Gläubiger betrieben[1071]. In diesem Fall muß die Gesellschaft aufgelöst werden und das geschieht nur, wenn die Nichtbeachtung wirkungsvoll sanktioniert ist.

522 Gegen eine forcierte Auflösungs- oder Insolvenzantragspflicht von Gesellschaften im Interesse der Gläubiger wird vorgebracht, sie führe zur Zerschlagung lebensfähiger Unternehmen, was volkswirtschaftlich schädlich und auch nicht im Interesse der Gläubiger sei[1072]. Der Zwang zur frühzeitigen Auflösung oder Stellung des Insolvenzantrags führt die Gesellschaft aber einerseits nicht zwingend in die Insolvenz, wenn der Abzug von Kapital durch die Gesellschafter verhindert wird. Andererseits ist die Insolvenz der unternehmenstragenden Gesellschaft nicht (mehr) gleichbedeutend mit der Zerschlagung des durch sie betriebenen Unternehmens. Drei Varianten lassen sich unterscheiden:

523 1. Die Sanierung vor der Insolvenzreife: Glauben die Gesellschafter an die Weiterführung des Unternehmens, so werden sie selbst dessen Sanierung betreiben. Insbesondere werden sie zur Vermeidung der Abwicklung Kapital zuführen, wenn es ihnen nicht möglich ist, das investierte Vermögen aus der Gesellschaft abzuziehen. Denn nur so können sie das investierte Kapital retten. Auch können neue Investoren mit ins Boot geholt werden.

524 2. Die Sanierung innerhalb eines Insolvenzverfahrens: Die Gesellschafter führen kein Kapital zu, das Unternehmen oder Teile hiervon sind aber noch lebensfähig. Dann müssen diese Unternehmensteile in der Insolvenz nicht zerschlagen, sondern können im Insolvenzverfahren saniert werden[1073]. Ebenso wie das spanische Recht mit der ‚liquidación abreviada'

[1069] S. insbes. Ulmer, AcP 202 (2002), 143 (163 ff.).

[1070] Vgl. Mertens in Feddersen/Hommelhoff/Schneider, S. 155 (161).

[1071] Vgl. o. Fn. 758.

[1072] Diese Argumentation wird insbesondere gegen die Bestimmung der die Insolvenzantragspflicht begründenden Überschuldung ausschließlich nach Liquidationswerten angeführt, s. Hachenburg-Ulmer, § 63 Rn. 32 m.w.N. in Fn. 81; Karsten Schmidt, JZ 1982, 165 (168 f.); s. andererseits Karsten Schmidt, ZIP 1988, 1497 (1498) gegen die Beurteilung der Insolvenzantragspflicht als sanierungsfeindlich.

[1073] Vgl. Wackerbarth, § 7 III 3 d cc; Bork, Rn. 355.

bietet das deutsche Recht jedenfalls seit der Insolvenzrechtsreform die Möglichkeit der Fortführung des Unternehmens während und nach der Insolvenz. Insolvenz ist nicht (mehr) gleichbedeutend mit der Verwertung der Vermögensgegenstände im Interesse der Gläubiger, sondern dient auch dem Erhalt des vom Schuldner betriebenen Unternehmens (§ 1 S. 1 a.E. InsO)[1074]. Ein Insolvenzplan nach §§ 217 ff. InsO ermöglicht im Rahmen einer einvernehmlichen Vermögens- und Haftungsabwicklung vielfältige Maßnahmen zur Rettung des Unternehmens, eine Eigensanierung, aber auch die übertragende Sanierung[1075].
Die mögliche Sanierung in der Insolvenz unterliegt aber nicht mehr der Herrschaft der Gesellschafter und der von ihnen bestellten Geschäftsleitung, die versucht sein könnten, das investierte Vermögen vor dem Zugriff der Gläubiger zu retten. Zum Schutz der Gläubiger findet die Sanierung unter Ausschluß der bisherigen Unternehmensführung durch den Insolvenzverwalter statt, § 80 Abs. 1 InsO[1076]. Wird ausnahmsweise Eigenverwaltung angeordnet, so steht sie unter der Aufsicht eines unabhängigen Sachwalters, § 270 Abs. 1 S. 1 InsO. Am Ende des Insolvenzverfahrens kann die Löschung der unternehmenstragenden Gesellschaft stehen, § 141a Abs. 1 S. 2 FGG. Sie muß aber nicht das Ende des Unternehmens bedeuten.

3. Die Gesellschafter führen kein Kapital zu und eine Sanierung des Unternehmens ist nicht möglich. Dann sollte das Unternehmen so schnell wie möglich zerschlagen werden, um wenigstens die spärlichen noch vorhandenen Werte zu realisieren. **525**

Das Zerschlagungsargument greift nur in der zweiten Variante des (teilweise) lebensfähigen Unternehmens, dem kein frisches Kapital zugeführt wird. Gerade hier sollte das Insolvenzverfahren mit dem Ziel der Sanierung aber in einem frühen Stadium der Krise einsetzen, um die Weiterführung des Unternehmens - möglicherweise durch einen anderen Rechtsträger - zu ermöglichen. Bleibt den Gesellschaftern ausreichend Zeit, das investierte Kapital durch verdeckte Ausschüttungen wieder abzuziehen, so **526**

1074 S.a. Haarmeyer/Wutzke/Förster, Kap. 5 Rn. 481 ff.; Bork, Rn. 355; Häsemeyer, Rn. 4.03: „Die rechtzeitige Eröffnung eines Insolvenzverfahrens vor dem vollständigen Verfall des Schuldnervermögens war denn auch das vorrangige Reformziel, auf das man sich für die Insolvenzordnung hatte verständigen können."

1075 Bei der übertragenden Sanierung führt eine „Betriebsübernahmegesellschaft" das Unternehmen fort, s. Häsemeyer, Rn. 28.06, 27.06; Bork, Rn. 375 ff. Vor „Sanierungseuphorie" warnt andererseits FK-Jaffé, § 217 Rn. 55 ff.

1076 S. MüKoInsO-Ott, § 80 Rn. 1; Häsemeyer, Rn. 30.29, 30.51.

gleicht das Unternehmen einer ausgepreßten Zitrone[1077]: Eine Weiterführung ist endgültig unmöglich. Setzt das Insolvenzverfahren dagegen rechtzeitig ein, so wird eine masselose Insolvenz verhindert. Hierdurch wird auch der Gefahr begegnet, daß die insolvente Gesellschaft andere Unternehmen durch deren totalen Forderungsausfall mit in die Insolvenz reißt.

527 Eine Vorverlegung des Abwicklungszeitpunkts und eine Haftung der Verwaltung nach spanischem Vorbild ist in Deutschland jedoch nur de lege ferenda möglich. Die Vorverlegung der Abwicklung stellt eine geeignete aber mildere Alternative zu der Bemessung der Überschuldung zu Liquidationswerten dar, um die Finanzausstattung der Gesellschaften bei Eintritt in ein Insolvenzverfahren zu verbessern. Die persönliche Haftung der Verwaltung für sämtliche Gesellschaftsverbindlichkeiten ist, wenn man fahrlässige Unkenntnis der Unterbilanz ausreichen läßt, demgegenüber eine äußerst scharfe Sanktion. Um die Verhältnismäßigkeit der Mittel zu wahren, sollten vor ihrer Einführung alle Möglichkeiten des geltenden Rechts genutzt werden, eine rechtzeitige Sanierung oder Abwicklung der Kapitalgesellschaft zu erreichen[1078].

VII. Fazit

528 Die Insolvenzstatistik offenbart, daß es um den Gläubigerschutz in der GmbH allgemein schlecht bestellt ist. Dieses Problem beschränkt sich nicht auf konzernangehörige GmbHs. Der Vergleich mit Spanien zeigt, daß der Gläubigerschutz durch die Pflicht zur frühzeitigen Einleitung eines Auflösungsverfahrens und durch eine konsequente Haftung der Verwaltung, wenn dies unterlassen wird, insgesamt deutlich verbessert wird. De lege lata sollten im deutschen Recht daher die Möglichkeiten zur Durchsetzung der Insolvenzantragspflicht und der Sanktionen ihres Versäumens genutzt werden. Wird hierdurch dem Defizit an Gläubigerschutz nicht ausreichend abgeholfen, so bietet sich de lege ferenda die Vorverlegung des Abwicklungszeitpunktes und eine Verschärfung der persönlichen Haftung der verpflichteten Personen nach spanischem Vorbild an.

D. Details des Gläubigerschutzes im deutschen Recht

529 **4. These**: Auch das geltende deutsche Recht hält außerhalb des Konzernrechts die Möglichkeiten zu einem effektiven Schutz der Gläubiger durch Kapitalerhaltung und Abwicklungspflicht bereit. Diese Möglichkeiten sind

---

1077 S.a. BGHZ 126, 181 (200) v. 6.6.1994: „Die Quote der masselosen GmbH-Konkurse, die bei etwa 75 % liegen soll (K. Schmidt NJW 1993, 2935), zeigt, daß in vielen Fällen eine frühere Konkursanmeldung geboten wäre und keine voreilige Unternehmensbeendigung bedeuten würde."

1078 S. sogleich Rn. 538 ff., 542 ff.

vor allem die Bemessung der Ausschüttungssperre in der GmbH zu Liquidationswerten, die konsequente Anwendung des Überschuldungstatbestandes und die Insolvenzverschleppungshaftung für den gesamten Neugläubigerschaden.

I. Kapitalerhaltung

Ein wesentlicher Grund dafür, daß trotz Ausschüttungssperre bei Unterbilanz und Insolvenzantragspflicht bei Überschuldung in der Insolvenz keine annähernd vollständige Befriedigung der Gläubiger erreicht wird, ja nicht erreicht werden kann, ist, daß der Tatbestand der Unterbilanz wie der Tatbestand der Überschuldung regelmäßig nach einer *Bilanz zu Fortführungswerten* ermittelt werden[1079]. Für den Überschuldungstatbestand ist nunmehr in § 19 Abs. 2 InsO die Bewertungsmethode gesetzlich geregelt. Es stellt sich aber die Frage, ob auch die Ausschüttungssperre in den Kapitalgesellschaften zu Fortführungswerten ermittelt werden muß und ob damit Entnahmen der Gesellschafter zu einem Zeitpunkt zugelassen werden sollen, zu dem bei einer Auflösung der Gesellschaft möglicherweise nicht einmal die Gläubiger befriedigt werden könnten. 530

In der *AG* bestimmt sich die Ausschüttungssperre nach §§ 57 Abs. 1 und Abs. 3, 58 Abs. 4 AktG: An die Aktionäre darf nur der Bilanzgewinn verteilt werden. Der Bilanzgewinn erscheint in § 158 Abs. 1 S. 1 Nr. 5 AktG als Posten der handelsrechtlichen Gewinn- und Verlustrechnung, in § 268 Abs. 1 S. 2 HGB als Posten im Jahresabschluß der Kapitalgesellschaften. Aus diesem systematischen Zusammenhang folgt, daß der Bilanzgewinn durch handelsrechtliche Bilanzierung zu ermitteln ist[1080]. Nach § 252 Abs. 1 Nr. 2 HGB ist bei der Bewertung von Vermögensgegenständen für den Jahresabschluß von der Fortführung der Unternehmenstätigkeit auszugehen, sofern dem nicht tatsächliche oder rechtliche Gegegebenheiten entgegenstehen[1081]. Der Begriff des Bilanzgewinns in §§ 57 Abs. 3, 58 Abs. 4 AktG ist damit an eine regelmäßig zu Fortführungswerten aufgestellte Bilanz nach dem HGB gebunden. Eine Ermittlung ausschließlich zu Liquidationswerten widerspräche dem Wortlaut der §§ 57 Abs. 3, 58 Abs. 4 AktG. 531

Das *GmbHG* spricht im Rahmen der Kapitalerhaltung hingegen nicht von der Verteilung des Bilanzgewinns, sondern bestimmt in § 30 Abs. 1 GmbHG „Das zur Erhaltung des Stammkapitals erforderliche Vermögen der Gesellschaft darf an die Gesellschafter nicht ausgezahlt werden." Der *Wortlaut* des § 30 Abs. 1 GmbHG trifft damit noch keine Entscheidung 532

[1079] O. Rn. 510 ff.

[1080] S. Hüffer, § 58 Rn. 3; KK-Lutter, § 58 Rn. 65.

[1081] Hierzu BilanzK-Budde/Geißler, § 252 Rn. 9 ff.; MüKoHGB-Ballwieser, § 252 Rn. 9 ff.

über die Bewertungsmethode, mit der das Vermögen der GmbH zu ermitteln ist, das nicht an die Gesellschafter ausgezahlt werden darf.

533 *Systematisch* könnte allerdings § 29 Abs. 1 GmbHG der Bestimmung der Ausschüttungssperre zu Liquidationswerten entgegenstehen. Dieser gibt den Gesellschaftern einen Anspruch auf den Jahresüberschuß oder den Bilanzgewinn. Wie §§ 57 Abs. 3, 58 Abs. 4 AktG verweist § 29 Abs. 1 GmbHG damit auf die handelsrechtliche Bilanzierung. Hieraus wird gefolgert, für den Eigenkapitalschutz nach § 30 GmbHG könne nichts anderes gelten[1082]. Es ist systematisch andererseits bemerkenswert, daß der die Ausschüttungssperre regelnde § 30 Abs. 1 GmbHG anders als § 57 Abs. 3 AktG keinen Hinweis auf die handelsrechtliche Bilanzierung enthält. Jedoch wäre es ein kaum auflösbarer Widerspruch, wenn einerseits der Gesellschafter nach § 29 Abs. 1 GmbHG einen Anspruch auf Auszahlung des zu Fortführungswerten ermittelten Jahresüberschusses oder Bilanzgewinns hätte und andererseits die Auszahlung dieses Bilanzgewinns wegen § 30 Abs. 1 GmbHG unzulässig wäre, weil zu Liquidationswerten eine Unterbilanz besteht. Für die Gewinnausschüttung nach § 29 GmbHG bleibt es daher de lege lata bei der Bemessung der Ausschüttungssperre des § 30 Abs. 1 GmbHG nach den Grundsätzen handelsrechtlicher Bilanzierung. Hieraus folgt allerdings auch zwanglos, daß bei existenzgefährdenden Ausschüttungen Liquidationswerte in der Bilanz anzusetzen sind[1083]. Denn dann stehen im Rahmen des § 252 Abs. 1 Nr. 2 HGB tatsächliche Gegebenheiten der Annahme entgegen, die Gesellschaft werde fortgeführt. Bei einer Gesellschaft, deren Existenz gefährdet wird, kann nicht davon ausgegangen werden, sie werde fortgeführt.

534 § 29 Abs. 1 GmbHG regelt allerdings nur den Gewinnanspruch der Gesellschafter im Rahmen der Verteilung des festgestellten Gewinns. Der Anspruch setzt den Ablauf des Geschäftsjahres, die Aufstellung eines ordnungsgemäßen Jahresabschlusses durch das dafür zuständige Organ, die Feststellung dieses Jahresabschlusses durch die Gesellschafter, den Ausweis eines Jahresüberschusses oder Bilanzgewinns in dem Jahresabschluß, sowie die Verteilung dieses Ergebnisses durch die Gesellschafter auf die Gesellschafter in einem Gewinnverwendungsbeschluß voraus[1084]. Kurz gesagt: § 29 GmbHG regelt nur die Verteilung eines ausgewiesenen Gewinns in einem transparenten Verfahren. Auf verdeckte Ausschüttungen

---

1082 Hachenburg-Goerdeler/Müller, § 30 Rn. 29.

1083 S. Scholz-H.P. Westermann, § 30 Rn. 16 m.w.N. in Fn. 76; Ulmer in FS Pfeiffer, S. 853 (868 f.): Wertberichtigungen und zusätzlich Bildung von Rückstellungen zur Abdeckung der mit einem Zusammenbruch der GmbH verbundenen Zusatzbelastungen; für Unzulässigkeit existenzgefährdender Auszahlungen schon BGH WM 1989, 136 (137) v. 24.8.1988; unentschieden BGHZ 76, 326 (335) v. 24.3.1980.

1084 Scholz-Emmerich, § 29 Rn. 25.

hat der Gesellschafter hingegen keinen Anspruch[1085]. Für diese Ausschüttungen ist die Bilanzierungsmethode mithin auch nicht geregelt und damit nach Wortlaut und Systematik offen.

Entscheidend ist daher der *Zweck* der Vorschrift. Allgemein ist anerkant, daß die Art der Bilanzierung sich nach dem Zweck richtet, den die Bilanz erfüllen soll[1086]. Die Kapitalerhaltung nach § 30 Abs. 1 GmbHG dient dem Gläubigerschutz[1087]. Als Gegengewicht zur Haftungsbeschränkung[1088] sollen die Gläubiger davor geschützt werden, daß die Gesellschafter Vermögen aus der Gesellschaft entnehmen, das zu ihrer Befriedigung gebraucht wird. Die Handelsbilanz dient dagegen mehreren Zielen: Neben der Gewinnverteilung, der Beweissicherung und der Rechenschaft gegenüber Dritten soll sie auch maßgeblich der Selbstinformation des Kaufmanns dienen[1089]. Für den Kaufmann ist es selbstverständlich von gesteigertem Interesse, was sein Vermögen in seinem werbenden Unternehmen wert ist. Für die Gläubiger hingegen kommt es darauf an, wieviel haftendes Vermögen ihnen tatsächlich zur Verfügung steht, wenn es zu dessen Verwertung kommt[1090]. Daß die Handelsbilanz dem nicht ausreichend gerecht **535**

[1085] S.a. BGH WM 1989, 136 (137) v. 24.8.1988.

[1086] Bezeichnend Moxter, S. 1: „Bilanzen sind Gegenüberstellungen von Aktiven und Passiven, vornehmlich zu dem Zwecke, Vermögen und (oder) Gewinn zu ermitteln. Was dabei als Aktivum, was als Passivum zu gelten hat und wie diese Aktiven und Passiven zu bewerten und zu gliedern sind, hängt davon ab, wozu die Vermögens- bzw. Gewinnermittlung erfolgen soll."

[1087] S. Hachenburg-Goerdeler/Müller, § 30 Rn. 1 a.E.; Lutter/Hommelhoff, § 30 Rn. 1 („im Interesse der Gesellschaft [...], vorzüglich der Gesellschaftsgläubiger"); vgl. allgemein zur Kapitalerhaltung o. Fn. 1028.

[1088] S. RGZ 168, 292 (297) v. 15.12.1941: „§ 30 GmbHG ist der „Grundpfeiler der Haftungsbeschränkung" im Rechte der Gesellschaft mit beschränkter Haftung"; Hachenburg-Goerdeler/Müller, § 30 Rn. 1; Scholz-Emmerich, § 30 Rn. 1.

[1089] S. MüKoHGB-Ballwieser, § 242 Rn. 1; Balthasar, S. 73 f. (m.w.N. in Fn. 99), 78 ff.; Wackerbarth, § 7 I 3 b m.w.N. in Fn. 232.

[1090] S. aus betriebswirtschaftlicher Sicht deshalb Moxter, § 6 B: „Die gesetzliche Ausschüttungssperre hat, wie gerade erwähnt, den Sinn, den Gläubigern für den Fall der Konkurslage ein gewisses Mindestzugriffsvermögen zu sichern. Bei Konkurslage ist im allgemeinen mit Unternehmenszerschlagung zu rechnen; das vor Ausschüttungen zu bewahrende Mindestzugriffsvermögen hat man daher grundsätzlich als *Zerschlagungsvermögen* zu verstehen. Ausschüttungen müssen unterbleiben, wenn das Verhältnis des Zerschlagungsvermögens zu den Zerschlagungsschulden einen bestimmten, gesetzlich festzulegenden Wert erreicht; Ausschüttungen sollten jedenfalls dann ausgeschlossen sein, wenn Überschuldung in dem Sinne gegeben ist, daß die Zerschlagungsschulden das Zerschlagungsvermögen übersteigen." (S. 94 f.); „Dem Gesetzgeber steht es frei, eine Ausschüttungssperre statt an der Zerschlagungsbilanz an der Fortführungsvermögensbilanz zu orientieren. Zwar ist die Zerschlagungsbilanz der Fortführungsvermögensbilanz insoweit klar überlegen, [...]" (S. 96 f.).

wird, unterstreicht die Insolvenzsituation der GmbH[1091]. Wenn es zur Verwertung kommt, ist im Normalfall *kein* Vermögen mehr für die ungesicherten Gläubiger vorhanden. Anders ist es bei der AG, die mit der strengeren Vermögensbindung, dem vollständigen Verbot verdeckter Ausschüttungen[1092] und der gesetzlichen Rücklage in § 150 AktG jedoch auch über weitere Instrumente des Gläubigerschutzes verfügt. Trotz der Begrenzung durch das Vorsichtsprinzip des § 252 Abs. 1 Nr. 4 HGB[1093] konterkariert die Bilanzierung zu Fortführungswerten den Gläubigerschutz durch § 30 Abs. 1 GmbHG. Die Bilanzierung zu Fortführungswerten ist mit erheblichen Unsicherheiten verbunden[1094], da sie immer auch eine Prognoseentscheidung erfordert[1095]. Zu den erheblichen Schwierigkeiten, die bereits die Ermittlung einer verdeckten Ausschüttung bereitet[1096], addiert sich auf diese Weise die nicht geringere Schwierigkeit, ihre Zulässigkeit zu beurteilen. Das sorgt aber dafür, daß die Verletzung des § 30 Abs. 1 GmbHG nur in Fällen eklatanter Verletzung justitiabel ist. Durch eine Feststellung der Ausschüttungssperre des § 30 Abs. 1 GmbHG nach einer Bilanz zu Werten, die in einer regulären Liquidation der Gesellschaft nach §§ 66 ff. GmbHG zu erzielen wären, würde der Gläubigerschutz durch das Kapitalerhaltungsrecht hingegen wesentlich verbessert. Vermieden würde hierdurch die groteske Situation, daß Vermögen noch zu dem Gesellschafter verschoben werden darf, während rechnerisch die Gesellschaft bereits

---

1091 Dazu o. Rn. 506.

1092 S.o. Rn. 41.

1093 Zur Geltung des Vorsichtsprinzips bei der Feststellung der Unterbilanz Lutter/Hommelhoff, § 30 Rn. 15; allgemein zum Vorsichtsprinzip MüKo-Ballwieser, § 252 Rn. 72 ff.; BilanzK-Budde/Geißler, § 252 Rn. 31 ff.

1094 S. Moxter, § 1 B I 1 (S. 8): „Die einzelnen Komponenten des *Fortführungsvermögens* bringen bei *isoliertem* Einsatz keinen Ertrag: Sie leisten immer nur in Gemeinschaft mit anderen Komponenten einen Beitrag zu den Ertragserwartungen, die das Unternehmen insgesamt verkörpert. Welche Objekte im einzelnen aber einen solchen Beitrag zu den Ertragserwartungen versprechen, entzieht sich jeder erschöpfenden Aufzählung; eine Maschine zum Beispiel mag ebenso in diesen Kreis gehören wie etwa bestimmte Klimabedingungen oder bestimmte politische Verhältnisse. Der Kreis der Aktiven (und Passiven) zerfließt so gesehen ins Unbestimmte."

1095 S. andererseits Höffner, BB 1999, 198 (199 f.): Auch Liquidationswerte beruhen auf der Prognose, welche Preise im Fall der Liquidation des Unternehmens erzielt werden können. Diese Prognose erscheint aber insgesamt geeigneter, nachvollziehbare und damit kontrollierbare Daten zu liefern. Vor allem ist der Spielraum für eine überzogene Bewertung geringer, wenn Werte angesetzt werden, die bei einer Veräußerung der Gegenstände offensichtlich nicht zu erzielen wären.

1096 S. dazu Hachenburg-Goerdeler/Müller, § 29 Rn. 29 ff.; Scholz-Emmerich, § 29 Rn. 95 ff. Zu den Schwierigkeiten, einen Vermögensabfluß aus der Gesellschaft festzustellen auch o. Rn. 78 ff.

überschuldet ist[1097]. Die Kapitalerhaltung erfüllte dadurch wieder die Funktion, die ihr als „Grundpfeiler der Haftungsbeschränkung“[1098] zukommt. Dem Zweck des § 30 Abs. 1 GmbHG entspricht daher die Bilanzierung zu Liquidationswerten.

Hinzu kommt, daß in dem Bereich, in dem de lege lata die Bemessung der 536
Ausschüttungssperre zu Liquidationswerten möglich ist – in dem Bereich der verdeckten Ausschüttungen – der Gläubigerschutz besonders drängend ist. Die ganz überwiegende Ansicht hält verdeckte Ausschüttungen in der GmbH grundsätzlich für zulässig. Einschränkungen werden mit Rücksicht auf die Mitgesellschafter vertreten[1099]: Wird nur an einen von mehreren Gesellschaftern ausgeschüttet, so stellt dies jedenfalls einen Verstoß gegen den Gleichbehandlungsgrundsatz dar. Auch wird eine Verletzung der Kompetenzordnung angenommen, wenn nicht alle Gesellschafter der Maßnahme zustimmen[1100]. Dies steht aber verdeckten Ausschüttungen nicht entgegen, denen alle Gesellschafter zustimmen, was denklogisch bei dem einzigen Gesellschafter immer der Fall ist[1101]. Das eröffnet ein erhebliches Gefährdungspotential für die Gläubiger. Denn dem Gesellschafter wird hierdurch ermöglicht, sich das Vermögen seiner kränkelnden Gesellschaft anzueignen, etwa durch die stille Auflösung stiller Reserven, ohne dies durch den Ausweis eines Jahresüberschusses publik zu machen[1102]. Ein großer Teil der verdeckten Ausschüttung wird im Regelfall ohnehin unentdeckt bleiben. Für den Teil, der aufgedeckt wird, müßte nach der derzeit herrschenden Meinung nachgewiesen werden, daß zum Zeitpunkt der Ausschüttung nach Fortführungswerten keine Unterbilanz vorlag, selbst wenn nachgewiesen ist, daß das Gesellschaftsvermögen im Fall seiner Verwertung zu diesem Zeitpunkt bereits nicht mehr ausreichte, die Gesellschaftsverbindlichkeiten zu begleichen. Das widerspricht der gläubigerschützenden Intention des § 30 Abs. 1 GmbHG und stellt eine nicht mehr zu rechtfertigende Privilegierung der Kapitalgesellschafter gegenüber persönlich haftenden Teilnehmern am Wirtschaftsleben dar.

Bereits *de lege lata* bestimmt sich daher die Zulässigkeit einer Ausschüt- 537
tung an einen Gesellschafter im Rahmen des § 30 Abs. 1 GmbHG außer-

---

[1097] S. das Beispiel bei Wackerbarth, § 7 I 3 d aa.

[1098] RGZ 168, 292 (297) v. 15.12.1941.

[1099] S. BGHZ 111, 224 (227) v. 14.5.1990: möglicher Verstoß gegen Gleichbehandlungsgrundsatz und Treupflicht; BGH NJW 1996, 589 (590) v. 13.11.1995; ausführlich Scholz-Emmerich, § 29 Rn. 101 ff.; Karsten Schmidt, § 37 III 2 d.

[1100] S. Scholz-Emmerich, § 29 Rn. 104 m.w.N. in Fn. 225; Hachenburg-Goerdeler/Müller, § 29 Rn. 130 m.w.N. in Fn. 223; Karsten Schmidt, § 37 III 2 d.

[1101] Vgl. OLG Brandenburg NJW-RR 1998, 399 f. v. 20.8.1996.

[1102] Für eine Verpflichtung nach § 264 Abs. 2 HGB, im Anhang auf die verdeckte Ausschüttung hinzuweisen aber Hachenburg-Goerdeler/Müller, § 29 Rn. 130 a.E.

halb der regulären Ergebnisverwendung der §§ 29, 46 Nr. 1 GmbHG nach einer zu Liquidationswerten für den Zeitpunkt der Ausschüttung erstellten Bilanz. Ist die GmbH zu diesem Zeitpunkt rechnerisch überschuldet, so liegt ein Verstoß gegen § 30 Abs. 1 GmbHG vor.
De lege ferenda sollte die Zulässigkeit einer Ausschüttung von Gesellschaftsvermögen an die Gesellschafter insgesamt an die Deckung der Passiva durch die zu Liquidationswerten bewertetene Aktiva geknüpft werden. Dies würde den evident unzureichenden Gläubigerschutz in der GmbH wesentlich verbessern und dem Zweck der Kapitalerhaltungsvorschriften gerecht.

II. Der Überschuldungstatbestand

538 Eine Beurteilung des Überschuldungstatbestandes in § 92 Abs. 2 S. 2 AktG und § 64 Abs. 1 S. 2 GmbHG ausschließlich nach Liquidationswerten ist de lege lata durch § 19 Abs. 2 InsO hingegen ausgeschlossen[1103]. Gleichzeitig ist die Insolvenzantragspflicht bei Überschuldung jedoch ersichtlich ein *vielversprechender Ansatzpunkt* für die Effektivierung des Gläubigerschutzes in deutschen Kapitalgesellschaften. Denn einerseits spielte der *Konkurs*antragsgrund der Überschuldung eine untergeordnete Rolle, der Konkursantrag wurde überwiegend auf den Eintritt der Zahlungsunfähigkeit gestützt[1104]. Andererseits ist die Finanzausstattung insolventer GmbHs derart, daß ungesicherte Gläubiger mit ihren Forderungen zu mehr als 95 % ausfallen[1105].

539 Die InsO hat mit der *Legaldefinition des Überschuldungstatbestands* in § 19 Abs. 2 InsO hier jedoch bereits eine Änderung gebracht. Sollte – jedenfalls nach der gängigen Interpretation der herrschenden Meinung[1106] – vor

---

[1103] Näher o. Rn. 46.
[1104] Hachenburg-Ulmer, § 63 Rn. 14 m.w.N. in Fn. 27.
[1105] O. Rn. 506.
[1106] S.o. Fn. 1056: Nach Lutter, ZIP 1999, 641 (643) m.w.N. in Fn. 16, ähnlich Wilhelm, KapGesR, Rn. 208 Fn. 7, stellt § 19 Abs. 2 InsO keine wesentliche Änderung dar, da bereits nach der vorher herrschenden Meinung die positive Fortführungsprognose allein nicht von der Konkursantragspflicht befreit haben solle. Vgl. hierzu BGHZ 126, 181 (199) v. 6.6.1994: „ Stellt sich dabei eine rechnerische Überschuldung heraus, dann muß er prüfen, ob sich für das Unternehmen eine positive Fortbestehensprognose stellt [...]. Gibt es begründete Anhaltspunkte, die eine solche Prognose rechtfertigen, so kann das Unternehmen weiterbetrieben werden."; BGHZ 119, 201 (213 f.) v. 13.7.1992: „Nach zutreffender neuerer Erkenntnis [...] kann von einer Überschuldung im Sinne dieser Regeln nur dann gesprochen werden, wenn das Vermögen der Gesellschaft bei Ansatz von Liquidationswerten unter Einbeziehung der stillen Reserven die bestehenden Verbindlichkeiten nicht deckt (rechnerische Überschuldung) und die Finanzkraft der Gesellschaft nach überwiegender Wahrscheinlichkeit mittelfristig nicht zur Fortführung des Unternehmens ausreicht (Überlebens- oder Fortbestehensprognose). Es gilt mithin ein

Geltung der InsO eine positive Fortführungsprognose bereits von der Konkursantragspflicht befreien[1107], so führt die positive Fortführungsprognose nach § 19 Abs. 2 S. 2 InsO nunmehr nur noch dazu, daß die Überschuldung zu Fortführungswerten ermittelt werden darf – ist die Prognose negativ, sind Zerschlagungswerte anzusetzen.
Die Fortführungsprognose ist mit den Unsicherheiten jeder Prognoseentscheidung belastet[1108]. Zudem soll der Verwaltung ein Beurteilungsspielraum bei ihrer Aufstellung zukommen[1109]. Jedoch stellt § 19 Abs. 2 S. 2 InsO klar, daß allein die positive Prognose nicht von der Insolvenzantragspflicht befreit. Weiterhin ist erforderlich, daß die Gesellschaft *zu Fortführungswerten nicht überschuldet* ist. Auch wenn die Feststellung der Überschuldung zu Fortführungswerten nicht die annähernd vollständige Gläubigerbefriedigung im Insolvenzfall sichert[1110], so können Fortführungswerte andererseits auch nicht beliebig festgesetzt werden. Die Bewertungsvorschriften der §§ 252 ff. HGB sind zu beachten[1111]. Insbesondere das bilanzrechtliche Vorsichtsprinzip[1112] wirkt einer allzu optimistischen Bewertung des Unternehmensvermögens entgegen. Auch wenn die nachträgliche gerichtliche Kontrolle des Vorliegens der Überschuldung zu going concern-Werten im Vergleich zur Überschuldung zu Liquidationswerten mit größeren Unsicherheiten belastet ist, so bleibt sie damit gleichwohl möglich und zumindest offensichtliche Fälle verspäteter Antragstellung sollten durch Sachverständige erkennbar sein.
Die Inanspruchnahme der Geschäftsleitung wegen verspäteter Antragstellung wird außerdem dadurch gefördert, daß § 19 Abs. 2 S. 2 InsO die going concern-Bewertung als Ausnahme darstellt und damit klarstellt, daß die *Beweislast* für die positive Fortführungsprognose denjenigen trifft, der sie geltend macht[1113]. Aus der Funktion des Überschuldungstatbestands in **540**

---

zweistufiger Überschuldungsbegriff." Auch die Gesetzesbegründung BT-Drucks. 12/7302, S. 157 geht von einer deutlichen Unterscheidung zwischen der früher herrschenden Meinung und § 19 Abs. 2 InsO aus, ebenso Altmeppen, ZIP 1997, 1173 (1175); Höffner, BB 1999, 198 (205); Reck GmbHR 1999, 267 (272 f.).

[1107] S.o. Fn. 73.

[1108] Vgl. Höffner, BB 1999, 198 (200 ff.) zu den unterschiedlichen Möglichkeiten ihrer Feststellung; Reck, GmbHR 1999, 267 (272 f.). Zu den Folgen dieser Unsicherheiten v. Gerkan, EWiR 1999, 409 (410): „Schon bei früherer Gelegenheit ist auf die Neigung mancher Instanzgerichte hingewiesen worden, eine günstige Fortbestehensprognose auch bei dubiosen Überlebensaussichten für das Unternehmen anzunehmen."

[1109] BGHZ 126, 181 (199) v. 6.6.1994.

[1110] S.o. Fn. 1053.

[1111] BilanzK-Budde/Geißler, § 252 Rn. 17 mit weiteren Erläuterungen.

[1112] Dazu o. Fn. 1093.

[1113] Das wurde von Hachenburg-Ulmer, § 64 Rn. 9; Altmeppen, ZIP 1997, 1173 (1176) bereits für die Rechtslage nach altem Recht angenommen. BGHZ 126, 181 (200) v.

§ 64 Abs. 1 S. 2 GmbHG und § 92 Abs. 2 S. 2 AktG, die Befriedigung der Gesellschaftsgläubiger zu ermöglichen, folgt, daß die angewandte Bilanzierungsmethode zeigen sollte, wieviel Vermögen den Gläubigern tatsächlich zu ihrer Befriedigung zur Verfügung steht[1114]. Geeignete Bilanzierungsmethode wäre hiernach die Bilanzierung zu Liquidationswerten. An den Nachweis der Voraussetzungen der Ausnahme, der Feststellung, daß die Gesellschaft nicht überschuldet ist, zu Fortführungswerten, sollten daher strenge Anforderungen gestellt werden.

541 Die Legaldefinition des Überschuldungstatbestands in § 19 Abs. 2 InsO hat damit keine revolutionären Neuerungen bewirkt, jedoch positive Klarstellungen, die bei konsequenter Anwendung dazu führen können, daß der Insolvenzantragsgrund der Überschuldung zumindest ansatzweise die praktische Bedeutung erhält, die er verdient.

III. Insolvenzverschleppungshaftung

542 Nicht anders als mit dem Konkursantragsgrund der Überschuldung soll es sich auch mit der Haftung der Geschäftsführer wegen Verletzung der Konkursantragspflicht verhalten haben – sie spielte eine gänzlich untergeordnete Rolle[1115].

Die Insolvenzverschleppungshaftung stützt sich maßgeblich auf § 823 Abs. 2 BGB i.V.m. § 92 Abs. 2 AktG oder § 64 Abs. 1 GmbHG[1116]. Daß diese Haftung vor 1994 kaum Bedeutung erlangt hat, könnte darauf zurückzuführen sein, daß bis dahin davon ausgegangen worden war, die §§ 92 AktG, 64 GmbHG schützten nur die Gesamtheit der Gläubiger und es sei daher nur zugunsten aller Gläubiger der Schaden zu ersetzen, der ihnen

---

6.6.1994 erlegte dem Geschäftsführer allerdings nur die Darlegungslast auf (o. Fn. 74). OLG Düsseldorf EWiR 1999, 409, mit ablehnender Anmerkung v. Gerkan, will hingegen den klagenden Gläubigern die Beweislast für eine negative Fortführungsprognose auferlegen. Das Urteil erscheint als ein eindringliches Beispiel dafür, wie die Zweifel um den Überschuldungstatbestand das Funktionieren des Gläubigerschutzes beeinträchtigen.

[1114] Dazu, daß dem Bilanzzweck der Gläubigersicherung die Bilanzierung zu Liquidationswerten besser gerecht wird als die Bilanzierung zu Fortführungswerten, sowie allgemein dazu, daß sich die Bilanzierungsmethode nach dem verfolgten Zweck richtet o. Rn. 530 ff.

[1115] S. BGHZ 126, 181 (197 f.) v. 6.6.1994: „Die Begrenzung der Haftung auf den Quotenschaden hat die Konkursantragsvorschriften als Haftungsnormen weitgehend außer Kraft gesetzt; es ist, soweit ersichtlich, kein Prozeß bekannt geworden, in dem von vornherein ein auf den Ersatz des Quotenschadens begrenzter Anspruch jemals ernstlich verfolgt worden wäre (Mertens, FS Hermann Lange, 1992, S. 561, 577).“; Altmeppen/Wilhelm, NJW 1999, 673; auch für die Zeit zwischen 1994 und 1997 Altmeppen, ZIP 1997, 1173 (1174).

[1116] S.o. Rn. 47, 104.

durch eine Verkürzung der Masse während des Vorliegens der Antragspflicht entstanden sei, der sogenannte Quotenschaden[1117]. Nach BGHZ 126, 181 v. 6.6.1994 ist den Gläubigern, die ihre Forderungen nach Eintritt des Insolvenzgrundes erwerben, nun jedoch das gesamte negative Interesse zu ersetzen[1118]. Unabhängig von einem Insolvenzverfahren der Gesellschaft können diese Gläubiger ihre Ansprüche direkt gegen die Geschäftsleiter geltend machen[1119].

Einige wollen diesen Schutz durch §§ 823 Abs. 2 BGB i.V.m §§ 92 Abs. 2 AktG oder 64 Abs. 1 GmbHG auf vertragliche Gläubiger beschränken[1120]. **543**
Eine solche Einschränkung könnte sich jedoch nur aus dem Schutzzweck der §§ 92 Abs. 2 AktG, 64 Abs. 1 GmbHG ergeben[1121]. Diese Vorschriften

---

1117 Grundlegend BGHZ 29, 100 (105 f.) v. 16.12.1958; w.N. bei Hachenburg-Ulmer, § 64 Rn. 48 Fn. 67.

1118 S.a. BGH NJW 1998, 2667 (2668) v. 30.3.1998; NJW 1995, 398 (399) v. 7.11.1994; Lutter/Hommelhoff, § 64 Rn. 40; Karollus, ZIP 1995, 269. Ablehnend Karsten Schmidt, § 36 II 5, der die Haftung gegenüber Neugläubigern auf die c.i.c. stützen will. Ebenfalls ablehnend Altmeppen/Wilhelm, NJW 1999, 673 ff.; Wilhelm ZIP 1993, 1833 (1835), die schon bestreiten, daß §§ 64 Abs. 1 GmbHG, 92 Abs. 2 AktG Schutzgesetze bei § 823 Abs. 2 BGB sind, da die Rückerstattungspflicht für Zahlungen während der Insolvenzreife nach §§ 64 Abs. 2 GmbHG, 92 Abs. 3 AktG abschließend sei. Hiergegen spricht schon, daß § 64 GmbHG vor § 823 Abs. 2 BGB erlassen wurde, der die Schadenersatzpflicht für Schutzgesetzverletzungen begründete. In den Ergebnissen ähnelt der Vorschlag von *Wilhelm* und *Altmeppen* der Konzeption *Karsten Schmidts*, da auch sie die gesamte Masseschmälerung durch den Insolvenzverwalter geltend machen lassen wollen, während vertraglichen (Neu-) Gläubigern ein Anspruch aus c.i.c. zustehen kann. Dessen Voraussetzungen erscheinen aber deutlich unklarer und problematischer, als diejenigen der Haftung aus §§ 823 Abs. 2, 64 Abs. 1 GmbHG, 92 Abs. 2 AktG (s. Karollus, ZIP 1995, 269 (270)). Gleichzeitig kann kaum bestritten werden, daß §§ 64 Abs. 1 GmbHG, 92 Abs. 2 AktG dazu bestimmt sind, gegenwärtige und potentielle Gläubiger vor der Geschäftstätigkeit zahlungsunfähiger oder überschuldeter Gesellschaften zu schützen, deren Gesellschafter nicht persönlich haften. Der mühsam erreichte Stand des Gläubigerschutzes würde damit ohne Not aufgegeben.

1119 BGHZ 126, 181 (201) v. 6.6.1994; Hüffer, § 92 Rn. 18 mit zahlreichen Nachweisen; Karollus, ZIP 1995, 269 (270 f.). Nach BGH NJW 1998, 2667 v. 30.3.1998 ist der Verwalter im Konkurs einer GmbH nicht berechtigt, den Schadenersatzanspruch der Neugläubiger aus §§ 823 Abs. 2 BGB, 64 Abs. 1 GmbHG geltend zu machen. Aktivlegitimiert sind demnach ausschließlich die geschädigten Neugläubiger selbst, s. schon Grunewald, GmbHR 1994, 665 (666).

1120 So Hüffer, § 92 Rn. 19, der die Insolvenzverschleppungshaftung gegenüber Gläubigern aus § 823 Abs. 2 BGB aber schon insgesamt ablehnt. Für Karsten Schmidt, § 36 II 5 c, folgt dies schon daraus, daß er die Haftung gegenüber den Neugläubigern nicht aus § 823 Abs. 2 BGB, sondern aus der c.i.c. begründen will.

1121 Vgl. BGHZ 29, 100 (105) v. 16.12.1958: „Dient ein Gesetz dem Schutz bestimmter Personen, so können diese nur Ersatz des Schadens verlangen, der im Rahmen der durch

wenden sich jedoch nicht nur gegen Vertragsschlüsse durch zahlungsunfähige und überschuldete Kapitalgesellschaften, sondern derartige Gesellschaften sollen gänzlich vom Rechtsverkehr ferngehalten werden[1122]. Es ist auch kein Grund ersichtlich, warum der Deliktsgläubiger, der durch fehlerhafte Produkte einer vermögenslosen GmbH geschädigt wurde, weniger schutzwürdig sein soll, als derjenige, der ihr die Rohstoffe für diese Produkte geliefert hat[1123]. Erkennt man an, daß eine konsequente Haftung der Verwaltung bei Insolvenzverschleppung notwendig und geeignet ist, den desolaten Gläubigerschutz in der deutschen GmbH zu verbessern, so ist klar, daß eine nur mühsam begründbare[1124] Ausnahme für gesetzliche Gläubiger nicht geboten ist[1125]. Wer durch die Teilnahme einer insolventen Kapitalgesellschaft am Geschäftsverkehr geschädigt wurde, dem haftet derjenige Geschäftsleiter, der schuldhaft die Stellung des Insolvenzantrages unterlassen hat.

544 Hierdurch ist zumindest für die Neugläubiger eine Regelung erreicht, die zwar später ansetzt, die aber zumindest in ihrer Ausgestaltung der strengen

---

das Gesetz geschützten Interessen liegt."; Palandt-Thomas, § 823 Rn. 159; Staudinger-Hager, § 823 Rn. G 27.

[1122] Ausführlich Staudinger-Hager, § 823 Rn. G 30; s.a. Lutter/Hommelhoff, § 64 Rn. 40 f.; Wilhelm, ZIP 1993, 1833 (1836); Karollus, ZIP 1995, 269. Zum Schutzzweck des § 64 Abs. 1 GmbHG auch BGH NJW 1995, 398 v. 7.11.1994: „Da mit der in § 64 I GmbHG angeordneten Konkursantragspflicht auch der Zweck verfolgt wird, ein Unternehmen mit beschränktem Haftungsfond vom Geschäftsverkehr auszuschließen und dadurch schon präventiv zu verhindern, daß Dritte in ihren Vermögensverhältnissen dadurch gefährdet werden oder Schaden erleiden, daß sie mit einer konkursreifen GmbH noch in Vertragsbeziehungen treten, hat bei Vorliegen der Voraussetzungen der § 823 II BGB, § 64 GmbHG der Neugläubiger einen Anspruch darauf, so gestellt zu werden, als hätte er den Vertrag mit dem konkursreifen Unternehmen nicht geschlossen." Der *BGH* hatte nur über den Anspruch eines Vertragsgläubigers zu entscheiden. Entgegen Karsten Schmidt, § 36 II 5 c, hat er den Fall der gesetzlichen Gläubiger jedoch offengelassen. Insbesondere wird auch kein Grund genannt, warum konkursreife Gesellschaften nur im Interesse der Vertragsgläubiger vom Geschäftsverkehr ferngehalten werden sollten.

[1123] Das Gegenteil ist der Fall: Der Vertragsgläubiger hatte zumindest die Möglichkeit, vom Vertragschluß abzusehen. Der gesetzliche Gläubiger muß sich dagegen darauf verlassen, daß juristische Personen, die kein Vermögen mehr haben, aus dem unternehmerischen Verkehr gezogen werden.

[1124] Hüffer, § 92 Rn. 19.

[1125] In BGH GmbHR 1999, 715 (716 f.) v. 8.3.1999 wird eine Haftung aus §§ 823 Abs. 2 BGB, 64 Abs. 1 GmbHG für Sozialversicherungsbeiträge abgelehnt. Dies wird zum einen darauf gestützt, daß die geltend gemachten Beiträge das positive Interesse und nicht das – deliktsrechtlich allein zu ersetzende – negative Interesse der klagenden AOK darstellten, zum anderen darauf, daß auch die Insolvenzantragstellung nicht unmittelbar zur Freistellung der AOK von ihrer Leistungspflicht geführt hätte. Es wird hingegen nicht darauf gestützt, daß gesetzliche Gläubiger generell keinen Anspruch auf Ersatz ihres Schadens aus §§ 823 Abs. 2 BGB, 64 Abs. 1 GmbHG herleiten könnten.

spanischen Haftung bei Versäumung der Auflösungspflicht entspricht. Die Schwierigkeit für den deutschen Neugläubiger besteht im Vergleich zum Gläubiger einer spanischen Kapitalgesellschaft aber darin, nachzuweisen, daß er überhaupt *Neu*gläubiger ist. Für den Gläubiger einer spanischen S.A. oder S.L. reicht es aus, nachzuweisen, daß die Auflösungspflicht versäumt wurde. Der Gläubiger einer deutschen AG oder GmbH muß hingegen zusätzlich nachweisen, daß der Insolvenzantragsgrund bereits vorlag, als er seine Forderung erwarb. Damit bleibt auch bei der hier befürworteten strikten Interpretation die deutsche Insolvenzverschleppungshaftung deutlich hinter der spanischen Haftung für verspätete Auflösung zurück.

IV. Fazit

Das deutsche Recht bietet außerhalb des Konzernrechts die Ansatzpunkte **545**
für einen effektiven Schutz der Gläubiger durch Kapitalerhaltung und Abwicklungspflicht. Teilweise wurden diese Möglichkeiten in den vergangenen Jahren bereits genutzt.

Nicht genutzt und nur vereinzelt gefordert[1126] wurde jedoch die Beurteilung der Ausschüttungssperre des § 30 Abs. 1 GmbHG zu Liquidationswerten, die dem Zweck der Kapitalerhaltung entspräche. De lege ferenda sollte deshalb die Zulässigkeit einer Ausschüttung von Gesellschaftsvermögen an die Gesellschafter insgesamt an die Deckung der Passiva durch die zu Liquidationswerten bewerteten Aktiva geknüpft werden. Dies ist nach der hier vertretenen Ansicht im Rahmen des § 30 Abs. 1 GmbHG bereits de lege lata für Ausschüttungen außerhalb der regulären Ergebnisverwendung, auf die ein Anspruch aus § 29 Abs. 1 GmbHG besteht, geltendes Recht.

Durch die Einführung des § 19 Abs. 2 InsO hat der Gesetzgeber Unklarheiten um den Überschuldungstatbestand beseitigt, die diesen wichtigen Baustein des Kapitalgesellschaftsrechts bisher zur Bedeutungslosigkeit verurteilten.

Auch die Ausweitung der Insolvenzverschleppungshaftung auf den gesamten Neugläubigerschaden durch den *BGH* fördert den notwendigen Gläubigerschutz. Sie sollte die gesetzlichen Gläubiger nicht ausschließen.

Die Entwicklung der Insolvenzantragspflicht geht damit in die richtige **546**
Richtung. Solange aber Ausschüttungssperre und Insolvenzantragspflicht zu Fortführungswerten festgestellt werden, können diese Instrumente denknotwendig nicht dazu führen, daß Leistungen an die Gesellschafter unterbleiben und die Gesellschaft abgewickelt wird, sobald das Gesellschaftsvermögen tatsächlich nicht mehr ausreicht, alle Gläubiger zu befriedigen. Soweit der Forderungsausfall nicht auf die Verwirklichung des

[1126] Durch Wackerbarth, § 7 I 3 d.

unternehmerischen Risikos zurückzuführen ist, besteht deshalb neben Ausschüttungssperre und Abwicklungspflicht ein Bedürfnis für ergänzenden Gläubigerschutz.

E. Treupflicht mit Beweiserleichterungen

547 **5. These**: Ein flexibles Instrument zum Schutz der Gläubiger und der Minderheit stellt die Treupflicht des kontrollierenden Gesellschafters dar. Auch im deutschen Recht trifft die Beweislast für die Rücksichtnahme auf das Gesellschaftsinteresse bei Interessenkonflikten grundsätzlich den kontrollierenden Gesellschafter.

I. Gemeinsamer Bestand

548 Bei der Treupflicht des kontrollierenden Gesellschafters überwiegen die Gemeinsamkeiten zwischen den verglichenen Rechtsordnungen die Unterschiede. Deutschland, Spanien und die USA kennen jeweils eine Treupflicht der Gesellschafter auch in der Kapitalgesellschaft. Allein die USA beschränken diese Pflicht auf den kontrollierenden Gesellschafter.
Der *Inhalt der Pflicht* ist im Grundsatz identisch. Dem Gesellschafter ist zunächst das Erstreben von Sondervorteilen verwehrt. In § 243 Abs. 2 AktG, Artt. 115 Abs. 1 LSA, 56 LSL ist dieser Grundsatz gesetzlich festgehalten, in den USA findet er sich in der Rechtsprechung[1127]. Darüber hinausgehend hat der kontrollierende Gesellschafter in den drei Rechtsordnungen das Gesellschaftsinteresse zu beachten[1128]. Sondervorteil und Gesellschaftsinteresse sind jedoch weite, ausfüllungsbedürftige Begriffe, die im Einzelfall konkretisiert werden[1129]. Wie die Durchgriffsmethode eröffnet die Treupflicht damit einen Wertungsspielraum und ermöglicht so Einzelfallgerechtigkeit. Anders als bei der Durchgriffsmethode wird aber erstens ein konkretes Verhalten gewürdigt und nicht eine Gesamtwertung vorgenommen, zweitens ist die Rechtsfolge die Angreifbarkeit konkreter Maßnahmen und die Ausgleichspflicht für hierdurch verursachte Schäden – es ist nicht die Alles oder Nichts-Entscheidung zwischen Haftungsbeschränkung und Haftung für alle Gesellschaftsverbindlichkeiten. Mit der Treupflicht steht damit ein flexibles Instrument zur Verfügung, konkrete nachteilige Verhaltensweisen eines kontrollierenden Gesellschafters zu erfaßen.

[1127] O. Fn. 735. In Deutschland wird das Verbot des Erstrebens von Sondervorteilen teilweise als unabhängig von der Treupflicht geltendes Prinzip angesehen, s. Flume, ZIP 1995, 161 (162 ff.).
[1128] O. Rn. 50 f., 105, 266, 276, 354.
[1129] Zur deutschen Treupflicht Hachenburg-Raiser, § 14 Rn. 55; Scholz-Winter, § 14 Rn. 53.

II. Unterschiede

Deutliche Unterschiede finden sich in der Ausgestaltung und der prakti- 549
schen Bedeutung der Treupflicht.

In *Spanien* ist die Treupflicht der Gesellschafter in der Kapitalgesellschaft wenig ausdifferenziert und hat nur geringe praktische Bedeutung erlangt[1130].

Anders ist es in den *USA*. Die duty of loyalty des kontrollierenden Gesell- 550
schafters ist ein praktisch wichtiges Instrument vor allem des Minderheitenschutzes. Mit der corporate opportunity doctrine und den Regeln des self dealing besteht eine ausgefeilte Dogmatik, die das allgemeine Gebot der Rücksichtnahme auf die Interessen der Gesellschaft und der Minderheitsgesellschafter konkretisiert und so die Anwendung erleichtert[1131]. Insbesondere die Regeln des *self dealing* verbessern den Schutz der kontrollierten Gesellschaft erheblich, indem sie ein Grundproblem des Schutzes der Gesellschaft vor konkreten nachteiligen Einflußnahmen lösen: Sowohl bei den Vorschriften der Kapitalerhaltung als auch bei der Durchsetzung des Schädigungsverbots besteht die erhebliche Schwierigkeit, festzustellen, welche Maßnahmen zu einem Abfluß aus dem Gesellschaftsvermögen geführt haben[1132]. Den Gesellschaftern ist es in den drei verglichenen Rechtsordnungen gestattet, Rechtsgeschäfte mit der Gesellschaft abzuschließen. Ein Abfluß von Vermögen findet hierdurch statt, wenn diese Geschäfte für die Gesellschaft zu ungünstigeren als zu Marktkonditionen stattfinden. Was in dem Moment der Maßnahme aber Marktkonditionen gewesen wären, läßt sich nachträglich nicht mehr exakt feststellen. Die hierauf gegründeten Ansprüche kommen deshalb nur in Fällen eines offensichtlichen Mißverhältnisses zur Anwendung. Die us-amerikanische self dealing-Regelung[1133] läßt den Vorteil dieser Unklarheit nicht bei demjenigen eintreten, der trotz seines Interessenkonflikts über die Transaktion entschieden hat. Wird ein Anspruch wegen einer self dealing-Transaktion geltend gemacht, so geht die Unklarheit vielmehr zu Lasten desjenigen, der durch sein gesellschaftsfremdes Interesse verleitet war, die Gesellschaft zu benachteiligen. Grundsätzlich trägt er die Beweislast für die vollständige Fairness der Transaktion. Die Beweislastverteilung kehrt sich um, wenn eine Mehrheit unabhängiger und informierter directors oder außenstehender Gesellschafter der Transaktion zugestimmt haben, der befangene Insider (hier der kontrollierende Gesellschafter) die Entscheidung damit in die Hände unabhängiger Entscheidungsträger gelegt hat. Liegt diese Zu-

[1130] Vgl.o. Rn. 266, 276.
[1131] O. Rn. 357 ff., 369 ff.
[1132] S. insbesondere o. Rn. 78.
[1133] O. Rn. 369 ff.

stimmung nicht vor, so hat er die vollständige Fairness des Geschäfts nachzuweisen.

551 In *Deutschland* wurde die Treupflicht der Gesellschafter auch in den Kapitalgesellschaften schon durch die Rechtsprechung des *RG* etabliert[1134]. Ihre Ausformung und praktische Bedeutung sind zwar erheblicher als in Spanien, sie erreichen aber nicht das Niveau der USA. Insbesondere für den Ausgleich nachteiliger Einflußnahmen des kontrollierenden Gesellschafters setzt das AktG in den §§ 311, 317 AktG auf eine speziell konzernrechtliche Regelung, die in ihrem Anwendungsbereich die Funktion der Treupflicht übernimmt[1135]. Auch in der GmbH wurde mit der Figur des „qualifizierten" faktischen Konzerns versucht, der mangelnden Rücksicht auf das Eigeninteresse der GmbH mit speziellen konzernrechtlichen Mitteln zu begegnen. Außerhalb dieser Figur – und nach deren Ende[1136] insgesamt – folgen Schädigungsverbot und Ausgleichspflicht auch in der GmbH aus der mitgliedschaftlichen Treupflicht. Trotz der so oft beschworenen Konzerngefahr und einer Vielzahl abhängiger GmbHs sind aber nur sehr wenige Fälle bekannt geworden, in denen ein kontrollierender Gesellschafter wegen einer Treupflichtverletzung verurteilt wurde[1137].

III. Das Problem der Beweislastverteilung

552 Eine Erklärung für diese im Vergleich zu den USA geringe praktische Bedeutung kann in den Regeln der Beweislast gesehen werden[1138]: In Deutschland hätte grundsätzlich der Anspruchsteller das Vorliegen aller anspruchsbegründenden Tatsachen darzulegen und zu beweisen[1139]. Bei der für den kontrollierenden Gesellschafter naheliegenden *Treupflichtverletzung in Geschäfsführungsangelegenheiten* sollen aber teilweise Beweiserleichterungen eingreifen, die zu der folgenden Beweissituation führen:

1134 O. Rn. 50.

1135 Dazu o. Rn. 76 ff.

1136 Zur Haftung im „qualifizierten" faktischen Konzern und zu ihrer Aufgabe durch den *BGH* o. Rn. 166 ff.

1137 Immer wieder zitiert wird BGHZ 65, 15 v. .5.6.1975 „ITT"; Schadenersatz aus Treupflichtverletzung auch in BGH WM 1978, 1205 (1206) v. 3.7.1978; Anfechtbarkeit der Entlastung eines Geschäftsführers, der an einem Treupflichtverstoß zweier Gesellschafter mitgewirkt hatte in BGH BB 1977, 465 (467) v. 10.2.1977. Beispiel für die Anwendung der §§ 311, 317 AktG ist BGHZ 141, 79 v. 1.3.1999, außerdem BGHZ 124, 111 (118 f.) v. 15.11.1993 „Vereinte Krankenversicherung": Ein Anspruch auf Schadenersatz wegen nicht ausgeglichener Benachteiligung hätte in den Jahresabschluß aufgenommen werden müssen.

1138 So auch Drüke, S. 134.

1139 Zöller-Greger, Vor § 284 Rn. 17a; MüKoZPO-Prütting, § 286 Rn. 109; Stein/Jonas-Leipold, § 286 Rn. 38.

1. Erste Voraussetzung ist eine objektive Treupflichtverletzung des kontrollierenden Gesellschafters.
a. Dazu muß einerseits eine für die GmbH *nachteilige Maßnahme* stattgefunden haben. Maßstab der Treupflicht in Geschäftsführungsangelegenheiten ist die Sorgfalt eines ordentlichen Kaufmanns[1140]. Unter einer nachteiligen Maßnahme kann daher - wie bei § 311 AktG[1141] - nur eine solche verstanden werden, die von einem ordentlichen und gewissenhaften Geschäftsleiter der sich nur an den Interessen seiner Gesellschaft orientiert, nicht getroffen worden wäre[1142]. Es soll dem Anspruchsteller obliegen, darzulegen und zu beweisen, daß eine für die GmbH nachteilige Maßnahme vorliegt[1143].
b. Andererseits muß der Gesellschafter diese Maßnahme veranlaßt haben. Wen die Beweislast für die *Veranlaßung* einer nachteiligen Maßnahme durch den herrschenden Gesellschafter trifft, ist unklar[1144].
2. Ein Anspruch wegen Treupflichtverletzung setzt Verschulden voraus. Hier wird dem Anspruchsteller eine Beweiserleichterung gewährt: Für fehlendes *Verschulden* soll wie bei § 43 Abs. 1 GmbHG der Inanspruchgenommene beweispflichtig sein[1145]. Maßstab ist die Sorgfalt eines ordentlichen Geschäftsmannes[1146].
3. Voraussetzung eines Schadenersatzanspruches ist schließlich der kausal entstandene *Schaden*. Bei der Treupflichtverletzung ist der Schaden dasjenige, um das die GmbH besser stünde wenn die nachteilige Maßnahme

---

[1140] Scholz-Winter, § 14 Rn. 56 mit zahlreichen Nachweisen in Fn. 177; Lutter/Hommelhoff, Anh § 13 Rn. 18.

[1141] O. Rn. 76 f.

[1142] S. - noch im Zusammenhang mit einer speziell konzernrechtlichen Haftung - BGHZ 95, 330 (344) v. 16.9.1985 „Autokran"; auch die Definition der nachteiligen Weisung bei Scholz-Emmerich, Anh. KonzernR Rn. 182.

[1143] MüHdb. GmbH-Decher, § 70 Rn. 25; Assmann, JZ 1986, 928 (932); Drüke, S. 134; anders bei §§ 311, 317 AktG, s.u. Rn. 555.

[1144] S. MüHdb. GmbH-Decher, § 70 Rn. 25 (Vermutung für die Veranlassung), Rowedder-Koppensteiner, Anh. nach § 52 Rn. 53 (prima facie-Beweis) einerseits, Drüke, S. 134 (Beweislast des Anspruchstellers) andererseits; differenzierend Assmann, JZ 1986, 928 (932): Vermutung der Veranlassung, wenn die nachteilige Maßnahme im Konzerninteresse lag. Bei § 311 AktG trifft die Beweislast für die fehlende Veranlassung nach überwiegender Meinung das herrschende Unternehmen, wobei Einzelheiten umstritten sind, Hüffer, § 311 Rn. 20 f. m.w.N.; Emmerich/Sonnenschein/Habersack, § 25 I 3; Wiedemann/Hirte in FG 50 Jahre BGH, Bd. 2, S. 337 (354) jew. m.w.N.

[1145] Lutter/Hommelhoff, Anh § 13 Rn. 18; MüHdb. GmbH-Decher, § 70 Rn. 25; Assmann, JZ 1986, 928 (932); Drüke, S. 134; auch Rowedder-Koppensteiner, Anh. nach § 52 Rn. 55 a.E., der dies erstaunlicherweise mit einer Analogie zu § 317 AktG begründet.

[1146] Hachenburg-Raiser, § 14 Rn. 61.

nicht veranlaßt worden wäre. Sie ist nach § 249 Abs. 1 BGB so zu stellen, als hätte ein ordentlicher und gewissenhafter Geschäftsleiter im Interesse der Gesellschaft gehandelt. Den Schaden hat nach dem allgemeinen Beweisgrundsatz[1147] der Anspruchsteller darzulegen und zu beweisen.

553 Diese Beweislastverteilung bringt denjenigen, der die treupflichtwidrige Veranlassung nachteiliger Geschäftsführungsmaßnahmen in der GmbH behauptet, in *erhebliche Schwierigkeiten*: Eine erste Hürde für einen Außenstehenden ist es bereits, festzustellen, welche potentiell nachteiligen Maßnahmen überhaupt stattgefunden haben[1148]. Hat der Anspruchsteller schließlich bestimmte Maßnahmen in Erfahrung gebracht, so obliegt es ihm, deren Nachteiligkeit darzulegen und zu beweisen. Abgenommen wird ihm aber die Beweislast für das Verschulden. Das ist für den Anspruchsteller aber völlig nutzlos: Hat er eine nachteilige Maßnahme nachgewiesen, so hat er nachgewiesen, daß diese Maßnahme von einem ordentlichen und gewissenhaften Geschäftsleiter im Interesse der Gesellschaft nicht getroffen worden wäre. Bei dem objektiven Verschuldensmaßstab im Zivilrecht[1149] steht damit praktisch fest, daß die Sorgfalt eines ordentlichen Geschäftsmanns nicht beachtet wurde[1150]. Die Voraussetzungen der Beweislastumkehr – objektive Pflichtverletzung - sind nahezu identisch mit den zu beweisenden Voraussetzungen des Verschuldens[1151].

554 Der entscheidende Punkt ist damit der Beweis einer *Benachteiligung der Gesellschaft*. Dieser Beweis begegnet insbesondere bei Rechtsgeschäften den schon mehrmals angesprochenen erheblichen Schwierigkeiten: Welche Konditionen im Zeitpunkt der Transaktion angemessen gewesen wären, ist nachträglich allenfalls mit Hilfsmethoden annäherungsweise zu mutmaßen. Die Erfolgsaussichten eines solchen Prozesses sind für den Anspruchstel-

---

[1147] O. Fn. 1139.

[1148] Dazu, daß in den USA das prozeßrechtliche Institut der pretrial discovery dieses Problem entschärft Drüke, S. 124 f. In der deutschen AG könnte der Abhängigkeitsbericht helfen, er wird allerdings nicht veröffentlicht, so daß seine Ergebnisse nur mittelbar nach außen dringen, näher o. Rn. 92 f.

[1149] Staudinger-Löwisch, § 276 Rn. 23; Palandt-Heinrichs, § 276 Rn. 15, jeweils mit zahlreichen Nachweisen.

[1150] S.a. Karsten Schmidt, ZIP 1988, 1497 (1505); Ulmer, ZIP 2001, 2021 (2028); zu §§ 311, 317 AktG KK-Koppensteiner, § 317 Rn. 14.

[1151] Unfreiwillig deutlich wird das bei Drüke, S. 134, und Lutter/Hommelhoff, Anh § 13 Rn. 18: Das herrschende Unternehmen sei verpflichtet, „darzutun und zu beweisen, daß auch ein ordentlicher Geschäftsleiter in einer unabhängigen Gesellschaft die – wie sich herausstellt – objektiv nachteilige Maßnahme getroffen hätte." Ein ordentlicher Geschäftsleiter in einer unabhängigen Gesellschaft trifft aber keine nachteiligen Maßnahmen, wenn nachteilige Maßnahmen Maßnahmen sind, die ein ordentlicher Geschäftsleiter nicht getroffen hätte.

ler unter diesen Voraussetzungen ungewiß bis schlecht. Um die Treupflicht zu einem auch praktisch wirksamen Instrument des Minderheiten- und Gläubigerschutzes zu machen, ist es deshalb erforderlich, die Beweislast für die Angemessenheit einer Maßnahme dem Treupflichtigen zumindest dann aufzuerlegen, wenn eine Pflichtverletzung besonders nahe liegt. Das ist der Fall, wenn er sich bei dieser Maßnahme in einem Interessenkonflikt befand und nicht Außenstehende der Maßnahme zugestimmt haben.

IV. Beweislastverteilung bei Interessenkonflikten im deutschen Recht

1. Beweislastumkehr des § 317 Abs. 2 AktG

555 In der abhängigen AG übernehmen die §§ 311, 317 AktG in ihrem Anwendungsbereich die Funktion der Treupflicht. Hat das herrschende Unternehmen die abhängige AG zu einem nachteiligen Rechtsgeschäft oder sonst zu einer nachteiligen Maßnahme veranlaßt und gleicht es den Nachteil nicht aus, so ist es durch § 317 Abs. 1 AktG zum Schadenersatz verpflichtet[1152]. Das herrschende Unternehmen kann sich nach § 317 Abs. 2 AktG dadurch entlasten, daß es nachweist, auch ein ordentlicher und gewißenhafter Geschäftsleiter einer unabhängigen Gesellschaft hätte ebenso gehandelt. Es ist aber inzwischen anerkannt, daß dies bereits der Maßstab ist, nach dem sich bestimmt, ob überhaupt Nachteiligkeit vorliegt[1153]. Durch die Formulierung[1154] des § 317 Abs. 2 AktG hat der Gesetzgeber deutlich gemacht, daß für die Frage, ob ein ordentlicher Geschäftsleiter einer unabhängigen Gesellschaft ebenso gehandelt hätte, das herrschende Unternehmen die Beweislast trifft. Daraus folgt, daß das aus §§ 311 Abs. 1, 317 Abs. 1 AktG in Anspruch genommene herrschende Unternehmen beweisen muß, daß eine veranlaßte Maßnahme für die AG nicht nachteilig war[1155]. Diese Beweislastumkehr greift teilweise weiter, teilweise kürzer als die us-amerikanische self dealing-Regelung. Sie greift insofern weiter, als ein Interessenkonflikt des herrschenden Unternehmens bei der konkreten Maßnahme nicht erforderlich ist. Das deutsche Konzernrecht geht vielmehr von einem generellen Interessenkonflikt des Gesellschafters aus, der Unternehmen ist[1156]. Die Beweislastumkehr greift kürzer zum einen, weil sie – jedenfalls direkt – nur für Unternehmen als Gesellschafter gilt,

---

[1152] Näher o. Rn. 76 ff., 196 ff.

[1153] O. Fn. 141.

[1154] Zur Folgerung der Beweislastverteilung aus der Formulierung der Normen in einem Regel-Ausnahme-Schema MüKoZPO-Prütting, § 286 Rn. 112.

[1155] Hüffer, § 317 Rn. 12; KK-Koppensteiner, § 317 Rn. 25.

[1156] O. Rn. 32.

zum anderen weil der Nachweis ausreichen soll, daß sich die Maßnahme in dem Ermessensspielraum eines pflichtbewußten Geschäftsleiters hielt[1157]. Im US-Recht gilt die business judgement rule für self dealing-Transaktionen dagegen gerade nicht, sondern es ist die vollständige Fairness der Transaktion nachzuweisen[1158].

556 Wenn sich das herrschende Unternehmen bei der konkreten Transaktion in einem Interessenkonflikt befand, ist aber auch im Rahmen des § 317 Abs. 2 AktG *kein Ermessensspielraum* anzuerkennen. Der Wortlaut zwingt nicht dazu. Andererseits wird die Beweislastumkehr durch die Anerkennung entwertet, denn sie führt dazu, daß wiederum nur offensichtliche Benachteiligungen justitiabel sind, die außerhalb jedes unternehmerischen Ermessens liegen. Bei diesen wird der Beweis der Nachteiligkeit ohnehin im Regelfall keine großen Schwierigkeiten bereiten. Von einer Beweislastumkehr für Offensichtliches kann eine erhebliche Wirkung aber nicht erwartet werden.

557 *De lege ferenda* ist eine Angleichung der Beweislastumkehr an die usamerikanische self dealing-Dogmatik zu wünschen. Die kaum durchschaubare Systematik der §§ 311, 317 AktG und insbesondere die Stellung des § 317 Abs. 2 AktG beeinträchtigt die Wirksamkeit der Regelung. Außerdem ist nicht einzusehen, warum das herrschende Unternehmen die Angemessenheit von Maßnahmen nachweisen soll, bei denen es sich in concreto überhaupt nicht in einem Interessenkonflikt befunden hat. Einen Wertungswiderspruch hierzu stellt es dar, wenn für den kontrollierenden Gesellschafter, der sich bei einer konkreten Maßnahme in einem Interessenkonflikt befindet, keine Beweislastumkehr gelten sollte, nur weil er nicht Unternehmen und damit möglicherweise im allgemeinen ein Interessenkonflikt weniger wahrscheinlich ist.
Die Beweislastumkehr des § 317 Abs. 2 AktG sollte daher de lege ferenda:

1. auf Nicht-Unternehmen ausgeweitet werden und
2. nur dann eintreten, wenn sich der veranlassende Gesellschafter bei der konkreten Transaktion in einem Interessenkonflikt befunden hat.

2. Treupflicht des GmbH-Gesellschafters

558 (Noch) Verzwickter als in der abhängigen AG ist die Frage der Beweislast bei der Veranlaßung nachteiliger Maßnahmen (einschließlich Rechtsgeschäfte) durch den kontrollierenden Gesellschafter in der GmbH. Oben[1159] wurde dargestellt, daß die Beweislast für die Nachteiligkeit einer Maß-

[1157] KK-Koppensteiner, § 317 Rn. 25.
[1158] O. Fn. 776.
[1159] Bei Fn. 1143.

nahme nach gängiger Ansicht den Anspruchsteller treffen soll. *Wiedemann* hat jedoch bereits erkannt, daß sich die hochentwickelte us-amerikanische Dogmatik der Treupflicht insbesondere in der Frage der Differenzierung der Darlegungs- und Beweislast auch in Europa zur Fortentwicklung des Rechts nutzen läßt[1160]. Dem kann nur zugestimmt werden, denn die Beweisregeln des self dealing behandeln den Interessenkonflikt des Insiders (hier des kontrollierenden Gesellschafters) mit überzeugender Ausgewogenheit[1161], setzen Anreize zu Information und Beteiligung der Außenstehenden[1162] und sind seit langem praktisch erprobt. Es stellt sich aber die Frage wie eine derart modifizierte Verteilung der Beweislast für die Nachteiligkeit veranlaßter Maßnahmen im deutschen Recht begründet werden kann. In Betracht kommen die Verteilung der Beweislast nach Gefahrenbereichen, der Anscheinsbeweis, eine sekundäre Behauptungslast und der Rechtsgedanke des § 317 Abs. 2 AktG.

a. Beweislast nach Gefahrenbereichen

Die aus § 282 BGB a.F. entwickelte Verteilung der Beweislast nach Gefahrenbereichen wird teilweise auch auf die Beweislastverteilung bei **559**
Treupflichtverletzungen angewandt[1163]. Rechtsprechung und Lehre hatten aus § 282 BGB a.F. Beweiserleichterungen auch für die positive Forderungsverletzung gefolgert[1164]. Die Rechtsprechung gelangte so - mit Differenzierungen nach dem jeweiligen Vertragsinhalt - zu einer Beweislastumkehr für das Verschulden, wenn eine objektive Pflichtverletzung des Schuldners feststeht oder die Schadensursache sonst aus seinem Verantwortungsbereich hervorgegangen ist[1165]. In Teilen der Literatur wurde die Beweislastumkehr für das Verschulden insbesondere vertreten, wenn ein Erfolg geschuldet ist, bei Verhaltenspflichten hingegen zurückhaltender beurteilt[1166]. Aus § 280 Abs. 1 S. 2 BGB n.F. folgt nunmehr eine generelle

---

[1160] Wiedemann/Hirte in FG 50 Jahre BGH, Bd. 2, S. 337 (364).

[1161] O. Rn. 550.

[1162] O. Rn. 473.

[1163] Ulmer, ZIP 2001, 2021 (2028); Wiedemann in FS Heinsius, S. 949 (966); Assmann, JZ 1986, 928 (932); Wiedemann/Hirte in FG 50 Jahre BGH, Bd. 2, S. 337 (354) sowohl zur Treupflicht als auch zur Haftung nach den Grundsätzen der Entscheidung BGHZ 122, 123 v. 29.3.1992 „TBB".

[1164] Ausführlich MüKo-Emmerich, Vor § 275 Rn. 304 ff.; Staudinger-Löwisch, § 282 Rn. 18 ff.; Stein/Jonas-Leipold, § 286 Rn. 86a ff.; Baumgärtel-Baumgärtel, Anh. § 282.

[1165] BGHZ 66, 51 (53) v. 28.1.1976; 64, 46 (51) v. 19.2.1975; NJW 2000, 2812 f. v. 11.4.2000; Soergel[12]-Wiedemann, Vor § 275 Rn. 528 ff.; Palandt-Heinrichs, § 282 Rn. 8; MüKoZPO-Prütting, § 286 Rn. 114; s. zu Äquivalenten im us-amerikanischen law of torts Hughes in Morrison, S. 16.

[1166] Staudinger-Löwisch, § 282 Rn. 20 mit zahlreichen Nachweisen; Baumgärtel-Baumgärtel, Anh. § 282 Rn. 44; Stoll, AcP 176 (1976), 145 (154 f.).

Beweislastumkehr für das Vertretenmüssen, wenn die Pflichtverletzung nach S. 1 vorliegt[1167].

560 Eine Übertragung dieser Grundsätze auch auf die Treupflicht aus der mitgliedschaftlichen Sonderverbindung liegt nahe[1168] und ist die tragfähige Grundlage der anerkannten Beweislastumkehr für das Verschulden bei objektiver Pflichtverletzung. Eine Beweislastumkehr für die Nachteiligkeit veranlaßter Maßnahmen läßt sich hieraus jedoch nicht entnehmen. Die Nachteiligkeit der Maßnahme ist Teil der objektiven Pflichtverletzung[1169]. Im Rahmen der Beweislastverteilung nach Gefahrenbereichen ist jedoch anerkannt, daß für die objektive Pflichtverletzung keine Beweislastumkehr stattfindet[1170]. Die Beweislastverteilung nach Gefahrenbereichen ist damit auf die Treupflicht anwendbar, für den Anspruchsteller aber weitgehend nutzlos, da sie ihm nur die Beweislast für das Verschulden abnimmt und die Voraussetzungen der objektiven Pflichtverletzung und des Verschuldens bei der Treupflicht meist identisch sind[1171].

b. Anscheinsbeweis?

561 Für die Organpflichten ist eine Beweiserleichterung durch den Anscheinsbeweis erwogen worden[1172]. Der Anscheinsbeweis greift ein, wenn ein typischer Geschehensablauf nach der Lebenserfahrung den Schluß auf eine bestimmte Folge oder die Verursachung durch ein bestimmtes Verhalten zuläßt[1173]. Ein Anscheinsbeweis für die Nachteiligkeit der durch den kontrollierenden Gesellschafter verursachten Maßnahmen, wenn dieser sich dabei in einem Interessenkonflikt befand, ist damit nicht begründet. Denn ein allgemeiner Satz, daß die Gesellschaft bei diesen Maßnahmen benachteiligt wird, läßt sich nicht aufstellen. Der Begriff des Interessen*konflikts* illustriert, daß der Gesellschafter Interessen innerhalb und außerhalb der Gesellschaft hat und sich je nach seiner Gewichtung für die eine oder andere Seite entscheiden wird. Kann ein allgemeiner Anscheinsbeweis für

---

1167 S. AnwaltK-Dauner-Lieb, § 280 Rn. 60.

1168 Vgl. Karsten Schmidt in Hommelhoff/Stimpel/Ulmer, S. 109 (127) zur Verwandtschaft zwischen PVV, c.i.c. und Verletzung der Pflicht aus der mitgliedschaftlichen Sonderverbindung

1169 S.o. Rn. 552.

1170 AnwaltK-Dauner-Lieb, § 280 Rn. 60; Baumgärtel-Baumgärtel, Anh. § 282 Rn. 25; MüKo-Emmerich, Vor § 275 Rn. 307; nach Soergel[12]-Wiedemann, Vor § 275 Rn. 539 reicht der Nachweis des Schadenseintritts aus, wenn die Vermeidung des Schadensereignisses geschuldet war.

1171 S. schon oben Rn. 553 und im Zusammenhang der PVV MüKo-Emmerich, Vor § 275 Rn. 307 a.E.

1172 Karsten Schmidt, ZIP 1988, 1497 (1505).

1173 Zöller-Greger, Vor § 284 Rn. 29; MüKoZPO-Prütting, § 286 Rn. 48; Baumbach-Hartmann, Anh § 286 Rn. 16.

die objektive Treupflichtwidrigkeit bei Interessenkonflikten damit nicht begründet werden, so kann er aber eingreifen, wenn weitere Umstände neben den Interessenkonflikt treten, insbesondere die Verschleierung der betreffenden Maßnahme. Auch läßt sich der Interessenkonflikt als *ein* Indiz für die Benachteiligung der Gesellschaft werten[1174].

c. Sekundäre Substantiierungslast

Im deutschen Recht trifft die Parteien des Zivilprozesses keine allgemeine Aufklärungspflicht[1175]. Grundsätzlich obliegt es jeder Partei nur, die eigene Sache zu verfolgen und als beweisbelastete Partei durch ihren Vortrag die entsprechende Überzeugung des Gerichts herbeizuführen. Für die andere Partei reicht es aus, diesen Vortrag jeweils in einer § 138 ZPO genügenden Weise zu bestreiten. Allenfalls kann sie nach der ZPO-Reform wegen § 142 Abs. 1 S. 1 ZPO zur Vorlegung von Urkunden verpflichtet werden, auf die die andere Partei sich bezogen hat. Eine weitreichende Substantiierungslast trifft die nicht beweisbelastete Partei nach ständiger Rechtsprechung aber dann, wenn der darlegungspflichtige Gegner außerhalb des von ihm darzulegenden Geschehensablaufs steht und die maßgebenden Tatsachen nicht näher kennt, während sie der anderen Partei bekannt und ihr ergänzende Angaben zuzumuten sind[1176]. 562

Eine derartige sekundäre Substantiierungslast hat der *BGH* in dem „TBB"-Urteil für die pauschale Haftung im „qualifizierten" faktischen Konzern[1177] herangezogen[1178]. Sie kommt damit auch für die Haftung wegen konkreter Benachteiligung aufgrund der Treupflicht in Frage[1179]. Machen außenstehende Gesellschafter oder Gläubiger einen Anspruch wegen Treupflicht- 563

[1174] Zum Indizienbeweis MüKoZPO-Prütting, § 284 Rn. 24 f.

[1175] BGH NJW 1990, 3151 v. 11.6.1990; MüKoZPO-Prütting, § 286 Rn. 128 m.w.N. in Fn. 176 f.

[1176] BGH NJW 1999, 1404 (1405 f.) v. 3.2.1999; NJW 1997, 128 (129) v. 17.10.1996; NJW 1995, 3311 (3312) v. 11.7.1995; NJW 1990, 3151 f. v. 11.6.1990; sehr weitgehend BGH NJW 1962, 2149 (2150) v. 13.7.1962 „Bärenfang": „In Fällen dieser Art würde es dem Gedanken von Treu und Glauben, der auch das Prozeßrecht beherrscht widersprechen, wollte man den Kl. an der für ihn grundsätzlich bestehenden vollen Darlegungs- und Beweispflicht festhalten; es ist vielmehr [...] hinsichtlich derjenigen tatsächlichen Umstände, deren Aufklärung nach Lage der Sache vom Kl. billigerweise nicht erwartet werden kann, eine Darlegungs- und Beweispflicht des Bekl. Anzunehmen."; s. Zöller-Greger, Vor § 284 Rn. 34; MüKoZPO-Prütting, § 286 Rn. 133.

[1177] Dazu o. Rn. 166 ff.

[1178] BGHZ 122, 123 (132 f.) v. 29.3.1992 „TBB"; s.a. BGH NJW 1994, 3288 (3291) „Architekten"; s. hierzu Decher, ZInsO 2002, 113 (115); ders., ZHR-Beiheft Nr. 70 (2002), S. 25 (34 ff.).

[1179] Decher, ZInsO 2002, 113 (115) für die Haftung wegen Existenzvernichtung in der Einpersonen-GmbH.

verletzung geltend, so stehen sie in aller Regel außerhalb des darzulegenden Geschehensablaufs (der möglichen Treupflichtverletzung). Bei dem Insolvenzverwalter der kontrollierten GmbH läßt sich hieran allerdings zweifeln[1180]. Ob schließlich die andere Partei – der kontrollierende Gesellschafter – die Tatsachen kennt und ihr ergänzende Angaben zuzumuten sind, kann nicht pauschal beantwortet werden. Zu dem, was im US-Recht als „fair dealing"[1181] beschrieben wird, werden dem kontrollierenden Gesellschafter regelmäßig Informationen und Unterlagen vorliegen, also dazu, ob das Verfahren zum Geschäftsabschluß angemessen war, vor allem ob und welche Verhandlungen unter welchen Umständen geführt wurden. Anders verhält es sich mit dem „fair price". Ob die Gegenleistung bei einem Geschäft angemessen war, ist nicht nur für den Anspruchsteller sondern ganz allgemein schwer nachzuweisen. Fehlende Verhandlungen können ein Indiz hierfür sein, aber ansonsten wird es auch für den kontrollierenden Gesellschafter oft nicht einfach sein, einen Marktpreis zum Zeitpunkt der Transaktion zu bestimmen. Insoweit kann ihn damit keine sekundäre Substantiierungslast treffen.

564 Nähere Angaben zu den Umständen einer veranlaßten Maßnahme können damit im Einzelfall auch von der nicht darlegungs- und beweisbelasteten Partei erwartet werden. Eine umfassende Beweiserleichterung oder gar – umkehr für die Nachteiligkeit veranlaßter Maßnahmen ist auf diesem Weg aber nicht zu erreichen.

d. Rechtsgedanke des § 317 Abs. 2 AktG

565 Eine umfassende Beweislastumkehr für die Nachteiligkeit einer Maßnahme enthält für die abhängige AG aber § 317 Abs. 2 AktG[1182]. Das „*Gervais*"-Urteil des *BGH* hatte wegen der besonderen Gefährdung und der Beweisschwierigkeiten eine *Beweislastumkehr* für die objektive Pflichtverletzung in einer abhängigen Gesellschaft begründet, die nach Art einer Betriebsabteilung in das herrschende Unternehmen „eingegliedert" war[1183]. Das „*Autokran*"-Urteil hatte unter ausdrücklicher Nennung des § 317 Abs. 2 AktG eine *tatsächliche Vermutung* dafür angenommen, daß auf die eigenen Belange der einzelnen Gesellschaften der Unternehmensgruppe keine Rücksicht genommen worden ist, wenn das herrschende Unternehmen in einem Konzern dauernd und umfassend die Geschäftsführung ausgeübt

---

[1180] S. Decher, ZInsO 2002, 113 (115) m.w.N. in Fn. 27.

[1181] S. zu fair dealing und fair price als den beiden Komponenten der Fairness einer Transaktion o. Fn. 771.

[1182] O. Rn. 555.

[1183] BGH NJW 1980, 231 (232) v. 5.2.1979 „Gervais". Es handelte sich um eine abhängige GmbH & Co. KG, außerdem hatte das Gericht einen Beherrschungsvertrag angenommen. Die Argumentation des *BGH* beruht jedoch nicht auf diesen Besonderheiten.

hat[1184]. *Karsten Schmidt* hat diese Beweislastverteilung auf die Pflicht aus der mitgliedschaftlichen Sonderverbindung übertragen, da so der vom *BGH* herausgestellten Gefährdungssituation Rechnung getragen werde[1185]. Weder *Karsten Schmidt* noch die beiden Urteile begründen die Beweislastverteilung aber mit einer Analogie zu § 317 Abs. 2 AktG[1186].

Für die Beweislastverteilung bei einer gesetzlich nicht geregelten Rechtsfigur wie der Treupflicht – für das die Beweislast folglich auch nicht geregelt werden konnte - gewinnt besondere Bedeutung, daß für die Beweislastverteilung auch maßgeblich ist, daß sie den *Normzweck der* jeweiligen *materiellen Regelung* sichern und erhalten soll[1187]. Die Treupflicht verpflichtet den kontrollierenden Gesellschafter zur Rücksicht auf das Gesellschaftsinteresse. Sie bezweckt damit den Schutz der Minderheit und erreicht zumindest als Reflex auch Gläubigerschutz[1188]. Allerdings ist eine Verletzung der Treupflicht durch den kontrollierenden Gesellschafter, die mangelnde Rücksicht auf das Gesellschaftsinteresse, oft schwer nachzuweisen. Das gilt insbesondere für die Nachteiligkeit veranlaßter Maßnahmen, die sowohl Voraussetzung der Pflichtverletzung, als auch des Verschuldens, als auch des Schadens ist[1189]. Die Kombination aus Beweisschwierigkeit und Gefährdung hat den Gesetzgeber im Aktienrecht veranlaßt, in § 317 Abs. 2 AktG die Beweislast für die Nachteiligkeit der veranlaßten Maßnahmen dem herrschenden Unternehmen aufzuerlegen[1190]. Sie hat den *BGH* im „Gervais"-und im „Autokran"-Urteil und *Karsten Schmidt* veranlaßt, die Beweislast dem herrschenden Unternehmen aufzuerlegen. Hierdurch soll der besonderen Gefährdungssituation Rechnung getragen werden, der besonderen Wahrscheinlichkeit, daß ein anderweitig unternehmerisch tätiger Gesellschafter eine von ihm beherrschte (in der AG) oder sogar dauernd und umfassend geleitete (in der GmbH) Gesellschaft

566

[1184] BGHZ 95, 330 (344) v. 16.9.1985 „Autokran".

[1185] Karsten Schmidt, ZIP 1986, 146 (149); s.a. ders., § 39 III b a.E.

[1186] S. aber BGHZ 95, 330 (344) v. 16.9.1985 „Autokran": „ähnlich § 317 Abs. 2 AktG". Rowedder-Koppensteiner, Anh. nach § 52 Rn. 55 a.E. begründet mit einer Analogie zu § 317 Abs. 2 AktG eine Beweislastumkehr für das Verschulden bei der Treupflichtverletzung.

[1187] MüKoZPO-Prütting, § 286 Rn. 115.

[1188] Näher zur Treupflicht o. Rn. 49 ff., 105 f.; grundlegend Karsten Schmidt, § 20 IV, § 35 I 2 d.

[1189] O. Rn. 552 f.

[1190] O. Rn. 555. Vgl.a. Begr. RegE, Kropff, S. 418: „Sie [die Vorschrift des § 317 AktG] verschärft die im geltenden Recht in § 101 AktG 1937* mitgeregelte Haftung für die Ausnutzung eines beherrschenden Einflusses auf die Gesellschaft, weil ein beherrschender Einfluß einerseits besondere gesellschaftsrechtliche Pflichten begründet, andererseits verstärkt die Gefahr eines Mißbrauchs mit sich bringt."

benachteiligt[1191]. Ist die Gefährdung aber nicht viel größer, wenn ein kontrollierender Gesellschafter sich bei einer konkreten Transaktion in einem Interessenkonflikt befindet? Ein Gesellschafter mag anderweitig die verschiedensten Unternehmen betreiben – bei Geschäften mit Dritten hat er trotzdem typischerweise ein Interesse daran, daß die GmbH, an der er beteiligt ist, einen lohnenden Abschluß tätigt. Steht er hingegen in der ein oder anderen Form auch auf der anderen Seite der Transaktion, dann wird er häufig ein Interesse haben, die GmbH zu benachteiligen, etwa, um den Gewinn nicht mit Mitgesellschaftern teilen zu müssen – und das ganz unabhängig davon, ob er nun konzernrechtliches Unternehmen ist oder als Privatmann ein Grundstück der GmbH erwirbt. Der § 317 Abs. 2 AktG zugrundeliegende Gedanke – die Beweislast für die Nachteiligkeit verursachter Maßnahmen dem Verpflichteten dann aufzuerlegen, wenn die Gefährdung der Gesellschaft besonders groß war - führt folglich dazu, in der GmbH dem kontrollierenden Gesellschafter die Beweislast zumindest dann zuzuweisen, wenn er sich bei der *konkreten* Transaktion in einem Interessenkonflikt befand.

567 Es wäre nun nicht zwingend, diesen Gedanken auf die GmbH zu übertragen, angesichts der Tatsache, daß der Gesetzgeber von einer Regelung des GmbH-Konzernrechts bisher bewußt abgesehen und auch sonst keine Regelung für den Ausgleich verursachter Nachteile in der GmbH geschaffen hat. Es wäre nicht zwingend, wenn allein das AktG und nicht auch das GmbHG dem Interessenkonflikt des Gesellschafters begegnete. Dem ist jedoch nicht so: Der Interessenkonflikt des Gesellschafters führt im GmbHG sogar zu einem weitreichenden Eingriff in die Mitgliedschaftsrechte, nur beschränkt sich die Regelung nicht auf einen *unternehmerischen* Interessenkonflikt. In *§ 47 Abs. 4 GmbHG* wird der Gesellschafter vom Stimmrecht ausgeschlossen, wenn er selbst entlastet oder von einer Verbindlichkeit befreit, ein Rechtsstreit gegen ihn eingeleitet oder erledigt werden soll und wenn über die Vornahme von Rechtsgeschäften mit ihm abgestimmt wird[1192]. Diese Entscheidungen legt das GmbHG in die Hände der anderen Gesellschafter. Für den kontrollierenden Gesellschafter bewirkt § 47 Abs. 4 GmbHG damit aber gleichzeitig einen seinem Zweck zuwiderlaufenden Anreiz, die Minderheit völlig vom Entscheidungsprozeß auszuschließen, um nicht dem Stimmverbot zu unterliegen[1193]. Zur Vor-

---

[1191] S. BGHZ 95, 330 (334 f.) v. 16.9.1985 „Autokran"; BGH NJW 1980, 231 f. v. 5.2.1979 „Gervais"; zu der angenommenen besonderen Gefährdung durch den unternehmerischen Interessenkonflikt auch o. Rn. 32 und Fn. 24; dazu, daß der Rechtsvergleich Zweifel daran weckt, daß das Kriterium des herrschenden *Unternehmens* dem Schutz der abhängigen Gesellschaft optimal dient o. Rn. 462 f.

[1192] Zum Stimmverbot in der GmbH o. Rn. 122 ff.

[1193] Dazu schon o. Rn. 483.

nahme von Rechtsgeschäften mit sich selbst oder anderen Konzernunternehmen kann er seinen Einfluß in der Geschäftsführung nutzen, ohne daß die Gesellschafterversammlung überhaupt mit dem Geschäft befaßt wird. Zwar kann die Minderheit über § 50 Abs. 2 GmbHG eine Beschlußfassung erzwingen. Das setzt aber wiederum voraus, daß sie einzelne Maßnahmen rechtzeitig in Erfahrung bringt und jeweils ihre Rechte aus § 50 GmbHG geltend macht. Es wird dem kontrollierenden Gesellschafter daher trotz § 50 GmbHG häufig gelingen, durch informelle Einflußnahme die Minderheit von der Entscheidung über die genannten Maßnahmen gänzlich auszuschließen. Das widerspricht der Wertung des § 47 Abs. 4 GmbHG, der die Entscheidung bei Interessenkonflikten – wegen der Gefahr einer Benachteiligung der Gesellschaft - gerade ausschließlich in die Hände der Mindheit legt. § 47 Abs. 4 GmbHG rechtfertigt es daher, wenn der kontrollierende Gesellschafter trotz eines ihn vom Stimmrecht ausschließenden Interessenkonflikts über eine Maßnahme entscheidet, ihm zumindest die Beweislast dafür aufzuerlegen, daß diese Maßnahme für die Gesellschaft nicht nachteilig war. § 47 Abs. 4 GmbHG führt dazu, den Rechtsgedanken des § 317 Abs. 2 AktG zumindest insoweit auf die GmbH zu übertragen, daß bei einem der in § 47 Abs. 4 GmbHG genannten Interessenkonflikte die Beweislast für die Angemessenheit einer veranlaßten Maßnahme vollständig den kontrollierenden Gesellschafter trifft. Das hat mit dem Konzernrecht gemein, daß Grundlage eine besondere Gefährdung der Gesellschaft ist. Es ist aber nicht die abstrakte Gefahr durch anderweitige unternehmerische Betätigung, sondern die konkrete Gefahr durch einen Interessenkonflikt bei einer bestimmten Transaktion.

3. Voraussetzungen

Mit der Begründung aus § 47 Abs. 4 GmbHG sind die Voraussetzungen 568
der Beweislastverteilung bei Treupflichtverletzungen in der GmbH klar: Veranlaßt ein Gesellschafter eine Maßnahme, insbesondere ein Rechtsgeschäft, über deren Vornahme er wegen § 47 Abs. 4 GmbHG in der Gesellschafterversammlung nicht abstimmen dürfte, so trifft ihn die volle Beweislast für die Angemessenheit der Maßnahme, also dafür, daß auch ein ordentlicher und gewißenhafter Geschäftsleiter, der sich nur am Gesellschaftsinteresse orientiert, diese Maßnahme vorgenommen hätte. Soweit ihm der Nachweis nicht gelingt, gilt die Maßnahme als nachteilig. Haben dagegen die außenstehenden Gesellschafter der Vornahme zugestimmt, so muß nach der allgemeinen Regel der Anspruchsteller nachweisen, daß eine veranlaßte Maßnahme nachteilig war, wobei ein unternehmerischer Ermessensspielraum zu berücksichtigen ist.

De lege ferenda sollte das GmbH klarstellen, daß denjenigen Gesellschaf- 569
ter, der trotz § 47 Abs. 4 GmbHG außerhalb der Gesellschafterversamm-

lung eine Maßnahme veranlaßt, bei der er in der Gesellschafterversammlung vom Stimmrecht ausgeschlossen wäre, die volle Beweislast dafür trifft, daß durch diese Maßnahme die Gesellschaft nicht unangemessen benachteiligt wurde.

V. Fazit

570 Die drei verglichenen Rechtsordnungen kennen jeweils eine Treupflicht des kontrollierenden Gesellschafters, die ihn zur Rücksicht auf die Interessen der Gesellschaft verpflichtet.
Diese Treupflicht ist in den USA hoch entwickelt und hat große praktische Bedeutung, während sie in Spanien nahezu bedeutungslos ist und auch in Deutschland vergleichsweise selten zur Anwendung kommt. Ein Grund hierfür ist, daß nach der in Deutschland verbreiteten Ansicht der Anspruchsteller die Beweislast für die mangelnde Rücksicht auf das Gesellschaftsinteresse trägt. In den USA trifft demgegenüber den Treupflichtigen die Beweislast für die vollständige Fairness einer Transaktion, wenn er sich bei dieser Transaktion in einem Interessenkonflikt befand.
In der abhängigen AG kehrt § 317 Abs. 2 AktG trotz seiner systematischen Stellung die Beweislast für veranlaßte Maßnahmen generell um. Der Rechtsgedanke des § 317 Abs. 2 AktG, die Beweislast dem Gesellschafter dann aufzuerlegen, wenn eine besondere Gefährdung der Gesellschaft und typische Beweisschwierigkeiten zusammentreffen, ist auf den Anspruch aus Treupflichtverletzung übertragbar und führt dazu, daß der Gesellschafter die volle Beweislast für die Angemessenheit einer Maßnahme trägt, die er veranlaßt hat, obwohl er durch § 47 Abs. 4 GmbHG in der Gesellschafterversammlung vom Stimmrecht ausgeschlossen wäre.

F. Die Treupflicht des einzigen Gesellschafters

571 **6. These**: Lücken, die die speziellen Tatbestände lassen, werden durch eine modifizierte Treupflicht auch des einzigen Gesellschafters geschlossen.

I. Verantwortlichkeit des einzigen Gesellschafters

572 In *Spanien* hat schon in der Mehrpersonengesellschaft die Treupflicht nur geringe praktische Bedeutung erlangt. Eine Treupflicht des einzigen Gesellschafters ist nicht anerkannt[1194] und wird kaum diskutiert. Gläubigerschutzprobleme werden mit strikter Kapitalerhaltung, der Verwalterhaftung und mit der Durchgriffsmethode bewältigt. Daneben unterliegt aber auch der einzige Gesellschafter der S.L. einer über die Kapitalerhaltung hinausgehenden Pflichtbindung: Gemäß Art. 128 Abs. 3 LSL haftet er

[1194] O. Fn. 578.

zwei Jahre lang der Gesellschaft auf *Vorteile*, die er direkt oder indirekt *aus Verträgen* mit ihr zieht[1195]. In einer solventen Gesellschaft wird sich niemand finden, diese Haftung geltend zu machen. Fällt die S.L. aber in Konkurs und hat sich der Gesellschafter im Vorfeld verdeckt Gesellschaftsvermögen angeeignet, so haftet er aus Art. 128 Abs. 3 LSL auf die Rückgewähr dessen, was er durch nicht zu Marktkonditionen geschlossene Geschäfte[1196] mit der Gesellschaft erlangt hat. Außerdem dehnt im Strafrecht Art. 31 C.P. die Verantwortlichkeit der Verwalter auf faktische Verwalter aus, was den kontrollierenden Gesellschafter umfassen kann. Hieraus wird in der Literatur die Erstreckung auch der zivilrechtlichen Verwalterhaftung auf den faktischen Verwalter gefolgert[1197].

Auch in den *USA* gilt die Treupflicht, die duty of loyalty des kontrollieren- 573
den Gesellschafters grundsätzlich nur, solange noch Minderheitsgesellschafter vorhanden sind, auf die Rücksicht zu nehmen ist. Trotz des insgesamt vergleichsweise niedrigen Gläubigerschutzniveaus im usamerikanischen Gesellschaftsrecht[1198] ist aber mehrfach entschieden, daß die Gesellschafter auch auf die Interessen der Gläubiger Rücksicht zu nehmen haben, wenn die corporation insolvent ist oder sich in der Nähe der Insolvenz befindet[1199].

Ebensowenig wie in den anderen Staaten besteht in *Deutschland* eine all- 574
gemeine Treupflicht des einzigen Gesellschafters. § 311 Abs. 1 AktG verbietet aber auch ihm die kompensationslose Benachteiligung der abhängigen AG und enthält damit die weitreichendste Pflichtbindung des einzigen Gesellschafters. In der GmbH ist die Entwicklung von einer speziell konzernrechtlichen Verantwortlichkeit[1200] hin zu der Respektierung der Existenzfähigkeit der Gesellschaft verlaufen. Maßnahmen, die die Insolvenz der Gesellschaft herbeiführen, sind danach auch dem einzigen Gesellschafter verwehrt. Diese Verpflichtung folgt aus der mitgliedschaftlichen Sonderverbindung zur GmbH. Sie läßt sich als Treupflicht bezeichnen, wenn der Unterschied zur Pflichtbindung in der mehrgliedrigen GmbH darüber nicht in Vergessenheit gerät[1201].

[1195] O. Rn. 281.
[1196] S.o. Fn. 567.
[1197] O. Rn. 316.
[1198] Die allgemein stärkere Orientierung an den Interessen der Gesellschaftsgründer und des Managements wird als Folge des unter der Bezeichnung „race to the bottom" diskutierten Wettbewerbs der Gesellschaftsrechte der Bundesstaaten um Gründungen angesehen, s. etwa Merkt, Rn. 17 ff.
[1199] O. Rn. 364 ff.: Ein einheitliches Kriterium ist noch nicht feststellbar.
[1200] Zur Haftung im „qualifizierten" faktischen Konzern Rn. 166 ff.
[1201] O. Rn. 116 ff.

575 In jeder der verglichenen Rechtsordnungen besteht damit im Interesse der Gläubiger eine Verantwortlichkeit auch des einzigen Gesellschafters gegenüber „seiner“ Kapitalgesellschaft. Außer in der abhängigen AG ist diese Verantwortlichkeit aber jeweils deutlich herabgesetzt gegenüber der Pflichtbindung beim Vorhandensein von Minderheitsgesellschaftern. Als Kriterium kristallisiert sich in den USA und in der deutschen GmbH die Insolvenzverursachung oder -vertiefung heraus, während in der spanischen S.L. eine allgemeine Ausgleichspflicht für nachteilige „self dealing“-Geschäfte besteht.

II. Voraussetzungen und Beweislast

576 De lege lata läßt sich in Deutschland allein eine Insolvenzverursachungshaftung aus den gläubigerschützenden Vorschriften begründen. Auch de lege ferenda ist eine allgemeine Haftung für Geschäfte des einzigen Gesellschafters mit seiner Gesellschaft nach spanischem Vorbild nicht zu befürworten. Denn die Rechtfertigung der Pflichtbindung ist allein der Gläubigerschutz[1202]. Gläubiger erleiden aber nur in der Insolvenz einen Ausfall, außerhalb der Insolvenz fehlt es an einem Schutzbedürfnis. Würden Kapitalerhaltung und Insolvenzantragspflicht tatsächlich dazu führen, daß ausreichendes Vermögen zur Gläubigerbefriedigung erhalten würde, was durch die Bemessung zu Liquidationswerten möglich würde[1203], so fehlte es sogar insgesamt an der Notwendigkeit einer zusätzlichen Pflichtbindung des einzigen Gesellschafters.

577 Solange dies nicht der Fall ist, stellt sich aber die Frage nach den *Voraussetzungen der Pflichtverletzung*. Der *BGH* spricht von einem existenzvernichtenden Eingriff[1204], worunter nach der hier vertretenen Auffassung ein Verhalten zu verstehen ist, das auf die Insolvenz der Gesellschaft angelegt ist, diese mit Wahrscheinlichkeit verursachen wird[1205]. Dafür reicht nicht eine schlichte unternehmerische Fehlentscheidung[1206], denn eine allgemeine Sorgfaltshaftung ist auch für den Gesellschafter, der die Geschäftsführung an sich gezogen hat, nicht zu begründen[1207]. Vielmehr muß sich die Gefährlichkeit für die Gesellschaft aufdrängen, was dazu führen wird, daß

[1202] S.o. Rn. 110 ff.

[1203] O. Rn. 530 ff.

[1204] Er tendiert in BGH NJW 2002, 3024 v. 24.6.2002 „KBV“ allerdings dazu, diesen existenzvernichtenden Eingriff als Durchgriffstatbestand anzusehen. Die konstruktive Einkleidung ändert aber nichts daran, daß Anforderungen an das Verhalten der Gesellschafter formuliert werden.

[1205] O. Rn. 119 ff.

[1206] S. zur negativen Abgrenzung der Pflicht auch Karsten Schmidt, ZIP 1988, 1497 (1506).

[1207] O. Rn. 120.

sachlich kein allzu großer Unterschied zu der von *Altmeppen*[1208] befürworteten Haftung für einen „gröblichen Verstoß gegen den Mindeststandard unternehmerischer Sorgfalt" bestehen wird. Die Konkretisierung der Pflicht wird jedoch wie bei PVV und c.i.c. erst fallweise erfolgen können[1209].

Wie bei der Treupflicht in der Mehrpersonengesellschaft wird auch bei der Pflichtbindung des einzigen Gesellschafters die *Beweislastverteilung* ein Hauptproblem in der praktischen Anwendung darstellen. Dem Anspruchsteller wird regelmäßig der Einblick in die Angelegenheiten und Geschäfte der Gesellschaft fehlen. Ihm kommen jedoch die gleichen Beweiserleichterungen zugute, wie auch sonst bei einem Anspruch aufgrund Treupflichtverletzung: **578**

Die Beweislastverteilung nach Gefahrenbereichen ist anwendbar, kann aber nur zu einer Beweislastumkehr für das Verschulden führen, wenn die Pflichtverletzung feststeht und hat damit für die Veranlaßung von Maßnahmen der Gesellschaft praktisch keine Bedeutung[1210].

Entscheidende Schwierigkeit ist wiederum der Nachweis der *objektiven Pflichtverletzung*. Die Veranlaßung einer bedeutenden Geschäftsführungsmaßnahme durch den einzigen Gesellschafter ist dann, wenn nicht ausnahmsweise ein Fremdgeschäftsführer im allgemeinen unabhängig von Weisungen des Gesellschafters arbeitet, ein derart typischer Geschehensablauf, daß die Voraussetzungen des Anscheinsbeweises erfüllt sind[1211]. Daß die veranlaßte Maßnahme aber für die Gesellschaft so nachteilig war, daß sie auf deren Insolvenz angelegt war, ist alles andere als ein typischer Geschehensablauf. Auch aus der später eingetretenen Insolvenz läßt sich nicht ohne weiteres auf einen vorhergehenden existenzvernichtenden Eingriff des Gesellschafters schließen[1212]. Wie bei der Treupflicht in der Mehrpersonengesellschaft wird es sich bei den veranlaßten Maßnahmen aber regelmäßig um Geschehensabläufe handeln, bei denen der Anspruchsteller außerhalb steht. Soweit dem einzigen Gesellschafter Tatsachen bekannt und ihm ergänzende Angaben zuzumuten sind, trifft ihn in diesem Fall eine sekundäre Substantiierungslast in Bezug auf die Umstände der Transaktionen[1213]. **579**

Daneben läßt sich auch auf die Treupflicht in der eingliedrigen Gesellschaft der *Rechtsgedanke des § 317 Abs. 2 AktG* übertragen, die Beweislast **580**

[1208] ZIP 2001, 1837 (1847), s. dazu o. Rn. 114.

[1209] Vgl. Karsten Schmidt in Hommelhoff/Stimpel/Ulmer, S. 109 (127); Priester, ZGR 1993, 533 (523 ff.).

[1210] S.o. Rn. 559 f.

[1211] Zum Anscheinsbeweis o. Rn. 561.

[1212] S.a. Röhricht in FS 50 Jahre BGH, S. 83 (117).

[1213] S. Decher, ZinsO 2002, 113 (115) und o. Rn. 562 ff.

dem Gesellschafter dann aufzuerlegen, wenn eine besondere Gefährdung der Gesellschaft und typische Beweisschwierigkeiten zusammentreffen[1214]. Zwar streitet hierfür nicht die Wertung des § 47 Abs. 4 GmbHG, denn selbstverständlich gibt es in der Einpersonengesellschaft kein Stimmverbot. Die typischen Beweisschwierigkeiten und die Gefährdung der Gesellschaft sind aber noch größer, wenn Minderheitsgesellschafter fehlen. Der einzige Gesellschafter kann über die Geschäftsführung „seiner" GmbH dann völlig unbehelligt selbst entscheiden, insbesondere auch über Rechtsgeschäfte mit sich selbst. Es bietet sich ihm damit auch jede Möglichkeit, diese Geschäfte und ihre Umstände zu verschleiern. Hierdurch steigert sich die Gefahr für die GmbH. Insbesondere im hier interessierenden Bereich der Nähe zur Insolvenz kann der Gesellschafter versucht sein, die Gesellschaft zu seinen Gunsten oder zugunsten anderer abhängiger Unternehmen zu schädigen, bevor die GmbH in der Insolvenz zugunsten der Gläubiger verwaltet und verwertet wird[1215]. Daraus folgt, daß der Anspruchsteller zwar grundsätzlich alle Voraussetzungen eines existenzvernichtenden Eingriffs darlegen und beweisen muß[1216]. Hat der Anspruchsteller aber eine durch den Alleingesellschafter veranlaßte Maßnahme bewiesen, bei der dieser sich in einem Interessenkonflikt befand, so trifft den Alleingesellschafter die Beweislast dafür, daß es sich hierbei nicht um einen existenzvernichtenden Eingriff handelte, daß die veranlaßte Maßnahme mithin nicht mit Wahrscheinlichkeit zur Insolvenz der GmbH führen mußte. Als Maßstab dafür, wann ein Interessenkonflikt vorliegt, kann wiederum § 47 Abs. 4 GmbHG dienen, so daß insbesondere Rechtsgeschäfte mit dem Alleingesellschafter oder von ihm abhängigen Unternehmen von dieser Beweislastverteilung erfaßt werden[1217].

III. Verhältnis zur Durchgriffshaftung

581 In Deutschland wird durch den *BGH* nun angedeutet[1218] und in der Literatur vorgeschlagen[1219], die im „Bremer Vulkan"-Urteil verlangte „angemes-

---

[1214] Dazu o. Rn. 565 ff.

[1215] S. zu den hierdurch begründeten Beweiserleichterungen im Rahmen der Insolvenzanfechtung o. Rn. 210.

[1216] Zur Grundregel der Beweisverteilung Zöller-Greger, Vor § 284 Rn. 17a; MüKoZPO-Prütting, § 286 Rn. 109; Stein/Jonas-Leipold, § 286 Rn. 38.

[1217] Zum Anwendungsbereich des § 47 Abs. 4 GmbHG o. Rn. 123 ff.

[1218] In BGH NJW 2002, 3024 v. 24.6.2002 „KBV"; zustimmend Benecke, BB 2003, 1190 (1193); s.a. Vetter, ZIP 2003, 601 ff.; Hirte, NJW 2003, 1154 (1157).

[1219] Bitter, WM 2001, 2133 (2137 ff.); zustimmend Hoffmann, NZG 2002, 68 (71 f.), der terminologisch verwirrend allerdings ausschließlich von Durchgriffshaftung spricht und darunter selbst die von *Wilhelm* begründete Sorgfaltshaftung analog § 43 Abs. 1 GmbHG faßt.

sene Rücksichtnahme auf die Eigenbelange der GmbH"[1220] als eine Fallgruppe der Durchgriffshaftung zu verstehen. Entsprechend dem Selbstverständnis des *Senatsvorsitzenden*[1221] legte sich das „Bremer Vulkan"-Urteil noch nicht auf eine bestimmte dogmatische Konstruktion fest.
Gegenüber der Konstruktion als Durchgriff bietet die Gestaltung als Pflicht gegenüber der Gesellschaft aber drei entscheidende Vorteile:

1. Eine Haftung für Pflichtverletzungen gegenüber der Gesellschaft macht 582
deutlich, wo diese Haftung hingehört. Sie gehört in das *Innenverhältnis* zwischen Gesellschaft und Gesellschafter. Ansprüche aus einer Durchgriffshaftung würden dagegen den Gläubigern zustehen. In einem Insolvenzverfahren läßt sich über § 92 S. 1 InsO oder § 93 InsO die Geltendmachung durch den Insolvenzverwalter begründen[1222]. Bei der nunmehr vorgeschlagenen Differenzierung nach Gläubigergruppen innerhalb der Durchgriffshaftung[1223] ist auch das kaum möglich[1224].
Die Haftung für Existenzvernichtung beruht aber gerade nicht auf einem Verhalten gegenüber einzelnen Gläubigern[1225]. Hierfür gibt es spezielle Tatbestände: Wer berechtigtes Vertrauen enttäuscht, betrügt oder vorsätzlich sittenwidrig schädigt, haftet dem geschädigten Gläubiger. Die Haftung für Existenzvernichtung beruht dagegen auf einem Verhalten gegenüber der Gesellschaft, durch das die Gesamtheit ihrer ungesicherten Gläubiger geschädigt wird. Um einen gleichmäßigen Ausgleich für all diese Gläubiger zu erzielen, möglichst sogar verbunden mit der Rettung des Unternehmens, führt kein Weg daran vorbei, die Haftung in der Insolvenz durch den Insolvenzverwalter zugunsten der Masse verfolgen zu lassen[1226]. Angesichts der faktischen Vermögenslosigkeit eines Großteils der insolventen GmbHs[1227] kann der Anspruch gegen den Gesellschafter dazu beitragen, überhaupt die Kosten eines Insolvenzverfahrens zu decken.

[1220] BGH ZIP 2001, 1874 v. 17.9.2001, 1. Leitsatz.
[1221] S. Röhricht, ZGR 1999, 445 (457 ff.).
[1222] S. Vetter, ZIP 2003, 601 (606 f.).
[1223] Bitter, WM 2001, 2133 (2140 f.); mit der Differenzierung zwischen Vertrags- und Deliktsgläubigern übernimmt *Bitter* eine vor allem in der Literatur vertretene Ansicht aus den USA. Rechtstatsächlich ist in den USA der Durchgriff auf Gesellschafter wegen vertraglicher Forderungen (contract) allerdings wesentlich häufiger als wegen deliktischer (tort), s. Thompson, 76 (1991) Cornell L.Rev. 1036 (1058) und o. Fn. 853.
[1224] Davon geht implizit auch Bitter, WM 2001, 2133 (2140) Fn. 115 aus; ausdrücklich Hoffmann, NZG 2002, 68 (74): „reine Außenhaftung"; ders., S. 71 behauptet auch eine „vom *BGH* angenommene reine Außenhaftung des Gesellschafters", für die sich dem „Bremer Vulkan"-Urteil nun wirklich nichts entnehmen läßt.
[1225] S. schon Karsten Schmidt, ZIP 1988, 1497 (1505 ff.).
[1226] S.a. Grunewald, 2.F. Rn. 148, 152.
[1227] S.o. Rn. 506.

Die Alternative wäre die Geltendmachung durch wenige Großgläubiger, die bereit und in der Lage sind, das Risiko eines Durchgriffsprozesses einzugehen und sich dann einen Wettlauf um das Vermögen des Gesellschafters liefern. Findet mangels Masse kein Insolvenzverfahren statt, so können hilfsweise die Gläubiger den Anspruch analog dem Verfolgungsrecht der Gläubiger in der AG[1228] geltend machen. Rechtstechnisch ist das aber die Ausnahme, nicht die Regel.

583 2. Die Treupflicht gibt mit der Rücksichtnahme auf die in dem Kürzel Gesellschaft zusammengefaßten Interessen *konkretere Voraussetzungen*, als die Durchgriffsmethode mit dem Begriff des „objektiven Mißbrauchs". Die Anwendung der Treupflicht in der Mehrpersonengesellschaft hat gezeigt, daß sich die Pflicht zur Rücksichtnahme fallweise konkretisieren läßt[1229]. Die Pflicht des einzigen Gesellschafters ist dazu nicht konstruktiv, sondern nur graduell unterschiedlich: Wie in der Mehrpersonengesellschaft besteht die Treupflicht nicht zugunsten der rechtlichen Fiktion Gesellschaft, sondern zugunsten derjenigen, die ein schützenswertes Interesse an der Gesellschaft haben. Fallen Minderheitsgesellschafter aus dieser Gruppe heraus, so führt das dazu, daß die Treupflicht entsprechend angepaßt ist[1230]. Es bleiben aber die Gläubiger einschließlich der Arbeitnehmer, die ein Mindestmaß an Rücksicht auf die Existenzfähigkeit der Gesellschaft verlangen können. Denn die Existenzvernichtung ist dem Gesellschafter nur unter vorrangiger Befriedigung der Gläubiger gestattet (s. § 73 Abs. 1 GmbHG). Damit gibt die Treupflicht klarere Leitlinien für die Entscheidung, als es die Durchgriffsmethode mit dem Begriff des „objektiven Mißbrauchs" vermag, in den jeweils die eigenen Gerechtigkeitsvorstellungen hineingelegt und -gelesen werden können.

584 3. Die Treupflicht ist *flexibler* und arbeitet nicht nach dem Alles oder Nichts-Prinzip. Hat bei der Treupflichtlösung ein auf die Insolvenz der Gesellschaft angelegtes Verhalten zu einer Vernichtung von Gesellschaftsvermögen geführt, haben aber auch andere Umstände weitere Teile des Vermögens vernichtet, so ist eine Beschränkung auf den tatsächlich verursachten Schaden möglich[1231]. Die Durchgriffsmethode hebt hingegen die Haftungsbeschränkung auf. Analog § 128 S. 1 HGB haften die Gesellschafter dann für alle Gesellschaftsverbindlichkeiten[1232]. Einen Ansatz-

---

[1228] Nach §§ 62 Abs. 2, 93 Abs. 5 S. 1, 3, 4, 116 S. 1, 117 Abs. 5, 309 Abs. 4 S. 3, 310 Abs. 4, 317 Abs. 4, 318 Abs. 4 AktG, s.o. Rn. 224 ff.

[1229] Das zeigt insbesondere das Beispiel der USA, s.o. Rn. 550.

[1230] S. Karsten Schmidt, NJW 2001, 3577 (3580): „Jede aus der Verletzung einer Sonderrechtsverbindung abzuleitende Haftung setzt zuvor eine Bestimmung der sich aus der Sonderrechtsverbindung ergebenden Rechtspflichten voraus."

[1231] Vgl. Ulmer, ZHR-Beiheft Nr. 70 (2002), S. 41 (68).

[1232] S.o. Rn. 213.

punkt für eine Beschränkung der Haftung auf den verursachten Schaden bietet die Durchgriffsmethode nicht[1233].

Auch der *BGH* beschreibt im „Bremer Vulkan“-Urteil letztlich eine Pflicht gegenüber der Gesellschaft. Denn die Rücksichtnahme auf die Eigenbelange der GmbH wird als Vermögensbetreuungspflicht bei § 266 StGB qualifiziert[1234]. In dem zur Durchgriffsmethode tendierenden „KBV“-Urteil spricht der *BGH* aus, der Alleingesellschafter müsse, „für Nachteile einstehen, die den Gesellschaftsgläubigern dadurch entstehen, dass sie der Gesellschaft Vermögen entziehen, das sie zur Erfüllung ihrer Verbindlichkeiten benötigt.“[1235] Der dort als Folge des Vermögensentzugs angesehene „Verlust des Haftungsprivilegs“ führt aber nicht zum Ausgleich verursachter Nachteile, sondern – über eine Analogie zu § 128 S. 1 HGB – zur Haftung für *alle* Gesellschaftsverbindlichkeiten. 585

Trotz der geschilderten Unterschiede ist die Treupflicht des einzigen Gesellschafters zur Durchgriffsmethode in ihren Voraussetzungen aber *nicht grundverschieden*[1236]. Der einzige Gesellschafter haftet jeweils für ein Verhalten, das mit Funktion und Konstruktion der Kapitalgesellschaft nicht mehr vereinbar ist. Beide Methoden werden daher bei sachgerechter Begrenzung oft in den gleichen Fällen zur Haftung des Gesellschafters führen. Rechtstechnisch hat die Treupflicht des einzigen Gesellschafters aber die Vorteile klarerer Voraussetzungen, stimmiger Abwicklung und flexibler Rechtsfolgen auf ihrer Seite. 586

1233 Grundgedanke der Durchgriffshaftung ist es, bei Vorliegen des Durchgriffs-„Tatbestandes“ die Kapitalgesellschafter so zu behandeln, als hätten sie das Handelsgeschäft ohne Haftungsbegrenzung betrieben, o. Fn. 443. Wer ein Handelsgeschäft ohne Haftungsbegrenzung betreibt, haftet aber nicht für verursachte Nachteile, sondern für die im Betrieb des Handelsgeschäfts begründeten Verbindlichkeiten. Vetter, ZIP 2003, 601 (603-605) begründet ausführlich und überzeugend, warum eine Beschränkung der Haftung auf die tatsächlich verursachten Nachteile sachgerecht ist und führt dann aus: „Methodisch sollte eine solche Beschränkung der Haftung keine Probleme bereiten.“ Für die mitgliedschaftliche Pflicht des Gesellschafters trifft das zu, für die Durchgriffsmethode dagegen nicht.

1234 BGHZ 149, 10 (17) v. 17.9.2001 „Bremer Vulkan“. Ausführlicher hierzu Mödl, JuS 2003, 14 (16 f.). Der Senatsvorsitzende *Röhricht* ist aber um die Abgrenzung zur Treupflicht in der mehrgliedrigen Gesellschaft besorgt, s. Röhricht in FS 50 Jahre BGH, S. 83 (104 f.), was zur Vermeidung der entsprechenden Begrifflichkeit geführt haben könnte.

1235 BGH NJW 2002, 3024 (3025) v. 24.6.2002.

1236 Dem entspricht, daß die Haftung wegen Existenzvernichtung mit dem als Fallgruppe der Durchgriffshaftung vorgeschlagenen schillernden Begriff der Unterkapitalisierung in Verbindung gebracht wird, so von Bitter, WM 2001, 2133 (2140) und Hoffmann, NZG 2002, 68 (71 f.).

IV. Fazit

587 Jede der drei Rechtsordnungen kennt eine über die Kapitalerhaltung hinausreichende Pflichtbindung des einzigen Gesellschafters. Vorzugswürdig und de lege lata im deutschen Recht begründbar ist die Verpflichtung, Verhalten zu unterlassen, daß auf die Insolvenz der Gesellschaft angelegt ist. Die Beweislast für eine Pflichtverletzung trägt grundsätzlich der Anspruchsteller. Die Beweislast, daß ein solches Verhalten nicht vorlag, trägt hiervon abweichend der einzige Gesellschafter, wenn es sich um die Veranlaßung einer Transaktion handelt, bei der er sich in einem Interessenkonflikt befand, insbesondere ein Rechtsgeschäft mit ihm selbst. Rechtstechnisch ist die Pflichtbindung auch des einzigen Gesellschafters der Durchgriffshaftung überlegen, auch wenn sie sachlich in ähnlichen Fällen zu einer Haftung des Gesellschafters führen wird.

G. Keine Durchgriffshaftung

588 **7. These**: Die Durchgriffsmethode sollte aufgegeben werden. Sie ist entbehrlich, denn speziellere Tatbestände erfüllen bereits ihre Funktion. Sie führt zu Rechtsunsicherheit, da sie keine konkretisierbaren Voraussetzungen hat.

I. Der Durchgriff als Teil der equity

589 Der Durchgriff ist ein schillernder Begriff. Er wird teils als Sammelbegriff für die Lösung der Probleme verstanden, die sich aus der Verschiedenheit von Verband und Mitglied ergeben[1237]. Außerhalb der spezialisierten Diskussion wird mit ihm häufig ein spezieller Haftungstatbestand bezeichnet, die Durchgriffshaftung[1238]. Die Unklarheiten um den Begriff des Durchgriffs gehen soweit, daß gelegentlich nicht mehr klar ist, ob spezielle Normen angewendet werden oder ein allgemeiner Durchgriffstatbestand[1239]. In Anlehnung an die Verwendung der Begriffe bei *Karsten Schmidt*[1240] wird es hier um die Durchgriffs*methode* gehen, um das, was im spanischen Recht als levantamiento del velo und im us-amerikanischen als piercing of the corporate veil bezeichnet wird. Es geht mithin um einen Tatbestand außerhalb spezieller Haftungs- und Zurechnungsnormen, der eine Ein-

[1237] Vgl. Hachenburg-Mertens, Anh § 13 Rn. 1.
[1238] Bork, ZGR 1994, 237 (241).
[1239] Vgl. OLG Dresden, NZG 2000, 598 (599, 601): „Ansprüche gegen die Bekl. im Hinblick auf einen qualifiziert faktischen Konzern/Durchgriffshaftung", § 826 BGB als Anspruchsgrundlage der Durchgriffshaftung; BAG AG 1999, 376 (377 f.) v. 8.9.1998.
[1240] Karsten Schmidt, § 9.

schränkung der Trennung zwischen Verband und Mitglied rechtfertigen soll.

Ihren Ursprung hat diese Methode mit dem *piercing of the corporate veil* in den *USA*, wo schon zu Beginn des 20. Jahrhunderts die Voraussetzungen so formuliert wurden, wie sie im Grundsatz bis heute gelten[1241]. Das ganz überwiegend für die Haftungserstreckung eingesetzte piercing of the corporate veil wurde nicht aus einem bereits zuvor bestehenden Rechtsinstitut entwickelt. Es finden sich zwar Anklänge an klassische Figuren des common law, insbesondere an agency[1242] und fraud[1243], die eine gewisse Vergleichbarkeit aufweisen. Ihr Vorliegen ist für das piercing of the veil aber nicht erforderlich. Das veil piercing wurde vielmehr im Rahmen der *equity* als materielles Korrektiv zur Verselbständigung der corporation entwickelt[1244]. Die equity (wörtlich: Billigkeit) in ihrer heutigen Funktion im us-amerikanischen Recht[1245] stellt es in das Ermessen der Gerichte, begrenzte Ausnahmen zuzulassen, wenn die strikte Anwendung des Rechts (law) der materiellen Gerechtigkeit widerspricht, zu unbilligen Ergebnissen führen würde, und geht dabei über die Funktion der Generalklauseln des deutschen Rechts wie Treu und Glauben und Sittenwidrigkeit hinaus[1246]. In statutes ist das veil piercing dementsprechend nicht positiv geregelt[1247]. Gesetzlich geregelt ist allein, daß die shareholders *nicht* persönlich für die Handlungen oder Verpflichtungen der Gesellschaft verantwortlich sind[1248]. Die equity erlaubt es dem Richter, hiervon nach seinem Ermessen eine Ausnahme zuzulassen. Der Entwicklung im Rahmen der equity entsprechen auch die weiten, generalklauselartigen Voraussetzungen: Erstens Kontrolle über die corporation, zweitens mißbräuchliches Verhalten oder ein ungerechtes Ergebnis, würde die strikte Trennung zwischen corporation und Gesellschafter aufrechterhalten und drittens im Fall des Haftungsdurchgriffs die Kausalität des Mißbrauchs für einen Schaden des Gläubigers[1249]. **590**

[1241] S.o. Rn. 379 und insbesondere United States v. Milwaukee Refrigerator Transit Co., Cir.Wis., 142 F. 247 v. 28.12.1905.

[1242] Eine sehr weit verstandene Vertretung, s.o. 798.

[1243] Betrug, s.o. Fn. 806.

[1244] S. Associated Vendors, Inc. v. Oakland Meat Co., Inc., Distr.App.Cal., 26 Cal.Rptr. 806 (813) v. 13.2.1963; Morris v. New York State Departement of Taxation and Finance, N.Y.App., 623 N.E.2d 1157 (1160) v. 19.10.1993; o. Fn. 797.

[1245] Zur Geschichte der equity Glendon/Gordon/Osakwe, S. 272 f., 661 ff.; Blumenwitz, § 3 1 b; Hay, Rn. 6 ff.

[1246] Reimann, S. 158 f.; s.a. Blumenwitz, § 3 1 b, § 3 3 c.

[1247] In Texas wird es durch § 2.21 A (2) Tex.Bus.Corp.A. allerdings gesetzlich begrenzt, s.o. Fn. 816.

[1248] S. § 6.22 (b) RMBCA.

[1249] Näher o. Rn. 380 ff.

591 In *Deutschland* wurde die *Durchgriffsmethode* unter dem Einfluß des us-amerikanischen piercing of the corporate veil[1250] in den 50er Jahren des 20. Jahrhunderts theoretisch begründet, nachdem zuvor schon das *Reichsgericht* ohne dogmatische Begründung eine generelle Ausnahme von der Trennung zwischen juristischer Person und Mitglied aus Gründen der Billigkeit anerkannt hatte[1251].
Die Verankerung der Durchgriffsmethode im deutschen Recht ist trotz dieser langen Geschichte bis heute nicht letztendlich geklärt[1252]. *Wiedemann*[1253] sieht als Verpflichtungsgrund die Stellung als Mitglied der Verbandsperson. Hier besteht eine Sonderverbindung. Die Sonderverbindung besteht allerdings zur Gesellschaft, nicht zu den Gläubigern. Diese Begründung spricht damit zunächst für eine besondere Verpflichtung gegenüber der Gesellschaft[1254].

592 In der Literatur wird die Durchgriffshaftung, insbesondere diejenige wegen Unterkapitalisierung, teilweise mit einer *Verfehlung des Normzwecks* gläubigerschützender Vorschriften begründet[1255]. Als Folge dieser Zweckverfehlung wird eine teleologische Reduktion des § 13 Abs. 2 GmbHG vertreten[1256], was nun auch Anklang in der Rechtsprechung gefunden hat[1257]. Daraus, daß der Haftungsausschluß eingeschränkt ist, folgt aber noch nicht, daß und woraus der Gesellschafter haftet. Neben der Einschränkung des § 13 Abs. 2 GmbHG bedarf es deshalb eines Haftungstatbestandes für den Gesellschafter, der in der entsprechenden Anwendung des § 128 HGB

1250 Vgl. Serick, S. 54 ff.; Drobnig, S. 7, 88 ff.; s. Karsten Schmidt, § 9 I 1; Wiedemann, Unternehmensgruppe, S. 20.

1251 Zur Begründung diente die bekannte Leerformel, zwar dürfe über die juristische Person nicht leichtfertig hinweggegangen werden, s.a. BGHZ 20, 4 (11) v. 30.1.1956; 61, 380 (383) v. 13.11.1973, der Richter habe aber „vor der juristischen Konstruktion die Wirklichkeit des Lebens und die Macht der Tatsachen zu berücksichtigen", RGZ 99, 232 (234) v. 22.6.1920; diese Formel wurde erstaunlicherweise durch den *BGH* in Anwendung des § 242 BGB übernommen, s. BGHZ 54, 222 (224) v. 8.7.1970; 78, 318 (333) v. 5.11.1980; 102, 95 (102 f.) v. 22.10.1987; s.a. RGZ 104, 128 (130) v. 28.2.1922: „Hier siegt die Sache über die Form."; zusammenfassend Hachenburg-Mertens, Anh § 13 Rn. 40 ff.; Karsten Schmidt, § 9 I 1.

1252 S. zu den gedanklichen Ansätzen o. Rn. 140 ff.

1253 Unternehmensgruppe, S. 34.

1254 Dazu o. Rn. 107 ff. Wiedemann, Unternehmensgruppe, S. 34, sieht in dem Mitgliedsstatus die Rechtfertigung für Innen- und Außenhaftung und fordert dazu auf, den Unterschied nicht überzubetonen (aaO., S. 33), wenn auch die Innenhaftung systemgerechter sei (aaO., S. 30).

1255 So durch Hachenburg-Ulmer, Anh § 30 Rn. 51 ff.; Lutter/Hommelhoff, § 13 Rn. 5; Lutter, ZGR 1982, 244 (248 f.); Ansätze auch in BGHZ 125, 366 (368) v. 13.4.1994 für die Durchgriffshaftung wegen Vermögensvermischung.

1256 Hachenburg-Ulmer, Anh § 30 Rn. 52, 62; ders., GmbHR 1984, 256 (262).

1257 In BGH NJW 2002, 3024 v. 24.6.2002 „KBV".

liegen könnte[1258]. Dessen Anwendung müßte jedoch wiederum eigenständig begründet werden: Aus dem Normzweck gläubigerschützender Vorschriften folgt möglicherweise, *daß* ergänzender Gläubigerschutz geboten ist. Er sagt jedoch nicht, *wie* dieser Gläubigerschutz durchzuführen ist. Nach der hier vertretenen Auffassung ist eine Verpflichtung des Gesellschafters auf die Respektierung der Existenz der Gesellschaft begründet und einer Außenhaftung nach der Durchgriffsmethode vorzuziehen[1259]. Auch dann, wenn sie mit einer aus dem Zweck gläubigerschützender Vorschriften folgenden teleologischen Reduktion des § 13 Abs. 2 GmbHG begründet wird, erkennen Vertreter der Durchgriffsmethode weiterhin den allgemeinen Institutsmißbrauchs als Durchgriffsgrund an[1260]. Auch nach dieser Begründung soll damit ein Mißbrauch der juristischen Person den Durchgriff rechtfertigen.

Dieser ausfüllungsbedürftigen Voraussetzung und dem Begriff des „Mißbrauchs" entspricht die vor allem in der Rechtsprechung offen ausgesprochene Begründung der Durchgriffsmethode aus dem Grundsatz von *Treu* **593**
und Glauben[1261]. Innerhalb des § 242 BGB wird ein „institutioneller Rechtsmißbrauch" anerkannt, der dazu führt, daß „die sich aus einem Rechtsinstitut oder einer Rechtsnorm (scheinbar) ergebenden Rechtsfolgen unter Umständen zurücktreten, wenn sie zu einem mit Treu und Glauben unvereinbaren, schlechthin untragbaren Ergebnis führen"[1262]. Diese Begründung entspricht exakt der in den USA für das piercing of the corporate veil genutzten Funktion der equity. Wie in den USA folgt die vor allem in

---

[1258] S. BGHZ 95, 330 (332) v. 16.9.1985 „Autokran"; Lutter/Hommelhoff, § 13 Rn. 7; Hachenburg-Mertens, Anh § 13 Rn. 17; Hachenburg-Ulmer, Anh § 30 Rn. 52: „Das Verhältnis zwischen Gesellschafts- und Gesellschafterhaftung läßt sich vielmehr mit der Haftungslage in einer OHG (§§ 124, 128 HGB) vergleichen"; Vetter, ZIP 2003, 601 (603); erläuternd Flume I/2, § 3 I.

[1259] O. Rn. 116 ff., 571 ff.

[1260] S. Lutter/Hommelhoff, § 13 Rn. 12; Lutter, ZGR 1982, 244 (252 f.); vgl. a. Staudinger[12]-Coing, Einl zu §§ 21-89 Rn. 49; Staudinger-Weick, Einl zu §§ 21 ff Rn. 48.

[1261] BGHZ 54, 222 (224) v. 8.7.1970; 78, 318 (333) v. 5.11.1980; 102, 95 (102 f.) v. 22.10.1987; WM 1977, 73 (75) v. 3.11.1976; BAG ZIP 1999, 878 (879) v. 10.2.1999; BSG NJW 1984, 2117 (2118) v. 7.12.1983; NJW-RR 1997, 94 v. 1.2.1996; OLG Hamburg BB 1972, 1231 v. 15.2.1973; außerdem Serick, S. 204; s. dazu Flume I/2, S. 66: „Der deus ex machina für die Lösung der Durchgriffsproblematik ist die Berufung auf Treu und Glauben."; Altmeppen, ZIP 2002, 1553 (1563): „Der „Durchgriff" ist keine dogmatische Erklärung für eine Haftung, sondern eine allein an Treu und Glauben (§ 242 BGB) orientierte Beschreibung eines gewünschten Ergebnisses."

[1262] Palandt-Heinrichs, § 242 Rn. 40, der als einschlägiges Rechtsinstitut explizit die Durchgriffshaftung nennt. S.a. BGHZ 54, 222 (224) v. 8.7.1970; 78, 318 (333) v. 5.11.1980; WM 1977, 73 (75) v. 3.11.1976: „Rechtsmißbrauch". Daß dem Rechtsmißbrauch eine derart weitreichende Funktion beigemessen werden kann, ist allerdings bestritten, s. Staudinger-Jürgen Schmidt, § 242 Rn. 724 ff.

der Rechtsprechung anzutreffende Begründung für die Durchgriffsmethode damit aus dem Billigkeitsrecht, aus dem – gegenüber dieser aber erheblich eingeschränkten – Gegenstück der equity in § 242 BGB.

594 Trotz dieser allgemeinen, offenen Begründung ist die Durchgriffsmethode aber allein als Haftungsdurchgriff weithin anerkannt, wenn die Vermögensverteilung zwischen Gesellschaft und Gesellschafter insgesamt nicht mehr aufklärbar ist. Darüber hinausgehend hat die Durchgriffshaftung wegen Unterkapitalisierung und wegen allgemeinen Institutsmißbrauchs Gefolgschaft gefunden, ohne praktische Bedeutung zu erlangen[1263]. Der *BGH* tendiert nun dazu, die Haftung wegen existenzvernichtenden Eingriffs als Durchgriffshaftung auszugestalten[1264].

595 In *Spanien* wurde die Durchgriffsmethode 1984[1265] als *levantamiento del velo* aus dem angelsächsichen und deutschen Rechtsraum übernommen[1266]. Ihre Begründung sieht die Rechtsprechung in dem Prinzip des guten Glaubens (Art. 7 Abs. 1 C.C.), der Gesetzesumgehung (Art. 6 Abs. 4 C.C.), im Rechtsmißbrauch (Art. 7 Abs. 2 C.C.), der Schädigung der Rechte Dritter (Art. 10 der Verfassung) und der unsozialen Rechtsausübung (Art. 7 Abs. 2 C.C.)[1267]. Es werden damit nicht weniger als fünf Generalklauseln mit unterschiedlichen Rechtsfolgen kompiliert. Die Voraussetzungen des Durchgriffs reduzieren sich dementsprechend ebenfalls auf einen Mißbrauch der juristischen Person. In Zurechnungsfragen genügt ein objektiver Mißbrauch, während für den Haftungsdurchgriff eine Tendenz besteht, einen bewußten Mißbrauch zu verlangen, ohne daß dies jedoch klar ausgesprochen, noch aus den angewendeten Normen begründet wird[1268]. Das Ermessen des Richters entspricht de facto mindestens demjenigen, das dem US-Richter bei Anwendung der equity zukommt.

596 In den drei verglichenen Rechtsordnungen ist die Durchgriffsmethode damit ein Teil des Billigkeitsrechts. In dem Ursprungsland USA ist sie unbestritten Teil der equity. In Deutschland läßt sie sich auf den Grundsatz von Treu und Glauben zurückführen und wird in der Rechtsprechung explizit mit § 242 BGB begründet. In Spanien dient zu ihrer Rechtfertigung eine Kompilation unterschiedlicher Generalklauseln. Dem entsprechen vor allem in den USA und Spanien offene, durch Wertung im Einzelfall auszufüllende Voraussetzungen. Verlangt wird in der Regel die Kontrolle der Gesellschaft und ein Unwerturteil in Bezug auf die Ausübung der Kontrolle.

[1263] O. Rn. 218 ff.
[1264] In BGH NJW 2002, 3024 v. 24.6.2002 „KBV".
[1265] In TS, R. 1984/2800 v. 28.5.1984.
[1266] S. TS, R. 1998/6197 v. 22.7.1998.
[1267] O. Rn. 292.
[1268] S.o. Rn. 302, 306.

II. Regelungslücken?

Unabhängig davon, ob man die Haftungserstreckung auf den Gesellschafter analog § 128 HGB in Verbindung mit einer teleologischen Reduktion des § 13 Abs. 2 GmbHG[1269] oder allein aus § 242 BGB begründet, so setzt eine solche Rechtsfortbildung im deutschen Recht doch voraus, daß der betreffende Sachverhalt durch spezielle Regelungen nicht abschließend erfaßt ist[1270]. Allgemeiner fehlt es an dem Bedürfnis für eine Durchgriffshaftung, wenn es Normen gibt, die die Durchgriffsprobleme bereits sach- und systemgerecht lösen[1271]. 597

In besonderem Maße ist dies bei der Durchgriffshaftung wegen *Unterkapitalisierung* der Fall. Deren Forderung scheint sachlich auf den ersten Blick nachvollziehbar: Wer große Geschäfte mit kleinem Kapital betreibt und dadurch die Gläubiger schädigt, der haftet den Geschädigten. Das deutsche Recht gibt den Gläubigern in dieser Situation aber bereits ein ganzes Arsenal an Schutzinstrumenten an die Hand. Nach §§ 7 AktG, 5 Abs. 1 GmbHG benötigt die Kapitalgesellschaft ein Mindestkapital. Der Gesetzgeber hat sich hier für ein Nominalkapital, unabhängig vom Geschäftsgegenstand, entschieden[1272]. Ihren jeweiligen Anteil hieran schulden die Gesellschafter der Gesellschaft. Entnahmen sind erst zulässig, wenn das Gesellschaftsvermögen die Verbindlichkeiten und das Stammkapital übersteigt. Reicht das Kapital nicht aus, so haben, sobald das Vermögen nicht mehr die Verbindlichkeiten deckt, die *Geschäftsführer* Insolvenzantrag zu stellen. Tun sie das nicht, so haften sie persönlich für den dadurch entstehenden Gläubigerschaden. Vorherige Auszahlungen können neben der Kapitalerhaltung auch durch die Insolvenzanfechtung in das zu verteilende Vermögen zurückgeholt werden. Haben die Gesellschafter eine Gläubigerschädigung durch ihre kapitalschwache Gesellschaft billigend in Kauf genommen, so können sie aus § 826 BGB haften. Haben sie ihren Einfluß auf 598

1269 Oder § 1 Abs. 1 S. 2 AktG. In der AG spielt die Durchgriffshaftung allerdings keine Rolle.

1270 Eingehend Ehricke, AcP 199 (1999), 257 (273 ff.).

1271 Zur Subsidiarität der Durchgriffshaftung gegenüber spezielleren Regelungen Bork, ZGR 1994, 237 (259 f.).

1272 Dagegen, daß das Gesetz ein dem Unternehmensgegenstand angemessenes Gesellschaftskapital verlangt, spricht systematisch, daß eine angemessene Kapitalausstattung in einigen Ausnahmefällen explizit angeordnet ist, so in dem neun Seiten füllenden § 10 KWG für Kreditinstitute und in §§ 5 Abs. 4, 8 Abs. 1 S. 1 Nr. 3, 53c, 114 f. VAG für Versicherungsunternehmen und Pensionsfonds. Nach § 2 Abs. 2 a) KAGG erfordert die Zulassung einer Kapitalanlagegesellschaft ein eingezahltes Nennkapital von mindest zweieinhalb Millionen Euro. Auch die historisch-genetische Auslegung spricht gegen das Erfordernis einer „angemessenen" Kapitalausstattung, Ehricke, AcP 199 (1999), 257 (284 f.); MüHdb. GmbH-Schiessl, § 35 Rn. 17: Der Gesetzgeber hat ein solches Erfordernis bewußt nicht eingeführt.

die Gesellschaft zu deren Benachteiligung genutzt, so kommt die Haftung aus §§ 117, 311, 317 AktG und in der Mehrpersonengesellschaft aus der Treupflicht in Frage. Noch zu wenig im Bewußtsein ist die Haftung aus speziellen Tatbeständen: Erfüllen Gesellschafter und Gesellschaft beide den Tatbestand einer Haftungsnorm, was insbesondere bei der Kontrolle des jeweiligen Geschäftsbereichs durch den Gesellschafter in Frage kommt, so haften auch beide[1273]. Zugunsten vertraglicher Gläubiger kommt daneben die Haftung aus c.i.c. in Frage, wenn ihnen eine günstige Finanzsituation der Gesellschaft vorgespiegelt wurde. Dieses hier nur skizzierte Gläubigerschutzsystem[1274] läßt ein Defizit im Fall der Schädigung der Gesellschaft durch die Gesellschaftergesamtheit erkennen. Denn die Treupflicht ist nur in der Mehrpersonengesellschaft anerkannt und aufgrund der Bilanzierungsmethode führen Kapitalerhaltung und Insolvenzantragspflicht allein nicht dazu, daß tatsächlich das zur Gläubigerbefriedigung notwendige Vermögen erhalten wird[1275]. Diese Lücke wird systemkonform durch die modifizierte Treupflicht der Gesellschaftergesamtheit geschlossen[1276]. Außerhalb dieses Bereichs illustriert die hohe Regelungsdichte, daß der Gesetzgeber es im volkswirtschaftlichen Interesse hingenommen hat, daß auch große Geschäfte mit kleinem Kapital betrieben werden und daß er es unternommen hat, die hierdurch möglichen Mißbräuche *einzeln*, mit spezifischen Voraussetzungen und Rechtsfolgen, zu erfassen, *anstatt* eine generelle Ausnahme von der Haftungsbeschränkung zuzulassen und eine Anleihe bei der OHG vorzunehmen.

599 Es liegt allerdings auf der Hand, daß ein wesentlicher Teil des gesetzlichen Schutzinstrumentariums – die Kapitalerhaltung und die Insolvenzantragspflicht – nicht funktionieren kann, wenn die Vermögenslage der Gesellschaft nicht feststellbar ist, weil keine aussagekräftige Buchführung existiert. In diesem Fall erkennt die herrschende Meinung eine Durchgriffshaftung wegen *Vermögensvermischung* an[1277]. Auch das ist sachlich nachvollziehbar: Wer nicht dafür sorgt, daß die Mindestvoraussetzungen des Funktionierens der Kapitalgesellschaft gegeben sind, der kann auch nicht in den Genuß ihrer Vorteile kommen. Nur sind die Gesellschafter überhaupt nicht verpflichtet, für das Vorliegen dieser Mindestvoraussetzungen zu sorgen. Denn auch hier hat der Gesetzgeber eine spezielle Regelung getroffen. Nach § 41 GmbHG (§ 91 Abs. 1 AktG) sind die *Geschäftsführer* (der Vorstand) verpflichtet, für eine ordnungsgemäße Buchführung zu sorgen. Tun sie dies nicht, so haften *sie* der Gesellschaft wegen Pflichtverlet-

---

[1273] Näher o. Rn. 228 ff.
[1274] Ausführlich o. Rn. 158 ff.
[1275] O. Rn. 510 ff.
[1276] O. Rn. 107 ff., 571 ff.
[1277] Röhricht in FS 50 Jahre BGH, S. 83 m.w.N. in Fn. 28 und o. Rn. 214 ff.

zung aus § 43 Abs. 2 GmbHG (§ 93 Abs. 2 AktG)[1278]. Besonderes Gewicht wird hier der Schadensschätzung nach § 287 ZPO zukommen. *Ehricke* hat eingehend herausgearbeitet, wann auch Gesellschafter, die nicht selbst Geschäftsführer sind, für den durch mangelhafte oder fehlende Buchführung verursachten Schaden haften: Für die Pflichtverletzung des Geschäftsführers haften sie, wenn sie als Anstifter oder Gehilfen nach § 830 Abs. 2 BGB an dieser Pflichtverletzung teilgenommen haben[1279]. Für eine eigene Pflichtverletzung haften sie analog §§ 41, 43 Abs. 2 GmbHG, wenn sie als faktischer Geschäftsführer anzusehen sind. Das kann der Fall sein, wenn entweder die Beeinflußung der Geschäftsführung durch den Gesellschafter derart intensiv ist, daß der Geschäftsführer nur noch als Marionette oder Strohmann des Gesellschafters handelt oder, wenn der Gesellschafter die Geschäftsführung selbst übernommen hat, ohne offiziell dazu bestellt worden zu sein[1280]. Auch eine Treupflichtverletzung kommt in Betracht, wenn der Gesellschafter an der Verschleierung der Vermögenslage der Gesellschaft mitwirkt. Außerhalb dieser Konstellationen widerspricht eine Durchgriffshaftung wegen Vermögensvermischung aber §§ 41 GmbHG, 91 Abs. 1 AktG. Indem der Gesetzgeber die Pflicht für eine ordnungsgemäße Buchführung nur der Geschäftsführung (dem Vorstand) auferlegt hat, hat er es zugelassen, daß sich die Gesellschafter um die Führung der Handelsbücher nicht kümmern und dann auch nicht verantwortlich sind, wenn keine ordnungsgemäße Buchführung stattfindet. Eine Durchgriffshaftung wegen Vermögensvermischung, also nicht nur für den verursachten Schaden, sondern für alle Gesellschaftsverbindlichkeiten, konterkariert diese Entscheidung des Gesetzgebers.

Für eine Durchgriffshaftung wegen Unterkapitalisierung und wegen Vermögensvermischung fehlt es damit an einer Regelungslücke. Es bleibt die 600
in Deutschland nur vereinzelt geforderte Durchgriffshaftung wegen allge-

---

1278 BGH NJW 1974, 1468 v. 9.5.1974; Scholz-Crezelius, § 41 Rn. 8; Lutter/Hommelhoff, § 41 Rn. 4.

1279 Ehricke, AcP 199 (1999), 257 (293 ff.); ders., S. 214 ff.; ders., ZGR 2000, 351 (355 ff.) für die vergleichbare Problematik bei § 64 GmbHG. Über die Anforderungen des § 830 Abs. 2 BGB herrscht Streit. Umstritten ist insbesondere, ob – wie im Strafrecht – Täter und Teilnehmer vorsätzlich handeln müssen, oder ob bei einem von ihnen oder bei beiden Fahrlässigkeit ausreicht, s. ausführlich Staudinger-Belling/Eberl-Borges (2002), § 830 Rn. 27 ff. mit zahlreichen Nachweisen.

1280 Ehricke, AcP 199 (1999), 257 (297 f.); ders., S. 231 ff. Auf welche Personen Geschäftsführerpflichten ausgedehnt werden können, ist noch nicht letztendlich geklärt, s. Karsten Schmidt, § 14 III 4; Scholz-Uwe H. Schneider, § 6 Rn. 48 ff., § 43 Rn. 14 ff.; Hachenburg-Ulmer, § 64 Rn. 11 ff. Angesichts des Weisungsrechts der Gesellschafter wird man für die zivilrechtliche Verantworlichkeit verlangen müssen, daß dem offiziell bestellten Geschäftsführer kein eigener Verantwortungsbereich belassen wird und damit die vom GmbHG vorausgesetzte Kompetenzverteilung aufgehoben ist.

meinen *Institutsmißbrauchs*. Für diesen Auffangtatbestand wird vertreten, er solle eingreifen, wenn die Haftungsfreistellung des Gesellschafters *bewußt* zum Nachteil der Gläubiger eingesetzt wird[1281]. Für eine vorsätzliche Schädigung steht aber bereits die Haftung aus § 826 BGB zur Verfügung. Die Verhaltensweisen, die einen Mißbrauch im Sinn der Durchgriffshaftung begründen sollen, wären dort bei der Sittenwidrigkeit zu berücksichtigen. Einen eigenen Anwendungsbereich hätte daher nur eine Durchgriffshaftung wegen objektiven Institutsmißbrauchs. Doch welche Verhaltensweisen stellen einen objektiven Mißbrauch dar? Gläubiger erleiden aufgrund der Haftungsbegrenzung nur dann einen Schaden, wenn die Gesellschaft insolvent ist. Damit kann haftungsbegründend doch nur ein Verhalten sein, daß die Insolvenz wahrscheinlicher macht oder vertieft. In der Mehrpersonengesellschaft ist den Gesellschaftern bereits *jede* Schädigung der Gesellschaft durch die Treupflicht verwehrt. Damit bleibt eine Lücke allein im Fall der Insolvenzverursachung oder -vertiefung durch die Gesellschaftergesamtheit. Erkennt man eine Insolvenzverursachungshaftung der Gesellschafter gegenüber der Gesellschaft an, ist auch diese Lücke geschlossen. Für eine Durchgriffshaftung fehlt es an einer Regelungslücke.

601 Damit wird nicht geleugnet, daß es eines flexiblen Instruments bedarf, das eine gerechte Lösung auch von Fällen der Gläubigerschädigung ermöglicht, die – insbesondere wegen des aufgrund der Bilanzierung nicht ausreichenden Schutzes durch Kapitalerhaltung und Insolvenzantragspflicht – von den Spezialtatbeständen nicht erfaßt sind. Dieses Instrument liegt aber in der Pflichtbindung gegenüber der Gesellschaft, die gegenüber der Durchgriffshaftung die genannten Vorteile klarerer Voraussetzungen, stimmiger Abwicklung und flexibler Rechtsfolgen auf ihrer Seite hat[1282]. Die Durchgriffsmethode führt hingegen zu Rechtsunsicherheit[1283].

III. Rechtsunsicherheit

602 Für die Durchgriffs*haftung* wurde allein in Deutschland versucht, mit Vermögensvermischung und Unterkapitalisierung teilweise als abschließend verstandene Fallgruppen zu bilden[1284]. In den USA und Spanien sind dies dagegen allein Wertungselemente innerhalb des Unwerturteils. Kon-

---

[1281] Lutter/Hommelhoff, § 13 Rn. 12; anders noch Lutter, ZGR 1982, 244 (253): „rein objektiv“.

[1282] O. Rn. 581 ff.

[1283] S.a. Karsten Schmidt, ZIP 1988, 1497 (1505); Wilhelm, S. 332 f.

[1284] S. zur gleichwohl bestehenden Unklarheit im deutschen Recht Wiedemann, Unternehmensgruppe, S. 31: „Für die einzelnen Haftungselemente gibt es zur Zeit auf der Tatbestands- wie auf der Rechtsfolgenseite keine gesicherte Rechtsprechung oder Rechtslehre.“; Hommelhoff, ZIP 1990, 761 (768): „rechtlich ganz unsicheres Gelände“; Ehricke, AcP 199 (1999), 257 (262 ff.).

krete Tatbestandsmerkmale, bei deren Vorliegen die Haftung für Gesellschaftsverbindlichkeiten auf einen Gesellschafter erstreckt wird, gibt es nicht. Das widerspräche auch dem Grundgedanken der Durchgriffsmethode, denn die Haftungserstreckung soll ja stattfinden, wenn die Trennung zwischen Gesellschaft und Gesellschaftern im Einzelfall ausnahmsweise unbillig ist[1285]. Das führt dazu, daß kaum vorhersehbar ist, wann auf einen Gesellschafter durchgegriffen wird. Denn Unbilligkeit, Ungerechtigkeit, Mißbrauch sind Begriffe, die wie kaum ein anderer von den Wertvorstellungen des Interpretierenden abhängen. Dem Richter ist hier ein immens weiter Spielraum eröffnet. Insbesondere in Spanien nutzen Gerichte diesen Spielraum auch dann, wenn spezielle Haftungstatbestände in Frage kommen[1286]. Der Gesellschafter kann wegen dieses weiten Ermessens nicht vorhersehen, wie er sich verhalten müßte, um eine Haftung zu vermeiden. Die Steuerungsfunktion des Rechts wird aufgegeben. Damit ist auch den Opfern eines unbilligen oder ungerechten Gebrauchs der juristischen Person, den es ja zweifellos gibt, nicht gedient. Denn nicht nur der Gesellschafter, auch der bei der Gesellschaft ausgefallene Gläubiger hat kein verläßliches Kriterium, zu prognostizieren, ob ein Durchgriffsprozeß Aussicht auf Erfolg hat.

Es stellt sich die Frage, ob die in Deutschland gebildeten Fallgruppen diesem Mangel an Rechtssicherheit abhelfen.

Für die *Unterkapitalisierung* ist weithin anerkannt, daß sich nicht in voraus bestimmen läßt, wieviel Eigenkapital zum Betrieb eines bestimmten **603**
Unternehmens benötigt wird[1287]. Die zweifelhafte Prognostizierbarkeit erkennen selbst die Befürworter einer Durchgriffshaftung wegen materieller Unterkapitalisierung an, wenn sie die Haftung nur bei *offensichtlicher* (auch: qualifizierter) Unterkapitalisierung befürworten[1288]. Der unbestimmbare Begriff wird aber nicht dadurch bestimmbar, daß man ihn mit einem weiteren unbestimmten Rechtsbegriff kombiniert. Auch was offensichtlich ist und was nicht, ist alles andere als offensichtlich[1289]. Zudem sieht sich eine Durchgriffshaftung wegen Unterkapitalisierung in besonderer Weise dem Einwand ausgesetzt, daß der Gesetzgeber die Kapitalaufbringung, die Kapitalerhaltung und die Folgen der Verminderung des Kapitals sämtlich explizit geregelt hat[1290].

[1285] O. Rn. 589 ff. Hoffmann, NZG 2002, 68 (72) fordert allerdings die „Entwicklung eines allgemeinen Durchgriffstatbestandes".
[1286] S. zur Kritik hieran o. Fn. 591.
[1287] S.o. Fn. 455.
[1288] S.o. Fn. 451 f.
[1289] S.a. Ehricke, AcP 199 (1999), 257 (282).
[1290] Näher o. Rn. 598, 220.

604 Als einzige weithin anerkannt ist die Durchgriffshaftung bei nicht auflösbarer *Vermögensvermischung* zwischen Gesellschafter und Gesellschaft. Hiermit ist allerdings ein Kriterium gefunden, dessen Konkretisierung möglich erscheint. Fehlt eine Buchführung oder ist sie derart lückenhaft, daß sich das Vermögen der Gesellschaft nicht feststellen läßt, dann haftet der Gesellschafter mit seinem persönlichen Vermögen, da sich die der Gesellschaft gehörenden Gegenstände daraus nicht herauslösen lassen. Das erscheint auch sachlich nachvollziehbar. Abgesehen von der oben verneinten Frage, ob die Haftung für fehlerhafte Buchführung nicht anderweitig geregelt ist, verstärkt die Anwendung der Durchgriffshaftung nur auf den Fall der Vermögensvermischung aber Zweifel an ihrer Begründbarkeit. Denn Rechtfertigung der Durchgriffshaftung ist ein Billigkeitsausgleich, wenn ein Mißbrauch der juristischen Person vorliegt. Mißbrauch liegt bei der Vermögensvermischung sicher vor. Er liegt aber nicht nur bei der Vermögensvermischung vor. Methodisch konsequent ist daher eine Durchgriffshaftung bei Vermögensvermischung *und* in anderen Fällen des Mißbrauchs. Das Problem der Rechtsunsicherheit bestünde damit aber fort.

605 Nun könnte diese Rechtsunsicherheit im Interesse der materiellen Gerechtigkeit in Kauf zu nehmen sein, wenn die Durchgriffshaftung ein in der *Praxis* wichtiges Instrument notwendigen Gläubigerschutzes wäre. Das Gegenteil ist der Fall. Die Durchgriffshaftung ist in Deutschland Gegenstand umfangreicher wissenschaftlicher Diskussion. In der Rechtsprechung ist sie dagegen zwar anerkannt, wurde bisher jedoch mit äußerster Zurückhaltung angewandt[1291]. Vergleicht man die Zahl insolventer Kapitalgesellschaften[1292] mit den wenigen Fällen, in denen eine Durchgriffshaftung tatsächlich bejaht wurde, so stellt man fest: In Deutschland haftet aus der Durchgriffshaftung praktisch niemand[1293]. Die Durchgriffshaftung aufzugeben ändert an der Rechtswirklichkeit nichts.

[1291] S.o. Rn. 215 und Ehricke, AcP 199 (1999), 257 (264 f.).

[1292] O. Rn. 506.

[1293] S. Scholz-Emmerich, § 13 Rn. 88: „Das wissenschaftliche Interesse an der Durchgriffshaftung der Gesellschafter steht im umgekehrten Verhältnis zur praktischen Bedeutung dieses Rechtsinstituts"; Karsten Schmidt, ZIP 1994, 837 (838): „Die deutsche Gesellschaftsrechtspraxis ist durchgriffsfeindlich in dem Sinne, daß Durchgriffsprobleme [...] nach Kräften ohne die rechtstechnisch anstößige und dem Bedürfnis nach geordneten Haftungsverhältnissen zuwiderlaufende Durchgriffstechnik gelöst werden." Auch BGH NJW 2002, 3024 v. 24.6.2002 „KBV" wäre ohne die Durchgriffsmethode nicht anders entschieden worden. Denn der *BGH* sieht den geltend gemachten Anspruch auch aus § 826 BGB als begründet an.

IV. Fazit

Die Durchgriffsmethode wurde als Teil des Billigkeitsrechts in den USA entwickelt und in Deutschland und Spanien adaptiert. Jedenfalls im deutschen Recht fehlen aber Regelungslücken als Voraussetzung für Notwendigkeit und Begründbarkeit einer Durchgriffshaftung. Die Durchgriffshaftung führt außerdem zu Rechtsunsicherheit, während sie in Deutschland – anders als in den USA und Spanien – praktisch bedeutungslos ist. Sie sollte in Deutschland daher endgültig aufgegeben werden. 606

H. Haftung unter Schwestergesellschaften

8. These: Im klassischen Gleichordnungskonzern fehlt die Notwendigkeit für ein eigenes Haftungsregime. Auf die Haftung zwischen Gesellschaften, die gemeinsam von einem Dritten abhängig sind, läßt sich die Durchgriffshaftung nicht übertragen. Einer allgemeinen Unternehmensverantwortlichkeit ist die Effektivierung bestehender Gläubigerschutzinstrumente de lege lata vorzuziehen. 607

I. Klassischer Gleichordnungskonzern

Charakteristikum des Gleichordnungskonzerns ist nach § 18 Abs. 2 AktG die einheitliche Leitung rechtlich selbständiger Unternehmen, ohne daß das eine von dem anderen abhängig ist. Nach der überwiegenden Ansicht fallen hierunter nur Unternehmen, die gleichzeitig nicht unter der einheitlichen Leitung eines dritten Unternehmens stehen[1294]. Dieser klassische Gleichordnungskonzern, die enge Kooperation zweier Unternehmen aufgrund jeweils autonomer Entscheidung, bildet in *Deutschland* den Schwerpunkt der Diskussion um die Haftung zwischen gleichgeordneten Gesellschaften[1295]. Zwischen diesen Unternehmen besteht eine Sonderverbindung mit entsprechenden Pflichten. Deren Verletzung verpflichtet zum Schadenersatz. Darüber hinausgehend wird teilweise eine Verlustgemeinschaft der beteiligten Unternehmen entsprechend § 302 Abs. 1 AktG in einem „qualifizierten" Gleichordnungskonzern vertreten. An der Begründbarkeit dieser Analogie bestehen allerdings erhebliche Zweifel, da § 302 AktG die Gesellschaft und ihre Gläubiger gegen die besonderen Gefahren schützen soll, die ihnen durch die Fremdsteuerung entstehen. Voraussetzung des Gleichordnungskonzerns ist aber, daß keines der Unternehmen auf das andere einen beherrschenden Einfluß ausüben kann. 608

[1294] O. Fn. 494.

[1295] Zur Haftung im Gleichordnungskonzern nach deutschem Recht o. Rn. 238 ff.

609 Weder in *Spanien*[1296] noch in den *USA*[1297] besteht ein besonderes Haftungsrecht des klassischen Gleichordnungskonzerns, noch wird es gefordert. Insbesondere ist ein wesentliches Element der single business enterprise doctrine die „unity of ownership“, die gemeinsame Anteilseignerschaft. Daß selbst in dem facettenreichen Kapitalgesellschaftsrecht der USA keine Ansätze für eine soche Haftung vorhanden sind, erhärtet die These, daß der klassische Gleichordnungskonzern keine speziellen Haftungsprobleme aufwirft, da es an einer besonderen Gefahrenlage fehlt. Es besteht damit keine Notwendigkeit für ein besonderes Haftungsregime im klassischen Gleichordnungskonzern.

II. Gleichgeordnete Gesellschaften

610 Problematisch ist hingegen die Haftung zwischen Gesellschaften, die unter der einheitlichen Leitung eines Dritten stehen. Insbesondere bei der Haftungssegmentierung durch Aufteilung eines Unternehmens auf mehrere kleinere Kapitalgesellschaften oder durch horizontale Betriebsaufspaltung zwischen einer Betriebsgesellschaft, die Verbindlichkeiten eingeht und einer Besitzgesellschaft, die Eigentümerin des Betriebsvermögens ist, liegt es nahe, die künstlich wirkende Aufteilung eines einheitlichen Unternehmens auf mehrere Rechtssubjekte haftungsrechtlich nicht anzuerkennen.

1. Haftungskonzepte

611 In den verglichenen Rechtsordnungen bestehen zu diesem Zweck zwei Grundansätze der Haftung zwischen gleichgeordneten Gesellschaften. Zum einen werden Haftungsinstrumentarien der Unterordnungs- auf die Gleichordnungsbeziehung übertragen, zum anderen wird eine Haftungs- oder Verlustgemeinschaft angenommen, wenn rechtlich selbständige Gesellschaften tatsächlich nicht voneinander getrennt sind.

612 In *Deutschland* ist das *Bundesarbeitsgericht* den ersten Weg gegangen. Es hat die Haftung einer Gesellschaft für Verbindlichkeiten einer gleichgeordneten Gesellschaft explizit bejaht, wenn die Voraussetzungen der Durchgriffshaftung vorliegen. Zudem müßte die herrschende Gesellschaft sich der Schwestergesellschaft bei nachteiliger Einflußnahme auf die Schuldnergesellschaft bedient haben und die Vorteile die sich aus dieser unzureichenden Berücksichtigung der Interessen der Schuldnergesellschaft ergaben, müßten planmäßig zu der Schwestergesellschaft gelangt sein[1298].

[1296] O. Fn. 632.

[1297] O. Rn. 445.

[1298] BAG AG 1999, 376 (378) v. 8.9.1998. Näher o. Rn. 248 f. Daß das *BAG* im Rahmen der Durchgriffshaftung mangelnde Rücksicht auf die eigenen Belange der abhängigen Gesellschaft fordert, ist daraus zu erklären, daß es die inzwischen weitgehend auf-

Demgegenüber vertritt *Karsten Schmidt* einen horizontalen Verlustausgleich zwischen gleichgeordneten Gesellschaften analog §§ 730 ff. BGB, wenn die Gesellschaften organisatorisch nicht getrennt sind, sondern wie Betriebsabteilungen eines einheitlichen Unternehmens geführt werden[1299].

613 In *Spanien* wendet das *Tribunal Supremo* die Durchgriffsmethode, das levantamiento del velo, auch zur Haftungserstreckung auf gleichgeordnete Gesellschaften an. Es begründet einen solchen Durchgriff damit, hinter dem juristischen Schleier beider Gesellschaften befinde sich dieselbe natürliche Person[1300]. Im spanischen Arbeitsrecht können auch Schwestergesellschaften in Auslegung des Art. 1 Abs. 2 ET gemeinsam als Arbeitgeber angesehen werden und haften damit gemeinsam für Verbindlichkeiten gegenüber den betroffenen Arbeitnehmern[1301].

614 Auch in den *USA* findet die Haftungserstreckung zwischen gleichgeordneten Gesellschaften statt. Die Rechtsprechung verwendet hierzu aber in aller Regel nicht die Durchgriffsmethode, das piercing of the corporate veil, sondern die single business enterprise doctrine[1302]. Deren Voraussetzungen sind gegenüber dem veil piercing modifiziert. Statt eines mißbräuchlichen Verhaltens ist primär entscheidend, daß die Gesellschaften tatsächlich so wenig voneinander getrennt sind, daß es sich nur um Teile eines einheitlichen Unternehmens handelt. Daneben müßte die Anerkennung der Aufteilung des einheitlichen Unternehmens auf mehrere Gesellschaften zu einem ungerechten Ergebnis führen. Letztere Voraussetzung unterstreicht, daß die single business enterprise doctrine, ebenso wie das piercing of the corporate veil, Teil der equity ist[1303]. Auch die Begründung der single business enterprise doctrine gleicht teilweise der des veil piercing. In mehreren Entscheidungen wird sie jedoch mit einer Analogie zu Vorschriften der partnership begründet[1304].

---

gegebene Haftung im „qualifizierten" faktischen Konzern augenscheinlich als einen Unterfall der Durchgriffshaftung betrachtet; s.a. Henssler, ZGR 2000, 479 (487): „Man kann nur vermuten, daß das BAG gleichwohl einen eigenständigen Durchgriffstatbestand entwickeln wollte".

1299 Karsten Schmidt, § 39 IV 2 b; ders., ZHR 155 (1991), 417 (439 ff.); ders., in Hommelhoff/Stimpel/Ulmer, S. 109 (125); näher o. Rn. 250.

1300 TS, R. 1997/7267 v. 15.10.1997, näher o. Rn. 321.

1301 Näher o. Rn. 323.

1302 Dazu o. Rn. 408 ff.

1303 S. North American Van Lines, Inc. v. Emmons, Tex.App., 50 S.W.3d 103 (119 f.) v. 28.6.2001. Zum piercing of the corporate veil als Teil der equity o. Rn. 589 ff.

1304 O. Fn. 875.

2. Keine Übertragung der Durchgriffshaftung

615 Die spanische Rechtsprechung außerhalb des Arbeitsrechts und das *Bundesarbeitsgericht* übertragen einen Haftungstatbestand aus der Unterordnungsbeziehung – die Durchgriffshaftung – auf die Haftung zwischen gleichgeordneten Gesellschaften. Insbesondere der Vergleich mit der us-amerikanischen single business enterprise doctrine zeigt, daß die Durchgriffsmethode diese Haftung weder nach ihren Voraussetzungen, noch ihren Rechtsfolgen, noch den zugrundeliegenden Wertungen begründen kann.

616 *Voraussetzung* der Durchgriffshaftung ist in den verglichenen Rechtsordnungen ein Mißbrauch der schuldenden Gesellschaft durch den oder die Gesellschafter[1305]. Das *Tribunal Supremo* prüft und bejaht diesen Mißbrauch. Es kann aber nicht erklären, warum dieser Mißbrauch zur Haftung einer anderen Gesellschaft mit gleicher oder ähnlicher Gesellschafterstruktur führen soll, der selbst kein mißbräuchliches Verhalten anzulasten ist. Es erstreckt eine Haftung für mißbräuchliches Verhalten auf ein Rechtssubjekt, das dieses Tatbestandsmerkmal nicht erfüllt, ohne das mißbräuchliche Verhalten zuzurechnen[1306]. In gleicher Weise geht in Deutschland das *Bundesarbeitsgericht* vor, indem es die Durchgriffshaftung auf eine Schwestergesellschaft erstreckt, ohne eine über die Voraussetzungen hinausgehende Begründung hierfür zu geben[1307].

617 Für die *Rechtsfolge* der Haftungserstreckung auf eine gleichgeordnete Gesellschaft kann jedoch eine eingehende Begründung erwartet werden, denn sie ist mit der Rechtsfolge der Durchgriffshaftung kaum in Einklang zu bringen. Bei Vorliegen eines Durchgriffstatbestands soll die Haftungsbeschränkung in der Kapitalgesellschaft eingeschränkt oder aufgehoben werden[1308]. Das könnte in Analogie zu personengesellschaftsrechtlichen Vorschriften zur persönlichen Haftung der Gesellschafter führen. Aber welche Folgen soll die Aufhebung der Haftungsbeschränkung für Nicht-Gesellschafter haben?

618 Daneben werden die für eine Haftungserstreckung in der Gleichordnungsbeziehung wesentlichen *Wertungen* ausgeblendet, die in den Voraussetzungen der single business enterprise doctrine zum Ausdruck kommen: Sie stützt sich vor allem darauf, daß die betreffenden Unternehmen tatsächlich

---

[1305] O. Rn. 590 ff.

[1306] S.a. Karsten Schmidt, § 39 IV 2 b.; außerdem BSG ZIP 1996, 1134 (1136) v. 1.2.1996: Kein die Durchgriffshaftung rechtfertigendes Beherrschungsverhältnis zwischen Schwestergesellschaften.

[1307] BAG AG 1999, 376 (378) v. 8.9.1998.

[1308] Näher o. Rn. 589 ff. Besonders deutlich wird das, wenn die Durchgriffshaftung mit der teleologischen Reduktion des § 13 Abs. 2 GmbHG begründet wird, so durch Hachenburg-Ulmer, Anh § 30 Rn. 52, 62; dens., GmbHR 1984, 256 (262).

nicht voneinander getrennt waren, insbesondere nicht mehr auflösbare Vermögenstransfers stattgefunden haben und die betreffenden corporations auch ansonsten organisatorisch wie ein einziges Unternehmen betrieben wurden. Entscheidend ist damit nicht ein mißbräuchliches Verhalten des Gesellschafters, sondern der Grad an Integration zwischen den beteiligten Gesellschaften.

Das ist Ausdruck dessen, daß es hier häufig nicht um einen Ausgleich zwischen Gesellschafter und Gesellschaftsgläubigern geht. Denn eine tatsäch- 619
liche Erweiterung der Haftungsmasse bringt eine Durchgriffshaftung auch gegen Schwestergesellschaften nur in der Insolvenz des kontrollierenden Gesellschafters: Erkennt man die Durchgriffshaftung an und sind ihre Voraussetzungen erfüllt, so haftet zunächst der kontrollierende Gesellschafter. In diesem Fall kann auch sein Beteiligungsvermögen – die Anteile an den Schwestergesellschaften - verwertet werden. Hierzu bedarf es keiner zusätzlichen Haftung zwischen Schwestergesellschaften[1309]. Dieser Weg versagt aber in der Insolvenz (auch) des Gesellschafters. In dieser Situation werden die Gesellschaftsanteile zugunsten aller Gläubiger des kontrollierenden Gesellschafters verwertet. Erstreckt man dann die Haftung auf gleichgeordnete Gesellschaften, so geht es nicht mehr darum, die Gläubiger der Gesellschaft zu Lasten des Gesellschafters zu befriedigen, sondern es geht darum, die Gläubiger der Schuldnergesellschaft zu Lasten einer anderen Gruppe von Gläubigern - derjenigen der Schwestergesellschaft, falls sie insolvent ist, derjenigen des kontrollierenden Gesellschafters, falls sie nicht insolvent ist[1310] - zu befriedigen[1311]. Es geht dann um den *Ausgleich zwischen unterschiedlichen Gläubigergruppen*: Hierfür kann aber nicht entscheidend sein, wie mißbräuchlich sich der Gesellschafter verhalten hat. Deshalb ist nach der single business enterprise doctrine entscheidend, daß ein einheitliches Unternehmen auf mehrere Kapitalgesellschaften verteilt wurde. Dann beruhen die Verteilung der Gläubiger auf die einzelnen corporations und ihre Befriedigungsaussichten vor allem auf der willkürlichen Steuerung durch den oder die Gesellschafter. Sind die Gesellschaften hingegen organisatorisch getrennt, so können die Gläubiger der solventeren Gesellschaft auf deren Zahlungsfähigkeit vertrauen und

---

[1309] Im Gegensatz zu einer Ausweitung der Durchgriffshaftung auch auf Schwestergesellschaften kann die Unternehmensverantwortlichkeit allerdings dazu führen, daß der Gesellschafter überhaupt nicht persönlich haftet, sondern Haftungserstreckung oder Verlustausgleich nur zwischen den Gesellschaften stattfindet, die gemeinsam wie Betriebsabteilungen eines Unternehmens agieren, vgl. Karsten Schmidt, § 39 IV 1 b.

[1310] Das im Insolvenzverfahren verwertbare Beteiligungsvermögen des kontrollierenden Gesellschafters verliert an Wert, wenn Gesellschaften, an denen er beteiligt ist, mit Forderungen aus einer Durchgriffshaftung gegen Schwestergesellschaften belastet werden.

[1311] S. Henssler, ZGR 2000, 479 (495).

müssen nicht damit rechnen, zugunsten der Gläubiger anderer Gesellschaften benachteiligt zu werden.

620 Diese Wertung zeigt sich auch in der us-amerikanischen *substantive consolidation*. Die Zusammenfassung insolventer Konzerngesellschaften im Konkurs kommt nur in Betracht, wenn die Gesamtvorteile für alle Gläubiger die Nachteile für widersprechende Gläubiger deutlich überwiegen[1312]. Hierfür ist maßgeblich, ob den Gläubigern die Konzerngesellschaften als wirtschaftliche Einheit gegenübergetreten sind oder ob Gläubiger auf die Solvenz ihres jeweiligen Schuldners vertraut haben[1313]. Auch wenn der Fortbestand der substantive consolidation zweifelhaft ist, so zeigt dies doch, daß über einen Ausgleich zwischen Gläubigern nicht das Verhalten des kontrollierenden Gesellschafters entscheiden kann. Diese Wertung berücksichtigt die Durchgriffshaftung, deren Voraussetzung ein Mißbrauch durch den kontrollierenden Gesellschafter ist, nicht.

3. Unternehmensverantwortlichkeit

621 Die single business enterprise doctrine ebenso wie die Konzernzustandshaftung *Karsten Schmidts* vermag die Haftungserstreckung auch zwischen gleichgeordneten Gesellschaften nach Voraussetzungen und Rechtsfolgen zu begründen. Rechtlich selbständige Gesellschaften sind nur dann auch haftungsrechtlich selbständig, wenn sie tatsächlich wie selbständige Unternehmen geführt werden. Fungieren sie hingegen als Betriebsabteilungen *eines* einheitlichen Unternehmens, so haften letztlich alle Gesellschaften, die dieses Unternehmen betreiben, gegenüber den Gläubigern dieses Unternehmens. Konsequent gilt dies unabhänig davon, ob die beteiligten Gesellschaften voneinander abhängig sind oder gemeinsam von einem Dritten beherrscht werden.

622 Es stellt sich damit die Frage, ob dieses hier als Unternehmensverantworlichkeit bezeichnete Konzept nach dem Vorbild der us-amerikanischen single business enterprise doctrine im deutschen Recht *rechtlich und sachlich begründet* ist.

Mehrere us-amerikanische Urteile unterscheiden diese Doktrin deutlich von der Durchgriffshaftung und heben ihren eigenständigen Charakter als in der equity begründete Analogie zu den Prinzipien der partnership hervor[1314]. Parallel hierzu begründet *Karsten Schmidt* sein Konzept einer

---

[1312] O. Rn. 449.

[1313] S.o. Fn. 950.

[1314] North American Van Lines, Inc. v. Emmons, Tex.App., 50 S.W.3d 103 (119) v. 28.6.2001: „the single business enterprise theory relies on equity analogies to partnership principles of liability"; Aluminium Chemicals (Bolivia), Inc. v. Bechtel Corp.,

Konzernverantwortlichkeit mit einer Analogie zu den §§ 730 ff. BGB[1315]. Die Analogie setzt die *Vergleichbarkeit der Sachverhalte* voraus[1316]. Ebenso wie Gesellschafter einer unternehmenstragenden Personengesellschaft betreiben die verbundenen Rechtssubjekte unter den Voraussetzungen der Unternehmensverantwortlichkeit gemeinsam ein Unternehmen. Anders als Personengesellschafter haben sie sich jedoch nicht aufgrund autonomen Willensentschlusses zur grundsätzlich gleichberechtigten Verfolgung des Gesellschaftszwecks verpflichtet[1317], sondern sie werden aufgrund der einheitlichen Leitung durch die Konzernspitze so gesteuert, daß sie jeweils Teilaufgaben innerhalb eines einheitlichen Unternehmens wahrnehmen[1318]. Die gemeinsam ein Unternehmen betreibenden Konzerngesellschaften erfüllen damit das Merkmal des Zusammenwirkens zu einem gemeinsamen Zweck (Betrieb des Unternehmens). Dies geschieht jedoch nicht gleichberechtigt aufgrund eines Vertrages. Sieht man das gemeinsame Betreiben von Geschäften als Rechtfertigung der gemeinsamen Verantwortlichkeit, so läßt sich die Vergleichbarkeit der Sachverhalte zu diesem Zweck bejahen[1319].

Wie schon bei der Durchgriffshaftung erscheint allerdings das Vorliegen einer *Regelungslücke* problematisch. Durch die Begründung einer generel- **623**
len Unternehmensverantwortlichkeit im deutschen Recht de lege lata würde eine wesentliche Grundfrage des Wirtschaftsrechts entschieden, die der Gesetzgeber durch seine Untätigkeit negativ beantwortet haben könnte. Eine Unternehmensverantwortlichkeit begrenzte allgemein die Haftungssegmentierung mit Hilfe von Kapitalgesellschaften. Das Gesellschaftsrecht gestattet es jedoch natürlichen und juristischen Personen, beliebig viele Kapitalgesellschaften zu beliebigen legalen Zwecken zu gründen und setzt lediglich einen rechtlichen Rahmen für Gründung und Führung einer Kapitalgesellschaft. So ist insbesondere ein Gesellschaftskapital aufzubringen. Dieses Gesellschaftskapital darf nicht zurückgezahlt werden. Ist es vollständig aufgebraucht, hat die Gesellschaft Insolvenzantrag zu stellen. In §§ 15 ff., 291 ff. AktG ist auch die Konzernbildung gesetzlich anerkannt. Zu-

Tex.App., 28 S.W.3d 64 (68) v. 4.8.2000; Hideca Petroleum Corp. v. Tampimex Oil International Ltd., Tex. App., 740 S.W.2d 838 (844) v. 22.10.1987.

1315 Karsten Schmidt, § 39 IV 2 b; ders., ZHR 155 (1991), 417 (439 ff.); näher o. Rn. 250.

1316 S. Larenz, S. 366 f., 358.

1317 Zum gesellschaftsrechtlichen Gleichbehandlungsgrundsatz Karsten Schmidt, § 16 II 4 b; zum Begriff der BGB-Gesellschaft Grunewald, Rn. 1.A Rn. 1 ff.

1318 Vgl. Lutter, ZGR 1987, 324 (334 f.).

1319 S.a. Flume I/2, S. 164, der in anderem Zusammenhang den Grundsatz betont, daß, wer Geschäfte betreibt – sei es eine Einzelperson oder eine Gemeinschaft mehrerer Personen -, für die Verpflichtungen unbeschränkt haftet.

dem ist die Haftungssegmentierung im Konzern lange bekannte Praxis. Hat der Gesetzgeber gleichwohl keine allgemeine Begrenzung der Haftungssegmentierung geschaffen, so spricht dies dafür, daß die Segmentierung der Haftung aus wirtschaftspolitischen Gründen zugelassen wird, wenn die allgemeinen Anforderungen des Kapitalgesellschaftsrechts beachtet werden. Die Schaffung einer generellen Ausnahme hierzu durch eine nicht mit equity-Kompetenzen ausgestattete Rechtsprechung bedürfte einer zwingenden Begründung.

624 Das in der Haftungssegmentierung begründete *Gläubigerschutzproblem* kann aber bereits durch die effektive Anwendung der bestehenden Kapitalerhaltungs- und Insolvenzantragsvorschriften wesentlich entschärft werden. Die Aufteilung eines Unternehmens auf mehrere Gesellschaften ist für Gläubiger dann besonders gefährlich, wenn zulässig ist, daß Kapitalgesellschaften mit einem verwertbaren Vermögen weiterbetrieben werden, welches evident geringer ist, als ihre Verbindlichkeiten. Wird die Ausschüttungssperre bei Unterbilanz und die Insolvenzantragspflicht bei Überschuldung hingegen konsequent verfolgt, so vermindert sich das *Bedürfnis* für eine Unternehmensverantwortlichkeit als Begrenzung der Haftungssegmentierung[1320].

625 Es besteht darüberhinaus eine *Vielzahl spezieller Tatbestände*, aus denen auch die Haftung gleichgeordneter Gesellschaften zugunsten der Gläubiger einer Konzerngesellschaft folgen kann. Im Bereich der vertraglichen Haftung kann eine gemeinsame Verpflichtung der verbundenen Unternehmen bestehen, wenn bei Abschluß des Vertrages nicht hinreichend deutlich wurde, für welches Rechtssubjekt gehandelt wurde[1321]. Eine Eigenhaftung nicht am Vertrag beteiligter Konzerngesellschaften kommt in Frage, wenn deren Vertreter maßgeblich an den Vertragsverhandlungen beteiligt waren, insbesondere selbst besonderes Vertrauen in Anspruch genommen haben[1322]. Auch kann die teleologische Auslegung von Haftungstatbeständen dazu führen, daß mehrere Konzernunternehmen jeweils den Tatbestand erfüllen[1323]. In der Insolvenzanfechtung sind die verbundenen Unterneh-

---

[1320] Nach Scholz-H.P. Westermann, Einl. Rn. 40 m.w.N. in Fn. 186, vermindert sich zudem die Bedeutung der Betriebsaufspaltung in der Folge der Anerkennung der Gebrauchsüberlassung als Eigenkapitalersatz. Auch wenn die Fälle der Betriebsaufspaltung nicht deckungsgleich mit den möglichen Fällen der Unternehmensverantwortlichkeit sind, so vermindert sich gleichwohl auch hierdurch das Bedürfnis für eine allgemeine Begrenzung der Haftungssegmentierung.

[1321] Vgl. Karsten Schmidt, § 9 IV 2 b.

[1322] Vgl. Staudinger-Löwisch (2001), Vorbem. zu §§ 275-283 Rn. 98 ff.

[1323] Näher o. Rn. 228 ff., 433 ff. So führt in Spanien die teleologische Auslegung von § 1 Abs. 2 ET dazu, daß dem Arbeitnehmer alle Konzerngesellschaften verpflichtet sind, die ihm wie ein Arbeitnehmer gegenübertreten.

men nahestehende Personen, so daß ihnen gegenüber erleichtert angefochten werden kann[1324]. Rückzahlungsansprüche wegen Verletzung der Kapitalerhaltungsvorschriften können nicht nur gegenüber Gesellschaftern, sondern auch gegenüber mit diesen verbundenen Unternehmen bestehen[1325]. In der Betriebsaufspaltung wird bedeutsam, daß auch die Überlassung von Betriebsvermögen als Eigenkapitalersatz angesehen werden kann, was wiederum ebenfalls im Verhältnis zu einem mit dem Gesellschafter verbundenen Unternehmen möglich ist[1326]. Es ist hier selbstverständlich keine abschließende Beantwortung der Frage möglich, ob die Verantwortlichkeit zwischen Konzerngesellschaften bereits abschließend geregelt ist. Es besteht aber eine Vielzahl von Tatbeständen, die – auch zwischen gleichgeordneten Gesellschaften – eine begrenzte Ausweitung der Verantwortlichkeit unter speziellen Voraussetzungen ermöglichen. De lege lata ist die Anwendung dieser Spezialtatbestände einer generellen Haftungserstreckung unter Billigkeitsgesichtspunkten nach dem Vorbild der us-amerikanischen equity-Rechtsprechung vorzuziehen.

Denn wie die Durchgriffshaftung begegnet auch die generelle Unterneh- **626**
mensverantwortlichkeit dem Problem der *Rechtsunsicherheit*. Zwar soll die Unternehmensverantwortlichkeit auf wenige Ausnahmefälle beschränkt sein[1327]. Die verwendeten Kriterien lassen jedoch – notwendigerweise – einen weiten Wertungsspielraum. Nach *Karsten Schmidt* ist entscheidend, daß die Gesellschaften nur als Betriebsabteilungen eines Unternehmens geführt werden[1328]. Die us-amerikanische Rechtsprechung hat – teilweise umfangreiche – Kriterienkataloge entwickelt, die zur Konkretisierung dieses Begriffs nutzbar gemacht werden können. So soll es auf die Identität der Gesellschafter und des Führungspersonals, auf die Einheit der Verwaltung, auf verschiedene Aspekte der Vermögensvermischung und eine Vielzahl weiterer Faktoren ankommen[1329]. Wie bei der Durchgriffshafung bergen diese Kataloge jedoch die Gefahr, daß nicht hinreichend deutlich wird, welche der Kritierien in welcher Intensität erfüllt sein müssen, um das

---

[1324] Näher o. Rn. 210.

[1325] Vgl. BGH NJW 1991, 1057 (1058) v. 22.10.1990. Die hierfür notwendigen Voraussetzungen sind im einzelnen noch nicht letztendlich geklärt, s. Scholz-H.P. Westermann, § 30 Rn. 34 ff.

[1326] BGH NJW 1987, 1080 (1081) v. 9.10.1986: „denn auch Forderungen eines mit einem Gesellschafter verbundenen Unternehmens stehen für die Behandlung als Eigenkapital den eigenen Forderungen eines Gesellschafters gleich“.

[1327] S. Karsten Schmidt, ZHR 155 (1991), 417 (446): „wenige Fälle qualifizierter faktischer Unternehmensverbindungen“, für die Haftung zwischen gleichgeordneten Gesellschaften; North American Van Lines, Inc. v. Emmons, Tex.App., 50 S.W.3d 103 (120) v. 28.6.2001: „exceptional circumstances“.

[1328] Karsten Schmidt, ZHR 155 (1991), 417 (442).

[1329] O. Rn. 441 f., insbes. Fn. 934.

Eingreifen der Unternehmensverantwortlichkeit zu rechtfertigen. Es besteht damit weiterhin die Gefahr, daß ein solcher Tatbestand als juristische Abkürzung genutzt wird, um die möglicherweise kompliziertere Prüfung der Spezialtatbestände zu vermeiden.

627 Sachlich gegen eine leichtfertige Haftungserstreckung spricht schließlich der *Vertrauensschutz* der Gläubiger der „reichen" Konzerngesellschaften, die auf das ausreichende Vermögen ihres Schuldners zählen konnten und sich bei einer Haftungserstreckung oder Verlustgemeinschaft plötzlich mit Gläubigern finanzschwacher verbundener Gesellschaften in einem Boot finden. Zwar ist kein Gläubiger dagegen geschützt, daß seine Schuldner weitere Verpflichtungen eingehen. Eine allgemeine Haftungs- oder Verlustgemeinschaft in wenigen, schwer konkretisierbaren Ausnahmefällen stellt jedoch ein kaum vorhersehbares und kalkulierbares Risiko auch für denjenigen dar, der die Solvenz seines Schuldners geprüft hat.

628 *Zusammengefaßt* besteht damit in der Analogie zu personengesellschaftsrechtlichen Vorschriften eine in den USA und Deutschland parallele Begründung für eine Haftungs- oder Verlustgemeinschaft zwischen Konzerngesellschaften, die wie Betriebsabteilungen eines einheitlichen Unternehmens geführt werden. Dieses Haftungskonzept kann die Erstreckung der Haftung auch auf gleichgeordnete Gesellschaften nach Voraussetzungen und Rechtsfolgen begründen. Hier konnte aber eine Regelungslücke als Voraussetzung der Analogie im deutschen Recht nicht festgestellt werden. Da auch Rechtssicherheit und Vertrauensschutz der Gläubiger der einzelnen Konzerngesellschaften gegen eine allgemeine Erstreckung der Verantwortlichkeit sprechen, ist die effektive Anwendung der bestehenden Instrumente des Gläubigerschutzes auch gegenüber Schwestergesellschaften vorzugswürdig.

III. Fazit

629 Im klassischen Gleichordnungskonzern besteht keine Notwendigkeit für ein besonderes Haftungsregime.

Die Erstreckung von Haftung oder Verlustausgleich auf gleichgeordnete Gesellschaften, die unter der gemeinsamen Kontrolle eines Dritten stehen, wird teilweise mit der Anwendung der Durchgriffshaftung, teilweise mit der Verantwortlichkeit aller Gesellschaften, die als Teile eines einheitlichen Unternehmens geführt werden, realisiert. Die Durchgriffshaftung kann eine solche Haftung weder nach ihren Voraussetzungen, noch nach ihren Rechtsfolgen begründen. In einem Konzept der Unternehmensverantwortlichkeit ist die Erstreckung der Verantwortlichkeit sowohl auf gleichgeordnete, als auch auf abhängige Unternehmen hingegen konsequent. Dieses Konzept hat mit der Analogie zu personengesellschaftsrechtlichen Vorschriften eine in Deutschland und den USA parallele Begründung. In Deutschland konnte die erforderliche Regelungslücke im Rahmen der vorliegenden Untersuchung jedoch nicht festgestellt werden. Das Haftungskonzept begegnet daneben dem Problem der Rechtsunsicherheit, das auch durch die Nutzbarmachung der us-amerikanischen Kriterien nur teilweise gelöst werden kann. Die Effektivierung bestehender Gläubigerschutzinstrumente ist daher de lege lata vorzuziehen.

I. Zurechnung nach dem Normzweck

9. These: Die Durchgriffsmethode ist zur Lösung von Zurechnungsproblemen ungeeignet. Zurechnungsprobleme im Konzern werden im deutschen Recht zutreffend durch die teleologische Auslegung der anzuwendenden Norm gelöst. 630

I. Zurechnungsprobleme im Konzern

Das Auseinanderfallen von Rechtssubjekt und Willensbildung im Konzern führt in den unterschiedlichsten Rechtsbereichen zu Zurechnungsproblemen: Ist von den Bestimmungen einer Rechtsnorm oder eines Vertrages nur ein einzelnes Rechtssubjekt erfaßt oder auch mit diesem verbundene Gesellschaften und Gesellschafter? 631

In *Spanien* wendet die Rechtsprechung auf derartige Zurechnungsprobleme, soweit sie nicht gesetzlich geregelt sind, die Durchgriffsmethode, das levantimiento del velo, an[1330]. In den *USA* werden Zurechnungsprobleme im Konzern hingegen überwiegend unter Berücksichtigung des Zwecks der jeweils anzuwendenden Norm gelöst[1331]. Beispielhaft ist die *Copperweld*-Entscheidung des *US Supreme Court*[1332], die eingehend die Zwecke des antitrust law untersucht, um die Reichweite des Konzernprivilegs zu bestimmen. Daneben gibt es aber vereinzelte Entscheidungen, die auch in Zurechnungsfragen die Methode des piercing the corporate veil anwenden[1333]. 632

In *Deutschland* hat sich die Zurechnung nach dem Normzweck ganz allgemein durchgesetzt[1334]. Allerdings hatte das *BAG* auf die Zurechnung im Rahmen der Betriebsrentenanpassung nach § 16 Abs. 1 BetrAVG die jeweiligen Kriterien des *BGH* zur Haftung im „qualifizierten" faktischen 633

[1330] O. Rn. 299 ff.

[1331] O. Rn. 386 ff.

[1332] Copperweld Corp. v. Independence Tube Corp., US Sup., 104 S.Ct. 2731 v. 19.6.1984.

[1333] So TNS Holdings, Inc. v. MKI Securities Corp., N.Y.Sup., 663 N.Y.S.2d 144 v. 14.10.1997.

[1334] S.o. Rn. 147 ff. und Scholz-Emmerich, § 13 Rn. 68; Schanze, S. 102 ff.; Bork, ZGR 1994, 237 (265); Wiedemann/Hirte in FG 50 Jahre BGH, Bd. 2, S. 337 (338).

Konzern übertragen, hat dies jedoch inzwischen zugunsten einer eigenständigen teleologischen Auslegung der Norm aufgegeben[1335].

634 Die Untersuchung von Entscheidungen, die die *Durchgriffsmethode* auf Zurechnungsfragen anwenden, bestätigt, daß diese Methode keine überzeugende Begründung für die gefundenen – sachlich oft überzeugenden – Ergebnisse liefern kann. So hat das spanische *Tribunal Supremo* die Durchgriffsmethode angewandt, um zu begründen, daß die Gewährung einer Bürgschaft an eine hundertprozentige Tochtergesellschaft zu den eigenen Angelegenheiten einer S.A. zählt[1336]. In *TNS Holdings, Inc. v. MKI Securities Corp.*[1337] erstreckte der *New York Supreme Court* die Reichweite einer Schiedsvereinbarung mit Hilfe der Durchgriffsmethode auf eine Schwestergesellschaft. Als Voraussetzung werden die Beherrschung der Gesellschaft durch den Eigner, Betrug oder Fehlverhalten gegen den Kläger und eine diesem daraus resultierende Rechtsverletzung genannt. Das Gericht führt aus, hinsichtlich der Muttergesellschaft seien die Voraussetzungen der alter ego-Theorie nicht bewiesen. Auf die Schwestergesellschaft wird jedoch gleichwohl durchgegriffen, ein Ergebnis, das ganz offensichtlich nicht mit der geprüften Voraussetzung der Kontrolle durch den Eigner in Einklang zu bringen ist. Unter die Voraussetzungen Betrug oder Fehlverhalten und Kausalität für eine Rechtsverletzung des Klägers wird nicht subsumiert.

635 Die Beispiele unterstreichen, daß das *Mißbrauchselement*, welches in den drei verglichenen Rechtsordnungen Teil der Durchgriffsmethode ist, zu der Antwort auf die Frage, ob Tatbstandselemente zugerechnet werden, nichts beitragen kann. Es ist kein „Mißbrauch", wenn eine Muttergesellschaft Bürgschaften für eine Tochtergesellschaften eingeht oder wenn zwei Schwestergesellschaften bei dem Abschluß eines Geschäftes zusammenarbeiten und nur eine von ihnen eine Schiedsvereinbarung abschließt. Hier geht es nicht um die generelle Durchbrechung der Trennung zwischen juristischer Person und Gesellschafter aufgrund eines Unwerturteils. Auch kann die auf die Haftungserstreckung auf Gesellschafter zugeschnittene Durchgriffsmethode die Zurechnung zwischen gleichgeordneten Gesellschaften kaum erklären.

636 Demgegenüber liefert die *teleologische Auslegung* der anzuwendenden Normen eine flexible Möglichkeit, die Besonderheit der Normanwendung auf ein konzernangehöriges Rechtssubjekt zu berücksichtigen. Das kann dazu führen, daß eine Kontrollmöglichkeit für die Zurechnung aus-

---

[1335] O. Rn. 153 f.

[1336] In TS R. 1989/6925 v. 16.10.1985.

[1337] N.Y.Sup., 663 N.Y.S.2d 144 v. 14.10.1997.

reicht[1338], es kann aber auch gesteigerte Kontrolle oder Kontrollmöglichkeit[1339] oder eine Benachteiligung des abhängigen Unternehmens[1340] erforderlich sein, oder ein anderes Kriterium, das dem Zweck der angewendeten Norm gerecht wird. Es ist deshalb nicht erstrebenswert, eine einheitliche Definition des Konzerns oder der Unternehmensgruppe zu formulieren. Denn unterschiedliche Normen erfordern jeweils unterschiedliche Zurechnungskriterien, die deren Zweck gerecht werden.

II. Fazit

Ist die Durchgriffsmethode für die Haftungserstreckung ein schwer zu steuerndes Instrument, so ist sie für die Zurechnung von Tatbeständen gänzlich ungeeignet. Die Zurechnung nach dem Normzweck löst hingegen vielfältige Konzernprobleme überzeugend und flexibel. **637**

[1338] So bei der Zurechnung des Stimmrechtsauschlusses für eigene Anteile, s.o. bei Fn. 817 ff. und insbesondere Speiser v. Baker, Del.Ch., 525 A.2d 1001 (1009 ff.) v. 19.3.1987.

[1339] So für das Konzernprivileg im Kartellrecht, s.o. bei Fn. 824 ff., welches der *US Supreme Court* in Copperweld Corp. v. Independence Tube Corp., US Sup., 104 S.Ct. 2731 (2742) v. 19.6.1984 bisher sogar nur für hundertprozentige Tochtergesellschaften anerkannt hat.

[1340] So für die Zurechnung bei der Betriebsrentenanpassung nach § 16 Abs. 1 BetrAVG nach den aktuellen Kriterien des *BAG*, s.o. Rn. 153.

Teil 6 Zusammenfassung der Ergebnisse

638 Das geschriebene deutsche Konzernrecht der §§ 291 ff. AktG dient vor allem dem Schutz der Minderheitsgesellschafter und der Gesellschaftsgläubiger. Es setzt die Beherrschung einer AG durch ein anderes Unternehmen voraus. Die verglichenen Rechtsordnungen USA und Spanien kennen Sonderregeln mit gleicher Funktion. Keine dieser Regelungen setzt jedoch dann ein, wenn der kontrollierende Gesellschafter Unternehmen ist. Das begründet grundlegende Zweifel daran, daß der Interessenkonflikt, den es zu lösen gilt, tatsächlich ein unternehmerischer ist. Dem Interessenkonflikt des kontrollierenden Gesellschafters kann auch durch die allgemeinen Instrumente des Minderheiten- und Gläubigerschutzes effektiv begegnet werden, wodurch die Notwendigkeit für ein besonderes Konzerngesellschaftsrecht entfällt.

639 Zum *Schutz von Minderheitsgesellschaftern* ist sowohl ein Austrittsrecht gegen Abfindung bei andauernder Benachteiligung der Gesellschaft durch einen kontrollierenden Gesellschafter, als auch ein Schädigungsverbot in den drei verglichenen Rechtsordnungen etabliert. Der gerichtliche Nachweis einer Schädigung der Gesellschaft durch den kontrollierenden Gesellschafter ist aber mit derartigen Unsicherheiten verbunden, daß ein effektiver Schutz der in der Gesellschaft verbleibenden Minderheit bei Interessenkonflikten eine Beteiligung der Minderheit schon am Entscheidungsprozeß voraussetzt. In der deutschen AG verhindert die unternehmerische Mitbestimmung derartigen präventiven Minderheitenschutz. Um ihn zu ermöglichen, ist eine Verringerung der Zahl der Arbeitnehmervertreter im Aufsichtsrat zu fordern. In der GmbH verspricht das Stimmverbot des § 47 Abs. 4 GmbHG effektiven Minderheitenschutz. Es fehlt aber bisher an einer Verpflichtung oder zumindest einem Anreiz, die Gesellschafterversammlung überhaupt mit der Entscheidung über Transaktionen zu befassen, bei denen typischerweise ein Interessenkonflikt vorliegt.

640 Die deutsche Insolvenzstatistik zeigt, daß es um den *Gläubigerschutz* in der GmbH, weniger in der AG, allgemein schlecht bestellt ist. Dieses Problem beschränkt sich nicht auf konzernangehörige GmbHs. Der Vergleich mit Spanien führt zu dem Schluß, daß der Gläubigerschutz durch eine rechtzeitige Auflösung der Gesellschaft und eine konsequente Haftung der Verwaltung bei Unterlassen der rechtzeitigen Auflösung deutlich verbessert wird. Das deutsche Recht bietet mit der Kapitalerhaltung und der Insolvenzantragspflicht außerhalb des Konzernrechts die Ansatzpunkte für einen effektiven Schutz der Gläubiger. Nicht genutzt wurde hier bisher die Bemessung der Ausschüttungssperre des § 30 Abs. 1 GmbHG zu Liquidationswerten, die dem Zweck der Regelung entspricht. De lege ferenda sollte die Zulässigkeit einer Ausschüttung von Gesellschaftsvermögen an die

Gesellschafter insgesamt an die Deckung der Passiva durch die zu Liquidationswerten bewerteten Aktiva geknüpft werden. Dies ist nach der hier vertretenen Ansicht im Rahmen des § 30 Abs. 1 GmbHG bereits de lege lata für Ausschüttungen außerhalb der regulären Ergebnisverwendung der Fall. Durch die Einführung des § 19 Abs. 2 InsO hat der Gesetzgeber Unklarheiten um den Überschuldungstatbestand beseitigt. Auch die Ausweitung der Insolvenzverschleppungshaftung auf den gesamten Neugläubigerschaden durch den *BGH* fördert den notwendigen Gläubigerschutz. Sie sollte die gesetzlichen Gläubiger nicht ausschließen. Die Entwicklung der Insolvenzantragspflicht geht damit in die richtige Richtung. Solange aber Ausschüttungssperre und Insolvenzantragspflicht zu Fortführungswerten festgestellt werden, besteht das Bedürfnis für ergänzenden Schutz der Gläubiger der Kapitalgesellschaft.

Ein flexibles Instrument zum Schutz der Gläubiger und der Minderheit 641
stellt die *Treupflicht* des kontrollierenden Gesellschafters dar. Sie verpflichtet in den drei verglichenen Rechtsordnungen den kontrollierenden Gesellschafter zur Rücksicht auf die Interessen der Gesellschaft. In den USA ist sie hoch entwickelt und hat große praktische Bedeutung, während sie in Spanien nahezu bedeutungslos ist und auch in Deutschland vergleichsweise selten zur Anwendung kommt. Ein Grund hierfür ist, daß nach der in Deutschland verbreiteten Ansicht der Anspruchsteller die Beweislast für die mangelnde Rücksicht auf das Gesellschaftsinteresse trägt. In den USA trifft demgegenüber den Treupflichtigen die Beweislast für die vollständige Fairness einer Transaktion, wenn er sich bei dieser Transaktion in einem Interessenkonflikt befand. Für den Anspruch der abhängigen AG wegen der Veranlaßung nachteiliger Maßnahmen kehrt § 317 Abs. 2 AktG trotz seiner systematischen Stellung die Beweislast allerdings um. Der Rechtsgedanke des § 317 Abs. 2 AktG, die Beweislast dem Gesellschafter dann aufzuerlegen, wenn eine besondere Gefährdung der Gesellschaft und typische Beweisschwierigkeiten zusammentreffen, ist auf den Anspruch aus Treupflichtverletzung übertragbar und führt dazu, daß der Gesellschafter die volle Beweislast für die Angemessenheit einer Maßnahme trägt, die er veranlaßt hat, obwohl er durch § 47 Abs. 4 GmbHG in der Gesellschafterversammlung vom Stimmrecht ausgeschlossen wäre. Vergleichbar der us-amerikanischen self dealing-Regelung trägt hierdurch der Gesellschafter die Beweislast für die Fairness von ihm veranlaßter Rechtsgeschäfte der Gesellschaft, wenn er sich in Bezug auf die Transaktion in einem Interessenkonflikt befand.

Auch wenn Minderheitsgesellschafter nicht vorhanden sind, kennt jede der 642
drei Rechtsordnungen eine *Pflichtbindung des einzigen Gesellschafters*. Vorzugswürdig und de lege lata im deutschen Recht begründet ist die Verpflichtung, Verhalten zu unterlassen, das auf die Insolvenz der Gesell-

schaft angelegt ist. Die Beweislast für eine Pflichtverletzung trägt grundsätzlich der Anspruchsteller. Die Beweislast, daß ein solches Verhalten nicht vorlag, trägt hiervon abweichend der einzige Gesellschafter, wenn es sich um die Veranlaßung einer Transaktion handelt, bei der er sich in einem Interessenkonflikt befand, insbesondere ein Rechtsgeschäft mit ihm selbst.

643 Die *Durchgriffshaftung* – verstanden als Haftung nach der Durchgriffsmethode – sollte hingegen *aufgegeben* werden. Sie wurde als Teil des Billigkeitsrechts in den USA entwickelt und in Deutschland und Spanien adaptiert. Jedenfalls im deutschen Recht fehlen aber Regelungslücken als Voraussetzungen für Notwendigkeit und Begründbarkeit einer Durchgriffshaftung. In vielen Fällen wird die rechtstechnisch überlegene Pflichtbindung des einzigen Gesellschafters zu ähnlichen Ergebnissen führen. Die Durchgriffsmethode führt hingegen zu Rechtsunsicherheit, während sie in Deutschland – anders als in den USA und Spanien – praktisch bedeutungslos ist.

644 Im klassischen *Gleichordnungskonzern* fehlt die Notwendigkeit eines eigenen Haftungsregimes. Die Erstreckung von Haftung oder Verlustausgleich auf gleichgeordnete Gesellschaften, die gemeinsam von einem Dritten kontrolliert werden, wird teilweise mit der Ausweitung der Durchgriffshaftung, teilweise mit der Verantwortlichkeit aller Gesellschaften, die als Teile eines einheitlichen Unternehmens geführt werden, realisiert. Die Durchgriffshaftung kann eine solche Haftung weder nach ihren Voraussetzungen, noch nach ihren Rechtsfolgen begründen. In einem Konzept der Unternehmensverantwortlichkeit ist die Erstreckung der Verantwortlichkeit sowohl auf gleichgeordnete Unternehmen, als auch in der Abhängigkeitsbeziehung hingegen konsequent. Dieses Konzept hat mit der Analogie zu personengesellschaftsrechtlichen Vorschriften eine in Deutschland und in den USA parallele Begründung. In Deutschland konnte die erforderliche Regelungslücke im Rahmen dieser Untersuchung jedoch nicht festgestellt werden. Das Haftungskonzept begegnet daneben dem Problem der Rechtsunsicherheit, das auch durch die Nutzbarmachung der us-amerikanischen Kriterien nur teilweise gelöst werden kann. Die Effektivierung bestehender Gläubigerschutzinstrumente ist daher de lege lata vorzuziehen.

645 Zur Lösung von *Zurechnungsproblemen im Konzern* ist die Durchgriffsmethode ungeeignet. Diese werden im deutschen Recht überzeugend durch die teleologische Auslegung der anzuwendenden Norm gelöst.

Stichwortverzeichnis

Die Angaben verweisen auf Randnummern.

Abhängigkeitsbericht *siehe* Faktischer Konzern
Absatzpreismethode (resell minus) 79
Actio pro Socio 204
Aktiengesellschaft
- Aufsichtsrat 39 f., 54, 63, 92, 192, 233 ff., 474, 639
- Geschäftsführung 39
- Hauptversammlung 39, 54, 60, 63, 92
- Insolvenzantragspflicht 43
- Kapitalerhaltung 41 f., 206 ff., 499, 531, Aufhebung im Vertragskonzern 71 f., Verhältnis zu § 311 AktG 87 ff.
- Organisationsverfassung 39 f.
- Satzungsänderungen 39
- Stimmverbot 55 ff., 477
- Treupflicht *siehe* dort
- Vertretung 39
- Vorstand 39 f., 47, 54, 59, 61, 91, 97, 191 f., 233 ff., 474 f., 599
Aktienkonzern
- Faktischer Konzern *siehe* dort
- Leitungsmacht 37 ff.
- Vertragskonzern *siehe* dort
Alleingesellschafter 287, 304, 536, 571 ff., 598, 642
- AG 53 f.
- Corporation 364 ff., 573
- GmbH 107 ff., 174 ff., 203
- S.L. 281, 572
Allgemeine Haftungstatbestände 228 ff., 433 ff.
Anscheinsbeweis 561, 579
Arbeitsrecht
- Grupo de Empresas 310 ff., 323, 613
- Single Employer Doctrine 432
Argentinien 326
Arm's Length Standard 372 f., 490
Aufsichtsrat *siehe* Aktiengesellschaft, GmbH
Ausschüttungen *siehe* Verdeckte Ausschüttungen
Außenhaftung 212 ff.
Außenstehende Gesellschafter *siehe* Minderheitsgesellschafter
Austrittsrecht 68, 98, 135, 283, 288, 378, 467 ff., 494, 639

Beherrschender Einfluß 28 ff.
Beherrschungsvertrag *siehe* Vertragskonzern
Bestandsschutz 109 ff., 175, 222, 574 ff., 592
Betriebsaufspaltung 243, 248 f., 408, 412, 610, 625
Bilanzierungsmethoden 44 ff., 264, 350, 510 ff., 530 ff., 640
Buchführungspflicht 217, 317, 599
Bundesbodenschutzgesetz 230
Business Judgement Rule 373, 473, 491, 555

CERCLA 433 ff.
Close Corporation 328 ff., 344, 362
Common Law 334, 373, 423, 590
Corporate Governance 521
Corporate Opportunity 337, 357 ff.
Corporation 327 ff.
- Board of Directors 330, 332, 336 ff., 342, 346
- Executive Officers 330, 336,

342 ff., Vergütung 344
- Geschäftsführung 331
- Informationsrechte 334
- Insolvenzantrag 504
- Kapitalerhaltung 345 ff., 422 ff., 501
- Leitungsmacht 330 ff.
- Organisationsverfassung 330 ff.
- Satzung (Articles of Incorporation und Bylaws) 330 f., 336
- Shareholders 330 ff.
- Stimmverbot 371, 479
- Treupflicht *siehe* dort

Cumulative Voting *siehe* Organschaftlicher Minderheitenschutz

Derivative Suit 335, 363, 374, 430
Doppelmandate 62
Durchgriffshaftung 212 ff., 303 ff., 399 ff., 588 ff., 643
- Abgrenzung , 410, 418, 434, 439, 548, 581 ff.
- Beherrschung 221, 304 f., 307 f., 400
- Contract and Tort 404
- Institutsmißbrauch 222, 592, 600
- Natürliche Personen 405
- Rechtsfolge 223, 294, 309, 584
- Vermögensvermischung 214 ff., 307 f., 317, 400, 599, 604
- Unterkapitalisierung 218, 307 f., 400, 598, 603
- zwischen Schwestergesellschaften 249, 321, 612 ff., 644

Durchgriffsmethode 4, 139 ff., 162, 290 ff., 299, 312, 379 ff., 393 ff., 448, 589 ff., 630 ff., 643 ff.
- Billigkeit 140, 222, 382 ff., 589 ff., 643
- Durchgriffshaftung *siehe* dort
- Mißbrauch 142 f., 293, 302, 305 f., 382 ff., 635
- Normzwecklehren 144, 592

Durchgriffsproblem 138 ff., 289 ff., 379 ff.
- Teleologische Normanwendung 145, 296, 630 ff.

Duty of Loyalty *siehe* Treupflicht

Eindimensionale Holding 17, 33
Eingliederung 73
Einheitliche Leitung 28 ff.
Einpersonengesellschaft *siehe* Alleingesellschafter
Einzeldurchgriff *siehe* Allgemeine Haftungstatbestände
Einziger Gesellschafter *siehe* Alleingesellschafter
Equity 384, 444, 450, 589 ff., 614
Existenzvernichtender Eingriff *siehe* Bestandsschutz
Faktischer Konzern
- Abhängigkeitsbericht 91 ff., 459
- AG 74 ff.
- Definition 36
- GmbH 131 ff.
- Organhaftung 235
- Qualifizierter faktischer Konzern *siehe* dort
- USA 377 f.
- Veranlassung nachteiliger Maßnahmen 76 ff., 191, 196, 225, 459, 641

Faktischer Verwalter *siehe* Organhaftung der Gesellschafter
Fiduciary Duties *siehe* Treupflicht
Fortführungswerte *siehe* Bilanzierungsmethoden
Fraudulent Transfers 351, 424 ff.
Fremdbezogene Machtausübung 114

Gefahrenbereiche, Beweislastverteilung nach ~n 559, 578
Gesellschaftszweck 49, 118, 129
Gewinnabführungsvertrag *siehe* Vertragskonzern
Gleichgeordnete Gesellschaften *siehe* Schwestergesellschaften
Gleichordnungskonzern, klassischer 238 ff., 320, 445, 644, 607 ff.
- Ergebnisgemeinschaft 239
- Treupflicht *siehe* dort
GmbH
- Aufsichtsrat 100
- Auflösung 111
- Geschäftsführer 99, 233, 599
- Gesellschafter 99, 126
- Informationsrechte 483, 489
- Insolvenzantragspflicht 104, 107
- Kapitalerhaltung 101 ff., 107, 206 ff., 499, 532
- Organisationsverfassung 99 f., 137
- Satzungsänderung 129
- Stimmverbot 122 ff., 155, 477 ff., 496, 567, 639
- Treupflicht *siehe* dort
- Weisungsrecht 99
GmbH-Konzern
- Faktischer Konzern *siehe* dort
- Leitungsmacht 99 ff.
- Vertragskonzern *siehe* dort**Going Concern** *siehe* Bilanzierungsmethoden

Haftung im Konzern 158 ff., 303 ff., 399 ff.
Hauptversammlung *siehe* Aktiengesellschaft

Insichgeschäft 56, 125
Insolvenz *siehe* Überschuldung, Zahlungsunfähigkeit
Insolvenzanfechtung 209 ff., 428
Insolvenzantragspflicht 502, 516 ff., 538 ff., 640
- AG 43 ff.
- GmbH 104, 107
Insolvenzstatistik 506
Insolvenzverschleppungshaftung 542 ff. *siehe auch* Insolvenzantragspflicht
Interessenkonflikt 55
- des kontrollierenden Gesellschafters 13 ff., 26, 361, 369 ff., 455 ff., 466, 550, 641 Spanien 460, USA 461
- Self Dealing *siehe* dort
- Stufenmodell 15 ff.
- unternehmerischer *siehe* Unternehmerischer Interessenkonflikt

Kapitalerhaltung 497 ff., 530 ff., 640 *siehe auch* Aktiengesellschaft, Corporation, GmbH, Sociedad Anónima, Sociedad Limitada
Kapitalersetzende Darlehen 218
Konkurserstreckung 324 ff., 446 ff.
Kontrolle
- der Gesellschaft 17, 30
- Leiter der 34
- mehrerer Gesellschaften 20
Konzernbegriff 27 ff.
- Legaldefinition 28, 298
Konzerninternes Rechtsgeschäft 19, 42, 71, 78 f., 338 ff., 370, 572 ff.
- Fraudulent Transfer 427
- Insolvenzanfechtung 211
- Kapitalerhaltung 206, 499
- Self Dealing *siehe* dort

- Stimmverbot 57 ff., 122 ff., 132, 277 ff.
Konzernrecht der §§ 291 ff. AktG 25, 454 ff., 638
Konzernrente 80, 373, 490
Konzernzustandshaftung *siehe* Unternehmensverantwortlichkeit
Kostenaufschlagsmethode (cost plus) 79

Levantamiento del Velo *siehe* Durchgriffsmethode
Liquidationsvorschriften *siehe* GmbH, Auflösung der
Liquidationswerte *siehe* Bilanzierungsmethoden

Minderheitsgesellschafter 465 ff., 639
- AG-Vertragskonzern 68
Minority Oppression 356
Mitbestimmung, unternehmerische 39, 100, 472 ff., 495, 639
Mitgliedschaftliche Sonderverbindung *siehe* Treupflicht
Muttervorstand 70

Nachteilige Maßnahmen *siehe* Faktischer Konzern

Organhaftung der Gesellschafter 114 f., 315 ff., 354, 572, 599
Organschaftlicher Minderheitenschutz 469 ff.
- Corporation 333
- Sociedad Anónima 255 f.

Patronatserklärung 9
Piercing the Corporate Veil *siehe* Durchgriffsmethode
Produkthaftung 228
Punitive Damages 374, 430, 492

Qualifizierter faktischer Konzern 166 ff.
- Abfindung 98, 135, 288
- Ausgleich 98
- Abwehranspruch 98
- AG 94 ff., 189 ff.
- GmbH 109, 134 ff., 166 ff.
- Spanien 288
- Verlustausgleich 98, 109, 245

Rescission 374
Richten in eigener Sache 55, 123

Schädigungsverbot 494, 639
- AG 52, 54
- GmbH 106, 132
- Verhältnis zu § 311 AktG 81 ff.
Schwestergesellschaften 124, 210, 236 ff., 319 ff., 412, 438 ff., 607 ff., 644
- Durchgriffshaftung *siehe* dort
Sekundäre Substantiierungslast 562 ff., 579
Self Dealing 337 ff., 357 f., 369 ff., 473, 479 ff., 550, 555, 641
Sicherheitsleistung *siehe* Vertragskonzern
Single Business Enterprise Doctrine *siehe* Unternehmensverantwortlichkeit
Sociedad Anónima 251 ff.
- Auflösungspflicht 263 ff.
- Hauptversammlung (Junta General) 253 ff., 258, 266
- Informationsrechte 257, 287
- Kapitalerhaltung 262, 500
- Leitungsmacht 253 ff.
- Organisationsverfassung 253 ff.
- Satzungsänderungen 254 f.
- Stimmverbot 267, 478
- Treupflicht *siehe* dort
- Vehältniswahl der Verwaltung

siehe dort
- Vertretung 258
- Verwalter (Administradores) 253, 258 ff., 265

Sociedad de Responsabilidad Limitada 251 f., 572
- Auflösungspflicht 275
- Finanzierungshilfen 279
- Hauptversammlung (Junta General) 270 f.
- Informationsrechte 271, 287
- Kapitalerhaltung 275, 500
- Konkurrenzverbot 274
- Leitungsmacht 269 ff.
- Organisationsverfassung 269 ff.
- Satzungsänderungen 270 f.
- Stimmverbot 276, 478
- Treupflicht *siehe* dort
- Verwalter (Administradores) 270, 272 ff., Vergütung 274

Soft Law 9

Sondervorteile
- AG 52
- Corporation 356
- S.A. 266
- S.L. 276

Stammkapital *siehe* Aktiengesellschaft, GmbH, Sociedad Anónima, Sociedad Limitada, Corporation

Steuerliche Organschaft 80

Stimmverbot *siehe* Aktiengesellschaft, GmbH, Sociedad Anónima, Sociedad Limitada, Corporation

Substantive Consolidation 447 ff., 620

Taxifälle 237, 409

Treupflicht 162, 286, 488, 547 ff., 641
- Beweislast 552 ff., 641, 578 ff.
- des AG-Vorstands 40
- des Aktionärs 49 ff.
- des Alleingesellschafters 53, 107 ff., 116 ff., 174, 203, 281, 287, 364 ff., 642, 571 ff., 598
- der Directors 337 ff.
- der Executive Officers 343
- des GmbH-Gesellschafters 105 ff., 202, 225, 558 ff.
- im Gleichordnungskonzern 240
- der S.A.-Verwaltung 260
- der S.L.-Verwaltung 272
- des S.A.-Aktionärs 266
- des Shareholders 352 ff., 430, 550
- des S.L.-Gesellschafters 276
- Self Dealing *siehe* dort

Übernahmerecht 9

Überschuldung 44, 104, 159, 346, 366 f., 426, 513 ff., 538 ff., 640
- rechnerische 45, 516

Umweltrecht 229

Unterbilanz 102, 262 f., 275, 499 ff., 518

Unternehmen 11, 186
- abhängiges 34
- Begriff 33, 245
- herrschendes 33 f., 245
- in Mehrheitsbesitz stehendes 34
- Kontrolle durch ein 19
- mit Mehrheit beteiligtes 34
- wechselseitig beteiligte 35

Unternehmensproblem 12, 26, 147, 244, 250, 386, 457

Unternehmensverantwortlichkeit 250, 310 ff., 407 ff., 432, 439 ff., 607 ff., 621 ff., 644

Unternehmerischer Interessenkonflikt 33, 462 ff., 555 ff., 638

Verbundene Unternehmen 30, 32
Verdeckte Ausschüttungen 41, 78, 101, 534 ff.
Verfolgungsrecht der Gläubiger 199, 204, 207, 224 ff.
Verhältniswahl der Verwaltung siehe Organschaftlicher Minderheitenschutz
Verlustausgleich siehe Vertragskonzern, Qualifizierter faktischer Konzern
Verteilter Anteilsbesitz 16
Vertragskonzern 456 ff.
- Abfindung 68, 283, 467
- AG 61 ff., 201
- Aufhebung der Kapitalbindung 71
- Ausgleich 68, 283
- Definition 36
- Folgepflicht 67
- GmbH 126, 128 ff.
- Konzerninteresse 66
- Organhaftung 234
- Sicherheitsleistung 193 ff.
- Spanien 283 f.
- USA 376
- Verlustausgleich 68, 162, 164 ff., 226
- Weisungsrecht 61 ff.

Vertrauenshaftung, konzernrechtliche 9
Vorsätzliche sittenwidrige Schädigung 227
Vorstand der AG *siehe* Aktiengesellschaft

Weisungsrecht *siehe* Eingliederung, Vertragskonzern

Zahlungsunfähigkeit 346, 367, 427, 513
Zurechnungsdurchgriff 147 ff., 297 ff., 386 ff., 630 ff., 645
- Betriebsrentenanpassung 151 ff.
- Eigene Anteile 298, 387 f.
- Konzernprivileg 389
- Maklervertrag 148
- Schiedsvereinbarung 393 ff.
- Stimmverbot 155
- Wettbewerbsverbot 150, 300

STUDIEN ZUM VERGLEICHENDEN UND INTERNATIONALEN RECHT

Herausgeber: Bernd von Hoffmann, Erik Jayme und Heinz-Peter Mansel

Band 1 Ferdinand Henke: Die Datenschutzkonvention des Europarates. 1986.

Band 2 Peter Czermak: Der express trust im internationalen Privatrecht. 1986.

Band 3 Peter Kindler: Der Ausgleichsanspruch des Handelsvertreters im deutsch-italienischen Warenverkehr. Eine rechtsvergleichende und kollisionsrechtliche Untersuchung. 1987.

Band 4 Wilhelm Denzer: Stellung und Bedeutung des Engineers in den FIDIC-Bauvertragsbedingungen. 1988.

Band 5 Marijan-Maximilian Lederer: Die internationale Enteignung von Mitgliedschaftsrechten unter besonderer Berücksichtigung der französischen Enteignungen 1982. 1989.

Band 6 Rainer Esser: Klagen gegen ausländische Staaten. 1990.

Band 7 Chang Jae-Ok: Auf dem Weg zu einer Materialisierung des Immateriellen ? Personen-, Persönlichkeitsschutz und Geldersatz des immateriellen Schadens in rechtsvergleichender Hinsicht am Beispiel des koreanischen und japanischen Zivilrechts unter besonderer Berücksichtigung des deutschen Rechts. 1990.

Band 8 Paul-Frank Weise: Lex mercatoria. Materielles Recht vor der internationalen Handelsschiedsgerichtbarkeit.1990.

Band 9 Werner Born: Der Auftrittsvertrag für Musikgruppen im Bereich der Rock- und Popmusik. 1990.

Band 10 Ralf Erich Jürgens: IPR und Verfassung in Italien und in der Bundesrepublik Deutschland. 1990.

Band 11 Rainer Gildeggen: Internationale Schieds- und Schiedsverfahrensvereinbarungen in Allgemeinen Geschäftsbedingungen vor deutschen Gerichten. 1991.

Band 12 Klaus Grabinski: Die kollisionsrechtliche Behandlung des Durchgriffs bei rechtlich verselbständigten Unternehmen in privater oder öffentlicher Hand. 1991.

Band 13 Dieter Stummel: Konkurs und Integration. Konventionsrechtliche Wege zur Bewältigung grenzüberschreitender Insolvenzverfahren. 1991.

Band 14 Joachim Güntzer: Die Rechtsstellung des Geschäftsführers im spanischen Aktienrecht. Die Neuregelung des spanischen Aktienrechts nach dem Beitritt Spaniens zur EG. 1991.

Band 15 Sabine Isenburg-Epple: Die Berücksichtigung ausländischer Rechtshängigkeit nach dem Europäischen Gerichtsstands- und Vollstreckungsübereinkommen vom 27.9.1968. Untersuchungen zum Anwendungsbereich von Art. 21 EuGVÜ unter schwerpunktmäßiger Behandlung der Frage nach der Bestimmung eines europäischen Streitgegenstandsbegriffs. 1992.

Band 16 Ulrich Nickl: Die Qualifikation der culpa in contrahendo im Internationalen Privatrecht. 1992.

Band 17 Theo Rauh: Leistungserschwerungen im Schuldvertrag. Eine rechtsvergleichende Untersuchung des englischen, US-amerikanischen, französischen und deutschen Rechts unter besonderer Berücksichtigung der gerichtlichen Praxis. 1992.

Band 18 Bernadette Chaussade-Klein: Vorvertragliche "obligation de renseignements" im französischen Recht. 1992.

Band 19 Josef Sievers: Verbraucherschutz gegen unlautere Vertragsbedingungen im französischen Recht. Vom Code civil zum "Code de la consommation" – die Entstehung eines Sonderprivatrechts für Verbraucher. 1993.

Band 20 Achim Schäfer: Grenzüberschreitende Kreditsicherung an Grundstücken, unter besonderer Berücksichtigung des deutschen und italienischen Rechts. 1993.

Band 21 Eugenio Hernández-Breton: Internationale Gerichtsstandsklauseln in Allgemeinen Geschäftsbedingungen. Unter besonderer Berücksichtigung des deutsch-südamerikanischen Rechtsverkehrs (dargestellt am Beispiel Argentinien, Brasilien und Venezuela). 1993.

Band 22 Ingo Reng: Unterhaltsansprüche aufgrund nichtehelicher Lebensgemeinschaft – Internationales Privatrecht und ausländisches materielles Recht. 1994.

Band 23 Stefanie Roloff: Die Geltendmachung ausländischer öffentlicher Ansprüche im Inland. 1994.

Band 24 Katharina Ludwig: Der Vertragsschluß nach UN-Kaufrecht im Spannungsverhältnis von Common Law und Civil Law. Dargestellt auf der Grundlage der Rechtsordnungen Englands und Deutschlands. 1994.

Band 25 Malte Diesselhorst: Mehrparteienschiedsverfahren. Internationale Schiedsverfahren unter Beteiligung von mehr als zwei Parteien. 1994.

Band 26 Manfred Kost: Konsensprobleme im internationalen Schuldvertragsrecht. 1995.

Band 27 Wolff-Heinrich Fleischer: Das italienische Wettbewerbsrecht und die Probleme des selektiven Parfümvertriebs unter Berücksichtigung der Rechtslage in Frankreich und Deutschland. 1995.

Band 28 Angelika Fuchs: Lateinamerikanische Devisenkontrollen in der internationalen Schuldenkrise und Art. VIII Abschn. 2 b) IWF-Abkommen. 1995.

Band 29 Jacques Matthias Aull: Der Geltungsanspruch des EuGVÜ: "Binnensachverhalte" und Internationales Zivilverfahrensrecht in der Europäischen Union. Zur Auslegung von Art. 17 Abs. 1 S. 1 EuGVÜ. 1996.

Band 30 Hartmut Ost: EVÜ und fact doctrine. Konflikte zwischen europäischer IPR-Vereinheitlichung und der Stellung ausländischen Rechts im angelsächsischen Zivilprozeß. 1996.

Band 31 Stefan Wagner: Die Testierfähigkeit im Internationalen Privatrecht. 1996.

Band 32 Wolfgang Jakob Hau: Positive Kompetenzkonflikte im Internationalen Zivilprozeßrecht. Überlegungen zur Bewältigung von *multi-fora disputes*. 1996.

Band 33 Markus Schütz: UN-Kaufrecht und *Culpa in contrahendo*. 1996.

Band 34 Volker Geyrhalter: Das Lösungsrecht des gutgläubigen Erwerbers. Ein "vergessener" Kompromiß und die Auswirkungen auf das heutige deutsche Recht unter besonderer Berücksichtigung des internationalen Sachenrechts. 1996.

Band 35 Andreas Kramer: Abwicklungsstörungen bei Kaufverträgen. Die Lieferung vertragswidriger Sachen im deutschen und italienischen Recht. 1996.

Band 36 Petra Krings: Erfüllungsmodalitäten im internationalen Schuldvertragsrecht. 1997.

Band 37 Tonja Gaibler: Der rechtsgeschäftliche Irrtum im französischen Recht. 1997.

Band 38 Dirk Otto: Rechtsspaltung im indischen Erbrecht. Bedeutung und Auswirkungen auf deutsch-indische Nachlaßfälle. 1997.

Band 39 Gregor W. Decku: Zwischen Vertrag und Delikt. Grenzfälle vertraglicher und deliktischer Haftung dargestellt am Beispiel der Berufs- und Expertenhaftung zum Schutze des Vermögens Dritter im deutschen und englischen Recht. 1997.

Band 40 Ulrike Höpping: Auswirkungen der Warenverkehrsfreiheit auf das IPR unter besonderer Berücksichtigung des Internationalen Produkthaftungsrechts und des Internationalen Vertragsrechts. 1997.

Band 41 Andreas Bartosch: Die vermögensrechtlichen Beziehungen der Ehegatten bei bestehender Ehe im englischen Recht – Eigentum, Besitz, Schuldvertrag. 1997.

Band 42 Helene Boriths Müller: Die Umsetzung der europäischen Übereinkommen von Rom und Brüssel in das Recht der Mitgliedstaaten. Dargestellt am Beispiel Deutschlands und Dänemarks. 1997.

Band 43 Bernd von Hoffmann / Myong-Chang Hwang (eds.): The Public Concept of Land Ownership. Reports and Discussions of a German-Korean Symposium held in Seoul on October 7-9, 1996. 1997.

Band 44 Oliver Heeder: Fraus legis. Eine rechtsvergleichende Untersuchung über den Vorbehalt der Gesetzesumgehung in Deutschland, Österreich, der Schweiz, Frankreich und Belgien unter besonderer Berücksichtigung des Internationalen Privatrechts. 1998.

Band 45 Heinrich Schütt: Deliktstyp und Internationales Privatrecht. Dargestellt an grenzüberschreitenden Problemen der Arzthaftung. 1998.

Band 46 Axel Steiner: Die stillschweigende Rechtswahl im Prozeß im System der subjektiven Anknüpfungen im deutschen Internationalen Privatrecht. 1998.

Band 47 Martina Schulz: Der Eigentumsvorbehalt in europäischen Rechtsordnungen. Rechtsvergleichende Untersuchung des deutschen, englischen und französischen Rechts unter besonderer Berücksichtigung von Erweiterungen und Verlängerungen. 1998.

Band 48 Karin Dreher: Die Rechtswahl im internationalen Erbrecht. Unter besonderer Berücksichtigung des italienischen IPR-Reformgesetzes N. 218 vom 31. Mai 1995. 1999.

Band 49 Giuliano Gabrielli: Das Verhältnis zwischen der Anfechtung wegen Eigenschaftsirrtums und den Gewährleistungsansprüchen im deutschen, österreichischen und italienischen Recht. 1999.

Band 50 Bernd von Hoffmann / Myong-Chan Hwang (eds.): Developments in Land Law. Reports and Discussions of a German-Korean Symposium held in Berlin and Trier on July 21-24, 1997. 1999.

Band 51 Volker Heidbüchel: Das UNCITRAL-Übereinkommen über unabhängige Garantien und Standby Letters of Credit. Vergleiche mit den Richtlinien der Internationalen Handelskammer, dem deutschen, englischen und US-amerikanischen Recht. 1999.

Band 52 Jan Christoph Nordmeyer: Pflichtteilsansprüche und Wiedervereinigung. Eine systematische Analyse der Ausgleichsansprüche nach BGB-Pflichtteilsrecht unter besonderer Berücksichtigung der durch den Wiedervereinigungsprozeß eingetretenen Wertveränderungen. 1999.

Band 53 Bettina Linder: Vertragsabschluß beim grenzüberschreitenden Verbraucherleasing. 1999.

Band 54 Almontasser Fetih: Die zivilrechtliche Haftung bei Vertragsverhandlungen. Eine rechtsvergleichende Studie zum deutschen, französischen, ägyptischen und islamischen Recht. 2000.

Band 55 Sona Rajani: Die Geltung und Anwendung des Gemeinschaftsrechts im Vereinigten Königreich von Großbritannien und Nordirland. Der Grundsatz der Parlamentssouveränität im Wandel. 2000.

Band 56 Joachim Kayser: Gegenmaßnahmen im Außenwirtschaftsrecht und das System des europäischen Kollisionsrechts. Eine Analyse der EU-Abwehrverordnung gegen die Auswirkungen extraterritorialer Rechtserstreckung eines Drittlandes. 2001.

Band 57 Albrecht Conrad: Qualifikationsfragen des Trust im Europäischen Zivilprozeßrecht. 2001.

Band 58 Bernd Borgmann: Die Entsendung von Arbeitnehmern in der Europäischen Gemeinschaft. Wechselwirkungen zwischen Kollisionsrecht, Grundfreiheiten und Spezialgesetzen. 2001.

Band 59 Aleksandar Jaksic: Arbitration and Human Rights. 2002.

Band 60 Islamisches und arabisches Recht als Problem der Rechtsanwendung. Symposium zu Ehren von Professor Emeritus Dr. iur. Omaia Elwan. Veranstaltet vom Institut für ausländisches und internationales Privat- und Wirtschaftsrecht der Universität Heidelberg und der Gesellschaft für Arabisches und Islamisches Recht e.V. Herausgegeben von Herbert Kronke, Gert Reinhart und Nika Witteborg. 2001.

Band 61 Patrick Fiedler: Stabilisierungsklauseln und materielle Verweisung im internationalen Vertragsrecht. 2001.

Band 62 Werner Mangold: Die Abtretung im Europäischen Kollisionsrecht. Unter besonderer Berücksichtigung des spanischen Rechts. 2001.

Band 63 Eike Dirk Eschenfelder: Beweiserhebung im Ausland und ihre Verwertung im inländischen Zivilprozess. Zur Bedeutung des US-amerikanischen discovery-Verfahrens für das deutsche Erkenntnisverfahren. 2002.

Band 64 Bernd Ehle: Wege zu einer Kohärenz der Rechtsquellen im Europäischen Kollisionsrecht der Verbraucherverträge. 2002.

Band 65 Heiko Lehmkuhl: Das Nacherfüllungsrecht des Verkäufers im UN-Kaufrecht. 2002.

Band 66 Jochen Nikolaus Schlotter: Erbrechtliche Probleme in der Société Privée Européenne. IPR-Harmonisierung im einheitlichen Europäischen Rechtsraum. 2002.

Band 67 Konrad Ost: Doppelrelevante Tatsachen im Internationalen Zivilverfahrensrecht. Zur Prüfung der internationalen Zuständigkeit bei den Gerichtsständen des Erfüllungsortes und der unerlaubten Handlung. 2002.

Band 68 Tobias Bosch: Die Durchbrechungen des Gesamtstatuts im internationalen Ehegüterrecht. Unter besonderer Berücksichtigung deutsch-französischer Rechtsfälle. 2002.

Band 69 Ursula Philipp: Form im amerikanischen Erbrecht. Zwischen Formalismus und harmless error. 2002.

Band 70 Christian Stefan Wolf: Der Begriff der wesentlich engeren Verbindung im Internationalen Sachenrecht. 2002.

Band 71 André Fomferek: Der Schutz des Vermögens Minderjähriger. Ein Vergleich des deutschen und des englischen Rechts unter Berücksichtigung des schottischen und irischen Rechts. 2002.

Band 72 Nicolas Blanchard: Die prozessualen Schranken der Formfreiheit. Beweismittel und Beweiskraft im EG-Schuldvertragsübereinkommen in deutsch-französischen Vertragsfällen. 2002.

Band 73 Markus Dreißigacker: Sprachenfreiheit im Verbrauchervertragsrecht. Der Verbraucher im Spannungsfeld zwischen kultureller Identität und Privatautonomie. 2002.

Band 74 Vassiliki Myller-Igknay: Auskunftsansprüche im griechischen Zivilrecht. Auswirkungen im deutsch-griechischen Rechtsverkehr sowie im deutschen internationalen Privat- und Verfahrensrecht. 2003

Band 75 Stefan Bruinier: Der Einfluss der Grundfreiheiten auf das Internationale Privatrecht. 2003.

Band 76 Nika Witteborg: Das gemeinsame Sorgerecht nichtverheirateter Eltern. Eine Untersuchung im soziologischen, rechtsgeschichtlichen, verfassungsrechtlichen, rechtsvergleichenden und internationalen Kontext. 2003.

Band 77 Peter Stankewitsch: Entscheidungsnormen im IPR als Wirksamkeitsvoraussetzungen der Rechtswahl. 2003.

Band 78 Jan Wilhelm Ritter: Euro-Einführung und IPR unter besonderer Berücksichtigung nachehelicher Unterhaltsverträge. Eine Untersuchung mit Blick auf das deutsche, französische und schweizerische Recht. 2003.

Band 79 Wolf Richard Herkner: Die Grenzen der Rechtswahl im internationalen Deliktsrecht. 2003.

Band 80 Ira Ditandy: Internationale Zuständigkeit. Neuregelung durch die LOPJ 1985. Vergleich mit dem europäischen Vorbild und Auswirkungen auf das spanische internationale Zivilverfahrensrecht. 2003.

Band 81 Andrea Verena Schefold: Werbung im Internet und das deutsche Internationale Privatrecht. 2003

Band 82 Klaus Herkenrath: Die Umsetzung der Richtlinie 93/13/EWG über missbräuliche Klauseln in Verbraucherverträgen in Deutschland, dem Vereinigten Königreich, Frankreich und Italien. Auswirkungen nationaler Umsetzungstechniken auf dem Harmonisierungserfolg. 2003.

Band 83 Alexander Thünken: Das kollisionsrechtliche Herkunftslandprinzip. 2003.

Band 84 Barbara v. Daumiller: Die Rechtswahl im italienischen internationalen Erbrecht und ihre Auswirkungen im deutsch-italienischen Rechtsverkehr. 2003.

Band 85 Robert Mödl: Macht, Verantwortlichkeit und Zurechnung im Konzern. Eine rechtsvergleichende Untersuchung auf der Grundlage des deutschen, spanischen und US-amerikanischen Rechts. 2003.

Peter Lang · Europäischer Verlag der Wissenschaften

Carsten Schulte

Die Haftung im gemeindlichen Konzern

Frankfurt/M., Berlin, Bern, Bruxelles, New York, Oxford, Wien, 2003. 300 S.
Europäische Hochschulschriften: Reihe 2, Rechtswissenschaft. Bd. 3617
ISBN 3-631-50248-6 · br. € 45.50*

Die kommunalen Gebietskörperschaften bedienen sich zur Erfüllung der ihnen obliegenden öffentlichen Aufgaben vielfach der Organisationsformen des Privatrechts. Der Begriff *kommunaler Konzern* beschreibt diesen rechtstatsächlichen Befund sehr treffend. Damit begeben sich Städte und Gemeinden in einen Rechtsraum, in dem sich die Bestimmungen des Gemeindewirtschaftsrechts und das Zivilrecht überlagern. Deutlich wird dies bei der Frage, ob die von der Rechtsprechung entwickelten Grundsätze zur Konzernhaftung auf das Verhältnis von kommunalen Eigengesellschaften und Gemeinden anzuwenden sind. Diese „Flucht in das Privatrecht", die viele Städte und Gemeinden vor dem Hintergrund buchstäblich leerer Kassen angetreten haben, kann im Einzelfall zu schwerwiegenden Haftungsfolgen für die kommunalen Gebietskörperschaften führen.

Aus dem Inhalt: Allgemeine Fragen der Organisationsprivatisierung unter besonderer Berücksichtigung haftungsrechtlicher Fragestellungen · Die Anwendbarkeit geltenden Staatshaftungsrechts im kommunalen Konzern · Die Insolvenzfähigkeit kommunaler Gesellschaften · Die Einstandspflicht der kommunalen Gebietskörperschaften gegenüber ihren Eigengesellschaften · Die Haftung der kommunalen Gebietskörperschaften gegenüber den Gläubigern kommunaler Unternehmen

Frankfurt/M · Berlin · Bern · Bruxelles · New York · Oxford · Wien
Auslieferung: Verlag Peter Lang AG
Moosstr. 1, CH-2542 Pieterlen
Telefax 00 41 (0) 32 / 376 17 27

*inklusive der in Deutschland gültigen Mehrwertsteuer
Preisänderungen vorbehalten

Homepage http://www.peterlang.de

FSC
www.fsc.org
MIX
Papier | Fördert
gute Waldnutzung
FSC® C083411

Kolibri 360 GmbH
Ferdinand-Jühlke-Straße 7
99095 Erfurt, Deutschland
produktsicherheit@kolibri360.de

Druck:
CPI Druckdienstleistungen GmbH
im Auftrag der
Kolibri 360 GmbH
Ferdinand-Jühlke-Str. 7
99095 Erfurt